U0362296

南开大学马克思主义研究文库（第二辑）

柳 欣 文 集

柳欣 著

南开大学出版社

天 津

图书在版编目(CIP)数据

柳欣文集 / 柳欣著. —天津：南开大学出版社，
2022.5

（南开大学马克思主义研究文库.第二辑）

ISBN 978-7-310-06208-9

Ⅰ.①柳… Ⅱ.①柳… Ⅲ.①马克思主义政治经济学
—文集 Ⅳ.①F0—0

中国版本图书馆 CIP 数据核字(2021)第 249152 号

版权所有　侵权必究

柳欣文集
LIUXIN WENJI

南开大学出版社出版发行
出版人：陈　敬
地址：天津市南开区卫津路 94 号　　邮政编码：300071
营销部电话：(022)23508339　营销部传真：(022)23508542
https://nkup.nankai.edu.cn

天津创先河普业印刷有限公司印刷　全国各地新华书店经销
2022 年 5 月第 1 版　　2022 年 5 月第 1 次印刷
240×170 毫米　16 开本　30.75 印张　4 插页　520 千字
定价：148.00 元

如遇图书印装质量问题,请与本社营销部联系调换,电话：(022)23508339

出版说明

今年是中国共产党成立一百周年,我国开启全面建设社会主义现代化国家新征程。在新的历史起点,为进一步加强和巩固马克思主义在哲学社会科学中的指导地位,推动加快构建中国特色哲学社会科学的理论体系和话语体系,我们在 2019 年出版了"南开大学马克思主义研究文库"第一辑后,又适时推出了该文库第二辑,旨在集中展示南开大学哲学社会科学领域的有关专家学者,长期以来在马克思主义理论应用、发展和创新方面所做的贡献。文库以专著、文选等多种形式,彰显马克思主义理论的强大活力和生命力。

此次出版的"南开大学马克思主义研究文库"第二辑,与第一辑一样,也是 10 种,分别为:《柳欣文集》(柳欣)、《杨谦文集》(杨谦)、《李淑梅文集》(李淑梅)、《阎孟伟文集》(阎孟伟)、《何自力文集》(何自力)、《刘骏民文集》(刘骏民)、《杨永志文集》(杨永志)、《辩证逻辑——认识史的总结》(封毓昌)、《社会资本——产业资本社会化发展研究》(张彤玉)、《马克思主义经典与新时代劳动关系研究》(杨晓玲)。需要说明的是,这些著述或收录于书中的一些文章,有不少之前在别的出版社出版或在报刊上发表过。由于时代和认识的局限,书中有些观点今天看来难免有所偏颇或值得商榷;语言文字、标点符号、计量单位、体例格式等方面,也有不符合现行规范之处。我们在编辑出版过程中,根据国家有关新闻出版的管理规定,对一些明显的错误做了更正,对个别不合时宜的内容做了适当删改,其他则遵从原著,未予改动。恳请广大读者在阅读这些著述时,能有所鉴别。

南开大学马克思主义学院

南开大学出版社

2021 年 12 月

序

"渤海之滨，白河之津，巍巍我南开精神。"为迎接百年校庆，南开大学组织出版"南开大学马克思主义研究文库"，柳欣教授的文集得以入选。作为柳欣教授生前同事和朋友，我由衷地感到高兴和欣慰。

柳欣教授于 2013 年 10 月 24 日因突发心脏病离世，至今已逾五年。他的英年早逝，对于南开乃至全国的经济学科，都是无可挽回的重大损失，令人疼惜不已。

柳欣教授长期从事马克思主义政治经济学、西方经济学和经济思想史等多领域的教学和研究，理论观点独树一帜，成就卓著，成果颇丰，在国内外学术界具有广泛影响。

作为一个坚定的马克思主义经济学者，柳欣教授认为，随着时代和实践的发展，依据马克思经济学的基本原理创新建立经济学分析体系是至关重要的。经济学的研究终究要回归现实和回归社会，这是柳欣教授一贯坚持的学术主张。柳欣教授认为，我们生活在被马克思改造过的新世界，他的思想在今天依然影响着这个世界。尽管当今经济学界对马克思经济学的研究存在许多误解，但在人们公认的改变世界的思想家中，马克思依然居于第一位。马克思主义经济学的高明之处在于，马克思创立唯物史观，着力研究的是经济制度和社会关系，揭示的是人类社会发展规律，而不仅仅是资源配置。自始至终，柳欣教授坚信：经济学作为一门社会科学，其研究绝对不能脱离现实中每个人所赖以生存的社会关系，这一点是西方新古典理论作为一种研究范式的致命缺陷。

对于西方经济理论，柳欣教授以经济学界发生于 20 世纪 50—80 年代的著名剑桥资本争论为切入点，不仅明确指出并有力论证了西方主流经济学固有的逻辑缺陷、从而向新古典理论"宣战"，并且在马克思主义指导下试图在重新表述斯密和凯恩斯的思想基础上重建一个新的逻辑一致的经济学理论体系，并且运用这套理论去直观、全面地理解和解释我国宏观经济中遇到的各种现实问题。其理论要旨在于，把马克思经济学、斯密理论和凯恩斯经济学探讨现实资本主义经济的共通之处有效连接，如把斯密"看不见的手"代表的市场竞争和马克思以价值表示的社会关系以及凯恩斯精心构筑的货币经济理论融为一体，从而表明：经济学要研究的绝不是生产函数的技术关系，而是由社会关系所决定的经济运动的规则及其规律。

《柳欣文集》正是这样一部深刻体现柳欣教授关于马克思经济学及其相关理论争论之学术思想的代表性文集。全书按照研究内容分为三篇，其中第一篇马克思经济学，收录了《马克思经济学与资本主义》《马克思经济学是真正的科学》等14篇论文，这些文章分别从价值与分配理论、货币理论、资本理论、地租理论、一般均衡理论以及宏观经济学等各个方面深入探讨了马克思经济学的相关内容，其中也融入了柳欣教授运用马克思主义的世界观和方法论解读资本主义现实经济或市场经济的理论探索。第二篇经济学理论争论，收录了《剑桥资本争论之谜——实物还是货币、技术关系还是社会关系》《货币与资本主义：挑战西方主流经济学》等11篇论文，这些文章分别从剑桥资本争论、货币与资本主义、新古典一般均衡的比较、新制度经济学的困境以及经济分析的基础等方面严厉批判了西方主流经济学自身存在的逻辑悖论，并结合经济学与中国经济的发展实践提出了经济学的革命和经济学理论的重建等重要命题。第三篇宏观经济与市场经济，收录了《滞胀与我国当前宏观经济政策的两难选择》《内生经济增长与财政、货币政策》等9篇论文，这些文章分别从经济增长、资本市场、经济转型、虚拟经济以及开放经济等方面深入探讨了我国现实宏观经济运行及其经济政策的实践，并在此基础上对社会主义市场经济及其相关理论进行了有益探索。全书40余万字，凝结了柳欣教授从事经济学理论研究30余年之心血和学术思想的精华。

"出师未捷身先死，长使英雄泪满襟。"柳欣教授虽胸怀壮志，却英年早逝，令人不禁扼腕。他在从事学术研究、人才培养的同时，也从事管理工作，曾担任南开大学经济研究所所长多年。他政治方向坚定，管理工作投入，思想品德高尚，为人宽厚、乐观豁达，对师长尊崇有加，对朋友忠厚诚恳，对学生谆谆教诲。他持之以恒地追求学术真理的勇气和常年埋头于经济学基本理论研究而"甘坐冷板凳"的精神，他的高尚品格，都值得我们学习和弘扬。柳欣教授是好师长、好学者、好同事、好朋友，柳欣教授的精神将永远激励我们前进。

逄锦聚

2018 年 12 月于南开大学

目　录

宏观经济与市场经济

马克思经济学

　　本篇内容是柳欣教授有关马克思经济学及其相关理论方面的论文，包括：《马克思经济学与资本主义》《马克思经济学是真正的科学》《从经济理论的争论中看理论经济学的发展——一个马克思主义的视角》《马克思的地租理论——宏观总量与微观价格的统一》《在范式转换中探寻"宏观经济学的微观基础"——一个基于马克思经济学研究视角的理论解析》《论宏观经济学的微观基础：马克思、凯恩斯经济学》《论马克思的价值与分配理论》《资本理论：总量与相对价格》《劳动价值论与马克思主义经济学》《货币经济中的货币理论》《货币、资本与一般均衡理论》《一般均衡理论：一种新的解说》《新劳动价值论一元论——与苏星同志商榷》《资本主义经济关系的产生与价值、分配理论》等 14 篇论文。这些文章分别从价值与分配理论、货币理论、资本理论、地租理论、一般均衡理论以及宏观经济学等各个方面深入探讨了马克思经济学的相关内容，其中也融入了柳欣教授运用马克思主义的世界观和方法论解读资本主义现实经济或市场经济的理论探索。

马克思经济学与资本主义

摘　要：20 世纪 50—80 年代的著名"剑桥资本争论"揭示出主流新古典理论存在不可避免的逻辑矛盾，表明目前国民收入核算体系中所有由货币量值表示的统计变量完全由社会关系或特定的货币金融体系决定，而与主流经济学基于生产函数的技术分析无关。马克思经济学研究的是现实资本主义生产方式和与之相联系的生产关系与分配关系，其核心是以货币为基础的资本与雇佣劳动，由此形成以获取货币利润为目的的特殊竞争制度或比谁挣钱多的游戏。通过采用抽象的价值与剩余价值概念说明这种资本主义关系的性质并阐释现实中的工资、利息、利润和国民收入等概念，马克思在表明资本主义企业成本收益计算的基础上建立起一个完整的理论体系用于讨论现实资本主义的有效需求和经济波动问题，并表明由有效需求决定的收入分配来自资本主义经济为利润和资本积累而生产的性质。由此阐明，马克思经济学所关注的正是现实经济中由货币和国民收入核算统计变量所表示的资本主义竞争与收入分配的社会关系，主流经济学对这些统计变量和现实经济问题的解释是完全错误的。

关键词：马克思经济学；资本主义；货币；社会关系

一、引言

马克思经济学所要研究的是资本主义的生产方式和与之相联系的生产关系与分配关系。资本主义经济关系的核心是资本与雇佣劳动，即资本家使用货币资本购买劳动力以获取货币利润。马克思首先采用抽象的价值和剩余价值概念来说明资本主义经济关系的性质，然后把这种抽象的概念用以说明现实中的工资、利息、利润和国民收入等概念的性质，表明资本主义企业的成本收益计算和为获取利润的生产目的，以此说明资本主义的生产和分配关系；并在此基础上建立起一个完整的理论体系，用于讨论资本主义经济中的有效需求和经济波动问题。

19 世纪 70 年代的"边际革命"使经济学研究转向了资源配置的技术关系，以瓦尔拉斯一般均衡理论为代表的新古典理论成为西方的主流经济学，其对经济学研究的统治迄今已近一个半世纪。在今天主流经济学的教科书中，"资本主义"已完全消失，资本成为一种生产要素，工资、利息与利润只是生产要素的价格，并取决于生产要素的边际生产率。当然，对于新古典的资源配置理论，我们可以认为它是完全正确的，主流经济学往往也把这种理论应用于对现实的劳动市场和资本市场的解释。然而问题是，现实资本主义经济中的工资率和利息率（利润率）究竟是不是表示生产要素的边际产品呢？新古典理论中的资本、工资、利息和利润等概念与现实中以货币价值或价格表示的这些概念是相同的吗？

现代国民收入核算统计开始于 1929 年，同一年美国爆发了严重的金融危机。可以说，1929—1933 年的"大萧条"孕育了"凯恩斯革命"，但在新古典理论强大的思想意识所形成的观念和教条的无情统治下，凯恩斯的理论很快被融入新古典经济学，并成为新古典微观经济学的宏观经济学。其中，新古典经济学家通过"总量生产函数"把国民收入（GDP）核算的统计变量完全纳入新古典的技术关系分析之中，最典型的是把国民收入的统计变量截然划分为实际变量和名义变量两个部分，如实际 GDP 和价格水平、实际工资与名义工资、实际利率与名义利率，当然还可能有实际资本和名义资本。也就是说，新古典理论把国民收入的统计变量完全套用到总量生产函数之中，再加上决定名义变量的货币数量论，由此成为研究反映宏观经济波动的各种统计数据的基础。

然而，这些国民收入核算的统计变量是不是表示新古典生产函数技术关系的变量或概念呢？经济学家们至今似乎对此没有提出过疑问。在 20 世纪 50—80 年代那场空前激烈的"剑桥资本争论"中，作为争论双方的新剑桥学派和新古典学派经济学家都没有意识到，那些争论的焦点在这些现实的国民收入核算统计概念中与新古典理论中同样称呼的概念实际上是完全不同的。实际上，剑桥资本争论的结果所表明的一个重要结论是："国民收入核算体系中以货币量值表示的所有统计变量与新古典理论的生产函数或技术分析是完全无关的，而是来自资本主义经济关系，或特定的货币金融关系。" 尽管新古典经济学的理论熏陶造就了人们天然地认为这些统计变量是"真"的，即表示实物的要素投入和产出的关系，并把这种由生产函数表示的资源配置作为经济学研究的主题和宏观经济学的基础。然而事实上，这些统计变量所表示的只是资本主义的经济关系或"比谁挣钱多的游戏"，与技术是完全无关的。马克思经济学所要研究的正是由资本主义的经济关系所决定的目前国民收入核算体系中统计变量的性质和它们之间的关系，这恰恰是目前主流经济学教科书中所要研究和解释的现实问题；而主流经济学从技术关系角度对这些问题的解释则是完全错误的，因为这些问题只是由马克思经济学所研究的社会关系决定的。

二、资本主义：价值与货币

价值理论不仅是马克思经济学中最富争议的领域，同时也是理论经济学中最具争议的问题。1951 年，斯拉法在其编纂的《李嘉图著作和通信全集》的序言中，提到了古典经济学家李嘉图终生想要寻找的"绝对价值"，以表示国民收入中工资与利润的分配份额。这个绝对价值，用今天的语言来讲，实际上就是国民收入的测量单位。作为总量指标的国民收入，如果面对的是各种异质的产品，比如小麦和燕麦，我们需要一个同质的单位进行加总，以获得一个同质的总量。当然，如果采用劳动这种同质的单位来计量，虽然可以进行加总，但却不能表示劳动生产率和实物产品产量的变化；而且当两个部门的"资本构成"（资本劳动比率）不同时，劳动生产率的变动和利润率的变动都会影响到相对价格和收入分配，这使李嘉图在 1817 年采用单一产品的"谷物模型"所证明的命题不再成立。

1953 年，新剑桥学者罗宾逊提出了异质资本品的加总问题，并由此引发了著名的"剑桥资本争论"。1960 年，斯拉法在其名著《用商品生产商品》一书中把李嘉图的难题套用到新古典理论中，表明新古典的相对价格一旦加总为总量将导致严重的逻辑矛盾。进而，这一问题在 20 世纪 70 年代很快被延伸到有关马克思价值理论的讨论中。比如，斯蒂德曼用一个资本劳动比例不同的异质品模型进行证明，得出了在某种假设条件下劳动价值可以是负值的结论，萨缪尔森则重新提出了关于马克思的转型问题在逻辑上不可能成立的问题。实际上，斯拉法的模型已经证明，由于在异质品模型中利润率的变动会影响相对价格，从而收入分配的变动将使由相对价格加总的总量（国民收入）发生变动，这使古典学派和马克思经济学中的工资率（工资）的上升将使利润率（利润）下降的命题不再成立。显然，"剑桥资本争论"中存在的新古典理论的加总问题在古典学派和马克思经济学中是同样存在的。由此，当"剑桥资本争论"中的问题不能得到解释时，20 世纪 70 年代马克思经济学的复兴被完全终止了。

面对那场以失败告终的极其激烈和复杂的"剑桥资本争论"以及马克思价值理论的争论，人们是否应该考虑这样一个问题，即：问题的复杂性可能并不在于问题本身，而在于观念上出了问题，而经济学家们可能并不十分清楚地知道争论的问题所在。长期以来，统治经济学界长达一个多世纪的新古典理论的观念一直顽强地盘踞在人们的头脑中，禁锢着经济学家的思维，这就是统治经济学研究的"实物"产品的生产和分配。新古典经济学家讨论的是实物产品的生产，古典经济学家讨论的是实物产品的分配，而国民收入的计量似乎不能离开这种实物产品。那么，在经济学研究中是否存在完全脱离这种实物产品的生产与分配的价值概念呢？实际上，这个价值概念就是国民收入和国民收入核算中的统计变量。在"剑桥资本争论"中，作为争论双方的新剑桥学派和新古典经济学家都没有意识到，GDP 和国民收入核算的统计变量可以完全不依赖于实物。这场争论起因于罗宾逊对总量生产函数的批评，当然也涉及总量生产函数对国民收入核算统计变量的解释，即新古典增长理论。但在罗宾逊 1973 年出版的那本试图取代新古典教科书的《现代经济学导论》中，作为新古典理论核心的实际 GDP 和价格水平依然充斥着全书，这正是问题所在。

对于实物产品的生产，新古典的相对价格理论显然是一个完美体系，比如通过表示产品和生产要素稀缺性的相对价格可以使资源得到最有效配置。然而，我们却不能把构成 GDP 的各种产品和劳务的价格相加以得到一个表示实物总量的 GDP。一方面，新古典的相对价格是一种稀缺的指数，把两个表示稀缺的指数加在一起是毫无意义的。特别是产品的稀缺性取决于人们的偏好，那么随着人们偏好的改变，相对价格和 GDP 的总量也会随之变动。另一方面，对于新古典的资源配置而言，这里只需要相对价格而根本就不需要总量，即国民收入或 GDP 的总量对新古典理论是没有意义的，当然其理论中也不可能得到这个总量。

对于李嘉图的分配理论而言，如果讨论的是实物产品的分配，采用简单的劳动价值论是可以解决这种异质产品加总问题的，如马克思采用劳动时间的计量，通过必要劳动和剩余劳动的划分即可解决工资与利润的分配问题。作为一个"思想练习"，这种劳动价值论的推论完全可以采用新古典理论的多种要素模型。比如，必要劳动时间取决于劳动的边际产品，剩余劳动时间是其他生产要素边际产品（如利息和地租）的加总。然而，当我们这样进行逻辑推论时会发现，如果马克思的分配和剥削理论是建立在这种实物的劳动价值论基础上的话，那么马克思的劳动价值论就只是新古典理论的单一生产要素模型，它根本无法战胜新古典理论。因为新古典异质品模型中包含着一个强烈的命题，即如果要使资源得到最有效配置或使可以分配的面包做到最大，就必须按照新古典的要素边际产品等于要素价格来形成市场的相对价格，从而也决定了要素"初次分配"的新古典边际生产率分配理论，这被称为经济学的"实证分析"；随后的"规范分析"如果认为利息和地租是不劳而获的剥削收入，则完全可以通过政府对利息和地租征收100%的税进行收入再分配。这样，新古典理论对马克思经济学的攻击在逻辑上取得了完全的胜利。

然而，新古典理论遇到了一个不可逾越的障碍，这就是现实国民收入核算统计的国民收入和其中工资与利润（利息）的分配问题。当新古典经济学家采用总量生产函数说明现实国民收入统计中的经济增长和收入分配时，其逻辑一致性已经不复存在了；因为 GDP 和国民收入核算中的统计变量根本不是新古典理论中的实物，也根本不表示新古典理论的资源配置。这些以货币量值表示的国民收入核算的统计变量（包括 GDP）所表示的只是资本主义的经济关系，而这正是马克思的价值理论所要揭示的。

采用人们熟悉的语言，即马克思的价值概念是一种"抽象"。那么，马克思对价值的定义究竟抽象掉了什么呢？显然，马克思抽象掉了所有与技术关系或实物有关的因素，只留下了"抽象劳动"所体现的社会关系。马克思表明，这种"价值"与使用价值无关，或与实物的"效用"无关；同时，针对李嘉图的混乱，马克思明确表明价值与劳动生产率无关，即与实物的生产无关。进一步，当马克思把这种"价值"与实物的生产、消费和占有完全抽象掉，或表明价值与技术关系无关时，那么马克思的"价值"所体现的社会关系究竟是什么呢？

社会关系是人与人之间的关系，如原始社会以血缘为基础的家庭、氏族关系，奴隶社会对他人的直接占有和支配关系，封建社会以土地占有为基础的人身依附关系，等等。在14—15世纪的欧洲，文艺复兴和启蒙运动的思想家们提出了"自由""平等""民主"等理念，以构造新的社会关系或社会制度的基础，而这种"资产阶级思想家"的理念直接联系到"劳动价值论"。比如在神学家阿奎那的宗教理念中，劳动价值论体现着公平与正义，是人与人之间商品交换"平等"的基础。那些早期劳动价值论的阐述者，如配第、魁奈、康替龙等古典学派的前辈们，把劳动价值论联系到"自然秩序"或私有财产的基础；如洛克对劳动价值论的说明是，"财产是自然的权利，它来自劳动"。显然，这种对劳动价值论的阐述似乎联系到新生的资本主义制度，如美国政治家富兰克林就把劳动价值论联系到"自由、民主与公平"。然而，资本主义的产生和资本主义制度却是与这些早期"资产阶级思想家"的劳动价值论理念背道而驰的。

马克思的价值理论所要阐述的是资本主义的生产关系和交换关系，虽然联系到劳动价值论的理念作为社会关系的含义，但绝不是"资产阶级思想家"的劳动价值论所要表明的公平与正义，更不是要说明商品的相对价格取决于劳动时间，或把劳动价值论作为相对价格的基础。马克思批判地继承了古典经济学的劳动价值论，而这里更重要的是对李嘉图把劳动生产率的实物生产引入价值理论的批判，是对穆勒的《政治经济学原理》教科书把劳动价值论作为相对价格决定理论的彻底否定。毫无疑问，"劳动"这一概念作为社会关系在马克思的价值理论中具有重要的地位，但马克思的"价值"概念却不是联系到劳动，而是联系到货币与资本，因为马克思所要表明的是资本主义经济关系，而不是劳动等价交换的公平与正义。

理解马克思的价值理论离不开货币与资本。在"剑桥资本争论"和新剑桥学派对古典与马克思经济学的复兴中，新剑桥学者们（新李嘉图主义）常常把古典学派的资本概念作为古典与马克思经济学的核心。与新古典理论中的资本作为一种生产要素相对立，古典学派（斯密和李嘉图）的资本概念是把资本作为一种"预付"，即资本家使用一笔"货币资本"向工人预付工资和购买生产资料，然后通过出售产品而获取剩余或利润，这种作为"预付"的资本体现出工人与资本家之间的社会关系（Garegnani，1984）。然而，像李嘉图一样，新剑桥学派在使用"预付"资本的概念讨论剩余和收入分配时，实物产品的生产和要素的边际生产力也混杂进来。李嘉图在采用单一产品的"谷物模型"时，给定用谷物表示的工资率，土地的收益递减所引起的谷物劳动生产率的变动将决定剩余，从而引起利润率的下降。在一定程度上说，斯拉法的"用商品生产商品"的投入产出模型，可以被认为是李嘉图单一产品实物生产模型的扩展，由此出现了异质产品模型中预付资本和剩余的计量和加总问题。与新古典理论的加总问题一样，当新剑桥学派把这种计量和加总问题误解为"相对价格"问题时，利润率与相对价格的相互作用，使得作为总量的工资与利润的分配和总资本的利润率将无法确定，从而使新剑桥学派关于相对价格决定中"技术关系与社会关系相互作用"的命题进一步导致了严重的逻辑混乱而使"剑桥资本争论"难以解决。如李嘉图表明的，这里需要寻找一种"不变的价值尺度"以计量国民收入和工资与利润的分配，从而使古典学派表现社会关系的预付资本概念能够成立，而这正是马克思的价值理论所要解决的问题。

对马克思价值理论的误解来自一个根深蒂固的观念，即价值理论所要研究和解释的是相对价格，李嘉图将劳动价值论的研究偏向对相对价格的解释，而这个偏向使李嘉图的后继者完全转向了解释相对价格的"庸俗经济学"。在穆勒的《政治经济学原理》中，劳动价值论被完全用于相对价格的解释。比如对于"钻石和水的矛盾"，穆勒认为可以作为劳动价值论的例外而通过效用理论来解释，由于各个部门资本构成不同所产生的相对价格与劳动价值的偏离，穆勒把资本作为一种积累起来的劳动，而这却是奥地利学派的资本概念；对于劳动、土地和资本的要素价格决定或收入分配，穆勒把工资的决定依赖于"生存工资"，地租取决于土地的边际生产力，而利润则取决于资本作为积累的劳动所产生的生产率，这种对劳动价值论的运用完全转向了实物生产的技术关系，从而使古典学派表现资本主义社会关系的预付资本概念荡然无存。显然，这种采用劳动价值论对相对价格的解释导致了严重的逻辑矛盾，而且无法说明现实中的相对价格与劳动价值的偏离，如李嘉图曾认为劳动价值论可以解释93%的相对价格，这被斯蒂格勒戏称为"93%的劳动价值论"，而这种7%的误差在逻辑上也可能将是100%的错误（斯蒂格勒，1958）。无疑，"边际革命"和新古典理论的产生正是对穆勒《政治经济学原理》的批判，通过引入边际效用和边际产品，新古典理论采用稀缺性的相对价格解决了多种产品和生产要素异质品模型的资源配置问题。①

---

① 这种"边际革命"及其所建立的理论体系在三个国家由三位经济学家用三种不同语言几乎同时提出，使经济思想史学家们感到十分诡异并引起许多争议。（布劳格，1973）这种经济学研究方向的转变与当时的历史发展或所要解释的经济问题是密切相关的，即随着资本主义经济制度的建立，资本主义产生时期的资本原始积累已经完成，经济学开始转向相对价格的决定和资源配置的优化问题。但"边际革命"在三个国家同时产生的事件实际上联系到穆勒的经济学教科书《政治经济学原理》，这本教科书所表现出的古典经济学的矛盾正是我们这里所要讨论的问题。

　　"边际革命"所带来的经济学研究的转向，使新古典理论的观念渗透到有关马克思价值理论的各种讨论，以致许多研究马克思经济学的学者也把相对价格作为各自研究的中心（米克，1963；斯蒂德曼，1991），森岛通夫（Morishima，1973）更是把马克思的价值理论完全赋予新古典理论的解释。实际上，关于马克思价值理论最激烈的争论是马克思的转型问题，这一问题的"两个总量相等"直接联系到国民收入总量与相对价格的关系。由于这场争论被局限在相对价格问题而无法得到正确解释，因此其成为马克思经济学的一个"悖论"和新古典经济学家攻击马克思经济学的目标。可以说，正是相对价格的研究使"剑桥资本争论"中马克思经济学的复兴流产了。①

　　显然，马克思的价值理论绝不是穆勒《政治经济学原理》中的相对价格理论，而是对穆勒"庸俗经济学"的严厉批判，马克思的抽象法正是针对李嘉图由于劳动价值论的抽象不彻底而使实物和劳动生产率进入其中所导致的逻辑混乱，而马克思的价值理论正是要澄清李嘉图在相对价格和总量关系上的逻辑混乱，并找到李嘉图的"不变的价值尺度"并以此表示资本主义经济中作为总量的国民收入和工资与利润的分配。当然，马克思的价值理论通过抽象法和价值形式的研究已经得到了这种"不变的价值尺度"，这就是由货币表示的"绝对价值"；当货币转化为资本，并且货币作为价值尺度的功能由于其"不变"的性质而使货币所表示的价值尺度成为"绝对价值"或价值本身时，价值就是货币或者说货币就是价值。通常，经济学家一提到价值总是把它联系到相对价格，这就使新古典的实物和技术关系混淆进来，却从未有人真正将其抽象为社会关系。实际上，这种由价值表示的社会关系就是资本主义经济中或我们今天现实生活中的货币和由货币所表示的国民收入核算的统计变量；而且，这种货币并不联系到任何实物和技术上的投入产出关系，而是联系到资本和雇佣劳动，联系到资本主义的竞争和对人的支配。也就是说，货币并不是用来购买商品进行消费的，而是购买劳动以获得对他人的支配权利，这是资本主义所特有的社会关系。

　　按照这种思路去读《资本论》就不难发现，马克思价值理论分析的重点

---

① 国内许多研究马克思经济学的学者也把马克思的价值理论完全给予相对价格的解释，并试图融合马克思经济学与主流经济学的新古典理论，如蔡继明（2010）、白暴力（2006）。国内许多政治经济学教科书解释马克思价值理论的部分都非常类似于穆勒《政治经济学原理》中用劳动价值论对相对价格的解释，而目前国内的政治经济学社会主义部分教科书则几乎已经成为主流新古典教科书的翻版，并成为新古典理论对我国现实问题的解释和应用，所不同的只是使用了另一套语言和概念。

在于货币，以推论出货币在资本主义经济中转化为资本和购买劳动力，并通过特殊的 G—W—G′ 交换形式获取货币利润。比如《资本论》第一篇的标题是"商品与货币"，在第一章讨论价值时，马克思在表明其价值概念与使用价值或效用和生产率等技术关系完全无关后，过渡到对价值形式和商品拜物教的讨论，由此引申到第二章对货币和货币拜物教的分析，第三章的标题即"货币"，并在第二篇第四章中讨论货币转化为资本，由此构成其对货币与资本性质的完整分析。显然，马克思的价值理论不是研究技术关系的相对价格问题，而是货币理论的基础；马克思的价值概念在资本主义经济中与效用和生产率完全无关，只是联系到作为资本的货币所表示的总量和资本主义的分配关系。然而在主流经济学中，货币与价值是完全无关的，价值只是联系到实物，而货币只是表示实物的价格水平的名义变量。

理解马克思价值理论的关键在于理解资本主义的经济关系，而货币则是资本主义经济关系的核心。在人们的现实社会生活中，除了物质产品生产的技术关系，还存在另一种关系，即人与人之间的社会关系。在资本主义产生之前，人与人之间的社会关系以及竞争是建立在血缘氏族、政治、武力等非货币的基础之上，14—15 世纪的文艺复兴和启蒙运动思想家的理念与商人的货币巧妙地结合起来，产生了以货币为基础的资本主义经济关系或社会关系。货币成为人们之间竞争的目的，成为权力和支配他人的手段，从而使生产的社会关系展现为以货币为核心的资本与雇佣劳动的形式；所有的生产活动成为资本家使用货币雇用劳动和购买生产资料，然后出售产品以获取货币利润。同时，货币作为一般的价值尺度，也使得各个生产异质产品的生产者可以有一个统一的标准进行比较。当然，各种产品的生产都变成资本主义的生产，即资本家预付货币资本，由此形成一种以获取货币为目的的特殊的竞争制度，或比谁挣钱多的游戏。特别是这种资本主义比谁挣钱多的游戏在人类历史上第一次把人与人之间的竞争引入生产领域，激励人们的技术发明与产品和生产组织的创新。可以说，资本主义成功的一个重要标志是工业革命带来的生产力的巨大发展，同时资本主义也改变了过去的社会制度中人与人之间的直接争斗，而是把货币变成为一个自由、平等和权力的竞争媒介；它使人类从野蛮逐渐走向现代文明，货币则是这个资本主义制度的核心。正如马克思表明的，这种由货币表示的价值既不联系到任何使用价值（效用），也不联系到生产率，而只是联系到人与人之间的社会关系，它是人们创造出来的一种"货币拜物教",是一种人的"异化"。①

这种价值概念或货币所表示的价值直接联系到构成国民收入或 GDP 的各种总量的关系,而这些总量关系的核心是国民收入中工资与利润的分配和资本积累产生的价值资本(存量)的利润率。但现实中与这些变量所联系的并不是生产函数而是资本主义的货币金融体系,从而联系到货币存量和内生的货币供给。

三、马克思的宏观经济学与卡尔多的"程式化事实"

在《资本论》第二卷,马克思讨论了资本主义企业的成本收益计算和国民收入构成所表示的收入分配与有效需求问题。马克思表明,资本主义的成本收益计算是基于资本家用一笔货币资本购买生产资料和劳动力,其生产目的是获取由货币价值表示的利润,从而其成本收益计算只是由货币量值构成。特别是在讨论社会再生产时,马克思从企业成本收益计算的角度把国民收入的构成划分为c+v+m,并以此表示企业的成本和利润,这即是目前国民收入核算中的收入法。在国民收入中,马克思假设工人的工资全部用于消费,资本家的剩余价值全部用于储蓄和投资,这即是国民收入的支出法。采用这种"收入-支出"模型,马克思表明社会再生产平衡的实现条件是,资本家的投资等于资本品部门的总价值和工资等于消费品部门的总价值。这种分析与主流经济学宏观经济理论的本质区别是,这里存在着企业以货币价值进行的成本收益计算;因为企业的生产目的是货币利润,因此总供给与总需求平衡或社会再生产的实现条件是以企业获得利润为基础的。其实,把国民收入明确划分为工资与利润也就产生了一种由收入分配所决定的特殊"消费函数",即利润用于储蓄和投资,因为资本家获取利润的目的是资本积累。由此,可以推论出"有效需求"的重要命题,即:由于工人的工资购买全部最终产品——消费品,那么在长期内只有工资在国民收入中的比率不变或收入分配中工资与利润的比率不变,才能保持稳定的利润率,这正是美国长期收入分配的经验数据;而有效需求不足则意味着工人的工资总量小于消费品部门的生产成

① 这里存在一个由货币拜物教产生的价值概念,这个价值概念在许多文学作品和普通老百姓那里就是货币,即金钱对这个世界的统治,而经济学家们至今似乎都不知道还有这样一种价值概念。

本，即企业按照成本制定价格的消费品是工人的工资买不起的。特别是由资本主义为利润而生产的性质所导致的资本积累使得资本存量大幅度提高，同时也使国民收入中工资的份额下降，而资本家的利润份额增加转化为投资和资本将使产品的成本提高，从而使工人的全部工资小于消费品部门产品的价值，由此导致有效需求不足和企业亏损。

在《资本论》第三卷，马克思阐述了价值到现实生产价格的转型，使剩余价值率转化为现实的利润率，并在此基础上展开了对资本主义经济危机的分析。1825 年，英国在经历了工业革命的生产力飞速发展之后爆发了严重的经济危机，这一经济危机导致了大量的工人失业和严重的社会问题，这正是马克思研究资本主义经济危机和对这一制度加以批判的重要背景。与李嘉图不同，马克思所要表明的并不是土地收益递减的技术退步所导致的利润率下降，而是资本积累和技术进步条件下的利润率下降问题。显然，这一命题正是我们现实中所遇到的问题，即资本主义经济在技术进步的条件下所发生的周期性经济波动。这种技术进步导致利润率下降的命题在新古典生产函数的宏观经济分析中是无论如何也得不到的，因为产出的增加总是会增加企业的利润；而马克思这里的利润和利润率只是用货币价值计量的，即随着资本积累或货币投资的增加而使"资本有机构成"提高，利润率必然下降，且这种利润率的下降与实物产出多寡的技术关系完全无关而是来自资本主义的经济关系，而这里重要的是价值的计量或以货币价值表示的资本、工资与利润所决定的利润率。

实际上，凯恩斯的理论也是要解释国民收入核算的统计变量，以表明宏观经济波动和经济危机。那么这些统计变量的性质是什么呢？战后新古典经济学家采用总量生产函数对这些统计变量给予了解释，即把名义 GDP 划分为实际 GDP 和价格水平两个部分。其中，用总量生产函数解释实际变量，而价格水平和其他名义变量则由货币数量所决定，在此基础上构筑起宏观经济学体系用以解释经济增长和经济波动问题。虽然在 20 世纪 50—80 年代出现了"剑桥资本争论"和关于凯恩斯经济学的争论，但在新古典实际 GDP 的强大观念和教条统治下，这场争论以新剑桥学派（后凯恩斯主义）的失败而告终，经济学成为新古典理论的一统天下。

1958 年，经济学家卡尔多根据美国 1850—1950 年的统计资料提出了著名的"卡尔多程式化事实"，表明这些国民收入核算的统计变量具有极强的规律性，即：美国长期的经济增长率是稳定的，储蓄率或资本积累是稳定的，收入分配中工资与利润的比例是稳定的，由此可以推论出利润率是稳定的。对于这些程式化的事实，新古典经济学家采用总量生产函数所作的解释漏洞百出，如索洛采用中性技术进步的假设来解释这种规律性，而这种假设与现实根本难以衔接，更不用说任何统计或计量技术进步以及剑桥资本争论中的异质产品加总问题。这是因为新古典总量生产函数的测量与国民收入核算的统计是矛盾的。按照国民收入核算的原理，支出一美元必将产生一美元 GDP，而所有生产函数的结论都是一美元支出却不产生一美元 GDP，如索洛的经济增长理论把 80% 的 GDP 增长归于没有统计指标的技术进步。这种理论显然是不能应用的，而在此基础上建立的宏观经济波动理论则根本不能表明这些统计变量之间的关系。然而，对于这些统计变量的性质和它们之间的关系，至今也没有另一种解释能够与新古典理论相抗衡；但这种理论实际上正是马克思早在一百多年前就建立的完整体系，而这个体系对国民收入核算统计变量及其关系的解释直接联系到资本主义。

马克思表明，在资本主义经济中，这些统计变量完全是以价值计量的，这种价值只联系到货币而与技术或生产函数无关。例如在现实的国民收入统计中，西方国家第三产业的比例近 70%，其中包括影视明星和体育明星的高额收入，这显然不能用技术或技术进步来统计。对此马克思的解释是，只要这些"非生产性劳动"是由资本家雇佣的和为资本家创造利润，就要被计入GDP（参见马克思《资本论》第三卷）。这一点涉及 GDP 的性质，即 GDP并不是也不可能是各种异质的实物（劳务）的加总而是一个货币交易值，这个货币交易值表现的是资本主义的竞争和收入分配关系。比如，为什么面包和影视明星的高额收入能够相加而构成 GDP？这里的答案是，因为他们都是被资本家雇佣的，即资本家按照统一利润率的原则在成本支出上加价出售而获取利润和进行竞争。

因此，企业的成本收益计算与新古典教科书中技术关系上的成本概念是完全不同的，而马克思所表明的企业成本收益计算是按照价值或货币计量的，这正是现实企业中的成本收益计算。例如马克思在《资本论》第二卷中的成本收益概念非常清晰地表明，一台机器配几个工人或厂房盖多大等诸如此类的问题都是工程师的事，企业的成本计算也只是工程师的工资，而企业的财务报表则完全是以货币计量的，正是这种企业的成本收益计算构成国民收入核算的基础统计数据。马克思在《资本论》中用 $W = c + v + m$ 来表示企业的成本收益计算。① 其中，对于不变成本 c，可以分为资本存量和折旧流量两部分；折旧用 d 表示；可变成本 v 为工资；把剩余价值 m 分为利息 r 和利润 π 两部分，那么可以得到公式：$W = w + d + r + \pi$。这个公式即是目前国民收入核算中收入法的统计，同时也是企业的财务报表。与新古典理论不同，这里完全是货币的成本收益计算，其中重要的是对利润的计量，而利润则是资本主义企业的生产目的。

正是在这种资本主义经济的国民收入统计性质的基础上，马克思展开了对社会再生产和有效需求问题的分析。假设资本家的利润全部用于储蓄和投资（I），工人的工资用于消费（C），资本家的投资支出和工人的消费支出构成总支出，即国民收入核算的支出法统计。与前面企业成本收益计算的收入法公式联系在一起，可以从马克思的再生产公式中得到下面的"收入－支出"模型，即：

$$w + d + r + \pi = C + I$$

这个模型与新古典理论的收入－支出模型是完全不同的，它表明资本主义经济关系的成本收益计算和利润被加入模型中，重要的是考察企业是否能够赢利或亏损。模型中的收入一方可以表示企业的成本收益计算，企业生产的总成本由固定成本和可变成本两个部分所组成。其中，固定成本包括折旧和利息，可变成本由工资成本构成，即总成本为：$w + d + r$。当总支出（C + I）超过成本（$w + d + r$）时，厂商将获得利润，而企业能否盈利正是宏观经济分析的核心问题，因为企业经营的目的只是获取利润。

这样，如果给定企业的成本，则总支出或 GDP 水平的变动将决定企业是否赢利或亏损。在上述模型中，如果假设工资等于全部消费（W=C），则利润（π）就取决于投资是否大于折旧加利息，即：$\pi = I - (d + r)$。在这里，重要的是由资本存量价值（K）所决定的折旧和利息成本与投资之间的关系。给定折旧率（δ）和利息率（i），则企业的固定成本（d + r）将取决于资本存量价值（K）。由于资本存量价值是由以前的投资决定的，这样本期的投资将在下一期转化为资本存量，从而只有当投资的增长率等于资本存量的增长率时，才能保证企业不亏损。也就是说，由于投资的增长使资本存量的价值增加，当存在正的折旧率和利息率时，如果要使企业不亏损，则必须有新增加

① 对于不变成本 c，马克思批评了"斯密教条"，即通过"还原为有时期的劳动"把资本存量消除掉，因为对于资本家的投资来讲重要的是利润率。

的投资和 GDP 的增长。

这一模型的稳定状态，正是"卡尔多程式化事实"所表明的美国长期经济增长的经验数据，即稳定的经济增长率和资本积累与收入分配保持稳定的比率，从而使利润率保持不变。经验上，美国从 1850 年至今增长率一直为3%，储蓄率（资本积累比率）和国民收入在工资与利润分配的比率一直保持不变。显然，这个收入－支出模型与马克思的社会再生产公式（$W = c + v + m$）所表述的再生产实现条件或稳定状态是完全相同的。如果改写前面的模型，只是把这个模型的前面乘上一个表示经济增长率的 λ，即：

$$\lambda(w + d + r + \pi) = \lambda(C + I) = \lambda(C + S) = \lambda Y$$

上式中，C 为消费、S 是投资、Y 表示国民收入，同时把资本存量价值（K）作为折旧和利息的稳定比率加入模型中，就会得到一个新奇的结论，即：美国长期统计数据所显示的这些国民收入核算统计变量具有明显的规律性。其中，λ 为美国长期 3% 的经济增长率，而公式中所有变量的比例是不变的，如美国长期的储蓄率（$\dfrac{S}{Y}$）和投资率（$\dfrac{I}{Y}$）是稳定的，为 10%，资本的增长率（$\dfrac{I}{K}$）为 3%，资本产出比率（$\dfrac{K}{Y}$）是稳定的，资本是产出的 3 倍，收入分配的比例（$\dfrac{w}{r + \pi}$）是稳定的，工资在国民收入中的比例（$\dfrac{w}{Y}$）为 75%，利润的比例（$\dfrac{r + \pi}{Y}$）为 25%，从而使利润率（$\dfrac{r + \pi}{K}$）保持不变，稳定在 10%。而且，上述稳定的比例关系也就是有效需求的条件，而经济的周期性波动正是这些变量比例的周期性变动，它们同样具有极强的规律性。

马克思是最早从资本存量与收入流量的矛盾讨论经济周期问题的学者，同时也是最早系统地采用两个部门模型讨论经济波动问题的经济学家。而且，马克思的再生产理论和利润率下降问题是联系在一起的。重要的是，马克思从资本主义是为利润和资本积累而生产的性质出发，表明了资本主义经济中有效需求不足的根源。假设利润全部用于储蓄，则工人的工资将消费全部产品，资本家所得到的将是由资本品部门的产出所表示的利润；再加入作为资本存量的不变资本，则可以得到利润率。假设资本家的投资取决于一定的利润率，则资本品部门的产出价值必须与（资本存量）不变资本加消费品部门产出的工资之间，保持稳定的比例，以使利润率保持不变；而当资本积累使不变资本增加时，将导致利润率的下降。显然，这种利润率的下降与技术完全无关，而是来自资本主义生产的性质和价值与剩余价值的计量。

这里特别需要提到的是，上述"收入－支出"模型和马克思使用社会再生产公式所讨论的有效需求条件和利润率下降的经济波动，与著名经济学家凯恩斯在 1930 年发表的《货币论》一书中的"基本方程式"对这些问题的讨论在思路上几乎是完全相同的，而卡莱茨基在 1933 年就已经采用马克思的社会再生产分析得出了与凯恩斯完全相同的结论。

四、有效需求与收入分配

马克思的收入分配理论是马克思经济学中最具争议的领域之一，而收入分配问题又是经济学的核心问题。新古典理论运用资源最优配置的要素价格边际生产力理论解释资本主义经济中的收入分配是完全错误的，因为收入分配中的收入并不是实物而是货币，边际生产力分配理论根本不能解释国民收入中工资与利润的分配。经济学家们似乎一直对马克思的"剥削"概念耿耿于怀，认为这个概念的含义表示不清楚且容易引起人们思维的混乱；而对于社会关系来讲，"剥削"的概念则是非常清楚的，因为它表明了对他人劳动的无偿占有和对他人的支配这种不平等的社会关系。就资本主义的收入分配来讲，资本对他人劳动的无偿占有和货币对他人权利的支配这种不平等是显而易见的，只是主流经济学完全排除对社会关系的研究，从而根本不能讨论由货币所表示的国民收入和其在工资与利润之间的分配关系。

实际上，马克思的收入分配理论直接联系到其有效需求分析，而有效需求概念由斯密提出并在凯恩斯的理论中特别居于重要地位。从一般意义上讲，有效需求表示人们的收入与所生产出的产品价值之间的关系，有效需求不足就意味着相对于产品的价值来讲人们的购买力过低而支付不起。这个问题对于新古典理论来说比较简单，它不过是说供给大于需求，价格水平的变动将能够调节平衡；但在新古典宏观经济学教科书中有效需求这个概念则已经消失了，并被总供给与总需求取代。然而在资本主义经济中，有效需求则具有其特殊含义，即有效需求不足意味着工人的工资不足以支付工人所要购买产品的价值，这正是马克思的社会再生产理论所要讨论的核心问题。需要强调的是，在马克思那里，有效需求不足是不能通过价格水平的下降来调节的，因为在资本主义经济中根本不存在价格水平这个概念，只有以货币价值计量的总收入和总产出。

马克思采用资本品和消费品的两个部门模型来表明社会再生产的实现问题。这里资本品和消费品的划分不仅联系到投资与消费，而且联系到工资与利润的收入分配，因为资本家的利润主要用于投资和资本积累。假设利润全部用于储蓄和投资，工人的工资全部用于消费，则适合再生产的平衡条件是，全部工资等于消费品部门的总价值和全部利润等于资本品部门的总价值。现在加入前面的收入－支出模型表明企业的成本收益条件，前面采用的工资等于消费和利润等于投资的简化假设，可以使两个部门模型与"收入－支出"模型联系起来，即：

$$w+d+r+\pi=C+S=C+I$$

在这个公式中，假设存在给定的资本存量和资本家投资所要求的稳定利润率，则这个模型中将有一个唯一的工资与利润的收入分配比例与稳定的利润率相一致。这样，给定储蓄率和由储蓄率决定的经济增长率，则工资与利润在国民收入中的分配将被决定；正如卡尔多的程式化事实所表明的，美国的收入分配比例在长期一直保持稳定。① 显然，这种收入分配和经济增长模型正是马克思社会再生产理论所阐明的，其模型的稳定性可以用有效需求给予说明。

这一模型的稳定性不仅要求工人的工资等于全部消费品的价值，而且要等于企业的生产成本。给定利润率，则企业的生产成本等于资本存量价值乘利润率。由于资本存量价值取决于投资，从而取决于收入分配，那么当收入分配一旦脱离稳定状态，比如收入分配中利润的比例提高时，资本存量的价值将提高，这也使企业的成本提高。如果要使企业获得稳定的利润率，就要求利润在国民收入中的比重进一步提高，同时资本品部门将比消费品部门增长更快。这种累积过程显然是不可持续的，通过经济衰退和企业破产可以使资本存量贬值，并同时改变收入分配的比例，即通过经济的周期性波动来保

---

① 如果用卡莱茨基的模型可以使这里的模型进一步简化。用 Π 表示利润，即 $\Pi=d+r+\pi$，可以得到卡莱茨基的公式：$W+\Pi=C+S=C+I$，显然，在卡莱茨基的公式中，假设 $W=C$，则 $\Pi=S=I$。卡莱茨基由此得到他的名言："工人花费他们所得到的，资本家得到他们所花费的。"这里加入由利润和储蓄决定的资本存量和给定利润率，即可得到模型的稳定状态。实际上，卡莱茨基的模型已经构成了新剑桥学派增长模型的基础。

持稳定状态的资本-产出比率和收入分配比率。

其实，这里的有效需求问题也可以用前面的"收入-支出"模型来表示，这一模型的稳定状态要求收入分配的比率等于产品成本的比率，即在稳定状态下，模型中用于表示收入分配的工资对利息（加利润）的比率（$\frac{w}{r+\pi}$）和产品成本中工资成本对折旧和利息成本的比率（$\frac{w}{d+r}$）将是不变的，唯此才能保证工人购买全部消费品和资本家得到稳定的利润率或利息率。因为工资不仅仅是成本，而且决定着需求。因此，这种有效需求的条件能否满足取决于收入分配的变动和企业成本的变动。①

这样，我们通过马克思的社会再生产理论得到了另一种收入分配理论，它与新古典边际生产力的要素价格理论是完全不同的。这种由"有效需求"所决定的收入分配来自资本主义经济的性质，即以货币为基础的竞争和对他人的支配。资本家获取利润并不是为了消费，而是为了资本积累，即通过货币资本的积累表示其成就、社会地位和对他人支配的权力。不难看出，上述对有效需求的分析取决于一个关键的假设，即资本家的利润完全用于储蓄（投资）而不消费，这种假设意味着全部产品都是工人消费的。因此，当收入分配中利润的比例提高时，资本积累将加速而使产品的成本提高导致有效需求不足。在长期，只有存在着稳定的工资与利润的收入分配比率，才能保证产品能够被工人购买和使企业获得稳定的利润率。

这里特别需要说明的是关于资本家不消费的假设。一方面，显然现实中的资本家或富人不仅消费，而且比工人消费更多，但这并不否定这种假设的

---

① 可以用现实中房地产的例子来说明有效需求问题。比如北京 2000 年房地产的平均价格约每平方米 3000 元，其中建筑成本为 700 元，假设 700 元为工资成本，余下的部分为利润；到 2010 年，房价涨到了每平方米 30000 元，上升了 9 倍，而建筑成本或工资为 1500 元，只提高了约 1 倍，工人用工资当然买不起住房。自 1990 年以来我国的收入分配差距不断扩大，工资在 GDP 中的比重已经从 60% 多下降到 40% 以下，这种收入分配差距的扩大导致严重的有效需求不足问题。这里可以用最简单的例子说明当前我国有效需求不足的严重性。目前我国超市里的所有产品乃至超市以外的汽车和住房，可以说这些产品每年的生产量是根本不受资源约束的，如 2011 年我国轿车产量的增长超过 40%，其他产品更容易按这个比率增长。现实中这些产品都是工人和进城务工人员生产的，但中国有几亿农民根本买不起这些产品，城市里的下岗工人也买不起，因为他们的收入太低，如 2011 年农村居民的年平均收入只有 6000 元，这只能在大城市中购买一平方米住房。在目前我国还有几亿人没有消费到超市里那些产品的情况下，富人消费的"高科技"产品和奢侈品以及劳动服务业的增长率却远远超过 GDP 的增长率，因为国内的老百姓买不起这些产品而把很大部分基本消费品以低廉的价格用于出口，同时我国的城市化和农村剩余劳动力转移的速度却远远低于当时的日本、韩国和我国的台湾地区。这些都是中国经济学家必须回答和亟待解决的问题。

现实性。因为只要利息与利润收入的储蓄率高于工资的储蓄率或如凯恩斯假设的"边际消费倾向递减",则上述收入分配理论就能够成立和具有意义。另一方面,富人的消费主要是劳务,体现着对他人的支配,同时按照卡莱茨基的模型,由于产品的成本由工资构成,富人消费所增加的支出将构成利润。因此,由经济制度或竞争规则所决定的稳定状态的经济增长和收入分配将决定着人们之间关系的"公平与正义"。例如,如果资本家不消费或资本家的消费与工人是相同的,那么货币财富在某种意义上讲就是一个表示人们竞争胜负的符号;而如果富人把更多的收入花费在劳务上,则意味着对他人劳动的"剥削"。需要提及的是,在创造 GDP 的劳动服务业中许多为富人提供的劳务并不是服务,而是斯密所称的"仆人",它体现出的是人与人之间的不平等关系。

毫无疑问,经济学所要研究的正是这种社会制度和竞争的游戏规则,其目的在于通过修改竞争的规则逐渐达到公平与正义的目标。现实中,货币和以货币量值表示的国民收入核算体系的统计变量所表示的,正是资本主义经济制度的竞争和收入分配的游戏规则,而马克思经济学所研究的也正是这种由货币和国民收入核算统计变量所表示的资本主义竞争和收入分配的社会关系。显然,马克思建立了解释这些统计变量和资本主义经济关系的一个完整的理论体系,而这种经济制度的研究却是以生产函数的技术分析为基础的主流经济学根本不能企及的,因此主流经济学对这些统计变量和现实经济问题的解释是完全错误的。

参考文献：

1. 白暴力. 价值价格通论[M]. 北京：经济科学出版社，2006.

2. 蔡继明. 从狭义价值论到广义价值论[M]. 上海：格致出版社，2010.

3. Garegnani P.. Value and Distribution in the Classical Economists and Marx[J]. Oxford Economic Papers, 36(2): 291-325.

4. Harcourt. Capitalism, Socialism and Post-Keynesianism[M]. Sawyer: Edward Elgar, 1995.

5. 卡尔多. 经济增长理论：一种解说[M]. 上海：生活·读书·新知三联书店上海分店.

6. Kaldor. Capital Accumulation and Economic Growth[M]. New York: Holmes & Meier Publishers, Inc, 1978.

7. 凯恩斯. 货币论[M]. 北京：商务印书馆，1986.

8. 凯恩斯. 就业、利息与货币通论[M]. 北京：商务印书馆，1999.

9. 李嘉图. 政治经济学及赋税原理[M]. 北京：商务印书馆，1962.

10. 柳欣. 资本理论——价值、分配与增长理论[M]. 西安：陕西人民出版社，1994.

11. 柳欣. 资本理论——有效需求与货币理论[M]. 北京：人民出版社，2003.

12. 柳欣. 经济学与中国经济[M]. 北京：人民出版社，2006.

13. 罗宾逊和伊特韦尔. 现代经济学导论[M]. 北京：商务印书馆，1982.

14. 罗宾逊. 生产函数与资本理论[M]. 北京：商务印书馆，1988.

15. 马克思. 资本论[M]. 北京：人民出版社，1975.

16. 米克. 劳动价值学说的研究[M]. 北京：商务印书馆，1963.

17. Morishima, M.. Marx's Economics: a dual theory of value and growth[M]. Cambridge. Cambridge University Press, 1973.

18. 穆勒. 政治经济学原理[M]. 北京：商务印书馆，1987.

19. Samuelson. A Summing up[J]. Quarterly Journal of Economics, 1987(80): 568-583.

20. Samuelson. Marxian economics as economics[J]. American Economic Review, Papers and Proceedings, 1967(57): 616-623.

21. 斯蒂德曼. 按照斯拉法思想研究马克思[M]. 北京：商务印书馆，1991.

22. Stigler G.J.. Ricardo and the 93% labor theory of value[J]. American Economic Review, 1958(48): 357-367.

23. Sraffa. Dr. Hayek on Money and Capital[J]. Economic Journal, 1932.

24. 斯拉法. 用商品生产商品[M]. 北京：商务印书馆，1962.

25. 伊特韦尔，等. 新帕尔格雷夫经济学大辞典，1—4卷[M]. 北京：经济科学出版社，1992.

26. 王璐，柳欣. 马克思经济学与古典一般均衡理论[M]. 北京：人民出版社，2006.

（本文原载于《南开经济研究》2013 年第 6 期）

马克思经济学是真正的科学

1998 年，笔者通过研究"剑桥资本争论"得出一个重要的结论：目前国民收入核算体系中的所有由货币量值表示的统计变量完全是由社会关系或特定的货币金融体系决定的，更明确地讲，完全是由资本主义经济关系决定的，与新古典理论中生产函数的技术分析完全无关。主流经济学的错误就在于把表示社会关系的国民收入统计变量应用到技术关系的分析中，更进一步讲，经济学所要研究的主要问题并不是技术关系或资源的最优配置，而是马克思所说的社会关系。

理解马克思经济学当然离不开"资本主义"这个最重要的概念。在新古典理论教科书中，"资本主义"这个词从来也没有出现过。近年来，在我国经济学的顶级刊物中，"资本主义"一词也是罕见的，而没有资本主义，就不可能有 GDP 和国民收入核算体系的其他统计变量。马克思的理论体系所要研究的正是由资本主义的经济关系所决定的目前国民收入核算体系中统计变量的性质和它们之间的关系，以此来表明资本主义经济中的竞争和其运行规律。换句话说，马克思经济学所研究的问题就是目前主流经济学教科书所要研究和解释的现实问题，而主流经济学从技术关系的角度对这些问题的解释是完全错误的，因为这些问题只是由马克思经济学所研究的社会关系决定的。

马克思的价值理论对于经济学家一直是个谜。经济学家一提到价值总是把它联系到相对价格，这就使新古典的实物和技术关系混了进来，而从未有人把它真的抽象为社会关系。这种由价值表示的社会关系就是资本主义经济中的或我们今天现实生活中的货币，这种货币并不联系到任何实物和技术上的投入产出关系，而是联系到资本和雇佣劳动，联系到资本主义的竞争和对人的支配。货币并不是用来购买商品进行消费的，而是购买劳动获得对他人的支配权利，是资本主义所特有的社会关系。

按照这种思路去读《资本论》就不难发现，马克思价值理论分析的重点与核心在货币上，以推论出货币在资本主义经济中转化为资本和购买劳动力，通过特殊的 G—W—G′ 交换形式获取货币利润。《资本论》第一篇的标题就是"商品与货币"，在第一章讨论价值时，马克思在表明了他的价值概念与使用价值或效用和生产率等技术关系完全无关后，就过渡到对价值形式和商品拜物教的讨论，由此引申到第二章对货币和货币拜物教的分析，第三章专门讨论货币，第四章讨论货币转化为资本，由此构成了对货币与资本性质的完整分析。显然，马克思的价值理论不是研究技术关系的相对价格问题，而是货币理论的基础，马克思的价值概念在资本主义经济中与效用和生产率完全无关，只是联系到作为资本的货币所表示的总量和资本主义的分配关系。这里存在着一个由货币拜物教所产生的价值概念，这个价值概念连老百姓都知道就是货币，就是金钱对这个世界的统治，而经济学家至今似乎都不知道还有这样一种价值概念。在主流经济学中，货币与价值是完全无关的，价值只是联系到实物，而货币只是表示实物的名义变量。

这种价值概念或货币所表示的价值直接联系到构成国民收入或 GDP 的各种总量的关系。在《资本论》第二卷，马克思讨论了资本主义企业的成本收益计算和国民收入的构成所表示的收入分配和有效需求问题。马克思表明，资本主义的成本收益计算是基于资本家用一笔货币资本购买生产资料和劳动力，其生产目的是获取由货币价值表示的利润，从而其成本收益计算只是由货币量值构成的，而与技术完全无关。马克思在讨论社会再生产时，从企业成本收益计算的角度把国民收入的构成划分为 c+v+m，以表示企业的成本和利润，这即是目前国民收入核算中的收入法。在国民收入中，马克思假设工人的工资全部用于消费，资本家的剩余价值全部用于储蓄和投资，这即是国民收入的支出法。采用这种"收入－支出"模型，马克思阐明社会再生产平衡的实现条件是，资本家的投资要等于资本品部门的总价值和工资等于消费品部门的总价值。这种分析与主流经济学的宏观经济理论的本质区别是，这里存在着企业以货币价值进行的成本收益计算，因为企业的生产目的是货币利润，因此总供给与总需求平衡或社会再生产的实现条件是以企业获得利润为基础的。把国民收入明确划分为工资与利润就产生了一种由收入分配所决定的特殊的"消费函数"，即利润用于储蓄和投资，因为资本家获取利润就是为了资本积累。由此可以推论出"有效需求"的重要命题。由于工人的工资购买全部最终产品——消费品，那么在长期，只有工资在国民收入中的比率不变，或收入分配中工资与利润的比率不变，才能保持稳定的利润率，这正是美国长期收入分配的经验数据。而有效需求不足则意味着工人的工资总量小于消费品部门的生产成本，即企业按照成本制定价格的消费品是工人的工资买不起的。由于资本主义为利润而生产的性质所导致的资本积累，使资本存量大幅度提高，而同时使国民收入中工资的份额下降，而资本家的利润份额增加转化为投资和资本将使产品的成本提高，使工人的全部工资小于消费品部门产品的价值，由此导致有效需求不足和企业亏损。

在《资本论》第三卷，马克思阐述了价值到现实的生产价格的转型，使剩余价值率转化为现实的利润率，在此基础上展开了对资本主义经济危机的分析。1825 年，英国在经历了工业革命的生产力飞速发展之后，爆发了严重的经济危机，这种经济危机导致了大量的工人失业和严重的社会问题，这正是马克思研究资本主义经济危机和对这一制度加以批判的重要背景。与李嘉图不同，马克思所要表明的并不是土地收益递减的技术退步导致的利润率下降，而是资本积累和技术进步条件下的利润率下降问题。显然，这一命题正是我们现实中所遇到的问题，即资本主义经济在技术进步的条件下所发生的周期性经济波动。这种技术进步导致利润率下降的命题在新古典生产函数的宏观经济分析中是无论如何也得不到的，因为产出的增加总是会增加企业的利润。而在马克思这里，利润和利润率只是用货币价值计量的，随着资本积累或货币投资的增加而使"资本有机构成"提高，利润率必然下降，这种利润率的下降与实物产出多寡的技术关系是完全无关的，而是来自资本主义经济关系。这里重要的是价值的计量或以货币价值表示的资本、工资与利润所决定的利润率。

（本文原载于《政治经济学评论》2013 年第 1 期）

从经济理论的争论中看理论经济学的发展

——一个马克思主义的视角

摘　要：改革开放以来，若干经济理论的争论助推了我国理论经济学的创新。在理论经济学深刻变革的今天，马克思主义经济学和西方经济学作为两大独立的理论体系并存于中国的理论经济学。究竟什么样的经济理论能够指导中国的市场化改革？中国经济学要向何处去？这是我国经济学界正在面临的困惑和必须解决的问题。本文通过挖掘马克思主义经济学与西方经济学背后的古典传统和新古典传统，并在两者对比的基础上指出以强调社会关系的马克思主义经济学为基础、从总量和货币的角度构建的理论体系是中国理论经济学可能的出路。

关键词：马克思主义经济学；西方经济学；社会关系；技术关系

2008 年 11 月，我国改革开放 30 周年之际，首届中国经济理论创新奖颁给了农村家庭联产承包责任制理论，入围前三的还包括国有企业股份制改革理论和价格双轨制理论。回首 30 年，改革开放的伟大实践从来都是和经济理论的创新在互动中结伴而行。随着改革进程的推进以及人们对经济问题研究的深入，经济理论对于经济实践的指导和引领作用日渐加强。值得注意的是，改革开放 30 年来，若干经济理论的诞生或创新都是在无数争论中完成的。而正是这些在反复的甚至是激烈的争论中形成的经济理论经受住了中国改革实践的检验，是中国经济学中最为宝贵的财富，真正代表了中国经济学的发展方向。本文将通过改革开放 30 年来几场重大的理论争论透视经济理论的创新，从一个马克思主义的视角阐释中国理论经济学的发展现状，并对其未来进行展望。

一、理论经济学的创新：若干重大的理论争论

30 年来，围绕改革而展开的争论若干。改革每前进一步都伴随着大大小小的争论。以真理标准问题的大讨论为起点，从经济改革中的"计划"与"市场"之争到姓"社"与姓"资"问题的争论；从国有企业股份制改造之争到私营经济发展过程中的雇工之争、原罪之争；从劳动价值论的争鸣到分配制度的辩争，还有对中国经济学向何处去的探索；等等。这些理论层面的争论无疑催化了经济理论的创新，全面助推了中国理论经济学的丰富和发展。以下是几场比较著名的争论。

争论之一：计划还是市场？

改革伊始，随着家庭联产承包责任制的推行，市场的力量不断冲击着当时的计划经济体制，理论界也开始反思计划与市场的问题。1979 年 4 月，著名的无锡会议召开，基本达成了计划与市场要相结合的共识，打破了长期以来计划与市场两相对立的传统观念。这是历史性的突破。在表述方式上，1979 年前后的文章中多将"计划与市场"表述为"计划经济和市场经济"，探讨两者的结合问题，后来由于市场经济的提法有争议，逐渐变为"计划调节和市场调节"或"计划经济和市场调节"。这一时期理论界大多把两者结合的理论基础归结为"现阶段社会主义经济既是计划经济又是商品经济""社会主义经济是计划经济与商品经济的结合体"，"社会主义社会的经济，既是公有制的经济，又是商品经济"，等等。在两者如何结合的问题上，经济学家刘国光将当时的各种观点大体归结为两种："板块与渗透"。并且"经过讨论，似乎多数同志接受了后一种观点，即两种调节应当是互相渗透式的结合的观点"。此外，关于计划与市场问题的讨论在谁为主体这一点上还有分歧，"第一种意见认为应以市场调节为主第二种意见认为应以计划调节为主，第三种意见认为只应提两个调节相结合，不要提以谁为主。"1981 年党的十一届六中全会通过《关于建国以来党的若干历史问题的决议》，该决议指出："必须在公有制基础上实行计划经济，同时发挥市场调节的辅助作用。"1982 年，党的十二大明确"正确贯彻计划经济为主、市场调节为辅的原则，是经济体制改革中的一个根本性问题"。至此，理论界对于计划与市场关系的看法基本统一起来。随着农村改革的深入和城市改革试点的推广，价值规律发挥作用的空间迅速

扩展，而我国的商品经济很不发达。对此，1984 年党的十二届三中全会提出"建立自觉运用价值规律的计划体制，发展社会主义商品经济"，并对我国的经济体制进行定性："就总体说，我国实行的是计划经济，即有计划的商品经济，而不是那种完全由市场调节的市场经济"。那么，有计划的商品经济条件下，计划如何发挥主导作用？市场又如何履行辅助职能？孙尚清认为，计划与市场结合的难点在于价格、指令性计划和指导性计划。汤国钧的观点是"为了充分发挥'为主'和'为辅'的作用，还必须十分注意，要通过价格体系的改革，使商品的价格既能反映价值，又能反映供求关系，这是正确处理好计划和市场这一关系的关键所在"。卫兴华、洪银兴和魏杰提出："计划调节和市场调节之间应主要是一种纵向关系"，表现为"计划调节从纵向上渗入市场，使计划机制加入市场机制的运行并调节市场机制，在市场机制内部各要素之间形成合乎计划目标的联系，让市场机制循着计划规定的轨道运行，从而使市场机制在运行中发挥计划机制的功能，最终使国民经济的运行通过市场机制而实现计划目标。计划调节和市场调节的这种活动过程，可以简要地概括为：计划调节市场，市场调节企业"。1987 年，党的十三大确定："新的经济运行机制，总体上来说应当是'国家调节市场，市场引导企业'的机制。国家运用经济手段、法律手段和必要的行政手段，调节市场供求关系，创造适宜的经济和社会环境，以此引导企业正确地进行经营决策。"党的十三大报告中的另一项重大突破在于："报告指出'社会主义经济是公有制基础上的有计划的商品经济'，不再如《决定》那样提法'计划经济，即有计划的商品经济'。换言之，过去落实在计划经济，现在落实在商品经济了"。正当经济沿着逐步市场化的方向前进的时候，1988 年一场严重的通货膨胀和随后的一些非经济因素的扰动使改革受到了挫折。理论界一部分人否定市场的积极作用，再次将改革与社会主义经济的性质联系起来，掀起姓"社"与姓"资"问题的大讨论。《改革要问姓"社"与姓"资"》《关于姓"社"与姓"资"的思考》《问一问"姓社还是姓资"》《正确把握生产力标准——评不问姓"社"姓"资"的观点》《姓"社"？姓"资"？姓"封"？》等一大批文章涌现，对"社""资"问题产生分歧：有的认为在改革过程中必须弄清各种现象是姓"社"还是姓"资"，这关系到改革是否坚持社会主义方向；而有的则认为要打破非"社"即"资"的思维观念，"社会现象是错综复杂的，仅用姓'社'姓'资'是概括不了的，有许多东西并不具有同特定社会形态的必然联系"。这场争论，尤其是在"左"的思潮的强烈冲击下，改革一度因遭受姓"社"姓"资"问题的困扰而难于进展，时代迫切呼唤理论的创新。1992 年初，邓小平同志发表著名的南方谈话，他说："计划多一点还是市场多一点，不是社会主义与资本主义的本质区别。计划经济不等于社会主义，资本主义也有计划；市场经济不等于资本主义，社会主义也有市场。计划和市场都是经济手段。"这是对中国改革理论的极大创新，为中国改革的实践铺平了道路。1992 年 10 月，党的十四大召开，明确提出："我国经济体制改革的目标是建立社会主义市场经济体制，以利于进一步解放和发展生产力"。至此，我国实现了计划经济理论有计划的商品经济理论——市场经济理论的重大飞跃，是改革开放以来中国理论经济学中最为伟大的创新之一。

争论之二：单一公有制形式还是混合所有制经济？

改革开放前，我国实行全面的公有制且形式单一，即全民所有制和集体所有制。改革开放以来，农村中家庭联产承包责任制的实行和城市中扩大企业自主权的改革极大地调动了人们生产的积极性且效果显著，这也促进了多种所有制形式的发展。1985 年，董辅礽就明确提出社会主义经济是以公有制为主导的多种所有制的混合经济。党的十三大报告还指出："公有制经济本身也有多种形式。除了全民所有制、集体所有制以外，还应发展全民所有制和集体所有制联合建立的公有制企业，以及各地区、部门、企业互相参股等形式的公有制企业。"

1993 年，党的十四届三中全会通过的《中共中央关于建立社会主义市场经济体制若干问题的决定》（以下简称《决定》）中首次提到"混合所有"，指出要"随着产权的流动和重组，财产混合所有的经济单位越来越多，将会形成新的财产所有结构"。随后，理论界围绕混合所有制问题展开了争论。1994 年 11 月 4 日，《经济日报》发表了中国社会科学院研究员晓亮的观点。针对党的十四届三中全会《决定》中关于所有制问题的表述，晓亮特别强调了"财产混合所有"这个提法，并对混合所有制进行了阐述。他以马克思的原生形态所有制和次生形态所有制概念为理论基础确认了混合所有制概念的成立，列举了混合所有制的形态和优点并对其前景进行了展望，指出"将来，在我国的所有制结构中，纯而又纯的公有制形态和私有制形态很有可能要相对减少，而各种混合所有制形态会相对增加"。与晓亮的"混合所有制"的观点不同，黄如桐在《经济学动态》上发表题为《当前部分私营企业大户和一些理论工作者对私营经济观点的述评》的文章，认为"混合所有制这个概念不宜采用，还是以联合所有制较为适宜"。面对混合所有制和联合所有制的争论，

1995 年，杨尧忠在《关于"新的财产所有结构"问题的思考》一文中将两种见解进行比较分析，结论表明混合所有制无论是从理论基础还是理论概念的范畴上都具有更高的层次，"发展混合所有制经济，有利于坚持以公有制为主体、多种经济成分共同发展的方针"。除了理论层面的争论，对实践的关注也引发了对混合所有制问题的讨论。"华光现象"是当时争论比较多的问题，对于国有企业实行多种所有制形式的融合，发展混合所有制经济，有些学者认为"'混合所有制'是个很糊涂的概念，使用这一概念值得商榷"。而有些学者则认为，"混合所有制经济的核心是明确产权关系"，"是探索公有制的有效实现形式"，"从社会的角度来看，混合所有制经济是一种不可阻挡的趋势"。这一时期的争论还反映在我国混合所有制经济与西方混合经济的对比分析上。

伴随着改革的推进及多种所有制形式的发展，党的十五大报告明确提出"公有制经济不仅包括国有经济和集体经济，还包括混合所有制经济中的国有成分和集体成分"。混合所有制与公有制的关系成为学者们关注的焦点之一。吕政在区分公有制和公有制实现形式的基础上认为"完全可以在不改变生产资料所属关系的前提下，在坚持公有制主体地位不动摇的情况下，探索和建立多样化的公有制的实现形式"。晓亮指出"混合所有制是相对于原生的或基本的所有制而说的，它由原生的或基本的所有制组合而成。原生的基本的所有制如国家所有制、集体所有制、个体所有制、资本主义所有制等，就像化学中的元素一样；混合所有制是由原生的或基本的所有制组合而成，就好比化学中的化合物一样"。龙绍双就晓亮同志的观点进行了商榷，指出晓亮同志的观点存在两方面的问题："第一，他没有把所有制性质和所有制形式区分开来。第二，他把股份制等同于所有制。"并由此对混合所有制的概念质疑。还有学者认为混合所有制是一种模糊观念，等等。2002 年，党的十六大报告中再次提到混合所有制经济："除极少数必须由国家独资经营的企业外，积极推行股份制，发展混合所有制经济"。理论界对于混合所有制经济的认识逐渐统一起来，从我国国情出发，对于混合所有制经济的概念、特点和作用有了更深刻的理解。2007 年，党的十七大报告中又提出"以现代产权制度为基础，发展混合所有制经济"。混合所有制经济成为我国所有制改革中的重大理论成果。

争论之三：按劳分配还是按要素分配？

1992 年，苏星教授在《中国社会科学》上发表题为"劳动价值论一元论"

的文章，强调"只有第一种含义的社会必要劳动时间决定价值"，"非劳动生产要素不能决定价值"，并针对谷书堂教授的观点"社会主义的分配原则，就是在社会必要劳动所创造的价值基础上，按各种生产要素在价值形成中所作的贡献进行分配，或简称按贡献分配"质疑，从而引发了理论界关于劳动价值论以及社会主义分配原则的大讨论。1993 年，谷书堂教授等在《中国社会科学》上对苏星教授做出回应，提出"新劳动价值论一元论"，即"通过扩展劳动这一概念的外延而把资本等部分非劳动生产要素引入劳动（劳动生产率）的概念中来"。扩展的劳动价值论一元论引入了技术变动的因素，谷书堂教授等认为在技术变动条件下阐释分配理论才是"马克思所论述的历史唯物主义基本原理"，才可以使我们在马克思主义经济学和我国经济体制改革的现实问题之间找到共同点或结合点。针对苏、谷之间的劳动价值论一元论与新劳动价值论一元论之争，何炼成教授于 1994 年在《中国社会科学》上进行了评析。一方面，他认为第二种含义的社会必要劳动时间也参与价值的决定，这是符合劳动价值论一元论的，"苏星同志文章中所批评的谷书堂、张卓元等主张两种含义的社会必要劳动共同决定价值的观点，我认为是不足以服人的。"另一方面，他对谷书堂同志的"物质生产领域和非物质生产领域的劳动都创造社会财富，都形成价值"的观点持否定态度，指出非劳动生产要素不创造价值。在按劳分配与按贡献分配的问题上，何炼成教授认为这场争论的实质"仍然是劳动价值一元论与多元论之争"，"这正是苏、谷之争的根本分歧所在"。在这个问题上，钱伯海教授的观点与谷书堂教授的观点是相似的，认为"社会劳动的凝结物——一生产诸要素共同创造价值"，所以"按资分配，给以相应的报酬，不存在剥削问题……"。对于谷、钱等教授提出的"新见解"，吴易风教授在《价值理论"新见解"辨析》中明确指出，"创造价值的只有劳动……说各种生产要素共同创造价值，那是错误的"，价值创造与收入分配是相分离的，谷、钱两位教授的"理论错误在于混同了价值创造和收入分配问题、硬把取决于生产关系的收入分配说成是取决于生产要素在创造价值中的贡献。另一个错误在于把特定历史阶段上索取权的合法性当作是自然的必然性和永恒的合理性"。蒋学模教授在谈到运用马克思的劳动价值论解释现代市场经济中的价值量问题时指出："只有人的活劳动才是价值的唯一源泉……一切生产商品的活劳动，包括生产物质产品、精神产品和服务产品的活劳动，都能创造价值，都是价值的源泉"。卫兴华教授从另一个角度阐明他的观点："马克思虽然创立了劳动价值论，但他并没有以此作为分配的根据。并不意味着只有参与价值的创造，才有参与分配的权利。要把价值的创造与价值的分配区分开来。"

20 世纪 90 年代有关劳动价值论和社会主义分配原则的争论促成了我国分配制度的创新，推动了马克思主义经济学在当代中国的新发展。1993 年，党的十四届三中全会提出"允许属于个人的资本等生产要素参与收益分配"。1997 年，党的十五大报告指出"坚持按劳分配为主体、多种分配方式并存的制度。把按劳分配和按生产要素分配结合起来"。党的十七大报告又进一步明确了"要坚持和完善按劳分配为主体、多种分配方式并存的分配制度，健全劳动、资本、技术、管理等生产要素按贡献参与分配的制度"。

二、理论经济学的现状：两大体系的对立并存

社会主义市场经济取代了计划经济，混合所有制经济取代了单一公有制形式，按劳分配与按要素分配结合起来……今天的中国理论经济学既超越了改革之初的传统范式，又有别于当今西方主流经济学。而回顾中国理论经济学 30 年的发展历程，一方面是马克思主义经济学在中国实践中的创新，另一方面改革的实践也借鉴了西方经济学。

改革开放 30 年，中国经济理论中的重大问题无一没有经历过争论，这些争论正反映了当时人们头脑中不同理论体系的交叉和斗争。改革开放初期，马克思主义经济学在我国具有明显优势，人们在遇到改革新问题时总是从马克思主义经济学中寻求理论源泉，有时甚至是通过对马克思主义经济学的创新使其更接近现实。随着改革开放进程的推进，西方经济学大量涌入，其精美的逻辑形式和便利的分析工具迅速被我国学者所掌握并用于解释和解决市场进程中的诸多现实问题。中国的理论经济学形成两大体系并存的局面。

马克思主义经济学的庞大体系是在古典经济学基础上发展起来的，他继承了古典经济学中强调社会关系的传统，从资本主义的生产关系出发分析资本主义经济的运行。资本不再是简单的生产要素，而是一笔预付资金，用来购买和支配劳动及其他生产资源，拥有的资本越多可以支配的劳动和资源就越多，就会在竞争中占有优势。资本主义的竞争使资本追逐利润，利润实现以后再积累为资本去追逐更高的利润，这种特有的竞争关系表明资本主义的一切生产活动都是围绕利润展开的。马克思把资本主义的竞争的游戏看作一

个宏观的体系，用一套总量关系来表示。在这个体系中，最为重要的是货币。所有的总量用货币统一起来，因而具有了分析和比较的基础，这也是马克思主义经济学区别于其他理论体系的标志。

1870 年"边际革命"后所兴起的新古典的西方经济学则完全不同。它抛开社会关系，仅仅从生产的技术关系出发，是一套定价理论，即通过相对价格的确定来完成资源配置的任务。这里完全不需要任何总量，相对价格就是表示资源稀缺的指数，可以指导资源的配置，而且用相对价格加总的总量是毫无意义的。新古典的西方经济学曾经用加总的方法得到的生产函数就存在着资本计量的悖论。从这个角度上说，新古典的西方经济学更适于说明实物经济，而非包含总量关系的货币体系。

两大截然不同的理论体系并存于中国的理论经济学，这一方面反映了中国理论经济学百家争鸣的繁荣面貌，另一方面也折射出我国理论经济学所面临的困惑：究竟应该用哪种理论体系来指导中国的改革实践？两种体系可以融合在一起吗？中国理论经济学未来的出路在哪里？改革开放以来，"中国经济学向何处去"的争论已几经爆发，但今天这个问题依然困扰着中国的经济学工作者们。

三、理论经济学的未来：一个马克思主义的视角

长时间以来，人们总是有这样的错觉：似乎马克思主义经济学更适于说明计划经济，而西方经济学才是研究市场经济的。事实上，通过马克思主义经济学与西方经济学的对比，不难发现：马克思主义经济学区别于新古典的西方经济学的重要之处在于前者强调社会关系，而后者重视技术关系。社会关系是人与人之间的生产关系，它反映特定的经济制度，例如：在资本主义经济中社会关系就表现为资本主义特有的竞争关系，即无限追逐利润的竞争。而技术关系是以生产函数、效用函数等为基础，以投入、产出、偏好等技术指标来表示的，仅仅是生产过程的本身。其中也有竞争，但它抽象掉了人与人之间的利益冲突，竞争的概念只是为了有效配置资源而确定相对价格，这种竞争并不与特定的经济制度直接相关。马克思正是通过资本主义特有的竞争关系透视出资本的本质进而完成对资本主义生产过程的阐释。基于社会关系分析的马克思主义经济学，以劳动价值论为基础，重要的是用货币表示总

量，用总量表示竞争，这一点与市场经济的特征是吻合的。而基于技术关系分析的西方经济学通过相对价格足以完成资源配置的任务，不需要货币或总量指标，从这个角度上说，更适用于实物经济或计划经济。

中国的市场化改革需要市场经济的理论体系。就目前中国的理论经济学而言，马克思主义经济学和西方经济学都被用来解释和分析我国市场经济中的现实问题，尤其是在运用统计资料进行经验研究时，西方经济学凭借其定量分析的便利性往往被广泛应用。这里笔者想要说明的是，在市场经济中，所有国民核算的统计变量或统计资料是货币量值的，这些货币量值的统计指标是由货币金融体系决定的，与生产上的技术关系没有必然的联系。用西方经济学的技术关系去分析这些并不由技术决定的货币量值的统计数据得出的结论往往有些偏差，比如西方经济学教科书根据生产函数计算出经济增长核算方程，把劳动、资本以外的经济增长的源泉归因于技术进步，即索洛余值，并由此推出稳定的经济增长来源于中性的技术进步。而实际中，不论是哈罗德中性的技术进步还是希克斯中性的技术进步都是很难找到的，显然，这种用生产过程中的技术指标去解释宏观经济运行规律的方法有些牵强。与之相对，马克思主义经济学对于这些经济现象的解释则不依赖于技术，比如在解释利润率下降的趋势时，马克思否定了李嘉图用土地生产率降低这样的技术性能指标，而用资本有机构成这样的社会关系来说明。事实上，很多情况下，人们对于马克思主义经济学的理解并不正确，常常把实物和技术因素加入马克思主义经济学中去分析和预测市场经济中的经济现象和趋势，当然得出的结论与现实相差甚远。我国建立市场经济的时间并不长，要更好地建设和完善市场经济，需要一套真正的市场经济理论体系来支撑和指导，改革开放30年来的理论创新正是循着这样的思路进行的。在不同理论体系交叉并立的今天，正确地理解马克思主义经济学，以社会关系分析为基础，从总量的角度和货币的角度重新建立宏观经济的理论体系并为之寻求相应的微观基础也许才是中国理论经济学可能的出路。

参考文献：

1. 刘成瑞，胡乃武，余广华. 计划和市场相结合是我国经济管理改革的基本途径[J]. 经济研究，1979（7）.

2. 何建章，王积业，吴凯泰. 关于计划调节和市场调节相结合的问题[J]. 经济研究，1980（5）.

3. 王致胜. 也谈计划调节与市场调节相结合[J]. 经济问题, 1980（3）.

4. 刘国光. 略论计划调节与市场调节的几个问题[J]. 经济研究, 1980（10）.

5. 许滢. 关于计划调节和市场调节问题的讨论综述[J]. 社会科学, 1982（4）.

6. 孙尚清. 市场与计划论纲[J]. 求索, 1987（1）.

7. 汤国钧. 有计划的商品经济条件下计划和市场的关系[J]. 经济与管理研究, 1986（2）.

8. 卫兴华, 洪银兴, 魏杰. 计划调节导向和约束的市场调节[J]. 经济研究, 1987（1）.

9. 伍柏麟. 中国市场化改革理论20年[M]. 太原: 山西经济出版社, 1999.

10. 赵树元. 关于姓"社"姓"资"的思考[J]. 社会科学研究, 1990（4）.

11. 邓小平文选, 第3卷[M]. 北京: 人民出版社, 1993.

12. 朱玲. 他最早提出了所有制改革问题[N]. 北京日报, 2004-08-16.

13. 杨尧忠. 关于"新的财产所有结构"问题的思考[J]. 荆州师专学报, 1995（4）.

14. 王汉钦. "混合所有制"质疑[J]. 理论学刊, 1995（5）.

15. 段文斌, 郝寿义. 论混合所有制经济[J]. 南开经济研究, 1995（2）.

16. 吕政. 论公有制的实现形式[J]. 中国社会科学, 1997（6）.

17. 晓亮. 所有制改革三题[J]. 理论学刊, 1998（5）.

18. 龙绍双. "混合所有制"质疑[J]. 理论学刊, 1999（3）.

19. 戴炳源. 混合所有制是一种模糊观念[J]. 中央财经大学学报, 1999（4）.

20. 苏星. 劳动价值论一元论[J]. 中国社会科学, 1992（6）.

21. 苏星. 劳动价值论一元论[J]. 中国社会科学, 1992年（6）.

22. 谷书堂, 柳欣. 新劳动价值论一元论——与苏星同志商榷[J]. 中国社会科学, 1993（6）.

23. 何炼成. 也谈劳动价值论一元——简评苏、谷之争及其他[J]. 中国社会科学, 1994（4）.

24. 钱伯海. 社会劳动创造价值之我见[J]. 经济学家, 1994（2）.

25. 吴易风. 价值理论"新见解"辨析[J]. 理论经济学, 1995（7）.

26. 蒋学模. 现代市场经济条件下如何坚持和发展劳动价值学说[J]. 经

济学动态，1996（4）．

27．卫兴华. 关于深化对劳动和劳动价值理论的认识问题[J]. 经济学动态，2000（12）．

（本文与曹静合著，原载于《南京社会科学》2009 年第 5 期）

马克思的地租理论

——宏观总量与微观价格的统一

摘　要：从经济学说史的角度来看，对于地租问题的研究以李嘉图的地租理论为基础，逐渐演化成两种不同的分析方法：一种是新古典的边际分析方法；另一种是古典的剩余分析方法。本文在对马克思的地租理论进行深入研究的基础上，明确指出马克思的地租理论运用的是古典的分析方法，它所揭示的是资本主义宏观经济的运行规律，并且该理论体系使宏观总量与微观价格在均衡状态下达到了完美的统一。

关键词：级差地租；绝对地租；资本化价格

A.夸德里奥-库尔齐奥（A.Quadrio-Curzio）把经济学说史上所有的地租理论大体上分为三种分析方法。"第一种方法是李嘉图（Ricardo）方法……第二种方法是新古典边际主义方法……第三种方法是斯拉法（Sraffa）方法。"[1]

李嘉图的方法是一种剩余的分析方法，他将地租看作"用于粗放型和集约型耕种中的可变投入所产生的平均产品和边际产品之间的差额所决定的一种'剩余'"。[2]同时，他认为地租的产生完全起因于土地的技术特征，即土地的边际生产力下降。李嘉图的地租理论不仅为后来的地租理论的发展奠定理论基础。更为重要的是，在这个基础上，地租理论沿着技术分析（新古典分析传统）与剩余分析（古典分析传统）两条截然不同的路径渐行渐远。新古典边际主义方法将地租理论的技术分析发挥到极致，而斯拉法方法则极力

---

[1] 伊特韦尔、米尔盖特和纽曼编：《新帕尔格雷夫经济学大辞典》（第三卷），经济科学出版社，1996年，第127页。

[2] Blaug, Economic Theory in Retrospect (fifthedition), Cambridge: Cam-bridge University Press, 1997, p.8.

复归剩余分析的传统。

1894 年，马克思的伟大著作《资本论》第三卷经恩格斯的整理正式出版。在第三卷第六篇《超额利润转化为地租》中，马克思将其成熟的地租理论完整地呈现出来。该理论在坚持李嘉图的劳动价值论的前提下，采用剩余的分析方法，从生产关系（社会关系）的角度出发，完全摒弃李嘉图关于土地的技术分析。这极大程度地将古典分析传统发扬光大。而正是这种具有"马克思特色"的古典分析方法使宏观总量的分配与微观资源的配置空前完美地统一起来。

马克思的地租理论——一套古典分析的理论体系

在《资本论》第三卷"资本主义生产的总过程"中，马克思提出了他的"超额利润转化为地租"的理论，即他的地租理论。马克思的地租理论将劳动价值论贯彻到底，明确指出劳动是超额利润产生的源泉，土地所有权是超额利润转化为地租的原因，而土地的自然性质（如肥力、位置等）仅仅是地租产生的自然基础。

在斯密、李嘉图的级差地租理论的基础上，马克思又补充了绝对地租理论，进一步深入了对资本主义条件下土地问题的研究。为了形象地表述级差地租理论，马克思列举了自然瀑布的例子。生产一种商品，如果一些工厂以蒸汽机为动力，而另一些工厂凭借独特的地理条件以自然瀑布为动力推动生产。那么，后者的生产成本会比较低，因而厂商的个别生产价格会较为低廉。但是，商品最终并不是按照个别厂商的个别生产价格出售的，而是按照商品的市场生产价格出售。商品的市场生产价格，又称起调节作用的市场价格或一般的市场生产价格，是由所有生产该种商品的生产部门"在资本平均条件下生产这种商品平均耗费的成本价格决定的"。①这样一来，在商品的个别生产价格和市场生产价格之间会产生一个差额，马克思视其为超额利润。显然，超额利润的形成是由于个别成本价格的降低所引起的同一般成本价格的偏离。马克思说："成本价格的减少以及由此而来的超额利润，在这里，是执行职能的资本的使用方法造成的。它们的产生，或者是因为异常大量的资本积

---

① 马克思：《资本论》（第三卷），人民出版社，1975 年，第 722 页。

聚在一个人手中……或者是因为一定量资本以一种生产率特别高的方式执行职能……因此，在这里，超额利润来源于资本本身（包括它所推动的劳动）：或者是所用资本的量的差别，或者是这种资本的更适当的应用。"①

超额利润为什么会转化为地租落入瀑布所有者的手中，或者说，瀑布所有者凭借什么把超额利润从工厂主手中拿出来放入自己的囊中呢？关键之处在于，瀑布所有者对瀑布及其所处的地块拥有占有权。正是这种所有权使瀑布所有者有权利拒绝一切他人的投资，并有权利决定瀑布的使用权。于是，除瀑布所有者以外的其他人在使用瀑布为动力进行生产时所产生的超额利润需以地租的名义上缴瀑布所有者。可见，虽然瀑布所有权并不是超额利润产生的原因，但它确是超额利润转化成地租的必要条件。

以上所述的地租，即由个别生产价格和一般生产价格之间的差额所形成的地租属于土地的级差地租。从表现形式上看，马克思将级差地租分为两类：级差地租Ⅰ和级差地租Ⅱ。级差地租Ⅰ是等量的资本投在具有不同肥力的等面积土地上而产生的不同收益之间的差额。而级差地租Ⅱ是等量的资本连续投在同一地块上而产生的不同收益之间的差额。级差地租Ⅰ是级差地租Ⅱ的基础，两者在实质上是一致的。除此以外，马克思在地租篇中以相当大的篇幅讨论了生产价格不变、下降和上涨三种情况下级差地租在数量上的变化。

地租的另一种重要形式是绝对地租。它等于农业部门的产品的价值超过生产价格的余额。之所以会出现这个余额，是因为农业部门的资本有机构成低于社会平均的资本有机构成从而形成了超额利润。而农业部门特有的土地所有权阻碍了农业部门参与全社会利润平均化的过程。因此，这部分超额利润便得以保留并转化为地租。"虽然土地所有权能使土地产品的价格超过它们的生产价格，但市场价格将在多大程度上高于生产价格，接近于价值，因而农业上生产的超过一定平均利润的剩余价值，将在多大程度上转化为地租，或在多大程度上进入剩余价值到平均利润的一般平均化，这都不取决于土地所有权，而取决于一般的市场状况。"②

包括级差地租和绝对地租在内的马克思的地租理论完全从生产的社会关系出发，认为土地所有权是超额利润转化成地租的根本原因。这与新古典理论体系从生产的技术关系出发，将地租视为土地的边际产品的结论是完全对

---

① 马克思：《资本论》（第三卷），人民出版社，1975 年，第 726 页。
② 马克思：《资本论》（第三卷），人民出版社，1975 年，第 861 页。

立的。在马克思的地租理论中，无论级差地租还是绝对地租都是一种余额：前者是个别生产价格与市场生产价格之间的余额，后者是价值与生产价格之间的余额。这种"剩余"的分析方法本质上属于总量分析的范畴。这是古典分析传统的重要特征。建立在社会关系基础上的总量分析方法得出的必然是特定经济制度下宏观经济的运行规律。而这一点恰恰是建立在技术关系基础上以相对价格分析为方法的新古典传统所望尘莫及的。

土地的资本化价格——一个总量形成的基础

（一）土地的价格

除了级差地租与绝对地租之外，马克思地租理论中另一个重要内容就是土地价格。土地的价格是购买一块土地所需支付的货币额。表面上看，似乎与其他商品的买卖一样，土地的所有者在出卖土地的同时换得了一个等价物。但土地本身并不包含人类的劳动，因此它没有任何价值。那么，一个不具有价值的东西为什么会有价格呢？马克思认为，这种价格是一个"不合理的范畴"，它不过是地租的资本化。更确切地说，"这个购买价格不是土地的购买价格，而是土地所提供的地租的购买价格"。[①]

土地的价格公式可以表示为：$P=R/i$。其中，P 代表土地的价格；R 为地租，即土地所有者因出租其土地而每年获得的一笔收益；i 为货币利息率。

地租资本化公式成为土地买卖的基础，而购得土地的人则可以凭借其"投资"理所当然地获得"收益"。然而，马克思看来"从一个较高级的社会经济形态的角度来看，个别人对土地的私有权，和一个人对另一个人的私有权一样，是十分荒谬的"。[②]

（二）加总的方法

土地的资本化价格公式将地租通过货币利息率的贴现转化成一个货币总额，而这笔用于投资的货币就是资本。土地价格公式的一个重要的意义就在于它把分量的地租换化成了总量的资本。这里涉及资本理论中的加总问题。

资本的加总最为通常的形式就是收益现值法，即用资本的年收益除以资

① 马克思：《资本论》（第三卷），人民出版社，1975 年，第 703 页。
② 马克思：《资本论》（第三卷），人民出版社，1975 年，第 875 页。

本的利息率会得到资本的总量。但是问题在于，不同的资本品是异质的，各自拥有自己的利息率。这些以实物形式表示的自己的利息率千差万别，缺乏进行比较的基础。凯恩斯在《就业利息和货币通论》的第十七章《利息与货币之特性》中也谈到这个问题。他假设了三种资产即房屋、麦子和货币，它们各自的利息率分别为 q1，-c2 和 l3。值得注意的是，这三个利息率都是以实物形态所表示的利息率。正如凯恩斯所说，q1 是以房屋表示的房屋的利息率，-c2 是以麦子表示的麦子的利息率，l3 是以货币表示的货币的利息率。要将这三种异质的利息率比较大小，必须选择一种利息率作为"一般的利息率"，把其他两种利息率也转化成相同的单位。凯恩斯认为，无论选择哪一种利息率作为一般利息率，转化以后利率大小比较的结果都将是一致的，只是按不同的一般利息率贴现出来的资本总量会不相同。

虽然理论上看任何一种资产自己的利息率都可以作为一般利息率去支配去其他利率，但根据凯恩斯的观点，"货币利率乃唯一重要的利率"[①]，唯有货币利息率才能承担起一般利息率的职能。这是因为货币这种资产的种种特征[②]"使其本身利率（以货币本身计算）固然随产量之增加而下降，但其下降速度，不若其他资产之本身利率（以各该资产本身计算）之大"[③]。

货币利息率成为一般利息率去贴现各种资产的收益从而将各种资产的价值以货币的形式表示，这样得到的一套资本的总量是货币值，完全脱离各种实物的形式，与资本主义条件下厂商在成本—收益计算基础上追逐利润的竞争是一致的。

资本化价格公式为我们提供了一种将异质资本品加总为一个统一单位的总量的途径，它是总量得以形成的基础。土地的资本化公式也不例外，不同质的土地被货币利息率贴现后成为一种总量的资本，这种资本与其他资本在货币的基础上统一起来，共同成为资本主义经济关系的核心。

（三）总量的意义

按照凯恩斯用"自己的利息率"贴现的方法进行加总会存在这样一个问题，就是选择不同的利息率作为一般利息率进行贴现的时候得出的总量会不

---

① 凯恩斯：《就业利息和货币通论》，商务印书馆，1983 年，第 195、195 页。

② 具体地说，凯恩斯将其归结为三种特征："第一，因为有灵活偏好动机，故当货币数量较之其他财富（以货币计算）相对增加时，利率也许不大起反应；第二及第三，货币之生产弹性以及替换弹性皆等于零，或微小不足道。"引自凯恩斯《就业利息和货币通论》，商务印书馆，1983 年，第 199 页。

③ 凯恩斯：《就业利息和货币通论》，商务印书馆，1983 年，第 195、195 页。

同。或者说，每一个一般利息率对应于一套总量关系。这是由于计量总量的标准发生了变化，总量会随之变动。然而，这种随一般利息率的变动而随时发生变动的总量是否有意义？资本主义经济中是否需要这样一套总量关系？当我们把一般利息率定义为货币利息率的时候，所有问题便具有了肯定的答案。

自己的利息率或者叫作个别的利息率，是资本以异质的资本品形式存在时所具有的属性。然而，资本主义与以往社会形态在经济制度上的重大区别之一就是资本主义的竞争。资本家之间追逐利润的竞争总会驱使资本争相涌入利润最大化的生产部门，这时资本的具体形态已被忽略，资本的概念已经变成为可以流动和转投的金融资本的概念。从这个意义上说，资本不再是异质的，而是在货币的基础上成为可以加总的同质品。资本的这种变化完全是由资本主义的竞争造成的。正是这种特殊的竞争关系使资本完全摆脱其物理性征而变成纯粹的"货币游戏"。因此，我们说建立在货币利息率基础上的总量资本与资本主义经济运行的现实完全相符。除了资本主义以外的任何经济制度由于没有了这种特定的竞争关系将不会使资本发生这种变化，也不完全需要总量的概念。

总量的另一个重要意义在于它与表示资本主义经济运行的统计资料是完全吻合的，从而说明实际中资本主义经济的运行就是通过一套总量关系来完成的。一个突出的例子就是卡尔多的程式化事实。1958 年，卡尔多根据对资本主义上百年的统计资料的研究发现了六种类型的事实，这些"事实"表明，从长期来看，经济增长率是稳定的，收入在工资和利润之间的分配也是稳定的，无论是利润对收入的比率、工资率、利润率还是资本－产出比率和资本－劳动比率都随经济周期而波动。由统计资料所显示的事实是如此地具有规则性。那么，怎样来解释这种规则的统计结果呢？很简单，建立在货币利息率基础上的资本是货币基金的总量概念，由资本主义的货币金融体系所决定的货币利息率是稳定的，因而，整个资本主义经济的运行也是稳定的。总量的概念与统计资料中所显示出来的统计结果是相容的。

宏观总量与微观价格——一种均衡状态下的统一

前文一直在强调总量的概念，它与资本主义制度紧密相连，体现资本主义条件下的生产关系（社会关系）。马克思的地租理论就是这样的一套总量理论：地租是一种"剩余"，土地的价格是一笔货币资本。地租与土地的价格并不决定于土地的技术性能（或自然条件），而是归因于土地的所有权。在资本主义特有的竞争关系中，所有的总量都表现为货币值。

与之相对应的是新古典理论体系中地租理论。在新古典的理论中，地租是土地的边际产品，由土地的自然生产能力所决定，并表现为实物量值。事实上，这里的地租不是宏观总量而是相对价格（或者微观价格），是表示微观领域中资源稀缺性的指数。

那么，作为宏观总量的"地租"和作为微观价格的"地租"是什么关系？它们是不是完全对立的？在实际中，按照前者确定收入的分配和按照后者进行资源的配置是否要通过两个过程来完成呢？

事实上，采用"剩余方法"的古典传统一直被认为适用于总量分析，而采用"边际方法"的新古典传统则常常被用于微观分析。值得一提的是，两种传统都试图在各自的理论体系中寻求宏观层面与微观层面的和谐与统一，但结果却并不令人满意。比如，新古典的理论体系无论是在微观的资源配置还是在微观的供求分析方面都堪称完美，然而一旦扩展到宏观领域，就显得力不从心：它将表示不同厂商生产技术性能的微观生产函数加总为总量生产函数来说明经济的增长和波动，将不同质的资本形成一个资本的总量用边际分析的方法得出"统一的利润率"，等等。这些做法被"剑桥资本争论"所揭示出的逻辑悖论所否定。因而，直到今天，新古典理论体系依然因无法解决这些障碍而受到不同程度的质疑。古典的分析传统一直被认为是适于总量分析，而它的微观基础似乎很难确定。所以，在古典传统的理论体系中很少见到微观分析的踪迹。总之，以往的理论体系并没有将宏观总量与微观价格统一起来，至少是没有在同一理论体系内将两者统一起来。

马克思的理论体系，具体到地租理论，与其他的理论体系不同。他把货币利息率（统一的利润率）引入其分析框架。马克思的理论体系向我们证明，我们完全可以在古典分析的框架中为总量分析寻找到与之相容的微观基础。换句话说，在马克思的理论体系中，这种宏观与微观的有机统一是完全可以做到的。

就马克思的地租理论而言，土地所有者所获得的地租被货币利息率贴现后形成土地价格，这个土地价格属于收入分配的宏观总量，它是货币量值而非任何实物。在微观领域，新古典将地租定义为土地的边际产品，这样，微观的土地价格表现为实物，这与马克思理论体系中货币量值的总量价格是不符的。这里，我们沿着马克思的思路将货币利息率引入土地的微观价格。也就是说，我们在土地的边际产品中加入货币利息率的因素，土地的微观价格便不再是实物形态的边际产品，而是成为货币量值。宏观价格总量（表示收入分配）与微观价格（表示资源配置）在货币值的基础上统一起来。事实上，我们可以建立起具有货币利息率的一般均衡体系，在均衡状态下，求解出的所有生产要素（包括土地）的价格（包括地租）都是货币形式。斯拉法所建立的生产体系就是在这方面的积极尝试。这个具有货币利息率的一般均衡体系与马克思的总量体系是和谐的，可以作为它的微观基础。当货币利息率发生变动的时候，由利息率的变动而引起的宏观价格总量的变动会以同样的方式影响到微观价格，但是，以边际产品价值度量的微观价格的变动并不会传递到以实物产品为基础的资源配置机制。因为，单个厂商在进行成本收益计算时，不会考虑总量而是按照原来的投入—产出关系（生产方法）配置资源。因此，当货币利息率发生变动时，按照收益现值法资本化的价格总量或者说宏观的收入分配会随之发生变化，但是，这种利息率的变动不会影响资源的配置。

在进行了如上的分析之后，我们可以回答前面提出的问题了。宏观总量与微观价格并不是完全对立的，两者可以在货币利息率的基础上统一起来。在均衡状态下，货币利息率会决定一套总量关系，资源也会实现最优的配置。而两者是由同一过程完成的。

小结

马克思的地租理论继承了古典分析传统的总量分析方法，从资本主义的生产关系出发，通过货币利息率的贴现将异质的实物量值转化成为同一的货币量值。这种货币形态的总量关系是资本主义运行的真实反映，与统计资料完全吻合。不仅如此，我们还可以在马克思体系的框架中将作为宏观总量的地租与作为微观价格的地租统一起来。

参考文献：

1. 伊特韦尔、米尔盖特和纽曼. 《新帕尔格雷夫经济学大辞典》（第三卷）［M］. 北京：经济科学出版社，1996.

2. 马克思. 资本论（第三卷）［M］. 北京：人民出版社，1975.

3. 罗宾逊，伊特韦尔. 现代经济学导论［M］. 北京：商务印书馆，1982.

4. 凯恩斯. 就业利息和货币通论［M］. 北京：商务印书馆，1983.

5. 斯拉法. 用商品生产商品——经济理论批判绪论［M］. 北京：商务印书馆，1991.

6. 柳欣. 资本理论——价值、分配与增长理论》［M］. 西安：陕西人民出版社，1994.

7. Blaug. Economic Theory in Retrospect (fifthedition)[M]. Cambridge: Cambridge University Press, 1997.

（本文由柳欣与曹静合著，原载于《学海》2009 年第 1 期）

在范式转换中探寻"宏观经济学的微观基础"

——一个基于马克思经济学研究视角的理论解析

　　摘　要：在经济思想史上，经济学分析范式历经多次转换，特别是 19 世纪 70 年代的"边际革命"和 20 世纪 30 年代的"凯恩斯革命"分别促成了新古典微观经济学与凯恩斯宏观经济学的主导地位。这种宏微观理论的割裂使经济学研究存在不合理的悖反，推动了西方经济学寻求"宏观经济学的微观基础"的理论探讨。20 世纪 70 年代资本主义滞胀问题的出现，令西方学者在新古典主义和凯恩斯主义之外另觅宏观理论的研究基础，由此掀起复兴马克思主义的经济学热。与强调实物经济技术关系分析的主流新古典理论不同，以资本主义货币经济之社会关系为分析线索的马克思经济学基于市场经济的竞争博弈规则认为，资本主义生产目的在于获取按货币价值计算的利润或货币增殖。在价值与剩余价值理论及其统一利润率的古典一般均衡基础上，马克思深刻剖析了资本主义再生产矛盾和利润率下降、有效需求及经济周期与危机等宏观经济问题。依据马克思经济学的研究视角，这些问题不仅可以通过由市场经济或现实资本主义经济关系决定的国民收入核算体系统计变量的性质体现，而且其发生发展及相互之间也必然存在各种联系，从而能够经由微观基础到宏观经济的逐层推理建立逻辑一致的理论体系进行论证和预测。这是马克思经济学科学阐释资本主义现实经济的重要内容，完全不同于"剑桥资本争论"揭示的存在一系列逻辑悖论的新古典经济学在排除真正市场竞争前提下所给予的错误阐释。

　　关键词：经济学范式；宏观经济学的微观基础；马克思经济学；新古典理论

一、经济学分析范式的历史转换

什么是经济学？经济学的理论基础以及它的研究内容是什么？长期以来，西方经济学界一直对此有着不同观点，诸如"经济学是研究关于物品的生产和交换活动"，"经济学是研究如何选择使用有限的资源生产商品和分配"，"经济学是研究货币、银行、资本和财富的学科"，等等。在历经相关论述的诸多争论后，目前西方主流学者们大都接受了英国经济学家罗宾斯的说法，即"我们的定义视经济学为研究稀缺手段配置的科学"，并认为经济学是一门"系统研究各种目的与具有多种用途的稀缺手段之间关系的人类行为的科学"。[1]可以看到，这是一个试图将微观资源配置与宏观研究目的相融合的定义，它在一定程度上反映了多数经济学家希望在一个体系中讨论宏微观理论的良好初衷。但是自 17 世纪诞生政治经济学的概念以来，经济学一直服务于特定社会中占统治地位阶级的利益，故其研究视角和研究范围也会随着该统治阶级地位的社会变迁和经济条件的变化而发生改变。当然，各时代居于正统地位的经济理论在研究对象总是不完全相同的，一种范式（paradigm）被另一种范式所取代自然有其变换的主题和背景。如 1870 年左右"边际革命"的兴起，使得关注于技术分析的新古典理论取代了自古典经济学以来一直将社会关系作为分析主线的研究传统而成为现代经济学的主流范式。但一百多年后的今天，古典经济学似乎又复活了如后凯恩斯学派对古典剩余传统的复归、当代新马克思主义和激进政治经济学的发展等，从而形成经济学领域古典与新古典两大范式并存和对抗的局面。[2]在经济思想史中，这种变化突出表现在宏观研究领域与微观研究主题的割裂与切换，并逐渐形成了我们今天所看到的各种经济学流派及其理论体系的次第变更。比如从 1776 年斯密发表《国富论》以来，前后经历了古典学派、马克思经济学、新古典理论、"凯恩斯革命"以及凯恩斯之后不断演化的各种凯恩斯主义体系（如新古典综合、

---

[1] 罗宾斯：《经济科学的性质和意义》，商务印书馆 2000 年，第 20 页。

[2] 在经济思想史上，一般将经济学纯理论的分析总结为两种传统的对立：一种是古典剩余传统的"社会关系"分析，另一种是新古典供求传统的"技术关系"分析。其对立的根本在于，是以剖析现实资本主义社会的经济关系为分析主线，还是在固有的社会制度框架下以研究资源配置的技术关系分析为主线。参见 Garegnani, P. (1984): Value and distribution in the classical economists and Marx, *Oxford Economic Papers*, 36, pp. 291-325.

后凯恩斯学派、新凯恩斯主义等）的演绎和争论。

然而，现实社会中的各种经济活动总是一个有机的整体，经济学的研究本来也没有所谓宏观和微观的划分。例如在古典学派那里，威廉·配第、亚当·斯密和大卫·李嘉图等不仅研究了国民收入、国民财富、货币流通总量等宏观问题，而且也研究了微观经济学领域中的价值和分配问题。即使是在更早期的重农学派代表人物魁奈那里，其《经济表》中也不仅分析了社会资本的再生产过程，同时亦对微观概念的"纯产品"问题进行过细致讨论。当然这里更具代表性的是 1867 年《资本论》第一卷问世以后在批判地继承斯密、李嘉图等古典理论基础上所确立起来的马克思经济学。在这部三卷本的伟大著作中，马克思基于劳动价值论和剩余价值论等微观理论的基本原理，通过资本主义竞争与积累、社会再生产、利润率下降以及经济周期等深刻剖析，将宏观经济的有效需求等问题联系到资本主义货币经济的特殊性质，由此形成一个庞大的总量理论体系来讨论现实资本主义经济关系及其运行规律。正如马克思在《资本论》开篇所说："我要在本书研究的，是资本主义生产方式以及和它相应的生产关系和交换关系。"①后来，马克思这一强调资本主义研究不能脱离开资本与利润关系的分析方法在后凯恩斯学派如斯拉法那里得到复兴，通过在投入—产出矩阵的微观基础上加入表明特定经济关系的统一利润率来决定宏观经济中的价值与分配，从而令古典经济传统日臻完善。②

不过，发生于 19 世纪 70 年代被库恩称为"范式革命"的一场"边际革命"却使经济学研究产生逆转，即完全抛弃了古典和马克思经济学以特定资本主义经济关系为研究对象的总量分析，而转向以一套新古典生产函数为基础的纯粹技术关系分析，并使用静态的瓦尔拉斯新古典一般均衡取代了由表明资本主义经济关系的"统一利润率"所表述的古典一般均衡。这样，到马克思《资本论》第二、第三卷经由恩格斯分别于 1885 年和 1894 年整理发表时，经济学界已被以马歇尔《经济学原理》（1890）为代表的研究稀缺资源配置的新古典相对价格理论所统治。此后，一些新古典经济学家如克拉克、费雪尔、埃奇沃思等相继提出了完全竞争条件下的边际生产力分配论、效用理论、报酬递减理论、无差异曲线理论等，在进一步发展其微观经济学体系的同时也加固了新古典理论的主流地位。显然，当前支配经济学研究已超过一

---

① 马克思：《资本论》，第 1 卷，人民出版社 1975 年，第 8 页。

② 米克把这种古典传统称为李嘉图-马克思-斯拉法传统（the Ricardo-Marx-Sraffa tradition）。Meek，R.L. (1977): *Smith，Marx and After*，Chapman and Hall，London.

个世纪之久的新古典理论完全可以称作是主流经济学的分析范式。但这种从古典理论到新古典理论的转变明显存在着经济学领域研究问题的转换，它完全排除了经济制度的研究，而只是关注基于个体最优化决策来配置资源的技术关系分析，其缺陷在于无法真正解释现实经济中存在的各种总量关系。特别是新古典理论的基本假设和命题极为狭窄，它所讨论的仅仅是给定资源和偏好条件下的资源配置问题，但是对古典学派如斯密一开始确立的经济学应探究国民财富增长的性质和原因，或如李嘉图坚持要研究的国民收入的分配关系，抑或像马克思明确表示要研究和发现资本主义经济的运行规律等问题毫不关心。显然，就经验观察甚至仅依赖于直觉也不难发现，新古典理论的一系列假设和命题与现实经济相距甚远。一个典型例子是，现实资本主义经济的突出特征是竞争，但这种竞争并不是新古典理论中通晓市场各方面信息而不具有任何个人利益冲突的"完全竞争"相反，真实经济中的竞争必然联系到作为其本质特征的社会关系即人与人之间的利益冲突，比如基于信息技术的垄断和相互之间的竞争博弈。显然，新古典理论必须解释而又无法解释的主要事实正是这种现实。

随后，发生于 20 世纪 30 年代的经济大萧条（1929—1933）几乎席卷了整个资本主义世界，它无情地揭示了严格遵循萨伊定律的主流新古典理论对资本主义经济解释力的匮乏，同时也带来了另一场经济学分析范式的革命——"凯恩斯革命"。1936 年，在经历了"长时期挣扎以求摆脱传统的想法与说法"后，凯恩斯发表著名的《就业、利自、和货币通论》（以下简称《通论》）一书，该书在标榜批判新古典理论的基础采用全新概念建立起一个完全不同于新古典理论的宏观经济体系，用来讨论现代资本主义的市场经济波动和周期等问题。在《通论》一开篇，凯恩斯明确指出"古典学派"①所假设的特殊情况的属性恰恰不能代表我们实际生活中的经济社会所含有的属性。结果，"如果我们企图把古典理论应用于来自经验中的事实的话，它的教言会把人们引入歧途，而日会导致出灾难性的后果"②。实际上，"凯恩斯革命"正是对新古典理论所信奉的自由市场经济及其自由出清或均衡的否定；借助于这种范式转换，凯恩斯开创了现代宏观总量的分析方法。他认为，总需求不足、非自愿失业的存在和典二分法的失效是经济运行的一般状态，新古典

---

① 凯恩斯这里所说的"古典学派"不同于马克思，它除了涵盖马克思所划分的从配第到李嘉图这些古典学者外，主要还包括了穆勒及穆勒以后的马歇尔、埃奇沃思和庇古等新古典学者。

② 凯恩斯：《就业、利息和货币通论》（重译本），商务印书馆 1999 年，第 7 页。

理论描述的只是一种极端特殊或理想化的自由市场经济。在此基础上，凯恩斯提出了著名的"有效需求"问题他认为有效需求不足是现代市场经济或资本主义经济中特有的问题，并使用消费函数、资本边际效率下降和货币的灵活偏好三大心理规律来表述这一核心问题，由此联系到资本主义的经济周期与波动。

二、"宏观经济学的微观基础"之争

"凯恩斯革命"以后，经济学的研究领域开始明确区分为微观经济学和宏观经济学。①在微观经济学中，以瓦尔拉斯一般均衡理论为基础的新古典思想居于支配地位在宏观经济学中，则以凯恩斯失业非均衡理论为中心的凯恩斯主义思想占据主流地位。然而，这种研究领域和研究视角的分离却使经济学研究思路的发展存在着不合理的悖反。一方面，拥有成熟理论体系的微观经济理论表明市场机制已经完善地配置了资源，这是斯密"看不见的手"的原理在市场中发挥有效作用的结果另一方面，宏观经济理论强调的是市场经济中必然存在着萧条和失业从而必须由政府干预，由此可见，二者之间存在着完全相悖的理论原理和政策倾向。而且，无论是凯恩斯主义还是货币主义等学派都把一些微观理论当作既定前提加以接受，而诸如价值形成和收入分配等重要问题却不在其列。然而，这种微观基础的缺失却不能不说是现代宏观经济学以及整个经济学体系的一大遗憾。由此，寻求"宏观经济学的微观基础"并试图用微观行为去解释宏观现象，逐渐成为现代西方经济学的发展趋向。

不可否认，正是 1936 年凯恩斯《通论》的出版改写了西方经济学的研究主题，由此确立的现代宏观经济学体系曾一度取代新古典理论而成为主流经济学的分析范式，直至萨缪尔森 1948 年《经济学》首版问世的"新古典综合"。其间，经济学家们在凯恩斯范式的指引下开始了将宏观经济学作为一门学科进行发展并日渐繁荣的理论研究作不过凯恩斯之后，以萨缪尔森为代表的新古典综合派无法接受经济学体系之微观与宏观的割裂，于是便试图通过价格等分析工具而把凯恩斯经济学直接移植到传统的新古典经济学中以实现经济

---

① "宏观经济学"这个术语最早由挪威经济学家弗里希于 1933 年在《动态经济学中的传播问题与推动问题》一文中提出，现代西方宏观经济学的创立则以 1936 年凯恩斯《通论》的出版为标志，这在西方经济学界是没有争议的。

学不同领域的融合。比如，将微观领域以马歇尔的均衡价格论和克拉克的边际生产力分配论为核心的新古典经济学作为理论基础，在宏观领域则抽象掉凯恩斯关于预期非理性和未来不确定性的主要论断而将凯恩斯的非自愿失业理论直接纳入瓦尔拉斯一般均衡框架中。但实际上，凯恩斯经济学中的宏观行为或总量规律并不只是由个体微观行为的简单加总推演而来，相反主要是依据价格刚性假设和两个基本心理规律构筑的。因此，新古典微观分析与凯恩斯宏观分析的连接所形成的是一种逻辑不一致的理论"综合"并不能用于解决市场经济或现实资本主义经济中的各种实际问题。比如，20 世纪 70 年代以后西方世界的严重滞胀问题即给新古典综合派的理论体系带来了沉重打击，其经济学的统治地位也受到严峻挑战。无疑，"这样形成的凯恩斯主义宏观经济学与新古典微观经济学之间的融合犹如油和水的融合一样是不成功的。"[1]

面对发达国家滞胀问题的普遍存在，各种非主流经济学的理论学说如货币主义、供给学派和理性预期学派等乘机提出了各自对滞胀问题的解释，以图推翻这种"综合"凯恩斯主义的主流地位，由此推动了西方经济学界分别沿着瓦尔拉斯或非瓦尔拉斯方向构筑宏观经济学之微观基础的理论变革。在当时的背景下，这种经济学理论对微观基础的需要主要是导致了宏观经济研究中的新古典倾向日渐显现，由此出现了新古典主义与新凯恩斯主义的对立。其中前者认为，通过放弃凯恩斯主义宏观经济学可"使宏观理论适合微观理论"，即在新古典基础上建立宏观经济学（如新古典的货币经济周期理论和实际经济周期理论）；后者则认为，通过重建凯恩斯宏观经济学的微观基础可"使微观理论适合宏观理论"，即为凯恩斯经济学寻找一个微观基础（如新古典综合派和新凯恩斯主义）。在 20 世纪中后期的理论拓展中，两种主义的持续争论使得主流经济学（尤其是货币理论）的研究倾向出现了多种思路并行发展的趋势。

比如前一种思路是使宏观理论适合微观理论的新古典思想，即主要是通过货币的引入以及更多假设条件的拟定，试图在新古典价值理论基础建立宏观经济学体系。其中的一种情况是，在凯恩斯主义分析框架内为凯恩斯的有效需求和货币理论体系以及后来由希克斯发展的 IS-LM 分析框架寻找微观基础，如萨缪尔森、莫迪利亚尼的消费需求函数理论，托宾、鲍莫尔的现金交

---

[1] 布赖恩·斯诺登：《现代宏观经济学指南》，商务印书馆 1998 年，第 23 页。

易需求模型,托宾的资产组合选择理论等 这些发展最终成为基于新古典综合的凯恩斯主义理论体系。与之相竞争的,是货币主义代表人物弗里德曼后期关于持久收入的消费函数假说,即对包含全部财富存量和名义收入流量的货币需求函数的发展。但正如大多数学者认为的,这种货币主义分析的实质是将重新表述的新古典。"两分法"下侧重实物经济的货币理论直接纳入凯恩斯主义货币经济的分析框架。另一种情况是,在瓦尔拉斯一般均衡框架内为宏观理论寻找微观基础即将新古典的边际效用价值论与新古典的货币数量论融合在一起的"瓦尔拉斯-希克斯-帕廷金分析传统",该传统在很大程度上吸收了凯恩斯灵活偏好理论的存量分析方法。但是自 20 世纪 60 年代以来,以阿罗、德布鲁为代表的一些新书典学者逐步对这一传统提出了批评,并通过交易费用、信息和不确定性等因素将货币引入其中,强调了货币作为交换媒介的职能。①同时,萨金特、华莱士等另一些新古典学者则试图在迭代瓦尔拉斯一般均衡的模型中力求实现新古典价值理论与货币理论的融合由于迭代模型中的货币是一种资产、并主要用于资源的跨时转移分析,因而强调了货币的价值贮藏职能。②随后,以卢卡斯、萨金特为代表的理性预期学派则强调应将理性行为假设作为凯恩斯主义理论的基本假设,并以此构成连接宏观经济学与微观基础的桥梁。这样,在 80 年代初期完全承接了理性预期思想的新古典宏观经济学那里,即认为在经济主体理性预期的前提下自由市场经济能够自动实现均衡而否定非自愿失业存在,从而经济周期仅来自外生的技术冲击,并得出了所谓"宏观经济政策无效性命题"的一系列与凯恩斯经济学完全对立的结论。由此,后来基于新古典宏观经济学的不完全信息分析所导致的货币经济周期理论,也曾经持有同样观点。

同时,与上述新古典方法完全相反的另一种思路是使微观理论适合宏观理论的新凯恩斯主义方法,比如包含某种成分名义刚性的黏性价格预期模型,这一方法主要由 20 世纪 70—80 年代的费希尔、萨默斯等人发展起来。与新古典经济学家一样,新凯恩斯主义也具有理性预期和个体最优化行为的假设。但不同的是,他们认为各种不完全性或刚性会使价格调整相对缓慢或黏性,

① 在早期的阿罗-德布鲁跨时期一般均衡模型中,当交易发生时用合同来交易商品而不需要交易媒介,因而货币不起作用。由此,如何将货币的作用引入一般均衡的微观经济模型以回答货币是不是和为什么是有用的商品,便成为建立宏观经济学有关货币理论之微观基础的首要问题,即著名的"哈恩难题"。

② 一般认为,凯恩斯《通论》中有关货币问题的分析强调的是货币作为资产的贮藏职能,而非新古典理论惯用的视货币为润滑剂的交易媒介职能。

因而市场不能如新古典模型那样迅速瞬时出清即短期内的货币冲击能够对经济产生真实效应而成为非中性，但经过一段时间以后经济最终会实现供求均衡，即长期中的货币仍然是中性的。此外，当时也出现了以巴罗和格罗斯曼为代表的非均衡宏观经济学，他们在反对将瓦尔拉斯一般均衡视为凯恩斯经济学之微观基础的过程中，确立了只有当价格偏离瓦尔拉斯均衡值时才能产生凯恩斯主义的后果，并强调了工资和价格刚性对于凯恩斯宏观经济学的意义。但由于没有对微观基础作出合理解释，致使非均衡宏观经济学在 20 世纪 70 年代中期逐渐没落。到了 80 年代中期以后，主流经济学的相关争论开始围绕其后发展起来的新古典实际经济周期理论与新凯恩斯主义经济学之间展开。如前者秉承新古典研究传统，强调自由市场体系各经济行为人的最优化力量，而把作为凯恩斯经济学核心的货币特性彻底摒弃于新古典一般均衡分析之外，认为"凯恩斯主义经济学已经死亡"，后者则试图通过发展从最优化行为中产生的具有工资和价格刚性的粘性价格预期模型来复兴凯恩斯主义，而这种"凯恩斯主义的复兴"与 70 年代吸收了弗里德曼"货币幻觉""自然率假说"和附加预期的菲利普斯曲线以及卢卡斯"理性预期"假说的凯恩斯主义模型的做法一脉相承，从而表明失业来自刚性工资和价格不完全或不完整信息以及不完全合同和各种不确定性。从这里可以看出，虽然上述两者在微观基础上存在一定差异，但其理论表述却都带有强烈的新古典色彩。这使得后来一些经济学家开始在实际经济周期模型中引入名义刚性假说，并通过承认货币变动对产出和就业具有短期影响来试图取代 IS-LM 模型而使之成为宏观经济学的核心内容。由此，主流经济学在新古典基础上进一步融合，导致宏观经济学中的"新古典研究传统"替代了"凯恩斯研究传统"，即由新古典理论实物的相对价格分析替代凯恩斯经济学的总量货币经济分析。比如，目前在西方理论界流行的新凯恩斯主义经济学教科书中，往往是将上述主流经济学的各个流派及其对现实问题的解释（所谓经验证据）综合起来，而后在新古典生产函数技术分析的基础上建立起一个宏观经济学的理论体系。但不可否认的是，该体系中有关凯恩斯最初强调的货币经济特征和资本主义有效需求原理，以及凯恩斯对于新古典理论基于经济主体完全理性和完全信息基础之自由市场逻辑观点的强烈反对都被彻底抛弃了。

另外，在西方经济学界还有一种与前两种思路均不相同的声音，它来自从凯恩斯阵营中走出的曾与新古典综合派针锋相对的后凯恩斯学派也称新剑桥学派，其间的争论即为著名的"剑桥资本争论"。20 世纪 50—60 年代，以卡尔多、琼·罗宾逊为首的后凯恩斯主义者对新古典综合派将新古典理论直接作为凯恩斯宏观经济学的微观基础的做法提出了强烈质疑。在要求回到古典传统的呼声下，他们反对将宏观与微观经济学进行划分或割裂，更认为在新古典视野里解释宏观现象是对凯恩斯理论的背叛，相反应当从古典学者如李嘉图的价值和分配理论中实现宏观与微观分析方法的结合。他们指出，缺乏价值理论和市场结构理论等微观分析的凯恩斯经济学必须通过联系微观的商品决定来研究宏观的国民收入分配问题，因而价值本身应具有客观的物质基础同时，分配问题也不能脱离开特定的历史条件和所有权因素，并主张用历史的概念替代均衡概念。或者说在后凯恩斯主义经济学家那里，强调的是经济学理论体系的发展需要微观经济学的宏观基础，而不是宏观经济学的微观基础。然而，发起"剑桥资本争论"的新剑桥学者由于并未有效解决技术与收入分配的关系问题而令这场争论断断续续存留至今。但不可否认，其对经济学范式革命的意义却是重要的。因为它不仅指出了一个"神话"教条的错误，即一直被奉为主流经济学的新古典理论中始终存在着诸如资本计量、技术再转换和资本倒流等一系列的逻辑悖论，而且也以一个全新视角引入了新剑桥学派所要复兴的、曾被 1870 年以来新古典"边际革命"湮没的古典剩余分析传统，从而再次引起了西方学界对古典学派和马克思经济学的关注与反思。比如按照古典和马克思的剩余分析传统，当资本不是一种要素而是作为一种预付代表着资本主义经济关系时，社会产品的分配将不再遵循技术关系上的边际生产力分配原理，而是必然要与资本主义条件下的生产资料所有制格局相联系，由此决定资本家与劳动工人的分配关系。所以，要排除上述理论争论中涉及的各种逻辑矛盾，就必须改变新古典的理论假设而明确把特定社会关系作为分析的框架和背景并由此得到对现实问题更有说服力的解释，这正是马克思经济学的核心所在。

三、马克思经济学：一个新的解析

在 19 世纪 70 年代的"边际革命"推动新古典理论之主流经济学地位日渐形成的同时，伴随着 1876 年《资本论》第一卷的问世，在西方理论界也诞生了一个基于社会关系研究而与新古典经济学完全对立的近乎完整的理论体系——马克思经济学。但是，在新古典理论强大思想意识的统治下，马克思经济学以特定资本主义关系为研究对象的总量分析不得不退居于新古典相对价格理论基于生产函数的技术关系分析之后，即新古典理论取得了经济学的绝对支配地位。此后，尽管经历了西方世界"大萧条"和"凯恩斯革命"的冲击而催生了凯恩斯的宏观经济体系用以讨论现实资本主义的经济周期与波动，但由于缺少价值和分配理论的基础而无法掩饰凯恩斯体系的不完整，从而使得其后经过"综合"的新古典经济学重又登上历史舞台。相比之下，建立在市场经济或现实资本主义经济关系基础上的马克思经济学，自创立以来一直在西方国家处于非主流地位，几乎从未真正走入西方学术界的讨论范围。然而 20 世纪 70 年代资本主义滞胀问题的出现，不但使新古典主义在为宏观经济学寻找微观基础的诸多争论中再次占据主流地位，同时也令西方学者开始在新古典主义和凯恩斯主义之外另觅宏观理论的研究基础，由此掀起一股复兴马克思主义的经济学热。①可以说，今日之经济学自古典与新古典之后早已分立为两个相对独立、互不干扰的理论范式，这就是以新古典主义为核心的当代西方经济学理论体系和以马克思经济学为核心的马克思主义政治经济学理论体系。

1. 马克思经济学与资本主义关系

作为一种经济理论分析的主线或者说理论的研究背景，如何认识资本主义经济的性质是至关重要的，它甚至能够影响整个理论体系的逻辑推理。在

---

① 20 世纪末，这种复兴的西方马克思主义经济学的一个重要特点是大量吸收和使用非马克思主义经济学的概念、方法和工具，以实现马克思主义与非马克思主义经济学的融合。当时，这种融合主要表现为两种发展方向：一是通过使用主流经济学的框架和方法改造并实现马克思主义经济学的新古典化；二是在保持马克思主义经济学研究传统的同时与西方异端经济学诸流派相融合，如激进制度主义、生态马克思主义、女性马克思主义、演化经济学等。其中，强调为马克思主义经济学构筑宏观理论之微观基础的著名学派，是分属于第一种融合方向而兴起于 20 世纪 70—80 年代的英美国家的分析的马克思主义学派（理性选择马克思主义），其代表人物为英国学者柯亨、美国经济学家约翰·罗默、社会学家赖特等。他们从"微观基础"入手对马克思的唯物史观进行了精细分析，如认为不应把马克思经济学局限于历史事件和社会现实而是要将其程式化、规范化和模式化，并强调要努力寻找马克思主义经济学得以确立和存在的微观论据以为论证和评判马克思主义基本原理奠定基础。例如，作为分析马克思主义经济学最主要的代表人物，罗默在《剥削与阶级的一般理论》（1982）中正是通过使用新古典经济学的一般均衡体系和数学形式化的建模方法，试图把马克思主义经济学对宏观社会现象（如阶级）的描述建立在个人微观动机的基础之上。然而，书中所谓非劳动价值论的剥削概念，即剥削主要不是产生于剩余劳动的攫取而是归因于个人禀赋及偏好的观点，却深刻表明了其非马克思主义性，由此抛弃了马克思主义经济学真正的微观理论基础——劳动价值论和剩余价值理论，由此也就抛弃了马克思始终强调的根源于资本主义生产资料私有制度的资本主义社会关系。

现实经济中，关于资本主义制度性质的描述涉及社会、伦理、文化和政治等各个方面，这些都联系到资本主义的社会关系。其中，作为资本主义经济制度与其他制度的区别之一，即是该制度的社会关系成为这一制度的主要特征。同时，资本主义制度性质的主要表现是其特有的竞争和资本积累，而这种竞争和积累将联系到资本主义经济或市场经济的本质特征，即资本主义的雇佣劳动与资本它是特定资本主义制度实现按比例分配社会劳动的特殊形式，从而资本主义经济中所有概念——产出、工资、成本、利润等都将联系到雇佣劳动与资本及剩余价值。由此表明在市场经济或资本主义经济中，资本家雇用劳动进行生产是为了利润而不是使用价值，从而抽象掉使用价值和劳动生产率的技术关系对于表明这种资本主义生产的特殊性质将是重要的。

当然，马克思所剖析的资本主义并不只是一种单纯的经济制度，同时也是一种包含着特殊资本主义关系在内的特定社会形态或意识形态。比如，资本主义演进的逻辑既包含了市场交换、商业循环、雇佣劳动、资本积累与竞争以及世界市场等资本主义特性的层层推进，同时也蕴含着由文艺复兴和启蒙运动兴起的"人文主义"理念所代表的人们之间的社会关系在中世纪西欧之封建特权经济腹地的萌生和蔓延。然而，这种"蔓延"绝不仅仅是由韦伯和桑巴特眼中凭借禁欲主义节俭而导致资本积累的"资本主义精神"引发的。进一步说，它更是经由马克思强调的一切资本主义生产只是围绕资本家雇用劳动之生产目的在于利润而非使用价值的资本主义特殊性质使然。套用马克思最简单的描述语言，也就是从"W—G—W′"到"G—W—G′"之资本主义循环公式的变迁作为生产的目的，使用价值的质的转化为这里交换价值的量的扩大所代替。在这一重要原则支配下，资本主义开始了它萌生于西欧封建社会母体的演进历程其中，正是中世纪西欧逐步货币化的历史进程导致了封建领主强制掠夺农奴剩余的封建财产关系的演变。以马克思所剖析的英国为例，一方面，市场交换、劳动分工和商业的拓展，尤其是以获取货币利润为目的的商人的出现诱发了个体行为者主观上的资本主义动机；另一方面，人本主义精神、十字军东征、新航路开辟以及"圈地运动"的推行则在客观上加速了资本主义原始积累的货币化进程。由此，16—17世纪的英国封建贵族开始把政治权利转化为金钱，并把货币投入生产领域而这种货币化过程与资本主义的产生带有相近的含义，即把原有的小商品生产转变为以获取货币利润为目的的资本主义生产，如圈地运动把农民变成了由农业资本家雇佣的农业工人。这样，在契约关系的基础上也就产生了自由交换的、依赖于市场的、具有货币竞争意识的资本主义关系。可以说，正是由文艺复兴和启蒙运动带来的意识形态的转变与商人阶层的兴起，使得西欧封建社会从原来追求政治权利的争夺转变为资本主义追求金钱所带来的地位与权利。显然，这里转化的关键在于马克思强调的资本主义生产总是不断积累以增殖利润即剩余价值所代表的资本与劳动的社会关系。而且，这一点也是作为马克思经济学理论基础的劳动价值论与剩余价值理论所揭示的。比如通过首先抽象掉技术关系而把价值归之于劳动时间，马克思表明了剩余价值是利润的基础或来源。该抽象法明确表述了人们之间的利益冲突，这是我们今天理解市场经济的重要因素同时对于理解马克思的命题也是极为重要的，即相对价格与技术选择无关而只是由资本家获取剩余价值或利润的动机所支配，从而导致了围绕资本主义经济中最为核心的资本与劳动对立关系而产生的各种经济活动和经济关系。正是从这种以货币价值表示的总量关系或剩余价值理论的基本关系出发，马克思建立起一套完整的"宏观经济体系"，其货币理论、资本积累理论、社会再生产理论以及利润率下降与周期理论等无不是建立在这种总量关系的基础之上，从而被著名思想史学家熊彼特称赞为"试图为资本主义过程建立清晰模型的第一个人"。[①]

然而，注重技术关系分析的新古典传统往往习惯于忽略甚至放弃对资本主义制度或社会关系的探讨。比如，自马歇尔年1890年《经济学原理》奠定新古典经济学体系以来，古典学者和马克思所运用的将经济学理论与社会关系研究相结合的分析方法早已被弃之不顾。相应的，以生产函数的技术分析和资源配置的相对价格理论为基础的新古典经济学所研究的，只是在特定的制度框架内业已存在且高度成熟化的市场经济运行状况，它完全排除了经济制度和社会关系，同时也摒弃了资本主义货币竞争的游戏规则。当然，自20世纪50年代兴起的新制度经济学也逐渐在技术关系基础上加入了众多涉及制度因素的假设和概念进行补充和完善。所谓新制度经济学（New Institutional Economics，NIE），正如其创立者罗纳德·科斯所说，即是用主流新古典经济学的方法、以制度为研究对象来分析各种制度的经济学理论体系。比如交易成本概念、产权激励理论和不完全信息假设的引入，都曾使主流经济学从零交易成本的新古典世界走向正交易成本的现实世界而加强了对现实世界的解释力。同时，新制度经济学的另一代表人物道格拉斯·诺思还认为，制度

---

① 熊彼特：《经济分析史》第2卷，商务印书馆1991年，第20页。

经济学的目标是研究制度演进背景下的人们如何在现实世界中做出决定以及这些决定如何改变世界。比如在《经济史中的结构与变迁》中,诺思指出了技术革新或改进固然为经济增长注入活力,但若人类没有持续进行制度创新和制度变迁的冲动如通过产权、法制等制度构建将技术改进成果固定下来,那么长期经济增长和人类繁荣将不可想象。可以看到,西方新制度经济学家们已清楚地认识到背离制度背景的新古典框架分析现实经济问题的乏力,从而希望通过给出制度概念的假定和引入交易、产权、契约、习俗、权威等工具以使新古典的技术分析能够扩展到对经济制度的解释。但是这里需注意的是,新制度经济学所讲的制度(Institution)并不同于马克思经济学中的制度(system)。比如 system 指的是"制度和体制",如社会主义制度和资本主义制度或者政治体制和经济体制而 institution 指的是"机制","是一系列被制定出来的规则、服从程序和道德、伦理的行为规范"。①其中,诺思称前者为"制度环境",称后者为"制度安排",而其有关制度变迁和制度创新的称谓实际上都是后者意义上的"制度",这显然与马克思经济学所强调的资本主义经济制度以及在这一制度背景下必然存在的资本主义社会关系是完全不一样的。因为在这种"制度安排"下,正是个人动机产生的个人行为促使了制度的出现,它服从的是新古典理论的经济人假设,其制度概念下的各种经济学范畴都是为了克服个人之间市场交易行为的机会主义。比如,在沿用新古典惯用的基于生产函数技术关系的分析方法基础上,新制度经济学所假定的制度概念与资本、劳动等要素一样成为函数分析的变量,通过经济行为主体和这些主体置身于其中的一系列交换关系来影响资源配置和经济绩效。这样,在新制度经济学的分析框架内就完全保留了新古典主义方法的一切"内核",所不同的只是添加了"制度"这一研究对象,因而具有与新古典主义一样的静态和比较静态的分析特征。

　　然而,如果现实中的制度并不全是由技术关系决定,如果资本和劳动的关系,即资本家与雇佣劳动工人之间的资本主义关系已经成为现实资本主义社会中占统治地位和具有决定性的关系时,"制度"就应当成为而且必须成为分析资本主义一切经济问题的客观环境和研究基础。显然在这种制度框架的分析背景下,新制度经济学引入制度变量的改革只是在新古典固有框架内探讨资本主义问题,其试图保障市场经济运行的一系列"制度基础"也不过是

---

① 诺思:《经济史中的结构与变迁》,生活·读书·新知三联书店 1994 年,第 225 页。

改良的生产函数及其变种而已。相反，在《资本论》中，马克思首先指出在以生产资料私有制为基础的资本主义社会里，人与人相互结合的主要纽带就是资本家雇用工人生产价值与剩余价值的雇佣劳动，以此连接着资本家阶级与工人阶级之间的社会关系。就像马克思所区分的两种劳动过程，一个是一般商品生产中的"劳动过程"，只生产使用价值另一个是该劳动过程在资本主义经济中所采取的特殊形式即"生产过程"，其目的在于创造一个包含了更多价值的价值。这里的关键是界定了资本主义生产的一个基本特征，即资本家对剩余利润的追逐。而且，也正是在这种从简单商品生产到资本主义商品生产的转变过程中，马克思指出生产方式的变化不但改变了人与人之间的社会关系，而且也将资本主义利润的来源完全内生于资本家雇用劳动工人所创造的剩余价值，由此决定了资本主义竞争与资本积累的动机和目的。其中，在简单商品生产条件下，每个生产者都拥有自己的生产资料并使用它们进行生产劳动。按照马克思的简单商品流通的公式 C—M—C（商品—货币—商品），体现的是一种简单的商品生产关系，它由独立的小生产者进行，因而不存在雇用劳动者，只是"为买而卖"。一旦进入资本主义生产以后，生产资料所有权只属于一些人而生产劳动由另一些人完成，即资本家凭借所有权控制着大量生产资料，而大量雇佣劳动工人没有任何生产资料必须向资本家出卖劳动力。这就成为马克思的资本主义流通公式 M—C—M′（货币—商品—增殖的货币），这与简单商品生产的流通关系完全不同，它体现了资本家雇用劳动生产正是为了获取增殖利润的资本主义关系。由此，资本主义的商品生产也就意味着一种体现为物与物之间的交换但却真正表明人与人之间社会关系的交换。其中，正是雇佣工人的剩余劳动成为资本家不断追逐增殖利润的来源并维系着各种资本主义关系的再生产。就像马克思在《资本论》中分析的，在资本家的厂里不仅纺织机，而且连货币、棉纱、甚至劳动力都成为所有者资本的特殊化身而从各个方面为其服务。这也就是马克思的经典定义"资本不是物，而是一定的、社会的、属于一定历史的社会形态的生产关系，它体现在一个物上，并赋予这个物以特有的社会性质。资本不是物质的和生产出来的生产资料的总和。资本是已经转化为资本的生产资料，这种生产资料本身不是资本，就像金和银本身不是货币一样。"①

实际上，马克思经济学的首要任务也就是分析最终由增殖的货币利润所

① 马克思：《资本论》第3卷，人民出版社1975年，第920页。

代表的资本与雇佣劳动这一特定资本主义经济关系的性质。这样，马克思在《资本论》中所表述的各种经济范畴，也就必然是现实资本主义社会的经济关系抽象在理论上的表现。例如在马克思那里，价值首先是一种社会中人与人生产关系的表现，因为市场上作为个人交换客体的货物所体现的关系实际上也就是这些货物生产者之间关系的表现。所以，价值与技术是完全无关的（不包含任何使用价值的原子），只是表示人们之间的社会关系同时，与价值相联系的收入分配也只与抽象劳动相关而不与技术相联系。比如在前资本主义经济中，生产者对他人的依赖是直接的、明显的，其中每一个人的劳动都具有直接的社会性但在资本主义社会，这种相互依赖的关系不再是直接的和明显的，每一个生产者都只为市场而生产，他们既不知道也不关心谁将消费他们的商品和谁将生产他们消费的商品。相应的，资本家最终关心的也就不是使用价值，而是通过商品销售所实现的价值。也就是说，资本家雇用劳动工人生产商品是为了获得交换中的价值即货币价值的增殖或利润，究竟是哪个工人生产以及使用什么技术投入生产对资本家来说都是无关紧要的，他们也几乎不关心哪种特定的有用劳动能够创造一定的使用价值。这样，在一个以利润和积累为生产目的的资本主义经济中，相对价格、分配、再生产以及资源配置等问题都要服从和服务于这种特定的资本主义社会关系，而这种总量关系与新古典生产函数的技术关系是无关的。无疑，现实生活中的市场经济并不是新古典"货币面纱论"下的实物经济，而是由马克思经济学揭示的以获取利润的资本主义竞争和积累为核心的货币经济。其中，国民收入核算体系的统计变量来自资本主义的经济制度和社会关系，即人们为了获取货币而进行的市场竞争。或如马克思所说，资本主义经济是实现按比例分配劳动或资源配置的一种特殊方式，即以货币价值为基础的竞争。因此，经济学所要研究和解释的主要问题正是这种特殊制度下的竞争规则和运行规律，并通过逐步修改竞争规则而把人们之间的残酷竞争转化为平等的游戏规则以实现人类文明。显然，新古典技术分析并不能用于解释这种特殊的经济制度和承担这种制度的研究；就像"剑桥资本争论"揭示的，其理论体系套用中出现的各种逻辑矛盾不仅导致主流经济学在几乎所有理论问题上都存在难以解决的复杂争论，而且在现实问题的分析上也无法做出逻辑一致地解释和进行有效预测。

2. 马克思经济学的理论解析：从微观到宏观

1825 年，拥有发达市场经济体系的资本主义国家英国在经历"工业革命"

的生产力飞速发展后爆发了严重的经济危机。这次危机导致了大量工人失业，一方面是生产过剩，另一方面是失业工人生活水平的下降，[①]这是马克思在讨论经济危机时对资本主义经济制度加以批判的重要背景。通过大量分析和论证，马克思表明这种危机来自特定社会制度下资本主义经济关系的特殊性质，即资本主义的生产目的不是消费而只是获取利润和资本积累。换句话说，正是这种资本主义生产的特殊性质导致了技术进步条件下的有效需求不足和利润率下降，并由此引发资本主义的经济周期与危机。在马克思看来，这种资本主义危机的发生是不可避免的，这也是他基于古典传统的劳动价值论和创造性发展了的剩余价值理论而对资本主义经济深刻剖析的重要结论，并由此探讨了现实资本主义经济体系发生发展与周期波动的运行规律。

价值与剩余价值理论

马克思的价值理论是在批判地继承古典学派理论基础上发展起来的。马克思认为，商品作为资本主义社会财富的表现形式具有使用价值和价值两个因素，同时，这两者又同生产商品的劳动所具有的两重性即创造使用价值的具体劳动和创造价值的抽象劳动相对应。因此，在《资本论》第一卷第 1 章，马克思从商品的二重性（价值和使用价值）和劳动的二重性（抽象劳动和具体劳动）出发，把由技术关系决定的使用价值和具体劳动与作为社会关系的价值和抽象劳动加以明确区分，以此表明价值只是取决于特定的社会关系。比如，马克思关于社会必要劳动时间的定义和劳动生产率与价值量成反比的论述都表明了这种含义。在马克思看来，一切商品共有的、可以从数量上直接进行比较的并且也是资本主义社会关系有机组成部分的唯一因素是生产它们所需的劳动时间。所以，决定商品价值量社会必要劳动时间即是"在现有的社会正常的生产条件下，在社会平均劳动熟练程度和劳动强度下制造某种作用价值所需要的劳动时间"。[②]在此基础上，马克思指出生产商品所需劳动时间会随着劳动生产力的变动而变动，即商品价值量与体现在该商品中的劳动的量成正比，与这一劳动的生产力成反比。显然，这是马克思通过抽象掉使用价值而对劳动概念加以定义得出的原理其目的是表明当用劳动时间计算的劳动力价值低于劳动者付出的全部劳动时间时，资本家通过雇佣劳动而获得按劳动时间计算的剩余价值。在这里，作为代表人类一般性生产关系或利

---

① 恩格斯在 1844 年《英国工人阶级状况》一书中曾经描述过这种失业造成的贫困化。

② 马克思：《资本论》第 1 卷，人民出版社 1975 年，第 57 页。

益关系的无差别抽象劳动，价值的量只联系到一定的劳动时间而不与行业内或全社会的技术条件相关。对此，马克思曾在《资本论》一页脚注中批评了古典学者李嘉图在价值概念上的混乱。他认为正是由于李嘉图采用单一产品模型时把价值量的分析联系到劳动生产率而把技术关系与社会关系混淆在一起，从而无法得到"一种不变的价值尺度"来测量价值量。由此马克思明确表示，技术或劳动生产率只与使用价值有关而不联系到价值，因为价值所表示的只是人们之间的社会关系而不包含任何使用价值的原子。无疑，马克思价值理论的伟大创见也就在于他认识到隐藏在这一现象背后的本质，即人与人之间的社会关系。然而，关于马克思劳动价值论主要内容论证的性质常常是国内外一些学者讨论的焦点，经济学界对此也一直存在着误解。比如，一些新古典经济学家包括新剑桥学者认为马克思的价值理论是不必要的，因为现实中存在的是价格和利润而非价值，从而抛开马克思的价值与剩余价值概念也可以表明价格与利润问题，而马克思却要把价值与剩余价值作为讨论价格与利润的基础，并由此导致了转形问题的逻辑矛盾，因此倾向于认为"价值理论是多余的"。然而，这种解释显然违背了马克思继承古典传统的本意。在古典学派的理论中，价值与价格是两个完全不同的概念，如斯密把价值作为一种自然价格来调节供求，李嘉图则把价值联系到总量的计量。显然这种作为社会关系的价值概念，并不像新古典理论所解释的与稀缺性和边际生产力决定的供求因素等同。这里价值与价格的区别在于，就新古典理论以技术关系决定相对价格的理论而言，在古典学派和马克思这里存在着由社会关系决定的价格的变形或"转形"，即无论商品的交换比例怎样由技术关系决定或如何符合资源配置优化的要求，这些比例最终都必须转化为由社会关系所决定的价值单位。而且，这种价值量作为一种总量关系并不表示实物上的计量，而是要表示由特定资本主义关系所决定的竞争与分配。这样，它在简单商品经济中表示一种交换的"公平价格"，在资本主义经济中表示的就是资本主义竞争的博弈规则。由此，马克思所揭示的"价值的历史转形"也就可以解释为在简单商品经济中表现为劳动者获得全部产品，而在资本主义经济中就产生了剩余价值或工资与利润的分配关系。

正是在劳动价值论的基础上，马克思创造性地发展了古典传统的剩余概念并将其引申为剩余价值理论，从而被恩格斯誉为马克思最伟大的"两个发现"之一（另一个是历史唯物主义）。根据劳动价值论的基本原理，剩余价值或利润是来源于雇佣工人的剩余劳动。使用马克思《资本论》中的公式，假设资本家用于雇佣工人的工资或劳动力价值是 4 小时劳动时间，然后资本家让工人工作 8 小时，那么剩余价值就是 4 小时，即 8−4＝4。这样的推论看似简单却具有重要意义，它表明：在资本主义经济中当价值的转化出现剩余价值时，以劳动为基础的交换将转化为以剩余劳动或获取利润为基础的交换关系。当然，这里也可以把资本家获取的剩余价值或利润称为"剥削"，从而剩余价值与劳动力价值的比率即马克思的剥削率将会直接反映在利润与工资的比率中。这样，可推论出一个基本的比较静态分析的结论，即工资与利润是对立的，如公式 8−4＝4 表明的"工资率的上升将导致利润率的下降"。显然，这一点对于马克思所要推论的资本主义经济的内在矛盾也是重要的比如伴随着资本主义积累与竞争而出现的利润率下降所涉及的资本主义经济波动问题，就是关系到资本主义长期发展趋势与危机性质的重要问题。其中，作为资本主义经济（或市场经济）本质特征的是雇佣劳动，而劳动价值论和劳动力商品的价值概念都为此奠定了基础由此，抽象掉使用价值和劳动生产率的技术关系对于表明资本主义生产只为增殖利润的特殊性质是重要的。

货币理论与总量关系

这里联系到资本主义经济活动的背景或性质，如新古典的"两分法"。在新古典传统中，经济学的"货币"和"非货币"两方面是严格分开的。其中，货币的介入只是为了确定价格的绝对水平，即货币作为一种"面纱"或系统中的润滑剂而只具备交易媒介的功能。也就是说，在新古典的实物经济中，货币的引入不会影响经济的运行然而事实上货币当然是重要的，甚至可以说整个资本主义经济正是围绕着资本家雇用剩余劳动追逐货币利润的资本主义经济关系运转的。比如马克思的《资本论》即从讨论商品和货币开始，进而考察货币转化为资本的过程，以此说明劳动过程中剩余价值的生产是资本获取收益（货币增殖）能力的基础。①经由简单价值形式→扩大的价值形式→一般的价值形式→货币形式的历史发展过程，马克思论证了货币的产生当然这个货币与实物存在根本区别，它联系到与使用价值无关的价值形式，在此基础之上，通过从简单商品流通形式"W—G—W′"到资本主义流通形态"G—W—G′"的转化，马克思不仅区分了简单商品经济和资本主义商品经济，同时也表明资本主义经济的特征在于货币增殖，并由此强调了货

---

① 恩格斯曾就此指出，"他（马克思）建立在这个基础上的货币理论是第一个详尽无遗的货币理论"。参见马克思：《资本论》第 2 卷，人民出版社 1975 年，第 22 页。

币对于资本主义商品生产的重要意义。他认为，货币不仅是价值转化为资本的起点，也是资本主义生产的最终目的，如果商品的价值和剩余价值不能实现为货币那它对资本来讲就一文不值因此，在以不断累积增殖货币量为推动力的现实资本主义货币经济体系下，资本家竞相投入资本主义生产的目的并不是追求以使用价值表现的财富而是为了追求以货币价值表现的社会权力。

通过对资本主义货币经济性质的强调，马克思经济学在克服新古典"两分法"的基础上实现了经由社会必要劳动时间到货币量值的加总计量。一个突出例子是目前以货币量值表示的国民收入核算体系，新古典学者习惯把这些统计变量视为技术上的投入—产出的实物量值，而马克思却通过价值与剩余价值的变换而将其联系到由特定资本主义关系所决定的货币量值。比如马克思的价值公式 $W=c+v+m$，完全可以把它与国民收入核算统计变量作一个对比。其中，$v+m$ 是国民收入，并表示国民收入中工资与利润的比例；总产出 $c+v+m$ 与 GDP 稍有不同，因为就资本而言马克思的总产出包括全部资本存量的价值，而包括的只是资本存量中折旧的部分。通常，现代的国民总收入指 $v+m$ 以及 c 里面代表固定资本折旧的那部分，而把 c 的其余部分剔除在外所谓国民纯收入仅指部分,它包括所有对个人的支付再加上工商业公积金。不过，这并不妨碍我们按照现代国民收入核算体系来说明马克思的公式。在马克思的价值领域，收入 $v+m$ 作为全部劳动时间是可以加总的，对于其中的不变资本马克思采用"过去的劳动时间"来定义，这种定义由于排除了资本异质性，从而能够和可变资本 v 加总在一起得到一个按价值计算的统一利润率。通过这个一般利润率，所有异质品被加总为一组总量，即目前国民收入核算体系中的总量关系，而这些以货币量值表示的总量如 GDP、总资本、工资与利润等，作为一种价值形式同时也就构成了现实资本主义竞争的形式或工具这里涉及新古典理论必须面临的异质品加总问题，即如何将不同质的物质产品加总成一个单一的价值总量。在古典"两分法"的实物分析中，异质资本品和异质消费品都不能加总为同质的总量来表明实物产出的变动，这一点正是"剑桥资本争论"揭示的新古典总量生产函数逻辑悖论的根源。相反在马克思那里，正是由于资本主义总量经济关系的存在，即按照"资本价值"的预付获得统一利润率的要求给定各个部门统一的利润率，使得各种异质资本品或各部门的不同资本构成能够被资本化为一种同质的投入总量同时，产出也作为一个同质的总量比例于投入总量，并与利润率相联系。这样，经由马克思的价值理论将能够实现加总，如马克思指出的产品同一性在于它们都是人类劳动的凝结而加总之所以有意义，也正是在于它们都是资本主义雇佣关系下劳动的产物从而必须为资本家带来利润，即联系到资本主义竞争和资本积累要求获得统一的利润率。这表明，经济总量的计算只有在一定经济关系基础上通过货币的计量才能获得加总的意义。

实际上，自20世纪30年代以来人们就已开始使用国民收入核算统计体系，不过却没有人从理论上考虑它的性质和意义。在这里，可以将马克思对生产劳动的定义作为等国民收入统计的依据。比如马克思指出，资本主义经济关系中只有能够为资本家带来剩余价值的劳动或雇佣劳动才是生产性劳动。"从资本主义生产的意义上说，生产劳动是这样一种雇佣劳动，它同资本的可变部分（花在工资上的那部分资本）相交换，不仅把这部分资本（也就是自己劳动能力的价值）再生产出来，而且，除此之外，还为资本家生产剩余价值"。①由此，生产劳动这个定义就被看作包含劳动力与资本相交换及生产剩余价值两个方面的内容，这样，劳动转化为资本并由"过去的劳动时间"来定义转化为资本的劳动量，也就是一个比以前用于购买劳动力的资本的劳动量大得多的量值。如此，在工人与资本家之间进行的市场交换中，工人通过在生产中消耗劳动力获得生活资料，资本家则用货币资本以预付工资形式购买劳动力，并在生产中使用或消耗它来获得剩余价值，从而在交换前后生产力创造的财富之间必定有一个差额即增殖。所以在现代商品经济社会中，凡是与资本相交换并能够实现价值增殖的劳动都是生产劳动，而只要由生产劳动所得的国民收入经由了货币交易，并在某种程度上实现了价值增殖，那么国民生产总值核算都是要计量的。其实，只要仔细考虑 GDP 统计即可发现，现实中以货币价值计量的 GDP 总量与实物的具体形式并无关系，因为GDP 的定义并不是产品和劳务的总和而是货币交易值的总和。所以，当把所有国民收入核算体系的统计变量作为不依赖于实物生产函数的价值系统时，马克思用价值概念表述的资本积累、社会再生产和利润率下降问题都将直接联系到国民收入核算的统计。换句话说，马克思的价值和生产价格概念及以此为基础建立的宏观经济体系，恰恰适合基于国民收入核算体系的资本主义经济运行与波动分析，而不同于建立在生产函数基础上研究实物经济的新古典相对价格理论。

---

① 马克思：《剩余价值理论》，《马克思恩格斯全集》第26卷Ⅰ，人民出版社1972年，第142页。

资本主义竞争与积累

如果说建立在古典剩余传统之上的劳动价值论是马克思经济学的理论基础，那么将强调资本积累和市场竞争的剩余价值理论联系到资本主义货币经济的性质则是马克思剖析资本主义体系的主线。比如，通过将资本主义竞争引入由货币象征支配权力的资本主义交换关系，马克思指出了资本主义将货币作为支配他人手段以至于资本家通过支配劳动而把新技术应用于生产并与他人竞争的发展逻辑，恰恰体现了市场经济或资本主义经济的生产目的不是消费而是利润和积累的核心命题。当然，这里的资本积累并不是新古典的技术和实物而是纯粹的货币价值符号的增加，其意义在于竞争和支配他人的权力与金钱带来的社会地位，因而市场经济的核心也就在于以货币为基础的竞争但在资本主义经济中，这种"自由的竞争"常常由工资和价格的表象掩盖了资本家对剩余产品的榨取。马克思通过劳动力商品的定义，即劳动力具有生产大于它本身价值的独特性质揭穿了资本主义工资的假象，表明工人受到的剥削在于资本家无偿占有劳动创造的一部分价值即利润的来源。换句话说，资本主义竞争的目的是货币增殖，由此构成资本主义游戏规则的核心，这也是马克思所说"货币拜物教"的意义。当然，现实中利润的来源问题离不开资本主义竞争，但这种竞争并不是新古典抽象掉社会关系的"完全竞争"，而是基于人们之间利益冲突所表述的真正的"竞争"。实际上，作为预付的资本能够为资本家带来利润正是基于市场竞争的博弈规则即人们发明和利用新的知识是为了竞争，即通过获取利润和积累的财富来表示他们的成功和得到更高的社会地位。在马克思看来，这一点突出表现在资本家阶级获取相对剩余价值的竞争过程中，比如资本家会竞相采用新技术提高劳动生产率，以获取超额剩余价值而避免在竞争中被淘汰。给定劳动力价值，对单个资本家来讲获得的剩余价值将取决于劳动生产率，即剩余价值率与劳动生产率成正比，当个别资本家的劳动生产率高于其他资本家时，将获得超额剩余价值。但资本家雇用工人并不是预先支付一定实物产品而是支付一笔货币工资，这里的货币与实物存在根本区别，它表明资本主义的生产和交换不是为了消费而是为了价值增殖或剩余价值就像马克思指出的，虽然资本家采用技术进步如改进工作方法、延长劳动时间或投资改良的机器等都可以增加剩余即利润，但这些都是由资本家对更高利润的持续追求使然。也就是说，在资本主义生产体系中，包括技术进步在内的一切生产活动都是源自资本家对利润的追求，这使得一切生产资料甚至货币和劳动力都成为所有者资本的特殊化身，从各个方面为其服务。

与资本主义竞争和为了获取利润的生产目的相联系的是资本积累,剩余价值与利润一方面来自工人的剩余劳动,另一方面又是资本积累的来源。马克思认为,资本家只有不断进行资本积累才能在竞争中不被淘汰这一点来自资本的性质,即资本作为一种抵押可以支配劳动,更多的资本就意味着在竞争中可以支配更多的劳动或资源而取得优势。当考虑到资本积累和社会再生产时,采用古典学派和马克思的一个基本假设将是重要的,即假定资本家的利润主要用于资本积累或储蓄。当然如果资本家不消费,则全部产品将由人消费,资本家得到的就是利润和积累的资本而且,这种利润和积累的资本将永远不用于消费,只是作为一种符号或标志用于表明资本家的成功和社会地位这一点也与马克思关于资本主义生产目的的说明是一致的,即资本主义生产只是为了利润本身,这样,在资本主义经济关系下资本积累的事实也就是,这里存在着一个永远不被消费的积累的资本。换句话说,现实中人们使用和统计的资本并不是简单的生产要素而是一种货币资本,它表明资本家投资生产的目的始终是要用预付资本得到增殖利润并不断进行积累因此,"正是永无休止的资本积累的动机和资本家之间的激烈竞争决定了资本主义的发展模式或者说资本主义的运动规律"。①

所以,资本家阶级不断积累由雇佣工人的剩余劳动创造的剩余价值即增殖利润这一事实推动着资本主义经济长期竞争的市场博弈,最终形成整个经济的各个厂商、各个行业之间都将达到的统一利润率的均衡状态以保证所有可赢利的投资机会都会实现。这是一种体现着资本主义经济关系的古典一般均衡,它不同于建立在市场供求均等基础、存在着实物产品差别利息率的新古典瓦尔拉斯一般均衡(因为这种均衡不存在统一的利润率和按价值即货币量值进行的成本—收益计算以及总量的工资与利润的分配)。而且,这种由古典学派和马克思经济学表述的古典一般均衡的核心即是统一的利润率,强调的是资本家为获取利润或统一利润率的竞争而进行的资本转投。由此,资本主义经济在本质上也就是一种利益竞争,所有以货币量值表示的总量关系都将作为一种为资本主义竞争设计的符号表明特定资本主义制度及其社会关系。实际上在马克思剖析的资本主义社会中,整个资本主义的经济增长可以说都是依靠这种竞争和积累推动的,从而利润率的变动及经济增长率的变动

---

① 亨特:《经济思想史——一种批判性的视角》,上海财经大学出版社 2007 年,第 197 页。

都不过是资本积累的动态反映。其中，资本家通过资本积累来影响资本有机构成和剥削率从而影响利润率反过来，在已有资本积累条件下形成的利润率又进一步影响到资本家资本积累的能力与意愿。

社会再生产与有效需求

在以获取利润的资本主义竞争和积累为核心的货币经济中，各种交易都是使用货币和用货币量值表示的，即资本主义经济中的统计资料来自厂商以货币为基础的成本收益计算，由此决定厂商的行为目标和行为基础是以货币为导向，即为了追求货币利润的最大化。在此基础上，马克思将国民收入核算体系的各种宏观统计变量联系到现代企业以货币量值计量的成本—收益计算，从而表明现代资本主义经济或市场经济的显著特征是以货币竞争为基础的资产抵押与信用关系。这一点同时也说明，国民收入核算体系中的各种货币变量既不是由新古典生产函数的技术关系决定，也不是由外生的货币供给决定，而是由特定资本主义经济或市场经济的货币金融体系所决定，从而其货币供给也将内生于特定的社会关系或经济制度。可以说，马克思采用价值形式对企业成本收益计算的分析与现实中企业的核算和国民收入核算的统计是一致的，它联系到资本主义生产的目的是利润而不是技术上的投入产出关系。这也可与马克思讨论资本积累时的基本假设相联系，即资本家的全部利润都用于资本积累或储蓄而这种储蓄完全是以不变资本的价值量表示，即目前国民收入核算中资本存量的价值取决于货币储蓄和投资。同时，这种资本积累分析也表明了资本主义经济中消费函数的性质，即这里的"消费函数"与人们消费的时间偏好无关而只是取决于资本积累的动机。

在这种"消费函数"的前提下，马克思讨论了社会再生产的平衡问题，其核心是由剩余价值的实现所带来的生产与消费的矛盾，而这一问题联系到资本主义经济中的价值计算和收入分配。这里仍然采用上面的假设，即资本家不消费、全部剩余价值（利润）用于储蓄或资本积累，工人的工资全部用于消费，则消费品部门第部类的价值总量必须等于工资，资本品部门（第 I 部类）的价值总量等于剩余价值（利润），由此构成一个简化的简单再生产模型二其中，给定社会再生产的实现条件，则剩余价值率（收入分配或工资与利润在收入中的比例）必须保持固定不变，否则将使社会再生产条件遭到破坏而在扩大再生产条件下，剩余价值率或收入分配的变动必须与两大部类的结构变动一致，否则就会产生比例失调和消费不足，从而引发经济危机。在这里，马克思将社会再生产理论联系到现实资本主义的商品实现和有效需求问题。他指出，如果假设利润用于储蓄、工人工资用于消费产品，那么资本家得到的将是由资本品部门的产出表示的利润再加入作为资本存量的不变资本，则可以得到利润率。进一步假定资本家的投资取决于一定的利润率，则资本品部门的产出价值必须与（资本存量）不变资本加消费品部门产出的工资之间保持稳定比例，从而使利润率不变，而当资本积累的加剧使不变资本增加时就会导致利润率下降比如在经济的周期波动中，工资与利润在收入中的比例呈周期性变动，当收入分配导致相对价格扭曲时利润率的下降就会带来经济衰退。马克思表明，这种利润率的下降来自按过去劳动计算的资本存量价值的积累与按活劳动计算的剩余价值流量之间的矛盾，即资本积累和为利润而生产的矛盾而且，这些与马克思对资本主义经济周期的分析也是一致的，即利润率下降或经济衰退来自过高的资本存量价值或扭曲的收入分配，这正是产生资本主义有效需求不足问题的关键。

1933 年，经济学家卡莱茨基利用马克思的社会再生产公式推论出了有效需求问题，即在假设工人工资全部用于消费的条件下，当资本家的储蓄大于投资时将导致有效需求不足和利润下降在随后的 1942 年，罗宾逊夫人又在充分吸收卡莱茨基分析的基础上提出了以工资和利润的划分为基础的剑桥增长模型，即在卡莱茨基模型中加入资本存量，从而导出利润率不变的稳定状态的经济增长。实际上，罗宾逊模型也可以从马克思社会再生产模型中推导出来，其稳定状态的条件是不变资本与可变资本和剩余价值之间保持稳定的比率，而这个稳定条件也就是卡尔多的"程式化事实"。但是，罗宾逊和其他新剑桥学者没有把新剑桥增长模型应用于现实世界，因为他们不能摆脱国民收入核算体系的宏观变量只是表示实物产出的传统观念，或者说新剑桥学派依然缺少价值理论基础与此相反，基于价值与剩余价值理论的马克思经济学描述社会再生产之分配与实现条件的目的，正是为了探究现实资本主义经济的核心问题——有效需求基于资本主义生产不是为了消费而是为了利润的特殊性质，马克思指出有效需求问题来自资本家阶级对剩余价值即货币利润的追逐，由此联系到资本主义的经济周期与危机。当然，经济学家凯恩斯也对有效需求问题作过详细论述并一度奉为经典但出于对资本主义制度的信仰，其试图解决资本主义有效需求不足的各种举措并不能从根本上解决问题。而且与其缺少价值论的理论基础相比，马克思的社会再生产体系及其有效需求理论正是以表明社会关系的劳动价值论为基础，不但客观描述了现实资本主义发展过程中日益增加的失业、垄断增强、危机和国际扩张等现象，而且也将资本主义有效需求不足融入了以利润率下降所代表的资本与劳动相对立的资本主义关系中。

利润率下降与经济周期

与古典学者李嘉图从土地边际收益递减的技术退步来推论利润率下降不同,马克思认为现实中资本主义利润率的下降是产生于价值计算的资本积累和收入分配。比如,伴随着资本积累使不变资本的价值提高而收入流量中的剩余价值量不变时,或随着资本有机构成的提高而剩余价值率不变时,经济的增长必然会出现利润率的下降,也就是说,这种利润率的下降来自资本积累和为利润而生产的资本主义矛盾。比如马克思的公式如下:

$$r = \frac{m}{c+v} = \frac{\dfrac{m}{v}}{\dfrac{c}{v}+1} = \frac{m'}{q+1}$$

其中,r 为利润率,m 为剩余价值,c 为不变资本,v 为可变资本,m' 为剩余价值率,q 为资本有机构成。对于由利润率下降所引起的现实资本主义经济的周期性波动问题,马克思采用了两个部门模型,即生产资本品和生产消费品的两个部门来讨论。其中,消费品部门的增长必须与"消费函数"相适应,而资本品部门的增长则要与资本积累相适应。在目前主流经济学的教科书中,新古典理论强调了另外"两部门",即作为市场经济主体的居民和企业的两部门。其中,企业向居民支付生产要素的报酬,居民则用要素收入向企业购买所需的商品和劳务,但是,这种模型因过度抽象了市场机制的一些基本特征而无法应对现实生活中的经济波动现象相反,依据马克思采用生产资本品和生产消费品的两个部门来讨论宏观经济,将有利于分析资本主义产出、价格和经济波动等一系列实际问题,而且重要的是,马克思将两部门模型与资本主义周期问题相联系,他认为这种周期过程可以分解为危机、萧条、复苏、繁荣四个阶段,正如《资本论》第三卷中指出的:"考察一下现代工业在其中运动的周转周期—沉寂状态、逐渐活跃、繁荣、生产过剩、崩溃、停滞、沉寂状态等等。"①在此基础上,以资本品和消费品两个部门为例,假定所有的消费品和所有的资本品都是同质的,但资本品和消费二者之间不具有同质的性质;同时假定这里还存在资本存量,虽然资本存量的价值来自投资,

---

① 马克思:《资本论》第 3 卷,人民出版社 1975 年,第 404 页。

但投资所购买的只是资本品，从而可认为资本存量的升值将通过资本品来体现。这样，每一期生产和销售的资本品将成为下一期的资本存量；当然，投资除购买资本品外还有一部分用于雇佣劳动。这里的关键是存在两个重要的比例关系，即资本品价值对消费品价值的比例和收入流量对资本存量的比例，而利润率则是利润流量对资本存量的比率。这里仍然沿用古典学派与马克思经济学的假设，即假定全部工资用于消费而不储蓄，全部利润和利息收入用于储蓄而不消费，而且，如果每一时期市场是出清的，则全部工资将等于消费品的总价值，而资本品的总价值等于投资或折旧、利息和利润。这样，当考虑资本存量时投资经由资本品部门的扩张既会增加利润又会增加成本，而在两个部门比例脱离稳定的条件下，当投资不能以累积比率提高时会导致利润率的下降，而投资的累积型增加又会加剧有效需求的不足，从而产生经济的周期性波动。其中，马克思把萧条或危机的原因与两部门生产能力同工资和利润在收入分配之间的结构不平衡问题相联系。由此，现实经济的平稳和连续扩张必然要求资本品和消费品这两个部门的交换比例保持平衡，否则就会引发萧条或危机。

马克思认为，这一资本主义周期过程的核心是在于资本主义宏观经济总是围绕着由资本存量价值与收入流量所决定的稳定的利润率而形成波动。在此基础上，从资本与利润相对立和为利润而生产的现实资本主义经济关系出发，马克思将资本主义再生产中的矛盾及其利润率下降的经济危机与周期等问题联系到资本主义的经济增长与波动。由此表明，马克思经济学所要探讨的并不是新古典理论基于生产函数的技术关系，而是以特定社会关系为基础的价值计量和体现在货币价值计量中包含的现实资本主义或市场经济的竞争关系与运行规律。在这一点，主流新古典经济学总是基于生产函数技术分析的研究视角，运用边际效用论与边际生产力论的理论基础而过多偏重对供给与需求等市场经济现象的分析，故不能触及资本主义经济制度本身相反。以社会关系或资本主义经济制度为分析框架的马克思经济学，不仅在市场机制层面上分析了资本主义经济周期性波动的基本过程，而且也从历史唯物主义的研究视角剖析了资本主义社会出现这一现象的根本原因是在于生产资料的资本主义私有制，并明确指出，正是这种生产资料私有制及其雇佣劳动制度及由此决定的资本主义基本矛盾决定了资本主义社会的有效需求不足和经济的周期性波动，这显然是凯恩斯经济学与主流新古典经济学不能予以阐释的重要问题，由此表明马克思经济学更具方法论上的指导意义。

四、结语

通过对价值和剩余价值的分析，通过对资本主义货币经济体系的竞争与积累、有效需求以及利润率下降和周期等问题的逐一探讨，马克思表明资本主义的生产目的只是获取由价值符号表示的利润，而这里的利润就是货币的增殖。无须否认，马克思反复强调利润来自剩余价值和对工人的剥削，而且强调由资本对劳动的支配导致了资本主义的不平等竞争，马克思更强调这种剥削所采取的价值形式与以前任何社会之间的区别。正如马克思指出的，尽管任何社会都要求按比例分配社会劳动，一如新古典理论强调的任何社会都要以表示稀缺性的相对价格指数来实现资源有效配置；但与此不同的是，马克思明确指出这种按比例分配社会劳动的要求或资源配置一旦进入资本主义经济，就采用了一种特殊形式，即价值的形式，而且这种价值形式只是来自资本主义生产不是为了使用价值而是为了获取剩余价值或利润的生产目的，由此产生资本主义经济的总量关系和按照价值进行的成本—收益计算。在这种价值与剩余价值理论及其统一利润率的古典一般均衡基础上，马克思建立起庞大的宏微观经济理论体系，其核心是说明有效需求或利润率下降问题。通过资本积累、社会再生产和经济周期波动的分析，马克思将其联系到现实资本主义经济的危机性质其中，对价值和剩余价值及其分配关系的一系列分析，正是构成这种宏观经济分析的微观基础。显然，马克思之所以能够建立起表明资本主义经济运行的理论体系，不能不归之于他对资本主义经济制度的深刻认识和批判在这方面，迄今为止没有哪一位思想家能够超越马克思的分析。就像美国经济学家亨特描述的，"在理论和实践方面都有建树、且能与卡尔·马克思媲美的思想家，历史上寥寥无几。……他建构了一个严密的、有机的理论体系"。[①]

现在，回过头来看西方主流经济学以及各非主流派别数年来一直孜孜不倦而致力于探寻的"宏观经济学的微观基础"问题，实际上不过是一个假问题，或者说是一个根本不可证伪的学术问题。因为真正用于分析市场经济问题的经济学理论本身即是一个体系，一个具有从微观基础到宏观分析的完整

---

① 亨特：《经济思想史——一种批判性的视角》，上海财经大学出版社 2007 年 3 月，第 171 页。

的逻辑一致的理论体系，而不是存在着或无微观基础，或无宏观分析，或宏微观之间无法衔接甚至割裂等现象的一种理论状态，这显然不能成为今天处于发达市场经济体制下的学者们用于研究实际经济问题的真正理论依据。正如经济学家斯蒂格里茨在其 1997 年出版的《经济学》教科书序言中所说："在过去的数十年中，经济学者们已经对微观经济学和宏观经济学的分割提出疑问整个经济学界已经相信宏观的变化必须以微观经济学的原理为基础，经济学的理论只有一套，而非二套。"①而且退一步讲，即使主流经济学可以在其探寻"宏观经济学的微观基础"，过程中经过一系列的理论修补来实现宏微观理论的融合，但新古典完全竞争的前提假设却早已从根本上排除了真正意义上的竞争或人们之间的利益冲突。比如现实中正是这一市场竞争关系体现了人们行为的最基本特征，如市场经济运行中经常看到的往往是企业和个人之间你死我活的斗争，是企业的破产和巨额亏损，是个人财产的巨大损失。但在主流新古典理论中却看不到这些现象，因为其理论假设了不合乎实际的前提，漠视了个人理性的不完全性、人们在理性程度上的巨大差别和现实中市场竞争的相互博弈相反，这些问题早在两个世纪以前就已经出现在一直游离于西方主流经济学讨论范围之外的经济学家马克思的伟大著作——《资本论》中了。无疑，当我们抛却在人们头脑中根深蒂固的新古典观念和目前人们对马克思经济学的诸多误解，当我们认识到现实资本主义经济或市场经济中的各种实际问题包括目前国民收入核算体系的各种统计变量都是由马克思经济学强调的社会关系所决定，更进一步当经济学所要研究的并不只是技术关系而是由特定社会制度背景下由特定社会关系决定的市场竞争及其博弈规则时，与主流经济学相对立的马克思经济学的重要意义将是无可置疑的。因为其蕴含的描述资本主义经济从微观到宏观的逻辑一致的庞大理论体系恰恰表明了经济学理论在体系上的一贯性，由此彰显了西方主流与非主流经济学在"宏观经济学的微观基础"之争中不可避免的各种逻辑缺陷。

纵观人类社会驰骋千百年历史的各种不同经济体制与社会发展的演化变迁，如今只有市场经济成为现代西方文明乃至整个现代社会的基本经济形式，而这正是源于它在劳动生产率和经济效率的提高方面比其他任何经济形式都具有更大的优越性。就一般意义来讲，市场经济有利于财富积累、有利于市场竞争、也有利于人的价值和主观能动性的发挥，或者说市场经济本身就是

---

① 斯蒂格利茨：《经济学》，中国人民大学出版社 1997 年，第 17 页。

一种有利于效率提高的经济体制。而且，作为人类长期以来理性选择的结果，市场经济这种制度的核心正是要建立一个良好的社会秩序和完善的行为规范。它要求每个活跃于其中的微观个体如企业、家庭、个人等严格遵守内在的运行规则，同时也要求整个宏观经济能够实现人们实际生活的稳定有序和健康发展。那么依据马克思的研究视角，探讨真正市场经济问题的宏微观理论体系所要研究的究竟是什么呢？实际上，马克思经济学所要研究的问题，也正是今天主流经济学教科书在背离经济制度框架的既定前提下而给以错误阐释的各种现实问题，比如增长、分配、竞争、垄断、积累、财富、周期、危机等，而这些都可以通过马克思强调的由市场经济关系或现实资本主义经济关系所决定的国民收入核算体系中的各种统计变量的性质和它们之间的关系来体现，并以此表明真实市场经济中的各种经济活动及其运行规律。而且重要的是，所有这些问题的发生发展及其相互之间都存在着一定的作用机理和必然联系，它们完全可以经由微观基础到宏观问题的逻辑推理一步一步建立起一个严密的理论体系来进行论证并有效预测，而这些都是马克思经济学的科学理论体系致力于完成并逐步完成的重要目标。诚然，马克思的某些理论尚未来得及在更多数理分析的基础上建立起更加系统的理论体系，但他却为后来者达到这个目标提供了良好的分析框架和理论基础，以便人们在这个业已奠基过的理论平台上建立起更加科学和与客观实际更加一致的现代经济学理论体系。显然，这正是马克思留给我们的一笔最为宝贵的学术财富，正如西方著名经济史学家熊彼特评论的："这种构思是伟大的，马克思的分析是这个时期产生的唯一真正进化的经济理论。⋯⋯正是这个事实，并且仅仅是这个事实，使我们有权把马克思称为伟大的经济分析家。"①实际上，马克思本人在西方媒体于千年交替之际所评选的全球最有影响的千年思想家中高居榜首就已经充分证明了这一点，而历史的发展也将继续证明这一点。

参考文献：

1. 阿罗·诺维奇·加德纳. 英国资本主义政治经济学——马克思主义的分析[M]. 上海：上海译文出版社，1988.

2. 贝尔·克里斯托尔经济理论的危机[M]. 上海：上海译文出版社，1985.

3. 贝纳西. 宏观经济学：非瓦尔拉斯分析方法导论[M]. 上海：上海人

---

① 熊彼特：《经济分析史》第 2 卷，商务印书馆 1994 年，第 97 页。

民出版社，1994.

4. 布赖恩·摩根. 货币学派与凯恩斯学派[M]. 北京：商务印书馆，1984.

5. 布劳格. 经济学方法论[M]. 北京：商务印书馆，1992.

6. 马克思恩格斯全集，第 2 卷[M]. 北京：人民出版社，1957.

7. 哈奇森. 经济学的革命与发展[M]. 北京：北京大学出版社，1992.

8. 霍华德，金. 马克思主义经济学史：1929—1990[M]. 北京：中央编译出版社，2002.

9. 霍奇森. 资本主义，价值和剥削[M]. 北京：商务印书馆，1990.

10. 凯恩斯. 货币论（上、下册）[M]. 北京：商务印书馆，1986.

11. 凯恩斯.就业、利息与货币通论[M]. 北京：商务印书馆，1999.

12. 柳欣. 资本理论——有效需求与货币理论[M]. 北京：人民出版社，2003.

13. 罗宾逊·伊特韦尔. 现代经济学导论[M]. 北京：商务印书馆，2002.

14. 罗伯特·韦尔. 分析马克思主义新论[M]. 北京：中国人民大学出版社，2002.

15. 马克思恩格斯全集，第 26 卷[M]. 北京：人民出版社，1973.

16. 马克思. 资本论[M]. 北京：人民出版社，1975.

17. 诺思. 经济史中的结构与变迁[M]. 北京：生活·读书·新知三联书店，1994.

18. 萨克斯·拉雷恩. 全球视角的宏观经济学[M]. 上海：上海人民出版社，2012.

19. 萨缪尔森·诺德豪斯. 经济学[M]. 北京：华夏出版社，1999.

20. 斯皮格尔. 经济思想的成长（上、下册）[M]. 北京：中国社会科学出版社，1999.

21. 斯密. 国民财富的性质和原因的研究[M]. 北京：商务印书馆，1972.

22. 斯诺登文和纳温齐克 现代宏观经济学的反思[M]. 北京：商务印书馆，2001.

23. 谢尔曼. 激进政治经济学基础[M]. 北京：商务印书馆，1993.

24. 熊彼得. 经济分析史，第 1、2 卷[M]. 北京：商务印书出版社，1994.

25. 伊特韦尔·米尔盖特·纽曼. 新帕尔格雷夫经济学大辞典，第 1—4 卷 [M]. 北京：经济科学出版社，1992.

26. Rizvi A. T.. The Microfoundations Project in General Equilibrium Theo-

ry[J]. Cambridge Journal of Economics, 1994(8): 357-377.

27. Greenwald B., Stiglitz J.. New and Old Keynesians[J]. Journal of Economics Perspectives, 1993(7): 23-44.

28. Jeroen C. M.，Gowdy B. M.. The Microfoundations of Macroeconomics: an Evolutionary Perspective[J]. Cambridge Journal of Economics, 2003(27): 65-84.

29. Colander D.. The Microfoundations of Microeconomics[J]. Eastern Economic Journal, 1993(19): 447-458.

30. Weintraub E. R.. Microfoundations: The Compatibility of Microeconomics and Macroeconomics[M]. Cambridge, Cambridge University Press,1979.

31. Harcourt G. C.. The Microeconomic Foundations of Macroeconomics[M]. Boulder Colorado: West View Press, 1977.

32. Roemer John. A General Theory of Exploitation and Class[M]. Cambridge Mass: Harvard University Press, 1982.

33. Roemer John. Analytical Marxism[M]. Cambridge: Cambridge University Press, 1986.

（本文由柳欣与王璐合著，原载于《南开经济研究》2008 年第 3 期）

论宏观经济学的微观基础：马克思、凯恩斯经济学

摘　要：现代宏观经济学体系由凯恩斯创立，但其缺少以价值和分配理论为前提的微观基础。尽管西方主流经济学从总量生产函数出发，力图把凯恩斯经济学嫁接在新古典的价值和分配理论之上，但由此却导致了宏观经济学中严重的逻辑矛盾和凯恩斯主义宏观经济政策的失效。马克思经济学在明确地表明了资本主义经济关系性质的基础上，提出了以社会关系为基础、而完全不依赖于技术关系的价值总量的计量、分配和各个总量之间关系的理论，并用以表明资本主义经济中特有的有效需求和经济波动问题。寻找微观基础问题可归结为微观加总到宏观总量的问题。自己的利息率和名义量值的总量生产函数，可成为宏观总量的基础。

关键词：微观基础；凯恩斯经济学；马克思经济学；价值与分配理论

一、宏观经济学微观基础问题的来源

1936 年，凯恩斯发表了《通论》一书，在批判新古典理论的基础上，采用全新的概念建立起宏观经济学体系，来讨论资本主义经济周期问题。凯恩斯对有效需求的表述是以总需求与总供给价格的方式进行的。其要点是，由于边际消费倾向递减，由投资与消费支出所决定的总价格小于企业产出的成本，由此导致企业减少生产和解雇工人的经济衰退。然而，凯恩斯并没有表明有效需求问题的性质，即企业的成本收益计算是怎样决定的，或者说为什么会产生需求价格小于供给价格的问题，而这一问题涉及价值的决定。所以凯恩斯经济学中缺少一种以价值和分配理论作为其前提的"微观"基础，寻求宏观经济学微观基础的问题也由此而来。

长期以来，经济学家早已不满意于宏观经济学与微观经济学之间缺乏明显的联系。阿罗（Arrow）把新古典价格理论无法解决像失业这样的宏观经济现象，称作"重大丑事"。卢卡斯和萨金特认为，凯恩斯主义由于缺乏坚实的微观基础而出现根本性的缺陷。不难理解为什么缺乏统一性会困扰经济学家，因为，在任何一门学科中，片段的解释无法令人满意，并且有理由称这种解释是特殊的。宏观经济学家对消除微观与宏观之间距离的要求是强烈的，而追求微观基础就成为宏观理论发展的主要动因。

新古典的经济学家大都在瓦尔拉斯一般均衡中构造宏观经济学的"微观基础"。然而，利用瓦尔拉斯的拍卖人概念，市场操作经常被人格化了，几乎所有的宏观经济学家无法使用基于这种理想的协调概念所形成的理论来解释经济周期、失业等宏观问题。从凯恩斯革命开始的宏观经济理论发展的历史，也都是这两个相反力量斗争的历史：要求一个微观基础，并认识到用现有的微观理论来研究宏观问题是不适宜的。因此，寻找宏观经济学微观基础仍旧是经济学科的重要命题之一。

二、主流经济学的微观基础理论

现在位于经济学主流地位的，是以新古典为主要理论基础的新古典综合理论。该理论的主要观点仍旧是以生产函数为基础的，从而宏观经济学的微观基础也是以此而建立的。但是，以生产函数为基础的加总是错误的。

1. 新古典的四个命题

1972 年，哈考特把 50—60 年代资本争论所针对的新古典命题归纳为以下四点："（1）更低的利润率与更高的资本劳动比率—资本密度相联；（2）更低的利润率与更高的资本产出比率相联系；（3）更低的利润率（通过投资用于更机械或更迂回的生产方法）和更高的持续稳定的人均消费（最大化）相联系；（4）在竞争条件下，利润与工资之间的分配能够用所知道的边际产品和要素供给来解释。"上述四个命题被认为符合由斯蒂格勒（1941 年）所表述的新古典边际生产力论的核心。随着利息率的变化，人们会选择不同的技术。因此技术的选择与利息率的变化存在着单调关系，利息率越高则选择劳动密集型技术，反之则选用资本密集型技术。而厂商根据边际成本等于边际收益做出决策。

上述命题表明，新古典理论以生产函数和效用函数为基础，建立了技术关系的稀缺资源有效配置理论，其核心是表明商品和要素稀缺性的相对价格，这种相对价格也是稀缺资源有效配置的指数。该理论所要研究的是资源配置问题，即给定偏好和技术，可以求出最优解。但问题是，这些关于资源配置的命题能否用于总量经济的研究问题上，即能否用于宏观经济学所要解释的经济增长与波动，以及用于国民收入核算的所有数据与变量中。事实上，新古典经济学家在讨论宏观经济问题时似乎忘却了这些基本定理，而创造了异质品模型中的总量生产函数这一与相对价格完全不同的理论。显然，如果是单一产品模型，总量生产函数的使用是没有疑义的，但把总量生产函数套用在异质品模型中却背离了新古典资源配置理论的宗旨。从 20 世纪 50 年代开始，人们广泛使用总量生产函数 $Y=f(K, L)$，并把它作为所有统计数据的基础，宏观经济变量如 GDP、资本投入、劳动、工资、利润、利息等也都以总量生产函数为基础的。在 20 世纪 50—60 年代由罗宾逊和斯拉法引发的剑桥资本争论中，当新古典学派试图解释总量生产函数时遇到了逻辑悖论，即新古典理论只在单一产品模型中有效，而不能扩展到异质品模型，或者说无法在异质品模型中加入统一利润率的假设来保持新古典理论生产函数和收入分配的命题。

2. 新古典生产函数加总的两种方法

新古典加总异质品的方法有两种，一种方法是相对价格加总，即选取一种商品作为价格标准，其他商品按照这一商品的价格进行折算，然后再相加；另一种方法是收益现值法。1953 年琼·罗宾逊在她所写的论文《总量生产函数与资本理论》中提到资本 K 是如何得到的这样一个问题。各种资本品是异质的，如何能把它加总成一个总量，这种加总问题也是剑桥资本争论的核心问题。由于劳动时间或劳动人数被作为衡量劳动的单位，所以劳动可以被认为是同质的。但资本就无法按照同质品划分了。在新古典理论中，储蓄是放弃现在的消费，这些用来储蓄的资本在未来就可以带来收益。但是各种不同质的资本品所带来的收益都不相等，因此也就无法进行加总。现实中的资本虽然用收益现值法（$K=R/i$）进行加总，但这里存在一个问题，如果我们想要知道资本的数量，就必须知道利息率 i，才能用公式 $K=R/i$ 来计算资本数量，但利息率的大小取决于资本的数量，因此这里就形成了一个循环推论。

三、凯恩斯经济学及其革命的倒转

1956 年，索洛以新古典理论的生产函数为基础提出了新古典增长模型，这一模型在资本与劳动完全替代的假设下，得出通过工资率与利息率的变动而达到充分就业的结论。这一结论完全排除了社会关系的分析，而把经济增长和经济波动问题归之于技术关系。资本被作为一种代表实物资本品的生产要素，货币和以货币量值计量的所有国民收入核算体系中的统计变量都只是实物符号，即采用新古典生产函数的实物分析来解释国民收入核算体系中的宏观变量。基于总量生产函数，主流经济学则把凯恩斯经济学完全嫁接在新古典的价值和分配理论之上，由此导致了宏观经济学中严重的逻辑矛盾和凯恩斯主义宏观经济政策的失败。1956 年帕廷金的《货币、利息与价格》和克洛尔 1965 年发表的《凯恩斯经济学反革命》把凯恩斯经济学的微观基础归为瓦尔拉斯一般均衡。20 世纪 80 年代以来，新凯恩斯主义与货币主义和新古典经济学（理性预期学派）开始融合，把宏观经济学完全建立在瓦尔拉斯均衡和索洛的增长模型基础上，凯恩斯革命完全被倒转了。

然而，以新古典总量生产函数为基础的主流宏观经济学的实物分析，与凯恩斯的货币经济分析和现实经济根本不能融合。1953 年，罗宾逊提出了"资本加总"问题，以斯拉法的著作为导火线所引发的剑桥资本争论揭示了新古典理论的矛盾，这种纯理论的争论直接联系到现实问题，即对卡尔多"程式化事实"的解释。1958 年，卡尔多所提出的程式化事实表明，资本主义国家的经济增长和经济波动的统计资料显示其长期的稳定性，即所有的宏观变量在长期保持稳定增长状态。以技术分析为基础的主流经济学，试图用中性的技术进步来解释这些事实，而这种解释显然不能与经验相吻合，因为技术进步是随着时间加速的。再来看不同质的消费品和资本品相加的"加总"问题。可以说，不论技术发明是计算机和航天飞机或摇滚音乐，它们都将与面包加总在一起，作为一个价值量并与程式化的事实相一致。结论是明显的，即这些事实并不能用新古典的实物分析来解释，新古典的生产函数不仅不能解释技术进步，而且这些由货币量值计量的程式化事实与技术是完全无关的，只是由资本主义经济关系所决定的。对于现实中的国民收入核算体系，一个重要的问题是，如何加总不同质的资本品和消费品。凯恩斯在《货币论》和《通论》中都提出了异质品的加总问题，表明作为国民收入核算统计的总量并不是实物的测量。凯恩斯把斯密的"工资单位"和货币工资作为这些总量的基础，但这种工资总量方法无法解释国民收入中的利润份额。

四、马克思经济学的价值、分配理论

在价值、分配理论的基础上，马克思建立起他的完全排除技术关系的"宏观经济学"，其核心是有效需求或利润率下降问题。马克思通过资本积累、社会再生产和利润率下降的分析，表明了资本主义的经济危机性质，而其关于价值、剩余价值和收入分配的分析正是构成这种宏观经济分析的基础。马克思批评了斯密把生产劳动定义为直接生产物质产品的劳动，表明在资本主义经济中，这种加总来自"雇佣劳动"，即无论这种劳动是物质生产领域、还是非物质生产领域，只要是被资本家所雇佣的劳动，即是为资本家的货币资本预付的生产，其目的只在于获取以货币价值表示的利润。这表明在资本主义经济中，并不是斯密所论述的生产物质产品的劳动就是生产劳动。正是这种资本主义经济关系使得异质商品得以加总为价值量，而这些价值量与技术是完全无关的。马克思对生产劳动的这种定义正是我们所使用的国民收入核算统计变量的基础。更进一步，马克思明确表明了这种价值总量的计量与货币的关系。在商品经济中，货币作为人们社会关系的集中体现被用作一般价值尺度，而在资本主义经济中，货币量值成为资本家进行成本收益计算的基础，即获取以货币量值表示的剩余价值。卡尔多程式化事实所表明的所有以货币量值表示的统计变量的规律性，正是来自这种以获取利润为目的的价值计量，即只要在这些程式化事实中加入利润率，将得到唯一的稳定状态增长模型。

宏观经济波动正是围绕着由资本存量价值与收入流量决定的稳定的利润率进行的。由货币量值表示的资本存量价值与收入流量则共同构成内生的货币供给体系，其稳定性和围绕稳定的利润率的波动，来自作为商业银行资产抵押的资本存量价值对货币供给的制约。资本并不是一种生产要素，而是一种以抵押为基础的信用关系，从而资本与货币具有同样的性质而不可分离，所有的以货币量值所表示的国民收入核算体系中的总量指标，都只是内生的货币供给体系的组成部分。这种货币经济的运行与主流经济学的实物经济是根本不同的，决定所有宏观统计变量的，只是表示资本主义经济关系的货币金融体系，而不是生产函数的技术关系。

当我们把所有国民收入核算体系的统计变量作为完全不依赖于实物生产函数的价值系统时，马克思用价值概念表述的资本积累、社会再生产和利润率下降问题，将直接联系到目前国民收入核算。换句话说，马克思的价值（和生产价格）概念和以此为基础所建立的"宏观经济"分析体系，正适合于目前以国民收入核算体系为基础的资本主义经济的运行与经济波动的分析，它完全不同于以技术关系为基础的新古典价值分配理论。建立在社会关系基础上的马克思经济学的价值分配理论，对于有效需求问题可以得到正确的解释，而以社会关系的价值分配理论为基础的马克思的社会再生产理论，已经为研究这一问题提供了重要的思路。马克思的社会再生产理论的目的，就是表明资本主义经济的商品实现问题，这一问题与有效需求问题是紧密联系在一起的。

马克思的剩余价值理论作为马克思经济学的基本定理，表明了资本主义生产的目的是利润。当考虑到资本积累和社会再生产时，可以把这一点与马克思讨论资本积累时所使用的一个基本假设联系起来。这个假设是，资本家的全部利润都用于资本积累或储蓄，而这种储蓄完全是以不变资本的价值量来表示的，即目前国民收入核算中资本存量的价值取决于货币储蓄。这种资本积累的分析更能够表明资本主义经济中消费函数的性质，即这种"消费函数"与人们消费的时间偏好完全无关，而只是取决于资本积累的动机。在这种消费函数的假设下，马克思利用价值形式讨论了社会再生产的平衡问题。马克思的社会再生产理论的核心是剩余价值的实现，而这一问题可以联系到资本主义经济中的价值计算和收入分配。假设资本家不消费，全部剩余价值（利润）用于储蓄或资本积累，工人的工资全部用于消费，则消费品部门（第二部类）的价值总量必须等于工资，资本品部门（第一部类）的价值总量等于剩余价值（利润），这是一个简化的简单再生产模型。在这一模型中，给定上述社会再生产的实现条件，则剩余价值率（收入分配或工资与利润在收入中的比例）必须保持固定不变，否则将使社会再生产的条件遭到破坏。在扩大再生产条件下，剩余价值率或收入分配的变动必须与两大部类的结构变动相一致。这样，假设剩余价值率或收入分配不变，则只有一种稳定状态模型可以与之相适应。

在《资本论》第三卷中，马克思把这种价值模型转化为价格模型，讨论了随着资本积累所产生的利润率下降问题。不同于李嘉图从土地的边际收益递减所导致的利润率下降，马克思认为资本主义经济中利润率的下降与技术是无关的，而纯粹产生于价值计算的资本积累和收入分配，即随着资本积累使不变资本的价值提高而收入流量中的剩余价值量不变时，或者说随着资本有机构成的提高而剩余价值率不变时，就将导致利润率的下降，这种利润率的下降来自资本积累和为利润而生产的矛盾。在这一点上，马克思是最早从资本存量与收入流量的矛盾来讨论经济周期问题，即也是最早系统地采用两个部门模型讨论经济波动问题的经济学家。而且，马克思的再生产理论和利润率下降问题是联系在一起的。重要的是，马克思从资本主义是为利润和资本积累而生产的性质出发，真正表明了资本主义经济中有效需求不足的根源。假设利润全部用于储蓄，则工人的工资将消费全部产品，资本家所得到的将是由资本品部门的产出所表示的利润，再加入作为资本存量的不变资本，则可以得到利润率。假设资本家的投资取决于一定的利润率，则资本品部门的产出价值必须与（资本存量）不变资本加消费品部门产出的工资之间，保持稳定的比例，以使利润率保持不变，而当资本积累使不变资本增加时，将导致利润率的下降。这种利润率的下降与技术完全无关，而是来自资本主义生产的性质和价值与剩余价值的计量。

1933 年，卡莱茨基利用马克思的社会再生产公式推论出了有效需求问题，即在假设工人的工资全部用于消费的条件下，当资本家的储蓄大于投资时，将导致有效需求不足和利润下降。卡莱茨基使用马克思经济学对有效需求问题的分析不仅早于凯恩斯，而且更深刻地表明了有效需求问题的性质，即有效需求问题联系到资本主义生产中的利润动机和收入分配。1942 年，罗宾逊在讨论马克思经济学时，强调了其在宏观经济分析方面与凯恩斯经济学的联系。在充分吸收卡莱茨基分析的基础上，提出了以工资和利润的划分为基础的剑桥增长模型。这一模型是在卡莱茨基模型中加入资本存量，从而导出利润率不变的稳定状态增长条件。罗宾逊的模型可以从马克思的社会再生产模型中推导出来，即在马克思的社会再生产模型中加入资本积累，其稳定状态的条件是，不变资本与可变资本和剩余价值保持稳定的比率。但是，罗宾逊和其他新剑桥经济学家并没有能把新剑桥增长模型应用于现实世界，因为在他们的头脑中，依然不能摆脱国民收入核算体系的宏观变量是表示实物产出和受技术变动影响的传统观念。换句话说，新剑桥学派的增长和收入分配理论依然缺少价值理论的基础。

综上所述，马克思经济学在明确地表明了资本主义经济关系性质的基础上，提出了以社会关系为基础而完全不依赖于技术关系的价值总量的计量、分配和各个总量之间关系的理论，并用以表明资本主义经济中特有的有效需求和经济波动问题。马克思的价值分配理论所阐述的这些以价值表示的总量，正是目前国民收入核算体系中以货币量值所表示的宏观统计变量，而马克思所阐述的这些总量之间的关系正是卡尔多的程式化事实所表明的资本主义经济长期运行的规律。而以新古典理论为基础的主流经济学，则把目前的国民收入核算体系中以货币量值表示的统计变量，完全作为实物生产的投入—产出指标而依附于技术关系的生产函数和消费偏好，这在逻辑上是不一致的。因为这些统计变量与技术是完全无关的，而只取决于资本主义的经济关系。因此，马克思经济学是一种逻辑一致的，并能够与实际经济（资本主义经济）相符合的理论，而新古典理论则只是一般的技术关系的分析而不能表明现实的资本主义经济，即主流新古典经济学对现实问题的解释带有着根本性的错误。因此，在马克思和凯恩斯经济学的基础上，我们提出了寻找微观基础问题的一个思路。

五、加总：寻求微观基础的一种出路

就新古典的资源配置问题而言，这里只需要微观生产函数，资本品也只是其实物单位而根本就不需要价值单位来进行计量，更不需要统一利润率的假设。而且，在瓦尔拉斯一般均衡模型中也绝不存在总量生产函数和总量的收入分配关系，以及其他宏观变量。新古典经济学家之所以采用总量生产函数和统一利润率的假设，是因为现实的国民收入核算体系的统计变量正是这些总量，统一的利润率也是现实竞争中的规律。新古典经济学家为了解释这些现实，就直接把微观生产函数和新古典的资源配置分析完全套用在这些宏观总量上，而这些宏观总量与新古典的技术分析是完全无关的，由此导致了严重的逻辑矛盾。这里需要提到的是，不仅异质的资本品不能加总，异质的消费品也不能加总为一个同质的总量来表明实物产出的变动。目前人们熟知的反映实物产出变动的实际 GDP 指标只是新古典理论创造的教条或神话，这种以货币量值表示的 GDP 及其他宏观经济变量与生产函数或技术是完全无关的，而只是表示资本主义的经济关系。正是由于资本主义经济关系，即按照"资本价值"的预付获得统一利润率的要求给定各个部门统一的利润率，各种异质的资本品或各个部门的不同的资本构成将被"资本化"为一种同质的"投入"总量，同时，产出也成为一个同质的总量，其比例于投入总量而与利润率相联系，利润率的变动将使投入和产出的价值总量发生变动。

这里，我们把寻找微观基础的问题归结为微观加总到宏观总量的问题。加总理论包括自己的利息率和名义量值的总量生产函数。以自己的利息率概念进行加总，将为异质资本品的加总提供一个科学的方法，从而构成货币量值生产函数对资本进行加总的基础。

1. 自己的利息率——凯恩斯的加总方法

凯恩斯在《货币论》和《通论》中都对国民收入核算中的加总问题进行了分析，表明只有采用同质的工资单位和货币单位才能进行加总。斯拉法在1932年的一篇文章中，提出了货币的自己的利息率（own-rates of interest）这一概念，凯恩斯由此得到启发，在《通论》中专设了一章（第17章）来讨论货币的自己的利息率，以作为他的宏观经济学和货币理论的基础。但遗憾的是，无论是凯恩斯还是斯拉法，都没有用自己的利息率或统一的利润率来表明加总问题，而这一问题对于资本理论争论的逻辑至关重要。

假设有两种产品，一种是小麦，另一种是燕麦，它们都可以用于资本品（如种子）和用于消费，用于资本品时的技术关系由新古典生产函数所决定，但两种产品在同一时间中带来的边际产品或边际生产率是不同的。这样，两种产品在一定的时间中的各自的利息率或"自己的利息率"是不同的。给定人们对两种产品消费的时间偏好，这两种产品用作资本品的时际均衡模型将被获得。但是，这里并不存在一个统一的利息率，因为小麦和燕麦都有自己的利息率。在这一模型中，因为各种资本品不是同质的或不存在各种资本品的资本化价格，从而不能使用一个价值单位来计量而获得总量。

为了得到总量，我们可以任意选择一种产品的自己的利息率作为一般利息率，比如可以把小麦的利息率作为一般利息率，然后用小麦的收益率或一般利息率去贴现燕麦的收益率，从而获得燕麦的"资本化的价格"。这样，当采用一种利息率来贴现资本品的价格，即可得到各种资本品的统一的价值单位，并且可以获得统一的收益率或利息率。如可以通过小麦和燕麦的相对价格的变动使燕麦与小麦的收益率均等，或者使燕麦的收益率等于小麦的利息率或一般利息率。例如，小麦和燕麦的自己的利息率分别为5%、10%，那么，可以通过使燕麦的价格为小麦的50%，则按小麦价格计算的燕麦的收益率就将与小麦的收益率或一般利息率相等。同样，我们也可以把燕麦自己的利息率作为一般利息率，从而当小麦的价格是燕麦的两倍时，它们的收益率是均等的。

任何一种商品都存在自己的利息率，然而，用什么作为衡量其他物品利息率的标准呢？凯恩斯认为，由于货币本身的利率不容易下降，而且要有新的资本产生，其边际效率必须达到本身利率的最大，所以货币的利息率应该是"利率之王"，可以成为"支配其他利率"的利率。凯恩斯的货币自己的利息率的特性联系到货币的性质，即在货币经济中，所有的契约都是用货币来规定的，其中最重要的是工资单位，这使得货币和货币利息率成为计量单位，货币的灵活偏好也正是由此产生的。当工资单位和其他资产的价值变动时，只有作为计量单位的货币的价值不变，从而也只有货币能够充当交易媒介的手段时，这种货币作为一般的计量单位和交易媒介才与货币契约，特别是工资契约联系在一起的。因此，货币的流动偏好并不是依赖于不确定性、技术和心理因素，而在根本上是依赖于货币经济制度。

2. 货币量值的总量生产函数

为了得到产出和价格，我们需要一种"虚构的生产函数"。实际上，我们所要采用的生产函数与主流宏观经济学教科书中的生产函数是相同的或类似的。之所以称之为"虚构的生产函数"，是因为我们对这种生产函数的解释与主流经济学是完全不同的。一方面，这种生产函数虽然区分了名义量值和实际量值，但它并不代表真的实物产出的统计，而是货币量值的加总。但它依然能够表示出价格水平，因为我们需要与目前的国民收入核算统计相对应的理论表述，而且这种表述方式也容易表明与主流经济学的区别，以及表明宏观经济理论中的复杂争论。另一方面，这里用货币表示的实物量值所要表明的依然是货币成本与利润的关系，物价水平的变动也在于这种关系。

对于主流经济学的生产函数 $Y = f(K, L)$ 是需要解释的。在现实中，公式中的实际收入 Y 和资本 K 只是货币量值而不是实物数量。劳动 L 是实物量或生产要素，但企业所投入的并不是劳动，而是货币工资，虽然劳动数量或就业影响产出，但企业的成本收益计算所考虑的，只是货币工资成本。与生产函数相对应的是货币数量论公式 $MV = PY$，当货币总产出得到后即可得到物价水平。但总产出是采用工资单位计算的，或总产出的计算和意义就在于存在工资单位。这样，我们把生产函数改写为：

Y＝aK+Lw

这样，就得到了货币量值的生产函数。其中，a 为系数，表示折旧和利息成本，K 为总的资本存量价值，w 为工资率。在微观上，这一生产函数可以变为 Y＝ak+Lw，这里的 k 表示单个企业的资本存量价值。由于企业的生产是由资本和劳动力组成的，因此这个生产函数可以看为企业的成本函数。社会总的货币量值的生产函数是单个企业的加总，其加总的基础即货币值。

参考文献：

1. Arrow K. J.. Samuelson collected[J]. Journal of Political Economy. 1967(10): 730-737.

2. Lucas R. E., and Sargent T. J. After Keynesian macroeconomics[J]. Federal Reserve Bank of Minneapolis Quarterly Review. 1979, 3(2): 1-16.

3. 彼得·豪伊特. 宏观经济学：与微观经济学的关系[M]//J.伊特韦尔，M.米尔盖特，P.纽曼. 新帕尔格雷夫经济学大辞典，第 3 卷. 北京：经济科学出版社，1992.

4. Harcout G. C. Some Cambridge Controversies in the Theory of Capital. Cambridge: Cambridge University Press, 1972.

5. Robinson J. The Accumulation of Capital[M]. London: Macmillan, 1956.

6. Kaldor N. Alternative Theories of Distribution[J]. Review of Economic Studies, 1956, 28.

7. Pasinetti L. Rate of Profit and Income Distribution in Relation to the Rate of Economic Growth[J]. Review of Economic Studies, 1962, 29(4).

8. 凯恩斯. 就业、利息和货币通论[M]. 北京：商务印书馆，1983.

（本文由柳欣与靳卫萍合著，原载于《当代经济研究》2005 年第 5 期）

论马克思的价值与分配理论

摘　要：本文对马克思价值与分配理论的分析，联系到本人在研究剑桥资本争论中得到的一个重要结论，即目前所有国民收入核算体系中以货币量值表示的总量指标与新古典的生产函数或技术关系无关，而只是由社会关系决定的资本主义经济中的货币金融体系决定。如果该结论成立，那么只有重新申明马克思经济学关于社会关系的基本假设和基本结论，通过与主流经济学的论战而建立新的马克思价值与分配理论体系，才能得出对现实问题更有说服力的解释。

关键词：马克思经济学；价值与分配理论；资本主义经济关系

20 世纪 50—60 年代，在由罗宾逊和斯拉法引发的剑桥资本争论中，新古典理论采用总量生产函数进行加总的逻辑矛盾被一一揭示出来。然而，当人们围绕斯拉法模型讨论相对价格是单纯由技术关系决定还是由技术关系与社会关系共同决定时，似乎并没有联系到这种国民收入核算体系中的总量问题。这里有两个相关问题值得注意：其一，相对价格的决定是否依赖于外生给定的利润率或社会关系，而不单纯由新古典消费偏好和生产函数决定；其二，古典学派和马克思经济学的价值、分配理论能否联系到卡尔多提出的资本主义经济的"程式化事实"，即能否联系到现实的国民收入计量或说明国民收入核算体系中的统计变量。对此，新古典学者采用生产函数法，通过假设存在中性技术进步的解释并不符合现实，因为技术进步肯定是加速的；相反，马克思的价值与分配理论及其整个经济学体系所要研究的，则正是现实经济中的各种总量关系，其价值理论所表明的并非相对价格决定，它来自特定的资本主义经济关系，而与技术无关；在这种价值理论基础上，马克思建立了以利润率为核心的分配理论及其整个宏观经济体系，从而表明现实资本主义经济的波动问题。这样，研究马克思价值与分配理论的意义就在于，能否用马克思经济学取代新古典理论，以构成研究资源配置和宏观经济波动两个主要现实问题的新的基础。

一、价值理论：总量与相对价格

联系到目前经济理论的争论，可以明确表示这样一个命题，即总量与相对价格是两个根本不同的问题。其中，就新古典理论的基本命题来讲，其资源配置不必需要总量而只需相对价格，如在新古典基于生产函数技术分析的多产品和多要素模型（或异质品模型）中，每种要素都有它自己的特殊"边际产品"，而不需要存在总产出、总资本和总资本的收益率概念；相反，对于古典学派和马克思经济学所要讨论的社会关系来讲，作为资本主义经济关系核心的资本与劳动的关系必须采用总量分析，即需要存在总资本、总收入和收入中工资与利润的份额以及总资本的利润率概念。显然，这种总量与相对价格的区分，对于讨论马克思的价值分配理论与新古典理论之间的争论是非常重要的。然而，1870 年的"边际革命"改变了古典学派以总量关系为基础的"宏观经济学"的研究方向，而转向资源配置的"微观经济学"。其实，早在 1870 年以前，古典经济学的创始人斯密和集大成者李嘉图，就已经把资本主义经济制度的产生和这一时期的主要问题——资本积累作为研究的基本问题来建立理论体系，这种"宏观经济"体系成为当时政府经济政策的理论依据。但随着资本主义制度的建立，经济学的研究开始转向资源配置问题，即相对价格的决定，如李嘉图的后继者——詹姆斯·穆勒和麦特库勒赫等人曾试图解决李嘉图理论中资本对相对价格的影响，这被马克思批评为"偏离了李嘉图方向的庸俗经济学"。1848 年，约翰·穆勒出版了著名的经济学教科书——《政治经济学原理》，开始系统地用劳动价值论来解释相对价格问题。他把技术关系引入古典理论，其中不同商品由不同的假设或因素所决定（如成本和稀缺性），从而导致了严重的逻辑矛盾（如钻石和水的逻辑悖论），以至于成为边际革命建立者们批判的主要目标。然而，这种从古典理论到新古典理论的转变，却完全排除了经济制度的研究而仅专注于技术关系分析，这种分析的重大缺陷就在于无法解释现实中存在的总量关系。

与新古典理论研究相对价格的技术关系不同，古典学派研究的是资本主义经济关系。所以，与新古典教科书的解释不同，斯密的"看不见的手"并不是来自新古典相对价格的资源配置理论，而是基于"经济人"的自利心。如斯密所表明的，与原始社会不同，当资本被积累起来之后，这里存在着"自然利润率"所决定的自然价格；这样，资本作为一种不依赖于技术关系（偏好与生产力）的价值资本进行预付，其目的在于获取利润，因而是等量资本获取等量利润的原则所形成的资本流动决定着资源配置，从而用于所有生产要素的（货币）支出都要得到统一的利润率，这与新古典理论完全不同。由此，在总量问题上，假设存在着稳定的自然利润率，则国民收入的变动将只取决于工资率和雇佣的劳动量，斯密把这种计量国民收入的方法称为"工资单位"。显然，这里的资本不仅用于支付工资，而且要用于购买和生产资本品。对此，斯密的推论是：由于资本品只是以前劳动的产品，从而也是由预付工资的劳动生产的，其价格将等于基于利润率的工资成本加成，由此可以把资本品还原为最初的劳动，即把所有的资本存量转化为劳动流量，从而避免存量与流量的相互作用所导致的逻辑矛盾。不过，斯密并没有讨论总量的收入分配问题或总量的"宏观经济学"。

随后，李嘉图把价值分配理论转向了宏观总量，他要讨论的正是作为总量的利润率下降问题。对于总量，李嘉图在单一产品的谷物模型中得出了明确结论，即作为分配变量的工资率与利润率之间是反向变动关系，它反映了资本主义经济中资本与劳动的总量关系。然而，这一推论并不适合于异质品模型。在此，李嘉图发现和提出了一个重要问题：就相对价格而言，当各部门资本构成不同或资本—劳动比率不同时，技术关系上的劳动生产率的变动和收入分配的利润率的变动会同时影响相对价格，从而不能得到一个统一尺度来测量总量的收入分配和利润率的变动。李嘉图的这一难题同样也困扰着古典学派的后继者，如马克思的转形问题和斯拉法的模型。其实，该问题分析上的混乱产生于相对价格和总量的混淆；当排除了相对价格之后，其逻辑就变得简单了。从李嘉图单一产品模型的推论中可以看到，他寻找"不变的价值尺度"的困难在于，如何能够在异质品模型中得到反映技术关系的总量测量。比如当用价格测量总产出时，会出现由于收入分配变动而导致的相对价格以及总产出价值的变动，从而使分配理论失去测量尺度。因为只有确定总产出才能说明收入分配，而用相对价格测量的总产出又取决于收入分配，由此陷入循环推理之中。这里要强调的是，对于李嘉图所讨论的问题——资本积累、收入分配和利润率的变动来讲，这种异质品模型中总量的测量是必不可少的。新古典学者直接采用总量生产函数讨论这些问题（如经济增长与收入分配），就完全回避了总量加总。1953 年，罗宾逊提出了新古典总量生产函数的逻辑矛盾；1960 年，斯拉法《用商品生产商品》一书再次把李嘉图的难题与新古典的逻辑悖论联系在了一起。由此，围绕斯拉法的著作而在西方学界展开了著名的剑桥资本争论，从而将新古典总量生产函数的逻辑悖论和李嘉图寻找一种"不变的价值尺度"的困难，以及马克思的转形问题都连接到一起。因此，明确地表述李嘉图的难题和剑桥资本争论的问题就是非常重要的。

二、斯拉法与剑桥资本争论

斯拉法著作的一个重大意义在于，他通过长期对李嘉图理论的研究，从古典学派和马克思经济学的角度对新古典理论提出了批评。这种从古典和马克思经济学出发的意义在于，通过把表明社会关系的外生利润率加入新古典一般均衡模型，从而引出新古典总量生产函数的逻辑悖论。首先，斯拉法采用投入—产出的线性生产方程来表明生存经济的生产技术关系：

$$AP = P \tag{1}$$

其中，A 是投入矩阵，P 是价格向量。可以认为，它表示的是李嘉图单一产品模型的扩展。接着，斯拉法假设作为劳动投入的工资小于全部纯产品，从而得到剩余经济的第二个公式：

$$(1+r)\,AP = P \tag{2}$$

在此，商品的相对价格只取决于生产条件而与收入分配无关，即这里不存在按照一种价值资本计量的统一利润率。然而事实上，把不同质的资本品加总为一个价值资本，并要求获得统一利润率的概念，来自资本主义经济关系的内在要求，从而需要在斯拉法给定的投入——产出方程中加入一个外生给定的统一利润率，即斯拉法的第三个公式：

$$(1+r)\,AP + wL = P \tag{3}$$

其中 r 是利润率，w 为工资率，L 是劳动。斯拉法在这一核心模型中表明了一个重要问题，即一旦在异质的投入—产出方程中加入统一利润率的假设，资本品的价值将随利润率的变动而变动，即收入分配与资本的价值同时决定。由此，将引起技术再转折和资本倒转，即资本数量并不能独立于收入分配的问题，从而使新古典总量生产函数理论的基本命题不再成立。

这里的问题在于，为什么要加入统一利润率的假设？举例来讲，在新古典生产函数 $Y=F(K, L)$ 中，资本 K 和劳动 L 代表两种生产要素，从而有各自的边际产品，或者说其收益率或利息率是不统一的；如果转换成两种资本品投入的形式，即 $Y=F(K_1, K_2)$，这两种资本品 K_1 和 K_2 同样是异质的，从而有各自的边际产品或自己的利息率。就新古典的资源配置而言，只需要微观生产函数的相对价格，因为两种资本品作为实物单位既没有必要也没有可能加总为一个总资本，更不需要统一利润率的假设。而新古典学者之所以构造总量生产函数和统一利润率，是因为现实国民收入核算体系的统计变量正是各种总量，统一利润率也是现实竞争中的规律；为解释这些现实，他们就直接把微观生产函数和新古典资源配置分析套用在宏观总量上，但这些总量与新古典技术分析却是完全无关的，由此也就导致了严重的逻辑矛盾。相反，正是由于古典和马克思经济学所强调的资本主义经济关系的存在，即按照"资本价值"的预付获得统一利润率的要求，给定各个部门统一的利润率，才使得各种异质资本品或各部门不同的资本构成被"资本化"为一种同质的"投入"总量，由此，产出也就成为一个同质的总量，从而比例于投入总量并与利润率相联系。

按照上述推论，李嘉图采用单一产品模型计量总量是导致其逻辑矛盾的根源，这种由实物的投入—产出所表示的技术关系容易将人们引入错误方向，即总产出可从实物上加以计量。这就使利润的决定联系到资本生产率和人们消费的时间偏好，如李嘉图把利润率下降归之于土地边际收益递减，有的学者据此把李嘉图视为边际主义的创始人。①显然，这一命题并不能使李嘉图摆脱困境。问题在于，当在斯拉法的生产方程中加入统一利润率后，是相对价格发生变动、还是总量发生变动？从形式上看，加入统一利润率后，收入分配的变动会使相对价格发生变动；但斯拉法模型中技术上的投入—产出关系并不会发生变动，即作为部门间交换比例的"相对价格"并不会改变，所改变的只是总资本与总收入的比例或"宏观变量"，而这些宏观变量并不依赖于技术关系。这一点也容易证明，因为利润率为收入中利润对总资本的比率，给定技术条件或生产方程和工资率，利润率的变动将只会使总资本和总收入价值发生变动，而不影响技术关系上的相对价格和出现技术关系与收入分配

---

① Hollander, S.(1981): Marxian ecomomics as "general equilibrium" theory, History Of Political Economy, 13, pp. 121-155.

的相互作用。

再回到斯密的价值理论。斯拉法在《用商品生产商品》一书的后面写道：该文的出发点来自李嘉图，但最后却回到了斯密。①在此，斯密的价格构成理论和以工资单位计量国民收入方法的重要特性是，这种总量的计量只取决于以价值计量的工资单位和外生给定的利润率，从而与技术无关，这一结论是非常重要的。由此提出的问题就是，作为表明资本主义经济关系的利润率和宏观总量是否依赖于技术关系，如何计量这些宏观总量并使之能够表明其变动规律以及这些总量的性质与意义等，这些问题正是马克思所要回答的。

三、技术关系与马克思的资本主义经济关系

马克思继承了古典学派强调社会关系的剩余理论，但马克思修正了李嘉图的逻辑混乱，并建立起一种排除技术关系的理论体系来表明资本主义经济关系。如马克思把政治经济学的研究对象明确定义为资本主义的生产关系；由此，马克思所论述的并不是李嘉图技术退步（土地收益递减）下的利润率下降，而是技术进步条件下的利润率下降，即资本主义经济在技术进步条件下所发生的周期性经济波动等问题。在马克思那里，危机来自资本主义经济关系的性质，即资本主义生产的目的不是实物消费，而是获取纯粹价值上的利润。正是这种资本主义生产的特殊性质，在技术进步条件下导致了有效需求不足和利润率下降，从而引发了经济危机。马克思要探求的不是生产的技术关系，因为在技术关系上按比例分配社会劳动的要求存在于所有社会制度中；相反，他要表明的是资本主义经济制度实现这种按比例分配社会劳动的特殊形式，即雇佣劳动和剩余价值，从而资本主义经济的所有概念——产出、工资、成本、利润等都联系到雇佣劳动与资本和剩余价值，而不是直接联系到技术。显然，政治经济学所要研究的也正是这种特定经济制度下的问题，而不是生产一般或技术关系，这与作为西方主流经济学的新古典理论根本不同。新古典理论把分析基础建立在资源配置的生产函数之上，对所有现实问题的解释都从技术分析入手。但问题是，我们今天面临的主要现实问题或目前经济学所研究的问题，究竟是由技术关系决定还是由社会关系决定？如果

---

① 参见斯拉法：《用商品生产商品》，商务印书馆1962年版，第94页。

说所要研究和解释的现实问题是技术上的资源配置，那么新古典理论的研究方案就是可行的；但如果这些问题不单纯由技术关系决定，而是涉及人们之间的社会关系，那么新古典的解释就不可避免地会导致逻辑矛盾，而马克思经济学的研究方法将能更好地解释这些现实问题。

在主流新古典理论中，生产是由厂商把作为生产要素的劳动和资本（这种资本是实物的资本品或机器）按照技术关系组合在一起，决定价格，并进而决定收入分配的只是由抽象掉特定资本主义经济关系的市场供求竞争所形成的要素边际产品或稀缺性。但在马克思那里，这不过是生产在技术上的一般形式，在资本主义经济中这种技术关系的形式是通过资本雇佣劳动实现的。也就是说，在马克思的价值与分配理论所描述的竞争中必然存在着资本家，他用价值形式的货币资本购买资本品和雇佣劳动，其目的在于获得价值的增殖和剩余价值，即其产品的售价要高于成本，从而获得作为利润的增加的货币。因此，与资本主义竞争和为了获取利润的生产目的相联系的就是资本积累，剩余价值和利润一方面来自工人的剩余劳动，另一方面又是资本积累的来源。然而按照新古典理论，马克思称之为剩余价值的利息（利润）只来自资本的边际生产力，资本家获得利润是由于消费的时间偏好（节欲或等待），这种技术上的性质就与社会关系或经济制度无关。但事实上，当考虑到资本积累和社会再生产，古典学派和马克思在讨论资本积累时所使用的基本假设显然是非常重要的，即资本家的利润主要用于资本积累或储蓄。所以，马克思把资本积累归于竞争，即资本家只有不断进行资本积累才能在竞争中不被淘汰；而这一点也正是来自资本的性质，即资本作为一种抵押可以支配劳动，更多的资本就意味着在竞争中可以支配更多的劳动或资源而取得优势。

采用古典学派的抽象假设，即资本家不消费而把全部利润用于储蓄（这一假设与现实中稳定消费函数的事实相近），则全部产品将由工人消费，资本家得到利润和积累的资本；而且，这种利润和积累的资本将永远不用于消费，而作为一种符号或标志以表明资本家的成功和社会地位，这与马克思关于资本主义的生产目的也是一致的，即资本主义生产只是为了利润，这正是资本主义市场竞争的博弈规则。其中，所有以货量值表示的总量关系只是一种为资本主义竞争设计的符号，其资本主义的经济关系使得厂商的成本—收益计算完全采用货币量值，而不与技术关系相联；同时，正是这种货币的成本—收益计算构成了以货币价格加总的国民收入核算体系的统计变量，这些统计变量与技术完全无关。

四、价值与价格：转形问题

马克思的价值理论批判地继承了古典学派。其中，价值与价格是完全不同的概念。如斯密把价值作为一种自然价格来调节供求，李嘉图则把价值联系到总量的计量，这种作为社会关系的价值概念与新古典由稀缺性和边际生产力决定的供求并不相同。在这里，存在着由社会关系决定的价格的变形，即无论商品的交换比例怎样由技术关系决定或符合资源配置优化的要求，这些比例都必须转化为由社会关系决定的价值单位；显然，这种价值量是一种特殊的总量关系，它不表示任何技术或实物的计量，而表示由社会关系决定的收入分配关系。如在《资本论》第一卷第1章，马克思从商品两重性（价值和使用价值）和劳动两重性（抽象劳动和具体劳动）出发，把由技术关系决定的使用价值和具体劳动与作为社会关系的价值和抽象劳动加以区分，从而表明价值只取决于社会关系。在第二章马克思转向了交换价值形式、由此过渡到货币，其目的是要表明当交换价值以货币表示和劳动力成为商品时，资本家能够通过货币交易得到一个货币增值或剩余价值，即以货价值表示的总量关系。在此，作为资本主义经济（或市场经济）本质特征的是雇佣劳动，劳动价值论和劳动力商品的价值概念为表明这种资本主义总量关系奠定了基础。这种逻辑推论的要点在于，在市场经济或资本主义经济中，资本家雇佣劳动生产的目的是利润，而不是使用价值，因而抽象掉使用价值和劳动生产率的技术关系对表明资本主义生产的特殊性质就是必要的。

上述讨论对理解马克思从价值到生产价格的转形问题非常量要。自博特基维茨（1907）提出马克思在该问题上存在逻辑错误以来，经济学界曾展开过多次激烈争论。然而，这些争论都把转形集中于相对价格，却没有将其作为解决总量问题的方法。其实，作为马克思转形同题的基本命题，即总价值等于总生产价格和总剩余价值等于总利润，完全是一种总量问题，而不是相对价格问题，它对解决剑桥资本争论的逻辑悖论和表明古典一般均衡都具有重要意义。换一个角度看，转形问题实质上来自异质品加总和统一利润率的假设，即在各部门资本有机构成 c/v 不同的异质品模型中，当采用统一利润率的假设使不变资本 c 用生产价格计量时，利润率 r 的变动将使总产出价值 $w=c+v+m$ 随利润率发生变动，而用劳动时间计量的价值总量和剩余价值总量并不随利润率变动，从而只有在单一产品模型（资本有机构成相等或斯拉法的"标准商品"）中才能使两个总量相等。可以看到，转形问题的这一结论类似于资本理论争论中的新古典逻辑悖论，即新古典的各种命题只能在单一产品模型中成立而不能扩展到异质品模型。或如斯拉法所揭示的，在各部门资本——劳动比率不同的条件下，利润率的变动将影响相对价格，而利润率与资本总量的价值是同时决定的，即不存在一种独立于利润率的总资本量。这样，就可把马克思的转形问题与剑桥资本争论联系起来讨论。

如前所述，在新古典异质品的资源配置模型中，收入加总没有必要，也不可能得到一种表示实物的总量指标，从而无法真正用总量生产函数来表示总量的收入分配关系（如工资率与利润率），相反，马克思从价值到生产价格的转形却能够在社会关系的基础上表示这种总量关系。如在价值领域，马克思采用劳动时间作为总量的测量，收入 v+m 就可作为劳动时间加总，而对于不变资本 c，马克思采用"过去的劳动时间"来定义，从而排除了资本异质性，使其能够和可变资本 v 加总而得到剩余劳动决定的剩余价值；在价格领域，采用生产价格测量总量的基础与价值领域相同，利润依然是一种"不被支付的劳动"，如果不变资本价值 c 不随利润率 r 变动，则转形的结果必然会有两个总量相等。所以，这里的关键在于资本的测量，而这一点正是新古典总量生产函数在异质品模型中难以逾越的障碍。

现在，把前面的模型一般化。采用斯拉法的生产方程，使用投入—产出方法把它扩展为新古典一般均衡模型，其投入—产出系数由新古典的偏好和边际生产力决定，利息率也就取决于人们的时间偏好和资本边际产品。但在这种异质品模型中，每种生产要素对应于每种产品自己的利息率，也不存在统一的利息率和任何宏观总量。现在，加入资本主义经济关系，即统一利润率假设，这使得一般生产模型发生重要变化，不仅相对价格变动，而且出现了一系列总量关系。在这里，对斯拉法著作的合理解释就是，斯拉法论证了异质品模型中总量加总的逻辑，即在生产方程中加入统一的利润率可以得到表明资本主义经济关系的总量关系。由此，也就联系到对马克思转形问题的重新阐释。显然，转形的结论并不影响马克思价值到价格转化的意义，即价值和剩余价值概念并不是多余的，因为它从正确的角度提出了加总问题。如上所述，新古典试图用总量生产函数从技术关系解释现实国民收入核算体系的总资本和总收入概念，并盲目地在瓦尔拉斯一般均衡中加入了统一利润率的假设，但这些总量及统一利润率与新古典的技术分析却是无关的；而一旦在剑桥资本争论的新古典异质品模型中加入统一利润率的假设，则劳动或工资率实际上就已被资本化了，即采用统一利润率与资本品加总在一起作为总投入，工资率也作为这种加总的总产出的一部分，由此导致了严重的逻辑混乱，使得技术再转折和资本倒流问题至今无法理清。相反，马克思从价值到生产价格的分析，则表明这些总量只是来自资本主义经济关系，如马克思在转形中采用的不变资本与可变资本概念，作为社会关系的表现本身是同质的或可以加总。也就是说，马克思的转形能够表明利润率与资本存量价值之间真正的关系，即此问题只能从社会关系角度加以说明和解决。

正是在上述转形意义上，斯拉法通过构造标准商品和标准体系提出了转形问题的解，即可以通过标准体系把异质品模型转化为单一产品模型或各部门资本构成相等的模型，从而使资本品投入的价值不随利润率变动。这一模型与在转形问题的讨论中一些学者把代表社会平均资本有机构成的部门作为"中数"的解法是相似的。正如斯拉法表明的，给定技术上的生产方程，然后给定一个外生利润率，则可以得到价格模型；由于利润率是外生的，因此只要选择的这个利润率使价格计量的资本—劳动比率等于价值计量的社会平均资本有机构成，则两个总量将是相等的。在这里，可以把这种利润率称作"稳定状态"的利润率。显然，当利润率不等于稳定状态的利润率时两个总量将不再相等；而当考虑到卡尔多的"程式化事实"时，这种稳定状态自然会联系到资本主义的现实经济。同时，马克思利用价值概念所讨论的利润率下降对于解释资本主义经济波动也是重要的。由此，马克思从价值和剩余价值出发来说明以价格计量的总量关系或马克思的转形问题，对于讨论这种总量关系及其变动则至关重要。

五、马克思的分配理论

与价值理论相似，古典学派和马克思经济学与新古典理论在分配问题上的争论也表现在，其中是否存在一种完全独立于技术关系而由社会关系决定的收入分配。其实，马克思的价值和剩余价值理论正是为了对这种由社会关系决定的分配提供一种计量，并表明资本主义分配的性质。在此，对马克思经济学而言，必须要回答的就是其收入分配与资源配置的关系。

首先，采用简化的单一产品模型来表明上述问题。比如李嘉图 1815 年的谷物模型：

$$r = (Y_t - Y_{t-1}) / Y_{t-1} = (L\sigma + Lw) / Lw = (\sigma - w) / w \tag{4}$$

这一公式表明利润率 r 取决于工资率 w 和劳动生产率 σ。在此基础上加入新古典的生产函数，即修改古典学派谷物模型中谷物资本全部用于工资的假设，假定谷物（资本）还可用作资本品（比如种子）、用 K 表示，则利润率的公式成为：

$$r = (Y_t - Y_{t-1}) / Y_{t-1} = \left[L\sigma - (Lw + K)\right] / (Lw + K) \tag{5}$$

对比式（1）与式（2）可以看出，利润率现在不仅取决于劳动生产率和工资率 w，而且取决于用于种子的数量 K。给定 w，则 r 与成正比、与 K 成反比，由于用于种子的资本 K 越多，所能雇佣的劳动 L 越少，除非随着 K 的增加会使 σ 提高，否则资本家是不会把资本用于种子的。因此，要决定资本家如何把资本在劳动和种子之间进行分配，就需要给出劳动与种子生产函数的技术关系，这里把种子对劳动的比率作为劳动生产率的函数，即：$\sigma = F(K/L)$。采用新古典生产函数的假设 $F' > 0$ 和 $F'' < 0$，随着资本—劳动比 K/L 的提高，产出—劳动比 Y/L 也提高，但却是递减的，从而资本—产出比 K/Y 也是递减的。假设工资率给定，其取值范围可在零和劳动生产率之间任何一点，即 $0 < w < \sigma$；并假定资本家根据利润率最大化原则决定劳动与种子的替代，通过对求极值法可以得到资本家选择种子与劳动替代的原则[1]，即：

$$MP_L = w(1 + r) \tag{6}$$

$$MP_K = 1 + r \tag{7}$$

这两个公式表明，资本家对种子与劳动的替代或资本—劳动比 K/L 的选择，是使劳动边际产品 MP_L 等于工资率加上工资率乘以利润率，和使种子（资本品）边际产品 MP_K 等于 1 加上超过其损耗的利润率或使其增加的产出等于利润率。其含义是，资本家的利润最大化是使每个单位谷物资本用于种子或雇佣劳动所得利润率均等，而不是新古典的劳动与谷物边际产品等于工资率或利润率，因为这里是"支配的劳动"或给定的工资率（或利润率）。而且，

---

[1] 详细推导参见柳欣：《资本理论——价值、分配与增长理论》，陕西人民出版社 1994 年版，第 383 页。

模型中的资本并不是作为资本品的种子，而是作为总资本的谷物，资本家是使用给定的谷物资本来雇佣劳动和用于资本品，这就使模型中的成本——收益计算完全不同于纯粹技术关系中的生产函数。实际上，在现实市场经济中，企业（厂商）的成本—收益计算正是使用预先给定的货币购买资本品和雇佣劳动的，这与上述模型中的假设完全相同；而且，由转形所决定的工资率与利息率（利润率），与新古典理论作为要素稀缺性价格的工资率与利息率概念也并不相同。这里的工资率与利息率是宏观概念，它反映目前国民收入核算体系中总量的工资与利润而对应于总劳动和总资本，但新古典理论却不可能存在这种总劳动，特别是总资本概念。在现实国民收入核算统计中，总资本不仅包括各种异质资本品，也包括各种异质的土地和自然资源等非劳动生产要素，以及专利、商标和其他被厂商垄断的技术，所有这些技术上的生产要素都用货币量值表示，并要求获得统一的利润率。然而，新古典的边际生产力分配论和要素价格（收入分配）与资源配置的关系，却不能用在总资本和总劳动概念上。换句话说，也可认为上述新古典理论关于稀缺性的要素价格与资源配置理论是正确的，但体现资本主义经济关系的收入分配却会使这种相对价格发生变动或转形，而转形只影响宏观变量，却完全不会改变相对价格配置资源的功能。

显然，这里涉及相对价格（资源配置）与收入分配之间的关系究竟如何表述的问题，这一问题存在许多概念上的混乱。如帕西内蒂表述的，收入分配问题争论的关键在于，这里是否存在一种完全独立于技术关系或相对价格的外生的利润率。前面的论述已对这一命题给予了肯定。对于古典学派和马克思经济学来讲，重要的是资源配置和收入分配统一于由货币量值所表示的相对价格和总量的基础上，即表示资源配置的相对价格和表示分配、但由货币量值表示的总量关系，即作为总量计量的价值和分配与相对价格是统一的。这正是目前价值与分配理论争论的难点所在。比如马克思的劳动价值论，一些学者提出了"异质劳动"问题，即当劳动是异质时，按照资源配置的要求，必须要对不同质的劳动分别给予一个表示稀缺性的指数才能使资源得到有效配置。正是在这里，马克思的分析方法再次体现出来。因为也可赋予异质劳动一个稀缺的指数，但这只是市场价格，而并不决定总量和收入分配意义上的价值；但在马克思强调社会关系的资本主义经济中，所有不同的异质资本品、土地等生产要素都被加总为一个总资本，并要求得到统一的利润率。显然，这种分配关系与异质劳动的加总在含义上是相同的，即这里存在着一种完全独立于技术关系的价值与分配关系，它由货币量值所表示的宏观总量决定，而这种价值总量来自统一利润率的加总。

斯拉法曾用"联合生产"讨论过固定资本和土地加总问题，如异质固定资本的使用存在着技术上的投入—产出关系，但如果采用统一的利润率，这种投入—产出价值的变动就会使各资本品的价格发生变动。这实际上就是目前使用的收益现值法，通过该方法异质资本品和土地将被加总为一个总资本，而这个资本量会随着收入分配或利润率的变化而改变。但是，这种总资本和作为收益现值法加总的利息率的变动并不影响资源配置，因为厂商在进行成本—收益计算时，会把这种总量排除掉而按照原有的投入—产出关系配置资源。例如现实的货币利息率由中央银行调节，不仅变动幅度大，而且经常变动，而厂商显然不是根据这种利息率的变动来改变资本与劳动的替代的。所以，收入分配的变化并不改变资源配置，即这种分配是按照马克思的价值，而不是按照要素边际生产力的价格来计量的，这种计量的前提是存在着资本家和工人或总量资本和雇佣劳动。因此，当我们要讨论的问题是现实国民收入核算体系中总量资本条件下的工资与利润分配问题时，马克思的价值、分配理论在逻辑上是一致的，而新古典边际生产力分配论却存在着逻辑矛盾。同时，正是在上述价值、分配理论的基础上，马克思建立起他的宏观理论体系，即完全排除技术关系的"宏观经济学"，其核心是有效需求或利润率下降问题。通过资本积累、社会再生产和利润率下降的分析，马克思表明了资本主义经济危机的性质，而其价值、剩余价值和收入分配的分析则正是构成这种宏观经济分析的基础。

参考文献：

1. 谷书堂，柳欣. 新劳动价值论一元论[J]. 中国社会科学，1992（6）.

2. 柳欣. 资本理论——价值、分配与增长理论[M]. 西安：陕西人民出版社，1994.

3. 柳欣. 资本理论：总量与相对价格[J]. 政治经济学评论，2002（1）.

4. 马克思. 资本论，1—3 卷[M]. 北京：人民出版社，1975.

5. 罗宾逊. 生产函数与资本理论[M]//罗宾逊. 经济学论文集，第 2 卷. 北京：商务印书馆，1988.

6. 斯拉法. 用商品生产商品[M]. 北京：商务印书馆，1962.

7. Blaug M.. Economic Theory in Retrospect, 5th[M]. Cambridge: Cambridge University Press, 1997.

（本文原载于《学术月刊》2004 年第 7 期）

资本理论：总量与相对价格

摘 要：本文的目的在于证明剑桥资本争论的逻辑悖论存在的原因，通过对资本理论争论主要问题的解释，表明一个十分重要的命题：国民收入核算中以货币量值加总的所有统计变量与技术或生产函数是完全无关的，而是由社会关系或特定的货币金融体系所决定的。一百多年以来新古典理论教科书所授予人们头脑中的观念是完全错误的，从而采用新古典生产函数对这些统计变量的分析和对现实问题的解释都是错误的或带有根本性的缺陷。

关键词：资本理论；总量；相对价格

由罗宾逊在 1953 年所提出的总量生产函数问题引发了著名的剑桥资本争论，其结论是，新古典理论只能在单一产品模型中成立，而不能适用于异质品模型，即新古典理论对于现实的异质品模型的解释或其以总量为基础的宏观经济学存在着逻辑上的矛盾。然而，这一逻辑矛盾并没有被澄清，乃至以总量生产函数为基础的新古典宏观经济学依然统治着经济分析。本文的目的在于证明：（1）以生产函数为基础的新古典理论只能应用于相对价格的解释，而不能应用于任何异质品的总量；（2）现实中以货币量值加总的所有国民收入核算的统计变量与技术（或生产函数）是完全无关的，而是由社会关系或特定的货币金融体系所决定的。

一、新古典理论的性质

新古典理论以生产函数和效用函数为基础，建立了技术关系的稀缺资源有效配置理论，其核心是表明商品和要素稀缺性的相对价格，这种相对价格是稀缺资源有效配置的指数。这一理论的性质经过几代经济学家的研习已为人所熟知。然而，新古典经济学家在讨论宏观经济问题时似乎忘却了这些基本定理，而创造了异质品模型中的总量生产函数这一与相对价格完全不同的理论。显然，如果是单一产品模型，总量生产函数的使用是没有疑义的，但把总量生产函数套用在异质品模型中却背离了新古典资源配置理论的宗旨。在 20 世纪 50—60 年代由罗宾逊和斯拉法所引发的剑桥资本争论中，当新古典学派试图解释总量生产函数时遇到了逻辑悖论，即新古典理论只在单一产品模型中有效，而不能扩展到异质品模型，或者说无法在异质品模型中加入统一利润率的假设来保持新古典理论生产函数和收入分配的命题。

关于异质品模型中的加总问题，经济学家实际上早就提出过疑问并得到了明确的结论，（参见凯恩斯，1930 年，博利斯，1992 年）即只有在稳定状态条件下（所有变量的同比例增长）才能获得总量指数。可以说，新古典的相对价格理论与异质品条件下的总量宏观经济理论是不相容的，一个简单的道理是，新古典的相对价格理论已经能够解决资源配置问题了，这里既不可能，也根本不需要总量理论。

把异质的资本品和消费品加总为一系列总量是新古典经济学家创造的神话，即所有国民收入核算体系的总量指标都可以表示为实物的加总而与名义变量的价格水平区分开来，比如实际 GDP 和名义 GDP 的划分，之所以称之为神话是因为，这种根本不存在的总量经过新古典经济学家的课堂训练已经为所有的人所认可和在实际经济中应用，这似乎应验了凯恩斯的话，政治家们只是为经济学家的思想所左右。

可以用简单的例子来说明这一问题。比如有两种异质产品——苹果和梨，苹果的增长率是 10%，梨的增长率是 20%，那么，总量的增长率以及 GDP 是多少呢？显然，简单的加总是没有意义的。无疑，我们可以分别给予两种产品一个权数，然后计算增长率和 GDP 总量，如现实中所做的那样，但这种方法根本不能表示任何实物意义上的总量关系，因为我们说苹果增长 10% 和梨增长 20% 比说 GDP 增长多少能更清楚地表明实物方面的意义，而说 GDP 是 10 万亿和增长 8% 是不清楚的。实际上，新古典理论已经表明了这一问题，即资源配置只需要表明稀缺性的相对价格而根本不需要总量，即在异质品模型中由效用函数给出人们的偏好，而不需要加总为总量。就资本理论而言，如果是单一产品模型，生产函数的使用是毫无疑问的，但对于异质的资本品则只能使用微观生产函数，即每一种资本品将有自己的生产函数，这是"微观经济学"的基本原理，而根本不能使用总量生产函数来讨论资源配置问题。

二、现实中的物价指数和加总问题

现在我们来看现实中的 GDP 加总问题。按照新古典理论教科书，国民收入核算的目的是实物量的统计，从而可以用物价指数区分开名义变量与实际变量，以得到实物量的计量。如前所述，这种异质品模型中的实物量的计量和物价指数是不可能得到的。那么是什么因素决定 GDP 呢？不是生产函数和实物统计，而是资本主义经济关系，是由资本主义经济关系决定的特定的货币金融体系所决定的，即企业以货币价值进行的成本收益计算和资本的收益率，而与技术和实物是完全无关的。

在现实以货币价值计量的 GDP 总量中，那些电影明星和体育明星高得吓人的收入和面包竟然加在了一起构成 GDP 的总量，这是不是实物的计量呢？实际上，只要仔细考虑 GDP 的统计就可以发现，GDP 的测量与实物是无关的。GDP 的定义并不是生产的产品和劳务的总和，而是其货币价值的总和，二者是完全不同的。在 GDP 的统计中，实际上只是货币的交易值，凡不通过货币交易的将不被计入 GDP。实际上，GDP 的计算与实物产出并不相关或直接相关，而只是货币交易值的加总减去重复计算的部分，即新增加的货币交易值，换句话说，所有的货币交易都会被计入 GDP，凡不是货币交易的产出（包括劳务）将不会被计入 GDP。比如，歌星和电影明星的报酬被计入了 GDP，而农民自己生产和消费的农产品，只要不通过市场交易，就不会计入 GDP。显然，GDP 的统计并不是实物量值的加总，而只是货币量值的加总。这种货币交易的性质和意义何在呢？为什么面包工人的微少工资可以和球星、影星的收入加在一起构成 GDP 总量，原因只是在于他们都是资本家雇用的，假如利润率是 10%，资本家付给工人 100 美元的工资，要得到 10 美元的利润，而付给影星的 2000 万美元的工资就要收回 200 万美元的利润，正是这种性质才使不同质的产品和劳务得以加总。①

---

① 自 20 世纪 30 年代人们使用国民收入核算体系以来，并没有从理论上考虑它的性质和意义。马克思对生产劳动的定义似乎可以作为 GDP 等国民收入统计的理论依据。马克思批评了斯密把物质产品的生产作为生产劳动的定义，指出在资本主义经济关系中，只有能够为资本家带来剩余价值的劳动或雇佣劳动才是生产性劳动。如前面所表述的，当采用货币交易时，假设所有的企业都是资本主义企业和所有的工人都被资本家所雇用，则马克思的生产性劳动的定义是与国民收入的统计相一致的，即所有的产品都是经过货币的买和卖两个过程，以使货币增殖，而根本不涉及生产剩余价值的劳动的具体形式。

　　这种货币交易和获取利润的 GDP 的统计，对于讨论宏观经济是重要的，如凯恩斯所表明的收入支出模型，其收入与支出之所以相等，因为它只是从不同的角度来看双方的交易，卖出者得到收入，购买者则是支出，同一笔交易必然使收入和支出相等。但这种收入支出等式中重要的是企业的成本与收益计算或获取利润，而与实物的产出是无关的。由此可以得到，对于资本主义经济关系来讲，重要的是名义 GDP，而不是反映实物产出的"实际 GDP"，或者，根本就不存在"实际 GDP"。

　　当 GDP 的统计与实物产出无关，那么物价指数又是什么含义呢？按照主流经济学的分析，物价指数是反映所有实物指标的货币价格的变动，从而可以把名义 GDP 与实际 GDP 加以区分，实际 GDP 将反映实物量的变动，而名义 GDP 只联系到价格水平的变动。这种两分法已经成为经济学的教条而支配着人们的思想。但这种两分法在逻辑上是不成立的。

　　我们在前面已经对加总和增长率指数的计算问题做了说明，这对于物价指数也是适用的。即在异质品模型中，要使物价指数具有意义，就只有在齐次性的稳定状态模型中才能够成立，即所有产品的价格必须同比例变动，而如果价格水平不是同比例变动，则物价指数的计算是没有意义的。比如，小麦的价格上升了 10%，燕麦的价格上升了 20%，那么小麦和燕麦加总起来的通货膨胀率是多少呢？虽然我们可以对小麦和燕麦分别计算一个权数而得到总的通货膨胀率指数，但除非表明权数的意义，这种加总是不能说明任何问题的。

　　联系到国民收入核算的实际，现实中物价指数的统计远超出前面理论分析的限制，不仅产品的质量经常在变动，而且新产品层出不穷。可以举一个例子说明这一问题，目前我国物价指数的计算是以 1988 年为基期的，而如今在市场上几乎难以找到与 1988 年完全相同的产品，更不用说占消费支出很大比重的新产品。显然，这种物价指数的计算与实物量的统计相差甚远。

　　就人们通常所说的物价指数是指消费者价格指数（CPI），这种消费者物价指数被作为计算实际国民收入的依据。然而，这种消费者物价指数显然不是全部产品和劳务的统计，比如资本品的价格变动被排除了，资本品的价格变动是用单独的指数来表示的，由于资本品在我国 GDP 统计的全部产品中要占到 30%，所以 GDP 并不能表示实物量的变动是显而易见的。就消费品而言，消费者物价指数所包含的产品也不是全部消费支出的构成，比如家用电器在居民消费中已经占有很大的比重，但只是在近期才考虑加入物价指数的计算中。虽然消费者物价指数所统计的范围在不断变化，统计部门也力图把消费品构成的变化纳入物价指数的统计，如物价指数统计的基期过一段时期会进行调整，但物价指数的统计显然只能大致表示主要消费品的价格变动。再来看各种产品在整个指数中的所占的权数，其权数计算所依据的是在各种产品在消费支出中所占的比例，这种比例是与恩格尔系数有联系的，由于收入的上升会使食品和其他基本消费品在收入中的比重下降，当物价指数的基期在较长时间没有得到调整时，权数的计算也是不准确的。

然而，上述对物价指数的说明并不意味着现行的物价指数的统计是毫无意义的，正如这种物价指数一直是宏观经济分析的重要指标，但经济学家实际上并不真正了解这种物价指数的性质。如前所述，一旦把物价指数作为实物量指标统计和衡量实物的货币价格的工具，将陷入主流经济学的泥潭，而当采用我们重新表述的宏观经济模型来说明物价指数时，其含义将是完全不同的。

以上对物价指数计算的说明并不是针对其准确性或对其实物量的统计，因为上述分析实际上已经表明这种物价指数的计算根本不适合于实物量的计算。我们上述对物价指数计算的说明是要表明一个重要的命题，这种物价指数的计算只是要表明"工资品"或基本消费品的价格变动，而消费品价格的变动并不是反映整个经济中实物产出的变动，而是联系到企业的成本与收益计算和宏观经济各个变量之间的关系，正是由于这一点，才使物价水平成为宏观经济中的重要变量，而不是它对实物量的测量。

三、另一种加总方法

如前所述，目前主流经济学教科书中所表述的加总的方法和总量概念是不成立的，那么，现实中的货币量值的加总是以什么为基础的呢？这里存在着另一种加总方法，即以资本的统一的收益率为基础的加总，这种加总所得到的是以货币量值所表示的资本主义的经济关系。

凯恩斯在《货币论》和《通论》中都对国民收入核算中的加总问题进行了分析，表明只有采用同质的工资单位和货币单位才能进行加总。斯拉法在1932年的一篇文章中，提出了货币的自己的利息率这一概念，凯恩斯由此得到启发，在《通论》中专设了一章（第17章）来讨论货币的自己的利息率，以作为他的宏观经济学和货币理论的基础。但遗憾的是，无论是凯恩斯还是斯拉法，都没有用自己的利息率或统一的利润率来表明加总问题，而这一问题对于资本理论争论的逻辑是至关重要的。

假设有两种产品，一种是小麦，另一种是燕麦，它们都可以用于资本品（如种子）和用于消费，用于资本品时的技术关系由新古典生产函数所决定，但两种产品在同一时间中带来的边际产品或边际生产率是不同的（当然还可以假设两种产品的边际产品是相同的，但人们对于两种产品的偏好、从而有时间的相对价格或期货价格是不同的）。这样，两种产品在一定的时间中的各自的利息率或"自己的利息率"是不同的。给定人们对两种产品消费的时间偏好，这两种产品用作资本品的时际均衡模型将被获得。但是，这里并不存在一个统一的利息率或一般利息率，因为小麦和燕麦都有自己的利息率，而两个利息率是不同的，它们取决于两种产品各自的边际生产率和人们的消费偏好与时间偏好。这里把这种各自不同产品的利息率称为"自己的利息率"（凯恩斯，1936 年），这种自己的利息率与新古典的边际生产率和时间偏好的概念是一致的。在这一模型中，因为各种资本品不是同质的或不存在各种资本品的资本化价格，从而不能使用一个价值单位来计量而获得总量，这是问题的关键所在。

在上述模型中，为了得到总量，我们可以任意选择一种产品的自己的利息率作为一般利息率，比如可以把小麦的利息率作为一般利息率，然后用小麦的收益率或一般利息率去贴现燕麦的收益率，从而获得燕麦的"资本化的价格"。这即是一般的贴现率公式，即资本品的价格等于其收益除以利息率（$K=R/i$，K 为资本存量价值，R 为资本品的收益，i 为利息率）。这样，当采用一种利息率来贴现资本品的价格，即可得到各种资本品的统一的价值单位，并且可以获得统一的收益率或利息率。如可以通过小麦和燕麦的相对价格的变动使燕麦与小麦的收益率均等，或者使燕麦的收益率等于小麦的利息率或一般利息率。例如，小麦的自己的利息率或在一定时期中的边际产品为 5%，燕麦的边际产品为 10%，那么，可以通过使燕麦的价格为小麦的 50%，则按小麦价格计算的燕麦的收益率就将与小麦的收益率或一般利息率就可以相等。同样，我们也可以把燕麦的自己的利息率作为一般利息率，从而当小麦的价格是燕麦的 2 倍时，它们的收益率是均等的。

显然，根据上述推论，这种一般利率或宏观变量在一般均衡模型（时际均衡模型）中并不具有意义，换句话说，就新古典理论所要阐述的技术问题而言，人们根本没有必要选择一种产品来把它的自己的利息率作为一般利息率而得到宏观变量，但这种宏观变量并不具有意义，因为选择任意一种产品的自己的利息率，就会存在一套宏观总量。无疑，人们在决定消费的时间偏好时要考虑资本品的边际生产率，从而决定积累率，但这种选择只能是根据人们对所有产品或各种不同产品的偏好（包括时间偏好）和它们的生产率（包括时间在内的生产函数）进行选择，而绝不是根据一般利息率，这里根本没有一般利息率和所有其他宏观变量存在的余地。前面所讨论的一般利息率和宏观变量只是为了分析的需要而臆造出来的，或者说，如果我们非要在一般均衡模型中得到宏观变量和一般利息率，我们可以在人们根据微观生产函数和消费偏好进行选择后，再选择任意一种产品的自己的利息率作为一般利息率而得到货币变量，但这种做法在新古典模型中不具有任何意义。

从上述的逻辑推论中，我们得到了一种加总异质品的方法，可以说，这种加总或价值测量方法是新古典的异质品模型要获得统一利息率的唯一方法。上述推论表明了新古典时际均衡模型的一个重要的性质，即资本品的价格或宏观总量与一般利息率是同时决定的。由此所涉及的问题是，这种由宏观变量所表示的相对价格既不表明人们消费的时间偏好，也不表示要素的稀缺性，如一般利息率只是人们任意选择的一种产品的自己的利息率，而不表示"总量资本"的边际生产率，从而并不能作为资源有效配置的指数。

根据前面的分析能够作出进一步的推论，即我们可以把前面的由任意一种产品的自己的利息率作为一般利息率而得到的产品价值总量作为"宏观变量"，这种宏观变量的含义即是各种异质品的价值的加总，这样就可以得到按价值计算的增长率和积累率，当然，增长率将等于作为一般利息率的产品的自己的利息率，资本品价值和收入流量都取决于我们所选定的产品，换句话说，在前面的异质品模型中，如果各种资本品的边际生产率或自己的利息率不同，则经济增长率、资本存量价值和收入流量也将是不同的。

四、古典学派与马克思经济学

现在，我们来回答上述分析所得出的这种任意加总的宏观总量的意义问题，这种任意加总的宏观总量的意义就在于资本主义经济关系，这正是古典学派和马克思经济学所表明的。

　　与新古典理论所研究的相对价格的技术关系不同，古典学派所要研究的是资本主义经济关系。与新古典教科书的解释不同，斯密的看不见的手并不是来自新古典相对价格的资源配置理论，而是基于"经济人"的自利心，如斯密所表明的，与原始的社会不同，当资本被积累起来之后，这里存在着"自然利润率"所决定的相对价格，资本是一种预付，其目的在于获取利润，是等量资本获取等量利润的原则所形成的资本流动而决定资源配置的。但斯密并没有讨论总量的收入分配问题或总量的"宏观经济学"。

　　李嘉图把价值分配理论转向了宏观总量，他所要讨论的是作为总量的利润率下降问题。对于总量，李嘉图在单一产品的谷物模型中得出了明确的结论，但其推论似乎并不适合于异质品模型。李嘉图发现和提出了一个重要的问题，就相对价格而言，当各个部门资本构成不同或资本劳动比率不同时，技术关系上的劳动生产率的变动和收入分配的利润率的变动会同时影响相对价格，从而不能得到一个统一的尺度来测量总量的收入分配和利润率的变动。李嘉图的难题也同样困扰着古典学派的后继者，马克思的转型问题和斯拉法的模型都没有能够清楚地说明这一问题。这一问题分析上的混乱正是产生于相对价格和总量的混淆，而当我们排除了相对价格，这一问题的逻辑就变得非常简单了。

　　马克思对转型问题的解是不完整的，但马克思澄清了李嘉图的混乱，即把技术关系与收入分配的社会关系相混淆。马克思批评李嘉图把劳动价值论联系到劳动生产率，表明价值与技术是完全无关的，而取决于社会关系。在《资本论》中，马克思用了三章的篇幅表明，技术或劳动生产率只与使用价值有关，而与价值无关。马克思表明，与价值联系的分配只与抽象劳动有关而与技术无关，劳动生产率的变动与价值量成反比。

　　但遗憾的是，马克思关于社会关系决定价值的理论，一直被人们误解为是要解释相对价格，或马克思的劳动价值论是一种相对价格理论，而实际上，马克思绝不是要解释相对价格的决定，而是要讨论总量的收入分配和利润率问题。在《资本论》第一卷中，马克思关于相对价格的论述只有半章，其讨论相对价格是为了表明交换价值形式，由此过渡到货币。其目的在于表明，当交换价值以货币来表示和劳动力成为商品，资本家就能够通过货币交易而得到了一个货币增值或剩余价值，即以货币价值表示的总量关系。从这种剩余价值的基本关系出发，马克思建立起一套宏观经济体系，马克思的资本积累理论、社会再生产理论、利润率下降与经济周期理论无不是建立在这种与技术完全无关的总量关系基础之上的。

马克思关于转型问题的分析，目的是非常明确的，即生产价格取决于价值和剩余价值总量，虽然生产价格与劳动价值论在相对价格的决定上存在着区别，但这种由统一利润率所决定的总量并不依赖于相对价格或任何技术关系，而只取决于资本主义的生产关系，这一点对于理解转型问题是非常重要的。实际上，我们在前面对加总问题的分析已经能够表明转型问题的逻辑解。当资本品的投入采用统一利润率的生产价格来计算，在各个部门资本有机构成不同的条件下，不同的利润率或自己的利息率将产生不同的一套宏观变量，从而不会与任何给定的价值总量相等，即不可能得到两个总量相等的结论，只有在单一产品模型或各个部门资本有机构成相等的条件下可以使两个总量相等。但上述转型问题的解并不能损害马克思的结论，即所有的总量与技术或相对价格是无关的，换句话说，在单一产品或各个部门资本有机构成相同模型中两个总量相等或不依赖于技术关系的结论，在异质品模型中同样是成立的，虽然不能保持两个总量相等。而这种两个总量的不相等引发出一系列极为复杂的问题，比如，由斯拉法所表明的，在异质品模型中，一般利润率的变动会导致资本存量价值的变动而引起技术再转折。

对于上述问题，这里特别需要提及的是，在 60—70 年代的剑桥资本争论中，新剑桥学派（新李嘉图主义和后凯恩斯主义）把争论的重点放在了相对价格上，把古典学派和马克思经济学理解为与新古典理论不同的一种相对价格理论。[①]其中的一个重要论点是，相对价格的决定并不完全取决于技术关系，而且联系到收入分配的社会关系，即把斯拉法的理论理解为技术关系与收入分配共同决定相对价格。无疑，古典学派和马克思经济学强调社会关系，但并不意味着技术关系与收入分配共同决定相对价格。如前面的分析所表明的，古典学派主要是以社会关系的统一利润率来解释总量关系，但由于没有脱离技术关系的困扰而导致了逻辑的混乱。在这一问题上，马克思经济学是十分鲜明的，技术关系和相对价格被完全剥离掉而讨论总量关系。

---

① 在我国学术界这种观点尤为突出，如在国内的政治经济学教科书中，不仅把马克思的劳动价值论表述为相对价格理论，并把相对价格联系到收入分配，而且进一步把资源配置问题引入马克思的价值理论，特别是近来在劳动价值论的讨论中，马克思的价值分配理论被完全表述为相对价格理论。

五、斯拉法与剑桥资本争论

斯拉法的著作引发了极为复杂的剑桥资本争论，虽然技术再转折的存在已被公认，但技术再转折的原因和由此所引出的结论却没有得到澄清，以至新古典理论依然统治着经济学界和支配着经济学的经验研究。现在，我们采用前面的分析，对剑桥资本争论的逻辑悖论给予解释。需要明确的是，斯拉法所讨论的问题或批判的对象是新古典的总量生产函数，而目前经济学界对斯拉法理论的理解和讨论往往集中在相对价格的决定上，这使得许多问题得不到澄清，特别是其理论的意义得不到充分的说明，当然也涉及剑桥资本争论中所遗留下的一系列逻辑悖论。而当我们在斯拉法的模型中加入"总量"，从"宏观"的角度来理解斯拉法的理论，将使目前关于资本理论和凯恩斯经济学的复杂争论展现出新的曙光。

首先，斯拉法采用了投入—产出的线性生产方程来表明生产的技术关系，即：

$$AP = P \tag{1}$$

其中，A 是投入矩阵 P 是价格向量。可以认为，这种线性生产方程与瓦尔拉斯一般均衡的投入—产出模型在技术关系上是完全相同的，给定投入—产出系数，将有一套由部门间的交换所决定的相对价格，所不同的是投入—产出系数的选择。瓦尔拉斯一般均衡的技术选择是根据人们的消费偏好和要素的稀缺性来选择投入—产出系数，由此所决定的相对价格可以使资源得到有效配置。但如斯拉法所表明的，边际方法的使用并不会改变模型的性质，从而可以适用于任何给定的投入—产出系数模型。在上述模型中，资本品是异质的，从而每一种资本品都有自己的利息率（或利润率），同时，劳动也有自己的边际产品，资本和劳动的边际产品是通过模型中的相对价格来表示的。由于资本品是异质的，从而不存在统一的利润率（伊维尔特，1992），当然也不存在任何总量的收入分配。

由于统一的利润率是资本主义经济关系的内在要求。这样，就需要在给定的投入—产出方程中加入统一的利润率，即：

$$(1+r) AP + wL = P \tag{2}$$

其中，r 是利润率，w 为工资率，L 是劳动。在这个模型中，斯拉法表明了这一重要问题，一旦在异质的投入—产出方程中加入统一利润率的假设，资本品的价值将随利润率的变动而变动，即收入分配与资本的价值是同时决定的，由此会引起技术再转折和资本倒转，从而使新古典理论的基本命题不再成立。

这里的问题首先是，为什么要加入统一利润率的假设。就资源配置问题而言，这里只需要微观生产函数，资本品也只是其实物单位而根本就不需要价值单位来进行计量。当然，在瓦尔拉斯一般均衡模型中绝不存在总量生产函数和总量的收入分配关系以及其他宏观变量。当斯拉法加入了资本主义经济关系，即按照"资本价值"的预付获得统一利润率的要求给定各个部门统一的利润率，各种异质的资本品或各个部门的不同的资本构成将被"资本化"为一种同质的"投入"总量，同时，产出也成为一个同质的总量，其比例于投入总量而与利润率相联系，利润率的变动将使投入和产出的价值总量发生变动。

采用上述的逻辑推论，可以澄清剑桥资本争论中的一个重要的命题，即相对价格的决定不可能脱离开收入分配，或者说技术关系与收入分配是相互作用的，新剑桥学派（后凯恩斯主义）似乎正是采用这一点来表明新古典理论的逻辑错误，但这一命题可能正是导致资本理论的逻辑悖论不能得到澄清的根源。在上述模型中，相对价格是以"价值"来表示的，而不是瓦尔拉斯一般均衡模型或斯拉法模型中实物交换的比例，而作为新古典资源配置理论的相对价格根本就不需要价值单位。例如，在新古典模型中，根本就不需要给作为生产要素的劳动赋予一个价值计量的工资单位。另一个问题是，当加入了统一的利润率，收入分配（利润率与工资率）的变动将影响相对价格，由此构成了技术关系与收入分配是相互作用的命题，但这一命题只有用价值单位表示才是成立的，而实际上，按照前面的分析，利润率和收入分配的任何变动都不会影响相对价格和各种资本品的自己的利息率，即投入产出模型中的技术系数或实物交换比例，换句话说，由统一的利润率所决定的宏观总量并不会影响技术关系上的相对价格，即利润率的变动只影响总量的投入—产出比率的变动，而不会影响相对价格。

由此可见，技术关系与收入分配的相互作用只是产生于价值总量的计量，由此可以表明古典学派和马克思经济学的核心命题，即技术关系与作为总量关系的收入分配是完全无关的。这一命题在前面的模型中显然是不言而喻的，因为无论技术关系（投入—产出系数）如何变动或由什么样的因素（包括新古典的生产函数和消费偏好）决定，其由利润率所决定的投入和产出总量都将保持不变的比例。这种把由利润率所决定的投入与产出的价值或总量比例关系而不是相对价格作为古典学派和马克思经济学的核心，是很容易理解的，就所研究的问题而言，李嘉图所要讨论的土地的收益递减和马克思的资本有机构成提高导致的利润率下降所涉及的正是这些宏观变量，其所要研究的问题正是特定的经济制度所导致的矛盾，而李嘉图和马克思所采用的抽象方法或假设正是为了抽象掉技术关系所带来的分析中的复杂性所产生的逻辑混乱，以表明特定的经济制度的作用，其目的也正是得到由经济制度所决定的这种宏观变量。由这种研究对象和方法所得到的总量关系的意义可以从我们前面对新古典理论的分析中清楚地表现出来，即新古典理论的技术分析完全排除了这种特定的经济制度所决定的总量关系，或者说不能得到和表明这种总量关系，从而也不可能讨论这种总量关系所表示的经济制度及其矛盾。联系到前面的分析，由斯拉法所重新表述的古典学派，特别是马克思的经济学的核心正是明确地提出了这种总量关系或宏观变量产生的基础在于资本主义经济关系。

让我们再一次表述这种古典学派和马克思经济学的命题，在异质品模型中所存在的总量关系与技术或相对价格是完全无关的，这一命题对于理解资本理论争论和由此所导致的理论经济学所有领域都存在的逻辑矛盾是极为重要的。异质品模型中产生的技术再转辙和资本倒转正是来自微观生产函数和总量生产函数之间的矛盾，即这里存在着两个利润率（利息率）概念，当采用统一利润率的假设或总量生产函数时，利润率将不再与总量的价值资本（或奥地利学派的生产时期）的边际产品相联系，而是联系到资本主义经济关系，因为这里的劳动已经不再仅仅是生产函数中技术上的生产要素了，而是变为资本家预付工资的"支配的劳动"，由此将改变技术关系上的成本—收益计算，而成为特定经济制度下的成本—收益计算。（关于剑桥资本争论问题，参见柳欣 1994 年，1996—1997 年）

这样，我们可以对剑桥资本争论中的问题给以说明，新古典理论在单一产品模型中是有效的，因为新古典的单一产品模型中并不包含资本主义经济关系，而在异质品模型中加入资本主义经济关系的统一利润率，则所产生的总量"生产函数"和收入分配已经不再表示技术关系了。实际上，由总量关系所表示的技术再转折和资本倒转只是异质品的相对价格采用一般利息率加总中产生的现象，它已经完全脱离了新古典理论的假设，从而并不能证明新古典生产函数理论对技术关系的逻辑阐述是错误的，但可以证明，新古典理论并不能采用总量生产函数来表明现实中的宏观经济变量。由上述分析也可以证明，古典学派和马克思经济学中所存在的逻辑矛盾与新古典理论的逻辑错误是相似的，只是恰恰相反，即在古典一般均衡模型中加入了技术关系，如李嘉图所要寻找的同时表示技术关系和收入分配的价值尺度和马克思的转型问题以及利润率下降问题，即如果在给定模型中加入技术关系也会产生类似于技术再转折的逻辑矛盾。斯拉法的模型在揭示了新古典理论的逻辑矛盾的同时，也可以表明古典学派理论的逻辑矛盾，而只有在其"标准商品"模型中，古典学派的逻辑才能够成立，因为在标准商品模型中，技术关系已经被完全抽象掉了。

六、技术关系与收入分配—相对价格与宏观变量

上述分析表明，剑桥资本争论的逻辑错误的产生和许多复杂的争论问题难以得到解决，一个重要原因是人们观念中所"固有"的表示技术关系的实际 GDP 等宏观经济总量指标，而问题就在于所有以货币量值所表示的国民收入核算的总量指标与技术是完全无关的。另一个重要原因是根植于人们头脑的新古典技术分析的教条，即资源最优配置的技术选择。对此，我们来讨论一个十分重要的问题：由于现实中厂商的成本—收益计算和技术选择（如资本品或土地与劳动的替代）是根据总量的工资率和利润率进行的，那么，如前面所表述的，当这些总量关系与技术是完全无关的，资源的有效配置问题又如何进行的呢？

新古典理论完全从技术关系出发表述了一种资源配置理论，我们这里把这种抽象的理论作为资源配置的最优解，这种最优解可以用瓦尔拉斯一般均衡中的相对价格来表示。按照新古典教科书的表述，无论如何经济制度，要到达资源的最优配置，都必须采用这样一种相对价格进行经济计算。但就我们所要讨论的问题而言，马克思在讨论按比例分配劳动的技术关系时的这样一种表述是恰当的，即资本主义经济所改变的并不是这种技术关系的内容，而是实现这种技术关系的形式，资本主义经济关系正是改变了"瓦尔拉斯一般均衡"的经济计算的形式。

这里涉及新古典教科书的一个基本原理，即厂商是根据生产要素的边际

产品等于其价格这种利润最大化进行决策的，而这一教条并不适用于资本主义经济。对于这一问题，我们采用单一产品模型来加以推论和证明。

资本理论的逻辑悖论正是在于新古典理论（以及古典理论）的命题在单一产品模型中是成立的，但不能推论到异质品模型。显然，这种逻辑悖论的存在肯定在于单一产品模型和异质品模型所采用的假设是不同的，其区别就在于异质品模型中所采用的总量生产函数实际上加入了资本主义经济关系的假设，当我们表明了这一问题的性质，只要在单一产品模型中加入资本主义经济关系的假设，就可以得到与异质品模型相同的结论。

采用李嘉图（1815 年）的单一产品模型，其模型的要点是表明资本主义经济关系。假设只生产单一产品—谷物，生产周期是固定的，比如为 1 年，作为投入的是劳动，但劳动是由"资本"雇用的，资本是一笔谷物基金，用以支付雇用劳动的工资。假设总资本的数量是给定的，为上一年收获的谷物，用 Y_{t-1} 表示，所能雇用的劳动数量取决于工资率(W)，工资率是固定的且小于劳动生产率(σ)，从而投入的劳动数量为 $L = Y_{t-1}/W$，假设规模收益不变，则这一年的总产出 Y_t 和利润率 r 为：

$$Y_t = (Y_{t-1}/W)\,\sigma = L\sigma \qquad (3)$$

$$r = (Y_t - Y_{t-1})/Y_t = (L\sigma - LW)/LW \qquad (4)$$

公式（3）表明总产出取决于投入的劳动和劳动生产率，公式（4）表明利润率取决于工资率和劳动生产率。让我们在这一模型的基础上加入新古典理论的生产函数。修改前面古典学派谷物模型中谷物资本全部用于工资的假设，而假设谷物（资本）还可以用作资本品，比如种子，用 K 来表示，利润率的公式就变为：

$$r = (Y_t - Y_{t-1})/Y_{t-1}$$
$$= [L\sigma - (LW + K)]/(LW + K) \qquad (5)$$

对比公式（5）与公式（4）可以看出，利润率不仅取决于劳动生产率 σ、工资率 W，而且取决于用于种子的数量 K。给定 W，则 r 与 σ 成正比和与 K 成反比，由于用于种子的资本 K 越多，所能雇用的劳动 L 越少，除非随着 K 的增加会使 σ 提高，否则资本家是不会把资本用于种子的。因此，要决定资本家如何把资本在劳动和种子之间进行分配，需要给出劳动与种子的生产函数的技术关系。这里把种子对劳动的比率作为劳动生产率的函数，即：

$$\sigma = F(K/L) \qquad (6)$$

为了对比，采用新古典生产函数的假设，即 F'>0 和 F"<0，随着资本劳

动比率（K\L）的提高，产出劳动比率（Y\L）也提高，但却是递减的，从而资本产出比率（K\Y）也是递减的。在上述模型中，我们假设工资率是给定的，其取值范围可以在零和劳动生产率之间任何一点，即 $0<W<\sigma$。由于模型中总产出的最大化也就是利润率的最大化，利润率等于产出增长率，假设资本家根据利润率最大化的原则决定劳动与种子的替代，可以通过对公式（5）求极值的方法得到资本家选择种子与劳动替代的原则，即：

$$MPL \;=\; W(1+r) \qquad\qquad (7)$$

$$MPK \;=\; 1+r \qquad\qquad\qquad (8)$$

这两个公式表明，资本家对种子与劳动的替代或资本劳动比率（K\L）的选择是使劳动的边际产品 MPL 等于工资率加上工资率乘以利润率，和使种子（资本品）的边际产品 MPK 等于超过其损耗的利润率或使其增加的产出等于利润率。①（上述公式的数学证明和详细推论，参见柳欣 1994 年，1996—1997 年）其含义是，资本家的利润最大化是使每一个单位谷物资本用于种子或雇佣劳动所得到的利润率均等，而不是劳动与谷物的边际产品等于工资率或利润率，因为这里是"支配的劳动"或给定的工资率（或利润率），而模型中的资本并不是作为资本品的种子，而是作为总资本的谷物，资本家是使用给定的谷物资本来雇用劳动和用于资本品，这就使模型中的成本—收益计算与纯粹技术关系中的生产函数完全不同了。需要强调的是，在现实的市场经济中，企业（厂商）的成本收益计算正是使用预先给定的货币购买资本品和雇用劳动，这一点与上述模型中的假设是完全相同的，新古典厂商理论中的成本收益计算的假设与现实是不同的。

从上述单一产品模型的分析中，可以更明确地表明异质品模型的性质和资本理论的逻辑争论。新古典理论的逻辑错误并不是来自异质品模型，而是来自异质品模型中统一利润率的假设或价值的加总，这使资本主义经济关系加入进来而不能保持其纯粹技术关系的假设。如前面对单一产品模型的推论所表明的，只要存在一种给定的总量资本用于购买资本品和劳动两种生产要素，其利润最大化就成为公式（7）和（8）所表示的统一利润率的原则，而不再是要素的边际产品等于要素价格，把这一点用于异质品模型，则只要存在着统一的利润率，资本就不再是新古典的作为生产要素的资本品，而是用于购买劳动和资本品的"总量资本"，或者说就成为古典学派的资本概念，由

---

① 从公式（5）中可以推出工资率和利润率的公式：$W = MPL/(1+r)$，$r = (MPL/W) - 1$。

此导致了资本理论中的逻辑悖论。斯拉法的模型清楚地表明了这一点，即给定投入－产出的技术关系（其投入可以扩展到固定资本和土地），当加入统一的利润率，资本和劳动两种生产要素的投入都被"资本化"而比例于利润，这一点与前面单一产品模型的假设是相同的。因此，就总量关系而言，技术关系与收入分配是完全分离的，或者说，技术关系仅仅决定相对价格而与总量关系无关，总量生产函数和总量收入分配只是产生于资本主义经济关系。

强调这种相对价格与总量关系或技术关系与收入分配（或社会关系）的分离，对于解释前面所提出的资本主义经济中的资源配置或技术选择问题是非常重要的。采用斯拉法的方法，其资源配置过程可以分为两个步骤，其表示投入－产出技术关系的一般生产方程可以用新古典的瓦尔拉斯一般均衡理论来解决，然后再加入统一的利润率构成资本主义经济关系的模型。但在现实中，这两个过程是不能分离的，厂商（企业）的技术选择只能采用总量的利润率和工资率。这样，如果厂商根据实物的要素的边际产品对于要素价格决定技术选择，显然不能到达资源的有效配置。然而，如我们前面所证明的，资本主义经济中厂商的利润最大化并不是使要素价格等于其边际产品，而是要用其实物的边际产品乘以总量的利润率，正是这一点可以使资本主义经济中按照"宏观"的工资率与利息率（或货币量值的宏观变量）进行的技术选择和资源配置与新古典的资源配置的结果完全相同。

对这一问题的证明是非常简单和易于理解的，因为资本主义经济关系的生产模型只是在其中加入了统一的利润率，或者说所有的相对价格或实物的生产要素和其边际产品都是由利润率加以"贴现"而成为总量的，而厂商利润最大化决策则是采用统一利润率原则的一种反过来的"贴现"，二者相抵，其所实现的资源配置与瓦尔拉斯一般均衡是相同的。由此可以说明，"宏观"总量关系是完全独立于相对价格的，相对价格只是取决于技术关系，技术关系与宏观总量是完全无关的。

上述分析可以清楚地表明，新古典理论就其本身所讨论的技术关系而言并不存在逻辑上的矛盾，其逻辑悖论来自不明确地加入了现实中的资本主义经济关系。①这里还涉及新古典教科书中的一个命题，即凯恩斯所提出的，

---

① 它还可以表明剑桥资本争论中的一个经验悖论，即争论双方在理论上都认同的技术再转辙很少能够找到经验上的证据，因为当改变了厂商的利润最大化决策，新古典理论的技术分析在经验上也成为有效的，技术再转辙和资本倒转只是来自理论上的逻辑混乱。

一旦实现了充分就业，新古典的资源配置理论依然是有效的，从而宏观经济学和微观经济学是可以分开的，这种说法在某种意义上并非毫无根据，因为资源配置只是取决于相对价格。然而，资本理论的争论和本文的核心正是在于说明，新古典理论绝不是宏观经济学的微观基础，这种宏观经济学的微观基础根植于古典学派和马克思的经济学，或者说，古典学派和马克思劳动价值论是现实中的宏观经济总量的基础，而表示相对价格理论的基础。

这种完全独立于技术关系的总量关系对于说明利润率（或工资率）和收入分配的决定是极端重要的。在利润率和收入分配的决定问题上，古典经济学家虽然明确地表明其资本和利润的性质，即利润来自资本对劳动的支配而与技术无关，但在收入分配的决定问题上却不能保持这种分析的逻辑一致性，如李嘉图采用生存工资理论来表明外生给定的工资份额，但在地租的决定上却采用土地收益递减的技术分析，虽然他把利润作为总产出减地租和生存工资后的剩余，但由于总产出取决于土地的收益递减的技术关系，从而利润也将取决于技术关系。马克思对李嘉图价值论的修正正是在于把技术关系与收入分配完全分离开，但在讨论利润率下降规律时采用了资本有机构成提高的分析，问题在于这种资本有机构成究竟是价值构成，还是"反映技术构成的价值构成"，如果资本有机构成概念是一种技术关系，就将导致逻辑上的矛盾，还有前面已经讨论的转型问题也是如此。问题的关键就在于必须把总量关系与技术彻底分离，即作为总量的价值、分配理论与技术完全无关而仅仅取决于资本主义经济关系，就我们所要讨论的问题而言，关键在于能否使利润率和收入分配的决定完全不依赖于技术关系。

七、利润率、利息率、货币与资本

斯拉法模型中所遗留的另一个重大问题是，这里需要一种外生给定的利润率（或工资率），这种利润率是如何决定的呢？自斯密提出"自然利润率"的概念以来，古典学派一直没有解决利润率是如何决定的这一问题，而这一问题正是宏观经济学的核心问题，同时也是货币理论的核心问题。

实际上，我们在前面讨论新古典的异质品模型时已经表明，只有采用一种商品的自己的利息率去贴现其他产品的收益率，才能使加总问题得以解决，由于这种特殊的商品同时又作为价值尺度，从而这种商品将具有货币的属性。

给定这种商品的自己的利息率，则可以得到一组宏观变量，其资本与收益的比率（或要素投入价值与产出价值的比率）等于这种商品的自己的利息率。如果我们把这种特殊的商品定义为货币，则宏观变量的性质将取决于货币的自己的利息率。这种逻辑推论的一个特例是新古典的货币数量论，其性质在于假设货币的自己的利息率为零或不存在总量资本的一般利润率，当货币利息率为零时，生产要素存量和收入流量将无法加总，也不可能得到包含"资本存量"的总量关系，从而模型中将只存在相对价格。

在古典学派和斯拉法的模型中，似乎可以不考虑货币而得到总量关系，但这里存在着外生给定的利润率，那么，这种外生给定的利润率是否与货币有关呢？联系到货币，作为古典学派模型的特例是劳动价值论，如斯拉法的模型所表述的，当利润率为零时，相对价格等于耗费的劳动时间，作为总量关系的含义时，其商品的总价值等于全部劳动时间。如果我们在其中任意选择一种商品作为货币，比如黄金，则价值总量将取决于生产黄金所耗费的劳动或黄金的相对价格。如果假设货币的生产成本或耗费的劳动为零，如纸币，则似乎只能采用货币数量论来决定价格总水平。然而货币数量论与古典学派的价值理论是不协调的，因为货币数量论出货币数量决定的名义变量和技术关系所决定的实际变量组成，因此，技术关系或实物产出的变动也将影响价格水平，这与古典学派的不取决于技术关系的价值决定是矛盾的。古典学派货币理论中所遇到的所有问题都与这一矛盾有关。

马克思的货币理论正是在于避免这种货币数量论的矛盾，而试图把货币理论与其价值理论直接联系在一起。在讨论劳动价值论时，马克思把货币作为一种社会关系，强调只有货币才能表示劳动时间的价值，因为存在着私人劳动能否转化为社会劳动的问题。当只有货币能够作为价值尺度来计量价值总量时，它将与只具有相对价格意义的一般商品相区别，马克思这样表述货币的性质正是为了说明资本主义经济关系。在资本主义经济中，货币与古典学派的资本概念相联系，即资本作为一种预付，而这种预付的资本并不是生产资料和工人的消费品，而是一笔货币，资本家所要获得的利润也是一笔货币价值，这一点是由资本主义的生产目的所决定的，即资本家预付资本来雇用劳动和组织生产只是为了获取利润，而不是使用价值。这样，作为总量关系的货币成为成本—收益计算的基础，即资本家（企业）的成本收益计算仅仅在于总量的货币价值而与技术完全无关。马克思通过货币流通公式来区分简单商品经济和资本主义商品经济，即资本主义经济的特征就在于货币的增值(货币－商品－增值的货币)，资本家是使用货币来购买资本品和支付工资，并通过出售商品而得到增加的货币。

在资本主义经济中，当货币成为对劳动的支配权和企业成本收益计算的价值尺度，而且资本主义生产的目的就在于获取按货币价值计算的利润或货币增值，这种总量的货币价值的决定将与技术完全无关。在这里，货币数量论是错误的，假设货币流通速度不变，则货币数量将决定价值总量，而货币数量论则完全否认存在着一种货币价值总量和由总量所表示的人们之间的社会关系或分配关系，因为在货币数量论中，名义量值或价值总量只取决于货币数量，而货币数量又完全是外生的，显然，在瓦尔拉斯一般均衡模型中，这种名义量值的大小是无关紧要的，货币是"中性"的。而一旦存在着总量的关系，名义价值总量的变动必然会影响这种总量关系。

我们在前面讨论古典学派和马克思的经济学时已经表述了这种总量关系，这种按货币价值计量的总量关系来自资本的性质，即资本是对劳动的支配，而资本则是由货币价值表示的，那么，如果假设存在着一种由资本主义经济关系所决定的利润率，则利润率必然是货币利息率，即当企业（资本家）计算的资本预付并不是实物的资本品和生活资料，而是货币价值，则利润率将是货币增值的比率。这样，假设货币流通速度不变，这种资本主义经济中的总量关系就可以表述为，如果利润率不变，则货币供应量的增长率必须等于利润率或货币利息率。

现在我们来表明斯拉法模型中利润率的决定问题。如前所述，在瓦尔拉斯一般均衡模型中，要获得加总的总量，必须选择一种商品的自己的利息率来"贴现"生产要素存量和收入流量。斯拉法的模型正是表明了这种用以得到宏观总量的利润率的性质来自古典学派所表明的资本主义经济关系，但斯拉法并没有明确表明这种总量关系中的利润率是如何决定的，虽然斯拉法（1960）曾经提到了这种利润率可以由货币利息率所决定。在 1932 年的一篇文章中，斯拉法提出了货币的自己的利息率这一概念，凯恩斯由此得到启发，在《通论》中专设了一章（第 17 章）来讨论货币的自己的利息率，来作为他的宏观经济学和货币理论的基础。这里的结论是，决定资本主义经济中的收入分配和总量关系的正是这种货币利息率，这一点来自资本主义经济关系中货币与资本的性质。

为了表明资本与货币的性质和它们之间的关系，这里对资本主义经济关系作一个简单的说明。在瓦尔拉斯一般均衡模型中，一个重要的假设是完全竞争，而完全竞争的一个重要假设是完全的信息，这种假设使竞争没有存在的余地，从而排除了作为人们社会关系基础的竞争。按照完全竞争的假设，一个人发现了一种新的技术或知识将无偿地告诉其他人，而在现实的市场经济中，竞争正是基于不同的信息，当某个人发现了一种新的技术或知识，他绝不会无偿地告诉别人，除非按照竞争的市场价格来交换它以从中获利。资本主义市场经济正是通过法律制度建立了这样一种竞争的博弈规则，即人们发明和利用新的知识是为了竞争，发明和应用新知识的人通过获取利润和积累的财富来表示他们的成功和得到更高的社会地位。对于商品交换的重要一点是，这种交换是建立在人们的财产权利特别是人身权利平等的契约的基础上的，但另一方面，这种商品交换或契约又是不平等的，因为它是建立在人们不同的信息或技术的基础上的，换句话说，竞争是以技术或信息的垄断为基础的。①

在这里，作为预付的资本是极为重要的，由于信息或知识是由个人占有的，信息的传播是通过雇用劳动和获取利润来进行的，每个人都想利用自己的信息去雇用别人和获取利润，但他所占有的信息并不一定是正确的，一旦他失败了，契约将无法保证。因此，作为博弈规则的重要一点是，雇用别人劳动的一方必须有一笔资产作为抵押，从而保证他能够负责决策失败时的损失，否则每个人都会去雇用别人而不对失败的后果负责，即只负盈不负亏。正是由于这种博弈规则，私人财产的资产抵押成为极端重要的，只有资产抵押能够保证各个人对自己的决策负责，因为没有其他人知道他的决策。可以说，在现实的市场经济中，资产抵押是信用关系的基础。古典学派的资本概念来自资本主义的信用关系的博弈规则。

然而，作为抵押品的资产并不适于直接充当信用工具，因为这里涉及非常复杂的信息不完全问题，比如对资产的评估和资产价值在合同期的变动等等，处理这些信息问题即使是可能的，也会付出极高的交易费用。货币的使用和商业银行的作用正是为了降低这种交易费用，即商业银行作为一种专业化的机构来创造这种信用关系。

---

① 可以用一个简单的例子来表明市场经济的性质。甲生产者由于掌握了新的技术而比乙生产者有更高的劳动生产率，如甲生产者单位时间可以生产 10 单位产品，乙生产者生产 5 单位产品，甲生产者可以采用一种契约的方式来购买乙生产者的劳动，其工资率将大于 5 而小于 10，假如是 6 单位产品，然后采用新的技术使乙生产者的劳动生产率提高到 10，甲生产者将获得 4 单位产品的剩余或利润。

当商业银行的货币发行与技术完全无关，则所有的宏观变量将不可能依赖于技术关系。前面曾表述了这样一个命题，假设货币流通速度不变，则货币供应量将决定总资本和总产出价值，这些宏观变量与技术是完全无关的，这一命题可以从商业银行的货币创造中得到证明，即商业银行的货币创造决不考虑技术关系而只是基于资产抵押，不仅商业银行的信贷人员不需要和不可能了解技术，而且显而易见的是，如果商业银行人员了解技术和知道某个项目可以盈利，他决不会只满足获得贷款的利息，而是要直接投资而获取高额利润。在现实中，一个最基本的事实是，无论是中央银行还是商业银行并不会根据技术进步的速度增加货币供给，因为他们并不了解、也不可能了解技术进步的速度，或者说，技术进步的速度与他们是无关的。商业银行只是根据企业可抵押资产的价值发放贷款，中央银行的货币政策目标则是稳定货币供给和保持稳定的经济增长率，因而货币供应量的增长率或经济增长率不可能与实物的技术进步相一致。当经济增长率并不与技术进步相吻合，它将不是一个实际变量，而只是由货币价值表示的名义变量，同样，资本存量价值、投资、储蓄、劳动生产率的增长率等所有由货币价格所表示的统计指标都不是与实物量值相一致的实际变量，而只是表示社会关系的货币量值。是基于资产抵押，这种商业银行资产抵押的货币创造成为内生的货币供给的基础，因为作为商业银行抵押品的资本只是商业银行以前发行的货币，货币储蓄构成商业银行的货币供给，货币投资构成以后的资本存量价值。当商业银行按照资产值的稳定比例增加货币供给，将使资本存量价值与利润保持稳定的比率，即稳定的利润率，同时使所有的以货币量值表示的宏观变量保持稳定的比例或稳定状态，这正是卡尔多的程式化事实所表明的。（参见柳欣，1999 年）

1958 年，卡尔多依据统计资料提出了资本主义经济发展中的一些"程式化事实"，它们是：（1）经济增长率和劳动生产率的增长率是稳定的；（2）资本－劳动比率是稳定增长的；（3）利润率在长期是稳定的；（4）资本产出比率在长期是稳定的；（5）利润在收入中的比率是稳定的或收入分配在工资与利润之间的比率是稳定的。这些统计资料显示的经验事实是如此具有规则性，这一点是足够令人们惊奇的了。新古典经济学家对这些事实的解释是，这里存在着"中性"的技术进步，以致资本产出比率能够随着资本劳动比率的提高而保持不变（索洛，1970 年；萨缪尔森，1976 年），这种解释是根据新古典的"实物"的总量生产函数。但就技术进步而言，这些事实的惊奇性恰恰在于极端不规则的技术进步被统计资料显示为相当规则的变动，这与现实的观察并不协调。可以说，技术发明并不是规则的。一个简单的事实是，如众多文献所表明的，今天的技术进步速度不同于一百年前，技术进步是随着时间加速的。然而，如程式化的事实所表明的，经济增长率和劳动生产率的增长率是如此的稳定，以致中性的技术进步似乎是一种可能的推论。问题正是出在价值计算上，对于"实物"分析，这里存在"加总"问题，即如何把不同质的消费品和资本品相加，这里并不存在线性的恩格尔曲线。可以说，不论技术发明是计算机和航天飞机或摇滚音乐，它们都将被加总为一个价值量并与程式化的事实相一致，其原因就在于所有产品生产的经济计算都是按照货币价值进行的，即所有的劳动是与资本家用雇佣的，其目的在于获取利润。结论应当是明显的，这些统计事实并不能用新古典的实物分析来解释。上述程式化事实正是来自资本主义经济关系，如前面所分析的，一旦给定利润率或货币利息率，资本存量的增长率将与收入流量的增长率保持一致，收入分配中利润的份额将保持不变，这些程式化事实正是构成资本主义经济和货币经济的稳定状态模型。新古典理论所阐述的资源配置原理只是一般的技术分析，而不能表明特定的经济制度条件下的经济问题。

参考文献：

1. 博利斯. 加总问题[M]//J.伊特韦尔，M.米尔盖特，P.纽曼. 新帕尔格雷夫经济学大辞典. 北京：经济科学出版社，1992.

2. 马克思. 资本论[M]. 北京：人民出版社，1975.

3. 帕廷金. 货币、利息与价格[M]. 北京：商务印书馆，1995.

4. 凯恩斯. 就业、利息与货币通论[M]. 北京：商务印书馆，1963.

5. Sraffa. Dr. Hayek on Money and Capital[J]. Economic Journal, 1932, 42.

6. 斯拉法. 用商品生产商品[M]. 北京：商务印书馆，1962.

7. 柳欣. 资本理论——价值、分配与增长理论[M]. 西安：陕西人民出版社，1994.

8. 柳欣. 资本理论争论[J]. 经济学动态，1996（12），1997（1）.

（本文原载于《政治经济学评论》2002 年第 1 期）

劳动价值论与马克思主义经济学

摘　要：本文的分析是建立在本人所发现和证明的一个重要命题的基础上的，即目前人们作为经济分析核心的、国民收入核算体系中的、所有以货币量位表示的统计变量被认为是反映实物生产的技术关系，而本人所得出的结论是，这些统计变量与技术是完全无关的，它们只是反映特殊的社会关系或资本主义经济关系。由此可以得出，完全抽象掉生产的技术关系而把社会关系作为分析基础的马克思主义经济学完全可以作为解释现实问题的基础和出发点，而马克思的价值理论突出地表明了这种分析方法。以技术关系分析为基础的西方主流经济学的新古典理论不仅在逻辑上是错误的，而且其对现实问题的解释使人们误入歧途。坚持马克思主义经济学关于社会关系的分析对于建立能够解释现实的新的经济学理论体系是极端重要的。

关键词：价值理论；社会关系；马克思主义经济学

近几年来，我国理论界关于劳动价值论的争论不仅涉及如何坚持马克思主义经济学的问题，而且联系到对现实问题的解释，如果一种理论不能解释现实和对现实给予指导，则将使理论失去生命力。随着我国向市场经济的转变，西方新古典理论不仅在应用领域取得了支配地位，而且在实际问题的研究和教学中被广泛采用，这无疑是对马克思主义经济学的严峻挑战。正是在这一背景下，一些学者为了使马克思主义经济学能够解释现实，试图从"另一种角度"来解释马克思主义经济学和劳动价值论，这些解释似乎使马克思主义经济学能够接近于现实，目前所存在的对马克思主义经济学的一些非正统解释正是源之于此，但这些解释从根本上混淆了马克思主义经济学与西方主流经济学（新古典理论）的区别，而马克思主义经济学的基本观点和方法一旦被抛弃，对马克思主义经济学的研究将从根本上失去意义，或者说会失去理论经济学的研究价值而只具有意识形态上的价值。这里特别需要提起注意的是，作为主流经济学的西方新古典理论在应用中表现出它的严重缺陷，正是因为这一点，发展马克思主义经济学作为与新古典理论相竞争的理论并用于解释现实变得更为重要了。

马克思主义经济学与作为西方主流经济学的新古典理论在经济分析的基础上是根本不同的。新古典理论把经济分析的基础建立在生产函数的基础上，其理论的核心是资源配置的技术关系，对所有现实问题的解释完全从技术关系的分析入手。马克思主义经济学所强调的则是人们之间的社会关系，认为现实经济中的主要问题来自人们的社会关系，而这一点是新古典理论完全否认的。这里的问题是，我们今天所面临的主要现实问题或目前经济学所研究的主要现实问题究竟是由技术关系决定的，还是由社会关系决定的？如果说我们目前所要研究和解释的现实问题就是技术上的资源配置问题，那么新古典理论的研究方案就是可行的；如果现实中存在的问题并不是单纯由技术关系所决定的，而是涉及人们之间的社会关系，新古典理论在解释现实问题时就不可避免地会导致逻辑上的矛盾。

就我们所面对的现实问题而言，无论是宏观经济中的有效需求、货币与资本市场问题，还是企业的组织和市场结构问题，都与经济制度有关或本身就是经济制度问题，即使是经济增长和资源配置这些似乎是最接近新古典技术分析的领域也并不能排除经济制度的分析。从新古典的技术分析出发来讨论这些问题，一旦涉及人们的社会关系，必然会导致逻辑体系的矛盾，剑桥资本争论和关于凯恩斯经济学的争论所揭示的逻辑矛盾正是来自新古典理论的分析中不明确地加入了社会关系的假设。要排除这些理论分析中的逻辑矛盾，就必须改变理论的假设，明确地把社会关系作为经济分析的基础，这正是研究马克思经济学的意义所在。

笔者在分析剑桥资本争论和凯恩斯经济学的争论中所得到的一个重要结论是，目前所有国民收入核算体系中以货币量值所表示的总量指标与新古典的生产函数或技术关系是完全无关的，而只是由社会关系所决定的资本主义经济中的货币金融体系所决定的（柳欣，2000），如果这一结论是成立的，那么新古典经济学研究的所有问题将不是技术关系方面的问题，而是社会关系问题，新古典理论把所有这些变量作为技术关系来对待的研究方案从根本上就偏离了正确的方向。

这样，对马克思主义经济学的研究并不是使它适合于"现代经济学"的发展，而是重新申明马克思主义经济学关于社会关系的基本假设和基本结论，通过与主流经济学的论战而建立新的理论体系，得出对现实问题更有说服力的解释。

一、马克思经济学的基本定理

一种理论的基本定理应当能够表明这种理论的核心以及与其他理论在前提假设和结论上的基本区别。作为马克思主义经济学的基本定理是马克思的剩余价值理论所表示的剩余价值或利润的来源，即剩余价值来源于工人的劳动，用马克思的公式来表示，假设资本家用于雇用工人的工资或劳动力价值是4小时的劳动时间，然后资本家让工人工作8个小时，剩余价值是4小时，即 8−4＝4。这样的推论看似简单，但却具有重要的意义，即马克思所表述的，价值与技术是完全无关的（不包含任何使用价值的原子），而只是表示人们之间的社会关系，在资本主义经济中，价值转化为剩余价值，以劳动为基础的交换转化为以剩余劳动或获取利润为基础的交换关系。

这一剩余价值理论正是马克思使用抽象方法分析价值理论所要得到的结论，或者说是马克思所建立的劳动价值论的目的所在，即马克思抽象掉所有的其他因素（如使用价值和劳动生产率），从而把价值归为劳动时间，由此来表明人们之间的社会关系或资本主义经济关系。对于资本主义经济或市场经济来讲，马克思经济学的这一基本定理在逻辑上和在经验上的正确性是无可置疑的，作为资本主义经济（或市场经济）本质特征的是雇佣劳动，利润的来源肯定是工人的劳动。这种逻辑推论的要点就在于，在市场经济或资本主义经济中，资本家雇用劳动进行生产的目的是利润，而不是使用价值。因此，为了表明资本主义生产的性质，抽象掉使用价值和劳动生产率的技术关系对于表明其特殊性质是重要的。例如，就使用价值的生产来讲，产品的生产需要使用土地和资本品，而不只是劳动一种生产要素，这里存在着如何有效地配置资源的问题，这一点是新古典理论所要讨论的核心。但在一个以利润为生产目的的资本主义经济中，资源、配置问题是依附于获取利润的生产目的的，换句话说，为获取利润的生产将决定资源的配置。

这里特别需要提出资本的概念问题。在新古典理论中，资本被作为一种与劳动并列的生产因素，但就技术关系来讲，奥地利学派把资本作为一种时间（迂回生产）是更为恰当的，因为资本品是劳动生产的，当资本品被作为一种生产要素，一定是因为所假设的分析的时期小于生产周期，只要我们把分析的时期延长，资本品存量将转化为劳动流量。这样，资本品在某种意义上讲只是"过去的劳动"。当然，这并不妨碍为了某种分析的需要而划分出资本品存量和劳动流量，比如，从技术关系的角度讲，如果存在着技术进步，这种存量和流量的划分就是有意义的。但马克思主义经济学与新古典理论的区别并不在于是否把资本作为一种生产要素或考虑存量与流量的时期划分上，而是在于现实中的资本（资本品）的价值（相对价格）是否仅仅由技术关系所决定。在资本主义经济中，当生产的目的是利润和采用雇佣劳动的形式，资本就不是一种生产要素，而是支配劳动的手段，即资本是一笔对货币工资的预付，资本家用货币购买资本品或生产资料也只是对生产资本品的劳动和以前的劳动的工资预付，其目的是获取利润，即这种生产要素市场的交换并不是按照劳动的价值，而是按照劳动力的价值，其价值小于劳动时间。这样一种资本概念的现实性应当是容易为经验所证实的。

当采用这样一种资本概念，相对价格和分配的决定将不仅仅取决于生产函数的技术关系，资源配置也不仅仅是由技术关系所决定的，而是取决于利润和利润率，即由斯密、李嘉图特别是马克思所表述的生产价格所决定的。这一点正是马克思的价值理论的核心所在，即通过定义价值由抽象的劳动时间所决定和假设劳动力的价值小于劳动时间而得出剩余价值理论，由此表明资本主义经济关系的性质，相对价格、分配、再生产以及资源配置问题都与这种获取剩余价值或为了获取利润的生产有关。

二、资本积累和社会再生产

按照前面的马克思主义经济学的基本定理，可以推论出其基本的比较静态分析的结论，即工资与利润是对立的，如前面的公式 $8-4=4$ 所表明的，工资率的上升将导致利润的下降。这一点对于马克思所要推论的资本主义经济中的矛盾是重要的，特别是对于推论利润率下降所涉及的经济波动问题。当然，我们还可以把资本家获取的剩余价值或利润称之为剥削，即利润来自工人的劳动。然而，从这一基本定理中并不能直接推论出对资本主义经济关系的否定，众所周知，马克思对资本主义经济关系的否定是依据对生产力和生产关系矛盾的分析，这涉及《资本论》的全部分析，而不仅仅是剥削问题。

当我们离开马克思的全部分析，就会导致对前面所述的基本定理的误解。

如前面所表述的，这一基本定理的核心是表明资本主义生产的目的是利润，当考虑到资本积累和社会再生产，可以把这一点与马克思讨论资本积累时所使用的一个基本假设联系起来，这个假设是，资本家的全部利润都用于资本积累或储蓄。当然，马克思在讨论社会再生产时还采用了资本家也把利润用于消费的假设，马克思加入了奢侈品部门来表明资本家的消费，资本家的这种消费与工人的消费是不同的。我们这里把资本家的消费放在稍后讨论，先假设资本家的全部利润都用于储蓄或资本积累。从这一假设中，我们可以推论出对前面的基本定理一种新的解释，即如果资本家并不消费，则显然，全部产品将是由工人消费的，资本家所得到的只是利润和积累的资本，这种利润和积累的资本将永远不用于消费。而是作为一种符号或标志用于表明资本家的成功和社会地位，这一点是与基本定理一致的，即资本主义生产只是为了利润本身。

这里之所以把这种解辑称为新的解释是对于一些人的理解或传统的解释而言的，即把基本定理理解为工人与资本家在产品分配上的对立，但基本定理所表示的工资与利润的对立并不仅仅是强调工人和资本家在产品的分配和消费上的对立，而是用价值表示的此消彼长的关系。这种工资与利润的关系联系到社会再生产和经济波动，即联系到凯恩斯所表述的有效需求不足所导致的失业。

三、竞争

与马克思的基本定理和资本积累理论相联系的是竞争。只有从马克思的竞争理论中才能理解马克思的价值、分配和积累理论。

在新古典理论的基本假设中完全抽象掉了人们之间的利益冲突或社会关系，其完全竞争的假设也只是涉及技术关系，如信息传递问题，而并不是现实市场经济中的竞争。与新古典理论相对立，马克思经济学的基本出发点是人们之间的社会关系，这种社会关系表现在人们之间的利益对立或竞争上。

在采用抽象前价值理论表明了剩余价值的基本定理之后，马克思在讨论相对剩余价值时阐述了他的竞争理论，即资本家争相采用新技术来提高劳动生产率，以获取超额剩余价值和不在竞争中被淘汰。在这里，给定劳动力价值，对于单个资本家来讲，他所获得的剩余价值取决于劳动生产率，即剩余价值率与劳动生产率成正比，当个别资本家的劳动生产率高于其他资本家时，他将获得超额剩余价值。因此，竞争是劳动生产率的竞争，是通过对新技术的垄断来获取超额剩余价值。

现在，我们把马克思的竞争理论应用于讨论工资率的决定或说明为什么劳动力会成为商品或说明什么因素决定劳动力的价值。在《资本论》中，马克思预先假设劳动力的价值是外生给定的且小于劳动生产率，即劳动力的价值由生理和道德因素决定，劳动力之所以成为商品是因为资本家占有生产资料。当我们引进竞争机制，可以使劳动力的价值或工资率由供给和需求的内生因素所决定。

在简单商品经济中，价值由社会必要劳动时间所决定，从而劳动生产率较高的生产者在单位时间中所创造的价值或其收入要高于劳动生产率低的生产者。例如，甲生产者由于掌握了新的技术，在每单位时间中可以生产 6 单位产品，而乙生产者的劳动生产率比甲要低一半，单位时间中只能生产 3 单位产品。这样，如果不存在资本主义的雇佣关系，甲生产者的收入将比乙高一倍。现在，我们来看资本主义经济关系的产生。假设甲生产者的生产率高仅仅是因为他掌握了新的技术，如果他把他的新技术告诉乙，乙生产者也将能够生产 6 单位产品，但是这里存在着竞争，市场经济中的竞争是基于对新技术的垄断，即甲生产者决不会把他的新技术告诉乙，而是要通过市场中的竞争，这种竞争是双方根据各自所掌握的信息进行议价或通过竞争的供给与需求来决定价格。在前面的例子中，甲生产者并不是把他的新技术无偿告诉乙，而是提出一个价格或工资率来雇用乙，其工资率将介于 3 和 6 之间。比如为 4，一旦确定了工资率，甲再把他的新技术告诉乙，使乙的产出达到 6。甲支付乙 4 单位工资后将得到 2 单位的剩余价值或利润。这样资本主义经济关系就产生了，甲成为资本家，乙成为他的雇佣工人。资本主义经济的本质正是通过这种劳动生产率的竞争来刺激技术发明和知识的增长。虽然资本主义经济中的竞争促进了技术进步，但利润并不是来自技术进步，而是来自"剩余劳动和剩余价值"。

理解这一问题的要点是，资本家的利润只是按照价值来计量的，而不包含任何使用价值的原子。在上面的例子中似乎可以得到，利润来自劳动生产率的差异，这种劳动生产率的差异使资本家可以通过竞争来雇用工人，并使工资率低于劳动生产率，但资本家雇用工人并不是预先支付一定的实物产品，而是支付一笔货币工资，这里的货币与实物存在着根本的区别，货币联系到与使用价值或技术完全无关的价值形式，这一点正是马克思的货币理论所强调的，即货币代表一般的价值形式而与使用价值无关。当资本家采用一般价值形式或货币进行成本收益计算，即资本主义生产是资本家投入一笔货币来购买劳动，但不是按照劳动的价值而是按照劳动力的价值，当所有的商品价值都是由劳动的价值所决定的，则资本家再按照劳动的价值出售商品，就将得到剩余价值或增加的货币。这种以货币或价值形式进行的交换与物物交换是完全不同的，生产和交换并不是为了消费，而只是为了价值增殖或剩余价值。

四、社会再生产、利润率下降与有效需求

这里先离开价值形式问题，讨论由资本主义经济的性质所决定的另一个重要问题，即凯恩斯所称的有效需求问题。凯恩斯对有效需求的表述是以总需求与总供给价格的方式进行的，其要点是，由于边际消费倾向递减（收入更高的阶层有更高的储蓄率），由投资与消费支出所决定的总价格小于企业产出的成本，由此导致企业减少生产和解雇工人的经济衰退。然而，凯恩斯并没有表明有效需求问题的性质，即企业的成本收益计算是这样决定的，或者说为什么会产生需求价格小于供给价格的问题，而这一问题涉及价值的决定，凯恩斯经济学中缺少一种价值和分配理论作为其宏观经济学和货币理论的"微观"基础。正是由于这一点，主流经济学则把凯恩斯经济学完全嫁接在新古典的价值和分配理论之上，由此导致了宏观经济学中严重的逻辑矛盾和凯恩斯主义宏观经济政策的失败。完全不同于以技术关系为基础的新古典价值分配理论，建立在社会关系基础上的马克思经济学的价值分配理论对于有效需求问题可以得到正确的解释，而以社会关系的价值分配理论为基础的马克思的社会再生产理论已经为研究这一问题提供了重要的思路，而马克思的社会再生产理论的目的就是表明资本主义经济的商品实现问题，这一问题与有效需求问题是紧密联系在一起的。

马克思的社会再生产理论的核心是剩余价值的实现问题，而这一问题联系到资本主义经济中的价值计算和收入分配。假设资本家不消费，全部剩余价值（利润）用于储蓄或资本积累，工人的工资全部用于消费，则消费品部

门（第二部类）的价值总量必须等于工资，资本品部门（第一部类）的价值总量等于剩余价值（利润），这是一个简化的简单再生产模型。在这一模型中，给定上述社会再生产的实现条件，则剩余价值率（收入分配或工资与利润在收入中的比例）必须保持固定不变，否则将使社会再生产的条件遭到破坏。在扩大再生产条件下，剩余价值率或收入分配的变动必须与两大部类的结构变动相一致。这样，假设剩余价值率或收入分配不变，则只有一种稳定状态模型可以与之相适应。

1933 年，卡莱茨基利用马克思的社会再生产公式推论出了有效需求问题，即在假设工人的工资全部用于消费的条件下，当资本家的储蓄大于投资时，将导致有效需求不足和利润下降。卡莱茨基用马克思经济学对有效需求问题的分析不仅早于凯恩斯，而且更深刻地表明了有效需求问题的性质，即有效需求问题联系到资本主义生产中的利润动机和收入分配。1942 年，罗宾逊在讨论马克思经济学时强调其在宏观经济分析方面与凯恩斯经济学的联系，在充分吸收卡莱茨基分析的基础上，提出了以工资和利润的划分为基础的剑桥增长模型，这一模型是在卡莱茨基模型中加入资本存量，从而导出利润率不变的稳定状态增长条件。

罗宾逊的模型可以从马克思的社会再生产模型中推导出来，即在马克思的社会再生产模型中加入资本积累，其稳定状态的条件是，不变资本与可变资本和剩余价值保持稳定的比率（实际上，这一稳定状态的条件也是马克思价值到生产价格转型问题中两个总量相等的条件）。在马克思经济学中，最让人们感到困惑的问题是价值到生产价格的转型问题，而马克思在讨论利润率下降时却同时使用了剩余价值率与利润率的概念，即在剩余价值率不变的条件下，资本有机构成的提高导致利润率的下降。然而，马克思对经济波动问题的这一分析却是非常重要的，即马克思表明资本主义的经济波动来自按价值计量的收入分配与按生产价格计量的利润率之间的不一致，从而必须考虑资本存量与收入流量的一致性。这种从价值到生产价格的思考方式的意义就在于它能够表明，资本主义经济中的经济波动来自其特有的收入分配和价值计量（或利润率），而与技术是完全无关的。

1956 年，索洛以新古典理论的生产函数为基础提出了新古典增长模型，这一模型在资本与劳动完全替代的假设下，得出通过工资率与利息率的变动而达到充分就业的结论，这一结论完全排除了社会关系的分析，而把经济增长和经济波动问题归于技术关系。资本被作为一种代表实物资本品的生产要素，货币和以货币量值计量的所有国民收入核算体系中的统计变量都只是实物的符号。1962 年，克洛尔发表了题为《凯恩斯经济学反革命》的论文，把凯恩斯经济学的微观基础归之为瓦尔拉斯均衡，20 世纪 80 年代以来，新凯恩斯主义与货币主义和新古典经济学（理性预期学派）开始融合，把宏观经济学完全建立在瓦尔拉斯均衡和索洛的增长模型基础上，凯恩斯革命完全被倒转了。

然而，以新古典理论为基础的主流经济学的实物经济理论与凯恩斯的货币经济分析和现实经济是根本不能融合的。1953 年，罗宾逊提出了资本的加总问题，以斯拉伐的著作为导火线所引发的剑桥资本争论揭示了新古典理论的矛盾，这种纯理论的争论直接联系到现实问题，即对卡尔多程式化事实的解释。1956 年卡尔多所提出的程式化事实和随后的经验研究表明，资本主义国家的经济增长和经济波动的统计资料显示其长期具有相当的稳定性，即所有的宏观变量在长期都保持稳定增长状态。以技术分析为基础的主流经济学试图用存在着中性的技术进步来解释这些事实，而这种解释显然不能与经验相吻合，因为技术进步是随着时间加速的，如 90 年代以来，以计算机和网络信息技术为代表的"知识经济"的技术革命，显然已经使技术进步呈现出爆炸性的趋势，而美国经济的增长率依然保持其 3%的长期趋势。再来看"加总"问题，即如何把不同质的消费品和资本品相加，这里并不存在线性的恩格尔曲线，可以说，不论技术发明是计算机和航天飞机或摇滚音乐，它们都将与面包加总在一起，作为一个价值量并与程式化的事实相一致。结论应当是明显的，这些事实并不能用新古典的实物分析来解释，新古典的生产函数不仅不能解释技术进步，而且这些由货币量值计量的程式化事实与技术是完全无关的，而只是由资本主义经济关系所决定的。

采用马克思经济学的价值分析，上述经验问题可以得到有效的说明。如加总问题，不同质的资本品和消费品的加总来自"雇佣劳动"，即无论是计算机和面包的生产，还是摇滚音乐和电影明星的工资，都是资本家或厂商的货币资本预付，其目的只在于获取以货币价值表示的利润，正是这种资本主义经济关系使不同质的商品得以加总为价值量，而这些价值量与技术是完全无关的。卡尔多程式化事实所表明的所有统计变量的规律性，正是来自这种以获取利润为目的的价值计量，即只要在这些程式化事实中加入利润率，则将得到唯一的稳定状态增长模型，换句话说，所有这些统计变量的规律性来自稳定的利润率。宏观经济波动正是围绕着由资本存量价值与收入流量表示的稳定的利润率的波动，由货币量值表示的资本存量价值与收入流量共同构成内生的货币供给体系，其稳定性租围绕稳定的利润率的波动来自作为商业银行资产抵押的资本存量价值对货币供给的制约，资本并不是一种生产要素，而是一种以抵押为基础的信用关系，从而资本与货币具有同样的性质而不可分离，所有的以货币量值所表示的国民收入核算体系中的总量指标都只是内生的货币供给体系的组成部分，这种货币经济的运行与主流经济学的实物经济是根本不同的，决定所有宏观统计变量的只是表示资本主义经济关系的货币金融体系，而不是生产函数的技术关系。

马克思的价值理论所揭示的正是这种资本主义经济制度所决定的现实经济关系。如前所述，马克思价值理论的基础正是表明了，价值与技术是完全无关的，所体现的只是特定的经济关系，资本主义经济中的价值与分配并不是取决于技术关系上的边际生产力，而是由社会关系所决定的利润率支配的。马克思揭示了其价值决定与货币的关系，货币作为一般等价物只是表示社会关系的价值形式，只有这种价值理论才能表明以货币量值为基础的货币金融体系的内在结构，才能作为凯恩斯货币经济理论的微观基础。马克思以这种价值理论为基础所讨论的社会再生产和利润率下降的经济波动分析对于揭示资本主义经济（市场经济）中的经济增长和经济波动问题是极端重要的，以马克思经济学为基础重建经济学的理论体系具有重要的意义。

参考文献：

1. Clower. The Keynesian Counter-revolution: A Theoretic Appraisal[M]//Hahn, Brechlings. The Theory of Interest Rates. London: Macmillan, 1965.

2. Kldor. Capital Accumulation and Economic Growth[C]//F.H.Lutz, D.Chague. The Theory of Capital. New York: St. Montin's Press, 1961.

3. Kalecki. Essays in the Theory of Economic Fluctuation[M]. London: Allen & Unwim, 1939.

4. 凯恩斯. 货币、利息与就业一般理论[M]. 北京：商务印书馆，1963.

5. 柳欣. 货币、资本与一艘均衡理论[J]. 南开经济研究，2000（5）.

6. 马克思. 资本论[M]. 北京：人民出版社，1975.

7. 罗宾逊. 论马克思主义经济学[M]. 北京：商务印书馆，1964.

8. 罗宾逊. 生产函数与资本理论[C]//罗宾逊. 经济学论文集. 北京：商务印书馆，1988.

9. 罗宾逊. 资本积累[M]. 北京：商务印书馆，1962.

10. 索洛. 关于经济增长理论：经济增长因素分析[M]. 北京：商务印书馆，1991.

11. 斯拉法. 用商品生产商品[M]. 北京：商务印书馆，1962.

（本文原载于《南开经济研究》2001 年第 5 期）

货币经济中的货币理论

摘　要：在以分散决策和私人企业制度为基础的市场经济中，构成竞争或资本主义经济关系的基础是其信用关系，而作为其信用关系基础的货币是与价值资本直接相联系的，由此决定这种货币经济中的所有的宏观变量与技术是完全无关的，而完全是由表现资本主义经济关系的货币量和货币信用关系所决定的。

关键词：货币经济；内生的货币供给；名义变量与实际变量

凯恩斯的《货币、利息与就业通论》一书的革命性在于力图阐述一种货币经济理论，其中并不存在货币变量（名义变量）与实际变量截然分离的"两分法"，按照这一思路，凯恩斯所阐述的与现实的国民收入核算体系所表示的所有宏观变量（包括经济增长率、储蓄、投资、工资率、资本存量价值和收入流量等所有按货币价格计算和加总的统计资料）将只是名义变量，而不能与要素的边际生产率和效用所决定的实际变量相分离。然而，凯恩斯并没有表明这一命题的逻辑基础或提出一种新的价值和分配理论来表明他的货币理论。这使得长期支配人们思想的新古典理论的实物分析淹没了凯恩斯的革命，目前的主流经济学依然按照瓦尔拉斯均衡的方法把经济划分为可以截然分离的名义变量和实际变量两个部分，当假设存在按照效用和要素生产率决定的实际变量，则所有国民收入核算统计资料所表示的总量关系都只是实际变量和附加的表示货币价格或价格水平的名义变量。在主流经济学宏观理论中，货币依然是一种面纱，只是这种面纱会对经济产生润滑剂的作用或成为干扰因素，这取决于工资与价格（相对价格）的刚性或不完全性。这种解释使主流经济学离开了凯恩斯所要研究的货币经济，即抛弃了市场经济或资本主义经济的根本特性。

本文将从货币经济的性质出发，重新表明货币与宏观经济变量之间的关系，彻底抛弃主流经济学的实物分析，建立货币经济的货币理论。

一、货币的性质

哈里斯(M. Harris) 在他的《货币理论》一书的开篇中写道："在货币理论中总是不断地提出两个基本问题，而且，实际上在货币理论许多高深发展的背后，也存在着这两个问题：什么是货币，为什么要用货币？"在经济学教科书中特别是在更深的货币理论著作中，很难找到对这两个问题的明确定义和说明。就人们一般所表述的，货币是一种人们所接受的，起着交换媒介、计价单位和价值贮藏作用的商品或法定的凭据；在以分工和交换为基础的商品经济或市场经济中，货币的使用可以克服物物交换的不便或减少交易费用。但以上对货币的表述对于讨论现实经济中的金融市场和极为复杂的货币理论的争论过于简单或毫无用处，因为这种对货币的说明并没有表明现实的市场经济或资本主义经济的性质，而更像传统的高度集中的计划体制中计划机关简化经济计算的一种手段。对货币的本质的说明不能脱离对资本主义市场经济性质的认识。

二、货币与资本

这里的关键问题是理解货币与资本的关系。马克思使用商品和货币流通公式的变化来说明简单商品经济与资本主义商品经济的不同。在马克思的理论中，货币作为一般等价物来表示商品的价值产生于私人劳动与社会劳动的矛盾。在简单商品经济中，商品生产者必须把他的商品先换成货币，以得到社会的承认，才能再用货币购买商品进行消费，这种商品交换的公式为：$W—G—W$（W 为商品，G 为货币）。然而，当出现了雇佣劳动或资本主义商品生产，即当资本家用一笔货币雇佣劳动（和购买生产资料）时，他所支出的并不是劳动的价值，而是劳动力的价值，这种商品交换的公式将变为 $G—W—G'$，其中 $G' > G$，即出现了货币增殖。在这种资本主义商品经济中，货币的性质与简单商品经济是完全不同的。

我们先来讨论一下交换经济，其中每个人占有不同的信息和不断发现新的知识。如果这里存在相对价格的变动，人们可能通过投机来获取利润。例如，这里将出现商人，他通过贱买贵卖获取利润。然而，这个商人在买卖过程中必须拥有货币，因为他必须使用货币签订契约以保证交易进行，这联系到竞争的市场经济的博弈规则，即每一个人基于他自己的信息和预期在特定的时间进行交易，不论获利还是亏损，他将承认交易的结果，这正是现实的竞争。货币作为传统的、习惯的或制度的原因被用于这种交易，这种使用货币的交易是垄断竞争的最充分体现，即当货币被支付时就意味着交易的完成，或交易双方根据自己的信息对契约的认可而不能根据（个人的）信息变动而反悔。正是这种契约的性质或博弈规则，使得货币成为一种特殊的信用关系或最简单和最直接的信用关系。这样，每个人占有的货币或信用关系将决定他签订契约的能力或他的支配能力，如一个商人如果没有货币就不能使用他的有利的信息获取利润，因为他不能在特定的时间和价格的条件下把商品买到手。

现在引入生产，这会得到一个使用货币契约的生产模型，即资本家使用货币（契约）雇佣工人和购买生产资料，然后进行生产和出售产品以获取利润。这与前面商人的贱买贵卖是相同的，不同的只是新的技术被用于生产以与他人竞争。当存在着来自技术变动和垄断竞争的相对价格变动时，货币作为价值标准或货币价值是极为重要的，它不仅能够传递信息和简化经济计算或降低交易成本，而且作为一种信用关系是竞争的手段和标准。

三、货币作为以资产抵押为基础的信用关系

货币作为一种信用关系来自特定的垄断竞争的博弈规则，即货币信用是一种履行契约的方式，以使每一个人能够对他的决策负责。如果每个人都能够履行他的契约，货币将是不重要的，但这却是极端困难的或不可能的。即使存在着完善的法律制度，也不可能保证合同的履行，因为竞争是以个人头脑中的信息为基础的，它是与失败或破产联系在一起的，从而法律制度只能保证企业破产后的清算，而不是保证签约者是否有能力履行契约。正是由于这种博弈规则，资产抵押成为极端重要的手段，只有资产抵押能够保证各个人对自己的决策负责，因为没有其他人知道他的决策。可以说，在现实的市

场经济中，资产抵押是信用关系的基础。从某种角度讲，如果所有的契约都以充分的资产抵押为基础，每个人的错误决策将不会影响到其他人，因为他的损失可以由他的资产来抵偿。显然，这里的货币是一种信用关系，而这种信用关系基于资产抵押。

如果信用关系是基于资产抵押，任何资产都可能成为货币。然而，由于技术变动和垄断竞争，资产与货币是不同的。除了货币，所有资产的价值都是变动的，从而不能把资产直接作为签订契约的信用基础。现实中是通过银行来提供信用关系的。银行通过相互的资产抵押创造出货币这种对交易者来讲更稳定的信用关系，以便利交易的进行。换句话说，货币是最具有流动性的资产或货币交易是最直接的资产抵押。

货币的这一特性是银行和金融市场产生的基础。银行（私人或商业银行）必须使用它的资产作为抵押以获得信誉，但又不同于其他企业，银行本身就是创造信用的企业，银行可以通过信用关系扩大它的信用。例如，银行的贷款是对企业投资活动的担保，一旦企业的投资失败，银行将损失它的贷款，但银行又不可能知道企业投资的详细计划，因为这与博弈规则是相悖的，因此银行减少贷款风险的唯一方法是抵押贷款。例如，银行根据它对不同资产价值和它们的价格变动的估计确定贷款对抵押资产的比例。这样，银行的货币创造就与资产抵押联系在一起，即银行的货币供给取决于可用于抵押的资产价值和它们的价值变动，企业可以通过资产抵押获得增加的货币进行投资。

货币作为一种建立在资产抵押基础上的信用关系对于货币理论是极端重要的，它是内生的货币供给的基础。主流经济学的货币理论是基于外生的货币供给这一教条基础上的，这一教条实际上否定了商业银行的存在意义和作用。在现实中，由于只要贴现率是完全可变的或足够低，任何资产都可以通过银行（或金融市场）的贴现转化为货币，这使西方主流经济学如何定义什么是基础货币和控制货币数量以及利息率遇到极大的困难。当前货币理论在西方主流宏观经济学和宏观经济学政策中具有重要的位置，而货币理论的基础却不能得到很好的说明，这不能不说是一个严重的缺陷。

一旦把货币置于资本主义经济关系中而与资本联系起来，货币的供求不仅联系到资本存量，而且联系到利润和收入流量，正是这一点使货币在市场经济的运行中扮演着最为重要的角色。

四、货币与一般均衡理论

上述对资本主义经济中货币性质的理解对于解释目前经济理论中的主要争论问题是极端重要的，这些理论争论和经济学中所存在的理论问题和逻辑悖论都可以归结到两个剑桥资本理论之争和关于凯恩斯经济学的争论。上述关于货币和资本主义经济的性质的分析将能够用于重新解释这些争论问题，从而建立一种新的一般均衡理论。

两个剑桥资本争论的逻辑悖论来自斯拉伐把古典学派（李嘉图和马克思）表明资本主义经济关系的一般利润率的解释加入新古典一般均衡模型中，从而推论出新古典生产函数理论和逻辑悖论。给定投入—产出系数，这一投入产出的技术关系可以认为是由新古典的生产函数和消费偏好所决定的，从而可以认为，斯拉伐的模型如果不加入统一利润率的解释即是新古典一般均衡模型，在这一模型中，如果不考虑把异质的资本品投入加总为资本总量和采用一般利润率作为资本的边际产品，新古典理论的逻辑推论是成立的。然而，现实中存在着一种一般利润率，这种一般利润率来自资本家要按照预付的资本价值在各个部门中获得相等的利润率，从而可以说，采用统一利润率的假设对于解释资本主义经济是必要的。剑桥资本争论的要点是，新古典经济学根据总量生产函数理论也把这种总量的统一利润率的假设作为积累（储蓄）与消费的关系加入一般均衡模型中去。然而，新古典理论中作为时际均衡的资源配置关系的一般利润率的假设与古典学派关于统一利润率的假设在名义上，特别是在资本的概念上是根本不同的。在古典学派（李嘉图和马克思）理论中，资本并不是一种生产素或资本品（生产资料），而是通过预付按价值计算的生产资料和工资对劳动的支配，其目的在于获取利润，为此才需要一种总量资本和一般利润率的概念，即斯拉伐的模型所表示的。而在新古典理论中，资本是一种生产要素或迂回生产（时间），虽然可以把资本品作为积累的劳动或包含时间的生产来讨论消费的时间偏好以使利息率（利润率）来表示时际均衡中的积累与消费的关系，但在异质品模型或非线性的从劳动到产出时期模型的技术选择中，这种一般利润率或统一利润率是不存在的，这正是一般均衡理论的性质所在。对此的最简单的说明是，假设两种异质的资本品各自生产不同的消费品，其边际生产率不同，从而它们"自己的利息率"

是不同的。因而只有在极其严格的假设（稳定状态）下才能使一般利息率来作为总量资本的边际产品和表示人们的消费偏好。当在异质品模型中采用一般利息率的假设和采用这种利息率所决定的相对价格（资本品价值）用于总量生产函数时，将导致技术再转辙的逻辑矛盾，斯拉伐的模型正是抓住了新古典理论的这一缺陷，由此表明了作为由一般利息率所决定的工资率与利润率的分配关系使资本价值和相对价格并不能脱离开收入分配，即利息率与相对价格（资本价值）是同时决定的。在剑桥资本争论中，两派经济学家并没有明确表明一般均衡理论的这一性质，这使得资本争论的逻辑悖论至今没有得到解释，由此导致了许多重要问题的误解。

按照时际均衡分析，在异质的资本品模型中，可以任意选择一种商品的自己的利息率作为一般利息率（利润率），其他商品的自己的利息率可以通过采用对特殊商品的自己的利息率贴现而得到其价格，从而各种资本品按照这种贴现价格计算的收益率是一致的，但这与古典学派的统一的利润率是完全不同的，因为各种资本品自己的利息率是不同的，从而采用不同的商品作为一般利息率的标准，将有不同的利息率和按这一利息率计算的宏观变量（增长率、收入、资本存量价值、储蓄和投资等），特别是当脱离了稳定状态，由于这种特殊商品本身的生产率会发生变动，从而不可能用于价值标准而与现实相一致。这一点表明新古典理论中的统一的利息率并不能作为人们进行消费的时间偏好选择的指数。

显然，在斯拉伐的模型中，要假设存在一种表明资本主义经济关系的自然利润率，也必须存在一种不变的价值标准（李嘉图，1823 年；斯拉伐，1960 年)，且作为这种价值标准的自己的利息率必须是不变的。斯拉伐就其模型中工资率与利润率两个未知数的决定问题，曾提出这种"自然利润率"是由货币利息率决定的，但没有做出论证。凯恩斯在《货币、利息与就业通论》中专设一章来讨论货币的自己的利息率的决定，但并没有真正表明货币的性质，也没有使他的货币理论与价值（资本）理论联系起来以建立其理论的微观基础。

从前面对新古典一般均衡模型和斯拉伐模型的分析可以得到，无论在新古典模型还是斯拉伐的古典学派模型中，货币和货币利息率对于其逻辑的一致性都是必不可少的。就新古典理论来讲，作为其总量生产函数（包括收入变量）的加总要求一种特殊产品的自己的利息率，现实经济中的异质的资本品存量和消费品流量价值（收入）正是采用货币利息率来加总的。①然而，一旦采用货币利息率来贴现和加总异质的资本品，将无法在新古典理论的假设和逻辑推论中表明其意义。对于斯拉伐（古典学派和马克思）的模型来讲，加入货币利息率不仅可以解释自然利润率的形成，而且可以使货币作为一般等价物。

根据前面对货币性质的说明，货币的内生供给来自资产抵押，这种抵押当然是以资本存量的价值而不是实物的未来收益。这种资产抵押正是表明了古典学派资本理论的性质，即资本是一笔预付，在异质品质模型中是一种价值的预付，所要得到的利润是以价值计算的。这样，如前面对新古典模型的推论和剑桥资本争论（包括马克思的转型问题）的结论，除非外生给定利润率（或工资率），无论任何一种商品作为货币都不可能成为一种不变的价值尺度。

就凯恩斯对货币的性质所表明的那样，货币联系到持久性资产，如果采用马克思所表述的存量与流量模型，那么，除非假设内生的货币供给，稳定的利润率将不可能得到。实际上，从古典学派对资本的定义中可以得到与价值资本相联系的内生的货币供给，即货币作为一般等价物具有与资本相同的功能，由此可以得出在古典学派模型中不可能脱离开货币和货币利息率。

如前面的货币性质的分析所表明的，货币来自资本存量价值作为抵押品的信用关系，正如李嘉图谷物模型中实物资本作为预付或抵押品一样，货币（和银行）的产生只是一般等价物发展的形式。给定自然利润率，则资本的预付必须与利润流量成稳定的比率，在异质品模型中，这种稳定的比率来自斯拉伐模型中收入流量对资本存量价值的比率。由此，这一模型的要点是资本存量与收入流量的同时均衡，因为利润率正是利润（收入）流量对资本存量的比率。当把货币供给依附于资本存量价值，就可以把货币加入古典学派模型中，由此得到稳定状态增长模型。

给定投入—产出的技术关系，把自然资源和资本作为资本存量，给定自然利润率或货币利息率，则可以决定货币供给和收入流量，从而得到现实中

---

① 这里值得提到的是新古典教科书中所采用的资本存量（包括土地等自然资源）价格决定的一般公式，即所有各种资本存量的价格取决于其收入对利率的贴现（$K = R/r$，其中 K 为资本品价值，R 为资本品在一定时期的收益，r 为利息率），在这一贴现公式中，如果利息率 r 为资本的边际产品，则将导致循环推论的逻辑矛盾。如果资本品 K 为土地，则用表示资本边际产品的利息率来贴现土地的租金又是什么含义呢？新古典教科书并没有对此给予说明。

的宏观变量。这些现实统计中由货币价格所表示的宏观变量与新古典的边际生产率的技术关系是完全无关的，而只取决于社会关系。例如，当技术和人们的消费偏好变动了，对所有的宏观变量（如经济增长率、储蓄率、投资、资本存量价值等）将毫无影响，所改变的只是相对价格。①假设商业银行的货币供给与作为抵押的资本存量价值呈稳定的比率，则收入流量将被决定，再假设储蓄率（消费函数）是稳定的，则资本存量价值将以稳定的比率增加，从而收入流量（增长率）也将以稳定的比率增加。由此所得到的稳定状态增长模型正是卡尔多式程式化事实所表明的，即在近 200 年来的资本主义经济发展中，经济增长率一直是稳定的，资本劳动比率是按照稳定的指数提高的，利润率和收入分配中工资与利润的比率是稳定的。新古典经济学家对这些程式化事实的解释只能采用中性技术进步的假设，而这一假设显然是不符合事实的，现实中的技术进步可以说是无规则的，而且是加速的，各种异质的资本品和消费品是无法加总的，这些程式化事实来自资本主义的经济关系。

马克思经济学表明了这种稳定增长来自资本主义经济关系的性质，即资本主义生产的目的不是消费，而是获取利润，马克思认为，正是竞争迫使资本家不得不进行资本积累。由此可以表明资本主义市场经济的一个重要的博弈规则，即资本家获取利润和积累资本价值是因为它们能够表明人们的成就和社会地位，而利润的获得是通过新技术的采用和雇佣劳动，竞争是通过对新技术的垄断，然后采用货币按照现行的工资率雇佣劳动（和购买资本品），通过采用新技术而获取利润。可以采用极其抽象的假设来说明这一体现的性质，假设资本家不消费而把全部利润用于储蓄（这一假设与现实中稳定的消费函数的事实是相近的），全部工资用于消费，则在长期，产品的全部成本都将由工资组成，价格则等于工资成本乘利润率，工人消费全部产品，而资本家的利润则用于形成永远不被消费的资本存量，这正是资本主义市场经济竞争的博弈规则。正是上述资本主义的经济关系使厂商的成本—收益计算完全采用货币量值，而不与特定的技术关系相联系，这种货币的成本—收益计算构成了如新古典的总量生产函数所表示的宏观变量或现实中的以货币价格加总的国民收入核算体系的统计变量。

由上述假设可以很容易地推论出资源配置理论，因为资源配置只取决于

---

① 这需要严格的封闭经济的假设，在存在国际贸易和投资的开放经济条件下，技术关系将与宏观总量关系相互作用。

相对价格，而与宏观变量中的利润率和工资率完全无关，而且当采用新古典厂商理论的利润最大化假设，只要在其中加入厂商用货币来购买资本品和雇用劳动，则这种按照宏观变量的一般利润率和工资率进行的技术选择将得到新古典的资源配置的结果，因为厂商的技术选择并不是按照劳动的边际产品等于工资率，而是使劳动的边际产品等于工资率乘（与购买资本品相同）统一的利润率，由此通过资本品相对价格的变动使按照价值计算的统一利润率的相对价格与按照实物计算的新古典的边际生产率相一致，从而可以使宏观变量与微观的技术选择联系在一起。

五、一个最简单的模型

前面的分析表明，货币是一种建立在资产抵押基础上的信用关系，这种资产抵押的信用关系来自资本主义经济的性质。我们可以把货币理解为一种整个经济中资本存量和收入流量价值的资产—负债结构，可以用一种极端抽象的模型来说明这一结构。假设全部经济可以划分为三个部分，一个作为整体的拥有资产的资本家、一个作为整体的工人和一个作为整体的私人商业银行，这三个经济主体的关系是，资本家支付工资来雇用工人进行生产，其目的是获取利润，但资本家必须使用货币来雇用工人，而货币必须由银行来提供。银行向资本家提供货币是根据资本家的资产抵押，假设资本家的资产存量价值是预先给定的（用 K 来表示），则银行根据这一资产价值的一个固定的比率提供货币数量，这一货币数量将构成收入流量（用 Y 来表示），在收入流量中可以划分为两部分，即工资和利润（用 W 和 P 来表示），则利润率或利息率（r）为利润流量对资本存量价值的比率（$r=P/K$）。现在假设，商业银行的货币供给（贷款）与用于资产抵押的资本价值的比率恰好使收入流量中利润对资产价值的比率等于利润率或利息率，则资产价值可以采用贴现的方法得到，即 $K=P/r$。

现在我们把上面的模型展开为稳定状态的再生产模型。假设利润全部用于储蓄，则储蓄将成为商业银行的货币存款。这样，我们可以修改前面商业银行最初只是根据资产抵押来发行货币的假设，即可以改为商业银行是采用存款来进行贷款，但是，当银行发放一笔贷款后，这笔贷款中的一部分将转化为存款，这里我们把商业银行的增加的货币发行（或货币乘数）依然依附于作为抵押的资本存量价值，从而使前面所表述的收入流量与资本存量价值的比率不变，只是储蓄存款成为银行贷款的来源。在稳定状态条件下，每一期的事后的储蓄和投资是相等的，但每一期的货币供给和投资按照稳定的比率增加，投资价值转化为资本存量，当然，利润流量对资本存量价值的比率也等于不变的利息率。这里，按货币价值计算的经济增长率将等于货币供应量的增长率和利息率（利润率）。这种稳定状态增长模型正是卡尔多的程式化事实所表明的，这些程式化事实正是前面所表述的货币的结构。

显然，在这种稳定状态增长模型中，货币将是依赖于收入流量和资本存量价值的一种负债，商业银行每增加一笔货币供给就意味着增加了一笔负债或债权债务关系，从而建立在货币基础上的整个经济是建立在债权和债务的信用关系基础上的，或进一步说，卡尔多的程式化事实所表示的只是一种债权债务结构或资产负债结构的信用关系。如弗里德曼所表述的，所有的资产存量只是收入流量的贴现值，这种收入流量与资本存量的关系并不能从新古典理论的边际生产率理论中得到，即要素的报酬取决于其边际生产率，从而可以从产品的价格派生出要素的价格，但新古典理论并不能解释作为贴现率的利率是如何决定的。在资本主义市场经济关系中，给定表明人们利益关系或竞争的博弈规则的自然利润率或货币利息率，将产生出以货币为基础的特殊的资产—负债结构，这种资产—负债结构依赖于资本存量（价值）对收入流量（价值）的比率，这一比率将使货币信用关系保持稳定。

六、货币数量论与货币价值论

上述分析表明，货币是一种基于资产抵押的信用关系或资产负债结构，它来自资本主义经济关系的性质，这种资产负债结构可以用卡尔多的程式化事实来表示，这与建立在瓦尔拉斯一般均衡基础上的新古典货币数量论是根本不同的。瓦尔拉斯一般均衡所表述的是一种实物经济或生产的技术关系，其中的货币只是一种面纱，当货币作为一种面纱只决定名义变量，则货币供求将与所有的宏观变量是无关的。如我们前面的分析所表明的，现实的国民收入核算中的所有统计变量并不是由技术关系决定的新古典的实际变量，而只是表明人们利益关系或货币的资产负债结构的货币量值，从而货币的供求将决定企业的成本收益计算和产出与就业波动，同时，货币的供求又取决于全部以货币量值计算的资本存量与收入流量。凯恩斯的理论所要研究的正是这样一种货币经济，换句话说，宏观经济学所要研究的是由各种资本存量和利息率与收入流量所组成的货币的结构，其关键是由这种结构所产生的内生的货币供给与货币需求。

在新古典货币数量论中，由于货币只决定作为名义变量的价格水平，从而货币数量或货币供给量是无关紧要的。因此，这一理论可以假设货币供给是外生的或由中央银行决定的。弗里德曼在他所重新表述的货币数量论中，把货币需求作为全部资产和收入的函数并联系到各种利息率，从而可以通过实际余额效应来表明货币供给的变动会影响全部资产和收入结构的稳定，由此推论出货币重要。然而，弗里德曼依然把他的理论连接到货币数量论上，最突出的一点是，为了解释通货膨胀，他把瓦尔拉斯均衡作为实际变量而区分出名义变量和实际变量，并以此来说明外生的货币供给。但是，当这种重新表述的货币数量论把利率和存量结构联系在一起，就不能说明货币的性质，或者说不能表明什么是货币或货币流通速度的变动，除非假设存在一种稳定的存量和流量结构，实际上，弗里德曼假设了这种存量流量结构，然而，一旦假设这种稳定的存量流量结构，名义变量和实际变量的区分将导致逻辑矛盾，同时，这种外生的货币供给理论也不能说明为何利率（各种利率）的变动如何调整经济来保证这种稳定的存量流量结构，因为只有内生的货币供给才能通过利率的变动使经济保持稳定的存量流量结构。

凯恩斯的货币理论正是要冲破传统的货币数量论，凯恩斯在《货币、利息与就业通论》中试图否定新古典理论中货币变量与实际变量之间的两分法，以建立一种"生产的货币理论"，即把货币理论与价值、分配理论或产出、就业理论联系起来。凯恩斯提出，利息率并不是调节资本的供给与需求或储蓄与投资，而是调节货币的供给与需求，虽然投资或资本边际效率依赖于利息率，但利息率并不是资本的价格或取决于资本的边际生产率，而是来自货币的灵活偏好，利息是人们放弃货币的灵活偏好的报酬。按照货币数量论，货币利息率只是资本的边际生产率和时间偏好的货币形式，即表现实物的储蓄与投资（实物资本品的供给与需求）或消费的时间偏好。凯恩斯则表明，这里存在着一种独立的"货币的自己的利息率"。凯恩斯货币理论的最重要一点是，货币联系着过去与未来，其原因是持久性资产的存在。货币联系到过去是因为资本存量的价值是变动的；货币联系到未来是因为投资和过去的资本存量的价值取决于对未来利润流量的预期。在讨论货币的生产和替代弹性时，凯恩斯提到了资产抵押，如果我们把货币供给和货币的自己的利息率依赖于资产抵押，从而使货币根植于"过去与未来"或持久性资产存量与未来的收入流量，并把货币的信用关系和货币的自己的利息率归之于资本主义的经济关系，即可以把凯恩斯的货币和利息理论发展为一种完全不同于货币数量论的货币价值理论，即根植于新的价值、分配理论的货币理论或一种新的一般均衡理论。

参考文献：

1. 哈里斯. 货币理论[M]. 北京：中国金融出版社，1992.
2. 凯恩斯. 货币、利息与就业通论[M]. 北京：商务印书馆，1963.
3. 马克思. 资本论，第一卷[M]. 北京：人民出版社，1975.
4. 柳欣. 货币、资本与一般均衡理论[J]. 南开经济研究，2000（5）.

（本文原载于《天津商学院学报》2001 年第 4 期）

货币、资本与一般均衡理论

　　摘　要：本文试图对剑桥资本争论和货币纯理论的逻辑争论提供一种解释从而把古典学派和马克思经济学的价值、分配理论与凯恩斯的货币理论或宏观经济学的分析结合起来建立一种新的理论体系以取代目前居主流地位的新古典理论。由此所推论出的经验意义上的结论是由国民收入核算体系所表明的所有统计量值与新古典理论的生产函数或技术分析是完全无关的，而是来自资本主义经济关系。这种资本主义经济关系的基础是建立在以获取利润为目的的货币量值的成本收益计算基础上的，而货币的基础则在于由货币量值表示的资本和收入所构成的资产抵押的信用关系或内生的货币供给体系。

　　关键词：资本；货币；一般均衡

一、问题的提出和本文的目的

　　19 世纪 70 年代，以生产函数为基础的新古典理论的技术分析成为支配人们思想的范式，并被用于所有经验问题的研究，其最典型的表现形式是把国民收入核算体系的统计资料依附于生产函数（以及偏好或效用函数），正像凯恩斯所表明的，与现实中的货币经济不同，新古典理论所研究的是一种实物经济，如瓦尔拉斯一般均衡理论中实际量值与货币量值是截然分开和完全无关的。这一理论在逻辑上是优美的或无可挑剔的，但这只限于其抽象的技术关系的命题而不是对现实的解释，当这一理论试图解释现实时就遇到了难以克服的矛盾。在 20 世纪 60 年代由罗宾逊和斯拉法所引发的剑桥资本争论中，当新古典学派试图解释总量生产函数时遇到了逻辑悖论，即新古典理论只在单一产品模型中有效，而不能扩展到异质品模型，或者说无法在异质品模型中加入统一利润率的假设来保持新古典理论生产函数和收入分配的命题。

新古典理论的另一个重大缺陷是其货币理论，由于现实中货币的存在是至关重要和无可否认的，新古典经济学家不得不在瓦尔拉斯一般均衡理论中加入货币，即货币数量论，但正如帕廷金（1965年）所证明的，一般均衡理论中的相对价格与货币数量论之间不能保持齐次性关系，换句话说，新古典理论中的货币是附加的和无用的，而这正是新古典的货币数量论和外生的货币供给假设的真正含义。1936年，凯恩斯在《通论》一书中正是要否定新古典理论这种货币与实物经济的两分法，而试图把价值、分配理论与货币理论联系在一起。然而主流经济学完全抛弃了凯恩斯理论的革命性见解，即货币理论与价值、分配理论的结合，而把其嫁接在瓦尔拉斯一般均衡理论之上，由此导致了货币与宏观经济理论的复杂争论难以理出头绪。

上述两个问题正是目前后凯恩斯主义与新古典综合派在理论经济学中争论的主要问题，即在资本理论或价值、分配理论中，相对价格和收入分配是由技术关系还是由社会关系所决定的，在货币理论中货币是名义量值（即货币数量论）还是实际量值，更明确地讲，货币的使用是否决定相对价格和收入分配。遗憾的是，目前两大学派在上述问题的争论中并没有把两个问题联系起来，而是把它们分离开来，由此导致这两个问题的争论都不能得到明确的结论，因为这两个问题是紧密联系在一起的。本文的分析正是要把上述两个问题联系起来加以讨论，以表明复杂的资本理论争论和货币理论争论的逻辑基础。

由斯拉法所复兴的古典学派和马克思经济学的一个重要的方法论启示是，新古典理论所讨论的技术关系只是生产的一般，而不能表明特定经济关系条件下生产的特殊性或社会关系，而资本主义经济关系的特殊性在于以获取利润为基础的成本收益计算，即必须在一般的技术关系基础上加入统一利润率的假设，从而使相对价格和收入分配的决定发生变动。但斯拉法的理论并没有表明其价值理论所具有的货币性质和货币量值与利润率为基础的成本收益计算之间的关系。这种以货币为基础的价值理论可以从凯恩斯的理论中得到启示，即凯恩斯所表明的实物经济与货币经济的区别，或货币利息率（统一利润率）与实物的资本的边际生产率的区别。这里存在两种利息率（或利润率），一种是表示技术关系的实物资本品的边际生产率，另一种是表示社会关系的货币利息率。在剑桥资本争论中，这两种利息率（利润率）概念的混淆是问题的关键所在，而没有一种新的货币理论则会使古典学派和马克思经济学的统一利润率的假设失去基础。

当我们所要讨论的问题是现实的资本主义市场经济的均衡和效率，必须把货币经济的性质或资本主义经济的性质作为理论的基本假设，如果说，新古典理论对技术关系的描述可以作为一种一般的技术分析，那么，在新古典一般均衡模型中加入表明资本主义经济性质的货币就可以建立能够表明现实经济的模型，而这种资本主义经济关系的性质正是以斯拉法的模型为代表的古典学派和马克思经济学与凯恩斯经济学所表明的。因此，如何把表明资本主义经济关系的货币加入斯拉法的古典学派和马克思的一般均衡模型中是这里所要讨论的一个重要问题。

这里所要讨论的另一个重要问题是，一旦把货币加入斯拉法的模型中而构成现实的模型，将会使所有以货币量值所表示的宏观变量都只是表示社会关系而与技术完全无关，而同时，企业的经济计算又依赖于这些货币量值，如企业会根据工资率和利息率来决定资本品与劳动的替代，那么，按照这种货币量值的经济计算是否可以达到资源配置的最优化？假设新古典理论对技术关系的描述（帕累托最优）可以作为资源配置的最优解，那么，按照这种货币量值的利息率和工资率进行经济计算是否能够达到这种最优解？

这一问题也是斯拉法的模型所没有表明的，即斯拉法只是在给定生产的线性方程基础上加入统一利润率，而没有说明这种线性生产方程是如何决定的，由此导致了古典学派模型的一个重大缺陷，即不能解释生产的技术关系是如何决定的，这也构成了新古典学派歪曲和否定斯拉法理论的主要论据（萨缪尔森，1992年），这涉及相对价格的资源配置功能问题，因为古典学派理论并不能证明由供求和资本家追求利润而形成的统一利润率的资本在部门间的流动所形成的资源配置是最优的。这一问题也一直困扰着马克思主义经济学家，即如何协调统一利润率与供求的关系或技术关系与社会关系，由此导致了目前政治经济学教科书中的许多逻辑混乱。

本文的分析将对上述问题提供一种逻辑基础，这一逻辑基础将试图回答上述所有基础理论问题和对这些问题的争论，并且能够对主要经验问题及其争论给予理论上的说明。

二、新古典一般均衡模型中的利息率与货币

在新古典理论中利息率（利润率）表示资本实物资本或资本品的边际生产率或时际均衡中的时间偏好选择。假设给定的两种生产要素——资本与劳动，生产单一产品——谷物，其生产函数的一阶导数大于零，二阶导数小于零，则利息率等于资本的边际产品。在上述生产函数中加入时间因素即构成时际均衡模型，假设存在一种单一产品（如谷物），这种产品既可以由于资本品也可以由于消费品，则再给出人们消费的时间偏好，将可以得到利息率，即当谷物用作资本品时在下个时期所增加的谷物产出。这种利息率表示的含义是，由不同的资本积累量（储蓄率）所决定的不同的资本的边际生产率的选择取决于消费的时间偏好的选择，给定消费的时间偏好，利息率依然等于积累的实物资本品的边际生产率。由要素的边际产品所决定的要素价格即可得到新古典的分配理论，即收入分配取决于要素的边际生产率或相对价格，相对价格与收入分配是一致的，即完全是由技术关系所决定的。

以上，我们在单一产品模型中阐述了新古典理论的逻辑推论。然而，上述逻辑推论并不是完整的，当我们加入某些假设后依然可以推论出这种单一产品模型中的逻辑悖论（参见柳欣，1994 年）。但我们暂时不讨论对这一问题的复杂争论，而先来考虑异质品模型或新古典模型中的货币问题。

在前面的模型中，我们假设存在着两种给定的要素资本品和劳动，生产单一产品——谷物。由于只生产单一产品，则货币的使用是没有意义的。为了使货币的使用具有意义，可以扩展其模型的假设，改为生产两种产品，其相对价格由人们的偏好和要素的边际生产率所决定，在其中加入货币以表示两种商品的价格水平，这即是货币数量论的结论。然而，在这一模型中并不存在货币利息率的概念，货币只表示收入流量或价格水平，资本或生产要素存量并没有被"资本化"或根本不存在价值资本，资本品可以是由不同的实物单位表示的，从而也不存在价值资本的利息率（利润率）。

现在来考虑如何获得现实中存在的货币利息率或统一利润率的概念，这种利息率概念可以定义为在一定时间中利润流量对资本存量价值的比率，这就需要资本存量与收入流量具有统一的计量单位。采用前面使用的单一产品模型，其中的单一产品（谷物）可以用作资本品和消费品，给定人们的消费

偏好，即可获得上述利息率的概念，在这一模型中加入货币，就可以得到货币利息率的概念，即货币利息率只是单一产品在一定时期边际生产率的货币量值。由于货币同时计量资本存量与收入流量，货币数量的变动将不会影响资本存量与收入流量的比率关系，而只是影响"价格水平"。

扩展单一产品模型到异质产品模型，且先不考虑货币。假设有两种产品，一种是小麦，另一种是燕麦，它们都可以用于资本品如种子和用于消费，用于资本品时的技术关系由新古典生产函数所决定，但两种产品在同一时间中带来的边际产品或边际生产率是不同的（当然还可以假设两种产品的边际产品是相同的但人们对于两种产品的偏好、而有时间的相对价格是不同的），这样，两种产品在一定的时间中的各自的利息率或"自己的利息率"是不同的。给定人们对两种产品消费的时间偏好，这两种产品用作资本品的时际均衡模型将被获得。但是，这里并不存在一个统一的利息率或一般利息率，因为小麦和燕麦都有自己的利息率，而两个利息率是不同的，它们取决于两种产品各自的边际生产率和人们的消费偏好与时间偏好，这里把这种各自不同产品的利息率称为"自己的利息率"（凯恩斯，1936 年）。这种自己的利息率与新古典的边际生产率和时间偏好的概念是一致的。

如果在这一模型中加入货币会得到怎样的结果呢？如果不考虑货币利息率，或只考虑收入流量的货币价格，则可以采用货币数量论，给定两种产品的相对价格，则货币数量只决定价格水平，而与相对价格无关。但如果考虑以货币计量的利息率，则货币数量论就不再适用了，因为各种资本品（小麦和燕麦）不是同质的或不存在各种资本品的资本化价格，从而不能使用一个价值单位（货币量值）来计量这是问题的关键所在。

然而，在上述假设的模型中，我们可以任意选择一种产品的自己的利息率作为一般利息率，比如可以把小麦的利息率作为一般利息率，然后用小麦的收益率或一般利息率去贴现燕麦的收益率，从而获得燕麦的"资本化的价格"这即是一般的贴现率公式，即资本品的价格等于其收益除以利息率（$K = R / i$，K 为资本存量价值，R 为资本品的收益，i 为利息率）。这样，当采用一种利息率来贴现资本品的价格，即可得到各种资本品的统一的价值单位，并且可以获得统一的收益率或利息率。如可以通过小麦和燕麦的相对价格的变动使燕麦与小麦的收益率均等，或者使燕麦的收益率等于小麦的利息率或一般利息率。例如，小麦的自己的利息率或在一定时期中的边际产品为5%燕麦的边际产品为 10%。那么，可以通过使燕麦的价格为小麦 50%则按小麦价格计算的燕麦的收益率就将与小麦的收益率或一般利息率就可以相等。同样，我们也可以把燕麦的自己的利息率作为一般利息率，从而当小麦的价格是燕麦的 2 倍时，它们的收益率是均等的。

因此，只有给出一般利息率，才能决定最初的小麦和燕麦的相对价格，这种相对价格即是它们各自的相对的自己的利息率。当然，如果把小麦（或燕麦）作为货币，则可以确定价格水平和总产出，这里可以把最初的小麦和燕麦作为资本品存量，而把它们带来的产出作为收入流量，那么只有确定一种产品的自己的利息率作为一般利息率，才能确定资本品存量和收入流量的水平。无论使用哪一种产品的利息率作为一般利息率，其资本存量和收入流量的比率都是不变的，因为相对价格是由产品间相对的自己的利息率决定的。

根据前面的分析能够作出进一步的推论，即我们可以把前面的由任意一种产品的自己的利息率作为一般利息率而得到的产品价值总量作为"宏观变量"这种宏观变量的含义即是各种异质品的价值的加总，因此就可以得到按价值计算的增长率和积累率。当然，增长率将等于作为一般利息率的产品的自己的利息率资本品价值和收入流量都取决于我们所选定的产品，换句话说，在前面的异质品模型中，如果各种资本品的边际生产率或自己的利息率不同，则经济增长率、资本存量价值和收入流量也将是不同的。

从上述的逻辑推论中，我们得到了一种加总异质品的方法。可以说，这种加总或价值测量方法是新古典的异质品模型要获得统一利息率的唯一方法。上述推论表明了新古典时际均衡模型的一个重要的性质，即资本品的价格或相对价格与一般利息率是同时决定的（博利斯，1972 年，1987 年）。当加入这种一般的利息率之后，相对价格将发生变动，由此所涉及的问题是，这种由宏观变量所表示的相对价格既不表明人们消费的时间偏好，也不表示要素的稀缺性，如一般利息率只是人们任意选择的一种产品的自己的利息率，而不表示"总量资本"的边际生产率，从而并不能作为资源有效配置的指数。

显然，根据上述推论，这种一般利息率或宏观变量在一般均衡模型（时际均衡模型）中并不具有意义，换句话说，就新古典理论所要阐述的技术问题而言，人们根本没有必要选择一种产品来把它的自己的利息率作为一般利息率而得到宏观变量，因为这种宏观变量并不具有意义，决定资源配置的只是相对价格。无疑，人们在决定消费的时间偏好时要考虑资本品的边际生产率，从而决定积累率，但这种选择只能是根据人们对所有产品或各种不同产品的偏好包括时间偏好和它们的生产率包括时间在内的生产函数进行选择，而绝不是根据一般利息率，这里根本没有一般利息率和所有其他宏观变量存在的余地。前面所讨论的一般利息率和宏观变量只是为了分析的需要而臆造出来的，或者说，如果我们非要在一般均衡模型中得到宏观变量和一般利息率，我们可以在人们根据微观生产函数和消费偏好进行选择后，再选择任意一种产品的自己的利息率作为一般利息率而得到货币变量，但这种做法在新古典理论中不具有任何意义。

现在我们来讨论这种一般均衡模型中的货币问题。这里先不考虑这一模型中货币存在的必要性，即不考虑货币的使用是否能够降低交易费用，只是把货币加入这一模型中来继续讨论宏观变量问题。在这一模型中加入货币的一种方法是，我们可以把任意一种产品作为货币或价值标准来使用，比如前面例子中的小麦。由于作为商品货币的小麦本身具有生产力和效用，从而其自己的利息率将成为一般利息率，如前所述，由此可以得到所有的宏观变量。这里重要的是存在着货币利息率，这种货币利息率作为一般利息率等于小麦的自己的利息率，这已在前面讨论了。但在这里，货币数量论是不适用的，因为价格水平和宏观总量仅仅是由小麦的自己的利息率或相对价格所决定的，而小麦的数量并不决定价格水平和宏观变量（这里假设不存在货币数量论所讨论的货币的交易需求和货币流通速度问题）。

另一种方法是，假设货币是由中央银行发行的通货（纸币）所构成。给定货币的流通速度或交易需求，则收入流量的价格水平取决于货币供应量，即货币数量论的结论。但是，按照货币数量论对货币性质的假设，即货币只是用于交易的目的而不存在货币的自己的利息率，这里将不存在除价格水平外的任何宏观变量，如增长率、资本存量价值和储蓄率等，因为这些宏观变量完全取决于作为一般利息率的商品的自己的利息率。因此，除非假设货币存在自己的利息率或把货币依存于某一种商品，否则不可能得到宏观变量。在这里，帕廷金对在瓦尔拉斯一般均衡模型中加入货币的逻辑矛盾问题的推论是值得提到的，即在一般均衡模型中，货币只与交易需求或实际余额效应相联系，而与商品的相对价格和利息率（或要素的边际生产率）无关（帕廷金，1965 年）可以从上述分析中得出如下结论：当货币被加入包括时间的异质品模型中或新古典时际均衡模型中时，如果不存在货币的自己的利息率，则不可能得到宏观变量，即按照货币数量论对货币性质的假设，将不会存在宏观变量和一般利息率，显然，如果要得到宏观变量，则需要赋予货币一种自己的利息率，无论是否独立于商品的相对价格，而这一点在新古典的货币数量论中是否定的。

这一问题是与剑桥资本争论相联系的，即在异质品模型中，是否存在着总量生产函数和一般利息率作为资本的边际产品。显然，上述推论对新古典总量生产函数理论是否定的，当采用总量的一般利息率来表示总量资本的边际产品时，资本品的价格将不可能独立于利息率。

上述分析表明，就新古典理论所要讨论的技术关系而言，在异质品模型中，决定资源有效配置的只是相对价格，从而根本不需要一种总量生产函数来表示加总的宏观变量。当然，可以采用时际均衡分析和通过任意选取一种产品的自己的利息率来获得加总的宏观变量，包括由总量生产函数表示的工资率，利息率和经济增长率等，但这些宏观变量与新古典的相对价格和分配理论中的概念是不同的，换句话说，宏观变量中的利息率（工资率）和收入分配并不取决于要素的边际产品。在新古典理论中，这种"宏观"与"微观"的生产函数所决定的两种要素价格利息率和工资率概念被混淆在一起，由此导致了严重的逻辑矛盾。

在上述模型中加入货币并不能简单地得到货币数量论的结论，因为如果不采用总量生产函数，则并不存在总量的产出，从而只有给出交易量，才可确定价格水平，而一旦采用总量生产函数的宏观变量，则货币作为总量指标将不只是影响收入流量的价格水平，而且会影响资本存量价值。更大的问题则在于是否货币本身具有"自己的利息率"。如果货币不具有自己的利息率，则只有选择一种具有自己的利息率的商品货币（如黄金）。其既作为价值标准，又作为加总的指数，唯此才能避免货币的"交易需求"和"投机需求"之间的矛盾，因为异质资本品存量的 资本化要求存量与流量的统一。

三、古典一般均衡理论

古典学派和马克思主义经济学中的价值理论或相对价格理论所要表明的是资本主义的收入分配关系，其核心是剩余理论。为了表明这种剩余的来源和剩余量的决定，直接采用同质的劳动时间作为计量单位即劳动价值论。依据马克思的剩余价值理论，所有的商品价值按照劳动时间来计量，当按劳动时间计量的工资率小于全部劳动时间时，剩余价值就出现了，剩余价值等于全部劳动时间减去必要劳动时间。这种剩余理论在某些假定条件下也可以用实物产品来计量李嘉图采用单一产品的谷物模型表述了这一论点。假设单一要素——劳动的投入生产单一产品——谷物。给定谷物工资小于劳动生产率，则剩余等于谷物产出减去工资，利润率（或利息率）等于剩余除以谷物工资。上述分析可以清楚地表明古典学派所强调的收入分配取决于社会关系这一核心。

当商品的价值是由纯粹的劳动时间所决定，技术关系将与收入分配无关，或者说，技术关系与收入分配是完全分离的。这样，收入分配只取决于必要劳动时间和剩余劳动时间的比例，而劳动生产率的变动并不影响收入分配。这一点与古典学派的资本理论是一致的，即资本是一种预付，是对劳动的支配，而不是一种生产要素，资本家为工人预付工资是为了获取利润，从而存在一种"自然利润率"，这种自然利润率来自这样一点，除非能够获取利润，否则资本家决不会为工人垫付工资。因此，在古典学派理论中就需要一种由社会关系所决定的利润率或工资率，这种利润率（或工资率）并不依赖于技术关系或与技术关系是完全无关的。这种分配理论还暗含着这样一种逻辑推论，工资率的上升必然引起利润率的下降。

古典学派的上述分配理论的命题和逻辑推论在单一产品模型中是成立的。然而，古典经济学家并不只是要说明这种分配理论，而是要用这种收入分配理论表明一种更为广泛和现实性的命题，即相对价格的决定取决于这种收入分配关系或社会关系。按照古典经济学家的观点，在资本主义经济关系产生之前，商品交换或相对价格是与劳动时间所决定的，相对价格只是劳动时间耗费的比例，这一点来自对个人占有自身劳动的社会关系的法律认同。资本主义经济关系的产生使耗费的劳动变为支配的劳动即劳动力为资本家所购买和支配以获取利润，从而价值转化为统一利润率的生产价格。这一命题在于表明各种不同的经济制度所决定的收入分配是不同的，而这种收入分配的社会关系将决定生产的技术关系中的成本收益计算。在资本主义以前的商品经济中，其成本是耗费的劳动，而在资本主义经济中，资本家或企业是以支配的劳动来计算成本的，从而要求比例于垫付的资本价值获取统一的利润率。

然而，在相对价格的决定上，古典经济学家遇到了极大的困难，即技术关系或技术变动是否与相对价格完全无关，用新古典理论的语言讲，是否生产函数和消费偏好，特别是消费的时间偏好对相对价格完全没有影响。例如，当两种商品的生产时间是不同的，从而只要考虑到时间偏好和"迂回生产"

或生产率的变动，商品的价格就不会与劳动时间成比例。对此，古典经济学家在解释上述技术关系与相对价格的联系时似乎陷入了极度的混乱，如李嘉图和穆勒把商品分为稀缺的和生产的两类不同的商品，认为只有生产的商品才适合劳动价值理论。李嘉图在讨论利润率下降规律时，把地租的决定归之于土地的边际产品，从而其分配理论只适用于工资和利润。当古典经济学家不能有效地解释相对价格时，实际上表明其由总量的劳动时间和单一产品模型中推论出来的分配理论并不能用于异质品模型，这里涉及价值到生产价格的"转型问题"。

这里不打算详细讨论关于上述问题的复杂争论，只是想表明，即使古典经济学家在解释技术关系对相对价格的影响时存在着逻辑推论上的问题，但古典经济学家对上述问题的解释都表示出一种强烈的逻辑基础，这即是在相对价格的决定中存在着一种由社会关系所决定的因素，唯有这种因素才能够决定总量关系，或作为总量的收入分配问题，这种由社会关系所决定的因素并不依赖于技术关系，而且将影响相对价格。一旦我们抓住了这一核心问题，古典经济学家在相对价格问题上的逻辑缺陷就只是目前没有得到有效论证的问题，退一步讲，古典学派理论提出了一种能够讨论现实资本主义经济关系的"假说"这一点从我们前面对新古典理论的分析中可以得到充分的说明，即在新古典理论的技术分析中并不存在任何总量关系，或者说其总量关系的存在是完全没有意义的，联系到现实经济分析中的问题，当经济学家所讨论的和所采用的完全是由国民收入核算体系所表示的总量指标时，新古典理论的严重缺陷和古典经济学的意义就充分显示出来，因为经济学所要讨论的并不是技术问题，而是经济制度和特定经济制度条件下的经济运行和矛盾，这一点在新古典理论中被完全排除了。

四、斯拉法的经济学

斯拉法的理论使古典经济学取得了突破性的进展，他所采用的抽象模型明确地表示出了古典经济学的逻辑推论，虽然斯拉法所讨论的问题或批判的对象是新古典的总量生产函数，但目前经济学界对斯拉法理论的理解和讨论往往集中在相对价格的决定上，这使得许多问题得不到澄清，特别是其理论的意义得不到充分的说明，当然也涉及逻辑推论，如剑桥资本争论中所遗留下的一系列逻辑悖论。我们从前面所阐述的宏观的角度来理解斯拉法的理论，将使目前关于资本理论和凯恩斯经济学的复杂争论展现出新的曙光。

首先，斯拉法明晰地表述出了古典经济学家的逻辑，或者说对古典经济学家的假说给予了充分的逻辑证明，这种逻辑证明可以解决前面所提到的古典经济学家在解释相对价格问题时所产生的逻辑混乱。其推论的逻辑是，对于斯拉法所给出的一般线性生产模型完全可以视为瓦尔拉斯一般均衡模型，其投入—产出方程完全可以视为由新古典的生产函数和消费偏好决定，这里存在着由新古典理论所决定的相对价格或投入—产出系数。然而，在这一模型中绝不存在总量生产函数和总量的收入分配关系以及其他宏观变量。在这一模型的基础上，斯拉法加入了资本主义经济关系，即按照"资本"的预付所要求的统一利润率的假设，由此使相对价格发生了变动，这种相对价格的变动来自特定的社会关系。这一模型的突出特征是，给定各个部门统一的利润率，各种异质的资本品或各个部门的不同的资本构成将被资本化为一种同质的"投入"总量，其比例于产出总量与利润率相联系，利润率的变动不只是使相对价格发生变动，而且使投入和产出的价值总量发生变动。重要的是，无论这种利润率（或利息率）是由消费的时间偏好、由要素的边际生产率、还是由社会关系的收入分配所决定的，都会产生这种总量关系。

如果仅仅局限于相对价格的决定，这一模型似乎是没有定论的，因为无论是技术变动或投入—产出系数的变动，还是收入分配（利润率与工资率）的变动，都会影响相对价格。虽然我们从这一点可以得到剑桥资本争论中的一个重要的命题，即相对价格的决定不可能脱离开收入分配，或者说技术关系与收入分配是相互作用的。新剑桥学派（后凯恩斯主义）似乎正是采用这一点来表明新古典理论的逻辑错误，但这一命题可能正是导致资本理论的逻辑悖论不能得到澄清的根源。这里从上述分析中所要表述和强调的是古典学派的核心命题，即技术关系与作为总量关系的收入分配是完全无关的，这一命题在前面的模型中显然是不言而喻的，因为无论技术关系投入—产出系数如何变动或由什么样的因素（包括新古典的生产函数和消费偏好）决定，其由利润率所决定的投入和产出总量都将保持不变的比例，而这一点正是古典学派理论的核心所在。

由利润率所决定的投入与产出的价值或总量比例关系，这种极为简单的命题作为古典学派理论的核心肯定会产生疑问，因为人们一直把注意的焦点集中在相对价格决定问题上。然而，只要考虑古典经济学家的分析目的和方法，这一问题是很容易理解的。就所研究的问题而言，李嘉图所要讨论的土地的收益递减和马克思的资本有机构成提高导致的利润率下降所涉及的正是这些宏观变量，其所要研究的问题正是特定的经济制度所导致的矛盾，而李嘉图等所采用的抽象方法或假设正是为了抽象掉技术关系所带来的分析中的复杂性所产生的逻辑混乱，以表明特定的经济制度的作用，其目的也正是得到由经济制度所决定的这种宏观变量。由这种研究对象和方法所得到的总量关系的意义可以从我们前面对新古典理论的分析中清楚地表现出来，即新古典理论的技术分析完全排除了这种特定的经济制度所决定的总量关系，或者说不能得到和表明这种总量关系，从而也不可能讨论这种总量关系所表示的经济制度及其矛盾。联系到前面的分析，由斯拉法所重新表述的古典学派特别是马克思的经济学的核心正是明确地提出了这种总量关系或宏观变量产生的基础在于资本主义经济关系。

让我们再一次表述这种古典学派命题，在异质品模型中所存在的总量关系与技术是完全无关的，这一命题对于理解资本理论争论和由此所导致的理论经济学所有领域都存在的逻辑矛盾是极为重要的。异质品模型中产生的技术再转辙和资本倒转正是来自微观生产函数和总量生产函数之间的矛盾，即这里存在着两个利润率（利息率）概念，当采用统一利润率的假设或总量生产函数时，利润率将不再与资本品或奥地利学派的生产时期的边际产品相联系，而是联系到资本主义经济关系，因为这里的劳动已经不再仅仅是生产函数中技术上的生产要素了，而是变为资本家预付工资的"支配的劳动"。由此将改变技术关系上的成本—收益计算，而成为特定经济制度下的成本—收益计算（关于剑桥资本争论问题，参见柳欣 1996—1997 年和 1994 年）。

在这里，我们不再对前面提到的关于古典学派理论中所存在的矛盾和古典学派（后凯恩斯主义）和新古典学派之间的争论给予解释（如稀缺的商品和生产的商品、生产函数和消费偏好是否决定相对价格以及转型问题，等等），而是把讨论集中在由斯拉法所表述的古典学派模型中所存在的两个主要问题上。这两个问题是：第一，由于现实中厂商的成本——收益计算和技术选择如资本品或土地与劳动的替代是根据总量的工资率和利润率进行的，那么、如前面所表述的，当这些总量关系与技术是完全无关的，资源的有效配置问题又如何加以解决；第二，斯拉法模型中所遗留的另一个重大问题是，这里需要一种外生给定的利润率（或工资率）这种利润率是如何决定的。

正是上述两个问题的存在阻碍着古典理论的发展或一种能够取代新古典

理论的新的理论体系的建立，同时，对这两个问题的解决也将对目前理论经济学中所争论的问题的解决提供一种逻辑基础。

五、技术关系与收入分配——相对价格与宏观变量

先来讨论第一个问题，新古典理论完全从技术关系出发表述了一种资源配置理论，我们这里把这种抽象的理论作为资源配置的最优解，这种最优解可以用瓦尔拉斯一般均衡中的相对价格来表示。按照新古典教科书的表述，无论任何经济制度，要达到资源的最优配置，都必须采用这样一种相对价格进行经济计算。就我们所要讨论的问题而言，马克思在讨论按比例分配劳动的技术关系时的这样一种表述是恰当的，即资本主义经济所改变的并不是这种技术关系的内容，而是实现这种技术关系的形式，比如在资本主义经济中劳动价值的经济计算将转化为生产价格。资本主义经济关系正是改变了"瓦尔拉斯一般均衡"的经济计算的形式。在新古典理论中存在着一个厂商，但正如科斯所批评的那样，这种厂商完全等同于新古典的生产函数而与现实中的企业相去甚远。这一点涉及新古典教科书的一个教条，即厂商是根据生产要素的边际产品等于其价格这种利润最大化进行决策的，而这一教条并不适用于资本主义经济。

前面对总量问题的分析虽然是在异质品模型中进行的，这只是为了承继资本理论的争论，即其逻辑悖论产生于新古典理论（以及古典理论）的命题在单一产品模型中是成立的，但不能推论到异质品模型。显然，这种逻辑悖论的存在肯定在于单一产品模型和异质品模型所采用的假设是不同的，其区别就在于异质品模型中所采用的总量生产函数实际上加入了资本主义经济关系的假设。当我们表明了这一问题的性质，只要在单一产品模型中加入资本主义经济关系的假设，就可以得到与异质品模型相同的结论。

采用李嘉图的单一产品模型，其模型的要点是表明资本主义经济关系。假设只生产单一产品——谷物，生产周期是固定的，比如1年，作为投入的是劳动，但劳动是由"资本"雇用的，资本是一笔谷物基金，用以支付雇用劳动的工资。假设总资本的数量是给定的为上一年收获的谷物，用 Y_{t-1} 表示，所能雇用的劳动数量取决于工资率（W），工资率是固定的且小于劳动生产率（σ）从而投入的劳动数量为 $L = Y_t - 1/W$ 假设规模收益不变，则这一年

的总产出 Y_t 和利润率 r 为:

$$Y_t = (Y_{t-1}/W)\sigma = L\sigma \tag{1}$$

$$r = (Y_t - Y_{t-1})/Y_t = (L\sigma - LW)/LW \tag{2}$$

公式（1）表明总产出取决于投入的劳动和劳动生产率。公式（2）表明利润率取决于工资率和劳动生产率。让我们在这一模型的基础上加入新古典理论的生产函数。修改前面古典学派谷物模型中谷物资本全部用于工资的假设，而假设谷物（资本）还可以用作资本品，比如种子，用 K 来表示，利润率的公式就变为:

$$\begin{aligned} r &= (Y_t - Y_{t-1})/Y_{t-1} \\ &= \left[L\sigma - (LW+K)\right]/(LW+K) \end{aligned} \tag{3}$$

对比公式（3）与公式（2）可以看出，利润率不仅取决于劳动生产率 σ、工资率 W，而且取决于用于种子的数量 K。给定 W，则 r 与 σ 成正比和与 K 成反比，由于用于种子的资本 K 越多，所能雇用的劳动 L 越少，除非随着 K 的增加会使 σ 提高，否则资本家是不会把资本用于种子的。因此，要决定资本家如何把资本在劳动和种子之间进行分配，需要给出劳动与种子的生产函数的技术关系。这里把种子对劳动的比率作为劳动生产率的函数，即:

$$\sigma = F(K/L) \tag{4}$$

为了对比，采用新古典生产函数的假设，即 $F' > 0$ 和 $F'' < 0$。随着资本劳动比率（K/L）的提高，产出劳动比率（Y/L）也提高，但却是递减的，从而资本产出比率（K/Y）也是递减的。在上述模型中，我们假设工资率是给定的，其取值范围可以在零和劳动生产率之间任何一点，即 $0 < W < \sigma$。由于模型中总产出的最大化也就是利润率的最大化，利润率等于产出增长率，假设资本家根据利润率最大化的原则决定劳动与种子的替代，可以通过对公式（3）求极值的方法得到资本家选择种子与劳动替代的原则，即:

$$MP_L = W(1+r) \tag{5}$$

$$MP_K = 1+r \tag{6}$$

这两个公式表明，（上述公式的数学证明和详细推论，参见柳欣 1994 年，1996—1997 年）资本家对种子与劳动的替代或资本劳动比率（K/L）的选择是使劳动的边际产品 MP_L 等于工资率加上工资率乘以利润率，和使种子（资本品）的边际产品 MP_K 等于超过其损耗的利润率或使其增加的产出等于利润率，其含义是，资本家的利润最大化是使每一单位谷物资本用于种子或雇用劳动所得到的利润率均等，而不是劳动与谷物的边际产品等于工资率（或利润率），因为这里是"支配的劳动"或给定的工资率（或利润率），而模型中的资本并不是作为资本品的种子，而是作为总资本的谷物，资本家是使用给定的谷物资本来雇用劳动和用于资本品，这就使模型中的成本——收益计算与纯粹技术关系中的生产函数完全不同了。需要强调的是，在现实的市场经济中企业厂商的成本—收益计算正是使用预先给定的货币购买资本品和雇用劳动，其利润最大化显然是使每一单位货币用于购买资本品和雇佣劳动所得到的利润率均等。这一点与上述模型中的假设是完全相同的，新古典厂商理论中的成本收益计算的假设与现实是不同的。

从上述单一产品模型的分析中，可以更明确地表明异质品模型的性质和资本理论的逻辑争论。新古典理论的逻辑错误并不是来自异质品模型，而是来自异质品模型中统一利润率的假设或价值的加总，这使资本主义经济关系加入进来而不能保持其纯粹技术关系的假设，如前面对单一产品模型的推论所表明的，只要存在一种给定的总量资本用于购买资本品和劳动两种生产要素，其利润最大化就成为公式（5）和（6）所表示的统一利润率的原则的，而不再是要素的边际产品等于要素价格，把这一点用于异质品模型，则只要存在着统一的利润率，资本就不再是新古典的作为生产要素的资本品，而是用于购买劳动和资本品的"总量资本"，或者说就成为古典学派的资本概念，由此导致了资本理论中的逻辑悖论。斯拉法的模型清楚地表明了这一点，即给定投入—产出的技术关系（其投入可以扩展到固定资本和土地），当加入统一的利润率，所有的投入都将被"资本化"，比例于利润，这一点与前面单一产品模型的假设是相同的。

这里需要澄清的一点是，在资本理论争论中，人们把斯拉法的分析经常表述为技术关系与收入分配的相互作用，虽然就相对价格的决定而言，当加入统一利润率的假设或资本主义经济关系，相对价格将不仅仅取决于技术关系，而且取决于总量或宏观的收入分配但就总量关系而言技术关系与收入分配是完全分离的或者说技术关系仅仅决定相对价格而与总量关系无关，总量生产函数和总量收入分配只是产生于资本主义经济关系。这一点联系到李嘉图试图寻找的一种不变的价值尺度，即其可以同时测量技术变动和收入分配的变动为此斯拉法设计了一种标准体系来说明李嘉图的问题，而斯拉法的标准体系恰恰清楚地表明了技术变动只是影响相对价格，而与收入分配的总量或价值的决定是无关的。

强调这种相对价格与总量关系或技术关系与收入分配（或社会关系）的分离，对于解释前面所提出的资本主义经济中的资源配置或技术选择问题是非常重要的。采用斯拉法的方法，其资源配置过程可以分为两个步骤，其表示投入—产出技术关系的一般生产方程可以用新古典的瓦尔拉斯一般均衡理论来解决，然后再加入统一的利润率构成资本主义经济关系的模型。但在现实中，这两个过程是不能分离的，厂商（企业）的技术选择只能采用总量的利润率和工资率或以货币价值表示的相对价格。这样，如果厂商根据实物的要素的边际产品对于要素价格决定技术选择，显然不能达到资源的有效配置。然而，如我们前面所证明的，资本主义经济中厂商的利润最大化并不是使要素价格等于其边际产品，而是要使其边际产品乘以总量的利润率，正是这一点可以使资本主义经济中的技术选择和资源配置与新古典的资源配置结果完全相同。

对这一问题的证明是非常简单和易于理解的，因为资本主义经济关系的生产模型只是在其中加入了统一的利润率，或者说所有的相对价格或实物的生产要素和其边际产品都被总量的利润率或货币利息率加以贴现，而厂商利润最大化决策则是采用利润率的一种反过来的"贴现"，二者相抵，其所实现的资源配置与瓦尔拉斯一般均衡是相同的。由此可以说明，"宏观"总量关系是完全独立于相对价格的，相对价格只是取决于技术关系，技术关系与宏观总量是完全无关的。

上述分析可以清楚地表明，新古典理论就其本身所讨论的技术关系而言并不存在逻辑上的矛盾，其逻辑悖论来自不明确地加入了现实中的资本主义经济关系。它还可以表明剑桥资本争论中的一个经验悖论，即争论双方在理论上都认同的技术再转辙很少能够找到经验上的证据，因为当改变了厂商的利润最大化决策，新古典理论的技术分析在经验上也成为有效的，技术再转辙和资本倒转只是来自理论上的逻辑混乱。这里还涉及新古典教科书中的一个命题，即凯恩斯所提出的，一旦实现了充分就业，新古典的资源配置理论依然是有效的，从而宏观经济学和微观经济学是可以分开的，这种说法在某种意义上并非毫无根据，因为资源配置只是取决于相对价格。然而，资本理论的争论和本文的核心正是在于说明，新古典理论绝不是宏观经济学的微观基础，这种宏观经济学的微观基础根植于古典学派和马克思的经济学。

这种完全独立于技术关系的总量关系对于说明利润率（或工资率）和收入分配的决定是极端重要的。在利润率和收入分配的决定问题上，古典经济学家虽然明确地表明其资本和利润的性质，即利润来自资本对劳动的支配而与技术无关，但在收入分配的决定问题上却不能保持这种分析的逻辑一致性，如李嘉图采用生存工资理论来表明外生给定的工资份额，但在地租的决定上却采用土地收益递减的技术分析，虽然他把利润作为总产出减地租和生存工资后的剩余，但由于总产出取决于土地的收益递减的技术关系，从而利润也将取决于技术关系。马克思对李嘉图价值论的修正正是在于把技术关系与收入分配完全分离开，但他在讨论利润率下降规律时采用了资本有机构成提高的分析，问题在于这种资本有机构成究竟是价值构成，还是"反映技术构成的价值构成"，如果资本有机构成概念是一种技术关系，就将导致逻辑上的矛盾。对于转型问题也是如此，马克思明确提出了两个总量（总价值与总价格和剩余价值与利润）相等这一与其价值理论相一致的命题，但在论证这一命题时涉及"物化劳动与活劳动"的比例这种技术关系，由此导致了两个总量在异质品模型条件下不可能同时相等。问题的关键就在于必须把总量关系与技术彻底分离，即作为总量的价值，分配理论与技术完全无关而仅仅取决于资本主义经济关系，就我们所要讨论的问题而言，关键在于能否使利润率和收入分配的决定完全不依赖于技术关系。

六、资本、货币与利息率

我们在前面讨论新古典的异质品模型时已经表明，只有采用一种商品的自己的利息率去贴现其他产品的收益率，才能使加总问题得以解决，由于这种特殊的商品同时又作为价值尺度，从而这种商品将具有货币的属性。给定这种商品的自己的利息率，则可以得到一组宏观变量，其资本与收益的比率（或要素投入价值与产出价值的比率）等于这种商品的自己的利息率。如果我们把这种特殊的商品定义为货币，则宏观变量的性质将取决于货币的自己的利息率。这种逻辑推论的一个特例是新古典的货币数量论，其性质在于假设货币的自己的利息率为零，当货币利息率为零时，生产要素存量和收入流量将无法加总，从而不可能得到包含"资本存量"的总量关系。

在古典学派和斯拉法的模型中，似乎可以不考虑货币而得到总量关系，但这里存在着外生给定的利润率，那么，这种外生给定的利润率是否与货币有关呢？联系到货币作为古典学派模型的特例是劳动价值论，如斯拉法的模型所表述的，当利润率为零时，相对价格等于耗费的劳动时间，作为总量关系的含义时，其商品的总价值等于全部劳动时间。如果我们在其中任意选择一种商品作为货币，比如黄金，则价值总量将取决于生产黄金所耗费的劳动或黄金的相对价格。如果假设货币的生产成本或耗费的劳动为零，如纸币，则似乎只能采用货币数量论来决定价格总水平。然而货币数量论与古典学派的价值理论是不协调的，因为货币数量论由货币数量决定的名义变量和技术关系所决定的实际变量组成，因此，技术关系或实物产出的变动也将影响价格水平，这与古典学派的不取决于技术关系的价值决定是矛盾的。古典学派货币理论中所遇到的所有问题都与这一矛盾有关。

马克思的货币理论正是在于避免这种货币数量论的矛盾，而试图把货币理论与其价值理论直接联系在一起。在讨论劳动价值论时，马克思把货币作为一种社会关系，强调只有货币才能表示劳动时间的价值，因为存在着私人劳动能否转化为社会劳动的问题。当只有货币能够作为价值尺度来计量价值总量时，它将与只具有相对价格意义的一般商品相区别，马克思这样表述货币的性质正是为了说明资本主义经济关系。在资本主义经济中，货币与古典学派的资本概念相联系，即资本作为一种预付，而这种预付的资本并不是生产资料和工人的消费品，而是一笔货币，资本家所要获得的利润也是一笔货币价值，这一点是由资本主义的生产目的所决定的，即资本家预付资本来雇用劳动和组织生产的目的只是获取利润，而不是使用价值。这样，作为总量关系的货币成为成本—收益计算的基础，即资本家（企业）的成本收益计算仅仅在于总量的货币价值而与技术完全无关。马克思通过货币流通公式来区分简单商品经济和资本主义商品经济，即资本主义经济的特征就在于货币的增殖（货币—商品—增殖的货币），资本家是使用货币来购买资本品和支付工资，并通过出售商品而得到增殖的货币。（马克思，1975年）

在资本主义经济中，当货币成为对劳动的支配权和企业成本收益计算的价值尺度，而且资本主义生产的目的就在于获取按货币价值计算的利润或货币增殖，这种总量的货币价值的决定将与技术完全无关。在这里，货币数量论是错误的，假设货币流通速度不变，则货币数量将决定价值总量，而货币数量论则完全否认存在着一种货币价值总量和由总量所表示的人们之间的社会关系或分配关系，因为在货币数量论中，名义量值或价值总量只取决于货币数量，而货币数量又完全是外生的，显然，在瓦尔拉斯一般均衡模型中，这种名义量值的大小是无关紧要的，货币是"中性"的。而一旦存在着总量的关系，名义价值总量的变动必然会影响这种总量关系。

我们在前面讨论古典学派和马克思的经济学时已经表述了这种总量关系，这种按货币价值计量的总量关系来自资本的性质，即资本是对劳动的支配，而资本则是由货币价值表示的，那么，如果假设存在着一种由资本主义经济关系所决定的利润率，则利润率必然是货币利息率，即当企业（资本家）计算的资本预付并不是实物的资本品和生活资料，而是货币价值，则利润率将是货币增殖的比率。这样，资本主义经济中的总量关系就可以表述为，假设货币流通速度不变，如果利润率不变，则货币供应量的增长率必须等于利润率或货币利息率。

现在我们来表明斯拉法模型中利润率的决定问题。如前所述，在瓦尔拉斯一般均衡模型中，要获得加总的总量，必须选择一种商品的自己的利息率来"贴现"生产要素存量和收入流量。斯拉法的模型正是表明了这种用以得到宏观总量的利润率的性质来自古典学派所表明的资本主义经济关系，但斯拉法并没有明确表明这种总量关系中的利润率是如何决定的，虽然斯拉法曾经提到了这种利润率可以由货币利息率所决定（斯拉法，1960 年）。在 1932 年的一篇文章中，斯拉法提出了货币的自己的利息率这一概念，凯恩斯由此得到启发，在《通论》中专设了一章（第 17 章）来讨论货币的自己的利息率，来作为他的宏观经济学和货币理论的基础。这里的结论是，决定资本主义经济中的收入分配和总量关系的正是这种货币利息率，这一点来自资本主义经济关系中货币与资本的性质。

七、资本、货币与资本主义经济关系

为了表明资本与货币的性质和它们之间的关系，这里对资本主义经济关系作一个简单的说明。在瓦尔拉斯一般均衡模型中，一个重要的假设是完全竞争，而完全竞争的一个重要假设是完全的信息，这种假设使竞争没有存在的余地，从而排除了作为人们社会关系基础的竞争。按照完全竞争的假设，一个人发现了一种新的技术或知识将无偿地告诉其他人，而在现实的市场经济中，竞争正是基于不同的信息，当某个人发现了一种新的技术或知识，他绝不会无偿地告诉别人，除非按照竞争的市场价格来交换它以从中获利。资本主义市场经济正是通过法律制度建立了这样一种竞争的博弈规则，即人们发明和利用新的知识是为了竞争，发明和应用新知识的人通过获取利润和积累的财富来表示他们的成功和得到更高的社会地位。可以用一个简单的例子来表明市场经济的性质，甲生产者由于掌握了新的技术而比乙生产者有更高的劳动生产率，如甲生产者单位时间可以生产 10 单位产品，乙生产者生产 5 单位产品，甲生产者可以采用一种契约的方式来购买乙生产者的劳动，其工资率将大于 5 而小于 10，假如是 6 单位产品，然后采用新的技术使乙生产者的劳动生产率提高到 10，甲生产者将获得 4 单位产品的剩余或利润。

在这里，作为预付的资本是极为重要的，由于信息或知识是由个人占有的，信息的传播是通过雇用劳动和获取利润来进行的，每个人都想利用自己的信息去雇用别人和获取利润，但他所占有的信息并不一定是正确的，一旦他失败了，契约将无法保证。因此，作为博弈规则的重要一点是，雇用别人劳动的一方必须有一笔资产作为抵押，从而保证他能够负责决策失败时的损失，否则每个人都会去雇用别人而不对失败的后果负责，即只负盈不负亏。正是由于这种博弈规则，私人财产的资产抵押成为极端重要的，只有资产抵押能够保证各个人对自己的决策负责，因为没有其他人知道他的决策。可以说，在现实的市场经济中，资产抵押是信用关系的基础。古典学派的资本概念来自资本主义的信用关系的博弈规则。

然而，作为抵押品的资产并不适于直接充当信用工具，因为这里涉及非常复杂的信息不完全问题，比如对资产的评估和资产价值在合同期的变动等，处理这些信息问题即使是可能的，也会付出极高的交易费用。货币的使用和商业银行的作用正是为了降低这种交易费用，即商业银行作为一种专业化的机构来创造这种信用关系。商业银行的货币创造是基于资产抵押，如果商业银行按照比例于资本存量的价值增加货币供给，则货币供给量将是稳定的。货币正是产生于以资产抵押为基础的信用关系，而资本存量与收入流量保持稳定的比率是银行体系稳定的条件。

我们这里简单地表述商业银行创造货币的常识是有用的，因为主流经济学教科书的原理完全无视这种常识，而把货币作为外生的或由中央银行印制的。这种商业银行创造货币的常识有助于说明两个极为重要的问题。

首先，货币供给并不是外生的，而是存在着内生的基础，即资产抵押。货币绝不是中央银行发行的，而是产生于资本主义经济关系。一个明显的例子是，美国的中央银行只是在 21 世纪初才成立的，而在这之前，美国的资本主义经济已经运行了两百年，即使在中央银行成立后也完全可以说美国的中央银行从来也没有发行过货币。（关于这一问题的证明，参见柳欣 1999 年）货币是中央银行发行的这种说法只是一种神话。

第二，当商业银行的货币发行与技术完全无关，则所有的宏观变量将不可能依赖于技术关系。前面曾表述了这样一个命题，假设货币流通速度不变，则货币供应量将决定总资本和总产出价值，这些宏观变量与技术是完全无关的，这一命题可以从商业银行的货币创造中得到证明，即商业银行的货币创造决不考虑技术关系而只是基于资产抵押，不仅商业银行的信贷人员不需要和不可能了解技术，而且显而易见的是，如果商业银行人员了解技术和知道某个项目可以盈利，他绝不会只满足获得贷款的利息，而是要直接投资而获取高额利润。在现实中，一个最基本的事实是，无论是中央银行还是商业银行并不会根据技术进步的速度增加货币供给，因为他们并不了解，也不可能了解技术进步的速度，或者说，技术进步的速度与他们是无关的。商业银行只是根据企业可抵押资产的价值发放贷款，中央银行的货币政策目标则是稳定货币供给和保持稳定的经济增长率，因而货币供应量的增长率或经济增长率不可能与实物的技术进步相一致。

1958 年，卡尔多依据统计资料提出了资本主义经济发展中的一些程式化事实，它们是：（1）经济增长率和劳动生产率的增长率是稳定的；（2）资本—劳动比率是稳定增长的；（3）利润率在长期是稳定的；（4）资本产出比率在长期是稳定的；（5）利润在收入中的比率是稳定的或收入分配在工资与利润之间的比率是稳定的。这些统计资料显示的经验事实是如此的具有规则性，这一点是足够令人们惊奇的了。新古典经济学家对这些事实的解释是，这里存在着"中性"的技术进步，以致资本产出比率能够随着资本劳动比率的提高而保持不变，这种解释是根据新古典的"实物"的总量生产函数。但就技术进步而言，这些事实的惊奇性恰恰在于极端不规则的技术进步被统计资料显示为相当规则的变动，这与现实的观察并不协调可以说，技术发明并不是规则的。一个简单的事实是，如众多文献所表明的，今天的技术进步速度不同于一百年前，技术进步是随着时间加速的。然而，如程式化的事实所表明的，经济增长率和劳动生产率的增长率是如此的稳定，以致中性的技术进步似乎是一种可能的推论。问题正是出在价值计算上，对于"实物"分析，这里存在"加总"问题，即如何把不同质的消费品和资本品相加，这里并不存在线性的恩格尔曲线。可以说不论技术发明是计算机和航天飞机或摇滚音乐，它们都将被加总为一个价值量并与程式化的事实相一致，其原因就在于所有产品生产的经济计算都是按照货币价值进行的，即所有的劳动是由资本家雇佣的，其目的在于获取利润。结论应当是明显的，这些统计事实并不能用新古典的实物分析来解释。

上述程式化事实正是来自资本主义经济关系，如前面所分析的，一旦给定利润率或货币利息率，资本存量的增长率将与收入流量的增长率保持一致，收入分配中利润的份额将保持不变，这些程式化事实正是构成资本主义经济和货币经济的稳定状态模型。当经济增长率并不与技术进步相吻合，它将不是一个实际变量，而只是由货币价值表示的名义变量同样资本存量价值投资储蓄劳动生产率的增长率等所有由货币价格所表示的统计指标都不是与实物量值相一致的实际变量，而只是表示社会关系的货币量值。由此可以得到这样一个重要推论，目前宏观经济学所使用的国民收入核算体系和对现实中以货币量值所计量的所有统计数据，都是与主流经济学以生产函数为基础的实际变量的观念是完全无关的，或者说与技术关系完全无关，而只是由特定的经济关系所决定的名义变量或货币量值。新古典理论所阐述的资源配置原理只是一般的技术分析，而不能表明特定的经济制度条件下的经济问题。

参考文献：

1. 马克思. 资本论[M]. 北京：人民出版社，1975.
2. 帕廷金. 货币、利息与价格[M]. 北京：商务印书馆，1995.
3. 凯恩斯. 就业、利息与货币通论[M]. 北京：商务印书馆，1963.
4. Sraffa. Dr. Hayek on Money and Capital[J]. Economic Journal, 1932, 42.
5. 斯拉法. 用商品生产商品[M]. 北京：商务印书馆，1962.
6. 柳欣. 资本理论：价值、分配与增长理论[M]. 西安：陕西人民出版社.
7. 柳欣. 资本理论争论[J]. 经济学动态，1996（12），1997（1）.
8. 柳欣. 一种新的宏观经济理论[J]. 南开经济研究，1999（5）.

（本文原载于《南开经济研究》2000 年第 5 期）

一般均衡理论：一种新的解说

摘　要：居主流经济学地位的新古典理论，作为经济学范式，一直支配着人们的思想和主要应用领域，然而，本文则对其提出了挑战。本文认为，一种理论要能够解释现实和具有应用价值，其前提假说必须接近现实；而新古典理论的最大缺陷就在于它抽象掉了现实中两个最基本、最重要的因素，即技术进步和人们之间的利益关系和基于利益冲突的竞争，从而使之远远不能适应现实应用的需要。于是，本文认真而客观地分析了技术进步、相对价格资本存量和流量、经济增长率等诸基本经济要素在新古典理论几个主模型中的关系和地位作用，从而得出了新古典理论的假定与现实的竞争的市场机制完全不同的结论。在此基础上，本文把技术进步和基于人们利益关系的垄断竞争作为理论的基本假定，从而得出了一种完全不同于新古典理论的新的一般均衡理论，并认为，它是斯拉法和凯恩斯以及剑桥增长模型的结合，并可将其扩展为卡尔多长期均衡。

关键词：新古典理论；技术进步；相对价格；一般均衡

目前经济学中居主流地位的新古典理论作为经济学的范式，支配着人们的思想和主要应用领域，但正如经济所显示的，目前的经济理论远不能适应应用的需要。一种理论要能够解释现实和具有应用价值，其前提假设必须接近现实，新古典理论的最大缺陷就在于它抽象掉了现实中的两个最基本、最重要的因素，即技术进步和人们之间的利益关系和基于利益冲突的竞争。新古典理论的基本假设是给定的技术，从而在给定资源和偏好的条件下可以得到技术关系的最优解，加入完全竞争的假设，可以得到分散决策条件下通过价格机制的调节来获得这种最优解，这种资源配置理论被认为近似于现实的竞争的市场机制的资源配置。然而，这种理论虚构与现实的竞争的市场机制是完全不同的。当把技术进步和基于人们利益关系的垄断竞争作为理论的基本假设，将会得到一种完全不同于新古典理论的新的一般均衡理论。

一、理论与经验

作为新古典理论价值和分配理论基础的是一种技术关系的实物分析，那么，现实中的相对价格是不是由这种技术关系所决定的呢？这里有一个明显的例子可以说明新古典理论与现实经验的冲突。作为目前宏观经济学和经济管理基础的是国民经济核算体系，这里有一系列总量概念，如国民生产总值、总投资、消费、资本存量、经济增长率、劳动生产率的增长率以及价格水平和通货膨胀率等，这些概念人们每天都在使用，并按照新古典的原理把这些统计指标都作为实际变量，即按照生产函数，作为实物的总产出来自实物的投入和技术进步，这些统计指标所反映的是真实的实物量。例如，实际经济增长率（名义增长率减去通货膨胀率）为10%，就意味着实物量增加了10%，再如，资本存量的实物量反映在价值上就等于总投资减去折旧。然而，这些用价值（价格）指标表示的总量概念是不是反映实物量呢？

让我们以经济增长率为例来说明这一问题。按照新古典增长模型，经济增长取决于要素投入和技术进步，根据索洛的分析，美国实际产出增长中约85%来自技术进步，那么，实际统计指标所反映的增长率是否就是技术进步所带来的实物产出的增长呢？在实际经济中，经济增长率是由货币价格来表示的，因此，假定货币流通速度不变，则经济增长率与货币供应量的增长率之间存在着对应关系，换句话说，经济增长率将取决于货币供应量的增长率。这里的问题是，如果按货币价格计算的增长率与实物增长率相一致，则货币供应量的增长率必须与技术进步的速度（以及其他要素投入）相一致，而在现实中，一个最基本的事实是，无论是中央银行还是商业银行并不会根据技术进步的速度增加货币供给，因为他们并不了解也不可能了解技术进步的速度，或者说，技术进步的速度与他们是无关的。商业银行只是根据企业可抵押资产的价值发放贷款，中央银行的货币政策目标则是稳定货币供给和保持稳定的经济增长率，因而货币供应量的增长率或经济增长率不可能与实物的技术进步相一致。当经济增长率并不与技术进步相吻合，它将不是一个实际变量，而只是由货币价值表示的名义变量，同样，资本存量价值、投资、储蓄、劳动生产率的增长率等所有由货币价格所表示的统计指标都不是与实物量值相一致的变量，而只是名义变量。①

1958 年，卡尔多（Kaldor）提出了资本主义经济发展中的六个程式化事实，它们是："1、产出和劳动生产率以稳定的比率持续增长；2、每个工人的资本数量持续增长；3、利润率水平从长期看是稳定的，但在短期是波动的并与投资的波动相联系；4、在长期，资本产出比率是稳定的；5、利润在收入中的比率是稳定的；6、劳动生产率的增长率和总产出的增长率在不同的国家呈现巨大差异"（卡尔多，1978 年，第 2-3 页）。这些事实表明，从长期看，经济增长率和生产率以及工资率的增长是稳定的，虽然资本劳动比率持续增长，但资本产出比率和利润率以及收入分配在工资和利润之间的比率是基本不变的。这些指数随着经济周期而波动。

这些统计资料显示的事实是如此地具有规则性，无论是长期的经济增长和收入分配，还是短期的经济波动，这一点是足够令人们惊奇的了。然而，经济学家们对这些事实的解释却是如此的简单，以致并不能表明它们在理论研究中的重要性和意义。新古典经济学家的解释是，这里存在着"中性"的技术进步，以致资本产出比率能够随着资本劳动比率的提高而保持不变（索洛，1970 年；萨缪尔森，1976 年），乔根森和格瑞里彻斯（D. W. Jorgenson、Z. Griliches，1966 年）认为，生产率的提高主要应当归功于资本积累和投资的增加。这些解释都是根据新古典的"实物"的总量生产函数。这里，我们并不打算对增长理论和资本理论的争论作详细的讨论，仅仅要指出，这些解释恰恰是被程式化的事实所否定的。

就技术进步而言，这些事实的惊奇性恰恰在于极端不规则的技术进步被统计资料显示为相当规则的变动，这与现实的观察并不协调。可以说，技术发明并不是规则的。一个简单的事实是，如众多文献所表明的，今天的技术

---

① 这里值得提到的另一个概念是资本存量价值的概念，这一概念是新古典生产函数的基础。这里并不打算涉及关于"两个剑桥资本争论"的复杂理论问题，只想举一个简单的例子。在讨论新古典贸易理论的例子时，美国被认为是资本最丰裕的国家，而中国则缺少资本，从而美国将向中国出口资本密集型产品来换取劳动密集型产品。但这是一个假命题，因为资本是由劳动生产的，美国目前的资本品也只是最近十几年生产的，原有的资本品都已经被报废和更新，而美国生产资本品的产业工人只有几百万，因此可以说美国目前的资本品是由几千万劳动力在一年之中生产的，而目前中国的失业和隐蔽性失业人口近两亿，因而，如果知道这些资本品的生产技术，就可以在一年中生产出远多于美国的资本品。在现实的资本存量价值的统计中，其中土地的价值要占到 50%—70%，这种资本存量（土地）的价值显然不是或主要不是由实物的技术关系决定的，而是取决于资本积累和利润率。换句话说，如果中国掌握这些资本品的生产技术，是否会在短时期中生产出与美国相等的资本存量价值呢？答案是不可能的，因为中央银行决不会供应如此多的货币来用于提高资本存量的价值。

进步速度不同于一百年前，技术进步是随着时间加速的。然而，如程式化的事实所表明的，经济增长率和劳动生产率的增长率是如此的稳定，以致中性的技术进步似乎是一种可能的推论。问题正是出在价值计算上。对于"实物"分析，这里存在"加总"问题，即如何把不同质的消费品和资本品相加，这里并不存在线性的恩格尔曲线。可以说，不论技术发明是计算机和航天飞机或摇滚音乐，它们都将被加总为一个价值量并与程式化的事实相一致。结论应当是明显的，这些事实并不能用新古典的实物分析来解释，新古典的生产函数不仅不能解释技术进步，而且这些事实并不是单独由技术关系所决定的。

这里特别值得提到罗宾逊（Robinson）的解释。根据剑桥增长模型，罗宾逊的解释强调另一种因素，即利润率，这些事实来自基于利润的资本积累。在稳定状态增长模型中，给定不变的利润率，只有当技术进步是"中性"的，均衡才能被达到，从而资本积累和产出以及工资率将按照一个不变的比率增长。这个模型可以解释除经济周期以外的程式化事实。然而，这个模型恰恰是罗宾逊所要否定的，因为现实中并不存在这些理想的条件或中性的技术进步。罗宾逊指出，一旦这些理想的条件被打破，相对价格将变动和导致魏克赛尔效应，以致稳定状态将不能被保持和导致经济波动（罗宾逊、伊特维尔，1973 年）。罗宾逊的分析对于解释程式化的事实是一个重要的启示。然而，问题是为什么长期均衡不能通过魏克赛尔效应或相对价格的变动来达到。但是，在罗宾逊的分析中，魏克赛尔效应和相对价格的变动仅仅是为了表示她的历史时间和不确定性以对立于稳定状态和均衡分析，以致她并没有考虑把程式化的事实作为一种新的均衡加以解释，其中魏克赛尔效应或相对价格的变动是均衡的最重要的条件。与此相联系，古典学派模型经常被考虑作为一种稳定状态，其中生产价格被考虑仅仅联系到给定的技术条件和统一的利润率。它经常被考虑作为另一种"实物分析"或马歇尔的由供给所决定的长期价格。即使在斯拉法重新表述了古典学派模型之后，这一点依然没有被打破，以致程式化的事实并没有用古典学派和斯拉法的模型给予有效的解释。

解释程式化事实的困难似乎来自不规则的技术变动和相对价格的变动，然而，技术变动和相对价格的变动正是解释程式化事实的关键。使用罗宾逊的模型，给定"自然利润率"作为重力的中心，如果假设相对价格是完全可变的，这一模型将趋近于符合卡尔多的程式化事实并包括经济周期的均衡。不同于"实物分析"，在这一模型中，不仅斯拉法理论的价值决定或魏克赛尔效应将成为均衡调整的重要条件，即相对价格特别是资本存量的价值随着收入分配的变动而变动，而且马克思的再生产理论和凯恩斯的有效需求将成为最重要的因素决定包括经济周期的长期均衡。在这里解释这种均衡的要点是资本主义经济（或市场经济）的性质，其中货币的性质和用货币价格表示的总量关系具有极为重要的位置。可以先给出一个简单的逻辑推论，假设一个封闭经济，如果货币供应量可以完全由中央银行控制，且中央银行能够严格执行稳定的货币供应量的增长率政策，则由新古典生产函数所表示的实物的投入—产出关系和技术进步的速度将只影响相对价格，而与所有的总量关系无关。让我们来讨论这个由卡尔多的程式化事实所显示的均衡和这些总量关系以及相对价格的决定。

二、竞争的市场经济中的博弈规则

在讨论总量关系和相对价格之前，让我们对市场经济制度或资本主义经济关系作一个简单的描述，以表明竞争的市场经济性质和我们所要采用的基本假设，其中最重要的是技术变动条件下的垄断竞争。

在一个分散决策的市场经济中，每一个人都寻求自己的最大利益，如果假设给定的技术和完全的信息以及完全竞争，我们将得到一个新古典模型。但是，我们假定，这里存在着连续的技术变动，技术进步来自每一个人头脑中的技术发明。按照个人利益最大化的假设，除非每个人认为他将能够得到最大利益，新的技术将不被发明和应用。竞争是基于每个人占有的不同的信息或他对新技术的垄断，交换使每个人连接起来，同时，交换是一个垄断竞争的过程，每一个人都基于自己的信息与其他人竞争。由于每个人占有的信息是不同的，当一些人能够贱买贵卖时，他将获得利润。然而，正是在这个过程中，新的信息或技术被应用。由于新的信息或技术被应用，产出将随着交换而增加。

扩展这个分析到要素市场和生产，企业和企业家或资本家出现了，同时也产生了雇佣劳动或工资劳动。企业家基于他的信息或对新技术的垄断，使用一笔货币按照现行的市场价格雇用劳动和购买生产资料，然后使用新的技术生产产品，如果他的产品价格超过了生产成本或他的"生产率"高于他所预付的、与原有的生产率相一致的生产要素的价格，他将获得利润①。垄断竞争的含义是，每一个人或企业家决不提供他的信息给其他人，除非按照竞争的价格交换它，价格由竞争的供给与需求所决定。企业和生产仅仅是交换的扩展，即基于长期合同和雇佣劳动，其中，新的技术被使用，而且，生产的目的是获得利润。

在这样一个市场经济中，假设所有的劳动都是被资本家或企业家雇用的，这里假设，资本家要雇用工人，就必须预先支付工资，假设生产周期是给定的，从而可以得到利润率的概念，即利润率等于资本家获得的利润与预付的工资之比。当然，资本家进行生产需要厂房、设备等生产资料或资本品。由于资本品只是劳动生产的产品，为了避免加入资本品后所带来的存量与流量的复杂性而可能引起的概念和分析上的混乱，这里采用古典学派的假设，即可以假设生产周期是足够长的，从而可以把资本存量转化为劳动流量，即资本品是资本家雇用工人生产的，但在一个生产周期后，这些资本品都被耗尽，因而只有最初投入的劳动和最终的消费品产出。

在上述分析中，每一个人都根据自己头脑中的信息与他人博弈，每一个资本家或企业家都根据自己掌握的信息或新技术来雇用工人进行"贱买贵卖"以获取利润，那么资本家所能雇用的劳动的工资和他所能出卖的产品的价格和利润以及利润率是如何决定的呢，或均衡是如何决定的呢？

在这里，为了使模型简化，我们采用古典学派（和马克思）所使用的一个极端简化的关于消费函数的假设，即假设资本家的全部利润都用于储蓄或投资，工人的全部工资收入都用于消费。这一假设用来表示一些逻辑命题是方便的。这个消费函数的假设暗含着，资本家只是使用新技术（通过雇用劳动）生产产品而获得利润，但全部增加的产出将被工人消费。在马克思那里，资本积累是获取利润的目的和竞争迫使资本家不得不如此。由此所推论出来的市场经济或资本主义经济的一个重要性质是，资本家获取利润和进行资本积累的目的是表明他的成就和社会地位，这里，财富或资本积累是极端重要的，它是竞争的目的和标准，同时，资本还是竞争的手段。这一点与把资本

---

① 比如，甲生产者由于掌握了新的技术而比乙生产者有更高的劳动生产率，如甲生产者单位时间可以生产 10 单位产品，乙生产者为 5 单位产品，甲生产者可以采用一种契约的方式来购买乙生产者的劳动，其工资率大于 5 而小于 10，如 6 单位产品，然后采用新的技术使乙生产者的劳动生产率提高到 10，甲生产者将获得 4 单位产品的剩余或利润。这里重要的是要有一种法律来保证契约的履行。现代市场经济提供了完善的法律制度来保护契约的履行和对技术的垄断（如专利法、商标法以及知识产权等）以促进竞争，知识的发明和利用是通过雇佣关系和获取利润的竞争来实现的。

作为一种生产因素的新古典理论有着根本的区别，这里的资本是一种社会关系（马克思，1867 年）。

需要说明的是，这种假设资本家的利润全部用于储蓄的假设可以视为现实中的消费函数的一种简化，在现实中，富人比穷人有更高的储蓄倾向，更重要的是，现实的统计资料表明，消费函数是相当稳定的，这与卡尔多的程式化事实中资本—劳动比率的稳定增长是相联系的。当消费函数是稳定的，从而资本积累是按照一个稳定的比率进行的，这是新古典以"迂回生产"和"消费的时间偏好"的技术关系为基础的资本理论所无法解释的，因为这意味着这种所积累的价值资本是永远不会被消费的，生产时期也决不会永远按照一个稳定的比率延长。

当引入上述消费函数的假设，我们可以得到一种不同于瓦尔拉斯均衡的另一种均衡理论，它来自资本主义市场经济的性质，即生产只是为了利润，利润来自雇佣劳动，但资本家通过采用新技术和雇佣劳动而获取利润并不是为了消费，而是成为积累的资本作为竞争和支配劳动的手段和表示他的成功与社会地位。使用全部利润用于积累和工资用于消费的简化的假设，可以得到，工资将等于全部成本和同时决定需求（全部最终产出是由工资所购买的），但这里必须有一笔利润，作为国民收入中的利润流量将转化为资本存量。假设资本家投资的目的是得到一定的利润率，假设利润率是外生给定的，即存在一个自然利润率（斯密，1776 年），给定初始的资本存量和与这一资本存量的利润率相一致的利润流量，假定全部利润用于储蓄和储蓄全部转化为投资，投资又将全部转化为资本存量从而经济增长率将是稳定的，利润流量将与资本存量同比例增长而保持利润率的稳定，这就可以得到由经验统计资料所表明的卡尔多的程式化事实。在这里，这些总量关系并不取决于技术关系，而是来自资本主义的经济关系或社会关系。让我们在此基础上来讨论相对价格的决定和技术关系与社会关系的相互作用。

三、有效需求和相对价格

假设新的技术每天都在被发明着，人们的需要也是无限的，如果不考虑利润率，新古典的技术分析和萨伊定律将是适用的，即每一项供给都会产生同等的需求，收入水平和经济增长率将由技术关系（技术进步）所决定。然而，如果考虑到利润率，在给定的资本存量的条件下，假设利润在收入中的比率不变，那么将会只有一个收入水平与一定的利润率相一致。这一点联系到马克思的再生产理论（利润的实现问题）和凯恩斯的有效需求问题。

马尔萨斯提出了这个问题。假设资本家并不消费，这里将缺少一笔收入来购买代表资本家利润的产品，从而资本家的利润将不能实现。只有地主的非生产性消费才能使资本家的利润得以实现或保持有效需求（马尔萨斯，1820年，凯恩斯，1936年，罗宾逊和伊特维尔，1973年）。像今天人们所认识到的，马尔萨斯的问题能够通过投资来解决，总需求由消费和投资两部分组成。然而，是否在任何给定投资量条件下都能够保持一定的利润率呢？

使用李嘉图的谷物模型，即这里只有一种产品——谷物，资本家的投资只是使用谷物资本雇用劳动，利润等于谷物产出减去用于工资的谷物投入，利润率则是谷物产出减去谷物投入与谷物投入之比。如果资本家并不消费，所有的利润都用于投资，假设经济处于充分就业，由于这是一个不存在资本品和资本存量的流量模型，投资只意味着提高工资率。这里，供给和需求的原理是有用的，投资的增加将提高对劳动的需求，从而在充分就业条件下，竞争将提高工资率，因此，如果没有技术进步，利润率将下降到零。在这个模型中，利润率将被劳动生产率或技术进步的速度所决定。当技术发明或技术进步的速度是不规则的，一个稳定的或自然利润率是不可能保持的。

问题在于，给定消费倾向或使用全部利润用于储蓄和工人的工资用于消费的假设，如何保持稳定的利润率以与卡尔多的程式化事实相一致。这个问题在单一产品模型中是难以解决的，理由是不规则的技术变动。实际上，如果我们引入货币到单一产品模型，这一问题是能够解决的，即只要通过通货膨胀和通货收缩，按货币价值计算的稳定的增长率和利润率在每一期总是能够实现的。例如，当生产率的增长率低于稳定的增长率和利润率，通货膨胀将使名义收入与稳定的利润率相一致以保持自然利润的均衡，其中，实际工资与劳动生产率的变动相一致，稳定的利润就只是名义上的，这一点正是货币经济的重要特性。

为了避免通货膨胀和通货收缩的结果和说明相对价格的性质，让我们在模型中引入另一种产品，称为机器，这里将存在机器对谷物的相对价格。一旦机器被引入，资本家的投资不仅能够用于雇用劳动，而且可以用于购买和生产机器。为了简化，我们只考虑一个生产时期，这里只有机器的生产而没有机器的使用。资本家雇用劳动生产机器，总产出由谷物和机器两部分构成。

由于这里存在着机器对谷物的相对价格,总收入和利润将由相对价格所决定。在这一模型中,只要相对价格是完全可变的,有效需求或一定的利润率问题将得到解决,即只要机器的价格足够高(或低),一定的利润率总是能够实现而不受技术进步的限制。这样,给定投资(预付工资)和技术,这里将有唯一的一套相对价格与一定的利润率相吻合,如果给定利润率,相对价格将被技术关系所决定,技术变动将只会导致相对价格的变动,而不会使与投资和与一定的利润率相一致的总产出价值或按价值计算的经济增长率发生变动。这里,相对价格是保证有效需求和均衡的关键。

四、资本存量和两个部门模型

现在,我们在模型中加入资本存量。假设有资本品和消费品两个部门,投资用于雇用劳动和购买资本品。资本品是同质的,每一期生产的资本品将成为下一期的资本存量。这里有两个相对价格,即资本品对消费品和收入流量对资本存量,利润率是利润流量对资本存量的比率。假设全部利润用于储蓄和工资用于消费,在每一时期,全部工资将等于消费品的总价值,利润(投资)等于资本品的总价值。这个模型类似于剑桥增长模型,但我们这里要做的是摆脱剑桥增长模型的稳定状态分析而讨论另一种均衡。

假设存在不规则的技术变动,投资被自然利润率所决定,即当预期的利润率高于自然利润率,投资将增加,反之则减少。这里,投资并不受储蓄的限制,每一期的投资并不需要等于当期的储蓄。投资在两个部门的分配取决于两个部门的利润率,即投资总是流入利润率高的部门,每一时期利润率在两个部门可以是不相等的。在这个模型中,相对价格是完全可变的,它们由供给和需求所决定,但供给和需求并不是预先给定的,而是取决于收入分配和相对价格,例如,工资率的提高将增加对消费品的需求和提高消费品的价格,价格的提高会使投资增加。

参考前面的分析,这一模型中均衡的存在性是容易证明的。模型中最重要的是存在着一个永远不被消费的资本存量,收入是由两种产品的价格组成的,利润率是由相对价格表示的利润(收入)流量对资本存量的比率。因此,只要资本存量的价值与收入流量的价值或相对价格是完全可变的,自然利润率的均衡总是能够达到的。

关于这一模型的稳定性问题涉及失业和经济周期，这里只是提供一个简单的说明。假设一个任意的技术进步使投资增加，从而打破了原有的均衡。投资的增加促进了资本品部门的扩张，利润和利润率以及资本劳动比率将提高。也许技术进步是偏向"劳动密集型"的或不需要机器，但投资总是引起资本品部门的扩张，因为利润的增加来自资本品部门的扩张和价格的提高，这对于讨论经济周期是重要的。由于技术进步和投资，产品的价格将超过工资成本，投资的增加必然提高非消费品的需求，例如土地和其他资产，唯此才能使投资转化为资本存量或资本家的财富。这里的要点是相对价格，投资的增加将提高资本品的相对价格和资本品部门的利润率，这会使投资流入资本品部门。当收入和利润或增长率和收入分配用相对价格加以计算，它们的价值将高于它们的实物单位。投资和相对价格的变动将形成一个累积过程，使经济进入繁荣阶段。显然，这个累积过程不可能持续下去，随着就业的增加，消费品部门开始扩张，当经济接近充分就业，工资率开始提高。工资率的提高一方面增加对消费品的需求，另一方面会提高生产成本。当投资转向消费品部门，由于会增加对资本品的需求，开始时会增加利润，但随着工资率的提高，利润率会下降，原因是要保持一定的利润率，资本品部门必需持续扩张，因为利润只能来自增加的资本品的价值。就消费品部门而言，工资率的增长不可能同时保持消费品的需求和使利润增加，因为利润等于消费品价格减工资成本，假设资本家不消费，消费品部门产出的增加只能降低消费品的价格或提高实际工资率。当投资转向消费品部门，必然引起工资率的持续提高，从而降低利润率。同时，投资转向消费品部门会使相对价格逆转，相对价格和收入分配的变动，会使利润和资本的价值以更大的幅度下降。一旦利润率的下降使投资减少或不增加，会导致利润和利润率大幅度下降，从而造成经济衰退。当资本存量的价值下降到某一点，经济将开始复苏，因为任何投资和利润的增加都会使资本存量的价值上升，利润率是利润流量对资本存量的比率，资本存量价值的下降将使投资的利润率提高。

在这一模型中，重要的是工资同时作为生产成本和决定最终产品的需求，利润来自中间产品（资本品）和资本存量价值的变动，假设资本家不消费，全部最终产出将等于工资支出，从而要保持一定的利润率，资本品部门和资本存量的增长必须与消费品部门（工资率）的增长保持同样的比率。由于资本存量的存在和投资基于一定的利润率，自然利润率必然是经济波动的中心。经济波动来自两个部门的交替增长和存量与流量的相互反应。由于资本品部门可以在一定时期脱离消费品部门优先增长，从而投资的增加会使利润和资本存量的价值以累积的比率增长，但当经济接近充分就业而引起工资率提高，这个累积的比率将不能被保持而向相反的方向变动。在这一过程中，重要的是资本价值量的变动，这是存量流量同时均衡模型的最突出的特征。

这样，我们可以重新解释卡尔多的程式化事实，一旦利润率在长期是稳定的，由相对价格表示的经济增长率、资本劳动比率、资本产出比率和收入分配必然与卡尔多的程式化事实相一致。这个均衡联系到投资和收入流量的变动以及收入分配，换句话说，它是一种存量和流量的同时均衡。在这一模型中，技术变动或技术关系仅仅影响相对价格，而不会影响总量的经济增长率、投资、消费和总资本存量的价值。

上述命题正是古典学派（斯密、李嘉图）和马克思所表述的，即生产价格，在这里，资本存量是由价值表示的，从而给定利润率，将决定收入流量的价值。在斯拉法的模型中，给定投入产出的技术关系，当利润率被给定，这里将存在唯一的一组相对价格。斯拉法模型的最重要特征是，由相对价格计算的收入流量和资本的价值只有在给定利润率的条件下才能被决定（斯拉法，1960 年）。这样，给定利润率，技术变动只是使投入—产出系数发生变动，从而使相对价格发生变动。斯拉法还通过联合生产扩展他的分析到资本存量和土地。

这里似乎能够对斯拉法的非常抽象的命题提供一个经验基础，在我们的模型中，资本存量能够被土地、专利和任何其他的资产代替，我们还可以加入非线性的恩格尔曲线或不同的消费偏好，这都不影响均衡的存在性。斯拉法对于收入分配和相对价格相互作用的分析对于模型的动态调整或稳定性是非常重要的。这一模型的动态调整正是经济周期问题，这是凯恩斯的有效需求和收入决定理论的核心。这个模型是斯拉法和凯恩斯以及剑桥增长模型的结合。

如果卡尔多的程式化事实能够被考虑作为一种长期均衡，那么上述解释将成为一种新的均衡理论，其中最重要的是相对价格，特别是资本价值的变动，它们来自技术变动和垄断竞争，即由竞争的市场经济或资本主义经济的博弈规则所支配的。

参考文献：

1. 索洛：. 经济增长理论：一种解说[M]. 上海：生活·读书·新知三

联书店上海分店，1989.

2. 萨缪尔森. 经济学，第 10 版[M]. 北京：商务印书馆，1976.

3. D. W. Jorgenson, Z. Griliches. The Explanation of Productivity Change[J]. Review of Economic Studies, 1996, 34.

4. Kldor. Capital Accumulation and Economic Growth[M]// N. Kaldor. Further Essays on Economic Theory. New York: Holmes & Meier Publishers, Inc, 1978.

5. 罗宾逊，伊特维尔. 现代经济学导论[M]. 北京：商务印书馆，1982.

6. 斯拉法. 用商品生产商品[M]. 北京：商务印书馆，1962.

（本文原载于《当代经济研究》1999 第 12 期）

新劳动价值论一元论

——与苏星同志商榷

摘　要：本文认为，今天所面临的社会主义现实生活与马克思所描述的社会主义并不相间，传统的劳动价值一元论已不能解释现实生活中的价值决定，需要在原劳动价值一元论基础上扩大劳动的外延，加入资本、土地等非劳动生产要素以及技术交动下的利益关系，以便对价值决定作出合乎现实的说明。文章根据逻一致性标准逻辑批判方法，对这一命题作了分析与阐述。文章还依照对劳动价值论的新解释，对市场经济中的收入分配及各种收入的来源作出了简要说明。

苏星同志在《劳动价值论一元论》一文中，针对非劳动生产要素决定价值的多元论观点尖锐地提出，多元论观点与马克思的劳动价值论一致吗？从马克思的劳动价值论的逻辑中能够推导出用以解释现实的多元论观点吗？苏星同志据此在文章里对《社会主义经济学通论》一书中的观点提出了商榷意见。我们认为，苏星同志所提出的问题是极为重要的，因为现在已经不能再回避这一重要问题了。我们非常赞同苏星同志以严格的逻辑论证提出和讨论这一问题的方式，我们很愿意与苏星同志进行这种同志式的讨论，以便有助于我国理论经济学的发展。

一、理论与现实—多元论与一元论

任何一种经济理论都是由于能够解释现实经济生活而获得存在的价值，否则将使理论失去光彩和存在的意义。但理论又不是简单地描述现实，而是由一种前提假设和演绎推理构成的逻辑体系，从而能为人们提供某些确定的经济生活的知识，即在其假设的条件下必然得到其逻辑推论的结果。那么，应如何用某种理论所提供的确定的知识去研究现实问题呢？当我们面对的新问题与原有理论的假设和结论不相符合时，又应如何对待已有的理论或知识呢？这里有两种方法，为了讨论的需要，先分别把这两种方法简称为"多元论方法"和"一元论方法"。

多元论方法是在原有理论的基础上直接加入新的接近现实的因素，以便使理论能够更贴近现实和解释现实。可以把斯密对价值决定的推论作为例子来加以说明。斯密认为，在资本积累和土地私有权产生之前，商品的价值是由耗费在商品生产上的劳动时间决定的，而一旦出现了资本积累和土地私有权，则商品的价值就不再由劳动时间单独决定了，而是由"支配的劳动"或由工资、利润和地租共同构成的了。

对于斯密价值论的这种推论姑且称之为多元论方法，但可以从以下两个方面提出问题。其一是，这种"支配的劳动"还是不是"劳动价值论"呢？其二，这种多元论的推论方法是否能够保持逻辑上的一致性，因而对马克思劳动价值论的多元论解释能否在逻辑上成立？以上两方面的问题是密切联系在一起的。

在讨论对马克思劳动价值论的多元论解释的上述两个问题之前，有必要先对这种多元论解释产生的背景加以说明。这种多元论的解释来自如下一点，由于今天所面临的社会主义经济生活与马克思当时所描述的社会主义原则并不完全相同，我们今天所遇到的和需要解释的问题与马克思当时所要回答的问题也不完全相同。比如，目前我国商业、金融和服务业等第三产业部门在国民经济中的作用变得越来越重要了，能否把这些部门的劳动完全排除在价值的创造之外呢？又如科学技术作为第一生产力却又不是直接体现在生产过程之中，是否就不创造价值了呢？再如在分配领域，资产、土地以及商誉等非劳动因素参与了收入分配是目前我国经济生活中大量存在的事实，对此又应如何在理论上作出解释呢？这些问题，都是现代马克思主义经济学应该做出解释而不能回避的问题。

多元论者解释这些问题的方法是，在马克思的逻辑体系中加进某些新的因素，比如非生产性劳动和非劳动生产要素，这样就既可以从马克思的理论出发，又能对现实问题作出似乎更有说服力的解释。采用这种方法的一个突出例子，是斯大林在《苏联社会主义经济问题》一书中对社会主义商品生产和价值规律的解释，其推论的逻辑是，由于在现实中存在着集体所有制而不是单一的公有制，马克思的按比例分配劳动（以及后人所推论的按劳分配）需要借助于某种价值的形式来实现，但这种价值形式与马克思对商品经济中价值规律的逻辑推论又不相同。可以这样说，我国理论界运用马克思主义经济学对现实问题的解释所采用的大多是这样一种方法。随着我国的改革开放和向社会主义市场经济的过渡，新的现象和问题更加层出不穷，因而用这种方法对问题作出的解释在程度上也在不断提高，以至发展到今天迫使我们已经不能再采取回避问题的态度了，而必须认真和深入地加以讨论。

如何来评价这种多元论方法呢？先来分析一下前面提出的第一个问题，即该解释还能否算是马克思的劳动价值论。苏星同志的文章正是从这一角度提出问题的。当这种解释用加进非劳动生产要素（资本与土地）来说明价值决定和收入分配时，似乎已经难以和马克思批判过的或与马克思经济学直接对立的萨伊的三位一体公式和边际生产力论划清界限了。苏星同志在文章中系统地阐述了马克思的劳动价值论与萨伊三位一体公式的对立，由此他提出多元论方法对马克思劳动价值论的解释是错误的，从而必须坚持一元论方法对劳动价值论的解释。苏星同志从这一角度所提出的问题是非常重要的，但问题是仅仅对多元论的解释提出了这样的批评，却并没有回答些亟待解决的问题。

正如前面所指出的，对马克思经济学的多元论解释是有其历史根源和现实基础的，一些由多种因素决定价值的观点只不过是传统解释方法的延续。或者更进一步讲，如果当初马克思在阐述劳动价值论时没有对萨伊的三位一体公式进行过批判或目前并不存在与马克思经济学相对立的西方新古典理论，那么，是不是目前的多元论解释就是可以接受的呢？

更重要的问题还在于实践经验。如前所述，自斯大林以来对马克思经济学的这种解释方法是随着社会主义经济体制的改革而逐步扩展的，这种多元论的解释似乎比传统解释更适应于现实经验和说明实际问题，或者说它更能适应客观需要。如果回顾一下近年来国内经济学界对商品生产、按劳分配和市场经济等问题的讨论，几乎可以说现在许多已被人们认可的观点，在开始时都曾被认为与马克思主义经济学不相容而受到过批评，但是随着改革的发展，它们却逐渐被人们认为与马克思的基本观点是相一致的了，而且写入了社会主义经济学教科书。依此可以推断，那些采用多元论方法对我国社会主义市场经济的解释是否也会逐渐被人们所认可呢？这种可能性并非完全不存在。

采用苏星同志的一元论方法的一个突出问题是，当完全按照马克思的假设和逻辑推论引出已有的结论时，这个结论又如何解释我国已经发生了巨大变化的现实呢？因为我国的现实条件与马克思的假设是不完全相同的。苏星同志的文章在对多元论解释提出批评的同时，可惜没有能够提出采用一元论方法如何能正确地说明我们面临的现实问题的例证。由此可能甚至必然会导致以下这样一种局面，即我们似乎只能在坚持马克思的原理（往往是一些词句）或正确解释现实问题之间二者择其一。然而，目前存在的多元论方法为了说明现实所做的马克思主义经济学的解释，与苏星同志提出的一元论方法却恰恰是有密切联系的，或者说传统的一元论方法与多元论方法恰恰是相辅相成的。许多同志所作的多元论解释其目的或者说其本意，正是企图在坚持"一元论方法"的基础上来解释我国现实问题的。

综上所述，苏星同志的文章和以往的一些理论争论都会遇到一个评判标准问题，显然我们并不能以某种论是不是马克思说过的来判定它是否属于马克思主义经济学，那么究竟应如何评判一种理论是否属于马克思主义经济学或马克思的劳动价值论呢？或者说我们又应如何评判某种理论是正确的呢？

正是基于这一点，我们提出判断理论的另一条标准，即看它在逻辑上能否站得住。这种逻辑上的一致性是决定一种理论能否成立的前提或必要条件。因为一种带有逻辑矛盾的理论可以解释一切经验事实，即可以把截然相反的两种事实同时从一种假设中推论出来，从而对经验的说明也恰恰是无效的，采用这样一条标准便可以明确地对某种理论加以否定。一旦我们能够对某种理论提出否定，也就可以去寻找更好的理论取代已被否定的理论，因而这种逻辑一致性同时也可以构成肯定某种理论的标准。一种理论是由前提假设和演绎推理来表明事物之间的因果关系的，一旦确定了所要研究的问题，将只能找到一种逻辑一致性的理论来表示这种因果关系。如果这一条能够成立的话，我们便可以通过逻辑一致性标准来讨论问题了。

在采用逻辑一致性标准讨论多元论与一元论的争论之前，我们先以对"按劳分配"问题的讨论为例对上述方法作进一步说明。要想说明按劳分配，首先需要对劳动这个概念给予明确的定义，否则将很难讨论下去。在以往讨论这一问题时，人们经为定义按劳分配的"劳"究竟是指活劳动还是物化劳动或劳动成果所困扰。如果是劳动成果，那么作为劳动条件的生产资料是否应当加入或如何加入劳动成果的计算？当劳动成果采用价格（价值）形式计算，则国家对价格的控制以及市场竞争的条件和法律制度等经济体制的因素都会对劳动的定义产生某些影响。也就是说，无论如何定义劳动这一概念，其外延都将是无限的，因为所有的事物都是相互联系的。因此，需要有一个能够限定其外延的明确概念，以作为逻辑推理的基础或前提假设，唯此才能表明特定的因果关系。

马克思关于社会主义按劳分的推论是在劳动价值论和剩余价值论基础上推演出来的，这种劳动是抽象掉了具体形式的劳动之后的劳动时间。在一个以公有制为基础的社会主义计划经济中，商品经济已不复存在，因而完全按照劳动时间进行分。毋庸讳言，马克思当时提出的按劳分配理论与当前的现实社会是有距离的。那么，应否加进多种所有制成分并存等现实因素来重新解释按劳分呢？回顾一下对按劳分配问题的讨论便不难发现，一旦加进了多种所有制并存、资本和土地等生产资料的作用、企业的自主权和商品交换等因素，这种新的按劳分配理论便是可以解释一切的，或者说改革以来所有各种形态都可以从马克思的按劳分理论中推论出来。这种在原有理论中加入新的假设与扩展原有概念的外延的做法是相同的，比如前面所说的把按劳分配的"劳"重新定义为劳动成果，这种扩展按劳分配外延的做法可以适应所有变化了的条件，从而可以解释所有的经验问题。改革以来对按劳分配的讨论正是沿着这条思路进行的，许多人对商品生产、价值规律和市场经济等理论和现实问题的解释也多是如此。理论总是跟在实践后面进行解释。这种方法正是自斯大林以来人们主要采用的用马克思主义学来解释现实的方法，也即是这里所要讨论的多元论方法。

当一种理论能够解释所有的经验事实，甚至是两种截然相反的事实（比如黑与白）的时候，这种理论的有效性就大大值得怀疑了。苏星同志正是针对多元论者对马克思劳动价值论的解释已经混同于马克思直接批判过的"三位一体公式"而提出问题的。然而，苏星同志对多元论解释的批评却带有这样一个弱点，即简单地用肯定一种理论的逻辑正确性去否定另一种理论，这是缺乏说服力的，因为这会带来这样的问题，即马克思所推论的逻辑是正确的，但他的假设和结论并不适合于今天的现实问题，而加入新的假设自然会推出不同的结论来。这种批评方法至多只能说明多元论的解释不是马克思主义的，而不能证明其理论是错误的。因此，要否定多元论方法的解释还必须直接找出其理论在逻辑上的错误，只有指出一种理论在逻辑推论中是错误的，才能彻底否定那种理论。现在就以逻辑一致性为标准来讨论对马克思劳动价值论的解释。

马克思的劳动价值论是通过抽象掉使用价值而对劳动的概念加以定义的，其目的在于，表明当用劳动时间计算的劳动力价值低于劳动者付出的全部劳动时间，资本家通过雇佣劳动而获得按劳动时间计算的剩余价值，这里并不涉及使用价值的创造或劳动生产率的变动。如果从马克思的劳动价值论出发作多元论的解释，首先就要扩大劳动这一概念的外延，比如资本和土地对劳动生产率的作用。由此则会导致如下两方面的问题，其一是，这种新的解释能够按照马克思的逻辑进行推论吗？比如在马克思那里，全部劳动时间如果是 8 小时，必要劳动时间（劳动力价值）是 4 小时，则剩余价值便等于 4 小时（8：4），多元论的解释是否能做这种数理逻辑的演算呢？其二是，由于多元论的解释扩展了劳动这一概念的外延，其加进的因素必然会与劳动这一概念相关，由此则会导致难以对劳动这个概念给出明确的定义，因为加入的各种因素，如创造使用价值的生产条件（资本和土地）都会形成决定劳动生产率变动的因素，从而又会与其对劳动的定义形成循环推论，即这种多元论解释不可能给资本和土地等其他因素以明确的定义，除非像新古典的边际生产力论那样预先假设存在劳动、资本和土地三种并列的生产要素才能避免循环推论。上述推论表明，不可能在马克思的劳动价值论中直接加入其他因素而又同时保持其理论的逻辑一致性。

基于上述对多元论解释提出的批评同时也是针对传统一元论的，因为传统的一元论方法与多元论方法在性质上是相同的，二者共同构成了对马克思经济学研究方法的谬误，从实质上看也是充满教条主义色彩的。这里说的教条主义的含义即是认为一种理论是能够解释一切的。遗憾的是，这种色彩很容易把马克思经济学变为一种类似于宗教的意识形态而远离了科学。

由上述分析可以推导出，一旦扩展原有理论的假设或扩展其概念的外延，必然会形成对原有理论的否定，但是这样一来就会引出一个尖锐的问题，即从马克思的理论出发来解释现实问题，是不是意味着要对马克思当时所推论的逻辑乃至结论以否定？答案是肯定的。因为一旦扩展了原有理论的假设或其概念的外延，原有的理论将只是作为新理论的一个特例而存在，用来解释更大范围的问题时原有理论显然不如新理论更有效，同时也只有从逻辑上否定旧的理论才能肯定和发展新的理论。

然而，这种否定并不意味着对马克思主义经济学的否定。第一，从上述新旧两种理论的发展关系中，可以把这种否定称为对马克思理论的发展。第二，对马克思的某些理论逻辑推论的否定并不意味着对马克思主义的"精髓"的否定，相反却恰恰是继承和发扬了这种精髓。比如马克思的劳动价值论和剩余价值论把人们之间的利益冲突作为现实经济生活中的一个重要因素而区别于边际生产力论，而新的理论或解释同样把这一点作为自身观点的重要因素或中心时，当然还可以称作马克思主义经济学。第三，也是最重要的一点，马克思的《资本论》只是用对资本主义经济关系的分析来证明他的更一般的理论，即生产力与生产关系相互作用的历史唯物主义原理，如果我们对马克思的一些理论观点的否定只是扩展了马克思历史唯物主义的原理，那么这种否定或新观点毫无疑义应当称为马克思主义经济学。如能按照上述标准来衡量一种理论是否属于马克思主义经济学，则显然可以使我们避免对马克思主义经济学的教条主义态度，而是实实在在地把它作为一种科学来对待，唯此才是真正地采用马克思主义经济学思想进行理论研究和分析现实问题的态度。这种方法坚持从实际出发，通过"否定的逻辑"使理论得到发展，而不是固守已有的某些结论。

这样，在采用马克思主义经济学来研究理论和解释我国的现实问题时，便可得到一种不同于多元论和传统的一元论的另一种方法，我们把这种方法暂称为新一元论方法。现在就采用这种方法来讨论马克思的劳动价值论，以求得在马克思主义经济学和解释现实问题之间架起一座桥梁，这座桥梁的关键点就在于用来解释现实的理论在逻辑上的一致性。

二、另一种（或者说新的）劳动价值论一元论

讨论商品经济和社会主义市场经济中的价值决定和收入分问题的重要一环，是要说明各个生产者之间劳动生产率的差别所导致的利益冲突。而要说明各个生产者劳动生产率的差别，又必须说明使用价值的生产和生产的技术条件，以表示总产出和劳动生产率与劳动之间的关系。因而，不能脱离使用价值来讨论价值决定和收入分配。由于使用价值生产的技术条件涉及非劳动生产要素（资本和土地），因而，如何说明非劳动生产要素对价值的作用，则是一个应该回答的问题。

能不能像萨缪尔森那样把劳动价值论作为单一生产要素模型，而把边际生产力论作为多种生产要素模型来讨论上述关系呢？我们并不否认边际生产

力论本身逻辑推论的一致性，但这种理论在解释现实时能否保持逻辑一致性呢？在现实中，资本并不是从天上掉下来的，而是由劳动生产的，资本（生产资料）的使用必然会涉及技术变动，因而不可能像边际生产力论那样在假设技术条件不变的情况下讨论资本的边际生产力。更重要的是，如马克思的理论所表明的，在资本主义经济和市场经济中，资本不仅是劳动生产的，而且是雇佣劳动生产的，即资本品的生产不是由付出的劳动而是由劳动力的价值计算其成本的，因而不只是由技术关系决定的。上述两点决定了边际生产力论不可能用以解释现实而又不带有逻辑上的矛盾。

分析这一问题的另一种方法是通过扩展劳动这一概念的外延而把资本等部分非劳动生产要素引入劳动（劳动生产率）的概念中来①。前面讨论的多元论的解释可以归入这种方法。但正如前面所表明的，一旦扩展了劳动这一概念的外延，就不能再采用马克思的概念和逻辑来推论了，否则，就不能再保持推论的逻辑一致性。当然也不能采用边际生产力论中多种生产要素的假设，因为这会导致多元论的解释而与马克思的推论在逻辑上产生矛盾。因此，一旦扩展了劳动这一概念的外延，使劳动价值论能够解释更广阔范围的问题，就必须重新提出明确的概念和建立新的逻辑分析体系。这里之所以把扩展劳动这一概念外延的方法称为"新的劳动价值论一元论"，并不只是由于这种新的理论是从动这一因素出发的，还由于它包含着马克思劳动价值论的推论，比如马克思劳动价和剩余价值论所表明的人们之间的利益对立将构成新理论中的一个重要因素，而马克思的劳动价值论只是新理论的一个特例②。更重要的是，一旦扩展了原有理论假的外延，将会使原有理论的逻辑推论产生矛盾，由于新理论扩展了原有概念的外延超出了原有理论中概念的定义所限定的范围，因而其所推论的因果关系将成为循环推论的逻辑悖论。人们正是通过发现和解决原有理论的逻辑悖论使知识逐渐积累和增长起来。现在我们就采用这种方法来分析马克思的劳动价值论。

首先，要把使用价值的生产或劳动生产率加进来，把劳动定义为由其生产的一定量的使用价值所体现的或支出的劳动量：劳动时间×劳动生产率。这种劳动的重新定义所要表明的重要一点是各个生产者之间的劳动差别和劳

---

① 正确地讲应当是把技术关系或技术变动引进马克思劳动价值论的分析。

② 如果在新理论中抽象掉技术关系或技术变动的假设即可还原为马克思的劳动价值论，而边际生产力论和一些多元论的解释与马克思的劳动价值论之间并不具有这种关系，其结论与马克思的结论是截然对立的。

动生产率的变动，而单纯用劳动时间来定义劳动是表示不出上述关系的。用这种新的定义能不能找出原有定义推论中的逻辑矛盾呢？

在《资本论》中，马克思为了分析的需要，首先抽象掉了使用价值和劳动生产率的变动，先来讨论价值决定问题，即马克思的"社会必要劳动时间"所表示的平均的劳动强度和生产条件，当抽象掉了各个生产者之间的劳动差别，商品的价值将与劳动生产率成反比。马克思采用这种抽象分析的目的在于，通过引入劳动力商品来说明资本家的剩余价值来自对工人的剩余劳动所创造价值的无偿占有。与简单商品生产不同，由此所导致的资本主义经济中的利益冲突会决定商品的相对价格（价值到生产价格的转型）和资源配置（马克思的社会再生产与利润率下降和危机理论），即从资本主义经济关系的性质出发来说明技术关系与利益关系的相互作用，或资本主义经济中的利益冲突对生产力发展的阻碍，这与新古典理论仅仅从技术关系上来描述市场机制的运行是完全不同的。

当我们在马克思的"社会必要劳动时间"中加入使用价值的生产以表明各个生产者之间的劳动生产率差别，如果更进一步在上述基础上再引入技术进步，"价值与劳动生产率成反比"这一结论就很难成立了，商品的价值和收入分配已经不只取决于劳动时间，而且也是取决于各个生产者之间劳动生产率的差别，由此可以推论价值与劳动生产率的正比关系。为了便于讨论，先引证《社会主义经济学通论》一书中对这一问题的逻辑推论。

假定只存在两类生产者甲与乙，生产同一种产品——粮食。假定是在以手工生产为基础的小商品生产社会，没有技术变动，两类生产者的体力劳动技艺是存在差别的，即劳动生产率不同。甲生产者每单位时间（比如一年）生产2单位粮食，乙生产者每单位时间生产4单位粮食。在这种条件下，无论市场价格定在哪一点，乙生产者的收入都会比甲生产者高1倍。市场竞争或交换价值总是承认人们之间的劳动差别或以劳动差别为基础的。根据前面的假定，在这一时期没有技术发展，因此，即使能够有较多剩余产品的乙生产者，也不可能把剩余用于积累，因为在技术条件不变时，把剩余用于积累并不能提高劳动生产率和为积累者带来更多的收入。

现在修改一下前面技术不变的假定。由于技术进步，使剩余的积累能够用于制造一种机器，这种机器能够生产更多的产品。比如，投入一年的劳动可生产1台机器，一个劳动者每年使用这台机器可以使生产粮食的劳动生产率提高，比如原来甲每年只生产2单位粮食，现在由于使用这台机器每年可生产 4 单位粮食（不考虑机器的折旧）。

这种关系使资本积累成为可能。

现在，假定甲生产者仍然使用原来的生产方法，每年生产 2 单位粮食，乙生产者使用机器每年生产 4 单位粮食，按照市场交换的规律，乙生产者的收入比甲生产者高 1 倍。这种收入差别已经不再是由劳动差别带来的了，而是由于积累转化为生产资料从而提高了劳动生产率的结果。在这种条件下，如果乙不再自己劳动，而是雇佣甲生产者使用他的机器每年生产 4 单位粮食，并把其中的一部分，比如 2 单位粮食作为工资付给甲，这样，乙将获得 2 单位利润，资本主义生产关系于是产生了。资本主义生产关系产生于技术进步条件下的资本积累和由于这种资本积累所带来的各个生产者之间的劳动生产率的差别。

上述对"价值与劳动生产率成正比"的推论，实际上可以从对劳动或价值的扩展的定义中得出，即"劳动＝劳动时间×劳动生产率"，由此显然可以推论出"价值与劳动生产率成反比"不能成立的结论。但更重要的是，通过扩展"劳动"这一概念的外延而引入了新的因素，即技术变动和对新技术的垄断。这一点改变了原有的以个人劳动为基础的人与人之间的劳动差别的竞争，而变为以新技术的占有为基础的垄断竞争。如果抽象掉技术变动和体现技术变动的资本积累，就可以回到原有的理论或逻辑推论上去，而新的理论却是在原有的以个人劳动私有制基础上加入技术变动推论出来的，因此能够解释更大范围的经验事实并保持其逻辑推论的一致性，这是由于加入了新的因素作为演绎推理的前提假设或扩展了原有理论概念的外延。按照演绎逻辑的规则，只有从前提假设中推论出来的结论才能保证其必然是真实的。正因如此，才使我们能够根据所要研究的经验事实和按照逻辑一致性标准来判断理论和发展原有的理论。比如我们所要研究的经济运动中的一个重要因素是技术变动，因而就不应该把技术变动排除在理论的前提假设之外来解释现实，由此可见，也使我们应该通过在原有理论中加入这种新的因素来否定原有理论的逻辑推论。只有"否定的逻辑"才能评判两种不同的理论，才能使理论得到发展。

以上采用新的一元论方法讨论了马克思的劳动价值论，这种研究方法无疑是要寻找原有理论的逻辑悖论和在逻辑上对它加以否定。但是，上述推论不仅不意味着对马克思主义经济学的否定，而且还应属于对马克思主义经济学的科学解释。就前面所提出的判断一种理论是否属于马克思主义经济学的三条标准而论，上述论述显然符合前两条标准了即对原有理论的批判继承关系。

这里所要加强说明的是第三条标准，即通过扩展劳动的外延和加入技术变动而表明的技术关系（技术变动）与利益关系（垄断竞争）的相互作用，正是马克思所论述的历史唯物主义基本原理，也是马克思在《资本论》中作为主题而阐述的。众所周知，马克思的《资本论》是他所创立的历史唯物主义方法的具体应用。而马克思的历史唯物主义正是要阐明生产力与生产关系的矛盾运动，即技术变动与人们之间利益关系的动态相互作用。因此，不应对马克思的劳动价值论和剩余价值论作出完全抽象掉技术关系或技术变动的解释。在《资本论》中，马克思采用了特有的方法，首先抽象掉技术关系来阐明资本主义经济中的利益冲突，然后再加入动态的技术变动来表明技术关系与利益关系的相互作用。在对"相对剩余价值的生产"的论述中，马克思引入了技术变动来讨论超额剩余价值的产生，论述了技术变动条件下的垄断竞争过程，在这一部分中，当引入了技术变动和垄断竞争后，马克思曾多次指出价值与生产率之间的正比关系，并强调指出"相对剩余价值的生产"与"绝对剩余价值生产"的统一。

由上述分析可见，对马克思的劳动价值论和经济学的重新解释，只是把马克思在分析了资本主义利益关系之后再加入技术变动的分析，改为直接把技术变动作为前提假设来讨论技术关系与利益关系的相互作用。这种解释是与新古典的边际生产力论完全不同的，因为它包含和运用了马克思主义经济学的最基本原理，即人们之间的利益冲突和技术变动，所要分析的是技术变动条件下的人们之间的利益冲突或生产力与生产关系的相互作用。边际生产力论不仅完全抽象掉人们之间的利益矛盾，而且完全抛开技术变动来讨论生产的技术关系。因此，前述对马克思劳动价值论的逻辑否定并不构成对马克思主义经济学的否定，而是对马克思主义经济学的一种新的解释。①

三、关于社会主义市场经济中的收入分配问题

以上对劳动价值论的新一元论解释所强调的是技术变动条件下人与人之间的利益关系，这一点也正是我们对社会主义市场经济进行分析的出发点。

---

① 按照前面对方法论的说明，如果先抽象掉技术变动来讨论利益关系，然后再加入技术变动以说明二者的相互作用，在说明现实问题时就会导致逻辑不一致，只有把技术变动直接作为逻辑分析体系的前提假设才能保持逻辑的一致性。这种方法有助于解决马克思讨论技术关系与利益关系相互作用的转型问题和利润下降规律的逻辑争论。

就收入分配问题来讲，并不是先给定总产出然后再讨论收入分配问题，而是如何通过调节人们之间的利益冲突来促进技术进步和总产出的增长。人与人之间的利益对立与协调是与技术进步或总产出的增长联系在一起的，因此，决定收入分配的关键是总产出的增长，而现有的价值理论、分配理论的一个重大缺陷就在于他们把总产出或技术条件作为给定的，由此导致了技术关系与收入分配关系或生产与分配的分离。

新古典边际生产力论在讨论相对价格决定时完全抛开了人们之间的利益冲突或收入分配，而仅仅讨论生产的技术关系，这一点曾为许多人所指出，但新古典理论也曾假设厂商的利润最大化和竞争，这种比较接近于现实的关于利益关系的假设为什么不能进入相对价格的决定和由此引出的收入分配理论呢？问题的关键就在于新古典理论预先假设了资源和技术是给定的，从而总产出也是给定的，正是这一点使其关于厂商利润最大化和竞争的假设完全失去了意义，从而被排除在相对价格与收入分配的决定之外，技术关系与利益关系被完全分离开了。一旦在新古典理论中加入技术变动，其完全竞争的假设就不再成立了，利润率（相对价格）也不再是由资本的边际生产力所决定的了，因为按照新古典理论关于厂商用一笔货币资本在市场购买劳动和生产资料而获取利润的假设，资本家所占有的生产资料将构成对技术的垄断，而资本（生产资料）又是由"雇佣劳动"所生产的，即资本的价值已经不再取决于它的生产力，而取决于资本家购买"劳动力"来生产资本（生产资料）的成本和生产资料的生产使劳动生产率提高而给资本家带来的利润的差额，当工资率等于劳动生产率时，资本（生产资料）的价值将为零而不再被生产和使用。收入分配将决定资本的价值量，这使以给定资本的数量和价值为前提的边际生产力分配论的逻辑不复存在。理论总是应该解释现实的，现实的资本主义市场经济的本质特征并不是给定的蛋糕如何分，而是把人类本能的生存竞争转变为劳动生产率的竞争以使蛋糕做得更大，这个过程充满着人们利益的对立与冲突。新古典理论在其前提假设下不可能在解释这种现实时又不出现逻辑上的矛盾。

马克思尖锐地指出了资本主义经济中的利益冲突，但马克思说明这种利益冲突的目的却在于表明它会阻碍生产力的发展，而不是以给定总产出（或总劳动时间）来说明工资与利润的对立，否则，就会与马克思和恩格斯在《共产党宣言》中所指出的资本主义创造了前所未有的生产力的论述相矛盾。但目前一些对马克思的价值理论、分配理论的解释却完全抛开了技术变动，实际上是在给定总产出（抽象的劳动时间）的假设下来讨论这一问题的，由此便导致了生产力与生产关系的割裂。正是对马克思主义经济学的这种错误解释，使我们在马克思主义经济学和我国经济体制改革的现实问题之间难以找到共同点或结合点。

按照前面对劳动价值论的重新解释，可以对资本主义市场经济的分配关系作如下极为简单的说明，资本家按照现行的劳动生产率所决定的工资率（和利率）购买劳动力（和生产资料），然后通过对（体现在生产资料中的）新技术的垄断使劳动生产率提高和使总产出增长，由此得到增加了的"剩余价值"。这里与传统解释的不同点就在于劳动生产率和总产出发生了变动以及存在着对新技术的垄断。但这一过程绝不是和谐的，而是一种垄断竞争过程，正如马克思在"相对剩余价值的生产"中所描述的垄断竞争过程那样剩余价值是工人的劳动创造的，对新技术和生产资料的垄断及其采用并不能自行创造剩余价值，资本家之间为争夺劳动带来的剩余价值的竞争必然会使工资率提高，由此导致"资本的精神磨损"或资本价值的毁灭，从而形成工资与利润的尖锐对立，正是这种人们的利益冲突导致了资本主义经济不能实现社会再生产的平衡和资源的有效配置。

以上对价值理论、分配理论的分析可以说正是我们在《社会主义经济学通论》一书中所力图表明的。如在该书"前言"中所表述的基本方法，是把垄断竞争动态非均衡分析作为马克思历史唯物主义方法的具体体现并解释我国的现实问题。该书针对我国目前遇到的收入分配问题所提出的"按贡献分配"也是力图体现这种分析方法的一个尝试。一些同志曾对"按贡献分配"这一提法提出异议，在这里我们对此作些解释。我们采用这一提法的目的是试图找出既区别于传统的对"按劳分配"的解释，又不同于"边际生产力论"的第三种解释。如前面所分析的，采用传统的"按劳分配"来解释现实中的利息和地租收入会带有逻辑上的矛盾，书中对这种逻辑矛盾作了较详细的分析，同时也明确地指出了边际生产力论的错误。鉴于上述两种理论的缺陷，寻找第三种解释应当说是完全必要的，尽管这并不是轻而易举的。按照前面我们对市场经济中收入分配问题的基本看法，可以认为"按贡献分配"这一提法是与之相吻合的，即可以把分配问题的重心转移到技术进步和总产出的增长上来，并在此基础上对各种收入的来源给予说明。

以上所作的说明和解释绝非要回避批评，我们并不否认《社会主义经济学通论》一书中可能存在的逻上和分析上的某些不一致，尤其对于这样一个极为复杂的深层问题，更需要进行深入细致的讨论。正是在这一点上，我们感谢苏星同志所提出的问题和他的真诚批评，同时在这里我们也要进一步明确地提出问题和说明我们的观点，以求教于苏星同志和经济学界同人，其目的在于期望对这一问题能够引起更深入、更有意义的讨论。

参考文献：

1. 苏星. 劳动价值论一元论[J]. 中国社会科学，1992（6）.
2. 谷书堂. 社会主义经济学通论[M]. 上海：上海人民出版社，1989.
3. 马克思恩格斯全集，第 23 卷[M]. 北京：人民出版社，1972.

（本文由柳欣与谷书堂合著，原载于《中国社会科学》1993 年第 6 期）

资本主义经济关系的产生与价值、分配理论

摘　要：本文的目的是通过对资本主义经济关系产生的历史与逻辑的描述，对新古典的边际生产力论和斯拉伐所复兴的古典剩余理论提出批评。这两种理论的一个共同缺陷是完全排除了技术变动来讨论资本主义经济或市场经济的价值决定与收入分配，而现实的资本主义经济关系或市场经济并不是给定的总产出如何分配和配置问题，而是如何促进技术进步和增加的总产出如何分配的问题，动态的技术变动与收入分配是相互作用的。

一、劳动

在分析生产函数和商品交换中的价值决定时，假设只存在劳动一种生产要素，这可视为一种抽象，在价值理论的讨论中经济学家往往用只有一种生产要素劳动，还是包含劳动和资本两种生产要素来区分劳动价值论和边际生产力论所采用的不同的前提假设。然而，当我们所要研究的是一种动态经济时，资本品将是劳动生产的，这样，劳动就成为分析资本的出发点，而不仅仅是一种假设上的区别。

由于我们所要分析的是一种商品经济，因而劳动就不仅仅是一种生产要素，它包含着一种所有权的假设，因而可以通过对劳动的分析来讨论技术关系与收入分配的相互作用。由于资本品是劳动生产的，而资本品的生产又是一种技术变动，这就使我们可以从劳动出发来揭示技术变动条件下的资本主义的所有制关系和分配关系。

1. 同质的劳动和异质的产品

假设劳动是同质的，用于生产异质的产品，技术是按固定投入产出系数

给定的和规模收益不变。这样一种假设的含义是，任何一单位劳动用于生产任何一种物品其产出都是相等的。当然，如果存在交换，其商品交换的比例将等于劳动时间，比如捕获 1 只海狸需要的劳动时间比捕获 1 只鹿多 1 倍，那么 1 只海狸将交换 2 只鹿。但这种说法是存在问题的，由于每一个人都可以用同样的劳动时间生产任何一种产品，那他为什么不生产所有自己所需要的产品，而却只生产一种产品再去交换呢？在上述假设的条件下，分工和交换是完全没有意义的。

显然，要使社会分工和交换的假设成立，需要加入规模收益递增或技术进步的假设，即分工能够提高劳动生产率。然而，一旦加入技术进步的假设，"任何 1 单位劳动用于生产任何产品其产出都是相同的"这种同质劳动的假设就出问题了。因此，要使商品的交换比率按照支出的劳动时间进行，需要一种静态经济的假设，即假设规模收益递增的技术条件是给定的和完全竞争。这种假设有些类似于奥地利资本理论通过静止状态把技术变动转变为给定的技术那样的分析手法。

在劳动是同质的条件下需求是不会决定商品价值的，当需求变动了，只要根据需求重新配置劳动就可以了。在规模收益递增的条件下，如果某种商品的需求增加了，其劳动生产率可能会提高，但在劳动总量和技术给定的条件下，对各种商品的需求将是给定的。虽然我们可以使用边际效用的分析工具得到对某种商品的向下倾斜的需求曲线和根据收益递增得到的同样是向下倾斜的供给曲线，供给与需求曲线都是向下倾斜的似乎会使均衡实现过程出现麻烦，但只要劳动总量和技术是给定的，交换价值取决于最后均衡时的劳动时间将不会出问题，这是因为我们所描述的是一种静止状态和采用了完全竞争的假设。

2. 异质的劳动与需求偏好

萨缪尔森认为，古典学派的劳动价值论只适合于上述假设条件，一旦劳动不是同质的和加入需求函数，斯密的海狸和鹿的例子就不再成立了。

比如有两种异质的劳动——男人和女人，他们在生产不同的商品时各自具有优势，如男劳力每单位劳动用于耕种谷物其产出为 2 单位，而用于织布有 1 单位布的产出，女劳力则正好相反，她花费 1 单位劳动可以得到 2 单位布或 1 单位谷物，假设规模收益不变。在这种情况下，布和谷物的交换还是否会根据花费的劳动时间进行呢？

例如，给定男劳力和女劳力的总量，现在社会对谷物和布的需求并不是恰好等于男女劳力各自生产谷物和布的数量，各需要更多的谷物，那么将会有一部分女劳力用于生产谷物，每单位谷物的生产所需要的时间决定谷物和布的交换的比率，会出现男劳力每单位的价值会高于女劳力每单位劳动价值的情况，也就是说男劳力相对女劳力来讲更稀缺，其价值会更高。但如果反过来，社会对布的需求更高而使一部分男劳力用于织布，那么女劳力的价值将会更高。由此萨缪尔森断言，简单的劳动价值论是不适用这种情况的。因而需要用稀缺性决定两种异质劳动（或两种生产要素）的相对价格。

还可以考虑萨缪尔森所提出的更复杂的情况，比如女劳力无论用在生产谷物和布上其生产率都会比男劳力低，但用于生产布时比男劳力低 1/2，而用于生产谷物却要低 3/4，显然，在这种情况下，应当根据李嘉图的比较利益说把不同质的劳动在上两部门分配，以使总产出和收入最大化。当然，如果加入需求，会使问题更复杂化。据此，新古典经济学家提出，这样一种经济计算问题需要用新古典理论的方法来解决，而且只要假设完全竞争，市场价格机制会自动实现这种复杂的资源配置问题。（参见萨缪尔森：《经济学》中册，商务印书馆 1982 年版）。

如果所要研究的是静态的资源配置问题，那么应当承认，新古典理论在这方面要比劳动价值论精巧得多，其逻辑也是成立的。但需要注意的是，上述分析中有两点重要的假设，其一是资源和技术都是给定的，其二是完全竞争。这两种假设决定了这种机会成本理论完全不适于讨论收入分配问题和经济增长问题。就收入分配而言，如果劳动的数量不是给定的而是人们根据收入的效用和付出劳动的负效用决定的，那么就会出现这样一种情况，男劳力（或女劳力）提供的劳动数量越多，其单位劳动时间支出获得的收入越少，而且在一定的产品需求弹性的情况下，他提供的劳动增加了而总收入却可能下降。显然，新古典的给定劳动数量和用机会成本决定收入分配的原理只是一种虚构，而不适于说明现实的收入分配问题。对于增长问题而言，新古典理论就更不适用了，静态经济的假设使劳动的异质性成为天生给定的，他们都不能通过"学习"来改变自己生产各种产品的生产率，总收入和需求都是既定的。这种理论如果用之于土地和自然资源还说得过去的话，用于劳动却是不合适的。新古典经济学家用上述例子来批评劳动价值论，其目的是把问题扩展到劳动与资本的关系和动态的资本积累和技术变动上去，这就根本不可能再保持其理论的前提假设不受侵犯了。

由于我们所要讨论的是经济增长和收入分配问题，或者说是技术变动与收入分配的相互作用，因此，我们先抽象掉这一类资源配置问题，像马克思所采用的方法那样，把这一类问题视为由"第二种社会必要劳动时间"决定的，从而先分析"第一种社会必要劳动时间"对价值的决定，这对于所要分析的问题是一种方便的假设。

3. 社会必要劳动时间

由于抽象掉了需求因素的复杂情形，在第一种社会必要劳动时间的意义上，异质的劳动就具有了明确的含义，即它可以从所有权的意义上来研究收入分配的决定。

假设在劳动者之间存在着劳动质量的差别，这种质量差别可以用数量来表示，如劳动者存在着体力上的差别，每 1 个男劳力无论生产任何商品在单位时间中比女劳力多 1 倍，也就是说劳动者之间存在着劳动生产率的差别。"商品的现实价值不是用生产者在个别场合生产它所实际花费的劳动时间来计量，而是用生产它所必须的社会劳动时间来计量"，"社会必要劳动时间，是用社会现有的标准生产条件，用社会平均的劳动熟练程度和强度，生产任何一个使用价值所必须的劳动时间"，"生产力特别高的劳动起了自乘的劳动的作用，或者说，在同样的时间内，它所创造的价值比同种平均劳动要多"。（马克思《资本论》第一卷，第 52 页、352 页、354 页）由于价值是由社会必要劳动时间所决定的，那么，具有更高生产率的生产者将会在得更高的价值。比如男劳力的劳动生产率是女劳力的 2 倍，其单位劳动支出获得的价值比女劳力高 1 倍。

具有更高劳动生产率的生产者的单位劳动支出会得到更高的价值是马克思的命题，但马克思还曾写道："劳动生产力越高，生产一种物品所需要的劳动时间就越少，凝结在该物品中的劳动量就越小。相反地，劳动生产率越低，……该物品的价值就越大。"（马克思：《资本论》第一卷，第 53 页）因此，我们需要对这一问题给予说明。

对价值决定与劳动生产率关系的这两种相反的情况可以用同质劳动与异质劳动的假设来说明，在完全竞争的静态均衡条件下，如果劳动是同质的，那么这种劳动用于生产任何产品其单位时间的产出都是相同的，从而要求获得同等的收入，比如某一行业存在着收益递增，当对其产品的需求增加时其劳动生产率将提高，但这种劳动生产率的提高并不会使这个部门劳动者单位时间劳动支出的价值提高，这是由竞争决定的，因而其单位产品的价值将下降。但在劳动是异质的条件下，由于不同质的劳动生产任何产品其劳动生产率都是不同的，竞争将使不同质的劳动的单位时间支出获得不同的价值。请注意，这里需要完全竞争静态均衡的假设。

让我们再来分析简单劳动与复杂劳动的折合问题。一种复杂劳动的单位时间支出生产的产品价值要高于简单劳动。其原因可能有两种，一种是因为从事复杂劳动需要学习时间，因此社会在决定其产品的价值时必须考虑恰好能补偿在学习期间的损失。这种加入学习时间的折合方法实际上暗含着这样一种假设，即劳动是同质的，任何一个简单劳动通过学习都可以成为复杂劳动。另一种情况是劳动是异质的，即简单劳动和复杂劳动是由于人与人之间的智力水平差别决定的，可以这样假设，任何一个复杂劳动者在不通过学习的情况下，其单位时间的劳动支出用于生产任何产品的生产率都要高于简单劳动，从而复杂劳动在单位时间中会获得比简单劳动更大的价值。这两种生产率的区分对于讨论价值决定是非分重要的。

在讨论了上述问题之后，我们可以讨论"简单商品经济"的定义，在技术是给定的条件下，假设存在完全竞争或自由竞争，小商品生产者对产品的所有权是以自己劳动为基础的。虽然存着异质的劳动，但静态竞争均衡的假设可保证交换是以劳动为基础的。然而，这里包含着矛盾，如果规模收益递增和通过学习能使劳动生产率提高，这就可能使完全竞争或自由竞争遭到破坏，也就是说会出现垄断，这种垄断会改变以纯粹的劳动所有权为基础的所有权关系的性质。但在讨论这种矛盾之前，让我们先顺着历史的进程进入封建社会。

二、劳动和土地

现在加入另一种生产要素——土地，对于劳动和土地的技术关系，这里与新古典理论所描述的完全相同，土地是同质的和其数量是给定的，劳动是同质的，生产单一产品谷物，在不变的土地上增加劳动其收益是递减的。在此基础上加入所有权的假设，即土地是私人占有的。这种假设也是新古典理论所采用的。按照新古典理论，假设存在完全竞争，收入分配将根据劳动和土地的边际生产力进行。然而，这种土地的所有权与完全竞争的假设一致吗？

这里所要讨论的正是这种土地的所有权与收入分配之间的关系。

1. 贫农与富农

我们在上述技术关系的基础上加入土地所有权的假设。这种假设是，土地所有权最初在生产者之间的分配是不平均的，比如每个贫农只占有 1 亩（1 亩≈666.67 平方米）土地，而每个富农占有 10 亩土地。按照假设的技术关系，如果他们都只在自己的土地上劳动而没有雇佣关系，那么富农的劳动生产率要高于贫农。这种劳动生产率的差别取决于占有土地多少的差别。

对于贫农来讲，他占有的土地太少了，这使他在土地上增加劳动（精耕细作）所增加的产出量越来越少，以至所增加的产出少到不值得他付出劳动，他可能会根据闲暇与收入之间的效用关系减少他的劳动供给，如果他一天只干 6 个小时。而对富农来讲，在 10 亩地上即使投入他的全部劳动后，比如 10 个小时，再增加劳动也会比贫农在他的小块土地上最初投入的劳动所增加的产出要多。

在上述条件下，富农会考虑雇用贫农到他的土地上劳动而把增加的产出的一部分作为工资付给贫农。那么富农将雇用多少劳动而工资率又是如何决定的呢？

假设工资是事后支付的，这里就不存在利润率问题，富农雇用劳动的原则是使雇用劳动增加的产出减去工资后的最大化，或者说使剩余最大化，根据土地的收益递减会得到这样一个规则，即使雇用的最后一单位劳动的边际产品等于工资率。贫农的劳动供给可能会考虑收入与闲暇的替代关系，但这种假设可能是适用的，即工资率只有大于或等于贫农把一单位劳动用在自己小块主地上的产出时他才去做雇佣工人。

这样，按照上述供给与需求的原则，可以推论出这样一点，当土地的最初分配越是不平均，即贫农与富农劳动生产率的差别越大，工资率将越低和利润（剩余）越多。

那么竞争呢？新古典经济学家会说，在完全竞争的条件下会使劳动这样配置，即每单位劳动投入在任何地块的边际生产率都相等，并使工资率等于劳动的边际生产率。但这种原则在这里并不适用。

完全按照新古典理论的原则，给定最初的不平等的土地分配，竞争的结果可能会达到这样一种情况，即贫农把最后一单位劳动投在自己的小块土地上的边际产出等于他投在富农土地的边际产出，这会总产出达到最大化，但工资和剩余的决定依然是依照我们的原则而不是新古典原则。且不说劳动的供给并不是给定的。不是劳动的边际生产率决定工资率，而是工资率决定劳动的边际生产率，而这种工资率和劳动的边际生产率又都取决于土地最初在贫农和富农之间的分配。

2. 地主、高利贷和生存工资

前面的富农当能够用雇佣劳动的剩余过上富足生活时，他自己就不再劳动了，从而变成了地主。但到现在为止我们还没有解释最初的土地不平等分配是如何产生的。这种地主占有大部分土地的情形也许并不是由经济原因造成的，地主或封建贵族的土地可能是国王分封的，也可能是靠掠夺得到的。但我们这里还是按照分析的需要虚构一个故事。

假设最初土地是平均分配的，由于某种天灾人祸，使一部分农民丧失了口粮和种子，这样，在下一年从谷物的播种到收获的时间中，他需要向一个存有余粮的人借贷种子和口粮，由于生存的需要会使他处于极为不利的位置，利息率很可能会达到收获后除了维持他的生活之外的全部剩余，当由于某种原因他支付不起这样高的利息时，就只有把土地典当给对方。这样，土地被集中起来，失去了土地的农民除了他的劳动力之外没有任何生产资料，从而只好去为地主做雇佣工人。工资率被定在生存水平上（封建经济中的徭役地租和实物地租的性质与我们这里的分配方式是相同的，即地租的数量是由总产出减去生存工资决定的，而与土地的边际生产力无关）。

由于技术是给定的，总产出并不会随着谷物的借贷或垫付生存工资而增加，利息或经济剩余与资本的生产力是全然无关的。

3. 李嘉图的农业资本家

李嘉图为了抨击"谷物法"，设计了一个模型来说明地租与利润之间的关系。在他的模型中，土地不是同质的，地租取决于土地的级差收益，农业资本家用"谷物资本"为工人垫付口粮，实际工资被定在生存水平，这种生存工资作为一种"工资铁律"可以扼制马尔萨斯的人口几何级数增长所带来的悲剧。这样，利润就等于总产出减地租再减去生存工资后的剩余。

李嘉图模型中的这样一种资本和利润的概念很像前面所描述的高利贷的情况，只是放债者不是地主而是农业资本家。显然这里存在着漏洞，由于土地是地主所有的，而且地主可以得到地租收益，从而可能比资本家更富裕，他完全没有理由把利润拱手让给农业资本家。因此，农业生产是如何从封建领主经济转变到资本主义农场经营的是需要给予说明的。在 17—18 世纪英国的这种农业经济关系的转变时期，出现了被一些经济史学家所称作的农业技术革命，大型农机具的使用和耕种方法的改选需要资本投资和规模经营，农业资本家应运而生，伴随着农业生产方法的改进，总产出在增长，经济剩余也在增加，这种增加的经济剩余成为农业资本家利润的来源，当然，雇佣劳动是一个必不可少的条件，这与前面富农与贫农的关系有许多相近之处，即存在对能够提高劳动生产率的生产资料的垄断权。当我们讨论 17—18 世纪的工业技术革命时，这种农业生产方法的改进就显得逊色得多了。

三、资本主义经济关系的产生

现在我们从静态分析转入动态分析，可以说作为动态分析标志的是技术变动，如果不存在技术变动，那就会出现每单位劳动投入过去生产多少产出现在还是多少；劳动数量的增加也只是使产出按照原有的比例增加，时间是没有意义的。按照收益递减的原则把劳动增加到固定的土地上来讨论增长问题也并不能使静态理论的处境得到多大改善。与新古典理论不同，李嘉图明确地把这种收益递减作为技术变动，从而使他的分析具有某种意义。但马尔萨斯可能会和他争辩，当人口按几何级数增长时，用不了多久就会使经济进入静止状态。新古典增长理论的做法是，可以先讨论收益递减，如果现实中没有出现收益递减，那么技术肯定是变动了，姑且不论这种说法是否能够解释现实，这种理论对静态经济的描述是有问题的。与李嘉图不同，新古典经济学家并不是说随着人口增长会有更多的劳动增加到固定的土地上，而是说会有更多的资本增加到固定的劳动上，并像劳动和土地的例子一样假设技术不变，而且由此推论出了边际生产力分配论，显然，新古典理论的这些假设完全是反感觉的，它没有解释资本是什么和是从哪里来的，但新古典经济学家却自认为这些假设具有公理化的性质而不必给予更多的说明。还是让我们循着历史来看一看更多的资本是怎样增加到固定的劳动上去的吧。

1. 师傅、帮工和学徒

假设只有劳动一种生产要素，其数量是给定的。劳动是不同质的，如果劳动的质量不能通过学习得到改善，即不存在技术进步，那么总产出将是不变的。虽然由社会必要劳动时间决定价值会使劳动生产率高的生产者得到更多的收入，但收入分配完全取决于劳动带个人所付出的劳动量。

现在加入可以通过学习来改善劳动质量的假设，即存在着技术进步，这将使按照个人劳动决定的收入分配发生变化。

比如一个手艺人具有独特的技艺，但他只用自己的劳动所能生产的产品是有限的，他可能考虑雇请帮工，把一些简单的工作交给帮工去做，他自己只负责技术性最高的工作，这会使他的产出增加或使整个劳动生产率提高。而他付给帮工的工资只要略高于帮工以前劳动生产率那样的工资率，帮工生产率提高的部分将成为他得到的剩余。这与前面富农和贫农的例子是相近的，其区别只是在于，富农是以能提高生产率的土地的垄断为基础的，而这个手艺人是以他的技术的垄断为基础的。

这种由于技术的垄断会改变以个人劳动为基础的收入分配的情况，实际上已经包含在价值由社会必要劳动时间决定这一假设之中，这种结果是通过修改静态经济的假设得到的。

然而，仅仅通过这样一种技术垄断所能得到的剩余（利润）数量是有限的和难以扩大的，因为所能做的那些复杂技术工作的数量仍受到师傅的劳动时间的限制。这个手艺人为了使产出增加可能考虑招收徒弟，徒弟在学徒期间和期满之后的一段时间中要为他提供一定的剩余，但他招收徒弟的数量越多，他的异质劳动将越会转化为同质劳动，即他对技术的垄断将逐渐消失。

可见，由于社会必要劳动时间决定价值，在简单商品经济中就孕育着资本主义收入分配关系的萌芽，但这种师傅与帮工的关系与现代资本主义经济关系毕竟是不同的，因为这不能把越来越多的"资本"增加到固定的劳动上。

2. 包买商和工场工业

斯密认为，由于存在着规模收益递增，社会分工将提高生产率。斯密所处的时代正是工场手工业发展的时期，这种工场手工业是由资本家组织的，资本家用一笔预付的货币资本购买原材料和劳动力，集中在一个场所中进行生产，但这里没有机器。在一个制针工厂中，由于劳动人数众多和生产规模扩大，可以把制针的过程结成各个工序，每个劳动者只专门从事一个环节的工作，这使劳动生产率大幅度提高。资本家购买劳动和通过组织生产使劳动生产率提高是一个相互联系的过程的两个方面。但斯密在讨论资本的概念和利润的来源时却只谈资本是支配劳动，这种资本只要一经在别人手中积聚起来就要求获得利润，这有些类似于高利贷的概念。但如果把技术过程和社会关系联系起来，就会出现这样的问题，劳动生产率的提高是不是由资本带来的呢？

高利贷的意思是说，由此所产生的收入分配完全是由社会关系所造成的，而不会使劳动生产率和总产出发生变动。但这里遇到的难题却是，如果没有高利贷或资本对劳动的支配就不会有劳动生产率的提高，技术关系与利益关系是交织在一起的。这种关系正是由以私有制为基础的商品交换中按社会必要劳动时间决定价值所产生的，但这种社会必要劳动时间决定价值在静态经济中却不能产生上述资本的性质，因为在静态经济中劳动生产率和总产出是给定的。因此，要讨论由资本所表现的技术关系与利益关系的相互作用，技术变动是一个不可缺少的条件。

在工场手工业产生之前，曾出现过一种家庭手工业时期，各个家庭专门生产某一种产品，由包买商向他们提供原料和购买他们的产品送到市场上。这一阶段的家庭手工业与以前的手工业生产已经有所不同，包买商在向各个家庭提供原料的同时也把生产技术（通过雇请师傅）传授给他们，工资率可以用包买商收购他们产品的价格来表示，只要高于他们以前从事工作的收入就可以了，劳动生产率提高的部分则成为包买商的利润。包买商要使他能够赚得这笔利润，他必须首先有一笔货币资本，用于购买原材料和收购产品，但这种包买商和专门从事买卖的商人不同，他是在利用自己的专门技术组织生产。这样，资本在支配劳动的同时也使技术发生了变动，资本被用来实现技术进步和技术的垄断。由于资本是实现技术垄断的条件，当包买商自己缺少货币资本而向别人借贷时，就需要支付利息，但利率决不能等于劳动生产率提高的幅度，否则包买商的利润就消失了，他对技术的垄断就不能实现。

工场手工业是在家庭手工业的基础上发展起来的，它能够通过技术的改进提高劳动生产率，但也同样需要资本，虽然不存在机器，但技术的垄断和对资本的垄断却是融为一体的。正因为如此，工场手工业被称作资本主义经济的最初形式。与师傅和帮工的关系有所不同，这里出现了资本主义经济形态的雇佣劳动，技术的改进和扩散都是通过预付资本的形式进行的。但由于不存在机器生产，资本增加到劳动上的数量和利润率都受到既有的劳动时间和所能提高的劳动生产率的限制。

3. 机器与劳动

工业革命和大机器的生产是资本主义经济成熟的标志与大机器工业的产生是人类科学技术发展的一次飞跃，与大机器工业产生之前的分王和手工业的技术进步不同，这种机器生产突破了直接劳动时间对产出增长的限制，从而可以使劳动生产率无限制地提高。可以把现代自动化技术的发展作为一个例子，这种机器一经被生产出来，就可以替代人类的劳动。以往的技术进步表现在劳动投入流量上，而机器对劳动生产率提高的作用是表现在存量上，这就可以把体现技术进步的生产能力储存在机器上使在长久地发挥作用。这样，机器数量的多少标志着一定的生产能力，不直接生产消费品而用于生产机器的劳动是一种储蓄，它使以后消费品的生产能力提高。

似乎正是根据这一点，新古典经济学家把资本与劳动和土地等同而作为一种生产要素，如果为了表示机器的生产能力而把它称之为生产要素还可以接受的话，把机器作为与劳动和土地等同的生产要素并按照收益递减规则行事却是大有疑问的，因为机器是劳动生产的，它与原始人使用的木棒和石块是不同的。因此，在描述人们所生产机器的技术之前是不可能说明机器的技术性能的，即不能把木棒、石块和机器归为一类而统称为资本。机器虽然以存量的形式出现，但由劳动流量生产的资本品存量所表示的依然是一种技术，或更确切地说是技术变动。因此，假设技术条件不变的静态分析是不能描述资本品的技术性质的，当然更不能用于比较静态分析。新古典资本理论的更严重混乱是用静态的技术关系来说明收入分配，其边际生产力分配论的错误一方面在于对资本技术性质的假设是有问题的，同时是对所有权和完全竞争的假设已经抽象掉了决定收入分配关系的人们之间的利益冲突。让我们继续采用前面的描述方法来说明这一问题。

假设有甲和乙两个（或两类）生产者，没有生产资料，但他们的劳动是不同质的，甲的劳动生产率比乙高1倍，如果乙每单位劳动投入生产1个产品，那么甲则为2个产品，按照商品生产的规则，甲的收入将比乙高1倍。如果甲和乙的劳动是同质的，但甲由于使用了一种机器使他的劳动生产率比乙高1倍，那么他的收入也将比乙高1倍，对这个例子的一种说明是，甲的收入之所以比乙高是由于机器的生产力。但我们不能满足于这种简单的说法。

首先看机器是怎样生产出来的。在新古典的单一产品模型中，机器是没有用于消费的产品，比如人们不把谷物吃掉而是用作种子。由此得出结论，甲比乙更节俭，能够忍耐和等待，但这种说法对于历史来讲太不真实了。还是采用奥地利学派的说法，甲生产者在第 1 年用劳动制造了 1 台机器，这使他在以后的时间里使劳动生产率提高了 1 倍。然而，在第 1 年他必须减少 1 单位产品的消费，或者说必须有第 1 年的口粮储备，但这种口粮储备只是使他劳动生产率提高的必要条件之一，另一个条件是机器的生产必须能够提高劳动生产率。在前面的封建社会中，地主占有大量的剩余，但他并不会考虑消费的时间偏好，因为粮食存在仓里是会腐烂的，最聪明的办法是雇用仆人把粮食消费掉，这可能是斯密的非生产性劳动和李嘉图的地租全部用于消费这一假设的来源。

如果在建立假设时考虑一下历史的真实性，那么甲生产者可能只是利用农闲的时间投入劳动制造出了机器，而乙生产者没有使用机器只是因为不知道生产机器的方法。但更真实的说法是，甲生产者知道了生产机器的方法而去雇用乙来为他制造机器，他为乙垫付略大于 1 单位的粮食作为工资，而把机器提高劳动生产率的部分作为他的利润。古典学派和奥地利学派都把这种工资基金称作资本，但这种工资基金说的含义是需要说明的。

如果甲生产者在农闲时间制造了一台机器使劳动生产率提高了 1 倍，按照前面的竞争规则，甲就可以雇用乙使用他的机器来生产消费品，而工资率只要比乙以前的劳动生产率略高一些即可，这可以为甲带来利润，虽然机器可能称作甲的资本，但这种资本的价值并不能用以前花费的劳动时间来测量，也不能用机器所能提高的劳动生产率来测量，因为这里存在雇佣劳动，如果乙生产者也知道这种生产方法，雇佣劳动和甲的利润就都不复存在了。由这个例子可以推论出，工资基金说必须以技术的垄断为条件。但工资基金说并不是这种含义，而是说，正是由于乙生产者没有第 1 年的生活资料或他不能略节俭和等待使他不能制造出机器，因此，获得利润的条件并不是技术的垄断，而是储蓄或资本的积累。但这样一来，问题出现了。对于奥地利学派来讲，储蓄并不是直接用于生产，而是用于支付工资，这与迂回生产的生产力是无关的。而对于古典学派来讲，资本积累不只是用于支付工资，而且要支付机器。

对技术的垄断和资本积累是相互作用的，资本积累（储蓄）是资本家保持技术垄断的手段，而技术的垄断则是商品经济条件下保持对劳动的支配权——雇佣劳动的必要条件，从而能够获得利润并再用于积累。如果没有技术进步和对技术的垄断，资本家对生产资料和生活资料的垄断所得到的利润只是一种高利贷，而如果没有对生产资料和生活资料的垄断，技术的垄断只能形成师傅与帮工的关系，而不能把更多的资本增加到劳动上以获得更多的利润和加速资本积累。当然，如果完全没有垄断，会出现熊彼特所推论的利润率为零的静止状态。

4. 小生产的两极分化和资本原始积累

资本主义经济最终战胜小商品经济和封建经济所依靠的是劳动生产率，是劳动生产率的垄断和竞争，正是依据这种劳动生产率和商品经济中的垄断竞争（以私有制为基础的竞争），才使劳动成为雇佣劳动，使劳动为资本所支配。

在简单商品经济中就存在着小生产的两极分化或包含着资本主义经济的因素，这就是人们之间劳动生产率的差别。比如前面所举的师傅与帮工的关系，但在大机器工业产生之前，这种生产者之间劳动生产率的差别是比较小的，从而不足以把劳动完全转化为雇佣劳动。比如一个农民或手工业者虽然能够给别人去做帮工而得到更高的收入，但他可能认为这要背井离乡和受师傅的管制而不舒服，倒不如依靠自己小块土地和简陋工具过悠闲自得的生活。但大机器的产生彻底改变了这一切，它把所有的人都卷入资本主义经济关系之中去了。

可以用小生产的两极分化来描述这一过程，我们前面例子中的师傅由于比其他小生产者有更高的劳动生产率，他可以雇用帮工来增加他的剩余，并把剩余积累起来作为研究和发展经费（R 和 D），如果机器已经被科学家在试验室中发明出来了，那他就可以用他的剩余直接雇用劳动制造机器了，机器的使用会大幅度地提高劳动生产率，这会使师傅的利润增加，从而能够进一步扩大雇用的劳动人数和机器的数量，机器一方面像文字一样，把以前的技术记录下来和积攒在一起，新的技术发明只要加到以前的机器上就行了，这会加快技术创新的速度；另一方面，机器又像劳动一样，可以用机器来生产机器。随着资本积累的增加，这个师傅成了名副其实的资本家，他的工厂的劳动生产率远远高于其他小生产者。这样，他不仅提能为雇佣工人提供比小生产者收入高出许多的工资，而且他的产品价格更低。质量更好，这使小生产者不得不降价出售他的产品，甚至其产品根本没有人要了，也就是说他彻底破产了，他的手艺和他的作坊变得一钱不值，从而只能去给资本家做雇佣工人。这种小生产的两极分化在资本主义产生过程中是一个普遍现象。①

但是，这种小生产两极分化过程毕竟是太慢了，伴随着大规模的技术变动，提出了资本原始积累的要求，资本原始积累加速了这种经济关系的转变，一些谋求更高社会地位的中下层封建贵族（地主）把他们的积累用于投资，商人和官僚也把他们的金钱和权力与技术创新结合起来，改变了观念的政府也采用政治和法律制度，甚至不惜使用暴力掠夺的方法来支持资本的原始积累。这种资本原始积累成为从封建经济关系向资本主义经济关系转变的"助产婆"。

综上所述，资本主义经济关系根植于价值由社会必要劳动时间决定这一商品经济的内在矛盾，这一内在矛盾在大规模技术变动条件下必然使简单商品经济转变为资本主义商品经济，资本主义经济关系正是产生于技术变动、资本积累和垄断竞争的动态过程之中，也只有在这种动态过程中才能够运行。

上述对资本主义经济关系产生过程的描述似乎是多余的，即使对于不了解这段历史的人们来讲，他们也可以从身边的体验中猜测到这段历史。然而，在目前的西方经济学教科书和我们的一些教科书中对市场经济的描述及理论又有多少适合于这种历史和现实呢？

（本文原载于《南开经济研究》1993 年第 1 期）

---

① 列宁（1899 年）在《俄国资本主义的发展》一书中用了极大的篇幅对这种小生产两极分化过程提供了详细的历史记录。

经 济 学 理 论 争 论

　　本篇内容是柳欣教授有关经济学理论争论及其对主流经济学批判方面的相关论文，包括：《剑桥资本争论之谜——实物还是货币、技术关系还是社会关系》《货币与资本主义：挑战西方主流经济学——柳欣教授访谈》《货币学派和凯恩斯学派关于货币与物价关系的理论分歧》《经济学与中国经济：向主流经济学宣战——近三十年理论经济学研究述略》《新古典一般均衡与凯恩斯货币均衡的比较研究》《经济分析的基础：技术关系还是社会关系——对西方主流新古典理论的反思》《新古典生产函数的质疑与货币量值的生产函数》《新制度经济学的困境与出路》《资本理论争论：给定的技术，还是技术变动》《新古典理论与社会主义经济理论》《经济学的革命——垄断竞争动态非均衡分析》等 11 篇论文。这些文章分别从剑桥资本争论、货币与资本主义、新古典一般均衡的比较、新制度经济学的困境以及经济分析的基础等方面严厉批判了西方主流经济学自身存在的逻辑悖论，并结合经济学与中国经济的发展实践提出了经济学的革命和经济学理论的重建等重要命题。

剑桥资本争论之谜

——实物还是货币、技术关系还是社会关系

摘　要：20 世纪 50—80 年代，经济学界发生了一场决定经济学走向的空前激烈的理论争论，即"剑桥资本争论"。这场争论揭示出目前居经济学主流地位的新古典理论的逻辑矛盾。然而，究竟是什么原因导致其理论的逻辑矛盾却没有被揭示出来，特别是争论双方都没有意识到揭示这种逻辑矛盾所暗含的理论意义和经验意义，以致这场争论完全流产。在当前经济危机背景下重新梳理出的剑桥资本争论的逻辑内涵，不仅深刻表明逻辑矛盾产生的真正原因所在，而且表明这场争论所引申出的一个重要结论，即目前国民收入核算体系中的所有由货币量值表示的统计变量完全由社会关系或特定的货币金融体系决定，而与主流新古典理论基于生产函数的技术分析无关。

关键词：剑桥资本争论；货币；社会关系；古典—马克思一般均衡

一、剑桥资本争论的问题

　　马克思经济学所要研究的是资本主义的生产方式和与之相联系的生产关系及分配关系。资本主义经济关系的核心是资本与雇佣劳动，即资本家使用货币资本购买劳动力以获取货币利润。马克思首先采用抽象的价值和剩余价值概念来说明资本主义经济关系的性质，然后把这种抽象的概念用以说明现实中的工资、利息、利润和国民收入等概念的性质，表明资本主义企业的成本收益计算和为获取利润的生产目的，以此说明资本主义的生产和分配关系；并在此基础上建立起一个完整的理论体系，用于讨论资本主义经济中的有效

需求和经济波动问题。

在 20 世纪 50—80 年代发生的著名的"两个剑桥之争",是以英国剑桥大学的罗宾逊、卡尔多、斯拉法和帕西内蒂为代表的新剑桥学派与以美国麻省理工学院(地处麻省剑桥)的萨缪尔森、索洛和莫迪利安尼等人为代表的新古典综合派之间进行的一场理论争论,争论的焦点是新古典理论的逻辑一致性问题。这场争论的背景是,第二次世界大战后,新古典综合派把凯恩斯经济学所讨论的国民收入核算的所有宏观变量运用生产函数进行解释,即现在的《宏观经济学》教科书,而新剑桥学派则是把凯恩斯经济学与斯密、李嘉图和马克思强调社会关系分析的古典经济学传统联系起来,试图表明财产所有权和收入分配对这些宏观变量的作用。

1953 年,罗宾逊提出在总量生产函数中异质资本品的加总问题。这一问题联系到战后新古典经济学家索洛和萨缪尔森等人采用总量生产函数解释国民收入核算的统计变量即新古典增长理论,这种理论把由货币表示的国民收入核算的统计变量截然划分为表示实物的实际变量和由货币数量决定的价格水平的名义变量两个部分,其中,实际变量表示实物和实物生产的技术关系,从而可以采用总量生产函数进行分析并用于解释凯恩斯经济学。对于总量生产函数 $Y=F(K, L)$,罗宾逊提出,现实中的资本品由各种不同质的厂房和机器设备组成,它们如何能够找到一个同质的单位进行加总而成为总量生产函数中的资本?罗宾逊指出,这种资本的加总不能使用利息率,因为按照新古典的稀缺性要素价格理论,利息率作为资本的价格只有在知道资本的数量之后才能得到,从而使用利息率进行加总犯了循环推论的错误。

其实,这种加总问题可以用更一般的国民收入(GDP)加总来说明。目前经济学家每天都在使用的 GDP 是由各种不同的商品和劳务组成的,比如其中的面包和足球明星的工资,它们是依据什么原理和使用怎样统一的单位被加总在一起的?这种加总的 GDP 是不是可以作为实物的总量而采用生产函数进行分析?这是经济学家至今从来没有回答过的问题。对于实际 GDP 的概念还需要回答的另一个问题是,在一个异质品模型中是否能够得到一个一般的价格水平而把名义 GDP 划分为实际 GDP 和价格总水平?

显然,目前主流经济学对实际 GDP 和物价指数的解释与应用是错误的。如新古典《微观经济学》教科书表明的,新古典的资源配置理论是一种相对价格理论,产品和要素的相对价格所表示的是稀缺性,产品和要素的价格是稀缺性的指数,而目前的国民收入(GDP)的统计是把所有商品和劳务的相对价格加总在一起得到的。那么，把两个表示稀缺性的指数加在一起具有什么意义呢？对于新古典的资源配置理论或生产的技术关系来讲，这里只需要相对价格，则资源配置的一切问题都可解决，它根本不需要 GDP 的总量或目前的国民收入核算体系。当然，它也不可能得到这个有意义的国民收入总量以及价格总水平。当新古典经济学家采用总量生产函数把其相对价格理论推论和套用到国民收入核算的统计变量，把 GDP 作为实物、把统计中的资本作为生产要素和把工资率与利息率作为要素的价格时，将不可避免地导致逻辑上的矛盾，这就是剑桥资本争论的问题所在。

1960 年，斯拉法在著名的《用商品生产商品》一书中采用两个部门（多部门）模型证明，新古典生产函数只能用在单一产品模型中，一旦用于两个部门（多部门）模型时，由生产函数推论出来的新古典理论的所有基本定理将都不成立。这种逻辑一致性问题对于新古典理论显然是重要的，由以萨缪尔森为代表的新古典学派在 20 世纪 60 年代开始应战，双方第一回合的交锋以 1966 年萨缪尔森宣布无条件投降告一段落。在随后的 1969 年，索洛提出在新古典一般均衡理论中可以避开这种加总问题而保持新古典理论的定理，即在一般均衡模型中可以把每一种资本品都作为一种生产要素。对于这一问题，新剑桥学派在 20 世纪 70 年代做出回应，表明在一般均衡理论中不存在统一的利润率，采用一般均衡分析显然只是回避了加总问题，因为这意味着将不能再使用总量生产函数。在 20 世纪 60—70 年代，新剑桥学派对新古典经济学的批评很快从资本测量扩展到增长理论和收入分配理论等更广阔的领域，批评的有效性在争论的过程中不断得到澄清和证实，越来越多的经济学家加入新剑桥学派的行列。同时，新剑桥学派开始通过复兴古典学派和马克思经济学并吸收卡莱茨基的理论以重建经济学体系。

虽然在这种逻辑争论中新剑桥学派取得优势，但人们很快发现，这种异质品加总问题在新剑桥学派试图重建的理论体系中同样存在，如他们试图复兴的古典理论中存在着李嘉图的"寻找不变的价值尺度"和马克思的"转型问题"，即李嘉图和马克思的命题也只能在单一产品模型中成立而不能推论到两种（多种）产品模型，萨缪尔森发表多篇文章表明马克思在"转型问题"上逻辑不一致。与此相联系的是关于"帕西内蒂悖论"的争论，即由萨缪尔森等人提出的新剑桥增长模型依然不能脱离生产函数的问题。但到了 20 世纪 80 年代，随着新剑桥学派经济学家罗宾逊、斯拉法和卡尔多等人相继去世，有关剑桥资本理论的争论似乎中止。

导致这种结果的原因有两个方面。其一，尽管新剑桥学派采用异质品模型表明新古典理论中存在着逻辑悖论，但这种逻辑悖论产生的原因却没有被揭示出来。萨缪尔森在 1983 年的一篇文章中，在承认逻辑悖论存在的前提下，用奥地利学派的方法（跨期均衡）表明，这种逻辑悖论只是出自技术关系。其二，新剑桥学派经济学家也不十分清楚资本理论的逻辑悖论的问题究竟出在哪里和意义何在，其中重要一点是，他们同样认为国民收入核算体系的统计变量是实物的统计，只不过试图把社会关系的因素加到经济分析中来。如罗宾逊所表明的技术关系与社会关系的相互作用，当人们对斯拉法加入利润率的投入产出模型（马克思的生产价格模型）仅仅做出相对价格的解释时，也必然会把技术关系与社会关系搅在一起，从而难以理清这种争论的逻辑并建立新的理论。当没有一种新的理论能够与新古典理论相竞争时，经济学家对现实的解释只能按照新古典理论的方法以免出现理论真空，即在剑桥资本争论的逻辑被澄清和能够取代新古典理论的新的理论出现之前，人们是不会放弃新古典理论的。

然而，剑桥资本争论所揭示的逻辑悖论对于新古典理论是致命的，主流经济学错误地使用了国民收入核算的统计资料，误把它们作为由生产函数所决定的实际变量。正如剑桥资本争论中所表明的不只是资本领域的问题，只要涉及这些统计资料分析的领域，采用新古典理论的分析都会产生逻辑悖论，而理清这种逻辑悖论的关键就在于明确这些总量的性质。

二、剑桥资本争论的逻辑悖论

让我们采用简单的数学公式来说明剑桥资本争论的逻辑问题。实际上，剑桥资本争论主要针对的是新古典《微观经济学》教科书中的生产理论和分配理论两个部分。在生产理论中，按照生产函数 $Y=F(K, L)$，假设资本（K）和劳动（L）在生产产出（Y）时是完全可以替代的。按照边际生产力递减的假设，就可以得到一组凸向原点的等产量线。给定两种要素的价格，加入等成本线就可以得到新古典的要素替代原理，即厂商将根据要素价格来选择由资本劳动比率表示的技术方法，如当资本的价格提高时厂商就选择劳动密集型的技术，而资本和劳动的价格则取决于它们的相对稀缺性（相对于人们的偏好）。一旦给定资本和劳动的数量，即可以确定它们各自的边际产品和要素价格，从而决定厂商的技术选择和收入分配。需要强调的是，在要素价格和要素的数量之间存在着单调的关系，如资本的数量上升时，利息率将下降，厂商将选择资本密集型的生产方法。

上面的模型是只生产一种产品的"单一产品模型"，在这个模型中上述新古典理论的命题都是成立的，但是它不能扩展到两种产品模型或异质品模型。假设有生产资料和消费品两个部门，用 X_1 表示资本品产出，X_2 表示消费品产出，用 K_1 和 K_2 表示两个部门的资本投入，L_1 和 L_2 分别表示劳动投入，可以用下面的线性方法表示两种产品生产的投入产出关系：

$$\begin{cases} L_1 K_1 \to X_1 \\ L_2 K_2 \to X_2 \end{cases} \tag{1}$$

如果按照新古典《微观经济学》教科书，这只是一般均衡理论简化的"2×2×2 模型"（去掉两个偏好不同的消费者）。因此，如果要在这个模型中确定要素和产品的相对价格是不困难的，即加入人们对两种产品的偏好和给定资本和劳动的数量和它们之间递减的替代关系，即可得到要素价格和产品价格。

然而，斯拉法在《用商品生产商品》一书中采用了另一种方法求取价格，即给定上面的投入产出模型，假设两个部门有统一的工资率（W）和利润率（r），工资是事后支付的，就出现下列的价格方程：

$$\begin{cases} WL_1 P_2 X_1 + (1+r)K_1 P_1 X_1 = P_1 X_1 \\ WL_2 P_2 X_1 2 + (1+r)K_1 P_1 X_2 = P_2 X_2 \end{cases} \tag{2}$$

方程（2）的含义是，当你得到右边的资本品和消费品的相对价格后，方程左边投入的资本品也必须按照这个价格计算。根据投入的资本要获得统一的利润率（利息率）的原则加入表示利润率的（1+r）才能决定价格。由于在方程中可以让消费品的价格为 1 来表示相对价格，把公式化简得到：

$$\begin{cases} L_1 W + K_1 P_1(1+r) = P_1 \\ LW + K_2 P_1(1+r) = 1 \end{cases} \tag{3}$$

（3）式即是剑桥资本争论时使用的公式。从公式（3）中可以得到工资率与利润率的关系：

$$W = \frac{1 - K_1(1+r)}{L_2 + (L_1 K_2 - L_2 K_1)(1+r)}$$

从公式（3）中可以得到下列工资利润曲线：当 $\dfrac{K_1}{L_1} > \dfrac{K_2}{L_2}$ 时，工资利润线

凹向原点，如图 a 所示；当 $\dfrac{K_1}{L_1} < \dfrac{K_2}{L_2}$ 时，工资利润线凸向原点，如图 b 所示；

只有当两个部门的资本劳动比率相等，即 $\dfrac{K_1}{L_1} = \dfrac{K_2}{L_2}$ 时，工资率与利润率才保

持直线关系，如图 c 所示。

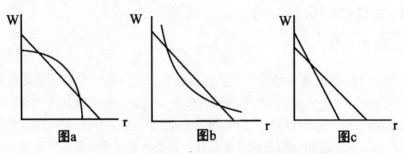

图 1　资本—劳动比率与工资—利润曲线

显然，在工资利润曲线为直线的情况下，两种不同技术的工资利润线只相交一次，这时才能比较何种技术是资本密集型、何种技术是劳动密集型。但是，如果工资利润线是曲线，那么两种不同技术的工资利润线可能会相交两次。在这种情况下，一种在利润率较低时被采用的技术，随着利润率上升而被弃用；但是，随着利润率的进一步提高而重新被采用，即出现"技术再转辙"（Reswitching of Technique）。

在公式（3）中，由于采用了统一利润率的假设，当两个部门的资本劳动比率不同时，利润率的变化将影响资本的价格，按价格计算的资本价值不可能独立于利润率，这就会出现"技术再转辙"。只要存在"技术再转辙"就会存在"资本倒转"，即随着资本（价值量）的增加，利润率会下降，但到某一点后，资本（价值量）的增加反而会使利润率提高，从而不再能够保持新古典理论的资本数量与利润率之间的单调反向关系。显然，与资本劳动比率相等相比，各部门保持有差异的资本劳动比率是一种更现实的假定，这意味着资本数量与利润率之间并不存在新古典理论中的单调反向关系。

三、剑桥资本争论的逻辑解

当时，争论的双方都认为是新古典理论的技术分析本身出现错误，如萨缪尔森认为这种逻辑悖论意味着新古典理论本身存在"技术再转辙"和"资本倒转"的"例外"，而新剑桥学派也没有意识到这种逻辑悖论意味着对实际 GDP 的否定。这种意识上的模糊导致了剑桥资本争论的流产，实际上它离成功只是一步之遥。

首先重新写出前面的公式（3）：

$$\begin{cases} L_1W + K_1P_1(1+r) = P_1 \\ LW + K_2P_1(1+r) = 1 \end{cases} \tag{3}$$

在剑桥资本争论中的一个关键问题是，争论双方都误把斯拉法的模型或公式（3）等同于新古典的一般均衡模型。实际上，公式（3）与新古典的模型完全不同。公式（3）在两个部门中加入了一个关键的变量即统一的利润率 (1+r)，这就完全改变了模型的性质，使模型中出现了由统一的利润率加总的总资本和作为产出总量的国民收入（GDP），而在新古典理论中根本不存在这种总量。模型中一旦加入统一的利润率，原来作为生产的技术关系的要素价格——工资就变成了总资本的一部分。它与资本品加总在一起构成总资本，两个部门的产出加总为国民收入，这种加总的国民收入的性质不再表示实物的技术关系，而是由其划分的工资与利润所表示的收入分配关系。特别是国民收入中的利润与加总的总资本构成了模型中的一个新的关键概念——利润率，这个利润率不再是各种异质的资本品的边际产品，而是由加总的总量表示的"价值"概念。这种价值概念完全脱离了生产的技术关系，所表示的只是一种特殊的收入分配的社会关系，即资本主义经济关系。

我们来做一个思想练习。把上述公式（3）修改一下，假设工资是事先支付的，就可以把它变成马克思的"生产价格"模型或"转型问题"的公式：

$$\begin{cases} (WL_1 + K_1P_1)(1+r) = P_1 \\ (WL_2 + K_2P_1)(1+r) = 1 \end{cases} \tag{4}$$

这里需要强调的是，斯拉法的公式（3）和马克思的公式（4）在含义上是完全相同的。在两个部门的异质品模型中，即两个部门的资本劳动比率不同或资本有机构成不同的模型中，无论工资是预先支付还是事后支付，在统一利润率的假设下，不同的资本劳动比率或不变资本对可变资本的比率都将影响到相对价格和由相对价格加总的总资本与国民收入总量。斯拉法在构筑"用商品生产商品"的投入产出模型时明确地表述了工资率和统一的利润率的资本主义的性质，这与马克思是完全相同的；只是在剑桥资本争论中，经济学家误把它作为技术关系上的投入产出模型，而在斯拉法的模型中，由于统一利润率的假设，由实物产品构成的工资按照其相对价格与其他投入的资本品加总为总资本这一点是非常明确的，唯此才能产生利润率与相对价格的同时决定。

马克思的"转型问题"与剑桥资本争论中的逻辑悖论实际上是同一个问题，即马克思"转型问题"中的两个总量相等可以在单一产品模型或两个部门资本有机构成相等的模型中得到，但不能用于两个部门资本有机构成不等的异质品模型。由于作为不变资本的价值取决于利润率，当两个部门的资本劳动比率（资本有机构成）不同时，两个部门资本有机构成的变动和利润率的变动将改变相对价格，从而改变由相对价格加总的总资本和国民收入而使两个总量不再相等，即不可能使价值总量等于价格总量和总剩余价值等于总利润量。由此还可以得到，由于资本的价值随着利润率变动，工资的上升却不一定会使利润率下降，因为作为利润率分母的资本价值会随之变动，这即是李嘉图碰到的难题。实际上，只要我们明确马克思"转型问题"作为资本主义总量关系的性质，那么这种"转型问题"就是有解的，即我们后面所要阐述的"长期稳定状态"。

上述剑桥资本争论的逻辑悖论使经济学家困惑不解，为什么在单一产品模型中成立的定理却不能推论到异质品模型？实际上，只要比较前面新古典的实物投入产出模型和斯拉法的模型就会发现，二者是完全不同的。比如在前面的"2×2×2模型"或新古典一般均衡模型中，资本和劳动是给定的数量，它们的相对价格是在时间偏好和稀缺性这种外生变量确定后决定的，从而不受相对价格变动的影响。而斯拉法的模型中却加入了一个以前没有的因素——统一的利润率。

斯拉法首先用投入—产出的线性生产方程 $AP = P$（A 是投入矩阵，P 是价格向量）表明生产的技术关系。给定技术上的投入—产出系数，假设作为劳动投入的工资小于全部纯产品，从而在经济中存在着剩余；再假设工资率是统一的，由于各个部门劳动投入与非劳动投入（资本品的投入）的比例不同，则各个部门剩余的分配或按照相对价格计量的利润率是不同的，或者说这里不存在统一的利润率。这个模型正是我们前面列出的模型即公式（1）或新古典一般均衡模型，各种投入的要素或资本品是异质的，每一种要素或资本品都有表明其稀缺性和由人们时间偏好所决定的相对价格或"自己的利息率"（或边际生产率，或产出弹性）。由于各种生产要素和资本品投入不同质，故各种生产要素自己的利息率是不同的；换句话说，这里并不存在按照一种价值资本计量的统一的利润率，当然也不存在任何总量的收入分配。其中，由各个部门之间的投入—产出关系所决定的相对价格和剩余，只是表示要素的边际产品和人们的时间偏好。

在表述上面的新古典一般均衡模型后，斯拉法根据资本主义经济关系的内在要求，把作为投入的不同质的资本品加总为一个价值资本并要求获得统一的利润率，由此出现前面包含统一利润率的方程[公式（3），斯拉法用（1+r）AP＋WL＝P 表示]，这一模型与前面的新古典模型已完全不同。在这里，由于统一利润率的假设，两种要素——资本和劳动投入——被变为一个总资本（用资本品的价格加工资）。这一点用马克思的公式（4）表示更明确，即劳动投入和资本投入被使用工资和资本品的价格加在一起而要求统一的利润率。显然，公式（3）与公式（4）在性质上是相同的。当资本投入是按资本品部门产出的价格计算时，在两个部门资本劳动比例不同的条件下，同样由（消费品部门）价格表示的工资支出作为劳动投入将与资本投入加在一起受统一利润率的支配，这里的成本计算已不再是实物的要素投入。同时，两种产出也按照价格加在一起变为总收入，这个总收入也与实物的产出无关，所表示的只是由利润率（工资率）决定的相对于资本价值的一个比例数。公式（3）中所有的概念和含义与新古典理论的公式（1）已完全不同。在公式（3）中，资本品和劳动已不再是投入的生产要素，而是古典学派和马克思按价值计量的一笔预付的总资本，产出也不再是具体的产品，而是由利润率所决定的一个价格总量。

可以用更简单的方法理解上述分析。当采用统一利润率的假设后，异质品模型中不同的产要素（包括劳动）被加总为一个"总资本"，不同的产品被加总为总收入，这就是目前国民收入核算中的资本和收入（GDP）。假设收入中工资和利润的比例是不变的，则有最简单的公式：$r＝Y/K$。因此，当利润率 r 变动时，Y/K 中的资本价值 K 必然发生变动（或 Y 发生变动），这种由外生给定的利润率决定的总量比例关系与新古典的边际生产力不同，而只取决于利润率的变动。

我们采用单一产品模型来做一个"思想练习"。给出生产函数：$Y = K_1^\alpha L_2^\beta$，其中 α 为表示资本边际产品的利润率 r，β 为劳动边际产品的工资率 W（当然，可以把模型中的劳动改为另一种资本品，如，只要它们不是同质的就可以）。这样，按照新古典的所有假设可以有公式：

$$WL + rK = Y \qquad (5)$$

公式（5）与公式（3）很相像，公式（3）好像只是加入了价格方程，而单一产品模型是不需要相对价格的。然而，公式（3）和（5）却是完全不同的。如果要把公式（5）改为与公式（3）相同的含义，则需要再加上一个统一的利润率（1+r），从而变为：

$$(WL + LK)(1+r) = Y(1+r) = P \qquad (6)$$

这里的 P 为产出的总价格，或把实物产出 Y 用价格加总。如果采用新古典的货币数量论，则公式为：$(LW + Kr)P = YP$。公式中的价格 P 只是一个计价单位，说按照边际产品和说按照乘以价格后的边际产品价值计算是一回事，它不改变公式的性质。因此表明，在单一产品模型中，即使采用统一的利润率换成价格模型，新古典理论的定理并不会改变。但在两种产品模型中不同，因为由统一利润率加总的价格与按货币数量论决定的价格是完全不同的。当然，这需要假设两个部门的资本劳动比率不同，在两个部门资本劳动比率相同的条件下，统一的利润率并不起作用。由此表明，斯拉法的模型与新古典模型的区别在于，统一的利润率与货币数量论两种加总方法不同，而货币数量论在异质品模型中的加总没有意义。

采用上述方法重新表明公式（6）的含义，即可以在单一产品模型中得到与新古典理论不同的结论。采用李嘉图只有谷物的单一产品模型，资本家是用一笔谷物工资（单一产品）去雇佣劳动和使用"谷物资本品"作为种子。这样，我们可以从公式（6）中得到与公式（3）完全相同的结论。因为这里假设，作为投入的是预先给定的资本家的"谷物资本"，资本家要按照利润最大化选择用于"谷物工资"雇佣劳动和留做种子的"谷物资本品"的比例，给定新古典模型中所有生产函数技术上的假设，其利润最大化就是按照 $MPL = W(1+r)$ 和 $MPK = 1+r$ 这两个式子所表示的统一利润率原则进行的。在公式（5）中，两种要素（或两种异质的资本品）是不可能也不需要相加为一个"总资本"的，而公式（6）的假设正是现实中的企业（资本家）用一笔货币资本购买劳动和机器设备，这种机器设备和劳动之间的替代不是根据它们的边际产品，而是根据边际产品乘上统一利润率后的"边际产品价值"，即企业的要素替代原则是把 1 元钱的投资花在雇佣劳动和购买机器上时要有同等的收益率，即公式（3）中的统一利润率。由此可见，新古典的逻辑悖论并不是来自单一产品模型和异质品模型技术上的不同，而只是加入了统一利润率的假设。

四、自己的利息率、货币利息率与统一的利润率

前面对于加总问题已经表明，如果相对价格是新古典的稀缺性指数，那么把稀缺性的相对价格所表示的产品（或资本）加总在一起是完全没有意义的，我们需要一种有意义的加总方法。斯拉法在 1932 年的一篇文章中提出了"自己的利息率"概念，凯恩斯在《通论》第 17 章中讨论货币的性质时提出，可以采用"自己的利息率"方法来加总各种异质品以得到总量。"自己的利息率"就是一种产品在两个时期的价格之比，由于每一种商品都有自己的利息率，我们可以任意选择一种商品的自己的利息率作为一般利息率（利润率），然后用这种一般利息率去除以其他商品自己的利息率，由此可以得到一种总量。

我们举"豆芽菜"的例子来说明这个问题。新古典的资本理论可以是一种豆芽菜，比如绿豆芽，今天不吃它明天就可以长得更大，其增长的部分即是绿豆芽的边际产品；或者说是绿豆芽的"自己的利息率"，人们将根据消费的时间偏好决定什么时候把它吃掉，达到资本的供求平衡。现在假设这里有两种豆芽——绿豆芽和黄豆芽，它们的生长速度（边际生产力）和人们对它们各自的偏好是不同的，即它们各自的自己的利息率是不同的，如绿豆芽为5%，黄豆芽为10%。显然，在新古典一般均衡和跨期均衡理论中，人们会根据偏好和它们的生产率来选择什么时候消费哪一种豆芽，而不必加总为一个"总豆芽"量。但如果非要用自己的利息率方法加总它们的话，可以把绿豆芽的利息率作为一般利息率，然后用绿豆芽的收益率或一般利息率去贴现黄豆芽的收益率，从而获得黄豆芽的"资本化的价格"。这种方法即是目前人们经常采用的一般的贴现率公式，即资本品的价格等于其收益除以利息率 $K=R/i$（K 为资本存量价值，R 为资本品的收益，i 为利息率），这即是目前投资理论广泛采用的"收益现值法"的公式。这样，当采用一种利息率来贴现资

本品的价格，即可得到各种资本品的统一的价值单位，并且可以使不同质的资本品获得统一的收益率或利息率。如通过绿豆芽和黄豆芽的相对价格的变动，使黄豆芽与绿豆芽的收益率均等，或者使黄豆芽的收益率等于绿豆芽的利息率或一般利息率。

当采用这种自己的利息率的加总方法时将得到一组总量，我们把所有的豆芽菜（资本）按其自己的利息率贴现的价格加总在一起的豆芽叫作总资本，把所有豆芽的收益加在一起叫作收入或 GDP。显然，这种作为总量的总豆芽和总豆芽的收益与原来各种豆芽的边际产品和时间偏好已完全无关，但我们得到了这组总量中的新的关系，即总收益与总资本相比将等于我们加总时使用的自己的利息率或一般利息率。

根据上述推论，这种一般利息率或宏观变量在新古典一般均衡模型中并不具有任何意义，人们根本没有必要选择一种产品来把它的自己的利息率作为一般利息率而得到总收入（或宏观变量）。然而，这种自己的利息率加总却是前面的公式（3）和（4）中的统一利润率的加总，这种加总对于由公式（3）和（4）所表示的古典学派和马克思经济学的模型来讲具有实质性的重要意义；它表明资本主义经济中按价值计量的收入分配关系，而不是实物（如豆芽菜）的分配关系。在现实经济中，作为一般利息率来加总这些宏观总量的就是货币利息率，从而使这些由价值表示的宏观总量就是由货币价值来表示的；货币价值或价格绝不表示任何实物和物价水平，而是作为企业以获取利润为目的的成本收益计算和竞争的标准。

五、价值、分配理论与货币和资本主义

剑桥资本争论正是关于价值与分配理论的争论。对于主流经济学的新古典理论，其价值、分配理论是一种表示要素与产品稀缺性的相对价格理论，这种相对价格可以表明资源的有效配置，其分配理论只是一种要素价格理论。但这种新古典理论并不能用于解释现实中的相对价格和收入分配关系。剑桥资本争论的逻辑悖论产生于总量，即新古典理论把表示稀缺性的相对价格理论扩展到国民收入核算的总量上，由此产生相对价格加总中的逻辑矛盾。这种逻辑矛盾直接联系到对货币的认识和货币理论。新古典理论采用"两分法"把 GDP 截然划分为表示实物总量的实际 GDP 和由货币数量表示的价格水

平，而货币仅仅是作为交易媒介表示实物的名义变量。以此为基础建立的宏观经济学、国际经济学以及微观经济学的理论体系，导致了人们对现实的深深误解，其根本错误就在于新古典理论中根本就不存在现实中的真正的货币，或不存在表示现实的资本主义经济关系或社会关系的货币。

在人们的社会生活中，除了物质产品生产的技术关系，还存在另一种关系，即人与人之间的社会关系。在资本主义产生之前，人与人之间的社会关系以及竞争是建立在血缘氏族、政治、武力等等非货币的基础上的。14—15世纪的文艺复兴和启蒙运动思想家的理念与商人的货币巧妙地结合起来，产生了以货币为基础的资本主义经济关系或社会关系。货币成为人与人之间竞争的目的，成为权力和支配他人的手段，由此使生产的社会关系展现为以货币为核心的资本与雇佣劳动的形式。当然，各种产品的生产都变成资本主义的生产，即资本家预付货币资本，形成一种以获取货币为目的的特殊的竞争制度或比谁挣钱多的游戏。这在人类历史上第一次把人与人之间的竞争引入生产领域，激励人们的技术发明与产品和生产组织的创新。资本主义成功的一个重要标志是工业革命带来的生产力的巨大发展，同时资本主义也改变了以前的社会制度中人与人之间的直接争斗，而是把货币作为一个自由、平等和权力的竞争媒介，它使人类从野蛮逐渐走向现代文明，而货币则是这个资本主义制度的核心。正如马克思表明的，这种由货币表示的价值既不联系到任何使用价值（效用），也不联系到生产率，而只联系到人们之间的社会关系，它是人们创造出来的一种"货币拜物教"，是一种人的"异化"。

由货币量值表示的 GDP 和所有其他国民收入核算的统计变量正是这种资本主义的"货币拜物教"的产物，这里存在着与实物和技术完全无关的表示人们之间社会关系的总量"价值"。这是一种"绝对价值"，它不是表示资源配置技术关系的新古典的相对价格，而是通过国民收入核算的总量所表示的资本主义的竞争和收入分配关系。GDP 不表示任何的商品与劳务的实物总量，而只是一个货币交易值；通过 GDP 构成中的资本、工资、利润以及投资和消费等变量，共同组成资本主义的竞争体系或比谁挣钱多的游戏，但在主流新古典经济学教科书中却不存在这种货币和价值。

现在来看前面剑桥资本争论的加总问题。在 GDP 中，面包和足球明星的收入之所以能够加总在一起，是因为他们都是由资本家雇用的，由预付货币资本的统一利润率，即资本家支付给生产面包工人的工资和支付给足球明星的工资都是根据竞争的统一利润率原则在成本上加成而形成的价格，GDP 是这种统一利润率的价格的加总。在现实中，这种统一的利润率取决于货币利息率，或者说，现实中的加总是根据货币利息率进行的，而货币利息率取决于货币供应量的增长率。由于 GDP 只是货币的交易值，假设货币流通速度不变，货币供应量的增长率将决定 GDP 的增长率。资本主义经济中存在着商业银行以资产抵押为基础的"内生的货币供给"，这种稳定的"内生的货币供给"是资本主义制度这种比谁挣钱多游戏的内在要求，因为只有给定货币供应量的增长率，人们对货币的竞争才具有意义，稳定的货币供应量增长率才能保证稳定的投资的利润率。1958 年，卡尔多提出了资本主义发展中的"程式化事实"，即美国在 1850—1950 年的一百年间，GDP 的增长率一直保持稳定，投资或资本积累以稳定的比率增长，国民收入中工资与利润的比例也保持稳定，从而其长期利润率是保持不变的。这种稳定状态的增长与新古典增长理论的中性技术进步解释完全无关，而是由货币供应量的稳定增长决定的，而且美国长期货币供应量的增长率等于长期货币利息率。

导致剑桥资本争论失败的一个重要问题是它的经验意义，许多经济学家都力图寻找"技术再转辙"和"资本倒转"的经验例证，但却很少能够在经验中找到有说服力的证据，从而认为资本理论的悖论只是一个逻辑问题而不具有经验意义。如前所述，剑桥资本争论针对的是总量生产函数和新古典经济学对国民收入核算统计变量的解释而不是相对价格问题，因为所有这些宏观变量与资源配置的相对价格是无关的。剑桥资本争论的经验事实，正是卡尔多的"程式化事实"所揭示的国民收入核算统计变量的决定和运行规律。前面提到马克思"转型问题"的矛盾，即在一般异质品模型中不可能得到两个总量相等，但对于现实资本主义经济运行表明的"长期稳定状态"与各个部门资本有机构成相等在逻辑上则是等同的，从而马克思由社会关系角度提出的转型问题不仅不存在逻辑矛盾，而且正是资本主义经济的现实。

六、资源配置：古典学派与马克思的一般均衡理论

这里需要回答的另一个重要问题是新古典理论提出的资源配置问题。新古典理论通过其稀缺性的相对价格理论阐述了资源最优配置原理，从技术关系的角度讲是没有疑义的。但在现实资本主义经济中，相对价格已不再是实物产品和生产要素的比例，而是通过统一的利润率或货币利息率成为货币的

相对价格；这使产品和产生要素的相对价格不仅取决于稀缺性的技术关系，而且取决于货币利息率和由工资与利润的分配关系所产生"收入效应"和"有效需求"。比如，资本家的利润并不是为了消费而是为了资本积累和获取更多的货币利润，从而这种资本积累将改变相对价格。那么，这种相对价格还能否作为资源有效配置的指数呢？

在新古典一般均衡理论中，由于不存在一个统一的价值尺度，生产各种异质品的生产者之间不可能进行真正的竞争，其相对价格只是传递信息的机制。现实资本主义经济中的竞争是古典学派（斯密与李嘉图）和马克思的一般均衡理论所描述的，即货币资本的流动带来的统一利润率的相对价格成为竞争的基础。与新古典的相对价格理论不同，这种古典与马克思的一般均衡理论中包含着国民收入核算的总量和货币金融体系的统计变量，既包括目前宏观经济学中的消费、投资、储蓄、工资与利润等构成国民收入的统计变量，还包括货币供求和各种资产（房地产和各种金融资产）的价格。

为了说明这种逻辑问题，我们可以采用斯拉法在《用商品生产商品》一书中讨论价格形成的方法，即把价格形成分为两个步骤：首先，给出表示投入产出技术关系的一般生产方程，其价格形成可以用新古典的瓦尔拉斯一般均衡理论解决。在这里，新古典理论的所有原理都是适用的。然后，在新古典一般均衡模型中加入统一利润率的假设，从而构成资本主义经济关系的价格模型，即由货币利息率贴现所形成的相对价格和包含宏观变量的古典与马克思的一般均衡模型。显然，如果资源配置能够按照这两个步骤进行的话，那么古典与马克思的一般均衡在资源配置上与新古典一般均衡是完全相同的。

但如前面证明的，资本主义经济中厂商的利润最大化并不是使要素价格等于其边际产品，而是使之等于实物的边际产品乘以统一的利润率或等于要素的"边际产品价值"。而且也正是这一点，使得资本主义经济中按照"宏观"的工资率与利息率进行的技术选择和资源配置，能够与新古典资源配置的结果保持一致。这里重要的是，边际产品价值并不是新古典的实物边际产品乘上货币数量论的价格水平，而是乘统一的利润率。因为资本主义经济关系的生产模型只是在其中加入了统一的利润率，或者说所有的相对价格或实物的生产要素和其边际产品都是由利润率加以"贴现"而成为总量；同时，厂商的利润最大化决策其实也就是采用统一利润率原则的一种"反贴现"。当二者相抵时，所实现的资源配置与瓦尔拉斯一般均衡就是相同的。实际上，厂商只是按照货币表示的相对价格进行决策，但这种相对价格已经被统一的利润率修改，即厂商按照这种联系到总量的、由货币表示的相对价格进行决策而不改变新古典的相对价格。这里表明了马克思所阐述的内容，即资本主义只是"按比例分配劳动"或资源有效配置的一种特殊的形式，而不是资源配置本身的要求。凯恩斯也表明了同样的看法，当我们解决了宏观经济中的有效需求问题，新古典的资源配置理论依然可以应用。

上述分析表明，剑桥资本争论所产生的逻辑悖论并不是新古典理论本身存在的逻辑错误，因为新古典理论关于资源有效配置的分析和严格的一般均衡理论在逻辑上是成立的，新古典理论的逻辑悖论产生于错误地把表示人们社会关系的统一利润率的假设加入其由稀缺性所决定的相对价格体系中，由此导致了概念上的混乱，即当加入统一利润率后，资本、收入、工资和利润成为加总的宏观变量，而不再表示新古典理论的实物投入产出关系，所表示的只是人们竞争的社会关系。然而，剑桥资本争论的双方都没有明确地认识到这一点。新古典经济学家头脑中根深蒂固的观念，使他们习惯地把新古典的原理和瓦尔拉斯一般均衡理论误认为就是在描述现实经济的运行。这种概念充斥在所有新古典理论的教科书和文献中。比如，他们一直把瓦尔拉斯一般均衡理论误认为是其中包含着统一利润率的竞争均衡，一直把新古典的要素价格理论当作现实中的收入分配理论，甚至不假思索地采用总量生产函数来解释国民收入核算的统计变量，并把凯恩斯的货币的宏观理论改为名义和实际变量分离的实物分析。因此，当新剑桥学派经济学家提出其资本理论的逻辑悖论时，萨缪尔森、希克斯和索洛等新古典经济学家都认为是新古典理论的技术分析本身存在问题，却从来没有意识到在新古典理论中根本就不可能存在统一的利润率，而是把新剑桥学派在新古典模型中加入的统一利润率的做法认为是理所当然的。同时，作为批评者的新剑桥学派经济学家虽然接受了古典学派和马克思关于社会关系的分析，但他们在剑桥资本争论中一直把相对价格问题作为问题的核心，却几乎没有人表明斯拉法（古典学派和马克思）模型中宏观总量的性质。一旦集中在相对价格问题上，新古典理论的错误就难以澄清了，当新剑桥学派也误把国民收入核算的统计变量作为实物统计时，就不可能彻底抛弃新古典的技术分析而建立新的理论体系。

当人们错误地理解了逻辑悖论产生的原因，从而把争论引向了没有目的和方向的极为复杂的数学论证时，经济学家放弃了这一重要问题的研究，好像这场剑桥资本争论并不是在毁灭新古典理论的逻辑基础，而是使新古典理论经受住了逻辑考验。这种放弃导致了经济学的严重倒退，20 世纪六七十年代对古典学派和马克思经济学的复兴被湮灭了，80 年代蓬勃兴起的新凯恩斯主义用总量生产函数、刚性工资和预期在宏观经济学中彻底取代了凯恩斯的货币分析，凯恩斯革命已经烟消云散了，经济学重新被数学家和工程师占领了。

上述分析表明，新古典资源配置的相对价格理论是不可能解释国民收入核算中的总量和总量关系的，这些以货币表示的总量完全来自资本主义经济关系，新古典理论也不能直接使用这些货币的统计资料来说明相对价格和资源配置问题。因为，在相对价格中也已经包含了这些总量关系所决定的供给与需求，现实中的相对价格不仅是由稀缺性决定的，而且取决于有效需求，这种供求均衡是一种"古典—马克思一般均衡"而不是新古典一般均衡。新古典理论的逻辑矛盾正是产生于理论与现实的不一致，产生于直接使用国民收入核算的统计分析，产生于对目前经济学所研究问题性质的错误理解。

（本文原载于《学术月刊》2012 年第 10 期）

货币与资本主义：挑战西方主流经济学

——柳欣教授访谈

　　柳欣，1956 年生于天津市，祖籍江苏省镇江市。1978—1982 年在南开大学经济系学习，获经济学学士学位；1982—1985 年在南开大学经济研究所学习，获经济学硕士学位；1985 年起，任教于南开大学经济研究所；1988—1992 年在南开大学经济研究所学习，获经济学博士学位；1991 年晋升为副教授；1995—1996 年在美国斯坦福大学做高级访问学者；2005—2006 年在日本爱知大学任客座教授；1995 年晋升为教授；1998 年被聘为博士生导师，后被聘为河北大学、江西财经大学、华南师范大学等学校兼职教授；2000 年起，任南开大学政治经济学研究中心常务副主任，并任南开大学虚拟经济与管理研究中心副主任、南开大学统计制度与方法研究中心副主任；现为南开大学经济研究所所长、教授、博士生导师。长期以来一直从事西方经济学与经济思想史的教学与研究工作，在资本理论、货币理论、宏观经济学等多个领域研究成果丰硕，出版了《经济学与中国经济》《资本理论与货币理论》《新中国经济学 60 年》《中国经济学三十年》《资本理论——有效需求与货币理论》《资本理论——价值、分配与增长理论》等多部理论经济学著作，并在《经济学动态》《学术月刊》等核心期刊发表学术论文百余篇。近年来，任首席专家主持并完成中宣部马克思主义理论工程重点教材《马克思主义经济思想史》和国家社科基金重大项目"完善国家宏观调控体系与保持经济平稳较快发展"等多个研究课题，连续多年获得天津市社会科学优秀成果奖励。

　　○王璐，经济学博士，南开大学经济研究所副教授。

　　○柳老师，您好。您在从事理论经济学的多年教学与研究生涯中发表了许多专著和文章，其目的之一就是挑战目前在西方居主流地位的经济学理论。但目前国内在经济学教学和经济政策研究与决策的应用领域，西方主流经济学正逐渐取得支配地位，这似乎也是一种"国际化"趋势。我希望借此机会能够全面深入地了解一下您的学术经历和学术思想，比如您是怎样走上这样一条似乎是"经济学异端"的研究之路的呢？

●目前的经济学不能令人满意是众所公认的事实。在理论上，从20世纪50—80年代由罗宾逊和斯拉法引发的剑桥资本争论，揭示了以新古典理论为核心的主流经济学的逻辑矛盾。这种逻辑矛盾存在于新古典理论的几乎所有研究领域，经济学家在所有的主要理论问题上都存在着争论，而且所有的争论都没有解。在对实际经济的预测上，经济学家的预言实在让人们失望。比如，对1997年的东南亚金融危机和2000年后美国的经济衰退，可以说没有一个经济学家提出过明确警示，几乎所有的经济学家都对东南亚经济和美国20世纪90年代的"新经济"赞誉有加。对于2008年爆发的这次严重的国际金融危机，经济学家的表现更是令人失望，不仅是不能做出预测，而且至今在主流经济学的权威期刊上也几乎见不到对金融危机进行研究和解释的文章。另一个有说服力的例子是，如果你把中国经济学家在1995年之前所做的预测报告看一下就会发现，其预测与现实的差距何等之大，几乎没有一个人预见到今天中国会成为"世界工厂"和世界第二大经济体。在经济政策问题上，经济学家几乎在所有问题上可以使用同样的统计数据，却得出两种截然相反的结论，这让政策制定者无所适从。人们还可以举出更多的例子来说明经济学家的尴尬和无奈，但上述情况已经足以说明我们有理由对目前的主流经济学产生怀疑乃至否定。

当然，作为"异端"的滋味的确是不好受的。不过，我想在这里澄清的是，我的研究和观点并不是"异端"。我是从1987年开始在南开大学经济学院为研究生讲授"西方经济学"课程，包括宏观经济学和微观经济学；1996年之后给硕士研究生授课，同时也为经济学院博士生开设"宏观经济学"，至今已经25年。我相信我对西方经济学或主流经济学的理解是"正宗"的。回顾我的大学时代，当时大学四年学习的主要是马克思经济学。一直到我在南开大学读研究生时，特别是在1983—1984年的时候，时任南开大学经济研究所所长的熊性美教授为我们请到了当时国外"微观经济学"和"宏观经济学"领域最有名的教授谢佩德和雷诺兹来为我们完整讲授了这两门课程，后来在1988年又请到了曼彻斯特大学经济系主任麦特卡夫教授来南开讲授"国际经济学"，就这三门课来讲当时都是国际一流的。

当然，我的研究兴趣并不在主流经济学，而是当时国外经济学界风靡的剑桥资本争论问题。1981 年，我买到陈彪如教授翻译的罗宾逊著《现代经济学导论》，比较系统地了解到剑桥资本争论。大学四年所学的马克思经济学对于研究剑桥资本争论似乎是必修课，《资本论》和与之"配套"的商务印书馆出版的经济学汉译名著是当时理解剑桥资本争论的必经之路。1986 年，南开大学经济学院得到了世界银行 10 万美元的贷款用于购买图书，我有幸成为理论经济学方面图书的挑选人，购买了大量有关剑桥资本争论的文献资料。后来，我在南开大学经济研究所继续攻读博士学位。在读博士期间和在以后的研究特别是国外访学期间，我对剑桥资本争论文献的阅读和积累也从未停止过。这些文献在经济学的图书分类中属于 F1（理论经济学）和 F0（经济思想史），这显然是"正宗"的理论经济学研究。这种研究怎么能称为异端呢？

列昂惕夫在评论开创主流经济学地位的 19 世纪 70 年代的"边际革命"时说，这场革命是由数学家和工程师发动的，而在一百年后的 20 世纪 80 年代，数学家、心理学家以及华尔街的"工程师"重新占领了经济学界，理论经济学彻底消失了。理论经济学的研究就是针对教科书，如宏观经济学、微观经济学以及我们的政治经济学教科书，其目的是找出教科书中的错误，然后修改它。前面所说的目前经济学存在的严重问题已经表明，主流经济学教科书从根本上错了，那么研究和修改主流经济学教科书中的错误怎么会被认为是异端呢？

问题出在剑桥资本争论。20 世纪 50—80 年代经济学界发生的剑桥资本争论正是关于主流经济学教科书是否存在根本性缺陷的一场"空前绝后"的激烈争论，罗宾逊、斯拉法、卡尔多、萨缪尔森、索洛、莫迪利安尼、希克斯等几乎所有著名经济学家都加入争论的行列。遗憾的是这场争论无果而终，随着剑桥资本争论的流产和失败，理论经济学的研究在西方经济学界消失得无影无踪。自 20 世纪 90 年代以来，国外学术刊物几乎没有发表过涉及剑桥资本争论或"理论经济学"的文章。须知作为主流经济学权威的萨缪尔森，在剑桥资本争论中也曾发表过十余篇关于马克思经济学的文章，经济学界的这种现象显然是极不正常的。

〇如果说"剑桥资本争论"是关系到主流经济学逻辑矛盾的关键问题，那么您可以谈谈这场争论究竟是怎么回事，或者说主流经济学究竟错在哪里吗？

●剑桥资本争论看起来太复杂，涉及堆积如山的文献，所有的大经济学家在 20 世纪 50—80 年代都参与了这场争论而没有得到解决。我在大学二年级的时候系统地读了斯拉法的《用商品生产商品》，一个重要的启蒙老师是魏埂教授，他从马克思价值理论争论的角度给学生讲这本书。1992 年，我完成了 50 万字的博士论文《资本理论——价值、分配与增长理论》，该书当时已经得出了剑桥资本争论的许多重要结论，但对有些问题的解释并不清楚。1996 年我又完成了该书的下卷《资本理论——有效需求与货币理论》，当时也意识到还有很多问题依然没有解决，因此并没有交付出版社而是一直试图进行修改和完善。

1998 年 10 月，我突然发现一个问题，即 GDP 是假的，或者说根本不存在实际 GDP。由此得出一个惊奇的结论：目前国民收入核算体系中的所有由货币量值表示的统计变量完全是由社会关系或特定的货币金融体系决定的；更明确讲，完全是由资本主义经济关系决定的，与新古典理论中生产函数的技术分析完全无关。主流经济学的错误就在于，把表示社会关系的国民收入统计变量应用到技术关系的分析中。更进一步讲，经济学所要研究的主要问题并不是技术关系或资源的最优配置，而是马克思所说的社会关系。

19 世纪 70 年代的"边际革命"以来，以新古典理论为基础的主流经济学统治经济学的研究和对现实的解释已经一百多年了，通过教科书把它的观念一代又一代地传输下来，形成顽固的理念和教条。这就是生产函数的技术分析和对所有现实经济问题完全从技术关系的角度出发进行解释，其中最典型的是战后索洛和萨缪尔森等人把国民收入核算体系中的所有统计变量套用到生产函数中进行解释，即这些变量所表示的是实物和实物生产的技术关系。当主流经济学把由经济制度所决定的国民收入统计变量完全套用在生产函数上时，不可避免地导致了理论中严重的逻辑矛盾，这种逻辑矛盾在剑桥资本争论中被揭示出来。作为逻辑问题，就是总量与相对价格之间的矛盾；而在现实的经验问题上，则表现为新古典理论不能直接使用国民收入核算的统计资料来说明资源配置和经济增长，更不能解释有效需求和经济制度问题。主流经济学中这种理论和现实的矛盾，导致了目前经济学在几乎所有的理论问题上都存在着难以解决的复杂争论。而在现实问题的分析上，由于其理论中的严重逻辑混乱，根本不能对现实经济问题做出逻辑一致的解释和进行有效的预测。

新古典理论的基础是以资源配置为核心的相对价格理论，即资源配置可以通过表示要素稀缺性和人们偏好的相对价格进行而达到最优，但在这个理论中，既不需要也不可能得到任何有意义的总量以及总量之间的关系。作为总量的国民收入核算体系的统计变量完全来自资本主义的经济制度，即人们为了获取纯粹的价值符号——货币而进行的竞争或游戏。如马克思所表明的，资本主义经济是实现"按比例分配劳动"或资源配置的一种特殊的方式，这种特殊的方式就是以货币价值为基础的竞争。经济学所要研究和解释的主要现实问题并不是技术关系，而是这种特殊的经济制度下的竞争规则和运行规律，并通过修改竞争规则把人们之间残酷的竞争转化为游戏，从而实现人类的文明，而新古典理论的技术分析根本不能用于解释这种特殊的经济制度和承担这种经济制度的研究。

可以从一个最简单的角度说明主流经济学的错误。经济学所面对的所有问题都与货币有关，金融危机、有效需求、收入分配以及产业政策和经济制度等，政府的经济政策也只是控制货币的发行和货币收入的分配，这些问题都联系到由货币表示的国民收入核算的统计变量，而在新古典理论教科书中根本就不存在货币。在《微观经济学》教科书中没有出现货币，在《宏观经济学》教科书中货币也只是被作为交易媒介决定名义变量的价格水平，这显然不是现实中的货币。在现实的资本主义经济中，获取货币成为人们生活的目标，货币是一种权力和对他人的支配，而不仅仅是交易媒介。

发现"实际 GDP 是假的"这一命题，使我能够重新思考那些理论争论问题，并认识到极端复杂的剑桥资本争论只不过是一个简单的逻辑问题。实际上，剑桥资本争论的问题可以用一个简单的 GDP 加总问题来说明。我在 20 世纪 90 年代上课时举的例子是明星拍广告获得的收入如何与馒头加在一起构成 GDP？因为明星和生产馒头的工人都是由资本家雇用的，资本家按照预付货币资本的统一利润率的原则加成形成产品的价格，比如利润率是 10%，资本家支付给明星 800 万元，那么明星代言的产品价格就是 880 万元，馒头的定价是雇用生产馒头工人的工资乘 10%的利润率，这种价格加总起来的 GDP 显然与实物和生产函数无关，GDP 所表示的只是资本家预付资本与利润率的关系。现实中 GDP 的加总是通过货币利息率，而货币利息率取决于货币供应量的增长率，稳定的货币供应量增长率是资本主义比谁挣钱多的游戏的内在要求。由于 GDP 只是货币交易值，稳定的货币供应量的增长率决定了稳定的 GDP 增长率，这正是经验事实所显示的；美国长期 GDP 的增长率保持在 3%，而且稳定的储蓄率形成的资本积累和收入分配中工资与利润的比率不变使利润率保持稳定。

1999 年，我把这一发现和重新讨论剑桥资本争论的文章发表在《南开经济研究》杂志上，接下来开始重新修改《资本理论——有效需求与货币理论》。

该书在 2003 年由人民出版社出版,书中系统地阐述了我对宏观经济学争论的解释,并重新建立了以有效需求和货币金融体系运行为核心的宏观经济理论。同时我主编了《中国宏观经济运行与经济波动》一书,采用这种新的宏观理论对 1990 年以来中国宏观经济进行分析。随后,在学生们的协助下,初步完成了对价值、分配理论和货币理论主要文献和争论的重新梳理和解释。比如,2006 年在人民出版社出版的《马克思经济学与古典一般均衡理论》(王璐、柳欣)、《货币经济的宏观经济理论》(柳欣、陈祥、靳卫萍)、《资本理论与货币理论》(柳欣、郭金兴、王采玲)、《货币理论的发展与重建》(樊苗江、柳欣)。我在这个过程中发现,目前经济学争论的所有问题和逻辑悖论都与主流经济学试图直接使用统计资料表明其理论和解释现实有关,而这些统计资料与主流经济学的概念和理论是完全不同的。

2006 年,我出版了《经济学与中国经济》一书,该书试图采用简单通俗的语言表明我的观点,并在经济理论和政策上与主流经济学展开争论。如该书前三章的标题分别是:(1)实际 GDP 是假的;(2)虚构的总量生产函数;(3)西方经济学——冒充的市场经济理论。在该书前言中,我使用了"皇帝的新衣"来表明问题的性质:"本书所要讨论的理论争论问题无疑是极端复杂的,就本书所要达到的目的来讲也完全可以看作是异想天开,因为这涉及要否定目前经济学的基础和几乎所有的经验研究,并重新建立理论体系。但我对本书中提出的论点和逻辑证明还是充满自信的,因为问题主要不在于理论上的复杂性,而在于主流经济学一个多世纪以来对经济学界的无情统治中所形成的观念,是这种观念淹没了最伟大的经济学家和思想家斯密、马克思和凯恩斯,埋葬了剑桥资本争论。一旦我们排除了这种观念,本书所要揭示的只不过是一个'皇帝的新衣'问题,不仅实际 GDP 是假的,而且主流经济学建立在总量生产函数基础上用于解释现实的理论体系完全是虚构的。本书中所提出的所有问题都只是供参考和讨论的,但实际 GDP 是假的却完全可以轻易地从经验中得到证明。"

○您刚才多次提到马克思,但马克思经济学目前在国内遭遇到西方经济学的严重挑战;在许多经济学教学和研究领域以及政策制定方面,马克思经济学的阵地已经被西方经济学所占领。能否谈谈您对马克思经济学的看法?

●现代国民收入核算体系的正式启用是在 1929 年,新古典经济学对国民收入核算体系统计变量的错误解释是从 20 世纪 50 年代开始并延续至今,而以《资本论》为代表的马克思经济学却在 140 年前就建立了解释国民收入核算这些统计变量和表示资本主义经济制度的完整理论体系。但在新古典理论强大的思想意识统治下，马克思的理论在剑桥资本争论之前几乎没有进入西方学术界，而在剑桥资本争论中由于新剑桥学派对古典和马克思经济学的复兴存在着许多误解，这种复兴随着剑桥资本争论的消失而终止。

中国经济学界对马克思经济学的研究也存在着许多误解，新古典理论的观念或意识形态已被无情地渗透到对马克思经济学的解释中。比如，马克思的劳动价值论被解释为相对价格理论，资本主义的收入分配和剥削也被从实物的角度进行解释，马克思的社会再生产和利润率下降的经济危机理论又与新古典实际 GDP 的实物分析混杂在一起。如果翻开中国的政治经济学教科书特别是社会主义部分，人们会很容易发现，它根本就不是马克思经济学，而几乎完全是新古典理论教科书的翻版，是新古典理论教科书对中国现实问题的解释和应用。因为在人们的头脑中根深蒂固地盘踞着资源配置和经济增长，而所有国民收入核算的统计变量都被认为是为技术上的投入产出分析而设计的，这就不难理解为什么中国以马克思经济学为本的经济学阵地几乎完全被新古典主流经济学所占领。当人们的头脑中把 GDP 作为实物和把国民收入的统计变量作为"实际变量"时，就不可能真正理解马克思。

理解马克思经济学当然离不开"资本主义"这个最重要的概念，但在新古典理论教科书中，资本主义这个词从来也没有出现过，而没有资本主义就不可能有 GDP 和国民收入核算体系的其他统计变量。马克思的理论体系所要研究的，正是由资本主义的经济关系所决定的目前国民收入核算体系中统计变量的性质和它们之间的关系，以此来表明资本主义经济中的竞争和其运行规律。换句话说，马克思经济学所研究的问题就是目前主流经济学教科书中所要研究和解释的现实问题，而主流经济学从技术关系的角度对这些问题的解释是完全错误的，因为这些问题只是由马克思经济学所研究的社会关系决定的。

马克思的价值理论对于经济学家一直是个谜。经济学家一提到价值总是把它联系到相对价格，这就使新古典理论的实物和技术关系混了进来，而从未有人把它真的抽象为社会关系。实际上，这种由价值表示的社会关系就是资本主义经济中的或我们现实生活中的货币，这种货币并不联系到任何实物和技术上的投入产出关系，而是联系到资本和雇佣劳动，联系到资本主义的竞争和对人的支配。货币并不是用来购买商品进行消费的，而是购买劳动而获得的一种权力，它是资本主义所特有的社会关系。

如果按照这种思路阅读《资本论》，不难发现马克思价值理论分析的重点在货币上，以推论出货币在资本主义经济中转化为资本和购买劳动力，通过特殊的 G-W-G′交换形式获取货币利润。《资本论》第一篇的标题就是"商品与货币"，在第一章讨论价值时，马克思在表明了他的价值概念与使用价值或效用和生产率等技术关系完全无关后，就过渡到对价值形式和商品拜物教的讨论，并引申到第二章对货币和货币拜物教的分析，第三章讨论货币，第四章讨论货币转化为资本，由此构成了对货币理论的完整分析。显然，马克思的价值理论不是研究技术关系的相对价格问题而是货币理论的基础；马克思的价值概念在资本主义经济中与效用和生产率完全无关，只是联系到作为资本的货币所表示的总量和资本主义的分配关系。这里存在着一个由货币拜物教所产生的价值概念。这个价值概念在老百姓那里就是货币，就是金钱对这个世界的统治，而经济学家至今似乎都不知道还有这样一种价值概念。在主流经济学中，货币与价值是完全无关的，价值只是联系到实物。

这种价值概念或货币表示的价值直接联系到构成国民收入或 GDP 的各种总量的关系。在《资本论》第二卷，马克思讨论了资本主义企业的成本收益计算和国民收入的构成所表示的收入分配和有效需求问题。马克思表明，资本主义的成本收益计算是建立在资本家用一笔货币资本购买生产资料和劳动力，其生产目的是获取由货币价值表示的利润，从而其成本收益计算只是由货币量值构成的而与技术完全无关。马克思在讨论社会再生产时，从企业成本收益计算的角度把国民收入的构成划分为 c+v+m，以表示企业的成本和利润，这即是目前国民收入核算中的收入法。在国民收入中，马克思假设工人的工资全部用于消费，资本家的剩余价值全部用于储蓄和投资，这就是国民收入的支出法。采用这种"收入—支出模型"，马克思阐明社会再生产平衡的实现条件是，资本家的投资要等于资本品部门的总价值和工资等于消费品部门的总价值。这种分析与主流经济学的宏观经济理论的本质区别是，这里存在着企业以货币价值进行的成本收益计算，因为企业的生产目的是货币利润，因此总供给与总需求平衡或社会再生产的实现条件是以企业获得利润为基础的。把国民收入明确划分为工资与利润就产生了一种由收入分配所决定的特殊的"消费函数"，即利润用于储蓄和投资。因为资本家获取利润的目的是资本积累，由此可以推论出"有效需求"的重要命题：由于工人的工资购买全部最终产品——消费品，那么在长期只有工资在国民收入中的比率不变或收入分配中工资与利润的比率不变，才能保持稳定的利润率。这正是美国长期收入分配的经验数据。而有效需求不足则意味着工人的工资总量小于消费品部门的生产成本，即企业按照成本制定的消费品价格是工人的工资支付不起的。资本主义为利润而生产的性质所导致的资本积累使资本存量大幅度提高，同时又使国民收入中工资的份额下降，而资本家的利润份额增加转化为投资和资本将使产品的成本提高，并使工人的全部工资小于消费品部门产品的价值，由此导致有效需求不足和企业亏损。

在《资本论》第三卷，马克思阐述了价值到现实的生产价格的转型，使剩余价值率转化为现实的利润率，在此基础上展开了对资本主义经济危机的分析。1825 年，英国在经历了"工业革命"的生产力飞速发展之后爆发了严重的经济危机，这种经济危机导致了大量的工人失业和严重的社会问题，这正是马克思研究资本主义经济危机和对这一制度加以批判的重要背景。与李嘉图不同，马克思所要表明的并不是土地收益递减的技术退步导致的利润率下降，而是资本积累和技术进步条件下的利润率下降问题。显然，这一命题正是我们现实中所遇到的问题，即资本主义经济在技术进步的条件下所发生的周期性经济波动，这种技术进步导致利润率下降的命题在新古典生产函数的宏观经济分析中是无论如何也得不到的，因为产出的增加总是会增加企业的利润；而在马克思这里，利润和利润率只是用货币价值计量的，随着资本积累或货币投资的增加而使"资本有机构成"提高，利润率必然下降，这种利润率的下降与实物产出多寡的技术关系是完全无关的，而是来自资本主义经济关系。这里重要的是，价值的计量或以货币价值表示的资本、工资与利润所决定的利润率。

讨论马克思不能不提到马克思经济学的研究对象，即经济学所要研究的不是生产的技术关系而是社会关系，是以经济关系为基础的社会制度。这与主流经济学把资源配置作为经济学的研究对象是完全不同的。如果我们前面的分析是成立的，即 GDP 和所有国民收入核算的统计变量所表示的根本就不是资源配置的技术关系，而是资本主义特有的经济关系或社会关系，那么主流经济学在研究方向上就完全错了。经济学所要研究的国民收入核算统计变量之间的关系和运行规律的目的在于表明资本主义以货币为基础的竞争制度或比谁挣钱多的游戏规则，通过修改游戏规则使其更符合人类的公平、正义的道德理念，使人类从野蛮走向文明。这种任务是主流经济学根本无法完成的。在人们公认的改变世界的前十位思想家中，作为经济学家的斯密、马克思和凯恩斯都是榜上有名，马克思更是位居前列。显然，他们都不是研究资源配置的，而是研究经济制度和社会关系。经济学当然不排除资源配置的研究，但资源配置问题是被容纳到社会关系的研究中的，经济学是要通过改变社会制度来实现资源配置，即不只是获取更多的消费品，而是要实现人类的文明和理想。

○柳老师，您接下来的研究重点将主要集中在哪里？或者说是否可以用您著作中的理论来解释一下中国目前的实际问题呢？

●依据前面提到的有效需求原理，可以清楚地说明当前中国经济存在的问题。在目前中国有几亿人没有消费到超市产品的情况下，生产这些产品的工人却下岗，而基本消费品的增长率在 GDP 中的比重却持续下降，同时却把占 GDP 一半的基本消费品用于出口。导致这种有效需求不足的直接原因是 1991—1996 年的高增长带来的资产值过高和收入分配中工资的比例大幅度下降。1991—1996 年投资的平均增长率达到了 45%，从而使资产值成倍增加而造成企业的折旧与利息成本上升，而工资在收入中份额的下降使企业按这种成本定价远高于工人的工资收入而造成需求不足。显然，正确的宏观经济政策应当是通过降低资产值来提高工资收入在 GDP 中的比重，其中一个重要方法是通过企业破产来降低资产值。然而 1997 年以来，政府采用凯恩斯主义扩大总需求政策导致了资产值大幅增加，并使工资收入在 GDP 中的比重大幅下降，而以房地产和股票价格为代表的资产值却成倍增长。虽然经济增长率保持在 8% 以上，但失业率持续增加，收入分配产生严重的两极分化；与之相对应的是产业结构严重不合理，与富人消费相联系的房地产价格大幅上涨，"高科技产业"发展迅猛，而基本消费品工业严重萎缩，且需求依赖于出口。可以说，当前中国经济并不是稳定增长而是一种"滞胀"。导致这种滞胀的原因在于凯恩斯主义的总需求扩张政策，即在经济周期的高涨时期导致资产值过高和收入分配向富人倾斜，由此造成有效需求不足而产生经济衰退。

当然，我提出"向主流经济学宣战"似乎有些过分，但在当前中国经济面临一系列极为复杂的现实问题以及近年来理论界出现了许多激烈争论的条件下，我们是不是需要对主流经济学加以反思并深入地讨论这些问题呢？

（本文由柳欣与王璐合著，原载于《学术月刊》2012 年第 10 期）

货币学派和凯恩斯学派关于货币与物价关系的
理论分歧

摘　要：货币学派在分析货币供给与通货膨胀的关系时，一个内含的假定就是货币供给是外生给定的；凯恩斯学派则提出了内生货币供应理论。作为流动偏好的存量分析，凯恩斯强调货币作为一种资产的意义和货币与其他资产的关系以及资产的流动性；弗里德曼的货币需求理论是流量分析的一个特例，虽然它引入了凯恩斯的存量分析或"资产选择"，但他把这种存量与流量的同时均衡的基础建立在新古典生产函数和中央银行外生的货币供给之上，这导致其理论的重大缺陷。对于以上问题的研究，要在内生货币供给理论框架下，采用存量和流量相结合的方法，坚持货币经济和实物经济一体化的分析思路，才可能得出正确的结论。

关键词：货币学派；凯恩斯学派；价格水平；内生货币供给；存量；流量

货币与物品的价格水平（包括价格的变动率）之间存在着一种关系，这是不言而喻的。价格水平是物品与货币交换的整体价格，因此价格水平也就是按物品计量的货币价格的倒数。但是货币供给变动引起价格水平变动或决定价格水平的变动率的关系并不明显，在一般均衡框架中并没有一个先验的原因可以认为只是货币供给的变动决定价格水平的变动。在资本主义发展的历史长河中，关于货币供给的增加与通货膨胀的关系，不同的学派基于分析角度的不同提出了各自的命题。有的将这种关系作为一种必要条件进行表述：无论什么原因引起并加剧了通货膨胀，除非货币供给增加了，否则通货膨胀不会持续下去；有的表述为一种充分条件：货币供给的增加和其他因素同样引起通货膨胀并决定通货膨胀率；还有的则表述为唯一的充分条件：货币供给增长率，而且仅仅是货币供给增长率决定了通货膨胀率。以下我们主要选取具有代表性的货币学派和凯恩斯学派的相关理论观点来进行对比分析。

一、货币学派的观点

货币学派兴起于 20 世纪 50 年代，在 20 世纪 60 年代末逐步形成了自己完整的理论体系，人们习惯把当代货币数量说成货币主义或货币学派，该学派的代表人物为弗里德曼。弗里德曼通过对剑桥方程式和费雪方程式的对比分析得出货币是购买力的暂时栖身和货币是资产这两个概念，奠定了弗里德曼货币理论的基础。他赞成剑桥货币理论沿用马歇尔的商品供求分析原理并由此提出的剑桥方程式，认为从长期看，货币供给的增加是价格水平上升的必要条件，货币供给增长率唯一地决定通货膨胀率。换句话说价格水平的变动率等于货币供给的变动率，通货膨胀总是一种货币现象。

货币数量论的收入形式表示为：$MV=PY$。其中，M 代表（以某种方式定义的）名义货币供给，V 代表收入流通速度，P 代表物价总指数，Y 代表真实国民收入。

货币数量论者假定货币的收入流通速度 V 基本上是一个常数；真实收入 Y 不受任何货币因素的影响而被独立决定；在一个简单的封闭经济模型中，货币供给 M 由货币当局外生地决定。这样货币数量论就变成了一个非常简单的价格水平决定理论，货币供给的改变会引起价格水平同方向、等比例的变化。

弗里德曼由此指出："特定的物价和总的物价水平的短期变动，可能有多种原因。但是长期、持续的通货膨胀却随时随地都是一种货币现象，是由于货币数量的增长超过总产量的增长所引起的。"他反对凯恩斯学派关于物价上涨的解释，认为"物价上涨的共同因素不是强大的工会，而是伴随着货币量迅速增加而来的需求的增加。物价上涨总是，并且在每一个地方都是一个货币的现象"。弗里德曼通过一系列的实例来说明他的观点：美国工会在 1961—1964 年和 1965—1969 年都同样地强大，但前一个时期并没有物价上涨，而后一时期却出现了物价上涨。卡甘在其著名的论文《超级通货膨胀的货币动态学》中指出，在超级通货膨胀时期，现金余额的大幅变化相对于价格变化率的大幅变化会有一些滞后，两者并不是同时发生的，反映这种关系的需求函数，可以被解释为一种动态过程，其中价格随时间变化的轨迹决定于当期的货币量和货币量过去变化率的指数加权平均，这一过程意味着过去和当前的货币量变化是超级通货膨胀的原因。同时卡甘以及他的继承者也都强调了，不仅是价格水平影响名义余额的需求，而且价格的变动率，即通货膨胀率也影响实际货币余额的需求，而无论货币市场在任一时点上是否均衡。

货币数量论对价格水平的讨论所基于的货币供给外生的假定对解释资本主义经济之前的货币数量与价格的关系似乎是有效的，即在使用金属货币时，由于黄金的发现会引起价格水平的提高。同样在非市场经济中或由于战争等因素内生的货币供给机制遭到破坏时，政府采用发行纸币的方式摆脱财政危机导致过量地发行纸币，也会使价格水平提高或产生恶性通货膨胀。但是，这种遭到破坏的内生的货币供给机制并不完全是外生的货币供给，而是政府的宏观经济政策与内生的货币供给机制的相互作用，而且所导致的结构并不是通货膨胀，而是滞胀，即失业与通货膨胀并存。数量理论家接受的另外一个假定即货币需求的稳定性：他们认为货币需求函数是高度稳定的，比消费函数等其他函数更加稳定。数量理论家不仅将货币需求函数看作稳定的，而且将它视为能够对于诸如名义国民收入水平或价格水平等经济总体变量的决定起到举足轻重的作用。弗里德曼在其论文中也指出：卡甘通过对 7 个超级通货膨胀所做的实证研究，是在高度不稳定的情况下对货币需求的稳定性所做的又一重要证明。

二、凯恩斯学派的观点

凯恩斯在货币与物价关系的问题上，早期也是货币数量说支持者。他在1923 年著的《货币改革论》里，对马歇尔和庇古的剑桥方程式做了修正，提出了他自创的现金余额数量说公式。认为如果人们以货币形态保持在手中的购买力数额不变，物价将随政府纸币数量的多少而同比例涨落。后来他受瑞典经济学家维克赛尔的影响，逐渐背离了传统的货币数量说。凯恩斯接受了维克赛尔在价格研究上采用的"一分法"，并继承了维克赛尔关于货币数量通过利率传导机制间接作用于物价水平，货币对经济非中性的观点。在 1930年出版的《货币论》里，凯恩斯已经否定了货币数量与物价之间存在着直接对等关系的理论，引入利率的传导作用，对货币数量改变后如何通过利率的变动影响储蓄和投资，间接对物价发生影响的机制进行了深入研究。他认为

"有失业存在时，就业量随货币数量作同比例变动，充分就业一经达到后，物价随货币数量作同比例变动"。传统的货币数量论只有在充分就业的情况下才成立。与凯恩斯主义之前的货币数量论方法或现代货币数量论方法对比起来，凯恩斯理论强调事前的投资和储蓄流量的差异，以便确立一个"膨胀性缺口"，这在充分就业条件下会移动价格水平。

现代凯恩斯主义在继承凯恩斯基本理论的基础上，对凯恩斯的一些具体观点和主张做了许多修正和发展，逐渐分化成两个支派：新剑桥学派（又称后凯恩斯主义）和新古典综合派。20 世纪 80 年代美国的新一代凯恩斯主义在继承了凯恩斯主义传统和基本学说的基础上，又形成了一个新的学派——新凯恩斯主义经济学派。现代凯恩斯主义在研究通货膨胀的成因时，都分别提出了自己的观点。新剑桥学派认为，通货膨胀形成的直接原因是工资推动货币数量增加的结果，该学派还进一步从国民收入在工资和利润之间分配不公平和不合理的角度在更深的层次上做出分析，认为在经济的发展过程中，国民收入越增长，利润在国民收入中的比重就越大，而工资收入在国民收入中的比重就越小，这种相对份额的变化迫使工人们通过工会来为自己的利益而斗争，资本家集团则不得不象征性地增加工资，但这种让步并没有真正提高工资在国民收入中的份额。因为在新剑桥学派的理论中，国民收入的分配取决于利润率和工资率，而工资率可以分为名义上的货币工资率和实际工资率。货币工资率取决于外生条件，可以脱离实际工资率而自行变动。资本家可以用提高物价的办法使实际工资率不变甚至降低。货币工资率和实际工资率运动的不一致，使得实际工资率总是低于货币工资率，于是劳资双方的斗争不断，工资—物价的互相追逐就会不止，结果导致货币供应量不断扩大，通货膨胀持续存在。新古典综合派则提出了需求拉上说与成本推动说。需求拉上说认为由于总需求超出总供给形成的膨胀性缺口的存在，物价必然上涨，以此来填补这个求大于供的缺口。此时需求的增加对供给已失去了刺激作用，因此货币量的增加与物价上涨并驾齐驱。成本推动说从供给方面寻找通货膨胀的成因，认为是供给本身的价格提高引起成本上升，从而导致了物价水平的普遍上涨。新凯恩斯主义经济学派通过创建劳动市场理论，在经济主体效用最大化和理性预期的基础上推导实际工资黏性的同时，论证了非自愿失业的存在。其中的效率工资论、失业滞后论较好地解释了经济滞胀的原因。

三、货币学派和凯恩斯学派的理论分歧

（一）基于货币供给内生或外生的理论假定

在上面分析货币学派关于货币供给与通货膨胀的关系时，我们提到该理论的一个内含的假定就是货币供给是外生给定的。其代表人物弗里德曼-施瓦兹通过考察美国 1881—1960 年的 80 年中的货币供应变动状况后发现，在导致货币供应量变动的因素中，有 86%是由高能货币的变动而引起的，据此他们认为高能货币的变化是广义货币供应量长期变化的主要原因，货币供应量是由货币当局控制的外生变量。卡甘也对美国 1875—1960 年广义货币量进行了分析论证，指出"高能货币的长期变动主要归因于黄金存量的增加，而在 1914 年以后又归因于联邦储备制的作用"。

弗里德曼一直是弹性汇率制的拥护者，这使得他能够与他所坚持的货币供给外生性保持理论上的一致性。因为对于一个固定汇率的小型开放经济来说，要对国际收支平衡的变化做出反应，国内货币供给确实会被内生地决定，这已是被承认的事实。而只有在弹性汇率制下，单一国家的货币当局才可以单方面控制自己的通货膨胀率。

凯恩斯学派在分析货币与通货膨胀的关系时基于和货币学派不同的假定，尽管凯恩斯是在外生货币供给理论的基础上来进行分析的，但新剑桥学派的卡尔多、温特劳布、摩尔却认为中央银行并不能完全决定货币供给，货币供给量的大小要依赖于货币需求的变化，并提出了内生货币供应理论。同时他们认为，中央银行对货币供应的控制能力，在货币供应的增加和减少方面分布是不均匀的。中央银行增加货币供应的能力远远大于其减少货币供应的能力。前文已经论及，如果货币主义关于货币流通速度相对稳定的假设可以成立，那么名义收入的货币理论就表明，因果关系是从方程的左边到右边的，即从货币 M 到名义收入 PY。但新剑桥学派的卡尔多（Kaldor，1986）、摩尔（Moore，1988）、道与萨维利（Dow，Saville，1990）以及拉沃尔（Lavoie，1992）认为在现代信用经济中，这种观点是不切实际的。他们认为，如果任何合理定义的货币供给，主要包括的是各种金融机构的存款负债，那么货币的创造就基本上是这些机构放款活动的副产品。从名义收入增加的角度来分析更有意义，即名义收入 PY 的增加，可以通过增加银行贷款来筹措资金，附带会引起银行资产负债表另一方货币 M 的增加。这种观点就是通常说的内生货币方法：名义收入变化在某种意义上会引起货币的变化。因此典型的后凯恩斯主义在关于通货膨胀的起因上与货币主义者持完全不同的观点，尤其认为通货膨胀从根本上来说是"成本推进"的，具体说是"工资推进"的现象（Moore，1988；Kaldor，1986；Laidler，1989）。从而标准的时间顺序是，名义工资的自发性增长，会引起对银行信用需求的增加，并通过增加货币供给来得到满足。（Moore，1988）信用货币、银行作为企业和内生的货币供给是后凯恩斯主义货币理论的基础。

（二）基于货币是存量或流量的分析方法

货币是存量还是流量问题对于讨论通货膨胀问题至关重要，对此还存在着复杂的争论。按照货币数量论的表述，货币是一个流量，主要用于媒介交易，费雪的"交易方程式"和罗伯特森的可贷基金理论是其最典型的表述；而作为流动偏好的存量分析，凯恩斯则强调货币作为一种资产的意义和货币与其他资产的关系以及资产的流动性。目前对于通货膨胀问题的分析大多限于这种流量分析，而这种流量分析却是不恰当的，因为这会使通货膨胀问题成为简单的预期问题，而且不能联系到内生的货币供给。将存量和流量结合在一起进行考虑，来研究通货膨胀问题并不是一件简单的事情。弗里德曼的货币需求理论是流量分析的一个特例，虽然它引入了凯恩斯的存量分析或"资产选择"，但他把这种存量与流量的同时均衡的基础建立在新古典生产函数和中央银行外生的货币供给之上，这导致其理论的重大缺陷。

四、一个有益的理论探索

通过货币学派和凯恩斯学派关于货币供给与通货膨胀的关系的比较分析，我们可以得出这样的结论，对于该问题的研究要在内生货币供给理论框架下，采用存量和流量相结合的方法，坚持货币经济和实物经济一体化的分析思路，才可能得出正确的结论。

现实生活中的市场经济是一个"货币经济"，它不同于新古典的"实物经济"。而目前国民收入核算体系中的所有货币量值表示的统计变量完全是由社会关系或特定的货币金融体系决定的，与正统经济理论中生产函数的技术分析完全无关。我们采用国民收入统计中的收入法，把收入一方改为企业的成本—收益计算，即：

$$W+d+r+\pi=C+I$$

公式的左边表示总收入（其中 W 为工资，d 为固定资产的折旧，r 为利息，π 是利润），右边是总支出（消费加投资）。需要说明的是，公式左边采用的总收入的分类就是目前国民收入核算体系所使用的，实际上就是企业的财务报表中的成本和收益的分类。

假定在一个货币经济体系中，资本家全部利润用于投资，工人工资全部用于消费，即 W＝C，利润取决于投资是否大于折旧加利息，即 π＝I－（d+r），给定折旧率（δ）和利息率（i），则资本存量价值（K）和折旧率、利息率的关系可以表示为：

$$d=\delta;\ r=ik$$
$$d+r=\delta+ik$$

由于资本存量的价值是由以前的投资决定的，即 K＝$\sum$I－$\sum$d，这样本期的投资将在下一期转化为资本存量，只有当投资的增长率等于资本存量的增长率时，才能保证企业不亏损。也就是说，由于投资的增长使资本存量的价值增加了，当存在着正的折旧率和利息率时，要使企业不亏损，必须有新增加的投资和名义 GDP 的增长。

如前所述，由于所有宏观经济变量并不是来自任何实物生产的技术关系，而是来自货币金融体系。在这种体系下，所有的宏观变量只是由资产抵押和获取利润的动机所决定内生的货币供给体系的组成部分，即所有国民收入核算体系中以货币量值所表示的宏观变量只是企业、银行、家庭的货币流转过程，其内在联系在于社会经济关系。家庭的货币储蓄是为了获取以货币表示的财富增值，企业的成本—收益计算是为了获得以货币表示的利润，而联系企业贷款和家庭存款的商业银行以资产抵押为基础决定货币供给，由此形成一种内生的货币供给体系。基于这种分析框架下，受内生货币供给机制作用，GDP 持续增长必然要求货币供应量的持续增加，以货币量值计算的企业的资本存量也相应增加。随着时间的推移，如果利润的增长逐渐低于资本存量的增长，市场的自发调节会通过失业和收入流量的下降使企业破产，从而使资本存量的价值下降，内生的货币供给和利息率的变动会使得资本边际效率得以恢复。但若由于企业破产的制度性障碍存在（特别像中国的大中型企业），或者在出现失业的条件下，政府试图通过采用财政政策和货币政策来减少失业，那么企业的成本—收益计算都必将按照这种过高的资本存量价值进行，势必导致名义收入的增长率超过稳定的经济增长率，由此带来通货膨胀。当经济扩张是以一个累积的比率进行时，要保持充分就业，这种名义收入的增长率必须是累积的，否则会出现失业与通货膨胀率并存的局面，但是显然，这种累积的名义收入的增长率是不可能维持的，其后果必然是内生的货币供给机制或信用关系的破坏，并将导致更严重的通货膨胀。

参考文献：

1. 劳伦斯·哈里斯. 货币理论[M]. 北京：中国金融出版社，1989.

2. 布赖恩·摩根. 货币学派与凯恩斯学派——它们对货币理论的贡献[M]. 北京：商务印书馆，1984.

3. 弗里德曼. 货币的补值[J]. 财经译丛，1984（4）.

4. M.弗里德曼. 一个经济学家的抗议（第 2 版）[M]. 美国新泽西：Thomas Horton and Daughters，1975.

5. 米尔顿·弗里德曼，等. 货币数量论研究[M]. 北京：中国社会科学出版社，2001.

6. 柳欣. 资本理论——有效需求与货币理论[M].北京：人民出版社，2003.

7. 米尔顿·弗里德曼. 货币数量论研究[M]. 北京：中国社会科学出版社，2001.

8. J. M. Keynes. Treatise on Money [M]. London: Macmillan, 1930.

9. R.I.麦金农. 经济发展中的货币与资本[M]. 卢骢，译. 上海：生活·读书·新知三联书店上海分店，1988.

10. M. Friedman, A. Schwartz. A Monetary History of the united States 1867-1960[M]. New York: National Bureau of Economic Research, 1963.

11. 卡甘. 1875—1960 年货币存量变动的决定与影响[M]. 美国：哥伦比亚大学出版社，1965.

12. Humphrey T. M.. Money, Banking and Inflation: Essays in the History of Monetary Thought, Aldershot, Ukand Brookfield[M]. US: Edward Elgar, 1993.

13. Kaldor N.. The Scourge of Monetarism[M]. Oxford: Oxford University Press, 1986.

14. Moore B. J.. Horizontalist and Verticalists: The Macroeconomics of Credit Money[M]. Cambridge: Cambridge University Press, 1988.

15. Dow J. C. R. , I. D. Saville. A Critique of Monetary Policy: Theory and British Experience[M]. Oxford: Clarendon Press, 1990.

16. Lavoie M.. Foundations of Post-Keynesian Economics Analysis, Aldershot, UK and Brookfield[M]. US: Edward Elgar, 1992.

17. Laidler D. E. W.. Dow and Saville's Critique of Monetary Policy – a review essay[J]. Journal of Economic Literature, 1989, 27: 1147-1159.

（本文由柳欣与崔健合著，原载于《当代经济研究》2008 年第 7 期）

经济学与中国经济：向主流经济学宣战

——近三十年理论经济学研究述略

众所周知，目前的经济学是不能令人满意的。在理论上，从 20 世纪 50—60 年代由罗宾逊和斯拉法引发的剑桥资本争论，揭示了以新古典理论为核心的主流经济学的逻辑矛盾，这种逻辑矛盾存在于新古典理论的几乎所有研究领域，经济学家在所有的主要问题上都存在着争论，而且所有的争论都没有解。在对实际经济的预测上，经济学家的预言实在让人们失望，对东南亚金融危机和阿根廷金融危机以及 2000 年后美国的经济衰退，可以说没有一个经济学家提出过明确的警示，几乎所有的经济学家都对东南亚经济和美国 20 世纪 90 年代的"新经济"赞誉有加。一个有说服力的例子是，如果你把中国经济学家在 1995 年之前做的预测报告看一下就会发现，其预测与现实的差距何等之大，几乎没有一个人预见到今天中国会有如此之多的高楼大厦，会成为"世界工厂"。在经济政策问题上，经济学家几乎在所有问题上可以使用同样的统计数据，却得出两种截然相反的结论，如人们经常开玩笑说，两个经济学家可以有三种观点，这让政策制定者无所适从。人们还可以举出更多的例子来说明经济学家的尴尬和无奈，但上述例子已经足以说明我们有理由对目前的主流经济学产生怀疑乃至否定。

本人的研究方向是理论经济学。理论经济学就是教科书，宏观经济学、微观经济学以及政治经济学教科书，理论经济学的研究就是找出教科书的错误，然后修改它。当然，这种研究离不开上述经济学存在的问题，上述问题实际上已经说明主流经济学教科书从根本上错了，但错在哪里呢？

自 19 世纪 70 年代的"边际革命"以来，以新古典理论为基础的主流经济学统治经济学的研究和对现实的解释已经一百多年了，通过教科书把它的观念一代又一代地传输下来，形成顽固的理念和教条，这就是生产函数的技术分析和对所有现实经济问题完全从技术关系的角度出发进行解释，其中最典型的是把国民收入核算体系中的所有统计变量套用到生产函数中进行解释，即这些变量所表示的是实物和实物生产的技术关系。笔者通过对剑桥资本争论和关于凯恩斯经济学争论的研究，在 1998 年得出一个惊奇的结论：目前国民收入核算体系中的所有由货币量值表示的统计变量完全是由社会关系或特定的货币金融体系决定的，更明确讲完全是由资本主义经济关系决定的，与新古典理论中生产函数的技术分析完全无关。主流经济学的错误就在于把表示社会关系的国民收入统计变量应用到技术关系的分析中，更进一步讲，经济学所要研究的主要问题并不是技术关系或资源的最优配置，而是社会关系。

新古典理论的基础是以资源配置为核心的相对价格理论，即资源配置可以通过表示要素稀缺性和人们偏好的相对价格进行而达到最优，但在这个理论中，既不需要也不可能得到任何有意义的总量以及总量之间的关系。作为总量的国民收入核算体系的统计变量完全来自资本主义的经济制度，即人们为了获取纯粹的价值符号——货币而进行的竞争或游戏，如马克思所表明的，资本主义经济是实现"按比例分配劳动"或资源配置的一种特殊的方式，这种特殊的方式就是以货币价值为基础的竞争。经济学所要研究和解释的主要现实问题并不是技术关系，而是这种特殊的经济制度下的竞争规则和运行规律，并通过修改竞争规则把人们之间残酷的竞争转化为游戏，从而实现人类的文明，新古典理论的技术分析根本不能用于解释这种特殊的经济制度和承担这种经济制度的研究。

当主流经济学把由经济制度所决定的国民收入统计变量完全套用在生产函数上时，不可避免地导致了理论中严重的逻辑矛盾，这种逻辑矛盾在剑桥资本争论中被揭示出来，作为逻辑问题就是总量与相对价格之间的矛盾，而在现实的经验问题上，则表现为新古典理论不能直接使用国民收入核算的统计资料来说明资源配置和经济增长，更不能解释有效需求和经济制度问题。主流经济学中这种理论和现实的矛盾，导致了目前经济学在几乎所有的理论问题上都存在着难以解决的复杂争论。而在现实问题的分析上，由于其理论中的严重逻辑混乱，根本不能对现实经济问题做出逻辑一致的解释和进行有效的预测。本人目前对理论经济学的研究正是要彻底否定主流经济学的理论和对现实问题的研究，在重新建立理论体系的基础上，对当前我国的现实经济问题进行讨论，特别是在主要理论问题和经验问题上与主流经济学的分析展开争论。

一、剑桥资本争论

在 20 世纪 50—60 年代发生的"剑桥资本争论"是以英国剑桥大学的罗宾逊、卡尔多、斯拉法和帕西内蒂为代表的新剑桥学派和以美国麻省理工学院（地处麻省剑桥）的萨缪尔森、索洛和莫迪利安尼等人为代表的新古典综合派之间进行的，争论的焦点是新古典理论的逻辑一致性问题。这场争论的背景是，在战后，新古典综合派把凯恩斯经济学所讨论的国民收入核算的所有宏观变量用生产函数进行解释，即现在的《宏观经济学》教科书，而新剑桥学派则是把凯恩斯经济学与斯密、李嘉图和马克思强调"社会经济关系"分析的古典传统联系起来，试图表明财产所有权和收入分配对这些宏观变量的作用。

1953 年，罗宾逊提出了在总量生产函数中那些异质的资本品如何加总的问题，这个问题直接联系到 GDP 的加总，即在国民收入核算中，那些完全不同的产品和劳务加在一起，比如明星拍一个广告所得的 800 万竟然和馒头加在一起构成 GDP。1960 年，斯拉法在著名的《用商品生产商品》一书中采用两个部门（多部门）模型证明，新古典生产函数只能用在单一产品模型中，一旦用于两个部门（多部门）模型，由生产函数所推论出来的新古典理论的所有基本定理就都不成立了。这种批评的有效性在 20 世纪 60 年代的争论中得到证实，1966 年萨缪尔森宣布无条件投降。在 60—70 年代，新剑桥学派对新古典经济学的批评很快从资本测量扩展到增长理论和收入分配理论等更广阔的领域，批评的有效性在争论的过程中不断得到澄清和证实，越来越多的经济学家加入英国剑桥学派的行列。同时，新剑桥学派开始通过复兴古典学派和马克思经济学，并吸收卡莱茨基的理论试图重建经济学体系。

虽然在这种逻辑争论中新剑桥学派取得了优势，但人们很快发现，这种异质品加总问题在新剑桥学派试图重建的理论体系中同样存在，如他们试图复兴的古典理论中存在着李嘉图的"寻找不变的价值尺度"和马克思的"转型问题"，即李嘉图和马克思的命题也只能在单一产品模型中成立而不能推论到两种（多种）产品模型，萨缪尔森发表多篇文章表明马克思在"转型问题"上逻辑不一致，与此相联系的是关于"帕西内蒂悖论"的争论，即由萨缪尔森等人提出的，新剑桥增长模型依然不能脱离生产函数，新古典经济学家这种"以其人之道还治其人之身"的方法为其挽回了一些面子。但到了 20 世纪 80 年代，随着英国剑桥学派一些重要的经济学家罗宾逊、斯拉法和卡尔多等人相继去世，有关剑桥资本理论的争论似乎也中止了，就整个经济学界而言，这些经济学家以及他们的著作似乎从来就没有存在过。当剑桥资本争论中止了，对新古典理论的批评或对理论经济学的研究也几乎完全中止了。

本人自 1978 年入南开大学经济系学习经济学至今，最感兴趣或难以割舍的就是剑桥资本争论。大学四年中，主要学习的是马克思经济学，或者说是在背《资本论》，但这对于研究剑桥资本争论却是必修课，《资本论》和与之"配套"的商务印书馆出版经济学汉译名著似乎是理解剑桥资本争论的必经之路。在大学四年级时买到了陈彪如教授翻译的罗宾逊和伊特维尔所著的《现代经济学导论》，从中比较系统地了解到剑桥资本争论，此后的学习和研究总是不能忘记剑桥资本争论，虽然在大学期间就开始学习主流经济学，但似乎总是有一种天然的敌视态度，当然，那时根本搞不懂剑桥资本争论的问题。

1986 年，南开大学经济学院得到了世界银行 10 万美元的贷款购买图书，我有幸成为理论经济学方面图书的挑选人之一，得以获得大量有关剑桥资本争论的文献资料，开始全身心地投入剑桥资本争论的研究，并把我博士论文的方向定为研究这个复杂的理论问题。1992 年完成了 50 万字的博士论文:《资本理论——价值、分配与增长理论》(陕西人民出版社，1994 年)。我对这本书可以说是竭尽全力，写作就用了三年时间，但完成时就知道剑桥资本争论的问题根本就没有解决，现在看来只是在绕圈子，其原因就在于全书的主题是围绕剑桥学派的观点"技术关系与社会关系相互作用"展开的，而这正是导致剑桥资本争论问题长期难以解决的主要原因之一。1995—1996 年，我在美国做访问学者期间完成了早就计划好的该书的下卷《资本理论——有效需求与货币理论》，讨论宏观经济学与货币理论，主要是关于凯恩斯经济学的争论。同样在完成时就知道，所有的问题都没有解决，完成后这本书一直打算修改而没有立即交出版社。实际上，当时已经心灰意懒，或者说已经打算放弃了这种没有希望的挣扎。

然而，在 1998 年下半年的某一天，我突然发现"GDP 是假的"，由货币价值表示的国民收入核算的所有统计变量与统治人们观念的新古典理论的实物和生产函数的技术分析完全无关，这些国民收入核算的统计变量作为货币的总量完全来自资本主义经济关系。

发现了"实际 GDP 是假的"这一命题，使我能够重新思考那些理论争论问题，极端复杂的剑桥资本争论只不过是一个简单的逻辑问题。实际上，这个结论在《资本理论——有效需求与货币理论》一书的初稿中讨论卡尔多程式化事实时已经采用价值方式推论出来了，在《资本理论——价值、分配与增长》理论一书中也已经对加总问题提出了解决方法，所有的问题都产生于新古典理论的教条，即实际 GDP 和国民收入核算体系统计变量反映的是实物和经济学要研究资源配置问题。

1999 年，我把这一发现和重新讨论剑桥资本争论的文章发表在《南开经济研究》杂志上，接下来开始重新修改《资本理论——有效需求与货币理论》，该书在 2003 年由人民出版社出版，在这本书中系统地阐述了我的发现和对宏观经济学争论的解释，并重新建立了以有效需求和货币金融体系运行为核心的宏观经济理论。同时我主编了《中国宏观经济运行与经济波动》（人民出版社，2003 年）一书，采用这种新的宏观理论对 1990 年以来中国宏观经济进行分析。近几年，在我的博士生们的协助下，初步完成了对价值、分配理论和货币理论主要文献和争论的重新梳理和解释，2006 年在人民出版社出版了《马克思经济学与古典一般均衡理论》（王璐、柳欣）、《货币经济的宏观经济理论》（柳欣、陈祥、靳卫萍）、《资本理论与货币理论》（柳欣、郭金兴、王采玲）、《货币理论的发展与重建》（樊苗江、柳欣）。在这个过程中发现，目前经济学争论的所有问题和逻辑悖论都与主流经济学试图直接使用统计资料表明其理论和解释现实有关，而这些统计资料与主流经济学的概念和理论是完全不同的。

我在 2006 年出版了《经济学与中国经济》（人民出版社）一书，该书试图采用简单通俗的语言表明我的观点并在经济理论和政策上与主流经济学展开争论。在该书的前言中，我使用了"皇帝的新衣"来表明问题的性质："本书所要讨论的理论争论问题无疑是极端复杂的，就本书所要达到的目的来讲也完全可以看作是异想天开，因为这涉及要否定目前经济学的基础和几乎所有的经验研究，并重新建立理论体系。但我对本书中提出的论点和逻辑证明还是充满自信的，因为问题主要不在于理论上的复杂性，而在于主流经济学一个多世纪以来对经济学界的无情统治中所形成的观念，是这种观念淹没了最伟大的经济学家和思想家斯密、马克思和凯恩斯，埋葬了剑桥资本争论。一旦我们排除了这种观念，本书所要揭示的只不过是一个'皇帝的新衣'问题，不仅实际 GDP 是假的，而且主流经济学建立在总量生产函数基础上用于解释现实的理论体系完全是虚构的。本书中所提出的所有问题都只是供参考和讨论的，但'实际 GDP 是假的'却完全可以轻易地从经验中得到证明。"

现在我们来分析剑桥资本争论，澄清剑桥资本争论的问题将构成彻底否定主流经济学和重新建立理论体系的基础。如前所述，剑桥资本争论的关键是加总问题，即如何把不同质的生产要素和产品相加成总量，即现实中的国民收入核算的统计变量。对于新古典理论来讲，这种加总问题本来是不存在的，因为新古典理论所要研究的资源配置问题，只要有表示商品和要素稀缺性的相对价格就可以了，即哪一种商品（要素）越稀缺，它的相对价格越高，这样，按照相对价格就可以使资源得到有效配置。当然，如果是单一产品模型，我们可以使用生产函数的投入—产出分析，但对于多种产品模型，既没有必要也没有可能把它们加总为一个总量，而且这个总量不具有任何意义，比如说经济增长率为 8%，当然不如说去年人们使用 29 寸彩电而今年使用了 42 寸的平板电视更清楚。这样，我们就遇到了奇怪的 GDP 和加总的总资本、工资、利息等国民收入核算的总量概念。

如何得到这些总量呢？一种方法是把所有产品（要素）用货币表示的相对价格加在一起表示总量，然后剔除价格水平的变动而表示实际变量或实物的总量，这就是主流经济学教科书中的方法，但这在逻辑上是根本不成立的。试问，把两个表示稀缺性的相对价格加在一起是什么意思呢？这种稀缺性的价格取决于人们的偏好，如果人们不喜欢明星甲而喜欢明星乙了，GDP 的总量就要发生变化。对于物价指数的统计也是如此，这种统计只能在单一产品和稳定状态下才是可能的，比如苹果和梨的价格都增长了 10%，可以确定地说物价上涨了 10%；但如果苹果的价格上涨了 15%，梨的价格上涨了 5%，或者价格同时上升而苹果和梨的产量比例变化了，我们是不可能得到一个确定的物价指数的。主流经济学教科书中也说，物价指数的统计可能忽视了产品质量的变化，对这一问题我们可以从另一个角度来理解，如果物价指数的统计考虑产品的质量变化，由于产品的质量变化太快（比如电视机），那将使物价指数的统计失去意义，因为只要质量变化了就要把它视为一种新产品而不能与原来的产品构成时间序列的指数。联系到国民收入核算的实际，现实中物价指数统计的困难远超出前面的例子，不仅产品的质量经常在变动，而且新产品层出不穷。可以举一个例子说明这一问题，目前我国物价指数的计算是以 1990 年为基期的，而如今在市场上几乎难以找到与 1990 年完全相同的产品，更不用说占消费支出很大比重的新产品。显然，这种物价指数的计算与实物量的统计相差甚远。其实，凯恩斯在 1930 年的《货币论》中就指出了这种指数问题，这种逻辑问题早就有确定的答案。

当我们否定了主流经济学的加总方法，这里还有另一种加总方法，这就是统一利润率的方法，或货币利息率方法，即给定新古典的一般均衡的相对价格体系，然后加入一个外生的货币利息率，用所有的相对价格去除以利息率而得到一种新的相对价格体系，然后把它们加总为总量。举一个例子，有两种豆芽——绿豆芽和黄豆芽。它们的生长速度（边际生产力）和人们对它们各自的偏好是不同的，即它们各自的自己的利息率是不同的，如绿豆芽为 5% 和黄豆芽为 10%。显然，在新古典一般均衡和跨期均衡理论中，人们会根据偏好和它们的生产率来选择什么时候消费哪一种豆芽，而不必加总为一个"总豆芽"量，但如果非要用自己的利息率方法加总它们会得到什么呢？在上面的例子中，我们可以把绿豆芽的利息率作为一般利息率，然后用绿豆芽的收益率或一般利息率去贴现黄豆芽的收益率，从而获得黄豆芽的"资本化的价格"。这种方法即是目前人们经常采用的一般的贴现率公式，即资本品的价格等于其收益除以利息率（$K=R/i$，其中 K 为资本品的价格，R 为资本品的收益，i 为利息率）。这样，当采用一种利息率来贴现资本品的价格，即可得到各种资本品的统一的价值单位，并且可以使不同质的资本品获得统一的收益率或利息率。如可以通过绿豆芽和黄豆芽的相对价格的变动使黄豆芽与绿豆芽的收益率均等，或者使黄豆芽的收益率等于绿豆芽的利息率或一般利息率。例如，可以通过使黄豆芽的价格为绿豆芽的 50%，则按绿豆芽价格计算的黄豆芽的（货币的）收益率就将与绿豆芽的收益率或一般利息率就可以相等。同样，我们也可以把黄豆芽的自己的利息率作为一般利息率，从而当绿豆芽的价格是黄豆芽的 2 倍时，它们的收益率是均等的。这个例子与前面统一利润率的假设是一个意思。

显然，根据上述推论，这种一般利息率或宏观变量在新古典一般均衡模型中并不具有意义，人们根本没有必要选择一种产品来把它的自己的利息率作为一般利息率而得到总收入（或宏观变量），因为只要选择任意一种产品的自己的利息率，就会存在一套宏观总量，即在加入统一利润率的斯拉法模型中，给出利润率，就将得到加总的总资本和总收入，其中，总收入减工资得到的利润与总资本相比将等于利润率。这些总量与新古典理论所要讨论的资源配置问题是无关的，这些总量既不表明人们消费的时间偏好，也不表示要素的稀缺性，如一般利息率只是人们任意选择的一种产品的自己的利息率，而不表示"总量资本"的边际生产率,从而并不能作为资源有效配置的指数。

但是,这种加总在现实中或资本主义经济中却具有了重要的意义,即资本主义经济中的竞争。在新古典一般均衡模型中,各种产品是异质的而根本不能比较,从而各个生产者之间是不可能竞争的,这种竞争需要一个统一的价值尺度,即货币。在资本主义经济中,资本家使用货币资本去购买劳动力和其他生产要素,然后加上(统一)利润率出售产品而获取利润,这种货币的成本收益计算使资本家之间展开竞争,使新古典的资源配置得以实现。在GDP 中,明星和馒头所以能够加在一起,是因为它们都是资本家雇用的,如果利润率是 10%,资本家付给明星 800 万广告费,就要把产品卖 880 万,生产馒头工人的工资如果是 10 元,馒头就要卖 11 元。这就是现实中加总起来的 GDP 和其他国民收入核算统计变量的性质,即用于货币的成本收益计算而使竞争得以进行。如 GDP 的概念只是一个货币交易的增加值,而与实物的计量完全无关。现实的国民收入核算体系正是用货币利息率进行加总的,由此所得到的国民收入核算的统计变量正是为资本主义的竞争而设计的。

剑桥资本争论的一系列复杂问题都产生于经济学家误把新古典模型就作为现实中的模型,把资本(生产要素)的生产率与货币利息率混淆在一起,由此导致了逻辑上的混乱。新古典理论中的加总和对总量性质的解释是完全错误的,实际 GDP 是假的,国民收入核算的统计变量与技术或生产函数是完全无关的。

二、马克思与凯恩斯:一种新的理论体系

对于重新解释国民收入核算的统计变量和规律,或者说对建立一种新的理论体系来讲,马克思和凯恩斯的理论体系正是针对这些统计变量的,从这个角度讲,马克思和凯恩斯的理论具有令人惊奇的一致性,重新解释马克思经济学和凯恩斯经济学对于重新建立经济分析体系是极端重要的。

如上所述,以技术分析为基础和研究对象的新古典理论根本无法解释现实的以货币为核心的竞争,包括市场经济竞争的规则和经济波动以及经济制度问题,因为这些问题完全是由社会关系所决定的。在 19 世纪 70 年代新古典理论开始在经济学界取得支配地位的同时,诞生了与之完全对立的、以社会关系为基础的另一个近乎完整的理论体系——马克思经济学。但是,在新

古典理论强大的思想意识统治下，马克思的理论在 20 世纪 60—70 年代的剑桥资本争论之前几乎没有进入西方的学术界，而在 60—70 年代对古典和马克思经济学的复兴中又存在着许多的误解，这种复兴随着剑桥资本争论的消失而终止了。可以说，马克思的《资本论》这部天才而伟大的著作在西方经济学界被埋没了一个多世纪。

马克思的理论体系所要研究的是什么呢？它所要研究的正是由资本主义的经济关系所决定的目前国民收入核算体系中统计变量的性质和它们之间的关系，以此来表明资本主义经济中的竞争和其运行规律，换句话说，马克思经济学所研究的问题就是目前主流经济学教科书中所要研究和解释的现实问题，而主流经济学从技术关系的角度对这些问题的解释是完全错误的，因为这些问题只是由马克思经济学所研究的社会关系决定的。

然而，主流经济学的观念或意识形态被无情地渗透到对马克思经济学的解释中，如果翻开我国的政治经济学教科书特别是它的社会主义部分，人们会很容易地发现，它根本就不是马克思经济学，而是西方经济学的翻版，是西方经济学的应用和对中国现实问题的解释。因为在人们的头脑中根深蒂固地盘踞着资源配置和经济增长，而所有国民收入核算的统计变量被认为都是为技术上的投入产出分析而设计的。如在讨论马克思的劳动价值论时，人们总是把它联系到如何有效地分配劳动到各个部门，劳动时间如何决定相对价格，等等，还有实物的收入分配理论，即作为实物的国民收入中资本家利润的部分构成对劳动的无偿占有或剥削。而这些根本就不是马克思经济学，而是主流经济学。

什么是马克思的价值概念或劳动价值论呢？一提到价值，人们总是把它联系到具体的劳动时间、效用或实物的分配尺度等，而从未有人把它真的抽象为社会关系，这种由价值表示的社会关系就是资本主义经济中的或我们现实生活中的货币，这种货币并不联系到任何实物和技术上的投入产出关系，而是联系到竞争和对人的支配，货币并不是用来购买商品进行消费的，而是购买劳动而获得一种权利，是资本主义所特有的社会关系或游戏规则。

在大学期间学习《资本论》时，我曾经得到过一个非常简单的推论，马克思确实采用价值和剩余价值理论说明资本主义的剥削，但资本家剥削的并不是剩余劳动所表示的实物，而是价值或以货币表示的利润，这与资本主义之前的剥削是完全不同的。在讨论资本积累时，马克思采用了古典学派的假设，即资本家的利润不用于消费而用于储蓄和投资，当假设资本家不消费时，显然全部产品都是工人消费的，资本家所获得的利润只是用于对劳动的支配或是一种权利。这正是资本主义经济的性质或本质，这是一种通过货币的权力竞争，与资本主义之前的竞争和权利争夺不同，这里存在着人们创造出来的货币，资本主义是一种比谁挣钱多的游戏，正是这种比谁挣钱多的游戏把人们之间的竞争引入了生产领域，使生产力得到了突飞猛进的发展，使新古典的资源配置得以实现，这种货币价值和竞争才是斯密的"看不见的手"。马克思的价值理论并不是相对价格的基础，而是资本主义经济中货币理论的基础。马克思所阐述的价值就是 GDP，就是由货币量值所表示的国民收入核算的统计变量代表的资本主义经济关系。

当我们把所有国民收入核算体系的统计变量作为完全不依赖于实物生产函数的价值系统时，马克思用价值概念表述的资本积累、社会再生产和利润率下降问题，将直接联系到目前国民收入核算的统计，换句话说，马克思的价值（和生产价格）概念和以此为基础所建立的"宏观经济"分析体系，正是适合于目前以国民收入核算体系为基础的资本主义经济的运行与经济波动的分析，它完全不同于以技术关系为基础的新古典价值分配理论。建立在社会关系基础上的马克思经济学的价值分配理论，能够对有效需求问题进行正确的解释，马克思的社会再生产和利润率下降理论已经为研究这一问题提供了重要的思路。马克思社会再生产理论的目的，就是表明资本主义经济的商品实现问题，这一问题与有效需求问题是紧密联系在一起的。

什么是有效需求问题呢？用马克思的再生产理论来表述，即是假设资本家不消费，则消费品部门产品的价值必须等于工资总量，资本品部门的价值要等于资本家的投资或储蓄。由于资本主义为利润而生产的性质所导致的资本积累，使资本存量大幅度提高，而同时使国民收入中工资的份额下降，而资本家的利润份额增加转化为投资和资本将使产品的成本提高，使全部工人的工资小于消费品部门产品的价值，由此导致有效需求不足和企业亏损。马克思的利润率下降从另一个角度说明这个问题，即随着资本积累，资本存量价值大幅度提高，而收入流量中的利润却不能持续提高，由此导致利润率的下降。

1825 年，英国在经历了"工业革命"的生产力飞速发展之后，爆发了严重的经济危机，这种经济危机导致了大量的工人失业，一方面是生产过剩，另一方面是失业工人的生活水平下降，这是马克思讨论资本主义经济危机和对这一制度加以批判的重要背景。马克思与他的前人李嘉图不同，所要表明的并不是技术退步（如李嘉图的土地收益递减）导致的利润率下降，而是技术进步条件下的利润率下降问题；而且，这一问题本身也说明，利润率以及价值与分配不可能依赖于技术关系，或者说从技术关系的分析中不可能得到马克思的结论。显然，这一命题正是我们现实中所遇到的问题，即资本主义经济在技术进步的条件下所发生的周期性经济波动。这种经济危机并不是由技术关系决定的，而是来自资本主义经济关系，这里重要的是价值的计量或以货币价值表示的资本、工资与利润所决定的利润率。

当我们把国民收入核算的统计变量不是依赖于实物和生产函数，那么，我们可以对凯恩斯的理论做出完全不同于主流经济学的解释，即主流经济学以总量生产函数和货币数量论作为凯恩斯理论的基础加上价格刚性来解释现实，而凯恩斯正是要批判这种传统理论的"实物经济"分析，而代之以货币分析。凯恩斯的《通论》在建立"货币经济"理论的同时，把批判的矛头直接指向主流新古典理论实物分析的所有基本定理，对边际生产力的工资理论、时间偏好的利息理论和两分法的货币理论提出了严厉的批评，表明在"货币经济"中，国民收入核算的统计变量并不是实物的加总和计量，是以货币工资单位为基础的一系列货币量值，用以表示企业的成本收益计算，由此可以把由货币的收入与支出所决定的利润作为研究的核心，从而表明经济波动问题。

1930 年，在 1929 年西方世界爆发了严重的经济危机后不久，凯恩斯发表了他用 6 年时间完成的天才理论著作《货币论》，在该书中，凯恩斯建立了完全以名义量值为基础的货币经济体系，其中的核心是以货币量值表示的企业的成本收益计算和利润，即凯恩斯的"基本方程式"，凯恩斯的"基本方程式"与马克思在《资本论》第二卷中用价值方式讨论的企业的成本收益计算（c+v+m）和社会再生产公式是高度一致的。

1999 年，我通过研究凯恩斯的"基本方程式"与马克思的社会再生产公式，采用收入法重新表述了凯恩斯的"收入—支出模型"，即 W+d+r+π＝C+I（其中，W 为工资，d 为固定资产的折旧，r 为利息，π 是利润）。当把表明市场经济或资本主义经济关系的成本收益计算和利润加入收入—支出模型中，重要的是考察企业是否能够赢利或亏损，就企业以货币量值为基础的成本收益的计算而言，由生产函数表示的实物的投入—产出的技术关系或"实际变量"与这种成本收益计算是完全无关的。

这一模型中的收入一方可以表示企业的成本收益计算，企业生产的总成本由固定成本和可变成本两个部分所组成，固定成本包括折旧和利息，可变成本由工资成本构成，即总成本为 W+d+r，当总支出（C+I）超过成本（W+d+r）时，厂商将获得利润，而企业能否赢利正是宏观经济分析的核心问题，因为企业经营的目的只是获取利润。

这样，如果给定企业的成本，则总支出或 GDP 水平的变动将决定企业是否赢利或亏损。在上述模型中，如果假设工资等于全部消费（W=C），则利润（π）就取决于投资是否大于折旧加利息，即 $\pi=I-(d+r)$。在这里，重要的是由资本存量价值（K）所决定的折旧和利息成本与投资之间的关系。给定折旧率（δ）和利息率（i），则企业的固定成本（d+r）将取决于资本存量价值（K），由于资本存量价值是由以前的投资决定的，这样，本期的投资将在下一期转化为资本存量，从而只有当投资的增长率等于资本存量的增长率时，才能保证企业不亏损，也就是说，由于投资的增长使资本存量的价值增加了，当存在着正的折旧率和利息率时，要使企业不亏损，必须有新增加的投资和（名义）GDP 的增长。

假设折旧率和利息率不变，则这一模型的均衡条件或稳定状态增长的条件为经济增长率 Y/Y（Y=GDP）不变，资本—产出比率 K/Y 不变，工资对折旧的比率 W/D 和消费对投资的比率 C/I 以及投资对资本存量价值的比率 I/K 都是不变的，从而收入在工资与利息（利润）之间分配的比率 W/r 也是不变的，从而 r/K=i。上述稳定状态增长的条件来自资本存量与收入流量的关系，一旦利息率被给定，则稳定状态的增长率将取决于利息率。上述稳定状态均衡的条件正是卡尔多的程式化事实所表明的，即由统计资料所显示的资本主义经济长期增长的事实，如美国长期的经济增长率一直稳定在 3%左右，资本产出比率、收入分配中工资与利润的比率和利润率也长期保持稳定。

这里重要的是投资流量和资本存量之间的联系，即本期的投资流量将转化为下一期的资本存量，从而构成了这一模型稳定性的内在机制。假设折旧率和利息率不变，在短期的一个重要性质是，由于资本存量价值是给定的，从而企业的固定成本是给定的，如果假设工资率是给定的，则利润完全取决于总支出。当由某种外在因素导致了投资的增长率超过稳定状态的增长率，则企业会出现赢利，即 $\pi>0$，如果假设企业的投资取决于利润，则利润的增加会引起投资的增加和产出的扩大，而投资的增加又会使利润增加，从而引发更多的投资。但在上述模型中，本期投资的增加将使下一期的资本存量价值增加，从而使折旧成本和利息成本增加，因此，要使增加的投资能够获得利润，则投资必须以累积的比率增加，同时，上述保持稳定状态条件的各种比率也将以累积的比率变动，但这种累积的比率是不可能持续的，而一旦投资的增长率不再能以累积的比率增加，就会导致企业的亏损（$\pi < 0$），从而使投资下降，投资的下降又会使利润下降或亏损增加而导致经济进一步衰退。因此，只要利息率不变，则经济将围绕着由利息率所决定的增长率周期性波动。

有效需求问题可以用这种收入—支出模型来表示，这一模型的稳定状态要求收入分配的比率等于产品成本的比率，即在稳定状态下，模型中表示收入分配的工资对利息（加利润）的比率 $W/(r+\pi)$ 和产品成本中工资成本对折旧和利息成本的比率 $W/(d+r)$ 将是不变的，唯此才能保证工人购买全部消费品而资本家得到稳定的利润率或利息率，因为工资不仅仅是成本，而且决定着需求。这样，有效需求可以用两个比例的关系加以表述，即工资成本在总成本中的比重和工资在总收入中的比重，即 $W/(d+r)$ 和 $W/(r+\pi)$。这两个比例的关系正是这一体系均衡的存在性和稳定性的关键所在，给定消费倾向和利息率，这里将有一个唯一的均衡能够保证企业按照成本和给定的利息率或利润率售出产品或出清市场，换句话说，这一模型的存在性和稳定性完全取决于资本主义经济关系所决定的消费倾向和为利润而生产的企业的成本收益计算，这种成本收益计算是按货币价值进行的，而与技术完全无关。这就是有效需求问题的核心。

三、中国经济

当前中国经济面临一系列复杂问题。自 1997 年以来，中国经济实际上经历了一次严重的经济衰退，失业大量增加，农村劳动力向城市的转移速度大大放慢，收入和财富的分配不平等已经到了非常严重的程度。农村居民收入增长缓慢，大量城镇失业人员收入水平低下，考虑到不断上涨的房价和医疗、教育费用，实际生活水平出现了不同程度的下降，贫困人口在增加，这在我国经济高速增长和技术水平飞跃发展的条件下是不可思议的。自 1997 以来，虽然我国实际 GDP 的增长率一直保持在 8% 左右，但每年新增的就业量却在下降，这使我们不得不考虑自 1997 年以来按照主流经济学的观点所制定的经济政策的有效性。可以说，自 1997 年以来支配我国经济政策的"凯恩斯主义"在经验上只有失败的教训而没有成功的经验，如 20 世纪 70 年代美国和西方国家的严重滞涨和日本经济自 90 年代以来的长期停滞。采用主流经济学实物经济的方法研究当前我国经济中存在的这些问题是完全错误的，它使以上理论和现实问题根本无法讨论，而只有按照货币经济的思路，才能理解和解释当前我国经济中所遇到的问题，才能进行真正的理论分析。目前正当中国经济发展的关键时刻，我们有必要对这种主流经济学的理论和政策进行深刻的反思。

采用前面所表述的有效需求原理可以清楚地说明当前中国经济存在的问题。目前，超市里的所有产品，包括住房和汽车可以说想生产多少就生产多少，这些产品都是工人和农民生产的，但中国的农民根本买不起这些产品，城市里的下岗工人也买不起这些产品，因为他们的收入太低。如 2006 年农村居民的年平均收入只有 3600 元，不够在大城市中买一平方米的住房。在目前有几亿人没有消费到超市里的那些产品的情况下，生产这些产品的工人却下岗了，而基本消费品的增长率在 GDP 中的比重持续下降，而且许多产品的绝对量都在下降，同时却把占 GDP 一半的基本消费品用于出口，因为国内的老百姓买不起这些产品。在存在几亿农村过剩劳动力的情况下，工业化和城市化的速度却放慢了。

导致这种有效需求不足的直接原因是 1991—1996 年的高增长所带来的资产值过高和收入分配中工资的比例大幅度下降，1991—1996 年投资的平均增长率达到了 45%，从而使资产值成倍增加而造成企业的折旧与利息成本上升，而工资在收入中份额的下降使企业按这种成本定价远高于工人的工资收入而造成需求不足。例如自 1997 年以来我国住房的建筑成本一直稳定在 700 元左右，而住房的价格却由于地价上涨成倍增加，假设建筑成本为工人的工资，那么工人用工资收入根本买不起住房。这使我国在 1997 年出现了严重的经济衰退。

按照前面对有效需求问题的分析，正确的宏观经济政策是通过降低资产值来提高工资收入在 GDP 中的比重，其中一个重要的方法是通过企业破产来降低资产值。然而，自 1997 年以来，政府采用凯恩斯主义的扩大总需求的政策，导致了资产值的大幅度增加，并使工资收入在 GDP 中的比重大幅度下降，工资收入在 GDP 中的比重已经由 1990 年的 60% 下降到 2006 年的 41%，而以房地产和股票价格为代表的资产值却成倍地增长。虽然经济增长率保持在 8% 以上，但失业率持续增加，收入分配产生严重的两极分化，基尼系数在 2005 年已经达到 0.47，近两年在继续提高，与之相对应的是产业结构的严重不合理，房地产价格大幅度上涨，高科技产业发展迅猛，而基本消费品工业严重萎缩，且其需求依赖于出口，农村剩余劳动力向城市转移的速度放慢。可以说，当前我国经济并不是稳定增长，而是一种"滞涨"。导致这种滞涨的原因就在于凯恩斯主义的总需求扩张政策，即在经济周期的高涨时期导致了资产值过高和收入分配向富人倾斜，由此造成有效需求不足而产生经济衰退，如果政府不加干预，则自发的市场将使企业破产而降低资产值和调节收入分配，而凯恩斯主义的总需求扩展政策则是进一步提高资产值而使企业免于破产，但却会导致严重的结构问题，即"滞涨"。

"滞涨"是美国和西欧 20 世纪 70 年代采用凯恩斯主义政策所出现的高通货膨胀与高失业并存。这里有必要重新表述滞涨的特点：（1）这里采用名义 GDP 指标，即把实际 GDP 与通货膨胀率相加，滞涨就成为随着名义 GDP 增长率的提高，就业的增加越来越少；（2）资产值大幅度提高，或者说资本存量对收入流量的比例大幅度提高；（3）出现严重的结构性失业，即高科技表明发展迅猛而需要大量劳动力，而基本消费品部门则严重萎缩。

就当前我国的情况来看，显然符合上述滞涨的特点。自 1997 年以来，我国名义 GDP 的增长率一直在 8% 以上，但失业率持续提高，就业弹性越来越小，更严重的是农村劳动力向城市转移的速度大幅度下降，1997—2003 年的 7 年间，共转移农村劳动力 1400 万，只相当于 1991—1996 年年均水平。

自 1997 年政府采用扩展性政策以来，过高的资产值不仅没有下降反而大幅度提高，如从 1998 年以来房地产价格和股票的大幅度攀升，并使收入分配严重向富人倾斜，如房地产和股票的收益成为富人的资产收入，从而使"有效需求"不足进一步恶化。

这种有效需求不足导致了产业结构的严重失衡，由于工资收入在 GDP 中的比例下降，最需要发展的基本消费品部门严重萎缩，自 1997 年以来，第二产业在 GDP 中的比重下降了约 10 个百分点，其中"高科技"产业的增长率超过 25%，在 GDP 增长 8% 的条件下当然使基本消费品部门的增长率远低于 8%，加之出口的增长率也在 25% 左右，而出口产品主要是基本消费品，这就使国内基本消费品部门进一步萎缩。同时，由富人消费带动的房地产和高科技却快速增长，由此形成严重的恶性循环，即房地产和高科技快速增长带来的收入流入富人的口袋，富人收入的增加又进一步提高这些部门的需求，形成这些部门的利润，而商业银行则又根据利润原则向这些部门贷款，形成其更高的收入，自 2000 年以来，商业银行的贷款主要投向房地产和高科技部门，如房地产按揭在银行信贷中的比重从 2000 年的 5%左右提高到目前的近 30%，这些贷款大部分成为富人的收入，由此造成近年来收入分配的贫富差距越来越大。但由于目前的收入分配结构所导致的需求结构，高增长和高通胀会进一步增加富人的收入，而富人收入的增加则会使房地产价格和基础原材料的价格上升，从而导致企业的成本全面上升，使穷人更买不起基本消费品而造成企业倒闭和失业增加，最简单的例子是在目前的城市住房价格飞涨的条件下，农村劳动力向城市的转移越发困难。

需要提到的是，在当前我国面临大量农村劳动力转移或城市化以及货币化阶段，提高名义 GDP 的增长率是非常重要的。我在《资本理论——有效需求与货币理论》中，采用"货币量值的生产函数"来说明名义 GDP 增长率与就业之间的关系，即：就业的增长率＝名义 GDP 增长率×工资份额/工资率。假设工资总量在 GDP 中的比重不变和工资率不变，则就业和农村劳动力的转移速度取决于名义 GDP 的增长率。

亚洲国家与地区高速增长时期的经验数据说明了就业量的增长或农村劳动力的转移与名义 GDP 的增长正相关。1950—1975 年是日本农业劳动力转移最快的 25 年。在这 25 年中，日本农业劳动力的比重从 46.98%降至 13.83%，下降了 33.16%，年均递减 1.77%。这种劳动力大规模转移与名义 GDP 增长率密切相关，1950—1975 年，日本的国民生产总值年均增长率为 24.55%，最高的一年达到 40.31%。韩国 1965—1980 年是其历史上农业劳动力转移最快的一段时期。在这 15 年中，韩国的经济一直保持着较快的增长，名义 GDP 年均增长 27.31%，增长速度最快的一年达到了 40%。正是这种高经济增长速度使韩国第一产业就业比重从 1965 年的 58.46%下降到 1980 年的 34.01%，年均下降 1.73%。我国台湾地区在其劳动力转移最快的 1966—1980 年，第一产业的就业比重从 43.44%下降到 19.50%，15 年下降了近 24 个百分点，名义 GDP 增长率平均高达 17.83%。我国大陆农村劳动力转移最快的 1991—1996 年，名义 GDP 增长率平均高达 25%。

根据上述理论和经验，本人在 2006 年提出了一个高速增长方案，即把名义 GDP 的增长率提高到 20%左右，到 2020 年完成我国的农村劳动力转移和城市化。在目前我国的技术水平条件下，这个目标是完全能够实现的。而且，当前我国的货币金融体系也是与这种高增长相适应的，即目前高于 30%的储蓄率只能与 20%左右的增长率相适应。同时，提高经济增长率是经济全球化的需要，由于我国技术水平的提高，近年来我国经济增长率在 10%左右的条件下，出口的增长率在 25%左右，使出口在 GDP 中的比值持续提高，这导致了严重的贸易条件恶化，而且是不可持续的。对此，经济学家只是注意到通过人民币升值来解决这个问题，但人民币的持续升值不仅不利于国际竞争，而且会严重扰乱货币金融体系的运行。按照"货币经济"的思路，汇率所表示的并不是"购买力平价"，而是各个国家的"实际货币供应量"，这样，名义 GDP 的增长率与汇率是可以替代的，比如，当我国 GDP 的增长率达到 25%，出口在 GDP 中的比值将保持稳定。日本、韩国及许多发展中国家在高速经济增长时期都采用过这种方法。

当然，目前我国面临的严重问题是，当名义 GDP 的增长率提高时，工资在 GDP 中的比重下降，而房地产、金融、高科技及公务员的工资却大幅度增长，从而使产业结构和收入分配结构进一步恶化。但这些问题产生的一个主要原因是我国二元经济中存在大量过剩的农村劳动力，通过经济的高速增长更容易解决这些矛盾，在提高经济增长率的同时，通过强有力的财政政策来调节结构矛盾。

本文所提出的"向主流经济学宣战"似乎有些过分，但在当前中国经济面临一系列极为复杂的现实问题以及近年来理论界出现了许多激烈争论的条件下，是不是需要对主流经济学加以反思和深入地讨论这些问题呢？

（本文原载于《生产力研究》2007 年第 15 期）

新古典一般均衡与凯恩斯货币均衡的比较研究

摘　要：以技术关系分析为核心的新古典一般均衡和以社会关系分析为核心的凯恩斯动态货币均衡在假定条件、货币的性质、均衡的条件及分析方法上都存在着根本差异。通过比较这两种均衡理论可以看出新古典货币理论存在逻辑矛盾，现代宏观经济学的微观基础应当是凯恩斯货币均衡理论。用马克思的方法而不是新古典的方法来改造凯恩斯经济学，是发展凯恩斯理论的科学路径。

关键词：新古典一般均衡；凯恩斯货币均衡；两分法；静态；动态

一、基本假定条件

新古典一般均衡理论以萨伊定律为基础，要求市场参与者有关于市场的完全信息，同时假定经济中不存在不确定因素，市场的自发作用能够实现充分就业的均衡——市场能够持续出清，不存在失业问题。凯恩斯否定了完全信息与确定性假设。因为人们对未来是不了解的，而其对未来的预期却影响现在的决策，因此，在不完全信息和不确定条件下，就会导致经济中出现有效需求不足和失业。凯恩斯认为，即使资本主义暂时处于充分就业状态，有效需求不足仍然会产生，因此充分就业不会以一种常态维持下去。尽管后来的非瓦尔拉斯均衡学派修改了一般均衡的严格假设，在非完全信息下，货币的存在可以减少交易费用，但是在非瓦尔拉斯均衡理论中，有效需求取决于商品和要素销售收入，如果需求不足，不是企业预期变了而是计划的供给由于信息不充分没能实现，于是供给决定需求。这样加上一些假定，有效需求不足和非自愿失业的产生不是萨伊定律失效了，而恰恰是萨伊定律作用的结果。

实际上，萨伊定律只适用于物物交换经济，而不是资本主义货币经济。因为在资本主义经济中，企业以追求货币利润最大化为目标，企业利润最大化的决策未必导致充分就业，或者说充分就业的产出对于企业来说未必带来最大化的利润。因此，这种经济内在地缺少足够的动力推动企业雇佣工人以实现充分就业的目标。在凯恩斯看来，资本主义特定的货币金融体系使企业家扮演了萨伊定律的否定者，实际上是企业家的投资行为使投资需求不足进而导致有效需求不足，而企业家的投资行为决定于货币金融体系。因此，凯恩斯的有效需求理论彻底颠覆了萨伊定律这一新古典一般均衡的理论基础。

瓦尔拉斯一般均衡所假定的完全信息条件下的完全自由竞争概念，与竞相追逐利润的现实资本主义竞争关系也是不一致的。当生产处于瓦尔拉斯均衡状态时，企业家一般既得不到利润也受不到亏损。也就是说，按照他的完全竞争假设，一个人发现了一种新的技术或知识将无偿地告诉其他人，而在现实的市场经济中，竞争正是基于不同的信息。当某个人发现了一种新的技术或知识，他决不会无偿地告诉别人，除非按照竞争的市场价格来交换它以从中获利。资本主义市场经济正是通过法律制度建立了这样一种竞争的博弈规则，即人们发明和利用新的知识是为了竞争。发明和应用新知识的人通过获取利润和积累的财富来表示他们的成功和得到更高的社会地位。可以用一个简单的例子来表明市场经济的性质，甲生产者由于掌握了新的技术而比乙生产者有更高的劳动生产率，如甲生产者单位时间可以生产 10 单位产品，乙生产者生产 5 单位产品，甲生产者可以采用一种契约的方式来购买乙生产者的劳动，其工资率将大于 5 而小于 10，假如是 6 单位产品，然后采用新的技术使乙生产者的劳动生产率提高到 10，甲生产者将获得 4 单位产品的剩余或利润。凯恩斯对预期和不确定性的分析联系到竞争的经济制度和企业家在不确定条件下的行为。就资本主义经济关系来讲，竞争是其最基本的博弈规则，即通过技术和管理创新与他人竞争而获取利润，我们可以把这种竞争作为短期预期的基础。

二、货币的性质——中性与非中性

对新古典一般均衡来说，最大的困难是把货币和实际系统联系在一起，也就是如何处理货币中性和非中性问题，而货币的性质又要联系到货币的职能。就货币的媒介职能而言，货币中性的；但就货币的价值贮藏职能而言，货币是在资本借贷过程中会促进储蓄向投资的转化，因而是非中性的。新古典一般均衡理论认为货币仅仅是一种交易媒介，货币的价值取决于它所购买的商品的价值，货币本身并无价值。这样无价值的货币就与有价值的商品形成一种对立的关系，正是这种对立的关系使总量理论与相对价格理论处于两分的局面，并难以在逻辑上统一。凯恩斯的货币均衡理论则把货币作为一种具有价值贮藏作用的资产，像其他非货币资产一样，货币本身具有价值，它的价值体现在货币自己的利息率上。而且货币同时表示相对价格，但这种相对价格并不是瓦尔拉斯一般均衡的相对价格，而是各种资产对收入流量的比率。这样货币以资产的形式融入实际经济活动中，从而取消了货币的价值论歧视。

在瓦尔拉斯一般均衡模型中，货币作为第（n+1）种商品加入原来的实物模型，因而 n 种相对价格 P1Pn+1...PiPn+1...PnPn+1 都是作为这（n+1）种商品的货币价格。由于 n 个市场中只有（n−1）个线性独立的方程组，所以只能确定（n−1）种相对价格。在均衡状态下，绝对价格水平不是唯一的，任何绝对价格水平都不会破坏均衡状态。从宏观层面看，货币只是作为计价物去计算其他商品及要素的货币价格；货币的作用仅仅是影响一般价格水平，而不能改变相对价格和就业，即货币是中性的。同时，绝对价格由货币数量论的方程式决定，它直接取决于名义货币供给量的变动。由此，瓦尔拉斯一般均衡模型只给了相对价格的决定，而没有给出货币和一般物价水平的决定。这样一来，统一的经济体被分为货币面与实物面两个相对独立的部分，从而导致了货币理论与价值理论内在的不一致性——两分法。

为解决"两分法"矛盾，帕廷金在瓦尔拉斯一般均衡模型基础上引入"实际余额效应"，建立一个既包括货币数量论又包括瓦尔拉斯定律的协调统一的货币经济模型。但是，当我们用这个模型来分析经济的动态均衡时，就会发现，这只是一种包括货币在内的均衡，而并非货币均衡。后来，阿罗和德布鲁在其模型中加入更加严格的假定，如规模收益不变或递减，生产和消费都不存在外部性，消费者偏好和企业的生产集是严格凸的等。一般均衡理论经过阿罗、德布鲁运用数学形式加以修饰变得更加完善。但是，我们从中仍然找不到货币经济关系，因为该模型中货币不具有实际作用，对资源的配置没有实际影响。正如哈恩所说，在阿罗-德布鲁模型中，不可能提出关于货币方面的问题，因为根据那个结构，货币是没有任何作用的，因此是不必存在的。①

凯恩斯的动态货币均衡理论研究的是在资本主义货币金融关系中而不是实物关系中，价格、产出和就业的决定机制。在凯恩斯经济学中，商品、生产和劳动只是现实的面纱。更确切地说，这些事物取决于货币的活动：货币供给、信用、利率和政府盈余或赤字。商品、劳务、生产、需求、就业、价格，这一切全都是货币的、符号的经济中宏观经济事件的因变量，即货币非中性。凯恩斯的动态货币均衡理论以其两个基本方程式（见下）为出发点，这里凯恩斯仍遵循了威克塞尔的传统，将自然利率与货币利率、储蓄与投资之间的差别，以及对利润影响的思想，作为探索非均衡过程的动态规律的基础。

$P=E/O+(I'-S)/R$

$\Pi=E/O+(I-S)/O$

$E=$现期货币收入＝各种生产要素所得（包括资本的正常报酬）＝生产成本；

$O=$用基期价格来计算的 E

$I'=$投资品部门所得到的 $E=$生产投资品的现期货币成本

$I=$用现期市场价格来计算的 I'，即已生产出来的投资品的现期市场价值

$R=$用基期价格来计算的 $E-I'$

$P=$消费品的现期价格水平

$P'=$投资品的现期价格水平

$\Pi=$全部产出的现期价格水平＝P 和 P'的加权平均数＝一般价格水平

模型从一个均衡的初始状况出发，市场利率等于自然利率，故 $I'=I=S$。假定这个均衡受到货币数量增加的干扰。最初，只有一部分增加的货币会被吸收到产业资金之中，这部分货币通常会提高证券价格，降低利率。而且，货币数量的增加会使银行储备随之增加，从而导致银行降低贷款利率，企业增加贷款，以致投资开始超过储蓄，造成超额利润产生和产品价格提高。由于存在超额利润，厂商扩大生产，增加对劳动投入的需求，致使工资率和每单位产品的生产成本提高，随之而来的就是需要更多产业资金。这个过程会

---

① 根据帕廷金的论述，实际余额效应定义为：物品（包括货币）的需求不仅是相对价格和期初物品拥有量的函数，而且还是货币余额实际价值的函数。就是说，需求不仅受相对价格体系与预算限制的制约，还要受货币实际价值变动的影响。

一直继续下去，直到货币工资高得足以消除超额利润，凯恩斯依据基本方程式分析了货币、利息率、价格、产出和就业的动态关系，建立起关于货币经济的新的一般均衡。

然而新古典一般均衡既想证明货币长期是中性的，又要说明货币影响实际经济的过程，同时还要坚持资本主义经济存在充分就业趋势的信仰，这是不可能的。新古典静态模型要么服从逻辑的一致性，保持货币中性，要么表现出一种达不到充分就业均衡的趋势，这两者不能同时兼顾。换句话，如果模型要达到充分就业均衡的解，考虑到名义货币供给，实际变量的价值将不会是唯一的。反之，考虑到货币供给的变化，在充分就业均衡时要使实际变量的价值是唯一的，逻辑的结果是充分就业均衡不会达到。

三、均衡的条件及性质

按照萨伊定律，一般均衡的条件是"总供给等于总需求"，市场出清；按照凯恩斯基本方程式，货币均衡条件是"储蓄等于投资（利润为零），且市场利率等于自然利率"。货币均衡的两个基本特征是：其一，均衡与技术无关；其二，它的长期均衡是存量与流量的同时均衡，这一点来自以资产抵押为基础的货币金融体系。稳定的利润率或自然利润率作为长期均衡中心与技术变动是无关的，而只是取决于价值关系。而新古典一般均衡作为实物经济的分析方法，它是建立在生产函数和效用函数基础上的技术分析方法。

新古典理论的一个重要缺陷是把资本存量和收入流量分离开来，使投资的变动并不影响资本存量的价值，这一点可以通过希克斯的 IS-LM 模型来说明。IS 是流量，LM 是存量，只有假设流量的变动非常快或存量的调整很小可以忽略时，才可以把两条曲线放在一起，否则存量一定会随着流量的变动而改变，即只要储蓄和投资是正值，那么财富存量会跟着变动，因此不可能移动一条曲线而让另一条曲线保持不变。在现实中，由于存在着资本市场，资本存量的价值将由收益现值法进行计算（资产值＝收益／利率，或采用托宾的 q＝R/i），从而收入和利率的任意一个变动对资产值的影响都将是极大的，即只要 IS 曲线的一个略微移动，LM 曲线将移动得更大。因此，只要存在着新古典的两分法，即由生产函数决定的实际 GDP 和价格水平的划分，这种资产选择理论是不可能协调存量与流量关系的。

凯恩斯在《通论》中提出了资本边际效率概念以取代新古典的边际生产力投资理论。资本的边际效率直接联系到货币和货币利息率，使得资本存量和收入流量联系起来。$Ps＝Q_1/(1+r)+Q_2/(1+r)^2+...+Q_n/(1+r)^n$，$Ps$ 表示投资的供给价格，Q_i 是资本资产的预期收益。给定资本的供给价格和预期收益，我们可以得到资本的边际效率 r。当市场利息率小于资本边际效率，投资将增加。如果资本的供给价格会随着投资的增加而提高，资本边际效率将下降，直到等于市场利息率，从而投资将被决定。

凯恩斯货币均衡是一种存量和流量的同时均衡。如果排除掉资本存量，虽然可以采用凯恩斯的基本方程式、总供给和总需求函数来分析相对价格和收入决定，以及收入分配。但问题的复杂性来自资本存量的价值变动。因为每一次收入流量的变动都会影响资本存量价值，进而影响投资，而投资的变动又会影响收入流量，因此当投资和总供求函数都依赖于资本存量的情况下，相对价格、收入（就业）水平和收入分配就不能单独由流量均衡所决定。实际上，除非假设给定的资本存量价值和利润率，否则讨论由价值单位表示的流量均衡是不清楚的或没有意义的。当然，由于技术变动和垄断竞争，所有的流量都涉及过去（现在）和未来，不可能排除资本存量来讨论流量均衡。而货币的重要性就在于它联系着资本存量和收入流量，或过去（现在）和未来。货币与资本存量之间的关系，联系到资本边际效率和资本存量价值的变动，由资本边际效率与投资和收入的变动，将使货币联系到资本存量和收入（投资）流量，其中利息率正是收入流量对资本存量的比率。

四、分析方法

新古典一般均衡与凯恩斯货币均衡在分析方法上也存在着本质区别。前者采用的是静态、比较静态分析，后者采用的是动态移动均衡分析。之所以存在不同的分析方法，主要是两个均衡理论在处理时间问题上存在着分歧。

根据新古典一般均衡的基本假定，要求连续的时间以确立稳定性，时间不会以实质的方式进入新古典模型，因此它难以分析价格和数量变动的动态性。这使得新古典经济学家在研究动态问题时只能简单地使用类似静态分析的方法，把一系列静态均衡串起来分析他们所谓的经济的动态（John F. Henry，1983—1984）。新古典一般均衡之所以难于处理时间问题，是因为在这个模型中，变量之间的相互依赖性，不能用处于历史时间中的因果关系来描述。萨缪尔森的话证明了这一点，"比较静态学是研究一个系统从一个均衡位置到另一个均衡位置的变动而不考虑在调整中所涉及的转换过程，在这里均衡仅仅意味着由一组条件所决定的变量值，它不带有任何规范的意义。在任何系统的结构中，变量之间的关系完全是互相依赖的。把一个变量说成是引起或决定另一个变量是毫无益处的而且会使人误入歧途。仅仅在下述意义上使用因果关系这个术语才是许可的：即它是适应于外部事实或参数的变化。"①

凯恩斯移动均衡分析方法的基本特征是在短期假定资本存量不变，探讨投资和收入流量的变动以及均衡的决定机制。它不同于新古典的地方在于它探讨在历史时间中变量变化的动态机制，即随着条件的不断变化变量的变动机制，这些变动的条件是内生于凯恩斯所设计的货币经济系统的，而不是来自外生的冲击。使用凯恩斯的移动均衡分析，我们可以扩展凯恩斯的短期分析到长期分析（经济周期分析），来表明资本存量和收入流量的同时均衡。在一个存量和流量同时存在的模型中，移动均衡分析方法是对于讨论经济周期问题是非常重要的。正如保罗和戴维森所说，"凯恩斯的分析结构在逻辑上同所有的一般均衡体系是不一致的，起码一点是它是建立在更广泛的均衡定义基础上的，而不仅限于使市场供求平衡。因此，凯恩斯更广泛的定义一定会提供一个更为一般的理论。"②

结论

通过系统地比较新古典一般均衡与凯恩斯货币均衡理论，表明凯恩斯试

---

① 约翰．吉纳科普洛斯：《阿罗-德布鲁一般均衡模型》，《新帕尔格雷夫货币金融大辞典》第一卷，2000年，第59-68页。

② 对于凯恩斯均衡概念有两种解释。一种是非瓦尔拉斯均衡，其中新古典的完全信息的假设被修改了，即一个没有拍卖者的瓦尔拉斯世界，如果存在着工资和价格刚性或其他阻碍价格调整的因素，在长期它将不趋近于瓦尔拉斯均衡，即出现失业均衡或短期均衡。另一种是瓦尔拉斯非均衡，它只是瓦尔拉斯均衡的短期调整的阶段，如失业的存在只是调整过程中的阶段，它的基本趋向依然是瓦尔拉斯均衡。

图揭示资本主义货币经济关系的运行规律，并构建反映资本主义总量经济关系的一般均衡模型。在新古典的实物经济模型中是没有货币利息率存在的余地的，因为货币在模型中只是表示相对价格而没有独立的意义和作用。新古典的逻辑困境使它既没有正确阐释发展凯恩斯的理论，也没有为资本主义总量关系提供科学的方法。凯恩斯货币均衡理论的最大贡献在于，他把这种由社会关系或经济制度所决定的利息率（利润率）与货币联系起来并放在货币经济中来讨论。凯恩斯经济学并不是一种非均衡理论或非瓦尔拉斯均衡理论，而是对立于新古典技术分析的另一种均衡理论。建立在凯恩斯货币均衡基础上的宏观经济理论，更能深刻地揭示以有效需求为核心的资本主义经济体系的运动。

然而，凯恩斯的货币理论并不是完美的，也存在着一些缺陷。比如，他在有效需求问题中没有表明有效需求的性质，即企业的成本！收益计算是怎样决定的，或者说为什么会产生需求价格小于供给价格的问题，而这一问题涉及价值的决定，也就是说凯恩斯经济学中缺乏一种价值和分配理论作为其宏观经济学和货币理论的微观基础。另外，凯恩斯在用移动均衡方法分析经济过程时，由于没能彻底摆脱边际分析方法和马歇尔局部均衡分析框架的束缚，使他的理论也陷于逻辑困境，这为新古典两分法的复辟提供了理论上的线索。

因此，要发展凯恩斯货币理论，不能使用新古典的框架，而要借助马克思的分析方法，马克思所分析的是处于历史时间中的资本主义社会的价值关系，这种价值关系表现为货币关系。凯恩斯集中说明了这种货币关系的运动特征，而马克思则为这种特征提供了更为深刻的原因。用马克思的方法而不是新古典的方法来改造凯恩斯经济学是发展凯恩斯理论的科学路径。这是本人在比较研究中得出的基本结论。

参考文献：

1. 弗兰克，哈恩. 一般均衡理论［M］//丹尼尔·贝尔，欧文·克里斯托尔. 经济理论的危机. 上海：上海译文出版社，1985.

2. 彼得，德鲁克. 走向下一种经济学［M］//丹尼尔·贝尔，欧文·克里斯托尔. 经济理论的危机. 上海：上海译文出版社，1985.

3. 萨缪尔森. 经济分析基础［M］. 北京：商务印书馆，1992.

4. 保罗·戴维森. 后凯恩斯经济学：解决经济理论中出现的危机 [M] // 丹尼尔·贝尔，欧文·克里斯托尔. 经济理论的危机. 上海：上海译文出版社，1985.

（本文由柳欣与张颖熙合著，原载于《当代经济研究》2006 年第 9 期）

经济分析的基础：技术关系还是社会关系

——对西方主流新古典理论的反思

新古典理论的基础是以资源配置为核心的相对价格理论，即资源配置可以通过表示要素稀缺性和人们偏好的相对价格进行而达到最优，但在这个理论中，既不需要也不可能得到任何有意义的总量以及总量之间的关系。国民收入核算体系的统计变量完全来自资本主义的经济制度，即人们为了获取纯粹的价值符号——货币而进行的竞争或游戏，如马克思所表明的，资本主义经济是实现"按比例分配劳动"或资源配置的一种特殊的方式，这种特殊的方式就是以货币价值为基础的竞争。经济学所要研究和解释的主要现实问题并不是技术关系，而是这种特殊的经济制度下的竞争规则和运行规律，并通过修改竞争规则把人们之间残酷的竞争转化为游戏，从而实现人类的文明，新古典理论的技术分析根本不能用于解释这种特殊的经济制度和承担这种经济制度的研究。

当主流经济学把由经济制度所决定的国民收入统计变量完全套用在生产函数上时，不可避免地导致了理论中严重的逻辑矛盾，这种逻辑矛盾在剑桥资本争论中被揭示出来，作为逻辑问题就是总量与相对价格之间的矛盾，而在现实的经验问题上，则表现为新古典理论不能直接使用国民收入核算的统计资料来说明资源配置和经济增长，更不能解释有效需求和经济制度问题。主流经济学中这种理论和现实的矛盾，导致了目前经济学在几乎所有的理论问题上都存在着难以解决的复杂争论。而在对现实问题的分析上，由于其理论中的严重逻辑混乱，主流经济学根本不能对现实经济问题做出逻辑一致的解释和进行有效的预测。

一、根本不存在表示实物的"实际GDP"

在目前的经济分析中，国民收入核算体系中的统计变量成为经验问题研究的基础，经济学家从理论上归纳和运用这些统计资料，构成对现实经济问题的解释和制定政策的依据。主流经济学教科书告诉人们，这些统计资料与教科书中生产函数的原理是完全对应的，统计中的实物产出——GDP来自生产要素的投入和技术进步，国民收入核算统计中的那些变量就是为了这种生产的技术分析所设计的。虽然它们由名义的货币值来表示，但这些名义变量是与货币供应量相对应的，当采用货币数量论把名义值的变动剔除而改变为实际变量后，这些统计变量就与教科书中生产函数的概念完全一样了，从而使用教科书中的原理即可以对资源有效配置进行分析，而达到我们想要得到的促进经济增长的政策依据。这样，目前的经济学就像物理学和其他自然科学一样，在理论与经验观察上存在着高度的一致性，事实果真如此吗？

自1929年现代的国民收入核算体系开始应用和随着宏观经济学的发展，实际GDP成为经济学中的最重要的概念和统计指标。在主流经济学教科书中，首先教给学生的就是这里有一个衡量实物产出的指标——实际GDP。但这个实际GDP指标并不能反映现实生活状况。例如，在实际GDP的统计中，美国1820年人均GDP是1600美元，中国现在的人均GDP只有1000多美元，是不是中国人现在的生活水平比美国1820年的时候还要差呢？这显然有些荒唐，你只要把美国当时有的那些产品的人均产量和现在中国的人均产量做个对比就可以理解，更不用说我们现在消费的物品绝大部分是当时美国没有的。如人们经常提到，中国现在是"世界工厂"，几乎所有的消费品，包括汽车和民用飞机的拥有量都居世界前列，而且每年向美国出口大量的消费品，由此看来，中国人现在的生活水平怎么可能比美国1820年的生活水平还要低呢？

在一本宏观经济学教科书中有一个应用实际GDP的例子，作者在讲到日本和"亚洲四小龙"的经济增长时写道，这些国家和地区通过努力工作和技术进步，使实际GDP的增长率连续三四十年保持在7%左右，这段话是没有问题的，但接下来又说，这种7%的增长率使这些国家和地区的人均GDP从战后到 90 年代发生了巨大变化，日本的人均 GDP 从战后的 130 美元增加到 30000 美元，韩国从 50 美元增加到 12000 美元，中国台湾从 80 美元增加到 16000 美元等等。当我们把上下两段话放在一起就出笑话了，因为 GDP 每年增长 7.2%，10 年会增长 1 倍，这些国家和地区怎么可能按 7% 的增长率在 40 年的时间里增长这么多呢？上面的数字当然是名义 GDP，要解释这些数字当然也要用名义 GDP，比如日本在高增长时期名义 GDP 的增长率超过 15%，同时日元对美元的汇率提高了 3 倍，而韩国在高增长时期名义 GDP 的增长率接近 30%，而在目前采用实际 GDP 来说明实际产出的增长，同时分离出物价水平的变动和汇率的变动是经济学家不可能做到的。

再举一个例子，我国的一位学者通过统计数据的比较对中国计划经济时代的经济增长进行评价，从 1949 年到 1978 年的 30 年中，按照目前国外对中国实际 GDP 增长率最低的估计是 4.9%（这是世界银行的统计，中国的统计资料是 6.3%），在这同一时期世界上只有日本和亚洲四小龙的增长率超过中国。他由此得出结论，中国传统的计划经济体制具有很高的效率。这位学者所使用的数据没有任何问题，但他的结论很少有人能够接受，因为和人们的感觉相差太大。实际上，对这一问题只要查一下实物的产量、生产率和技术水平这些实物指标，然后用这些指标进行对比，结论是不难发现的，实际 GDP 的统计指标根本就不能表示实物指标。我们还可以举出更多的例子来说明使用实际 GDP 指标比较实物给经济学家带来的尴尬。比如要说明中国的 GDP 究竟是多少美元就必须先解决人民币对美元的汇率问题，经济学家试图用购买力平价的方法进行计算，结果怎么样呢？从东南亚金融危机时主张人民币贬值时的低估到现在主张人民币升值的高估，经济学家从 2 美元到 14 美元之间竟然给出了十多种计算结果，这种误差可能达到 7 倍的计算是不是还能应用呢？

1930 年，凯恩斯在《货币论》一书中针对这种国民收入的统计含义提出疑问，GDP 统计中的各种产品是异质的，怎么可以加总在一起表示实物产出呢？实际上，这种加总和指数问题在理论上是有确定的结论的，即只能在单一产品或稳定状态增长（所有的产品按同样的比例增长）中成立。比如说有苹果和梨两种产品，如果它们的增长率都是 10%，可以确定地说产出的增长率是 10%；但如果苹果的增长率是 15%，梨的增长率是 5%，我们是不可能得到一个确定的指数的。这一问题实际上很容易理解，比如对于我们现实生活的异质品世界来讲，说 GDP 增长 8%，显然不如说去年生产的是 21 寸电视而今年生产了 29 寸的电视更清楚。

对于物价指数的统计也是如此，这种统计只能在单一产品和稳定状态下才是可能的，比如苹果和梨的价格都增长了 10%，可以确定地说物价上涨了 10%；但如果苹果的价格上涨了 15% 和梨的价格上涨了 5%，或者价格同时上升而苹果和梨的产量比例变化了，我们是不可能得到一个确定的物价指数的。前面所举的用购买力平价方法计算人民币的汇率出现的尴尬结果就是一个例子。主流经济学教科书中也说，物价指数的统计可能忽视了产品质量的变化。对这一问题我们可以从另一个角度来理解，如果物价指数的统计考虑产品的质量变化，由于产品的质量变化太快（比如电视机），那将使物价指数的统计失去意义，因为只要质量变化了就要把它视为一种新产品而不能与原来的产品构成时间序列的指数。联系到国民收入核算的实际，现实中物价指数统计的困难远超出前面的例子，不仅产品的质量经常在变动，而且新产品层出不穷。可以举一个例子说明这一问题，目前我国物价指数的计算是以 1990 年为基期的，而如今在市场上几乎难以找到与 1990 年完全相同的产品，更不用说占消费支出很大比重的新产品。显然，这种物价指数的计算与实物量的统计相差甚远。

从上述分析可见，这种实际 GDP 作为表示实物的统计变量是主流经济学创造的一个神话，之所以把它叫作神话，是因为这种异质实物产品的加总和统计在理论上是不可能的，在实际应用上也是没有意义的，或者说，实际 GDP 是根本不存在的，但主流经济学却使它成为人们头脑中的一种根深蒂固的观念，并被用于所有的经济学应用领域。

当然，这种假的实际 GDP 和物价指数的统计在现实中并不是毫无用处的，正如这种实际 GDP 和物价指数一直是宏观经济分析的重要指标，但只要对目前的宏观经济分析有所了解的话就很容易发现，经济学家实际上是把实际 GDP 和物价指数的变动加在一起考虑宏观经济波动，但二者加在一起就是名义 GDP，那为什么不直接使用名义 GDP 呢？名义 GDP 正是我们所要研究的最重要的指标，但这种名义 GDP 绝对不是实物产出的数量和它的货币价格单位，而是与实物或技术完全无关的。

在国民收入核算中，名义 GDP 是一定时期中新生产的商品和劳务的价值总和，这里的价值概念即是商品和劳务的货币价格，从而是可以加总的，但这样加总的名义 GDP 已经不表示任何实物，而是一个货币交易增加值的概念。如计算国民收入的一种方法就是增值法，即把各个企业新增加的价值加在一起，由此构成企业的总收入，这种收入必等于人们的总支出，因为收入和支出是货币交易的卖和买，二者必然相等。这样，从总支出的角度看，人们花 1 美元一定有 1 美元的 GDP。由于 GDP 所统计的是货币交易值，凡不是货币交易的产出（包括劳务）将不会被计入 GDP。比如，足球明星的高额报酬被计入了 GDP，而农民自己生产和消费的农产品只要不通过市场交易，就不会计入 GDP。

由于 GDP 是一个经济中全部货币交易量的增加值，我们可以用货币的交易方程式来表示：$MV = PT$，即货币数（M）和货币流通速度（V）相乘等于全部货币交易值 PT（T 表示交易的实物量，P 表示价格），而名义 GDP 的计算则只是所有的交易量的增加值，或从企业会计账户上考虑的增加值。因此，当假设全部交易值与企业的增加值之间保持一个固定的比例，即 GDP 在 PT 中的比例是稳定的，再假设货币流通速度不变，则货币交易的增加值或名义 GDP 和货币供应量之间将保持稳定的比例，即 $MV = GDP$。

上述名义 GDP 的定义可以清楚地表明，GDP 根本就不是实物的统计，而是一个货币值。在主流经济学教科书中，这个货币值是没有意义的，从而要用实际 GDP 和物价水平把这个货币值抛弃掉，然后用生产函数去说明实际变量。但正如前面所表明的，这在逻辑上是根本不能成立的，而主流经济学所抛弃的货币和名义变量则正是我们现在所生活的市场经济中最本质的东西，即这些名义变量所表示的正是资本主义经济关系。

在市场经济中，一个最典型的特征是竞争，这一点在我们的日常生活中是无时无刻不感觉到的。在竞争中人们想要得到的和为之奋斗的是什么呢？不是任何实物，而是金钱或货币这种纯粹的价值符号，他们所考虑和追求的并不是实际变量而是名义变量，即货币本身。在这样一种比谁挣钱多的游戏中，出现了 GDP 或名义 GDP，这个名义 GDP 包含着一组由货币量值构成的名义变量，其中有工资、利息、利润、资本、折旧和储蓄、消费、投资等名义变量，由这些名义变量构成了企业为获取利润而产生的财务账户，即货币量值的成本收益计算。这种成本收益计算完全是以货币价值的投入和产出进行的，而根本不涉及任何实物的考虑。正是这一点，使名义 GDP 成为重要的统计变量。例如，假设企业的成本不变，则名义 GDP 的增加意味着企业赢利的增加，而企业赢利的增加则是企业经营的目的。

现在可以回答前面提出的加总问题，即在国民收入的统计中那些球星和歌星超过千万的高额收入怎么会和面包加在一起构成 GDP。为什么面包工人的微少工资可以和球星、影星的收入加在一起构成 GDP 总量呢？原因只是在于他们都是资本家雇用的，假如利润率是 10%，资本家付给面包工人 100 美元的工资，就要把面包卖 110 美元而得到 10 美元的利润，而付给影星的 1000 万美元的工资就要从出售电影中收回 100 万美元的利润，正是这种性质才使不同质的产品和劳务得以加总。自 20 世纪 30 年代人们使用国民收入核算体系以来，并没有从理论上考虑它的性质和意义。马克思对生产劳动的定义似乎可以作为 GDP 等国民收入统计的理论依据。在批评了斯密把物质产品的生产作为生产劳动的定义后，马克思指出，在资本主义经济关系中，只要能够为资本家带来剩余价值的劳动或雇佣劳动就是生产性劳动，这里只要把马克思的剩余价值用货币计量即可联系到 GDP 的统计。如前面所表述的，当采用货币交易时，假设所有的企业都是资本主义企业和所有的工人都被资本家所雇用，则马克思的生产性劳动的定义是与国民收入的统计相一致的，即所有的产品都是经过货币的买和卖两个过程，以使货币增殖，而根本不涉及生产剩余价值的劳动的具体形式。这样，我们可以解释货币交易方程式 MV＝PT 和 MV＝GDP 之间稳定的比例关系，因为作为货币交易增加值的 GDP 是比例于资本投入的加价过程，如果假设全部货币都是作为银行贷款的资本，GDP 与全部货币交易量将保持稳定的比例，决定这个比率的是货币利息率。

在主流经济学教科书中，我们前面所列出的国民收入核算的那些统计变量都被作为实际变量来使用，被联系到生产函数和人们消费的时间偏好。可是这些统计变量都只是名义的货币值，但主流经济学有办法处理，即参照名义 GDP 和实际 GDP 的解决方法，把货币工资除以价格水平就成为实际工资，名义利率除以价格水平就成为实际利率，而厂商在没有货币幻觉的条件下只是考虑实际变量，这样就可以把这些变量套用在生产函数上了。如前所述，当这些变量根本就不表示实物，那么主流经济学的这种滥用一定是漏洞百出的。

先来看折旧，折旧这个概念在实物或技术上是表示固定资产磨损的，但这里却是个价值概念，即由政府规定固定资产的价值按几大类每年摊入企业成本的比例。显然，各种不同的机器设备在技术或实物上的磨损是不同的，而且是政府不可能知道的，那么为什么政府要严格规定统一的折旧比率呢？道理很简单，如果政府不这样严格规定，那么企业一定会逃税，这种折旧与固定资产的物质磨损以及精神磨损没有一点关系，美国政府曾采用过的"加速折旧"政策只是减税。实际上，企业在做投资时，即使完全从价值上考虑也不把折旧率作为成本计算的依据，而是采用毛利和投资回收期的方法进行计算。

对于工资和利息这两种构成企业成本的因素，企业在进行成本收益计算时显然只是采用名义量值，最简单的道理是物价指数只是政府在事后计算和公布的，企业不可能根据政府公布的物价指数向工人和银行修改以前签订的契约，而对产品价格的预测也只能是名义的货币值，既没有必要也没有可能对实际变量和价格水平进行"理性预期"。

这里最使人困惑的一个概念就是资本了。在主流经济学教科书中，资本被作为实物的机器设备纳入生产函数中，即 $Y = F(K, L)$，以表明其对实物产出的生产力。但在国民收入统计中，资本只是一个价值概念，它来自以前用货币计量的投资。奇怪的是，主流经济学在采用生产函数分析时把资本的产出——GDP 用物价指数方法分出实际 GDP，同时把资本的收益——利率除以价格水平而变成实际利率，但从来没有把生产函数中的资本以及投资去除以价格水平而变成"实际资本"及"实际投资"，这种生产函数的计算显然存在着逻辑错误，即把名义值和实际值搅在一起了。同样，在生产函数中，劳动的计量采用的是实际值，而资本却是没有被价格水平除过的名义值，这又怎么能够计算它们各自的边际产出呢？把名义值和实际值的资本劳动比率（K/L）放在一起又是什么意思呢？

实际中的资本是不是主流经济学生产函数中的机器呢？对此在统计资料中是不难找到说明的。按照统计资料，美国的总资本中 60% 左右是地产，而且这个比例在长期中一直保持稳定，由于美国的投资率在长期是稳定的，那么就意味着，由投资所转化的资本增加或资本积累主要是地产的增值或地价上升，而根本不是机器的增加。这样，资本就只是那块儿地，资本积累只是人们用更高的价钱（投资）去买那块儿地。

再来看投资概念，在主流经济学教科书中，投资意味着固定资产或机器的形成，但现实中的投资却只是一个货币额的支出，它可以用于购买各种商品和劳务（比如股票和球星），与消费不同的是，投资的目的是要形成价值上的资本存量以获取利润。采用简化的方法，我们可以把投资所购买的商品和劳务分成三类，即雇用工人、购买机器设备和直接购买原有的资本存量；对这三类还可以简化为雇用工人和资本存量两类，因为机器只是生产机器的厂家雇用工人和购买原有的资本存量生产出来的，从而可以把机器"还原"掉；再进行简化，使用前述的地产在总资本中占有绝大的比重，我们可以把资本存量理解为就是一块儿数量固定的土地。上述简化可以使我们清楚地看出投资的含义，投资作为一种增加的货币额的支出，当它用于雇用工人时将增加工人的工资和同时增加企业的成本，当被用于购买原有的资本存量或土地时将引起资本存量的价格或地价上升，这种资本存量的升值就成为企业的利润，利润就来自新增的投资购买原有的土地而引起的地价上涨的部分。因此，从实物角度看，投资还可能生产机器，但从价值的角度看，投资与机器是完全无关的，只是与作为价值量的工资和利润相联系。

最后来看储蓄和消费。在主流经济学教科书中，储蓄和消费的比例取决于人们消费的时间偏好，按照这种理论，经济学家创立了各种消费函数模型来解释宏观经济的变动，如生命周期假说和世代交叠模型。然而，国民收入核算中的储蓄和消费只是一笔货币额，或者说是人们在一定时期获得的金钱支出掉和没有支出的比例，还可以说人们是把钱花掉还是存起来或用于投资去挣更多的钱，而根本就不是按照时间偏好去消费某种实物产品。

凯恩斯在《货币论》和《通论》中提出了节俭的悖论和建立在富人有更高储蓄率的消费函数和收入决定理论，但凯恩斯的消费函数理论被主流经济学完全曲解了，并被用于对现实经济的解释。举我国现实中的例子，自1997年以来，我国经济出现了经济增长率下降和失业增加的经济紧缩，其中的一个重要特征是消费的大幅度下降。国内的许多经济学家都按照主流经济学的消费函数理论来对此进行解释，即消费的下降是由于社会福利制度的变革引起的人们消费倾向的改变，比如要存钱支付养老、医疗、购买住房和子女的教育费用等，但这种似乎有道理而又看似符合实际的说法却是大有问题的。对此可以考虑一个重要的经验事实，即在美国的长期国民收入统计中消费倾向是相当稳定的，是不是美国在100多年中社会福利制度没有发生变化呢？答案显然是否定的，不仅美国的社会福利制度发生了巨大的变化，而且在技术（如新技术革命）和人们的文化理念上都发生了巨大的变化，比如老一代的美国人拼命地攒钱而现在年轻人却大量地负债消费，但奇怪的是，统计上的消费倾向竟然没有变化。确实，上述这些技术上的因素会影响人们消费的时间偏好或时间选择，但它们只能改变商品的相对价格（期货价格），而不能影响国民收入核算统计中货币的消费和储蓄变量，因为这些变量只是表示人们社会关系的货币量值，而与技术或时间偏好完全无关。

消费和储蓄既然是货币量值，我们可以从货币的角度来解释上述问题，如果假设人们的储蓄是作为银行存款保持的（这在货币供给的统计上即是 M_2），那么人们能不能把作为储蓄的银行存款多取出 10%用于消费呢？显然不可能，这必然会使商业银行倒闭。同样，人们也不能多储蓄 10%作为银行增加的存款而没有相应的投资贷款，这也会使商业银行倒闭，当人们试图这样做时，必然会使商业银行改变货币供应量，从而引起收入水平的变化而阻止人们改变货币量值消费与储蓄比例的企图，或通过经济波动来加以调节，这即是凯恩斯的收入决定理论和节俭的悖论。对于我国 1997 年以来的消费下降，其重要原因是从 1991 年以来收入分配发生了严重的两极分化，或工资在国民收入中的比重大幅度下降，而消费倾向的改变则是次要的。

以上对国民收入核算中的统计变量的分析表明，这些以货币量值表示的统计变量与主流经济学教科书中所说的实物、生产函数、时间偏好等技术关系是完全无关的，而是表示资本主义经济关系，或用于表示这种特殊的比谁挣钱多的竞争游戏。

二、虚构的总量生产函数

凯恩斯 1936 年发表的《通论》一书开创了以国民收入核算的统计为基础的宏观经济学的研究，用以解释经济波动问题。同时，凯恩斯在《通论》中提出了对以马歇尔为代表的新古典理论的批判，其要点是，新古典理论所研究的是一个"实物经济"，即以生产函数（消费偏好）为基础的实物的投入产出关系，这种理论的典型特征是两分法，即把价值理论和货币理论分为两个部分，价值理论研究相对价格，再由货币理论（数量论）决定价格水平，而我们现实是生活在一个"货币经济"中，这里并不存在名义货币量值与实际量值的截然划分。然而，"凯恩斯革命"在战后完全被主流经济学倒转了，国民收入核算的统计变量被划分为实际变量和名义变量两部分，"实物经济"的研究被延伸到国民收入核算的所有统计变量。1954 年索洛采用总量生产函数对美国经验统计资料的分析，标志着主流新古典增长理论和宏观经济理论的形成，通过萨缪尔森十几版的《经济学》教科书，使总量生产函数的分析被应用于所有国民收入核算统计资料的分析，用于解释经济增长与经济波动，构成了现代《宏观经济学》教科书的基础。

1958 年，卡尔多依据美国和英国的长期统计资料，提出了资本主义经济发展中的六个程式化事实。[①]为了易于争论，我们采用美国从 1850 年至 1950 年 100 年间的经验资料重新表述这些事实。（1）GDP 的增长率一直保持在 3%左右；（2）资本劳动比率按照一个稳定的指数提高，由了根据统计资料，美国的储蓄率（消费倾向）长期保持稳定在 10%，假设劳动数量（人口）不变或按一个很小的指数稳定增长，则每人资本将以稳定的比率增长；（3）资本产出比率不变，资本是 GDP 的 3 倍，同时，资本的增长率（即投资对资本的比率）为 3%；（4）工资和利润（收入分配）在 GDP 中的比率保持稳定，工资占 GDP 的 75%，利润为 25%，由于 GDP 的增长率是稳定的，工资的增长率也是稳定的；（5）利润率一直稳定在 10%左右。

现在我们来看以索洛为代表的新古典增长理论对这些经验事实的解释。根据生产函数：$Y=F（K，L，A）$，其中 Y 是实际产出，K 是资本，L 是劳动，A 为技术进步。用科布-道格拉斯生产函数来表示为：$Y=AK^{\alpha}L^{\beta}$，其中 α 和 β 分别为资本和劳动的产出弹性。

这样，则有：$YY=AA+\alpha KK+\beta LL$

把上面的经验数据代入公式，采用收入分配的数据作为资本和劳动的产出弹性或边际生产率，假设劳动数量不变和把技术进步作为余数，则有如下计算：

$3\%＝3\%×0.25+0\%×0.75\%+AA$

$AA＝3\%-0.75\%＝2.25\%$

按照上面的计算，索洛得出经济增长主要归功于技术进步（即技术进步对增长率的贡献为 75%），资本增长的贡献率占有较小的比重。卡尔多依据程式化事实提出，按照新古典的边际生产力论，资本劳动比率的提高必然会

① Kaldor. Capital Accumulation and Economic Growth[M]// N. Kaldor. Further Essays on Economic Theory. Holmes & Meier Publishers, Inc, 1978.

导致资本的产出弹性（边际生产力）下降，从而使资本产出比率提高和收入分配中利润的份额下降，但经验资料却显示了不变的资本产出比率和收入分配的比例。索洛对此的回答是，这里存在着中性的技术进步，其含义是，随着资本劳动比率的提高，劳动生产率（Y/L）也以同样的比率提高，即当资本劳动比率提高了 3 倍，劳动生产率也提高 3 倍，这样，按劳动生产率加权的资本劳动比率并没有变化，从而资本产出比率和收入分配比率保持不变，这种劳动生产率的提高与资本劳动比率提高的同步性可以在上面的统计资料中很容易得到证实。

卡尔多提出的另一个问题是，各个国家之间的资本劳动比率有很大的差异，但为什么资本产出比率却大致相同。我们上面没有列出各国资本劳动比率的资料，但如果假设各国的资本产出比率相同，就可以根据各国的人均GDP 得到资本劳动比率的资料，比如美国的人均 GDP 是中国的 40 倍，美国的资本劳动比率也是中国的 40 倍。如果把世界各国的人均 GDP 从高到低排列起来，差别是很大的，但为什么资本产出比率却大致相同呢？按照前面索洛的解释就是，技术进步的比率恰好与资本劳动比率同步上升。同时，这种相同的资本产出比率为新增长理论提供了依据，即技术进步体现在机器上，新增的资本总是采用新的机器，从而使资本产出比率不变。

以上用了大量篇幅重述众所周知的新古典增长理论，其目的在于表明，当阅读这些解释时是不是觉得它太反感觉了呢？这些经验事实的统计数据令人惊奇的规则，又怎么能够和极端不规则甚至不能统计的技术进步如此协调呢？技术发明显然并不是规则的，如众多文献所表明的一个简单的事实是，今天的技术进步速度不同于 100 年前，技术进步是随着时间加速的，如目前已经被大多数人认可的一种说法是，近 30 年来的技术进步相当于过去所有时代的总和，这种说法可以从另一个角度证明，即目前受高等教育和进行科研的人员数量是以前所无法相比的，从而技术进步的速度必然会更快，因为一百多年前人们连基本的生活需要都不能满足时是很难从事科学研究的，然而，这种技术进步的变化并不能在统计数据上反映出来。美国在 20 世纪 90 年代被公认是技术进步最快的时期，号称"新经济"时代，但其经济增长率并没有显著的提高，而是接近于程式化事实所表明的 100 多年来 3% 的稳定的长期增长率。

实际上，前面对国民收入核算统计变量的分析都可以用于对这种以生产函数为基础的新古典增长理论的批评，比如，统计中的资本并不是机器，GDP中工资和利润的比例并不能代表劳动和资本的产出弹性，异质的资本品和产出是不能加总的。但我们这里要强调指出的是，索洛在上述采用生产函数的测算中犯了一个极其简单的错误，即按照国民收入核算的统计原则，花 1 美元一定会有 1 美元的 GDP，从而投资支出是 1 个亿，GDP 一定有 1 个亿，而索洛却把投资乘上 0.25 来说明投资和 GDP 之间的关系，由此当然会得到75%的技术进步的余数。

应用"花 1 美元一定会有 1 美元的 GDP"这种国民收入核算最简单的原理，我们可以对前面的统计资料做出合理的或逻辑一致的解释。为什么美国资本产出比率长期保持不变呢？因为投资就是资本形成，只要假设新增的总支出来自投资，当投资率不变或资本的增长率不变时，资本产出比率必然不变。按照这个推理就可以回答为什么美国的经济增长率长期保持在 3%，因为美国的资本增长率是 3%。为什么各国的资本劳动比率不同而资本产出比率相同呢？因为 GDP 只与总支出中的投资有关，而与劳动这个实际变量无关，从而只要投资对资本的比率不变，资本产出比率在各种资本劳动比率条件下都相同，这与技术进步和机器的改进完全无关。索洛所计算的美国劳动生产率的稳定增长或"中性的技术进步"，只是根据美国名义工资率或货币工资率的稳定增长来计量的，或者说只是货币的统计数据而不能代表实物的劳动生产率。为什么美国长期的利润率保持不变呢？假设 GDP 中工资和利润的比率不变，当资本的增长率和 GDP 的增长率不变时，利润率一定不变。

对于上述回答，人们必然会提出，应用"花 1 美元一定会有 1 美元的 GDP"的统计原理所解释的只是名义 GDP，而不是实际 GDP。确实，我们以上所解释的只是由货币表示的名义量值，但是是否出于巧合，按照美国长期的统计资料，从 1850—1950 年美国的物价水平基本上是不变的。[①]这样，我们只要解释了名义 GDP，就等于解释了实际 GDP。

按照前面对国民收入核算统计变量的分析，根本就不存在与新古典生产函数分析相对应的实际变量。在实际中，我们可以找到生产各种具体产品的投入和产出的技术关系或微观生产函数，但它们绝不可能加总为总量生产函数，换句话说，人们不可能得到关于总量生产函数的任何技术上的数据，如

---

① Friedman. A Monetary History of the United States, 1867-1960[M]. Princeton: Princeton University Press, 1963.

果问主流经济学家这些生产函数的数据从哪里得来的，回答只能是来自货币量值的统计数据，那么为什么不从货币的角度去解释这些数据呢？

由于 GDP 只是货币的交易增加值，我们完全可以从货币的交易方程式 MV＝PT 和 MV＝GDP 出发来讨论 GDP 的决定。弗里德曼和施瓦茨在《美国货币史》一书中通过对统计资料的整理显示，美国从 1860 年至 1950 年期间，货币供应量的增长率是稳定的，大约为 6%，这样，只要假设货币流通速度不变，即可以解释为什么美国 GDP 的增长率长期保持稳定。为什么美国 20 世纪 90 年代的技术进步对经济增长率几乎没有影响呢？因为商业银行在给企业贷款时根本不考虑技术，他们也不需要知道任何的生产函数的技术关系所依据的只是企业是否有价值计量上的抵押品或作为抵押的资本。比如计算机的速度按照"摩尔定律"成倍地增长，是否商业银行会据此向计算机厂家贷款呢？显然不是。银行只是根据企业能够提供作为抵押品的原有资本存量的价值进行贷款，计算机速度提高了也只能降价。

自索洛开了使用总量生产函数的先河之后，众多的经济学家和他们的学生沿着索洛的分析发表了成堆的文献，来测算各种要素的生产率和全要素生产率。然而，这种总量生产函数的方法并不好使，如果换个角度看前面索洛对经济增长的计算，"索洛余值"（技术进步所占的份额）怎么看怎么都像是一种误差。换句话说，这种增长理论与实际的误差要达到 75%。实际上，许多经济学家的研究都是在试图填补这个巨大的误差。丹尼森开了个头，把索洛公式中的技术进步项（A）换成了教育和研究与发展费用投入，这样就可以找实际的数据进行测算了。

1999 年，一位在国外任教的中国籍学者用丹尼森的方法对我国教育投入和经济增长之间的相关性进行测算，即用经济增长率减去投资增长率乘（利润份额表示的）产出弹性，再去除以教育经费，其结果是，在中国教育投资增加 1 元，GDP 将增加 46 元。人们一定会问，投入 1 元怎么会产出 46 元，因为如果这是真的，中国实际 GDP 的增长率完全可能比现在高几十倍（即把投资完全用在教育上），这显然是不可能的，因为花 1 元钱只能增加 1 元 GDP。现在几年过去了，学生交的学费成倍增长，已经到了交不起学费的地步了，但中国的 GDP 增长率却下降了。在主流经济学教科书中，通过经验数据来说明人均 GDP 高的国家有更高的教育或"人力资本"投入，由此表明技术进步对经济增长的贡献。然而，这却是一个滥用生产函数的典型例证，因为教育支出只是教师（科研人员）的工资，而教师的工资必然是随着人均GDP 一同上升的或成比例上升的，因此根本不用查阅统计资料也可以说出人均 GDP 与教育支出之间的稳定比例关系。

在凯恩斯建立起宏观经济分析体系之后，正是索洛采用总量生产函数的方法使新古典理论与实际重新获得了联系，由此在经济学界开始了应用总量生产函数来解释国民收入核算的统计变量，几代经济学家并驱使他们的学生去从事这种根本不存在的总量生产函数的演练。①由于生产函数中的那些变量之间并不存在理论或逻辑上的联系，经济学家只好借助数学来寻找统计规律，数学界的最新研究成果往往在经济学中首先被应用。实际上，这种在经济学中大量使用数学的努力已经被经验证实是不成功的，成堆的用生产函数进行经验数据推导的文献几乎没有应用价值。列昂惕夫（1983 年）在一篇文章中说，作为主流经济学基础的新古典理论，是在 19 世纪 70 年代由几位数学家和工程师发动的一场"边际革命"完成的。具有讽刺意味的是，在边际革命 100 多年后的今天，诺贝尔经济学奖的获奖名单中出现了许多的数学家和"工程师"，这难道不值得经济学界反思吗？

三、新古典理论——没有竞争的市场经济理论

随着我国的经济体制改革向市场经济的转化，必然要寻找能够解释市场经济运行的理论，而目前经济学中统治对现实经济问题研究的正是这种居主流地位的新古典理论，这一理论不仅解释市场的供求和相对价格的资源配置，而且解释了所有的国民收入核算的统计变量，新古典理论从 1870 年的"边际革命"至今的 130 多年对经济学的统治中，形成了强大的思想意识和观念，支配着西方学术界、政界和实业界人们的思维和观念。我国在改革开放之后，人们不可能不受它的影响乃至支配，因为目前并没有一种能够与之竞争的理论。正因为如此，我国改革开放以来人们形成了一种观念，西方经济学是解释市场经济的（资本主义经济），马克思经济学是解释社会主义经济的。但事实上恰恰相反，从理论基础上讲，西方经济学是解释（社会主义）计划经济

---

① 在前不久的一次中国经济学年会上，一位在美国任教的中国学者把这种演练称为"填空"，即中国学生现在要做的事就是把主流经济学的方程式拿来，然后填上中国的数据。

的，虽然它是要解释并正在解释资本主义市场经济，但其解释是错误的。同样，马克思经济学毫无疑问是要解释资本主义经济的，虽然它被苏联理论借用于解释那个时代的社会主义经济（其解释在我国传统体制时期对我国学术界产生过极大的影响），但这种"苏联传统"对马克思经济学（以及对社会主义经济）的解释是完全错误的。

19 世纪 70 年代的"边际革命"彻底扭转了以斯密和李嘉图为代表的古典经济学的研究方向，即以社会关系为基础来研究资本主义经济中的竞争、收入分配和以统一利润率为基础的市场调节过程，而转向了以资源配置为核心的技术关系的研究。对新古典理论的最简单的表述是，给定资源和人们的消费偏好，可以求出符合人们偏好的产出最大化的解，这种最大化的解可以用相对价格来表示，因而新古典《微观经济学》教科书又称作相对价格理论。

前面曾对生产函数进行了激烈的抨击，但只是指总量生产函数，就资源配置问题而言，新古典《微观经济学》教科书中生产函数、效用偏好和相对价格理论是完全正确的，如教科书所表明的，任何社会要使资源得到最有效的配置，都要遵守这些原理，或只有按照这种相对价格才能使资源得到有效配置，我们对此是毫无疑问的。在获得了这种最大化问题的数学求解之后，新古典经济学家试图把这种理论应用于现实的市场分析，即由瓦尔拉斯所提出的一般均衡理论，其基本命题是，在一个分散决策的经济中，每个人都按照个人利益最大化的原则行事，通过市场供求和相对价格的变动使整个经济的资源配置达到这种最大化。

可以说，新古典理论对资源配置和相对价格的研究对于解释市场经济的运行也是重要的或有用的，但绝不是最重要的。新古典经济学家把这种逻辑证明应用到了对现实市场的解释，并误认为就是对现实的市场经济运行过程的描述，最典型的例证就是把它与斯密的"看不见的手"联系起来，认为对一般均衡的证明就是对斯密"看不见的手"或现实市场经济运行的证明。但这却是一个天大的错误，斯密的"看不见的手"或现实市场经济的运行是建立在竞争基础之上的，而在新古典一般均衡理论中根本就不存在竞争，或者说不可能存在现实市场经济中的竞争。

人们对此一定会有疑问。你说的不对吧，教授在课堂上讲《西方经济学》时是非常强调竞争的，这里有自私自利的"经济人"，有利润最大化的厂商，有供求竞争，还有完全竞争和垄断竞争等等，不仅有竞争，而且还有自由竞争产生的资本主义经济的分配制度，即工资、利润和企业家的收入，而且这位教授一定会采用"新古典的竞争原理"把现实中竞争的无情和残酷讲解得淋漓尽致，并告诉学生只有在《社会主义政治经济学》教科书中才不讲竞争了，而且反对由竞争产生的这种收入分配。然而，这里如果真的要为新古典理论辩护的话，上述说法却是对新古典理论极大的误解和歪曲。如前所述，第一，新古典理论是一种资源最优配置理论，其收入分配理论所说的只是要素价格的决定，或者说资源的最优配置必须按照表示要素稀缺性的相对价格进行；第二，对一般均衡的证明所表明的是，在分散决策条件下可以通过供求和价格信号传递信息，当然，这需要严格的假设条件，如瓦尔拉斯所说，如果有一个拍卖者就更容易达到均衡了。但是，这里并不存在那位教授所讲的竞争。

关于竞争，可以说所有的经济学家都会给予极大的关注，穆勒在150年前就说过，竞争是构成经济学的核心概念。关于新古典一般均衡理论是否可以加入竞争或描述现实的竞争过程，在经济学界一直存在着争论。这里不打算涉及这些极为复杂的争论，而是沿着前面关于国民收入核算统计指标的分析来说明这一问题，即：在前面所表述的新古典理论中根本就不可能存在一种总量，更不可能存在由货币表示的国民收入核算体系中的各个变量之间的关系，从而不可能存在现实中人们围绕着货币或以争夺货币表示的价值（总量）为目的所进行的竞争。

如上所述，新古典理论是一种相对价格理论，相对价格则表示要素的稀缺性和人们的消费偏好之间的关系，相对于给定的偏好来讲，哪一种要素越稀缺它的价格就越高，从而根据要素可以替代的假设就可以按照相对价格配置资源了。显然，在这个理论中是不需要总量的，资源的最优配置只要有相对价格就可以了，而且它不可能得到总量或有意义的总量。道理很简单，把两个表示稀缺性的相对价格加在一起是什么意思呢？又能够表示什么或有什么用呢？一个有说服力的证据就是，在整本《微观经济学》教科书中根本就没有出现任何总量，新古典理论的基本原理已经完整地表述了，在凯恩斯之前的马歇尔的《经济学原理》中也根本没有总量。对于货币，在主流经济学教科书中只是交易媒介或为了便利交易而使用的，除此之外没有其他用途而不会被人们作为财富持有。如在《微观经济学》中就没有货币，在凯恩斯之前的经济学教科书中也很少讲到货币，在现代《宏观经济学》教科书中货币也只是表示价格水平的名义变量。

当我们证明了在新古典理论中不存在总量和具有实际价值的货币后，新古典理论的竞争概念和理论就清楚了，在严格的意义上讲，它只能是为了传递信息，因为这里根本就不存在可竞争的其他目的。试问，在新古典模型中人们竞争是为了什么呢？如果你问现实中的任何人，他们都会明确地告诉你，竞争是为了钱或货币，为什么要追求既不能吃也不能穿的货币呢？因为它代表着成就和社会地位，而且具有无情的支配力，但如果去问严格推理的新古典理论（而不是新古典理论家）它又能告诉你什么呢？因为在它的理论中人们所追求的只是实物产品，至多是现在消费还是未来消费，而不会再有其他的了。这样，我们可以清理新古典的竞争概念了，自私自利的"经济人"只能表示出他们的消费偏好，利润最大化的厂商只是按照要素的相对价格和替代原理去获得最大产出，供求和价格只是传递信息，工资、利息和利润只是要素价格，而那位教授讲的实际中所有的事在这里是根本没有的，而是他自己加进去的。多少代新古典经济学家就像那位教授一样，不断地把实际中的东西加到讲义里，然后告诉学生这个理论就是对现实的描述，然后学生再照此告诉他的学生们，所有的人就都误以为真了。

然而，这种"理论联系实际"的方法必然会导致逻辑错误，因为那位教授只有偷换概念才能把原来没有的东西加进去，比如我们前面讨论国民收入核算的统计变量时表明的，所有这些变量与原来新古典理论中的概念都是完全不同的，在马歇尔那里，土地是要获得地租的，但在总量生产函数中，土地和地租已经没有了，而是把实际上的土地叫作资本了，并告诉人们这是机器。当把概念偷换了且依然使用原来的原理，不仅逻辑上是错误的，而且不可能和经验事实相一致，如上述索洛的经验检验就出现了 75% 的误差。

导致新古典理论与现实之间巨大差距的原因就在于，新古典理论所讨论的只是技术关系的资源配置问题，而实际中的这些国民收入统计变量是由资本主义特殊的竞争规则所产生的货币价值组成的，借用马克思的话说，在新古典的相对价格中不包含任何价值的原子（只有使用价值），从而不包含任何竞争的原子。更进一步，经济学所要研究的或目前经济学家所面对的现实问题并不是技术上的生产函数问题，这些问题是工程师的事（数学家可以帮助解决），经济学所要研究的是由社会关系所决定的竞争的博弈规则，对于特殊的市场经济或资本主义经济来讲，经济学所要研究的是这种人们为获取金钱的竞争，其目的是要通过修改游戏规则而把人们之间残酷的竞争和仇视变为一种有益于所有人的游戏，以技术关系为基础的新古典经济学不可能适合于承担这种研究。①

（本文原载于《经济学动态》2006 年第 7 期）

---

① 新古典理论的研究或许更适合于一个社会主义的计划经济，因为在他们设想的社会主义计划经济中是没有竞争的，无怪乎新古典理论的资源配置原理在苏联有许多经济学家进行研究并加以利用，如康托诺维奇的线性规划的研究在我国计划经济时期也受到很大的重视，但其应用只能是在一个设想的而不是现实的社会主义计划经济中。在新古典理论诞生不久的 1883 年，维赛尔就提出这种资源配置理论可以直接用于社会主义计划经济，即通过计划委员会来获取信息和进行计算，以后的帕累托（1901 年）和他的学生巴罗尼（1908 年）更是阐述了一种计划经济的解决方案。

新古典生产函数的质疑与货币量值的生产函数

摘　要：新古典理论以生产函数和效用函数为基础，建立了技术关系的稀缺资源有效配置理论，其核心是表明商品和要素稀缺性的相对价格。生产函数在微观尚可应用，但并不能用于解释总量经济和经济增长与波动问题。尤其是总供给完全取决于实物生产函数的投入产出关系，这与总需求分析所采用的货币支出是不协调的。货币量值的生产函数的推导表明，总供给只是企业的货币成本函数而不联系到技术上的投入产出关系，而所有的国民收入核算中的货币量值都只是表明人们经济关系的名义变量，而与实物的技术关系或生产函数是完全无关的。

关键词：新古典生产函数；货币量值的生产函数；自己的利息率

新古典生产理论，主要研究的是在给定生产函数的情况下，以利润最大化理论为基础的投入需求函数和产出供给函数的特征。正如希克斯的《价值与资本》（1946 年）和萨缪尔逊的《经济分析基础》（1983 年）中所阐述的，经济学中的生产函数以利润最大化为基础，生产函数理论的目的在于用最优化的生产者行为的限制来表征需求和供给函数。然而，商品市场和要素市场是完全竞争的公认但不实际的假设。[①]这是生产函数在微观经济学中的应用。随着凯恩斯革命的爆发和宏观经济学的发展，新古典的生产函数在宏观经济学的发展过程中也逐渐充当了宏观经济学的微观基础。生产函数在理论和实际应用中的缺陷和先天不足也逐渐暴露了出来。

---

① 参见米温·A. 弗斯：《生产函数和成本函数》，载《新帕尔格雷夫经济学大辞典》第三卷，经济科学出版社 1992 年版，第 1065 页。

一、新古典生产函数及技术、资本

1. 生产函数。在新古典的厂商理论中，所谓的生产函数是在现行的可以自由运用的有关投入与产出之间关系的技术知识条件下，从技术上可行的各种实物投入组合中能够得到的实物产出的最大值。其中一个严格假定即厂商追求利润最大化，这样，传统的厂商理论便通过边际生产力方程的变换来求取投入需求函数。新古典经济学对生产者行为建立经济模型的传统方法，都是从假设生产函数是可加的和齐次的开始的。在这些限制条件下，需求函数和供给函数可以很明显地从生产函数和生产者均衡的必要条件中推导出来。因此，投入需求函数和产出供给函数的特点取决于生产函数的特殊性质。通常给出的生产函数形式为 $y=f(x, t)$，其中 x 为投入向量，t 是技术变量。当然还可以推导出规模收益、生产要素份额、价格弹性和替代弹性，以及技术变化的指标。

在新古典的大量文献中，生产函数经验估计的主要精力集中在找出变通的函数形式。最著名的生产函数是列昂惕夫生产函数和柯布-道格拉斯生产函数，它要求对投入要素间的替代模式进行事先限定，尤其是要所有投入要素之间的替代弹性等于 1。[①]这种传统的方法被道格拉斯等人用于经验研究近二十年。后来希克斯引入技术变化偏向，作为技术变化对投入要素需求模式影响的量度。

2. 技术和技术进步。古典学派与新古典学派很大的一个分歧就在于技术，古典学派反对边际效用的分析方法，如马克思认为资本是一种预付，利润的来源联系到社会关系，收入分配是独立于技术关系的。而新古典则认为技术决定生产中的投入产出比例，利息率是表示资源稀缺的指数，收入分配中根据技术决定的要素投入比例各自得到自己的边际产品。新古典关于技术进步的研究由于采用对生产过程的影响为中性或改变投入/产出关系的新技术所引起的生产函数变化的过程和结果。技术进步的中性可根据它对某些经济变量的影响来衡量，这些经济变量在技术变化时保持不变。

---

① 参见戴尔·乔根森：《生产函数》，载《新帕尔格雷夫经济学大辞典》第三卷，经济科学出版社 1992 年版，第 1072 页。

新古典理论在采用生产函数解释经济增长的经验研究上存在很大的缺陷，比如索洛在 1956 年的《技术变动与总量生产函数》一文中，采用总量生产函数的方法和非体现技术进步的假设，把技术变动和资本积累对产出增长的作用分离开来，用于对经验资料的分析，并由此得出结论：产出的增长主要取决于技术进步，而资本的增长所起的作用是有限的。这种用生产函数的余数法测量的技术进步实际上所表明的是新古典理论与现实的误差。余数法作为一种经济增长因素的分析，如果用在劳动或自然资源上似乎是无可非议的。然而，如果把这种分析用在资本上，问题就不是如此简单了。这是因为，在分析中假设劳动投入不变，在增加的产出中划分技术进步和资本的贡献是困难的，资本的增加必然使资本与劳动的替代弹性和产出弹性发生变动。这种非体现的技术进步构成了新古典的增长理论分析的基础，并用于阐述新古典的主要命题。索洛（1957 年）、米德（1961 年）、萨缪尔逊（1976 年）等人正是用这种分析方法来阐述新古典的收入分配、技术选择等问题，甚至用于解释卡尔多的程式化事实。这已经不是估算的误差问题而是一种逻辑上的错误。①

3. 资本。在古典学派理论中，资本是一种预付，即资本家所支付的工资和购买的资本品，由于资本品是过去的劳动生产的，从而资本品只是过去预付的工资，这里并不存在新古典作为生产要素的资本。资本家预付工资的目的是获取利润。在新古典理论中，资本被作为与土地和劳动并列的生产要素，但在国民收入核算体系中并不存在土地这样的生产要素，地产价值被计入资本存量里面。统计表明，地产在总资本中的比重在长期是稳定的，土地价格是随经济增长率稳定上升的。这与新古典的实物资本和资本积累概念是格格不入的。当现实国民收入核算体系中的资本不是机器，新古典理论就失去了解释力。

富兰克·普伦普顿·拉姆齐在 1928 年写作的《储蓄的数学理论》中提出了他的拉姆齐模型，创建了索洛之前约 30 年内的新古典增长理论。拉姆齐假设了一个只存在一种商品的世界，具有资本存量的劳动将带来一种产出流量，产出的一部分用于消费，余额部分用于储蓄，从而加入资本存量。拉姆齐确定了最优积累和最优增长的基础，并确立了储蓄和利率的建设性理论。随着增长理论的发展，一个长期均衡的概念产生了，即稳定的增长。萨缪尔森和

---

① 参见柳欣：《资本理论——价值、分配与增长理论》，陕西人民出版社 1994 年版。

索洛在 1956 年扩展了拉姆齐模型，用来解释异质品的加总，从而引起了对资本理论的一场大的论争。在拉姆齐的跨期均衡模型里，被证明成立的只是单一商品的假设，在两个部门里则很难成立。

二、新古典的总量生产函数和加总难题

新古典理论以生产函数和效用函数为基础，建立了技术关系的稀缺资源有效配置理论，其核心是表明商品和要素稀缺性的相对价格，这种相对价格也是稀缺资源有效配置的指数。该理论所要研究的是资源配置问题，即给定偏好和技术，可以求出最优解。但问题是，这些关于资源配置的命题能否用于总量经济的研究上，即能否用于宏观经济学所要解释的经济增长与经济波动，以及用于国民收入核算的所有数据与变量中。从 20 世纪 50 年代开始，人们广泛使用总量生产函数 $Y=f(K, L)$，并把它作为所有统计数据的基础，宏观经济变量如 GDP、资本投入、劳动、工资、利润、利息等也都以总量生产函数为基础。实际上，资本的加总问题是新古典理论生产函数建立的重要基础之一，这涉及复杂的资本争论。

在 20 世纪 50—60 年代由罗宾逊和斯拉法所引发的剑桥资本争论中，当新古典学派试图解释总量生产函数时遇到了逻辑悖论，即新古典理论只在单一产品模型中有效，不能扩展到异质品模型，或者说无法在异质品模型中加入统一利润率的假设来保持新古典理论生产函数和收入分配的命题。关于异质品模型中的加总问题，经济学家实际上早就提出过疑问并得到了明确的结论，即只有在稳定状态条件下（所有变量的同比例增长）才能获得总量指数。新古典的相对价格理论与异质品条件下的总量宏观经济理论是不相容的，一个简单的道理是，新古典的相对价格理论已经能够解决资源配置问题了，这里既不可能也根本不需要总量理论。而把异质的资本品和消费品加总为一系列总量是新古典经济学家创造的神话，即所有国民收入核算体系的总量指标都可以表示为实物的加总而与名义变量的价格水平区分开来，比如实际 GDP 和名义 GDP 的划分。之所以称为"神话"是因为，这种根本不存在的总量经过新古典经济学家的课堂训练已经为所有的人所认可和在实际经济中应用。这似乎应验了凯恩斯的话，政治家们只是为经济学家的思想所左右。就新古典的资源配置问题而言，这里只需要微观生产函数，资本品也只是其实

物单位而根本就不需要价值单位来进行计量，更不需要统一利润率的假设。而且，在瓦尔拉斯一般均衡模型中也绝不存在总量生产函数和总量的收入分配关系以及其他宏观变量。新古典经济学家之所以采用总量生产函数和统一利润率的假设，是因为现实的国民收入核算体系的统计变量正是这些总量，统一的利润率也是现实竞争中的规律。新古典经济学家为了解释这些现实，就直接把微观生产函数和新古典的资源配置分析完全套用在这些宏观总量上，而这些宏观总量与新古典的技术分析是完全无关的，由此导致了严重的逻辑矛盾。这里需要提到的是，不仅异质的资本品不能加总，异质的消费品也不能加总为一个同质的总量来表明实物产出的变动。1962 年资本争论后，萨缪尔森在他的一篇文章中承认，以总资本投入为依据的总量生产函数是个"神话"。①

尽管如此，新古典还是推导了两种加总异质品的方法。一种方法是相对价格加总，即选取一种商品作为价格标准，其他商品按照这一商品的价格进行折算，然后再相加；另一种方法是收益现值法。1953 年罗宾逊所写的论文《总量生产函数与资本理论》中提到 K 是如何得到的这样一个问题。各种资本品是异质的，如何能把它加总成一个总量，这种加总问题也是剑桥资本争论的核心问题。由于劳动时间或劳动人数被作为衡量劳动的单位，所以劳动可以被认为是同质的。但资本就无法按照同质品划分了。计量资本的方法在实际中往往是用收益现值法来计算 $K=R/i$。例如，我们可以得到货币收益，因为找到一个宏观的比例关系就可以解决这个问题。在瓦尔拉斯均衡中有一个交换比率，存在一个取决于供求的相对价格作为计价单位，就可以把这些相对价格加总。但是能否用这种加总的方式得到总资本呢？答案是否定的，因为资本可以带来收益。在新古典理论中，储蓄是放弃现在的消费，这些用来储蓄的资本在未来就可以带来收益。由于各种不同质的资本品所带来的收益都不相等，因此也就无法进行加总。现实中的资本虽然用收益现值法进行加总，但这里存在一个问题，如果我们想要知道资本的数量，就必须知道利息率 i，才能用公式 $K=R/i$ 来计算资本数量，但利息率 i 的大小又取决于资本的数量，因此这里就形成了一个循环的推论。这在根本上就否定了生产函数在总量经济中应用的可能性。

---

① Samuelson, P. A. 1962. Parable and realism in capital theory: the surrogate production function. Review of Economic Studies 29, P193.

三、"自己的利息率"和凯恩斯加总的方法

凯恩斯在《货币论》和《通论》中都对国民收入核算中的加总问题进行了分析，表明只有采用同质的工资单位和货币单位才能进行加总。斯拉法在1932年的一篇文章中，提出了货币的自己的利息率（own-ratesofinterest）这一概念，凯恩斯由此得到启发，在《通论》中专设了一章（第17章）来讨论货币自己的利息率，作为他的宏观经济学和货币理论的基础。遗憾的是，无论是凯恩斯还是斯拉法，都没有用自己的利息率来表明加总问题，而这一问题对于资本理论争论的逻辑至关重要。自己的利息率概念将为异质资本品的加总提供一个方法，从而构成货币量值生产函数成立的基础之一。

假设有两种产品，小麦和燕麦，它们都可以用于资本品（如种子）和用于消费，用于资本品时的技术关系由新古典生产函数所决定，但两种产品同时带来的边际产品或边际生产率是不同的（当然还可以假设两种产品的边际产品是相同的，然而人们对于两种产品的偏好、从而有时间的相对价格或期货价格是不同的）。这样，两种产品在一定的时间中的各自的利息率是不同的。给定人们对两种产品消费的时间偏好，将获得这两种产品用作资本品的时际均衡模型。这里并不存在统一的利息率，因为小麦和燕麦都有自己的利息率，它们取决于两种产品各自的边际生产率和人们的消费偏好与时间偏好。这里把这种各自不同产品的利息率称为"自己的利息率"，它与新古典的边际生产率和时间偏好的概念是一致的。在这一模型中，因为各种资本品不是同质的或不存在各种资本品的资本化价格，从而不能使用一个价值单位来计量而获得总量，这是问题的关键。在上述模型中，为了得到总量，我们可以任意选择一种产品的自己的利息率作为一般利息率，比如可以把小麦的利息率作为一般利息率，然后用小麦的收益率或一般利息率去贴现燕麦的收益率，从而获得燕麦的"资本化的价格"。这即是一般的贴现率公式，即资本品的价格等于其收益除以利息率（$K=R/i$，K 为资本存量价值，R 为资本品的收益，i 为利息率）。这样，当采用一种利息率来贴现资本品的价格，即可得到各种资本品的统一的价值单位，并且可以获得统一的收益率或利息率。如可以通过小麦和燕麦的相对价格的变动使燕麦与小麦的收益率均等，或者使燕麦的收

益率等于小麦的利息率或一般利息率。①

任何一种商品都存在自己的利息率，但将什么作为衡量其他物品利息率的标准呢？凯恩斯认为，由于货币本身的利率不容易下降，而且要有新的资本产生，其边际效率必须达到本身利率的最大，所以货币的利息率是"利率之王"，可以"支配其他利率"的利率。②凯恩斯的货币自己的利息率的特性联系到货币的性质，即在货币经济中，所有的契约都是用货币来规定的，其中最重要的是工资单位，这使得货币和货币利息率成为计量单位，货币的灵活偏好也正是由此产生的。当工资单位和其他资产的价值变动时，只有作为计量单位的货币的价值不变，从而也只有货币能够充当交易媒介的手段，这种货币作为一般的计量单位和交易媒介是与货币契约特别是工资契约联系在一起的。因此，货币的流动偏好并不是依赖于不确定性、技术和心理因素，而在根本上是依赖于特定的货币经济制度。③

四、货币量值的总量生产函数

1. 凯恩斯的就业函数。在《通论》中，凯恩斯的总供给函数 $Z=\varphi(N)$，表示就业量N与其相应产量的总供给价格的关系。就业函数 $N_r=F_r(D_{wr})$ 是总供给函数的反函数，用于表示有效需求（用工资单位计算）与就业量之关系。④其中，一厂或一业的以工资单位计算的有效需求为 D_{wr}，所引起的就业量为 N_r。为了更具有代表性，凯恩斯把 D_{wr} 作为总有效需求 D_w 的唯一函数，所以可以把就业函数写为 $N_r=F_r(D_w)$。其含义为，设有效需求为 D_w，则 r 工业所提供的就业量为 N_r。凯恩斯认为，就业函数比一般的供给曲线更容易处理全体产量的问题。这是因为，研究一个商品的需求和供给曲线时，必须先假定社会的其他部分所得不变或者工业全体的产量固定不变，否则会影响所研究的这种商品的需求和供给发生变化。而在研究许多工业对总就业量引起的改变时，根据假定不同，会有两种以上的供求曲线。如果使用就业函数，

---

① 例如，小麦和燕麦的自己的利息率分别为5%、10%，那么，可以通过使燕麦的价格为小麦的50%，则按小麦价格计算的燕麦的收益率就将与小麦的收益率或一般利息率相等。同样，我们也可以把燕麦自己的利息率作为一般利息率，从而当小麦的价格是燕麦的两倍时，它们的收益率是均等的。

② 参见凯恩斯：《就业、利息和货币通论》，商务印书馆1983年版，第190页、第241页、第242页。

③ 同上。

④ 同上。

就可以方便地反映出总就业量的变化。假设消费倾向不变,当投资量变化时就业量也会变化;如果有一个以货币工资计算的有效需求量,必有一总就业量与此相应,而此有效需求必按一定比例分配于消费和投资。当知道了总有效需求量,即可知道各业中的就业量,由于就业量是可以相加的,只要把各业的就业函数相加,就可以得出总的就业函数:$F(D_w)=N=\sum F_r(D_w)$。

在凯恩斯的总供给函数中,省略掉一个很重要的因素,即资本存量。这样,就很难体现资本及资本的边际效率在总供给函数中的作用以及对有效需求的影响。凯恩斯在他的投资理论中,曾经提到过资本存量。也就是说,资本家的生产要素为资本和劳动力两部分,上年的投资即转化为资本存量,由此和雇佣工人的货币工资共同构成生产成本。因此,资本存量应该加入企业的成本收益计算中。

2. 货币金融体系和内生的货币供给。不同于传统经济学家在经济分析中使用实物单位,凯恩斯在《通论》中采用的都是用货币表示的名义变量,从而把真实经济分析纳入货币分析之中,进而分析整个货币经济的特征。这是凯恩斯经济理论真正意义上的革命。凯恩斯在《货币论》(1930 年)中的基本方程式 $W+P=C+I$ 实际上就表示了经济的一个总量。因此,对于国民总收入的加总,完全可以采用货币量值,从而彻底抛弃实物的生产函数。作为决定这些统计数据基础之一的是企业的成本收益计算,另一个是货币供应量的决定,即商业银行的决定作用。但是,在凯恩斯的《通论》里面,缺少对货币金融体系的完整论述,从而并没有把商业银行和企业的成本收益联系起来。然而,用于竞争的市场经济特性和资本主义的生产关系是货币量值而不是实际量值,决定了企业的生产是根据成本收益计算进行的,由此整个社会的总供给或总需求是由整个社会的企业的生产选择决定的。

市场经济中,商业银行的资产负债表和企业的资产表是连接在一起的,它们可以组成一个整的资产负债表体系,来决定国民收入中的所有货币量值。假设全部经济划分为两个部分:商业银行和企业,企业的投资完全来自商业银行的信贷。企业得到银行的贷款以后,用贷款购买资本和雇佣劳动后,这笔贷款转为企业的资产,而企业进行购买活动以后,这笔贷款又流入银行成为银行的负债。企业又可以获得贷款并转化为资产……这个过程可以一直持续下去,从而可以使银行和企业的资产与负债无限地增加。①如果货币供应

---

① 柳欣:《资本理论——有效需求与货币理论》,人民出版社 2003 年版,第 46 页。

量无限制扩大，就会使名义 GDP 无限大。但是，决定这种货币供应与需求量的是货币的利息率。因为企业还需要向银行支付利息，而利息必然转为贷款，这样即可以通过贷款和支付利息使银行和企业的资产负债表成为一种有规则的资本存量与收入流量的模型，从而决定货币的供给和需求。

采用国民收入核算方法，按照利息率一年期计算，那么就可以把银行和企业的资产负债表划分为两部分：当年之前发行的货币或债务都需要支付利息，并且把银行当年以前发行的货币称为资产；而当年发行的货币则用来支付利息，这部分可以成为收入流量，也就是名义 GDP。这样，给定利息率，资本存量与流量之间将存在一种关系，即如果银行在当年增加的货币供给大于给定的利息率应付的利息，则企业在支付利息后尚有剩余的利润，从而增加其对贷款或货币的需求增加；如果银行适应货币需求的增加而增加货币供给，则剩余的利润会更多并使货币需求增加。反之，银行的货币供给小于给定利息率下的利息支付，那么企业会亏损而不能支付利息，从而引起货币需求的下降，银行会减少货币供给使得企业更加支付不起利息和归还贷款。这样，银行的货币供给和企业的货币需求将依赖于利息率或利润率，如果长期中货币利息率不变，那么资本存量与收入流量的比率在长期将是稳定的，从而经济增长率和资本存量的增长率或资本—产出比率将是稳定的。分析表明，资产和收入都是一种负债，而保持这种资产负债关系的基础是存量与流量的划分和二者比率的稳定性。由于资本主义经济信用关系的基础是资产抵押，而资产的价值取决于收入流量，当资本存量与收入流量的比率脱离了稳定的比率时，正常的资产抵押信用关系将不能保持，由此将导致经济的高涨与衰退；而调节这种资本存量与收入流量比率关系的正是货币利息率，利息率通过调节货币的供求同时调节资本存量与收入流量，以保持资本存量与收入流量比率的稳定。在整个货币金融体系中，一个基本特征，即它可以表明所有宏观变量的决定与技术是完全无关的，而是内生于特定的货币金融体系中，所有的国民收入核算体系以货币量值表示的宏观变量的内在联系在于获取以货币表示的财富增加；企业的成本—收益计算是为了获取以货币表示的利润，而联系企业贷款和家庭存款的商业银行以企业的资产抵押为基础决定货币供给，由此形成内生的货币供给体系。这种观念与主流经济学的外生货币供给截然相反。几乎所有主流经济学的教科书中，货币从来都是由中央银行发行的，但事实上，货币绝不是中央银行发行的，而是产生于资本主义经济关系，中央银行发行货币只能存在于传统的计划经济体制中，而与市场经济是相悖的。一个例子是，美国的中央银行只是在 21 世纪初才成立的，而在这之前，美国的资本主义经济已经运行了两百年，即使在中央银行成立后也完全可以说，美国的中央银行从来也没有发行过货币，货币是中央银行发行的这种说法只是一种神话。①

3. 企业的生产选择。在市场经济中，重要的是企业以营利为目的的成本—收益计算，而这种计算使用的都是用货币价值而不是实际量值。在国民收入核算体系中，除了虚假的物价指数所区分的名义 GDP 和实际 GDP、名义利率和实际利率外，其他所有的统计变量与实物是完全无关的。这里并不存在劳动，只有名义工资，从而根本不存在主流经济学的生产函数关系。就目前的国民收入的加总来讲，这里只有货币支出量值，而不是从生产函数所能推导出的实物产品生产。因此，所有的国民收入核算中的货币量值都只是表明人们经济关系的名义变量而与实物的技术关系或生产函数是完全无关的。当表明了企业的成本—收益计算和货币金融体系的性质，就可以重新讨论总供给与总需求问题。在主流经济学中，总供给完全取决于生产函数，而总需求却是总支出或货币支出，二者是不协调的。在这里，把总供给改为企业以货币量值表示的成本函数，而总需求又取决于企业的成本函数所决定的利润率和收入分配，即投资取决于利润和消费取决于收入分配。收入—支出模型中，有关企业成本—收益计算的因素取决于资本存量的固定成本、取决于工资总量的可变成本和利润。

假设折旧率和利息率不变，不变成本曲线的水平取决于固定成本价值；假设工资率不变，则可变成本曲线为一条向上倾斜的直线（见图 1）。在总支出一方，消费取决于工资总量，投资取决于利润，则给定工资总量和利润，将得到总需求数量，由于图中的坐标分别为价格与产量，从而总需求曲线为一条向下倾斜的双曲线。总供给与总需求曲线的交点决定产出、价格、利润以及就业。企业的投资增加导致总需求和利润增加，从而引起投资的增加。虽然投资的增加可以提高总需求，但投资的增加又会使下一年的固定成本增加。如图所示，FC 曲线将向上移动。这里重要的是总投资中购买资本存量和用于工资支出的比例。当收入增加时，利润将增加，从而引起投资的增加；当经济没有达到充分就业时，工资率将上升缓慢，使投资中用于购买资本存量的部分增加，而当投资用于购买资本存量，就会引起利润的进一步增加，

---

① 柳欣：《货币、资本与一般均衡理论》，《南开经济研究》2000 年第 5 期。

由此导致投资和经济高涨。关键是，当期的投资购买资本存量而引起的资产增值会计入当期的利润，必然会在一定时期使利润和投资增加。由于这种利润的增加只能引起投资的增加，消费则取决于工资的增长，投资的增加又会引起固定成本（折旧和利息）的增加，当投资与消费的比率或投资中用于购买资本存量与工资的比率达到一定的程度，必然导致利润的下降，而利润的下降所引起的投资减少又使利润进一步下降，从而导致经济衰退。

实际上，上述对企业短期成本收益的分析已经表明了有效需求的性质，即有效需求问题来自企业能否获得利润，给定消费函数或假设资本家不消费，则利润取决于企业固定成本和可变成本的比率与收入分配，在投资取决于利润的条件下，当企业按照短期成本函数进行成本—收益计算时，经济一旦脱离了稳定状态，则必然会导致经济波动，从经济衰退到复苏的过程更能表明这一点。

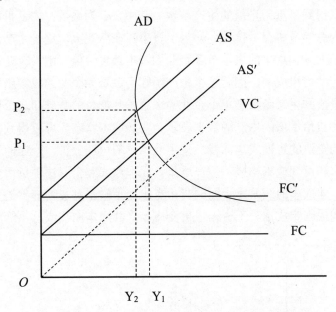

图 1 以成本收益计算为基础的总供给与总需求分析

4. 货币量值的生产函数。为了得到产出和价格，需要一种"虚构的生产函数"。实际上，我们所要采用的生产函数与主流宏观经济学教科书中的生产函数是相同的或类似的。之所以称之为"虚构的生产函数"，是因为我们对这种生产函数的解释与主流经济学是完全不同的。一方面，这种生产函数虽然区分了名义量值和实际量值，但它并不代表真的实物产出的统计，而是货币量值的加总，它依然能够表示出价格水平。这种理论表述与目前的国民收入核算统计相对应，而且这种表述方式也容易表明与主流经济学的区别和表明宏观经济理论中的复杂争论。另一方面，这里用货币表示的实物量值所要表明的依然是货币成本与利润的关系，物价水平的变动也在于这种关系。

对于主流经济学的生产函数 $Y=f(K, L)$ 是需要解释的。在现实中，公式中的实际收入 K 只是货币量值而不是实物数量，劳动 L 是实物量或生产要素，但企业所投入的并不是劳动，而是货币工资，虽然劳动数量或就业影响产出，但企业的成本收益计算所考虑只是货币工资成本。与生产函数相对应的是货币数量论公式 $MV=PY$，当货币总产出得到后即可得到物价水平，但总产出采用工资单位计算的或总产出的计算和意义就在于存在工资单位。这样，我们把生产函数改写为：$Y=aK+Lw$

这样，就得到了货币量值的生产函数。其中，a 为系数，表示折旧和利息成本，K 为总的资本存量价值，w 为工资率。在微观上，这一生产函数可以变为 $Y=aK+Lw$，这里的表示单个企业的资本存量价值，由于企业的生产是由资本和劳动力组成的，因此这个生产函数可以看为企业的成本函数。社会总的货币量值的生产函数是单个企业的加总，其加总的基础即货币值。

采用这种货币量值的生产函数来表示企业的成本状态，可以得到完全不取决于技术的企业的短期成本曲线。采用马歇尔的短期分析，企业的短期成本由固定成本和可变成本构成，但在这里，成本曲线完全取决于货币成本而与技术无关，即成本曲线只是企业的货币支出而不联系到实物产出的变动。折旧和利息构成固定成本，工资构成可变成本，其成本曲线或总供给曲线如图2所示：

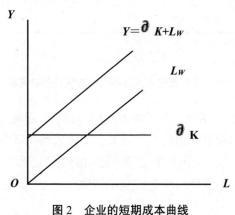

图2　企业的短期成本曲线

在短期，固定成本是一条水平的线，其位置取决于企业的资本存量价值。可变成本由工资决定，向上倾斜的可变成本曲线来自劳动的增加使工资总量增加，可变成本曲线的斜率取决于工资率，工资率提高将使可变成本曲线向左倾斜。从前面对总供给和总需求的重新表述中更容易理解这种生产函数的性质。在主流经济学中，总供给完全取决于实物生产函数的投入产出关系，这与总需求分析所采用的总支出或货币支出是不协调的。在我们的分析中，总供给只是企业的货币成本函数而不联系到技术上的投入产出关系，这使总供给和总需求的分析都是采用货币量值而与实物无关。先不考虑价格水平而只采用名义变量，采用货币量值的生产函数来建立产出与就业之间的联系。首先，给定工资率，假设固定成本的构成和与工资的比例处于稳定状态，则得到产出与就业的关系，即就业与产出为一条直线，其位置取决于货币工资率和工资与固定成本的比例。如图所示：

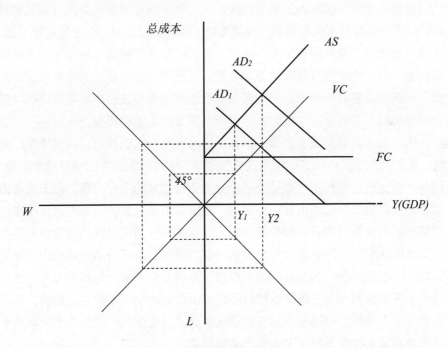

图3 货币量值的生产函数

与工资率所决定的生产函数相对应的是收入支出模型，即 45°线模型。这样，我们可以得到主流经济学教科书中的结论，即给出劳动量，可以得到充分就业的 GDP（等于货币工资率乘以劳动量，再乘以工资与总支出之比的倒数）。当利息率和折旧率给定时，则可以决定稳定状态的增长率，此时工资与固定成本或资本存量之比为一稳定的数值。如果在上述模型中假设刚性的货币工资率，则给定总支出或总需求，将决定短期的就业量和产出或名义GDP，然而，一旦脱离稳定状态，就需要说明稳定状态的调整问题，比如在非稳定状态下厂商对劳动的需求或资本与劳动的替代，否则，给定总支出并不能得到就业量。当经济处于非充分就业时，工资支出与产出也不会成稳定的比例。那么如何决定劳动的需求函数呢？这个问题比较复杂，鉴于篇幅不再展开。这里只给出一个简单的推论。

劳动供给取决于工资率，但同时又取决于劳动者之间的竞争。当给定总工资量，则竞争将决定工资率，即给定充分就业的劳动数量，可以用工资总量除以劳动量而得到工资率。工资总量在某种意义上之所以能够被外生地给定，其原因在于工资总量只是取决于有效需求，而与劳动的边际生产力和劳动的负效用无关。但这种工资率的决定只适合于稳定状态或者充分就业的状态，工资率将随着工资总量的变动而变动。非充分就业时，有效需求也不足，企业只能减少产量和解雇工人。这样，我们把工资率的决定取决于就业状态或失业状态，给定充分就业的劳动数量，工资率将随着就业的增加而提高，而在较高失业率的情况下，劳动需求的增加并不会使工资率大幅度提高，但当经济接近充分就业，工资率将随着劳动需求的增加而提高。

给定企业的短期成本函数，则总支出水平将决定企业对劳动的需求，同时，总支出水平又通过劳动供求决定工资率，从而决定企业的短期成本函数。因此，总支出水平和工资率是决定企业的劳动需求的主要因素。由于总支出水平是由总供给和总需求共同决定的，给定总供给函数，则总支出水平取决于居民的消费支出和企业的投资支出，这里并不是同义反复，因为企业的投资支出取决于特定的总供给与总需求或有效需求状态。劳动市场的均衡正是来自企业以货币量值为基础的成本收益计算和有效需求而与技术无关。这一劳动市场的模型与 45°线模型和前面的货币量值的生产函数是一致的。只有这种劳动市场模型可以使产出与就业联系起来，就业与产出的关系只取决于工资率和就业量而与技术上的生产函数无关。

参考文献：

1. 约翰·梅纳德·凯恩斯. 货币论[M]. 北京：商务印书馆，1997.

2. 约翰·梅纳德·凯恩斯. 就业、利息和货币通论[M]. 北京：商务印书馆，1994.

　　3. 柳欣. 资本理论——价值、分配与增长理论[M]. 西安：陕西人民出版社，1994.

　　4. 柳欣. 资本理论——有效需求与货币理论[M]. 北京：人民出版社，2003.

　　5. 伊特韦尔，等. 新帕尔格雷夫经济学大辞典（第3卷）[M]. 北京：经济科学出版社，1992.

　　6. 萨缪尔森. 经济分析基础[M]. 北京：北京经济学院出版社，1990.

　　7. 希克斯. 价值与资本[M]. 北京：商务印书馆，1962.

　　8. Solow R. M.. Technical Chang e and the Aggregate Production function[J]. Review of Economics and Statistics, 1957, 39.

（本文由柳欣与靳卫萍合著，原载于《南京社会科学》2005年第7期）

新制度经济学的困境与出路

摘　要：为了将制度纳入一个统一的分析框架中，新制度经济学利用一系列表现实物的概念术语，力图寻求一套不变的逻辑体系。这使制度分析缺少必要的基本制度背景，因而不能得出正确的制度分析结果。对于企业制度，考虑到资本主义经济的基本制度特征，我们就会得出不同于新制度经济学的一些结论。新制度经济学必须在彻底改造自己的同时弥补主流经济学的制度真空，从而也从根本上改造主流经济学。

一、引言

新制度经济学被束之高阁几十年之后的迅速崛起，反映了经济学界对以新古典理论为基础的正统经济分析的普遍不满。这种不满并不是针对其理论体系本身，在假设的基础上，经过严格的数学推导而得出的正统经济理论在逻辑上是严格而优美的。不满主要来自经济理论失败的经济预测和指导经济时所产生的严重后果。新制度经济学将矛头指向新古典理论不现实假设导致的制度真空，认为新古典失败的记录主要是因为缺乏对制度的分析。在对新古典假设修改的基础上，新制度经济学引入了以交易成本为核心的概念体系，从而将制度分析纳入新古典理论体系之中，并逐渐获得经济学的正统地位。

新制度经济学虽然指责新古典理论缺少对制度的分析，但它并没有否认新古典大厦本身。新制度经济学的分析方法和对经济本质的认识都与新古典理论一脉相承，这也正是新制度经济学者认为优于旧制度经济学的地方（Coase，1999；Williamson，2000）。新制度经济学仅仅是对这座大厦进行了一番装修，并增添了一些家具，便安心地栖息于大厦之内，从来没有准备更改大厦的基础，这也正是其得到正统经济学承认的原因。正是由于新制度经济学仅仅是新古典理论的一个添加成分，所以它研究制度只能是对"制度"本身进行分析，而不能将制度与一般经济分析融合起来，为新古典理论提供一种新的分析基础和起点。该理论实质上并不是"制度经济学"，而只能是"制度"的经济学。

新古典经济学理论上的缺陷和应用中的失败确实根源于其分析中制度的缺失，但这种缺失并不仅仅是没有对制度进行分析，还在于对经济的一般分析中没有制度背景。以新古典理论为基础的正统西方经济学的分析对象实际上是技术问题，在那里，没有执行生产的组织，实际经济中的厂商仅仅是资本生产要素的所有者，生产抽象为生产函数，表示劳动力和资本等物质投入与实物产出之间的技术关系，生产参与各方按照边际生产力获得各自的报酬，所以，资本所有者（厂商）没有必要进行成本收益计算；消费简化为由个人偏好所决定的效用函数，预算约束反映了生产对消费的影响，由于萨伊定理，这种影响只能是单向的；各个市场出清时，这两组方程决定了一组相对价格，市场就是寻求这组相对价格的"协调合作"过程，该过程的协调机制被称为"竞争"，但它并不是真正意义上的竞争，而更确切地应该称为"合作"。

就技术分析而言，新制度经济学对新古典理论的指责是没有道理的。将生产简化为一组生产函数，消费简化为一组效用函数，市场在寻求出清过程中得出一组相对价格，作为理论抽象，并没有什么不妥的地方，而是理论分析所必需的，由此推导出的理论体系也不存在逻辑上的矛盾。生产中的技术遵循着自然规律，可以适用于任何社会和制度背景，所以对其进行分析不可能也没有必要讨论制度问题。但是，问题在于，经济过程并不仅仅是一种物对物的关系，在本质上更是一种人与人之间的关系，不同的经济具有不同的社会关系和基本制度，决定了不同的行为动机和决策过程，所以，社会关系（或基本制度）应该是经济分析的背景和起点。

新古典理论在经济预测中的失败和实际应用中产生的问题正是根源于此。新古典理论非常适用于完全的计划经济，在这种经济中，整个经济过程都是按照技术上的最优化来配置资源的，生产的最终目的是获得物质产出的最大化，货币或者是不存在的，或者是仅仅用于核算，而不会影响生产的目的和决策。这与新古典理论通过技术关系的分析得出一组相对价格，并通过相对价格调节资源配置是完全一致的。但是，新古典理论主要是用来分析资本主义经济的，这种经济的社会关系和基本制度背景完全不同于计划经济。

在这种经济中，市场交换的深度、广度和复杂度的增加强化了商品之间的内在矛盾，货币作为一般支付手段取得了独立的支配性地位。市场竞争要求所有生产要素都必须以货币的形式进入生产过程。生产的目的是实现货币价值的增值，而不是为了产量的最大化。这里，生产决策可以分为独立的两个过程，一种是技术上的最优化，这一过程由工程师决定；另一种是货币的成本收益计算，该过程由资本家做出。前一过程只是决定生产在技术上是否可行，而实际是否进行则取决于后一种计算。即使一个生产决策在技术上是最优的，但只要它不能带来货币价值增值，该技术就不可能被选中。货币的成本收益计算与技术上的考虑并不是一回事，技术上的选择取决于实际产品数量，而货币成本收益计算则取决于货币供给量。商品的货币价值只取决于货币供给总量，只要货币供给量没有增加，无论产品的产量增加多少，商品的货币价值都不会增加，商品产量的同比例变化只是改变商品价格水平，不同比例的变化只能改变它们之间的相对价格，而货币价值总是不变的。在货币供给没有增加的情况下，资本家货币增值的目标就不能实现，即使技术的改进使商品的边际生产力大大提高，这种技术也不能被应用于生产。应用于技术（产品）分析的经济理论在逻辑上是严谨的，但当应用于资本主义实际经济中时，制度背景的加入就会导致理论上的矛盾。

由于同样的原因，新古典理论应用于宏观问题时也会出现逻辑问题。研究技术关系的经济理论只能得到相对价格，不可能具有总量概念，相对价格和异质品不可能加总得出总量概念。总量概念也是没有必要的，因为只需要知道相对价格就可以实现资源的最优配置。但是，进行实际的成本收益计算，必须将不同的投入要素与异质的产出按照相同的单位——货币进行对比，竞争的结果导致统一利润率，它在本质上只能是一个货币概念。正是因为货币作为一种普遍的成本收益计算标准的采用才使宏观分析中各种总量概念成为可能，总量的大小和变化只取决于货币供给数量的多少与变化，而与实际商品的具体数量无关，这是资本主义生产性质（或特殊制度）决定的。但是，新古典理论在应用于现实问题时必然会遇到总量问题，在忽视制度背景的情况下，一个必然的做法就是简单地将各种相对价格和异质品进行简单加总而得到总量。这样，生产方面产生了总量生产函数，用来表示资本与劳动力总量与总产出的关系，而消费方面将总收入引入消费方程。但是，加总背后的逻辑问题没有得到严肃对待。新古典理论中的总量仅仅是一种假想的概念，它与实际中的各种总量概念是无关的。将这种总量概念应用于现实时，就必然会导致预测失败和严重的经济问题。

从上述分析中可以看出，新古典理论的主要问题根源于没有将制度背景融入经济分析中。新制度经济学虽然指责新古典理论缺少对制度问题的研究，但在继承新古典分析方法的同时，也继承了新古典经济理论相同的错误。新制度经济学在分析制度问题时，总是将制度这一反映社会关系的范畴与技术关系联系在一起，制度的产生与变迁是产量最大化的结果，并反过来影响着产量。新制度经济学接受了新古典的生产函数，只不过增加了制度变量。制度这一维度的增加，并没有改变生产函数的本质，因为，制度只是一种添加的变量，生产函数并不随制度背景的不同而出现本质上的改变，它仍然反映物与物之间的关系。交易成本、资产专用性等概念是与实物生产联系在一起的，所以，其分析没有也不需要制度背景。但是，当人们决策动机和决定因素并不是实际产量，而是像在资本主义社会中那样取决于与产品数量无关的货币价值增值时，将制度联系到古典生产函数就是误导的。制度作为规范人与人之间社会关系的一套规则，必然受到社会关系特殊性质的影响和制约，例如，市场经济与计划经济中的社会关系必然差别很大，两种经济中的制度——使名称相同——必然存在本质的差别。所以，制度本身的研究也必须考虑到其他制度的影响和制约，要以具体的社会关系为背景。

二、制度的层次性

新制度经济学对制度的定义基本上接近于凡勃仑（1904）的观点，即制度只是人类本能和客观因素相互制约所形成的和广泛存在的习惯。诺斯（1990）认为，制度是一系列被制定出来的规则、守法程序和行为的伦理道德规范，它旨在约束追求主体福利或效用最大化的个人行为。林毅夫（1989）指出，制度安排可以是正式的，也可以是非正式的，正式的制度如家庭、企业、工会、医院、大学、政府、货币、期货、市场等，而价值、意识形态和习惯是非正式制度安排的例子。可以看出，新制度经济学只不过是从制度的存在形式上对其进行了归纳和描述。在新制度经济学看来，所有制度作为博弈规则的一种，其作用都是定义和限制个人的选择集合。既然把制度都看作博弈均衡的结果，那么，各种制度之间彼此是独立和并列的，所有的制度都处于同等的地位和层次上，一种制度的形成并不受其他制度的影响。但是，在规范人与人之间社会关系的各种制度中，生产中的基本制度相对于其他制度来说处于支配地位，其他制度的性质取决于基本的生产制度的性质，基本生产制度的变化必然导致其他制度性质的改变。马克思经济学中经济基础和上层建筑之间的关系说明的就是这个问题。

新制度经济学既然将制度不分层次地并列在一起，那么，在进行理论分析时，制度分析之间以及制度分析与经济分析之间也必然是并列而不发生关联的。当然，新制度经济学也可以将分析分出几个层次。例如，威廉姆森（2000）将社会分析分为四个层次：第一层次为社会基础，包括文化、规范、习惯、道德、传统以及宗教等非正式约束，由于变化的缓慢，它构成制度经济学家分析的前提和出发点；第二层次为宪法制度、法律、产权等正式规则在内的制度环境；第三层次则包括治理制度等，它是合约关系的治理结构以及交易成本经济学分析的重点；最后，威廉姆森把运用优化工具和边际分析的新古典经济学作为社会分析的第四层次。威廉姆森认为，新制度经济学的分析主要涉及第二个层次和第三个层次。但是，对理论分析来说，第二层次与第三层次之间以及第二、第三层次与第四层次之间并没有逻辑上的联系，而只是分析的先后顺序不同而已。虽然威廉姆森也提出第一层次作为以后层次分析的基础，但是，第一层次定义得太宽泛，不可能真正成为其他层次分析的变量。而且，这种提法也是错误的，第一层次中的制度，虽然影响其他制度，但它们并不是处于支配地位的制度，其性质并不决定其他制度的性质，其变迁也不会导致其他制度的变迁，将它们作为分析的前提和出发点是没有什么实质价值的。

按照制度的层次性，理论分析必然需要将生产中的基本制度作为分析的前提和出发点。规范生产中人与人之间关系的制度很多，但就经济理论分析而言，需要考虑的一个主要问题是生产的目的。资本主义生产与其他形式生产的一个本质区别是，前者是为了获得货币价值的增加，即利润的最大化，而后者是为了产品本身。生产中基本制度的这种本质特征的区别决定了对制度和经济过程的分析必须按照不同的方法进行。如果说，新古典的方法特别适用于以产品为目的的生产，那么，对获得货币利润为目的的资本主义经济的分析必须以这种目的作为制度背景。

新制度经济学继承了凡勃伦对制度的定义，但是，凡勃伦的分析始终是以生产中基本制度的本质差别作为背景，而这一点被新制度经济学忽视了。产业与金钱雇佣（即制造产品与赚取利润）之间著名的两分法，始终是贯穿凡勃伦所有经济著作中的一个中心主题。在论述资本主义经济企业制度时，凡勃伦（1904）反复强调的观点是，现代商人以及他们对赚钱的兴趣支配着产业过程。他（凡勃伦，1904，pp.50-51）指出，在资本主义社会中，商品与服务是为了获益而被生产出来的，商品的产量也为了获益而受到商人的控制。在常规商业活动中，利润通常来自商品和服务的生产。通过出售产品，一个行业中的商人"实现"他的利润。"实现"意味着将可售商品转化为货币价值。出售是该过程的最后一步，也是商人努力的最终目的。当他已经处置了产出，因而已将其持有的可用于消费的项目转变为货币价值时，其利润就像现代生活所保证的那样接近安全和确定。他根据价格来记账，并按照同样的标准计算他的产出。对他来说，生产的关键是产品的可销售性，即转化为货币价值的可行性，而不是它对人类需要的服务性。

基本制度背景差异是导致经济分析分歧的根源。凯恩斯（1979）对三种经济的区分就是考虑到了生产中基本制度的不同。在《就业、利息与货币通论》（以下简称《通论》）的1933年手稿中，凯恩斯提出了三种经济体系：合作经济、中性资本家经济和资本家经济。在每一种经济中，经济行为人都做出理性决定，他们的选择受到市场规律和私有产权的约束，但是，三种经济背后生产的基本制度特征的不同决定了三种经济的本质差别。合作经济在凯恩斯说来就是物物交换经济，"在那里，生产要素按照协议好的比例划分他们合作努力生产的实际产出以作为各自的报酬"（凯恩斯，1979，p.77）。合作经济的关键性制度特征是，作为生产的前提条件，要素供给者必须合作决定产品的分配作为各种要素供给者的确定报酬。在合作经济中，总产出一定等于以任何形式支付的总收入，总产出也一定等于总需求。这意味着，实际产出一定等于"潜在的"或充分就业的产出水平。因此，即使在短期，过度生产也是不可能的，非自愿失业也是同样的。在中性资本家经济中，货币作为向要素进行支付的形式而执行着特定的功能，但是，这种经济也像合作经济一样产生同样的市场出清和充分就业结果。这种结果根源于基本生产制度假设创造的一种"关键"机制，这种机制保证了总产出水平、要素收入和需求之间的相等，因此，确保了合作经济中的事前已经确定好的协调结果。这种中性经济类似于瓦尔拉斯一般均衡经济，在这种一般均衡经济中反复调整机制保证了市场出清的相对价格短阵。在企业家经济中，"企业家为了货币而雇佣要素"（凯恩斯，1979，p.78）。按照凯恩斯的看法，在这种经济体系中，生产的基本制度特征是，"除非出售产品所预期得到的货币收入至少等于货币成本——这种成本在没有生产时是可以避免的——生产过程就不会开始"（凯恩斯，1979，p.80）。

在这三种经济中，凯恩斯将新古典经济学中的"资本主义"放在第一种经济中（最坏的情况）或者第二种中性企业家经济中（最好的情况）。而现实中的资本主义经济则是第三种企业家经济，这是凯恩斯的经济理论所分析的对象。正是由于分析的基本制度背景不同，两种经济理论体系在分析重点和分析结果方面也就存在本质的差别。在新古典关注的基本制度背景下，经济分析的对象必然是实现供给需求相等的机制，而资本主义生产的基本制度特征必然将分析的重点引向有效需求。按照凯恩斯的说法，"有效需求的定义需要涉及销售的预期收入大于可变成本的剩余。如果这种剩余变动，有效需求就变动，如果它低于某一正常数值，有效需求就不足，如果超过了，有效需求就会过多。在合作经济或中性经济中，销售收入超过可变成本一定数额，有效需求并不变动；考虑决定就业的因素时，它可以被忽略。但是，在企业家经济中，有效需求的变动在决定就业数量中是支配性的因素；因此，在这本书中（1933 年的《通论》），我们将主要关心的是分析上述意义上的有效需求变动的原因和后果"（凯恩斯，1979，第 80 页）。不同制度背景中得出的理论结论也必然会不同，"在实际工资和合作经济中，如果额外一单位的劳动将增加预期交换价值等于 10 蒲式耳小麦的社会产品的产出，它足够补偿额外就业的负效用，那么，这额外一单位劳动的就业的道路就不会存在障碍。因此，古典理论的第二定理就能成立。但是，在货币工资或资本家经济中，判断的标准是不同的。只有花费的 100 英镑雇佣生产要素生产的产品预期至少可以出售 100 英镑时，生产才会进行。在这种情况下，第二定理就不能成立"（凯恩斯，1979，第 80 页）。正是由于资本主义经济下生产中的基本制度，导致了以货币标准表示的边际条件并不必然意味着与实际边际条件所表达的内容一致。将生产中的基本制度特征融入制度和经济分析中，是理论分析的唯一的合理方法。我们将以资本主义经济中的基本制度特征为背景分析企业制度这一问题。

三、市场竞争与雇佣关系

在新制度经济学中，资本家可以雇佣工人，工人也可以雇佣资本家，最终谁雇佣谁，主要看哪种制度效率更高，也就是说，雇佣关系是由生产函数决定的。阿尔钦与德姆塞茨（1972）提出，多人在一起合作生产的效率高于他们分别生产的总和，因此企业这种团队生产形式是有优势的。但是，在这种制度中，一个人的生产贡献较难与另一个人的分开，从而就难按照生产贡献来准确支付报酬，这就会产生"搭便车"问题。团队生产的优势就会因此消失，企业就没有存在的价值，因此需要有人来监督团队生产以消除"搭便车"问题。但为了监督监督者，就需要让监督者享有企业的剩余索取权，这样，监督者才有监督其他要素所有者的行为以消除"搭便车"行为的动力，因为，监督的效率越高，他自己的所得就越高。为了便于监督，这个监督者必须在企业这一合约集合中享有特殊的、处于中心的位置。由于这一位置存在较大的风险，所以适宜由能够承担风险的人来担当监督者。张维迎（1995）为资本家雇佣工人提出的依据与此相似，也是以生产效率作为出发点。

但是，从生产函数中并不能推出谁应该雇佣谁这一问题的答案。即使不考虑货币边际条件与产品边际条件的不一致，假定效率从货币收益和实物收益看是等同的，不对称信息产生的效率损耗只能说明监督的必要，但不能说明谁能成为监督者。引入风险承担并不能解决该问题，因为财产所有者并不一定是风险的愿意承担者。也许风险爱好者更适合于承担这一角色，但其他参与者不可能将自己的命运交到这些人手中。为了说明谁雇佣谁的问题，必须首先弄清楚资本主义经济中市场竞争的本质。

在古典经济学中，市场是参与各方相互合作共同实现既定目的的一种装置。这种装置可能是由全能的拍卖人来维持的，更一般的假设是通过完全竞争来完成的。而完全竞争的一个重要假设是完全的信息，这种假设使竞争没有存在的余地，从而排除了作为人们社会关系基础的竞争。按照完全竞争的假设，一个人发现了一种新的技术或知识将无偿地告诉其他人，而在现实的市场经济中，竞争正是基于不同的信息，当某个人发现了一种新的技术或知识，他决不会无偿地告诉别人，除非按照竞争的市场价格来交换它以从中获利。资本主义市场经济正是通过法律制度建立了这样一种竞争的博弈规则，即人们发明和利用新的知识是为了竞争，发明和应用新知识的人通过获取利润和积累的财富来表示他们的成功和得到更高的社会地位。对于商品交换的重要一点是，这种交换是建立在人们的财产权利特别是人身权利平等的契约的基础上的，但另一方面，这种商品交换或契约又是不平等的，因为它是建立在人们不同的信息或技术的基础上的，换句话说，竞争是以技术或信息的垄断为基础的。可以用一个简单的例子来表明市场经济的性质。甲生产者由于掌握了新的技术而比乙生产者有更高的劳动生产率，如甲生产者单位时间可以生产 10 单位产品，乙生产者生产 5 单位产品，甲生产者可以采用一种契约的方式来购买乙生产者的劳动，其工资率将大于 5 而小于 10，假如是 6 单位产品，然后来用新的技术使乙生产者的劳动生产率提高到 10，甲生产者将获得 4 单位产品的剩余或利润。现代市场经济提供了完善的法律制度来保护契约的履行和对技术的垄断（如专利法、商标法以及知识产权等）以促进竞争，知识的发明和利用是通过雇佣关系与获取利润的竞争来实现的。

在这里，作为预付的资本是极为重要的，由于信息或知识是由个人占有的，信息的传播是通过雇用劳动和获取利润来进行的，每个人都想利用自己的信息去雇用别人和获取利润，但他所占有的信息并不一定是正确的，一旦他失败了，契约将无法保证。因此，作为博弈规则的重要一点是，雇用别人劳动的一方必须有一笔资产作为抵押，从而保证他能够负责决策失败时的损失，否则每个人都会去雇用别人而不对失败的后果负责，即只负盈不负亏。股份公司和金融市场并不只是让资本的所有者得到技术创新的机会，而是让最有才能的企业家获得资产抵押来进行技术创新。作为这种市场经济制度的完善是使最有能力的人获得资产抵押和组织生产的机会，并获取表示他们成功和社会地位的利润。但是，资本的逻辑并没有破坏，要想成为雇用别人的人，必须首先拥有作为抵押的资产，只不过这种资产可以从金融市场中获得。

市场竞争产生于人们对利润最大化的追求，而不是根源于产量最大化的向往。市场竞争的本质是人们之间利益的竞争。正是由于这种博弈规则，私人财产的资产抵押成为极端重要的，只有资产抵押能够在信息不对称情况下保证各个人对自己的决策负责。因此，只有可以控制资产的人才能雇用别人。

四、"交易成本最小化的黑箱"与企业的性质

当新制度经济学指责主流经济学的企业理论是"利润最大化黑箱"的同时，自己也陷入了"交易成本最小化的黑箱"。新制度经济学对企业性质的认识尽管存在很大差别，但从本质上看，都是以交易成本最小化作为出发点，

只不过交易成本的内容有所差别而已。

自从科斯（1937）提出企业对市场的替代主要是为了实现交易成本（价格发现和谈判成本）最小化之后，新制度经济学的企业理论按照科斯指出的路径向不同的方向发展。阿尔钦与德姆塞茨（1972）提出的"古典企业"模型继承了科斯雇佣关系的性质，交易成本的减少是监督者监督偷懒者以及剩余索取权对监督者激励的结果。威廉姆森从不确定的程度和类型、交易的频率和资产专用性程度等方面对企业进行了解释，交易成本的节约来自机会主义行为产生的对"可挤占准租金"侵占的减少。按照同一思路，阿尔钦、本杰明·克莱因与罗伯特·克劳福（1978）对这一问题进行了扩展。对企业与市场替代的观点，很多人也提出了反对意见。张五常认为企业与市场在性质上并没有大的区别，而只是契约程度不同而已，两者是可以互相替代的，并且在现实中还有许多契约关系介于二者之间（如计件工资契约）。企业的形成并不是为了取代市场，而只是用要素市场替代中间产品市场，或者可以直接说是一种契约替代另一种契约。格罗斯特和哈特（1986）对雇主凭借雇佣关系控制雇员的观点提出了质疑。他们认为，企业控制权的本质是如何使用实物资产以及谁有权使用实物资产的权力。他们把财产控制权分为特定控制权和剩余控制权两个方面。如果合约是完全的，特定控制权就包含了所有权利；如果合约是不完全的，则凡是合约中没有规定的权利就是剩余控制权。在哈特看来，与作为合同没有预先规定的资产处置决策的能力相比，剩余索取权也是第二位的。而詹森和麦克林（1976）更把企业看作是"个人间一系列合同订立关系的联结"。这些理论尽管否定了企业与市场之间的替代关系，但是，企业的性质和作用仍然是节约交易成本（或代理成本）。

新制度经济学在用市场与企业之间的替代解释企业存在的问题时，是假设市场已经存在，并用市场的缺陷解释企业存在的原因。利用同样的方法，我们也可以假设企业已经存在，并用企业的缺陷来解释市场存在的原因。利用这种方式来解释经济现实并不是一种很具有说服力的方法。即使假设这种方法是可行的，但是，交易成本最小化是否可以真正解释企业的存在呢？

从资本主义市场竞争的本质可以看出，企业存在的根本原因是市场参与者为了取得获利潜力，在竞争的推动下，联合起来生产的一种结果。生产的目的是赚取比投入更多的货币收益，而生产什么、如何生产以及采取什么组织形式都是为实现利润这一目的服务的。只要产品销售之后的收入超过生产的投入，成本并不会成为阻碍生产的因素。交易成本无论来源于哪种渠道，都是在生产和销售中为了实现利润而必须支付的费用，它与生产成本一起构成了整个生产过程的总成本。企业的最终目的是利润目标的实现，追求的是收入与成本之间差额的最大化，而不是减数（成本）的最小化。为了实现最终目标，人为增加交易成本在现实经济中是一种常见现象，例如，广告费用的支出人为地增加了交易成本，但是，只要这些成本能够带来预期的利润，企业并不会刻意追求这种交易成本最小化的组织生产的形式。

五、企业的规模

在新制度经济学那里，企业规模的确定也取决于交易成本。科斯将企业节约交易成本的优势看作是一个递减函数，他认为，随着企业规模的扩大，协调者的精力肯定是逐渐递减的，加上发生错误概率的增加，这些将导致大企业的瓦解。后来，威廉姆森（1967）、柏克曼（1983）等分析了单位产出的管理成本随着经理数目的增加而上升的趋势，詹森和麦克林（1976）也通过代理成本论述了控制权的损失，这些补充了科斯的分析，说明了为什么在一个多重层级结构企业中，经理不可能雇用其他经理照料企业各部门的活动而使企业无限扩展。威廉姆森（1985）通过复制剩余索取权这种"高能激励"使代理人直接暴露在市场力量之下的困难说明了"超大型企业"优势的丧失。而米尔格罗姆与罗伯茨（1990）则强调了经理与雇员之间信息传递的困难和扭曲在行政或层级控制权扩张中导致的成本上升。

尽管这些新制度经济学家对交易成本产生的根源认识不一，但毫无例外地都通过交易成本增加来说明企业的规模。他们认为当内部化的边际收益等于一体化管理的边际成本时，企业就达到了最优规模。按照这种理论，企业的规模完全取决于生产和交易的技术特征。例如，科斯和威廉姆森的理论表明，在产品需要很多生产阶段且其外部市场不太完善的行业中，或者资源需要随时灵活配置的行业中，企业的规模将较大。根据威廉姆森和克莱因、克莱佛德和阿尔钦的资产专用性理论以及哈特的资产互补性理论，当生产过程需要使用更大的相互专用的资产集合或者这些集合内各项资产价值较高时，企业规模也将较大。

用交易成本解释企业规模首先遇到的问题是交易成本的计量问题。由于新制度经济学继承了新古典经济学中的实物分析，交易成本也必须采用实物来计量,不同生产过程中交易成本的计价标准也必然不同。这样,不同制度间的交易成本就很难进行对比。为了能够对比,需要将交易成本用货币这种同一的计价单位来表示,但是,将实物统一为货币单位来表示的真正含义至今仍然是经济学中的一个谜,交易成本的这种处理将遭遇资本加总同样的困境。即使不考虑这种逻辑问题,也很难说明交易成本到底是什么,对交易成本下一个具体定义如此之难,以至于张五常(1987)把交易成本理解为"包括了在鲁宾逊·克鲁索经济中不可能存在的所有那些成本"。由于交易成本很难度量,这就决定了人们在做决策时,不能确知他到底有多少机会,这就对寻求模型的均衡解造成了困难。张五常(1991)由此得出了企业规模的不确定性的结论。新制度经济学克服这个困难的方法是让人们的交易均衡依赖于社会的某个知识结构,而人们的知识结构决定了选择的局限性(非最优性)(汪丁丁,1995)。新制度经济学家主要是通过对契约选择的比较,即一种基于边际与替代模式分析框架下进行交易费用分析,而不是通过对最优解的分析方法来研究企业问题。

即使交易成本不存在计量问题,利用交易成本建立的模型也存在均衡解的稳定性问题。从博弈论的分析框架来看,任何交易费用必定涉及两人以上的行为,这种行为一定是一种博弈行为。当博弈行为涉及的人很多时,怎样在博弈论的框架下来分析交易成本,而改变交易成本又意味着从一种均衡到另一种均衡的跳跃,而这种跳跃在交易成本的分析框架下又是怎样实现的,这些问题从新制度经济学交易成本的分析框架中是无法得到答案的(汪丁丁,1995)。

在资本主义经济中,企业在追求利润最大化的过程中,其决策涉及成本和收益两个方面,只考虑成本单方面因素或成本的一个部分,很难得出正确的结论。要解释企业的规模必须考虑到资本主义经济基本的制度特征。由于市场竞争和信息不对称,企业成立的首要条件是具有作为抵押品的资产。但是,这些资产并不适于直接充当信用工具,因为这里涉及非常复杂的信息不对称问题和风险问题,处理这些问题即使是可能的,也会付出极高的交易费用。货币作为一种不便接受的支付手段,可以大大降低这些交易费用。所以,拥有货币资本是成立企业的一个前提条件,企业规模的变化取决于货币资本控制量的大小。在资本主义初期阶段,对货币积累主要是通过个人的努力,企业限制在较小规模上;而商业银行出现之后,货币可以按照一定的条件从商业银行获取,企业发展的障碍得到一定的突破,大企业的出现应该与商业银行的发展具有一定的关联性；股份公司的出现进一步打破了个人货币积累的限制。一些特大型公司开始产生，并逐渐扩展。从资本主义企业简单的历史逻辑发展中可以看出，企业规模的每一次扩张，都伴随着金融领域的创新，从而为企业提供更易获得货币资本。而在此期间，交易成本即使没有大幅度增加，至少也没有减少的趋势，所以，很难用交易成本来解释企业的每一次变动。

六、结论

因为研究对象的原因，新制度经济学一直强调假设的现实性。科斯（1999）提出，当代制度经济学应该从人的实际出发"来研究人，实际的人在现实制度所赋予的制约条件中活动"。诺斯（1990）也认为，"制度经济学的目标是研究制度演进背景下人们如何在现实世界中做出决定和这些决定又如何改变世界"。但是，为了在一个统一的框架下对制度进行分析，新制度经济学者利用一套表现实物的概念体系，力图寻求一套不变的逻辑体系。但是，制度之间是相互联系的一整套体系，其中一些基本制度在整个体系中处于支配地位，它决定着其他制度的性质和演变的方向。制度分析必须以这些基本制度为背景。对于企业制度，考虑到资本主义经济的基本制度特征，我们就会得出不同于新制度经济学的一些结论。

所以，新制度经济学的问题并不在于它采用了边际分析法、最大化、演绎推理、博弈论或一般均衡模型等工具，这些工具是经济学进步的一种表现，也是经济学相对于其他社会科学的特色所在，不借助这些工具很难形成正式的分析框架，很难对复杂的问题简单而严谨地求解。新制度经济学的问题在于将这些工具应用于实物分析中，而忽略了分析对象的基本制度背景以及将这些工具应用于实际变量时存在的逻辑问题。正是由于这种本质上的缺陷，在解决实际问题时，很难进行严格的理论检验，而只能求助于"案例研究为主的经验实证分析"（周业安，2001）。

由于新制度经济学是一套永恒不变的逻辑框架，所以，它不能为主流经济学提供分析的制度背景，两者很难融合在一起，而只能成为主流经济学的一个延伸或一个相对独立的组成部分。制度只是增加了主流经济学分析的一个维度的变量。制度的附加性使新制度经济学的研究只能针对制度本身展开，而很少对经济生活中的一些重大现实问题发表精辟的见解。张五常（1983）曾经断言，"未来的经济思想史学家会把交易成本范式看作是可与新古典边际主义相匹敌的一场革命"。这种看法可能是言过其实的。威廉姆森（2000）对新制度经济学的发展现状的评价相对比较中肯"尽管（新制度经济学）已取得了许多成绩，但还存在大量的尚未完成的工作——修改、扩展、新的应用、更多的创见、更多的经验验证和更多正式的理论。我断言新制度经济学将成为小的发动机，它的明天会更加辉煌"。

但是，新制度经济学的明天如果要更加辉煌，它就不能仅仅是对现有理论体系的修改、扩展、新的应用、更多的创见、更多的经验验证和更多正式的理论。它必须是在彻底改造自己的同时弥补主流经济学的制度真空，从而也从根本上改造主流经济学。

参考文献：

1. 林毅夫. 诱致性制度变迁与强制性制度变迁[J]. 卡托杂志，1989，春季号.

2. 张维迎. 企业的企业家——契约理论[M]. 上海：生活·读书·新知三联书店上海分店，上海人民出版社，1995.

3. 张五常，罗纳德·哈里·科斯. 经济解释[M]. 北京：商务印书馆，1987.

4. 周业安. 关于当前中国新制度经济学研究的反思[J]. 经济研究，2001（7）.

5. 汪丁丁. 在经济学与哲学之间[M]. 北京：中国社会科学出版社，1996.

6. Armen Alchian, Harold Demsetz. Production, Information Costs, and Economic Organization[J]. The American Economic Review, 1972, 62.

7. Beckman, Martin. Tinbergen Lectures on Economic Organization[M]. Berlin: Springer-Verlag, 1983.

8. Benjamin Klein, Robert Crawford, Armen Alchian. Vertical Integration, Appropriable Rents, and the Competitive Contracting Process[J]. Journal of Law and Economics, 1978, 21.

9. Cheung, Steven. The Contractual Nature of the Firm[J]. Journal of Law and Economics, 1983, XXVI.

10. Coase R.H.. The Nature of the Firm[J]. Economica, 1937, 4.

11. Coase R.H.. The Task of the Society[J]. Newsletter, International Society for NewInstitutional Economics, 1999, 2.

12. Grossman S. , Hart O.. The Costs and Benefits of Ownership: A Theory ofVertical and Lateral Interration[J]. Political Economy, 1986, 94.

13. Keynes, Maynard. The Collected Writings of John Maynard Keynes, Vol.29, The Genera Theory and After: A Supplement, Edited by D. Moggridge[M]. London: Maemillan, 1979.

14. Michael Jensen, William Meckling. Theory of the Firm: Managerial Behavior, Agency Costs and Ownership Structure[J]. The Journal of Financial Economic, 1976, 3.

15. Milgrom, Paul A., Robert, John. Bargaining Costs, Influence Costs, and the Organization of Economic Activity[M]// James E. Alt, Kenneth A. Shepsle. Perspectives on Positive Political Economy. Cambridge: Cambridge University Press, 1990.

16. D. North. Istitution, Institutional Chang and Economic Performance[M]. Combridge: Harvard University Press, 1990.

17. Oliver E. Williamson. Hierarchical Control and Optimum Firm Size[J]. Journal of Political Economy, 1967, 75.

18. Oliver E. Williamson. Corporate Governance[M]. New York: The Free Press, 1985.

19. Oliver E. Williamson. The new Institutional Economics: Taking Stock, Looking Ahead[J]. Journal of Economic Literature, 2000(38).

20.Veblen, Thorstein. The Theory of Business Enterprise[M]. New York: Charles Seribner's Sons, 1904.

（本文原载于《政治经济学评论》2005 年第 1 期）

资本理论争论：给定的技术，还是技术变动

本文试图采用一种新的方法和简单的模型重新表述剑桥资本争论的逻辑。显然，逻辑悖论产生于一种理论原有的假设在逻辑通论过程中被暗中修改了。在资本争论中，这个被暗中修改的假设即是"给定的技术"。基于斯拉法的模型以及新古典模型的稳定状态比较，实际上是稳定状态的转换，这就使给定技术的假设成为技术变动。在技术变动条件下，新古典理论关于厂商基于工资率和利润率（利息率）的成本—收益计算的假设，将不再仅仅是表明技术关系，收入分配关系将被加入进来而产生与技术关系的相互作用，其完全竞争的假设也不再能够保持。这一点是解释剑桥资本争论逻辑悖论的关键所在。

一、比较静态：存量与流量

资本争论的一个主要问题是，在新古典模型中，资本能不能作为一个独立的变量而推导出其四个比较静态命题，这四个命题是：（1）利润率与资本劳动比率负相关联系，（2）利润率与资本产出比率负相关联系，（3）利润率与消费的负相关联系，（4）边际生产力分配论。而对于比较静态分析来讲，存量与流量的区分是重要的，当把存量与流量混淆在一起就会产生逻辑矛盾，即当流量发生变动时，存量也会随之变动而使比较静态分析失效。对于资本理论问题来讲，当采用价值单位来计量资本数量和讨论资本积累问题时，这种存量与流量的关系是比较容易混淆的。

在新古典生产函数 $Y=F(K, L)$ 中，资本是一个存量，即给定的生产要素，像土地和劳动一样，其计量单位是用实物数量来表示的和不考虑其生产成本。假设 $F'>O$，$F''<O$，即获得其比较静态命题。用图1来表示，给定

劳动数量，随着资本劳动比率的提高，资本产出比率会下降。图1中 t 所表明的时间是多余的或不需要考虑时间。

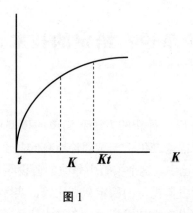

图 1

为了说明存量与流量的关系，现在考虑赋予资本一个价值单位（价格）。这种价值计算对于新古典函数的假设是不合理的，即资本是同质的和不考虑它的生产成本。所以我们需要扩展它的假设，比如存在异质的资本品和资本品是可以再生产的。显然，这会涉及一般均衡和时际均衡，关于如何把微观生产函数加总为总量生产函数是有争议的，但我们把这一问题留待后面去讨论，只是假设存在着用价值单位计算的生产函数。当然，这也是新古典经济学家讨论现实问题时经常采用的。

当采用价值量来计量资本，图1中的时间概念就具有了意义，让我们来看比较静态分析。如果比较静态是从时间 t_0 出发，去比较 Kt_1 和 Kt_2，新古典理论的命题是成立的，因为在比较中所使用的资本概念都是存量，价值计算也只是表示资本品的实物单位，从而对于异质的和非同期的资本品可以采用微观生产函数和时际均衡去处理，或者说总量生产函数是实际情况的一种近似的表示。但如果比较静态分析是从时间 t_1 开始的，这就要考虑资本价值量的变动，当考虑到资本存量 Kt_1 新增加的资本存量（如 Kt_1 到 Kt_2）就成为一种流量，即随着资本价值量的增加，不仅新增加的资本的边际生产力是递减的，原有资本存量 Kt_1 的边际生产力也是递减的。

由于在用微观生产函数和时际均衡中加总的资本价值量取决于资本的边际生产力，那么随着资本边际生产力的变动，原有资本存量的价值也会随之变动，从而使比较静态分析失效。比如给出一个资本增量 Kt_1—Kt_2，这时按照一般均衡理论获得的资本存量 Kt_1 的价值就可能降低，从而按价值计算的包括新增资本在内（Kt_2）的总资本的边际生产力就会提高，因为按价值计算的资本数量减少了。这即是"魏克赛尔效应"所表示的含义，即当投资（流量）增加了，它不仅影响新投资的边际生产力，而且会影响原有资本存量的价值。因此，新古典生产函数的比较静态分析并不能用于这种存量—流量模型中。

二、一般均衡与时际均衡

前面的问题涉及一般均衡和时际均衡分析，在剑桥资本争论中对这一问题有着非常激烈的争论。在一般均衡理论中，资本是与劳动和土地相同的生产要素，各种异质的资本品被作为各种给定的生产要素，不考虑资本品的再生产，与劳动的工资和土地的地租相同，利润率作为资本品的价格仅仅是租金，因而与资本品的生产成本以及消费的时间偏好是无关的。这里存在一系列的微观生产函数。但不存在资本品（以及土地）的资本化的价格，因为把各种资本品加总为一个总量资本是没有意义的。新古典的总量生产函数应该是一般均衡理论的一个特例，即只有一种资本品和能用实物单位来测量。一旦资本品能够被再生产，资本化的价格和与之相联系的利润率才是必要的，以表明人们的时间偏好。这即是时际均衡分析。

在时际均衡模型中，存在着一系列异质的和非同期的资本品，而且它们能被再生产。给定技术和时间偏好，当人们按照时间偏好在一系列时际均衡中选择一点，利润率和最初资本品的价格将被得到，这里重要的是各种资本品的价格和利润率是同时决定的，这取决于给定的技术条件下人们所选择的特定的时间。因此，我们并不能在开始就赋予最初的资本品一种价值单位，因为资本品的价格将随着时间的选择而变动，利润率也是如此。

在一些特定的假设条件下（这些条件将在后面讨论），使用稳定状态的比较，我们能够得到利润率与消费之间的单调联系，或者说相对价格可以作为一种稀缺的指数，同时也可以推论出利润率与资本价值之间的单调联系。但是如果预先赋予最初的资本品一种价值单位，这种比较静态分析将不再成立或导致逻辑错误，因为最初资本品的价格将随着利润率或时间的选择而变动，从而不仅资本品的边际生产率，而且最初资本品的价格也将加入成本—收益计算，这已经不再是稳定状态的比较，而是稳定状态的转换，其中会产生魏克赛尔效应。

按照时际均衡分析，资本品的价格只有当一种稳定状态已经被选择后才能存在。在稳定状态比较中，资本品的价格是与利润率和均衡价格同时决定的，因此其成本—收益计算只是根据实物资本品的边际生产率而不依赖于相对价格，虽然利润率作为时间偏好进入资本品的生产成本。换句话说，在时际均衡模型中，最初资本品存量的价格作为资本化的租金依然等同于一般均衡模型中的租金的性质，资本化的地租和劳动的工资也是如此，其区别只是在于它们的租金将随着给定技术条件下不同时间中再生产资本品的成本（包括时间偏好）的不同而变动。这样，最初资本品的价格不仅依赖于稀缺性，而且取决于时间偏好的选择，因为资本品能够被再生产出来，即使假设时间偏好不变和线性的恩格尔曲线，资本品的价格作为稀缺的指数也仅仅是与最初的资本存量相协调，而不是增加的资本品，这正是利润率只有在极为特定的假设条件下才能作为稀缺的指数的原因所在。

让我们转向奥地利学派模型来讨论这一问题，把奥地利学派模型作为一种简化的时际均衡模型来分析，能使我们更容易理解上述极为复杂的讨论。

三、奥地利资本理论：稳定状态的比较

在奥地利资本理论中，资本并不是一种生产要素，而是由劳动生产的中间产品和能够用于生产的消费品，资本品的生产能够提高劳动生产率，但从劳动投入到消费品的产出需要更多的时间，所以被称作"迂回生产"。给定劳动数量和迂回生产的技术，假设生产时期越长，劳动生产率越高，但生产率的提高是随着时间的延长而递减的。加入时间偏好的假设，即可得到新古典的比较静态命题，其区别只是把新古典生产函数中的资本存量转化为劳动流量和时间，所以需要使用稳定状态的比较。在奥地利模型中，每一种生产时期是一种稳定状态，其中所有的投入—产出系数是不变的，因此技术选择是根据时间偏好来选择各种稳定状态。

这一问题同样可以用图 1 来表述。假设在时间 t_0 表示只有给定的劳动而没有资本品，稳定状态的选择即是在横轴上选择一个时点，例如，t_1（Kt_1）或 t_2（Kt_2），每一个时点都表示一种稳定状态或"平均生产时期"，它还表示

生产结构或资本—劳动比率，如果资本数量或资本密度可以用平均生产时期来测量，参考前面的分析，这一模型是容易理解的。如果稳定状态的比较是从时间 t_0 开始，去比较 t_0 与 t_1 和 t_2 奥地利模型的所有推论都是正确的，当一种稳定状态被选择后，异质的资本品就能够使用价值单位来加总，因为所有的资本品都是在给定的劳动生产率的条件下由劳动生产的。奥地利模型在这里可以看作"劳动价值论"的时际均衡模型，实际上，稳定状态的比较只是按照时间偏好选择一种劳动生产率，所以说，资本密度或资本—劳动比率在 t_2 比 t_1 更高，只是意味着 t_2 有更高的劳动生产率，它来自"资本"或时间的生产率。然而，这种稳定状态的比较绝不能从 t_1 开始，比如人们已经选择了一种稳定状态 t_1，然后由于时间偏好的变动要选择另一种稳定状态，这两种稳定状态是不能用前面的"给定的技术"进行比较的，因为在时间 t_1 已经存在了一定的资本品存量，所以原有的只存在劳动流量的技术已经不能再保持了，资本存量的存在肯定影响劳动投入流量或技术条件与劳动生产率。因此，我们不能再把两种稳定状态的资本品按照价值单位来加总，因为它们是用不同的劳动生产率生产的，这里已经不再是稳定状态的比较，而是稳定状态的转换。与前面的分析相同，这里出现了存量—流量模型而使稳定状态的比较失效。

对于奥地利资本理论，最复杂的问题是平均生产时期的计算，这直接涉及到关于技术再转辙的争论。庞巴维克使用流量投入—时点产出的方法计算平均生产时期，由此导致了混乱。按照迂回生产的假设，也许使用时点投入—时点产出的方法更能清楚地表明庞巴维克的论点。例如，我们可以使用不同的机器来表明不同的生产时期，机器被从小到大来排列，更大的机器表明更长的生产时期。技术选择即是选择某一种机器，不同的稳定状态可以用不同的机器存量来表示。但如果使用流量投入—时点产出的方法计算生产时期，就可能侵犯迂回生产的假设.比如我们可以先生产一种小的机器，然后使用机器和劳动再生产机器，最后生产消费品，这已经超出了稳定状态的假设，或者说是一种非稳定状态模型，这里存在着一系列投入—产出系数变动的可能性。投入—产出的线性分析可以表明庞巴维克神话的缺陷。肯定的，这里还有更为复杂的模型，如时点投入—流量产出和流量投入—流量产出，奥地利资本理论的命题并不能用于这些模型。

现在我们再回到新古典的时际均衡模型，如果稳定状态的比段是从奥地利模型的时间 t_1 开始，就还原到时际均衡分析，因为在时间 t_1 已经存在着资本品存量。使用时际均衡分析来处理这一问题可以不导致稳定状态的转换或逻辑错误，当一种稳定状态已经建立而要改变到另一种稳定状态，时际均衡的方法是，原有稳定状态中的资本品存量可以重新被作为给定的生产要素而不考虑它们以前的生产成本和时间偏好，当然更不能使用价值单位去测量资本品，稳定状态的比较将重新从时间 t_1 开始，因而不会出现技术再转辙。但必须特别提到，原有的给定的技术在这里已经不能再使用，因为资本品存量的存在必然会改变原有的技术。

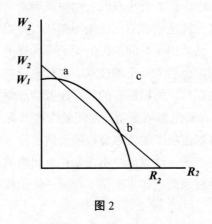

图 2

　图 2 经常被用于讨论技术再转辙问题。两条曲线（W_1R_1 和 W_2R_2）表示两种给定的技术，可以把它们作为两种非稳定状态（储蓄与消费）投入—产出的轨迹，或工资率（W）与利润率（R）曲线。当然，我们还可以给出更多的非线性曲线来表示非稳定状态的技术关系。在时际均衡中，技术选择是沿着外部的包络曲线（W_2acbR_2）选择一点，因而不会带来技术再转辙。但在某些特定的技术条件下，例如图 3 可以视为多种特殊技术的包络曲线，当资本数量（K）用价值和价格来测量，就会出现资本倒转。如前面所表明的，在时际均衡中稳定状态的比较并不能使用相对价格或相对价格并不能预先给定，表明消费时间偏好的工资率和利润率必须独立于资本存量的相对价格，因为这里存在着依赖于不同技术和时间的资本品的再生产，这会使时间偏好和技术的选择影响资本存量的价格。一旦相对价格被用于稳定状态的比较，就将使其成为稳定状态的转换而导致技术再转辙。在图 2 中，每一种技术都有它自己的一套相对价格，当两套相对价格被用于稳定状态的比较，技术选择就已经不再是沿着外部的包络曲线进行，而是各自沿着自己的曲线，由此

导致技术再转辙，萨缪尔森试图用"替代的生产函数"来否定技术再转辙，但这已经被证明是一种单一产品模型，即所有的各种技术都是线性的而使稳定状态的假设能被保持。然而，如果不使用相对价格，萨缪尔森的分析可以被扩展到异质品模型或非稳定状态的时际均衡分析，如索洛所表明的。前面的分析还可以回答剑桥资本争论的一个问题，即资本倒转可以独立于技术再转辙，因为资本倒转并不依赖于相对价格，而只是与特定的非稳定状态的技术相联系，对于奥地利模型，如果平均生产时期或资本密度的计算被用于非稳定状态，或预先给定资本存量而使用工资率和利润率进行稳定状态的比较，就会导致技术再转辙，因为这已经是稳定状态的转换，换句话说，技术再转辙来自稳定状态的转换分析中相对价格（工资率和利润率）的使用。

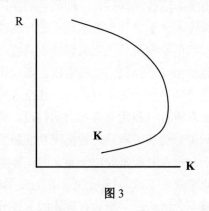

图 3

以上分析可以表明，在稳定状态转换中，新古典给定技术的假设已经不能再使用了，而应当明确使用技术进步这一概念以区别于"给定的技术"。需要提到的是，这个技术进步的概念也是新古典经济学家使用的，如果用图 1来综合新古典和奥地利模型，在时间 t_1 由于增加了资本存量 Kt_1 生产函数曲线必然会移动，这正是通常定义的技术进步。如前面所提到的，新古典的时际均衡模型可以处理这种技术进步，即把每一次稳定状态的转换重新作为稳定状态比较的起点，从而能够把技术变动作为"给定的技术"来处理，以讨论资惊配置问题。但这并不是新古典经济学家在讨论现实问题时的做法，新古典经济学家所讨论的所有现实问题都涉及稳定状态的转换，而且在使用相对价格来讨论这些问题，这就不可避免地会导致逻辑上的错误。更严重的问题是，新古典理论把这种稳定状态的转换或技术进步作为给定的技术来讨论收入分配问题，这就模糊了技术变动条件下竞争的性质或资本主义经济的性质，由此导致了分析中严重的逻辑错误，这正是剑桥资本争论的意义所在。

四、新古典的收入分配理论

新古典理论是建立在对生产函数和一般均衡的技术关系分析基础上的，完全竞争的假设只是一种信息传递机制，新古典收入分配理论只是其要素价格理论，从而其要素所有权和厂商行为的假设并没有作为一种人们利益关系的因素加入它的基本假设中去，或者说并没有实质性的意义，其技术关系与收入分配是分离的或完全无关的。然而这一点只有在其给定技术的假设下才能成立，一旦其脱出了给定技术的假设，即我们前面所表明的当给定的技术成为技术变动，这种收入分配关系与技术关系的分离就不再成立了，新古典理论关于要素所有权和厂商利润最大化的假设就具有了实质性的意义，其完全竞争的假设也不能再保持。让我们先来看新古典理论的逻辑推论。

假设存在两种生产要素——资本与劳动，其技术关系是由新古典生产函数所描述的。加入要素所有权和所有者行为的假设，再假设存在着厂商，厂商是用一笔货币去购买劳动和资本品，并按照利润最大化原则组织生产，那么在完全竞争条件下，收入分配将取决于要素的边际生产力。在上述推论中可以把厂商改为企业家或资本家，只要把货币作为交易媒介而不与资本混淆，新古典理论的逻辑就不会出问题。新古典理论的上述分析还可以扩展到时际均衡理论来讨论资本积累，如加入消费的时间偏好和投资的边际生产力，就成为新古典的储蓄和投资理论，其逻辑在给定技术的假设下也是成立的。

一个更突出的例子是庞巴维克所表述的奥地利学派模型，在这一模型中，资本品是劳动生产的商品，存在着真正的资本家和古典学派的"支配的劳动"，资本的价值可以用"工资基金"来测量。但即使在这样一种十分接近古典学派假设的模型中，新古典理论的逻辑依然是成立的。这里有必要表明其逻辑推论。给定迂回生产的技术关系，假设存在着资本家和工人，资本家是持有一笔"工资基金"的所有者而为雇佣工人支付工资。在完全竞争条件下，工人之间的竞争会使工资率定在最不迂回的水平上，即没有资本品生产时的"劳动的边际生产率"，资本家所获得的利润收入是迂回生产的边际生产力。当然，稳定状态的选择可以认为是由资本家进行的，采用稳定状态的假设和加入人们不同的消费的时间偏好，即可以说明为什么一些人会成为资本家和拥有工资基金是因为他们更节俭或更偏好于未来的消费。

庞巴维克的这种工资基金理论之所以能够成立，其关键在于迂回生产和稳定状态的假设，虽然在其模型中存在着资本家和工人的资本主义经济关系，但在其稳定状态的假设下，这种收入分配的利益关系实际上并没有进入到技术关系的分析中去，稳定状态的比较选择所依据的只是劳动投入和时间的技术关系，从而使工资率成为表现和测量这种技术关系的一个价值尺度，在其模型中，工资率与投入的劳动和用利率来表示时间（迂回生产和时间偏好）与技术关系是完全一致的，从而用工资率和利率作为异质资本品价值测量的尺度并不会导致循环推论。

上述推论为新古典资本理论做了最强有力的辩护。然而，上述逻辑推论完全是在给定技术的假设下进行的，即新古典的比较静态或稳定状态比较而不存在稳定状态的转换。一旦从稳定状态的比较转向稳定状态的转换，即当给定的技术的假设成为技术变动，上述新古典理论的逻辑推论就不再成立了。

五、古典学派的分配理论

古典学派否定资本是一种生产要素和边际生产力分配论。按照古典学派的理论，资本是一笔由资本家支配的货币基金，用以雇用劳动和购买生产资料，通过生产来获取利润，利润是总产出（价值）减去投入（价值）后的剩余，利润率是利润对总投入的比率。李嘉图用一种单一产品模型来表明这种关系。假设只生产单一产品——谷物，生产周期是固定的，比如为 1 年，作为投入的是劳动，但劳动是由"资本"雇用的，资本是一笔谷物基金，用以支付雇用劳动的工资。假设总资本的数量是给定的，为上一年收获的谷物，用 Y_{t-1} 表示，所能雇用的劳动数量取决于工资率（W），工资率是固定的且小于劳动生产率（σ），从而投入的劳动数量为 $L=Y_{t-1}/W$，假设规模收益不变，则这一年的总产出 Y_t 和利润率 r 为：

$$Y_t = (Y_{t-1}/W)\,\sigma = L\sigma \tag{1}$$

$$r = (Y_t - Y_{t-1})/Y_t = (L\sigma - LW)/LW \tag{2}$$

公式（1）表明总产出取决于投入的劳动和劳动生产率，公式（2）表明利润率取决于工资率和劳动生产率。让我们在这一模型的基础上来展开对问题的讨论。

斯密认为，在资本积累出现以前的社会，劳动者获得他生产的全部产品，从而不存在利润，把单一产品模型扩展到异质品模型并不改变这一规则，商品交换是按照实体劳动进行的。一旦资本被积累起来，商品的价值决定和分配就不能再按照这个原则了，因为资本家除非得到利润，否则是不会为工人垫付工资的。这样，商品交换就从实体劳动转变为"支配的劳动"，商品的价值就由实体劳动支出变为由工资加利润所构成。这样，利润率的计算就成为：

$$r=[WL(1+r)-WL]/WL \tag{3}$$

公式（3）与公式（2）的不同之处是把 $L\sigma$ 换成 $WL(1+r)$，这种形式变换使总产出和劳动生产率消失了，利润率成为一种非决定的循环推论。但如果假设劳动生产率和总产出是给定的，即假设技术条件不变，公式（3）即还原为公式（2）。这一点与斯密所表述的资本概念是一致的，即资本只是对劳动的支配而不会使劳动生产率发生变动。如果局限在单一产品的流量模型范围内，即使斯密的公式能够表明两种社会分配关系的不同也没有实质性的意义，因为这一问题完全可以用实体劳动来说明而避免使用两种劳动概念所容易产生的混乱。但斯密用上述利润率公式和价格构成理论并不是要说明单一产品的流量模型，而是要说明包含资本品的异质品模型的价格决定。如果资本不仅是用于支付工资，而且用于购买和生产资本品，而生产各种商品的资本构成和周转时间不同且要求获得统一的利润率，这种利润率计算公式和构成价格就可以用于说明这种情况下的相对价格决定了。斯密是这样推论的，由于资本品只是以前劳动的产品，从而也是由预付工资的劳动生产的，其价格将等于工资支出乘以利润率，由此可以把资本品还原为最初的劳动。这样，由实体劳动决定的价值就转变为成本乘以统一利润率的生产价格了。斯密的"还原为有时期的劳动"在斯拉法的理论中居于极为重要的位置。

斯密的模型与前面所述的庞巴维克的模型具有令人惊奇的相似性，只要在斯密的模型中加入迂回生产的假设和时间偏好就可以转化为庞巴维克的模型，即资本家所以为工人垫付工资和得到利润是因为迂回生产的生产力，而其价格决定却是完全相同的。斯密的理论只是庞巴维克理论的一个特例，由此还可以推论出古典学派或斯拉法的理论只是新古典一般均衡理论的一个特例。

然而，上述推论只有在给定的技术或稳定状态的假设下才能够成立，希克斯指出，斯密的这种把资本品存量还原为劳动流量的方法涉及时间，它要求在所有的各个时期都保持均衡，即所有参数不变的稳定状态，一旦脱离了稳定状态或从稳定状态的比较变为稳定状态的转换，就会涉及存量与流量不一致的问题，相对价格就会发生变动而使均衡遭到破坏。斯密的理论所要表述的是资本的所有权和"自然利润率"决定相对价格和收入分配，从而可以通过把资本品还原为劳动的方法来表示资本品的价格，但这就必须假设在资本品的生产和使用过程中，劳动生产率和总产出是不变的，否则，其利润公式就成为一种循环推论而不能决定资本品的相对价格和收入在工资与利润之间分配的份额。

李嘉图所要讨论的正是这种技术变动下的收入分配份额问题。与斯密不同，李嘉图并不是要论证一种"自然利润率"决定的相对价格和收入分配，而是要讨论由于技术变动（土地收益递减）使工资变动条件下的利润率和收入分配的变动。由于在资本构成不同和统一利润率的假设下，收入分配的变动会影响相对价格，从而在相对价格会随分配变动的情况下并不能保持谷物模型中工资率与利润率相反方向变动的推论。但正如谷物模型的逻辑一致性所表明的，相对价格与收入分配的相互作用完全是由于资本存量或资本构成不同的假设造成的，从而只要排除资本存量或把资本存量还原为劳动流量，即可排除相对价格的幻觉。这一问题已为斯拉法明确表述了，当把李嘉图的技术变动排除掉而仅仅讨论收入分配和相对价格问题时，可以通过标准商品来重新获得单一产品模型的逻辑。但这种标准商品以及还原为有时期的劳动所表述的稳定状态并不是李嘉图真正所要寻找的"不变的价值尺度"，李嘉图所要寻找的是技术变动下的包含资本品存量的相对价格与收入分配的关系。

问题的核心就在于技术变动与收入分配关系的相互作用所导致的资本价值量的变动。从收入分配的变动会导致资本价值变动与魏克赛尔效应的相似性，从关于马克思转型问题的争论到斯拉法的技术再转辙的讨论，即可以推断出问题在于包含存量与流量的两种稳定状态的转换，即技术变动，而不是给定技术的稳定状态比较，因为在给定技术的假设下完全可以用时际均衡和标准商品去分别解决资本品的技术关系与收入分配关系，技术关系与收入分配的相互作用来自技术变动。

六、一个扩展的单一产品模型

我们先从简单的单一产品模型来讨论技术变动与收入分配的关系。修改前面古典学派谷物模型中谷物资本全部用于工资的假设，而假设资本还可以用作资本品，比如种子，用 K 来表示，利润率的公式就变为：

$$r = (Y_t-Y_{t-1})/Y_{t-1}=[L\sigma-(LW+K)]/(LW＋K) \tag{4}$$

对比公式（4）与公式（2）可以看出，利润率不仅取决于劳动生产率 σ、工资率 W，而且取决于用于种子的数量 K。给定 W，则 r 与 σ 成正比和与 K 成反比，由于用于种子的资本 K 越多，所能雇用的劳动 L 越少，除非随着 K 的增加会使 σ 提高，否则资本家是不会把资本用于种子的。因此，要决定资本家如何把资本在劳动和种子之间进行分配，需要给出劳动与种子的生产函数的技术关系。这里把种子对劳动的比率作为劳动生产率的函数，即：

$$\sigma＝F(K/L) \tag{5}$$

为了与新古典理论对比，假设 $F'>0$ 和 $F''<0$，即随着资本劳动比率（K/L）的提高，产出劳动比率（Y/L）也提高，但却是递减的，从而资本产出比率（K/Y）也是递减的。在上述模型中，我们假设工资率是给定的，其取值范围可以在零和劳动生产率之间任何一点，即 $0<W<\sigma$。由于模型中总产出的最大化也就是利润率的最大化，利润率等于产出增长率，假设资本家根据利润率最大化的原则决定劳动与种子的替代，可以通过对公式（4）求极值的方法得到资本家选择种子与劳动替代的原则，即：

$$MP_L＝W(1+r) \tag{6}$$
$$MP_K＝1+r \tag{7}$$

这两个公式表明，资本家对种子与劳动的替代或资本劳动比率（K/L）的选择是使劳动的边际产品 MP_L 等于工资率加上工资率乘以利润率，或使种子的边际产品 MP_K 等于超过其损耗的利润或使其增加的产出等于利润率。其含义是，资本家的利润最大化是使每一个单位谷物资本用于种子或雇用劳动所得到的利润率均等。从公式（6）中可以推出工资率和利润率的公式：

$$W＝MP_L/(1+r) \tag{8}$$
$$r＝(MP_L/W)-1 \tag{9}$$

从公式（6）到（9）所得出的结论与新古典理论（以及古典学派理论）是不同的，但上述模型中使用的假设却是与新古典理论的假设完全相同的。这一点有利于说明我们的问题，即当新古典理论和古典学派在解释现实时采用的不是稳定状态的比较而是稳定状态的转换，其假设中的给定的技术就会成为前面模型中的技术变动，由此导致逻辑推论的错误。

七、技术关系和收入分配

上述模型所得出的最重要的结论是，在技术变动条件下，收入分配关系将进入成本收益计算，即技术关系与收入分配关系是相互作用的。新古典理论关于要素所有权、厂商利润最大化行为和完全竞争的假设已经不能再与技术关系分离了，资本家根据利润最大化原则进行的技术选择已经不再是按照生产函数的技术关系，即不再是根据劳动的边际产品和迂回生产的效率进行成本收益计算。如公式（8）所表明的，工资率并不等于劳动的边际产品，而是除以利润率，因为资本家在选择劳动与资本的替代时所依据的是使每单位资本投入到劳动和资本品要获得均等的利润率。这一结论表现出新古典理论的实质性区别，因为资本品是由劳动生产的，即模型中预先给定的谷物资本是由上一期的劳动生产的，加入资本主义的经济关系或新古典理论的假设，那么上一期的资本或种子就不仅是由劳动生产的，而且是由预付工资（小于劳动的边际产品）的雇佣劳动生产的，资本品的价值或边际生产率是由工资率和利润率计算的，而不是由其边际产品和生产函数的技术关系决定的。

然而，上述关系在给定技术的假设下是不存在的，这一点正是导致剑桥资本争论逻辑悖论的关键之所在。对于前面的谷物模型，如果预先确定种子（资本品）的数量，那么新古典理论的逻辑是成立的，新古典理论关于所有权和完全竞争的假设并不会进入到技术关系中，还可以用新古典的储蓄投资理论来预先给定种子的数量，即按照时际均衡理论，给定既能用于投资又能用于消费的谷物存量，人们根据消费的时间偏好和种子的边际生产力即可确定种子的数量，一旦种子的数量确定了，新古典理论的逻辑就成立了。这一问题在前面讨论技术关系时已经说明了，但也正如前面所表明的，新古典理论在解释现实时并不是采用这种比较静态或稳定状态的比较，而是稳定状态的转换，而在稳定状态转换的条件下，资本家根据利润最大化的技术选择会使确定种子数量（资本积累）和劳动投入成为一个过程，按照新古典的说法，给定消费时间偏好的选择已经不再是种子（资本）的边际生产力了，而是种子与雇佣劳动的工资支出的统一的利润率。

统一利润率假设的意义在于，在技术变动条件下，当资本品是由劳动生产的，资本家以利润最大化为基础的成本—收益计算将不再完全依据技术关系了，而是依据工资率或"支配的劳动"。这种统一的利润率是与垄断竞争联系在一起的。在前面的模型中，由于给定的技术已经成为技术变动，模型中关于资本概念的假设——即资本是对劳动的支配——就具有了实质性的意义，这一假设与新古典理论的不同之处在于，厂商或资本家用他们的储蓄或一笔货币购买劳动和资本品用于生产的假设，实际上已经破坏了完全竞争的假设，因为在技术变动的条件下，厂商或资本家利用资本或货币对生产的组织权意味着对技术的垄断。这一点对于资本争论是非常重要的，即统一利润率的假设在技术变动条件下并不是与完全竞争相协调的，而是联系到垄断竞争。这种统一的利润率与新古典时际均衡中统一的收益率是完全不同的，因为它联系到资本对劳动的支配的垄断竞争。

在前面所分析的庞巴维克的模型中，当采用稳定状态比较时，用工资率所计算的资本的价值所表示的只是劳动投入与迂回生产的技术关系，即用工资单位作为价值尺度与用劳动投入和时间作为价值尺度是相同的。但在稳定状态转换的条件下，工资率或工资投入就不能再与表示技术关系的劳动投入等同了，因为技术变动了或劳动生产率变动了，从而用工资单位所表示的原有资本品的价值就不再只表示技术关系了。因为原有的资本品是由雇佣劳动生产的，其价值是用工资成本乘以利润计算的，当资本家按照购买的原有资本品价格计算成本并与雇佣劳动的工资相加作为新资本品的生产成本时，显然，工资率和利润率进入了成本收益计算，而不再是按照劳动投入计量的了。

正是在技术变动的条件下，才出现了按照工资率与利润率进行的成本收益计算和资本品与劳动的替代选择，资本家并不是根据资本品所能提高的劳动生产率或替代的劳动来计算成本和收益，而是根据工资率和劳动生产率来决定这种替代或技术选择。当工资率等于劳动生产率时，任何技术的资本品都不会被生产和使用。

正如前面的分析所表明的，新古典理论要解释现实不可能不涉及技术变动，其比较静态和稳定状态的比较实际上是稳定状态的转换，而在稳定状态转换的条件下技术关系与收入分配是相互作用的，或者说，现实的市场经济中人们之间的利益关系是相互冲突的，这种利益冲突表现在技术变动过程中对新技术的垄断和竞争上，从而新古典理论要解释这些现实就必须会使其原有的假设不再成立而导致逻辑上的矛盾。

八、斯拉法的模型与技术再转辙

斯拉法模型的基础是给定投入产出系数的线性生产方程，基本品的假设使其可以再生产自身，从而可以构成一种特殊的稳定状态。在此基础上加入价格向量和古典学派的假设，各个部门的资本家要根据预付的价值资本获得统一的利润率，这一假设使收入分配关系直接加入到模型中去。由此，斯拉法得出，当各个部门劳动对生产资料的比率不同时，收入分配的变动会导致相对价格和资本品价值量的变动。

哈恩（1982 年）认为，如果在斯拉法的模型中加入消费偏好，它将成为新古典的一般均衡模型。萨缪尔森（1987 年）也认为，如果加入可替代性生产要素的新古典生产函数到斯拉法的模型，可以使它更具应用性，从而，斯拉法的模型只是一般均衡理论的一个特例。然而，如斯拉法所表明的，这些只是枝节问题，他的模型是要通过特殊的稳定状态比较（通过把资本品还原为劳动），以显示资本倒转和技术再转辙，在这一模型中，新古典生产函数和奥地利模型只是它的一个特例，即只是劳动对生产资料同比例的模型（斯拉法，1960 年）。

剑桥资本争论的一个主要逻辑悖论是，新古典理论在单一产品模型中是成立的，只有在异质品模型中才会出现技术再转辙。实际上，当明确地加入技术变动，技术再转辙是可以用单一产品模型证明的。使用前面的谷物模型，假设种子的使用能够提高劳动生产率，采用奥地利模型的假设，即最初只有给定的劳动，但可以先生产种子，然后再生产谷物，种子数量的多少可以表示迂回生产的程度，更多的种子意味着更长的生产时期和更多的产出。人们按照时间偏好选择一种生产时期，种子的数量将被决定，经济将进入稳定状态。在这一模型中，即使加入由资本家预付工资的假设，新古典理论的逻辑也是成立的。现在修改前面技术关系的假设，假设所要生产的产出数量被给定以讨论技术选择，种子能够再被用作投入。即可以先生产种子，再用种子和劳动再生产种子，最后生产消费品，即使依然使用新古典生产函数的假设，这里也将有一系列生产方法在给定的时间生产给定的产出。如果这里没有资本家或工资率（或利润率）不是预先给定的，这里将不会出现技术再转辙（但会出现资本倒转）。但如果工资是由资本家预付的且存在着（种子和工资）统一的利润率，在特定技术关系的假设下，资本家根据给定的工资率去选择最大化利润的生产方法，这就会出现技术再转辙。这一推论只是前面扩展的谷物模型的延伸。

在劳动与生产资料同比例模型中，由于同比例要素模型消除了非线性生产可能性曲线的存在，多种不同的生产方法只能组成一条非线性的生产可能性曲线，从而不会出现技术再转辙（萨缪尔森，1962 年）。这种同比例要素模型正是稳定状态模型，它与庞巴维克的迂回生产的假设是相同的，从而即使加入相对价格和收入分配（相对价格在稳定状态中是不变的），给定技术的假设依然可以保持。斯拉法的异质品模型正是要表明，当资本品被还原为劳动，这里将有一系列技术变动（随时间或利润率）的可能性，从而加入收入分配关系（相对价格）或"支配的劳动"，将会出现技术再转辙。如斯拉法所表明的，同比例要素模型只是他的异质品模型的一个特例，新古典一般均衡和时际均衡模型也只是斯拉法模型的特例。或者说，如果不存在资本主义分配关系或垄断竞争，新古典的时际均衡模型将成为斯拉法的模型。因此，虽然时际均衡能够处理异质模型和技术变动非稳定状态增长，它依然不能解释现实和反驳对它的逻辑批评。斯拉法所要表明的是技术关系和收入分配的相互作用，现实中的相对价格绝不是仅仅由技术关系所决定的。

逻辑悖论产生于一种理论所要解释的问题超出了其假设的范围。新古典理论所表述的只是给定技术条件下的资源配置问题，其基本假设中抽象掉了现实经济中的两个最重要的因素，即技术变动和人们之间的利益冲突，因而在解释现实问题时不可避免地会导致逻辑上的矛盾。而现实资本主义市场经济中的技术关系与收入分配的相互作用是在技术变动的条件下产生的，因而只有把技术变动和表明人们利益冲突的垄断竞争作为理论的基本假设，才能对现实问题做出逻辑一致性的解释。

参考文献：

1. Bliss H.J.. Capital Theory and the Distrbution of Income[M]. Amsterdam: North-Holland, 1975.

2. Hayek E.A.. The Pure Theory of Capital[M]. London: Macmillan, 1941.

3. Howard M.C.. Profit in Economic Theory[M]. London: Macmillan, 1983.

4. Blaug M.. Economics in Retrospect[M]. Portsmouth NH: Heinemann press, 1985.

5. Solow. Capital Theory and the Rate of Return[M]. Amstordorm: North-Holland press.

6. Garegnani P..Heterogeneous Capital，production Function and the Theory of Distribution[J]. Review of Economic Studies, 1970,37(3).

7. 李嘉图. 论利润[M]// 李嘉图. 李嘉图著作和通信集. 北京：商务印书馆，1815.

8. 斯密. 国民财富的性质和原因的研究[M]. 北京：商务印书馆，1972.

9. Garegnani. Value and Distribution in the Classical Economists and Marx[J]. Oxford Economic Paper, 1984.

10. 斯拉法. 用商品生产商品[M]. 北京：商务印书馆. 1962.

11. Kurz, Heinz D.. Smithian Theorem in Piero Sraffa's Theory[J]. Journal of Post-Keynesian Economics, 1980, 3(2).

12. Hahn F. H.. The Neo-Ricardians[J]. Cambridge Journal of Economics, 1982, 6(4).

13. Hicks J. R.. Methods of Dynamic Economics[M]. Oxford: Clarendon Press, 1985.

14. 斯拉法，多布. 序言[M]// 李嘉图. 李嘉图著作和通信集. 北京：商务印书馆，1983.

15. 李嘉图. 绝对价值和交换价值[M]// 李嘉图. 李嘉图著作和通信集. 北京：商务印书馆，1979.

（本文原载于《经济学动态》1996 年第 12 期和 1997 年第 1 期）

新古典理论与社会主义经济理论

自 19 世纪 70 年代的"边际革命"以来，新古典理论作为西方正统经济理论统治西方经济学界已跨越一个多世纪之久，它以其优美的逻辑和完整的分析体系在经济学的讲台上经久不衰，从而成为一种教条而支配着经济学家的思想，以致使一些对新古典理论持批评态度的经济学家也不能完全摆脱其影响。这一点也突出地表现在对社会主义经济理论的研究中，从西方 30 年代关于社会主义经济理论的大论战到目前的西方比较经济学，从 60 年代东方学者关于计划与市场关系的讨论到当前我国经济学界关于改革的目标模式及其理论的讨论，在很大程度上都局限于新古典理论的范围内和为其所支配。本文的目的在于，通过明确阐明新古典理论的性质和局限性，来寻找社会主义经济理论特别是计划与市场的关系研究的症结所在，以期彻底突破新古典理论的束缚，闯出一条新路。

一、新古典理论的性质与局限性

19 世纪 70 年代"边际革命"以后，西方经济学完全抛开了古典经济学和马克思的动态分析及以人们之间的利益冲突作为核心的资本积累与收入分配的研究，而转向静态的资源最有效配置问题。这种新古典理论的典型特征是以瓦尔拉一般均衡理论为代表的完全竞争静态均衡分析。这一理论所要表明的是，给定消费者偏好和资源约束可以求出最优解（帕累托最优），并且，这种最优解可以通过假想的完全竞争的市场机制得以实现。无疑，在给定的目标函数和约束条件下求最优解是经济分析的一个重要方面，然而，新古典理论完全抛开了动态的经济发展（技术变动与资本积累）和人们之间的利益冲突（所有制问题）来研究资源的最优配置，从而使其分析远离现实，因而具有极大的局限性。

在技术分析上，新古典的资源配置理论所表述的是一种交换经济。这种给定资源和偏好求最大化，类似于"纳粹"战俘营中的情形：当国际红十字会把各种物品平均分发给战俘后，他们根据各自的偏好交换这些物品，如不喜欢吸烟的人可以用香烟去交换饼干，最后，通过交换使各个人的效用达到最大化。新古典的资源配置理论只是把这种给定的消费品转换成给定的要素天赋。这种技术分析根本不能表明人类生产的技术性质，特别是把资本作为一种给定的生产要素，更使其成为一种没有技术关系的技术分析。资本并不是一种给定的生产要素，而是随着技术发展人们过去劳动积累的结果，从而不可能脱离开技术变动和资本积累来阐明资源的最有效配置问题（参见瓦尔什和格瑞姆：《古典与新古典一般均衡理论》，牛津大学出版社 1980 年版；帕西内蒂：《结构变动与经济增长》，剑桥大学出版社 1981 年版）。

另外，新古典理论完全抛开了人们之间的利益冲突，这突出地表现在完全竞争的性质上。正如许多作者所指出的，新古典的完全竞争模型只能是瓦尔拉的拍卖市场，这种瓦尔拉拍卖市场均衡过程的最重要一点是，在均衡点到达之前，各个参加者只能连续喊价而不能成交，否则均衡将遭到破坏，而一旦达到均衡点，各个生产者的生产规模、技术等等将完全相同，利润为零。在这一过程中，竞争是什么意思呢？显然，竞争绝不是这种瓦尔拉的拍卖市场，而是人们之间利益冲突的表现，各个生产者在竞争中是要击败对手以获取最大利益而不是要实现均衡。市场竞争正是建立在各个生产者之间生产率差别的基础上，这种生产率的差别是由于各个生产者对不同生产条件、技术的占有——所有制关系产生的，这种所有制关系是与动态的资本积累和技术发展紧密相连的（参见马克思：《资本论》；熊彼特：《资本主义、社会主义和民主主义》，商务印书馆 1979 年版），从而在新古典的逻辑体系中根本不能表明人们之间的利益关系。

可见，新古典理论是一种极为简单的理论，它之所以能够达到体系的完整和逻辑的优美，完全是由于其远离现实的抽象假定，它只是人们试图公理化经济分析的最初尝试，其理论的局限性是非常明显的。然而，新古典经济学家却在这一体系中加入了各种隐含的和与之难以相容的假定，以期描述和解释现实（如哈恩：《一般均衡理论》，载《经济理论的危机》，上海译文出版社 1985 年版），从而导致了新古典理论逻辑体系的严重混乱与矛盾。这种逻辑混乱与矛盾已越来越被人们所认识，自罗宾逊与斯拉法的批判性著作发表以来（参见罗宾逊：《经济学论文集》，商务印书馆 1984 年版；斯拉法：《用商品生产商品》，剑桥大学出版社 1960 年版），以新剑桥学派为代表的对新古典理论的批判和重建经济学体系已成为西方经济理论发展的主流。

二、20 世纪 20—30 年代西方关于社会主义经济理论的大论战

20 世纪 20—30 年代西方经济学界关于社会主义经济理论的大论战完全是在新古典理论范围内的论战，以兰格、泰勒、狄金森为一方的经济学家试图把新古典理论应用于计划经济，而以新奥地利学派的米塞斯和啥耶克为另一方的反对派也没有从根本上脱离新古典理论的基本命题，即静态的、没有利益冲突的资源最优配置原理，争论的焦点仅仅局限于虚构的完全竞争模型和计划模型的信息处理问题。

在新古典的资源配置原理创立伊始，维塞尔就指出，这种新古典理论的命题更适合于集体主义的计划经济（参见《自然价值》，商务印书馆 1982 年版），因为完全竞争模型只不过是一种处理信息的机制。帕累托和巴罗尼发展了这一思想，巴罗尼（参见《集体主义国家中的生产部》，《经济社会体制比较》1988 年第 2 期）详细设计了计划经济的模型来取代完全竞争。1921 年，米塞斯提出，在社会主义经济中由于不存在生产资料的私有制和以货币计算的生产资料价值，合理的经济计算是不可能的（米塞斯：《社会主义的经济计算机》，《国外经济学论文选》第 9 辑，商务印书馆 1986 年版）。从目前对新奥地利学派的评价来看，米塞斯的论点是针对新古典理论的：其一，在经济计算问题上，米塞斯所强调的是，经济活动绝不是静态的，从而不可能通过实物来计算资本的效率；其二，在利益问题上，米塞斯所强调的是以一定所有制为基础的动态竞争，而与新古典抽象的完全竞争不同。这些论点后来为哈耶克所发展。然而，新奥地利学派的资源最优配置和竞争结果的理论与新古典理论并没有什么不同，从而人们并没有把米塞斯的论点与新古典理论对立起来。当泰勒、狄金森进一步论证了社会主义计划经济完全可以使用新古典的方法进行经济计算而不需要生产资料市场时，争论完全转向罗宾斯和哈耶克所提出的这种实物计算在实践上的困难。对此，兰格设计了著名的竞争解决方案，正如他本人明确提出的，这种竞争解决方案是以瓦尔拉一般均衡理论为基础的，根据消费者主权和企业对完全竞争规则的模仿，即使没有生

产资料市场,计划机关通过试错法调整价格也能够得出生产资料的选择指数,从而达到新古典理论的一般均衡和帕累托的资源最优配置。这样,兰格在新古典命题使问题得到圆满的"解决",使兰格模式成为社会主义经济理论的一大遗产。因此,在这里有必要对兰格模式的性质和缺陷进行详细的分析。

如果计划经济仅仅在信息处理上是完全竞争市场的替代物,即兰格所说的市场仅仅是电子计算机发明前的产物,那么,社会主义的计划与资本主义的市场并无二致。显然,兰格设计竞争解决方案的目的并不在于此,而是要阐明社会主义的优越性,即国家掌握生产资料所获得的收入,从而使分配更为"公平",并使积累率得以确定,而这样一来,就导致了兰格理论中的逻辑捣乱。

第一,调整生产要素的分配以使收入分配更公平,是新古典福利经济学的基本命题,根据生产要素的替代弹性决定分配是新古典理论的一大教条。这一理论的逻辑错误已为许多学者所指出(如罗宾逊的《生产函数与资本理论》、卡尔多的《可选择的分配理论》),而把这种福利经济学的命题移用到社会主义经济,就使逻辑错误更为明显了。其一,如果计划经济能够按照实物指标进行计算,显然,收入分配与要素的天赋及替代弹性根本无关;其二,如果用价值或兰格的竞争解决计算问题,如兰格模式中存在着消费品市场和劳动市场,则对生产资料的估价取决于对消费品的需求偏好,而对消费品的需求则又取决于收入,当劳动者根据劳动市场的工资率来确定收入时,与国家事后按照某种原则对生产资料的收入进行社会分红时所得出的需求偏好是不同的,从而生产资料的价格和生产资料的边际生产力是不确定的,也就是说生产资料的价格依赖于收入分配,这就导致了逻辑上的矛盾。问题就在于新古典的一般均衡理论并不适用于收入分配问题,因为它不能解决资本的度量问题,从而用边际生产力决定分配和把收入再分配纳入新古典的逻辑体系必然会导致逻辑上的矛盾。

第二,兰格模式并未到此止步,而是进一步把收入再分配推进到动态的积累率的确定上。在兰格模式中,国家确定积累率,而把资本分配给各个部门和企业是通过使资本供求相等的利率进行的,那么,这种国家决定积累会不会与消费者主权产生矛盾呢?在兰格看来,国家确定积累率只会影响利率,而与表明消费者偏好的均衡价格无关。此外,国家支配一部分国民收入虽然会使社会的偏好体系发生变化并改变资源配置的方向,但这并不会影响均衡价格的形成和对竞争解决方案的使用。对此,道布指出:"不可能确定投资率和同时利用'平衡利息率'作为一种工具，使投资需要适应可支配的投资资金量和它在各部门和企业的分配。在应用某些假定的条件下，可以得出，投资水平等于消费品的价格和生产成本之间的差额；投资率越高，消费品生产的赢利率也就越高，因而对投资的倾向也就越强烈。这样就形成一个黑租过程，它在保持预先规定的利率的情况下使平衡的建立成为不可能。"（道布：《社会主义经济中的储蓄与投资》，载入诺夫：《社会主义经济学》，剑桥大学出版社 1976 年版）可见，新古典理论严格局限于静态的资源配置，在存在积累和结构变动的条件下，使用均衡价格理论必然会导致逻辑上的矛盾（参见卡尔多：《经济理论错在哪？》，《经济学季刊》1975 年）。

第三，在经济计算问题上，兰格模式的另一个缺陷是完全抽象掉了技术变动，而资本积累是与技术变动密不可分的。在存在技术变动情况下必然会出现一笔净利润，熊彼特在评论 30 年代大论战时提出了这一问题，但他并不认为这对于社会主义的经济计算会是一个困难的问题，而是转向讨论国家对获得利润的经理如何给予刺激以解决分散决策的问题，这就使问题的关键点模糊不清了，因为这种净利润的存在会毁灭整个一般均衡理论结构，在国家决定积累率和不存在一般均衡价格的情况下，国家如何对企业的利润是否正常作出估价呢？（参见熊彼特：《资民主义、社会主义和民主主义》，商务印书馆 1979 年版）

第四，兰格模式完全抛开了利益问题，正如许多作者所指出的，这一模式用什么去保证企业经理去从事完全竞争的游戏呢？必须强调，这一问题在新古典理论的假定范围内根本不可能得到正确的答案。

由此可见，在新古典一般均衡理论框架内不可能说明社会主义经济，因为它把社会主义经济作为完全竞争静态均衡模型的一个复本，而抽象掉了经济运动和社会主义经济的最本质特征。社会主义经济的本质特征就在于，国家通过自觉调节人们之间的利益冲突来加速资本积累以适应技术发展的要求，这只能用动态的资源最优配置和与之相联系的以一定所有制为基础的利益竞争才能说明，而这与新古典理论的前提假定是根本不相容的。

三、西方比较经济学是新古典理论的一个分支

比较经济学是西方学者为研究社会主义经济而发展起来的。然而，目前

的西方比较经济学完全为新古典理论所左右，如果能够使用某种类比更容易说明其特征，这里想以发展经济学为例。1953 年，刘易斯根据古典经济学的生存工资假定提出了劳动剩余经济理论（刘易斯：《二元经济论》，北京经济学院出版社 1989 年版）。数年后，这一理论被费景汉与拉尼斯用与之对立的新古典理论给予了"完美"的阐述，而形成著名的刘易斯-费-拉尼斯模型（参见拉尼斯、费景汉：《劳动剩余经济的发展》，商务印书馆 1989 年版）。当经济学家发现经验与新古典理论的假定不符时，不是去检验和推翻新古典理论，而是把它作为一般原理来扩展其假定，以使它能够解释现实，比较经济学正是采用了这样一种方法。

作为这种方法的最典型事例是许多西方学者在研究社会主义经济中计划与市场的关系和模式划分时都以兰格模式作为基础和出发点，而很少有人对兰格模式的基础——新古典理论提出什么疑问（如纽伯格、达菲：《比较经济体制》，商务印书馆 1982 年版），他们在兰格模式的范围内来讨论国家偏好—计划目标、信息传递与动力问题。无疑，这些问题对于划分经济体制的类型和特征是重要的，然而，当比较经济学家把新古典理论作为基础来研究这些问题时，社会主义经济的典型特征已经不复存在了。一方面，这些学者把新古典的静态资源最优配置理论作为各种经济体制——计划与市场效率的评价标准（如庇古：《资本主义与社会主义的比较》，商务印书馆 1962 年版；勒纳：《统治经济学》，商务印书馆 1964 年版；萨缪尔森：《经济学》，商务印书馆 1981 年版），这就使得国家偏好（如确定积累率和部门发展）失去了它的意义；另一方面，他们把完全竞争的市场作为现实市场机制运行的抽象，这就完全失去了市场机制运行中信息和动力问题的真正含义，从而使得比较经济学家不可能真正描述计划与市场机制相结合体制的运行和效率评价，以致这类研究完全类似于兰格模式把两种体制根本混淆而抹杀了他们之间的根本区别，当他们用机会成本来评估积累率和投资的最优化时，动态的技术变动被抛掉了；当沃德和瓦涅克用新古典厂商理论来研究南斯拉夫自治体制时，生产资料所有制仅仅起到决定其目标函数的作用，而抛开其作为市场竞争或垄断的基础这一根本点，这类似于兰格把竞争作为实现静态效率的游戏。一旦用这些理论来描述和解释社会主义经济的现实，必然导致其逻辑中的矛盾。

四、西方新马克思主义者的观点

尽管西方新马克思主义者（如道布、巴兰、斯威齐、曼德尔等）对新古典理论持强烈的批评态度，但由于他们并未真正理解马克思的动态学并提出一套新的资源配置理论和市场竞争理论，所以在某种程度上依然为新古典理论的阴影所缠绕，把社会主义经济作为没有利益矛盾的直接分配资源和控制投资的体制，以致推论出社会主义计划经济与市场机制是根本不相容的。在他们看来，计划目标与市场目标和计划机制与市场机制是宗全对立的，从而不可能通过市场机制实现计划目标。导致这一推论的根源就在于他们把市场机制的运行看作是新古典理论所描述的那样（虽然他们坚持马克思的剥削理论，但依然从静态均衡的角度来理解市场），如前面所分析的，在新古典的一般均衡框架中，根本不可能容纳计划目标。

这种新马克思主义的观点充分体现在布鲁斯的分权模式的设计上。布鲁斯在详细评述了新马克思主义者的观点之后得出这样一点，社会主义经济中计划与市场的矛盾正是由于计划目标所决定的价格结构是一种非均衡的价格结构，而市场机制作用的趋向则是一种均衡的价格结构，因而在同时保持国家偏好和利用市场机制条件下，必然会存在两种偏好体系和两种价格结构之间的矛盾。对此，布鲁斯的解决办法是，国家通过预先的计算，对各种产品规定不同的税率、补贴和利率，来调节由于国家偏好所造成的不等价交换因素，使市场机制的运行符合国家计划目标（布鲁斯：《社会主义经济的运行问题》，中国社会科学出版社 1984 年版）。显然，布鲁斯所理解的市场机制运行正是新古典一般均衡理论所描述的，他把这种新古典的静态均衡与存在国家偏好的动态非均衡混淆在一起，来论述计划与市场之间的关系与矛盾。在他的分权模式中，如果计划机关把国家偏好或一种完整的计划转化为市场机制作用的经济参数——价格、税率、利率等，那将失去利用市场机制的意义，因为这比国家直接采用行政控制还复杂。显然，布鲁斯的原意并不是这样，他是指计划机关只涉及一部分重要的经济活动，而把国家不需要和没有能力计算的微观活动交给市场去解决，但这样一来，双重偏好体系所导致的双重价格结构之间的矛盾依然存在，从而导致了布鲁斯分权模式的矛盾。

问题在于，市场机制的运行是否像新古典理论所描述的那样呢？反过来，计划机制的运行又是否像新马克思主义者所描述的那样呢？这种理论中的矛盾正是来自建立在不符合现实的抽象假定基础上的新古典市场理论和新马克思主义者的计划理论，由此导致了计划与市场的根本对立。

五、新古典理论对社会主义经济理论的影响

社会主义经济理论的发展远远落后于社会主义的实践。十月革命后，苏联实行了一套完全不同于市场经济的高度集中型计划体制，采用优先发展重工业的赶超战略，可以说，"苏联模式"在加速工业化方面是有很大作用的。这种实践与新古典理论的基本原理是格格不入的。然而，经济学家们并没有提出一套新的理论来解释这种实践经验。在 20 年代苏联国内关于计划与市场的论战中，普列奥布拉任斯基提出了著名的社会主义原始积累理论为工农业产品的不等价交换辩解，但他并没有提出这种不等价交换和优先发展重工业的资源配置效率问题。1928 年，费尔德曼根据马克思的社会再生产理论提出了部门平衡增长模型，但这一模型抛开了技术变动与结构变动。即使在卡莱茨基 1969 年的著名著作《社会主义经济增长理论》中，也没有能够阐明技术变动与积累率的相互作用以导出动态的资源最优配置问题。可以说，时至今日，社会主义经济的动态资源配置问题依然没有得到解决。

在经济计算问题上，值得提到的是社会主义国家关于价值规律作用的大讨论。当人们不能直接从马克思的理论中得到资源最优配置的答案时，许多学者错误地对马克思的生产价格理论作出一般均衡理论的解释，并得出类似于新古典静态资源最优配置的结论，即用最小的费用或劳动耗费取得最大的效用，进而在价值决定概念中引进了边际分析和机会成本理论。无疑，费用与效用之比和边际概念本身是无可非议的，然而，一旦把这种分析与静态均衡联系起来，就完全走到新古典理论上去了（在我国许多学者也采用了这种方法，其中最典型的是孙冶方的著作）。在采用统一利润率和生产价格来说明平衡与最优化配置时，动态分析将不复存在，更不可能说明社会主义计划经济的资源配置问题（参见拙文：《论非均衡价格结构》，《中青年经济论坛》1889年第 6 期）。当采用这种貌似马克思经济学的方法来讨论计划与市场的结合时，并不能得到比兰格模式讨论中所能得到的更多的东西。

当然，传统的社会主义经济理论中的更大缺陷是完全排除了利益问题，

而把社会主义经济作为一种无利益矛盾的整体。60 年代以来，随着社会主义经济体制的改革，人们越来越注意对利益问题的讨论，因为这一问题是与利用市场机制紧密相连的。然而，在这一问题上，经济学者则更为新古典理论的阴云所笼罩。

由于利益问题是与资源最优配置问题紧密联系在一起的，当社会主义经济的动态资源配置问题没有解决时，新古典的静态一般均衡理论就溜了进来。这里值得提到的是苏联的数理学派，当康托诺维奇发现了线性规划理论这一新古典静态资源配置范围内的问题时，就得出了通过企业追求最大利润和完全竞争也可以得到最优解的结论，从而使以康托诺维奇和诺沃希沃夫为代表的苏联数理学派更多地强调市场的重要性而否认计划。科尔奈是新古典一般均衡理论最激烈的反对者，然而，他在分析社会主义经济时采用了非瓦尔拉均衡的静态的分析方法，完全抛开了动态的资本积累与技术变动的分析，在没有得出社会主义经济动态效率的情况下去批评这一体制的效率缺陷，其所隐含的效率标准依然是帕累托最优，这使他所设计的 II_B 模式完全否认计划目标的存在，而仅仅强调竞争的价格机制的作用，这就与新古典理论殊途同归了。

人们从事经济活动的目的在于获取一定的经济利益，从而竞争的市场机制可以最大限度地刺激人们去从事经济活动，这似乎已经成为经济学的公理。即使如此，这一公理与完全竞争也不是一回事，市场竞争只有在新古典理论极为抽象的假定条件下才能使资源得到最有效配置。把经济利益的命题与完全竞争和资源最有效配置混为一谈，是市场社会主义学派的典型特征。

在市场社会主义学派中，锡克的理论最具代表性。锡克从经济利益出发，深刻分析了社会主义传统经济体制中国家与企业之间的利益矛盾，指出，国家不仅不能解决所有的经济计算问题，而且更难于解决经济利益问题。这一点对于传统体制无疑是切中要害的。然而，当锡克把马克思的经济学解释为供求均衡和完全竞争理论时，计划的意义就仅仅在于保持平衡，而这种作用显然是难以与市场机制的优越性相匹敌的。当他把这一理论应用于资本主义经济的矛盾和他的民主社会主义模式的设计时，其逻辑上的矛盾就显现出来（参见谷书堂主编：《社会主义经济学通论》第 17 章，上海人民出版社 1989年版）。

以上分析可见，新古典完全竞争静态均衡分析方法对社会主义经济理论研究的影响是巨大的，特别是当人们尚未能够提出系统的动态理论时，新古典理论必然会支配人们的头脑，特别是以上所分析的那些学者所采用的理论并不是从西方引进的，而是自己创造的，更表明了新古典理论作为一种社会哲学，确有其认识论的基础，即人们认识问题总是从简单到复杂。然而必须指出，新古典理论无论从社会哲学还是从方法论上根本不适合于社会主义经济的分析。

六、当前我国的经济理论

毋庸讳言，以上分析的目的在于阐明当前我国经济理论研究中的缺陷，即完全为新古典理论所支配，以致在某种程度上成为新古典理论的一家之言。

首先，在经济体制改革目标模式的争论上，新古典理论成为争论各方共同的理论基础，其中最有代表性的两种模式：即市场—宏观调节模式和计划—市场—企业模式。尽管其社会哲学和模式的含义有着很大的区别，但他们对模式的阐述都以新古典理论为基础，其中最典型的是他们都以均衡价格和反对垄断，即主张完全竞争为核心，同时都没有提出动态的资源最优配置理论。显然，当把这些理论用于说明现实或模式的详细构想时，必然会导致前述的逻辑矛盾（对这两种观点的详细评述请参见谷书堂主编：《社会主义经济学通论》第 18 章）。

其次，在近年来发表的一些学术著作中，新古典理论和方法都被作为基本原理加以应用。在资源配置问题上，一些学者把新古典的静态资源配置作为最优解来讨论当前我国的经济体制问题，从而落入了西方学者讨论兰格模式的陷阱（如刘伟等：《资源配置与体制改革》，中国社会科学出版社 1989 年版）。在讨论市场机制运行问题时，一些学者使用了马歇尔的供求均衡分析，把静态的均衡价格作为分析的基础（如罗首初：《社会主义微观经济均衡论》，上海三联书店 1988 年版；万解秋：《价格机制论》，上海三联书店 1989 年版）。这种观点的一个最大缺陷是把我国现行的价格机制运行与管理作为新古典理论的陪衬，而不能阐明现行体制和价格机制产生与运行的基础。当这些学者批评现行体制的不合理时，是否首先对他们所依据的理论进行过检验呢？在宏观经济理论上，许多学者采用了新古典综合派的比较静态均衡方法（如符钢战等：《社会主义宏观经济分析》），这种从宏观恒等式出发再加入经验数据的实证方法带有极大的局限性，它并不能阐明特定经济体制运行的规律，经验只能说明过去，人们在现实和未来经济中的行为是过去的经验所不能预测的，新古典综合派的凯恩斯主义失败的原因即在于此（对以上问题的详细分析请参见谷书堂主编：《社会主义经济学通论》）。

正是由于基础理论研究中新古典理论的一家之言，使许多问题得不到深入的讨论，如对于计划与市场关系的讨论往往只是局限于社会哲学的争论，在经济分析上几乎找不到争论的焦点，以至于对如此复杂的经济问题尚不能形成具有不同分析方法的各理论流派之间的争论。这里值得提到的是，近年来已经有许多学者开始突破新古典理论的传统（如朱嘉明：《论非均衡增长》，上海三联书店1987年版），但许多著作都只是提出了问题，而缺乏系统的理论分析，特别是没有针对新古典理论的假设提出问题和根据新的假定与方法建立逻辑分析体系。特别需要提到的是胡汝银的力著《社会主义经济中的垄断与竞争》（上海三联书店1988年版）一书，作者采用马克思的动态竞争理论对新古典理论进行了深入的批判，遗憾的是，在分析社会主义竞争问题时，作者却把焦点集中在反垄断上，这就不自觉地走向了新古典理论，既然如作者所强调的在现实中并不存在完全竞争，那么，理论的核心应在于阐述垄断竞争市场的运行，只有阐明了这一点才能对垄断的作用和效率加以评价。

最后，需要强调的是，当前我国经济学的教学已经完全为新古典理论所统治，从西方经济学课程的正统新古典理论教材到经过改造的政治经济学教科书，新古典理论都被作为现代经济学原理来灌输，而很少指出它的缺陷。当新的理论产生之前，这种现象似乎是必然的，但这种一家之言的局面必须突破，为新理论的诞生创造条件。

七、结束语

新古典理论是一种简单理论，是经济学中的古典力学，这种理论并不能描述和解释现实，特别是对于作为以自觉管理为特征的社会主义经济理论就更不适用了。因此，必须在经济学的方法上进行一场"爱因斯坦"革命，用垄断竞争动态非均衡理论取代新古典的完全竞争静态均衡理论（参见拙文：《经济学的革命》，《南开经济研究》1988年第6期）。社会主义经济理论的发展取决于基本理论的突破。

然而，新的经济理论体系的重建绝非易事，新剑桥学派经济学家们经过

30 年的努力迄今尚无结果，以至帕西内蒂断言"两个剑桥"之争将持续到下一代经济学家（帕西内蒂：《资本悖论》，《新派尔哥瑞夫经济学词典》，麦克米兰 1987 年版）。这种困难不仅仅来自新理论的复杂性，更大的危险则来自根植于人们头脑中的新古典教条。罗宾逊曾说过这样一段话，当一个学生开始学习经济学时，教师就在没有说明新古典概念的基础上展开其体系，当他尚未明白是怎样一回事时，他已经作为一名教授向学生灌输这些东西了（参见琼·罗宾逊：《经济学论文集》，商务印书馆 1984 年版）。希克斯在回忆自己的创作生涯时详细说明了他是如何从一位著名的新古典理论家转变为新古典理论的反对者的，而这一过程用了 30 多年的时间。就当前我国的经济理论研究来讲，阐明这种新古典理论的局限性和探索新的研究方法已经成为当务之急。

（本文原载于《南开经济研究》1990 年第 5 期）

经济学的革命

——垄断竞争动态非均衡分析

现代西方经济学中居统治地位的新古典综合派的理论是一种极为抽象的理论，它以完全竞争的市场为基本假定，采用静态均衡的分析方法，我们把这种方法归纳为完全竞争静态均衡分析。这种方法完全抽象掉了现实经济生活中人们之间的利益冲突和动态经济发展（技术进步与资本积累），从而远离现实。这种分析方法是人类对经济运动早期认识的产物，是经济理论中的"古典力学"。因此，在经济理论上必须进行一场"爱因斯坦"革命，彻底抛弃完全竞争静态分析方法，采用垄断竞争动态非均衡分析，使经济理论能够解释包括资本主义经济和社会主义经济在内的整个经济运动的现实。

一、学说与方法

1. 新古典理论

新古典理论是指凯恩斯以前的正统经济理论。它包括从 19 世纪 70 年代的边际革命到 20 世纪 20 年代马歇尔的《经济学原理》占据正统地位这半个世纪以来的西方经济学，它以瓦尔拉的一般均衡分析和马歇尔的局部均衡分析为核心，建立起以完全竞争为假定的静态均衡分析体系。必须指出，新古典理论既不是作为一种学说史而存在，也不是一种纯粹的微观经济理论，而是一种社会哲学和一种分析方法，是一种特殊的宏观经济理论。它作为一种分析方法和一种理论在现代西方经济理论中居于极其重要的地位，凯恩斯革命和现代西方宏观经济理论并没有使它销声匿迹。在宏观经济理论中，新古典理论不仅作为自由主义学派（货币主义、供应学派和新自由主义）的理论基础（如各种改头换面的"庇古效应"和新货币数量论），而且作为凯恩斯主流经济学的新古典综合派理论依然沿用了新古典理论的分析方法和它的市场理论，这突出的表现在宏观经济分析中的静态均衡分析方法和把新古典理论作为微观经济学与凯恩斯理论拼凑在一起。可以说，新古典理论在现有的经济理论中是唯一系统地对市场机制运行和资源最优配置作出解释的理论。在这方面，尽管包括凯恩斯革命在内的许多学派的理论对其进行了深入的批判，但他们都没能建立起一套新的系统的市场理论和资源最优配置理论来与之相抗衡。

新古典理论以其市场运行的假说为基础，但新古典理论并不是一种纯粹的微观经济理论。一方面，它那严格的抽象假定很少适用于企业的实践，而且在现代管理学教科书中除了一些概念之外并没有它的位置；另一方面，新古典理论从它产生的时候就把经济自由主义哲学作为其理论宗旨，其目的在于通过对"看不见的手"和"供给创造需求"的阐述，来说明国家干预经济的不必要性和危害。如果把宏观经济学定义为国家自觉管理经济的理论，那么，新古典理论则是一种反对国家干预经济的特殊的宏观经济理论，它的全部理论的要义皆在于此。新古典理论对供给与需求和市场价格的分析所要表明的正是通过市场机制的调节可以达到宏观平衡和资源的最有效配置。在新古典理论中，宏观与微观是高度统一的，宏观平衡是通过各种相互联系的市场中各种产品和生产要素的供给与需求的价格变动来实现的。瓦尔拉的一般均衡理论和马歇尔的局部均衡分析正是要说明这一点。因而，从新古典理论中完全可以归纳出现代宏观经济学的全部内容（这就是被西方现代宏观分析称为的古典理论的宏观经济理论），而且其宏观理论是建立在坚实的微观基础，市场运行机制的假说之上的。

新古典理论是一种分析方法，它把机械力学原理搬用到经济学领域来解释市场的运行，这一点除了由其经济自由主义的社会哲学所决定的为资本主义市场经济进行辩护之外，这种方法还标志着人们对社会经济运动进行分析的一个早期阶段。这种完全竞争一般均衡的静态分析方法抽象掉了人们经济活动中的两个最重要的方面，其一是由一定的所有制所决定的人们之间的利益冲突，其二是由技术进步和资本积累所产生的动态经济发展，从而使新古典理论远离现实。

2. 凯恩斯革命与新古典综合派

20 世纪 30 年代资本主义经济的大危机使经济学家再也不能信守新古典理论教条而无视现实了，这样凯恩斯的理论也就应运而生了。

首先，凯恩斯采用了一种总量分析方法，应用这种方法，建立起一套宏观总量均衡模型，即总供给、总需求、总投资、总储蓄、总消费等等。这些总量概念可以直接与实际的经验观察和统计资料相联系，从而可以通过经验观察和对统计资料的分析来研究宏观平衡问题。正是在这种直接经验观察的基础上，凯恩斯建立了他的三大心理法则，指出人们的储蓄取决于收入而很少为利率所左右，投资取决于预期的资本边际效率，从而在货币具有贮藏功能——存在其灵活偏好的条件下，这一体系并不能保证储蓄等于投资而使总供给与总需求保持平衡，这就打破了新古典理论把储蓄与投资同时作为利率函数而使储蓄与投资相等的教条。

然而，这种建立在经验观察基础上的总量分析方法缺乏坚实的微观基础。在"微观基础"问题上，凯恩斯无疑试图抛弃旧的理论，这突出地表现在他的工资论与物价论上，如他把物价水平与工资率联系起来，认为工资作为直接成本的最主要因素与间接成本——利润共同决定着商品价格，从而货币工资率的变动会导致价格的变动。但凯恩斯的分析到此为止，他没有进一步考虑这种工资论与物价论是与怎样的市场类型相联系的，也没有说明这种市场产生的原因，或者说他没有或根本没有想建立起一套完全不同于新古典理论的市场运行机制理论。这就不能回答直接成本——工资和间接成本——利润所决定的价格是如何在市场机制中形成的，以及在怎样的市场类型中形成的，也不能回答决定这种市场类型产生的所有制关系是什么。对这种微观基础的分析不仅是实证的总量分析方法所难以完成的，而且是与凯恩斯的心理法则格格不入的。凯恩斯的工资论与物价论所阐述的观点更多地产生于观察而不是逻辑分析。这些论点在他看来是理所当然的，不论市场类型怎样总是如此。事实上，凯恩斯并不打算全盘推翻新古典的市场理论，这表现在他依然把新古典理论作为他的一般理论的一个特例。他认为，在通过某种国家干预实现充分就业之后，新古典理论还是适用的。在凯恩斯的"微观"理论中并没有产生新剑桥学派所称道的"革命"，而是基本上沿用了只有在完全竞争的假定中才存在的新古典理论的概念与范畴。因此可以认为，凯恩斯并没有建立起与其宏观理论相一致的微观基础。这不仅导致了凯恩斯宏观理论与微观理论的矛盾，而且使他的分析不能揭示宏观经济运动中矛盾产生的真正原因，虽然单纯依靠经验观察的总量分析方法可以发现这种矛盾。

其次，凯恩斯采用了比较静态的非充分就业均衡（即非瓦布拉均衡）分析方法。比较静态方法按一般方法论的解释是指从一个均衡态势到另一个均衡态势的特种变动的分析。但凯恩斯的比较静态分析是与此不同的。一方面，凯恩斯所使用的均衡概念是指非瓦尔拉均衡，虽然同样是从一种均衡状态到另一种均衡状态的分析，但两种均衡状态是不同的；另一方面，凯恩斯特别强调两种均衡状态变动的决定性因素是预期的不确定性。在两个时点的均衡过程中，正是由于存在着人们对将来预期的不确定性而产生的投资波动（即总投资不等于总储蓄），导致了均衡点的变动，某种特定的非充分就业均衡的实现只是由于投资变动引起的国民收入的变动而使储蓄等于投资的结果。正是因为这一点，凯恩斯的比较静态方法具有动态分析的性质。反过来，这种特殊的比较静态方法又使得凯恩斯的非充分就业均衡（或非瓦尔拉均衡）带有非均衡分析的性质。像新剑桥学派所强调的，凯恩斯把预期的不确定性置于连续不断的时间过程中，各个均衡点随时间的位移将不会达到静止的均衡状态。

这种对未来预期的不确定性在凯恩斯理论中具有极为重要的意义，货币的灵活偏好和资本边际效率法则都是建立在这一基础之上的，无怪乎新剑桥学派把这一点作为凯恩斯革命的精髓。然而，与凯恩斯的总量实证方法相联系，这种对未来预期的不确定性只是提出了在市场经济中并不存在严格合乎理性的人们的行为，却不能表明这种特定的人类行为产生的原因及规律，或者说决定未来预期不确定性的因素和人们预期的是什么，而要做到这一点则必须阐明市场的运行规律。因此，这种对未来预期的不确定性或许可以把实证的总量分析置于一种动态理论模型之中，但它并不是一种真正的动态分析，它没有阐明动态经济发展的最重要因素——技术进步与资本积累以及在一定的所有制条件下这种技术进步与资本积累对于市场运行的作用。与此相联系，凯恩斯的非充分就业均衡（或非瓦尔拉均衡）分析也并没有从根本上打破均衡分析方法，虽然投资决定储蓄会产生非充分就业均衡，但只要一达到均衡点，动态过程就完结了。更为重要的是，凯恩斯并没有考虑在非充分就业均衡条件下市场体系与价格结构是否是均衡的，也就是说他们没有阐明非充分就业均衡的微观基础，一旦表明市场机制的运行本身就是动态非均衡的，则这种比较静态的非瓦尔拉均衡方法的缺陷就表露出来。而这一点只有通过彻底的动态非均衡分析才能完成，而不是非瓦尔拉均衡。

凯恩斯分析方法的缺陷和理论中的矛盾不能不归之于他的社会哲学，虽然他看到了资本主义市场机制的缺陷，但却试图在不触动它的"微观基础"的前提下通过国家的宏观干预来解决其矛盾。然而必须指出，宏观与微观是融为一体的，宏观与微观的概念本身也只是经济学家为了某种需要而创造出来的，任何国家干预都不可能置身于市场机制的运行之外，问题仅仅在于这种干预与市场运行本身的内在规律是否矛盾。

现代西方正统经济学理论——新古典综合派彻底地继承了凯恩斯的理论宗旨。在这里，经济理论被截然划分为相互割裂、相互矛盾的宏观经济学和微观经济学，完全竞争市场运行的新古典理论与国家调节总需求的凯恩斯理论融为一体，收入决定论和 IS-LM 曲线使宏观经济理论完全回复到静态均衡分析。"现在的论点是，政府当局有责任保持有效需求的水平来提供充分就业。然后政府当局就没有别的什么事要做了。自由放任死灰复燃。经济理论又回到推敲瓦尔拉均衡的性质方面。"（琼·罗宾逊：《现代经济学导论》，商务印书馆 1982 年版）。

3. 经济理论的重建

新古典理论是一种极为抽象的理论，然而要彻底打破这一理论，把现实经济运动中人们之间利益的矛盾和动态经济发展这些复杂因素引入经济分析之中，以建立新的理论体系则是极为艰巨的工作。在经济理论的重建中，马克思的社会哲学和分析方法具有重大的意义，许多西方经济学家在批判新古典理论和建立新的理论体系方面也取得了一定的进展，这里试对此作一简要的评述。

（1）马克思

我们不打算在这里详细阐述马克思的理论，而只把它的要点简单地加以归纳。

首先，马克思的劳动价值论和剩余价值论以其特有的逻辑分析揭示了以生产资料私有制为基础的资本主义市场经济的本质，即以工资与利润的对立所表现的两大阶级利益冲突的收入分配关系，虽然这种分析并没有具体地描述市场运行的机制，但这种对资本主义市场机制本质的逻辑分析为揭示这一体系的矛盾奠定了坚实的"微观基础"。

其次，从这一基础出发，马克思通过社会再生产图式建立起结构分析或称为结构的总量分析理论模型。这一理论模型的最重要特征是引入了特定的收入分配关系——工资与利润的分配和它们各自所表现的实物形态，这在目的和意义上与魁奈的经济表所要表明的"价值形态与实物形态的统一"已经完全不同了，它所要表明的是由特定的经济制度所决定的"宏观收入分配结构"与由一定的技术关系所决定的"宏观生产结构"（即保持宏观平衡的条件）之间的矛盾。

再次，马克思的理论分析在本质上就是动态的，他对资本主义市场体系矛盾与危机的分析正是在技术发展与资本积累的动态过程基础上进行的，而且把这种动态经济发展过程与特定经济制度的市场运行机制融为一体。马克思指出，资本主义生产的本质是获取利润，当技术的发展不能适应由一起的收入分配关系所决定的资本积累而导致利润下降时，就会产生宏观生产结构与收入分配结构之间的尖锐矛盾并导致资本主义的经济危机。

最后，马克思的社会哲学是革命性的，它主张通过对市场运行的基础——所有制关系的根本变革来消除资本主义的矛盾，实现人们对经济活动的自觉调节，即只有通过改变"微观基础"或社会经济制度才能从根本上调节经济运动中的矛盾。这种社会哲学充分地表明经济理论和经济管理的本质。

当然，马克思的理论并不是完美无缺的，它必然要受时代的局限。一方面，马克思的理论更侧重于社会哲学，其经济分析的技术与方法是比较简单的；另一面，马克思在对技术关系和利益关系（所有权关系）的分析中存在着某种程度的割裂，因而不能详细阐述动态的技术变动与资本积累之间的矛盾运动。但这些并不能否认马克思对经济理论的发展所做出的无与伦比的贡献。

（2）卡莱基

卡莱基在30年代与凯恩斯同时发现了"有效需求不足"这一导致资本主义经济波动的原因。然而，卡莱基的分析方法与凯恩斯截然不同，"卡莱基的分析是依据马克思再生产图式的动态学。而'凯恩斯则长期挣扎着要摆脱'他在其中熏陶出来的传统"（同上书，第63页）。在宏观分析上，凯恩斯采用的是以总量的实证方法建立的心理法则，而卡莱基则继承了马克思的结构分析方法，从资本主义的收入分配导致的资本积累过程中的矛盾来论述有效需求不足和生产过剩的经济危机。卡莱基根据不同阶级收入的"消费函数"不同这一点，假定全部工资收入都用于消费，全部利润收入都用于储蓄（这种假定是早为李嘉图和马克思所采用的），在此基础上把一定的利润率作为储蓄转化为投资的机制，从而得出有效需求是使由特定的收入分配关系所决定的储蓄投资能够获得一定利润率的总需求。资本主义经济危机的原因就在于，资本主义的收入分配关系所产生的资本积累过程必然会使利润率下降而导致有效需求不足和两大部类比例平衡的破坏。可以说卡莱基把马克思的资本积累理论与再生产理论有效地融合在一起构成了动态的结构分析体系。

特别值得提到的是卡莱基对于垄断竞争的结析。凯恩斯由于方法论上的缺陷和他的社会哲学，使他不能摆脱新古典理论而建立与其宏观分析相适应的微观基础。卡莱基则把垄断竞争作为其理论的微观基础而建立起统一的理论体系。卡莱基的垄断理论与张伯伦和罗宾逊的垄断理论不同，以张伯伦和罗宾逊为代表的 30 年代的"垄断革命"并没有脱离新古典理论，他们沿用的仍然是新古典理论的静态均衡分析方法，而卡莱基的分析则更接近于马克思的方法。卡莱基认为，垄断是与市场竞争与生俱来的，这种垄断产生于一定的所有制关系，正是由于各个生产者对生产条件占有的不同而形成垄断竞争的市场结构。卡莱基使用了"垄断程度"这一概念来说明垄断竞争市场结构的价格形成与收入分配，从而阐明了一定的收入分配关系得以形成的市场运行机制和决定这种市场运行机制的所有制关系，这就为其宏观分析奠定了微观基础。

（3）罗宾逊

琼·罗宾逊是以正统凯恩斯派自居的新剑桥学派的代表人物。她强烈地指责新古典综合派的理论是冒牌的凯恩斯主义，主张彻底抛弃新古典理论而重建经济学的理论体系。在宏观经济理论上，她更多地接受了卡莱基的思想，从收入分配入手更为系统地阐述了卡莱基的有效需求理论。在微观经济理论上，她坚决否定新古典的边际生产力分配和完全竞争均衡理论，完全抛弃了她在 30 年代对垄断分析所采用的新古典方法而接受了卡莱基对垄断的分析，试图重建垄断竞争理论并把它作为其宏观分析的微观基础。她的著作对于批判新古典理论、重建经济学的理论体系具有非常重要的意义。

然而，罗宾逊的分析方法依然带有很大的缺陷，这主要表现在她片面注重收入分配关系而忽视了对技术关系和动态的技术变动以及结构变动的研究，从而不能使技术关系与收入分配关系结合起来。在宏观经济分析上，罗宾逊往往把技术变动抽象掉而假定资本产出比率不变。这种假定对于阐明她的收入分配理论可能是有用的，但却把经济运动的最重要因素之一——动态的技术变动放在了次要的地位，因而不能真正阐明资本主义收入分配中的矛盾。在微观理论上，她对边际生产力论的批判和对垄断竞争理论的阐述也仅仅从收入分配的角度出发，而没有把动态的技术发展融合进来，这就使她不能进一步阐明垄断竞争和收入分配关系的基础。导致这种方法论缺陷的一个重要原因，是她过分强调凯恩斯学说中"时间"和"不确定性"的作用，她用这种"对未来预期的不确定性"代替了对技术变动的分析，或用之来弥补其理论分析中的缺陷。这种方法论上的缺陷严重地损害了罗宾逊的理论体系。

（4）熊彼特

在把技术变动作为动态分析的基础来分析经济运动方面，没有哪一个经济学家能够与约夫·熊彼特相比。熊彼特以技术创新为核心，建立起他的独特的理论体系。

熊彼特是西方学者中最早采用动态方法来分析经济运动的经济学家。他激烈地打击了新古典理论的静态分析方法，指出"新古典理论的原则，仅仅适用于静态均衡状态，可是，资本主义现实从头到尾都是变动的过程，从而新古典理论的分析，即使不完全是也几乎是没有价值的"。对于 30 年代的"垄断革命"，熊彼特认为，这种对垄断的分析沿用了新古典理论的静态方法，假定垄断大企业的成本需求曲线与完全竞争所分析的相同，都是确定的，而垄断产生的实质则在于动态的技术创新使垄断大企业的成本需求曲线远比小企业有利并且是变动的。熊彼特认为，正是动态的技术创新构成市场竞争的基础，特别是他把技术创新与动态的资本积累联系起来，认为在资本主义经济中，争相积累的斗争带来技术发展。这种动态的技术创新与资本积累的分析构成熊彼特市场理论和经济周期理论的基础。熊彼特认为，新技术、新产品、新的组织形式的创新总是与能够积累起大量资本的现代大企业相联系，因此必然形成垄断竞争，而利润则产生于与资本积累相联系的技术创新。资本主义经济周期的产生，正是由于技术创新的周期性与资本积累的不一致，这种不一致导致利润率的波动和投资波动。

熊彼特的理论是从传统经济学中衍生出来的，他深受瓦尔拉和魏克赛尔均衡分析方法的影响，虽然他从动态经济发展的角度已经建立了非均衡分析的基础（如他的垄断理论、利润理论和经济周期理论），但他却把这种非均衡理解为从一种均衡的破坏到新的均衡的建立。也就是说，他所要建立的是一种动态均衡的理论体系，他并没有意识到他的动态分析是与一般均衡分析从前提假定到所推出的结论都是不同的和不能并存的。这使他不能建立起完整的动态非均衡的理论体系。

（5）希克斯

约翰·希克斯是最早试图把凯恩斯的理论与新古典型论融为一体而建立完整体系的经济学家，他的《价值与资本》一书和 IS-LM 曲线分析对于新古典综合派的形成起到了重要的作用。然而，从 60 年代开始，他的思想有了很大的转变，他基本上否定了他以前的分析方法和对凯恩斯理论的解释，认为他以前的动态分析"故意地歪曲了在现实世界里事件发生的顺序"，与他的分析方法相同的凯恩斯的短期分析实质上也是一种新古典派的均衡理论，从而试图彻底打破均衡观念重新建立动态非均衡的分析体系。

在动态分析上，希克斯并没有什么新的建树，虽然他曾试图把动态分析与对经济发展的研究结合起来，但他所强调的时间的过程和时间的顺序只不过是接受了凯恩斯的"对未来预期的不确定性"，而没有把现实经济发展的动态因素——技术进步与资本积累作为其动态分析的基础。在非均衡分析上，希克斯的理论却是特别值得重视的。希克斯认为，充分就业均衡或宏观上的均衡必然是与微观的价格结构均衡联系在一起的，因此，凯恩斯的非充分就业均衡或宏观的非均衡只有在价格结构非均衡的条件下才能存在，他正是要以非均衡的市场和非均衡的价格结构作为凯恩斯宏观分析的微观基础。对此，希克斯提出了两种价格和两种市场的理论，认为正是由于垄断的市场结构所导致的固定价格才使经济体系不能回复到充分就业均衡。这一点是与他对市场的认识分不开的，希克斯认为，在现实中并不存在瓦尔拉式的完全没有组织的市场，或称为"原子式"的市场，而总是一种没有组织的市场和有组织的市场的结合，总是存在着垄断和国家的干预。所以，建立在完全竞争假设基础上的一般均衡理论并不能描述现实的市场运行。可以说希克斯已经找到了非均衡分析的途径，然而他的动态分析方法上的缺陷使他并不能真正阐明非均衡的市场结构形成的根源。

（6）加尔布雷斯

在垄断竞争问题的研究上，不能不提到加尔布雷斯的著作。作为新制度学派代表人物的加布雷斯在对新古典和凯恩斯理论的批判上采用了这一学派特有的方法，即通过对现实的描述来说明那些理论教条与现实是多么不相容。与其他经济学家不同，加尔布雷斯的分析中并没有动态、静态、均衡与非均衡这些抽象概念，代替这些抽象概念的是"技术管理阶层""大公司的目标""对市场的操纵"和"对成本的控制"等等。在传统经济理论中，垄断被视为对资源合理配置的扭曲，而在加尔布雷斯看来，这种垄断性大公司的产生是技术发展和"权力"斗争的必然结果，它对于技术发展和克服市场竞争所带来的不稳定起到了巨大的作用。后者是通过大公司对市场的控制或"计划"而实现的。通过对垄断性大公司的分析，加尔布雷斯提出了"二元体系结构"的理论作为分析市场运行和宏观经济问题的基础。在这种二元体系结构中，垄断与竞争并存，两种价格体系并存、"计划"与市场也是并存的，而后者是受前者支配的。资本主义经济宏观失衡的原因就在于计划系统与市场系统之间的矛盾与冲突，从而提出国家通过控制大型垄断公司来实现公共目标的解决办法。如果加尔布雷斯的分析所依据的经验观察基本上是真实的，那么问题就在于如何修正理论以符合于这种现实。但必须指出，加尔布雷斯的这种分析方法并不能归纳出一般经济理论，虽然这种分析方法有其独特的优点和用途。

二、垄断竞争动态非均衡分析

我认为，经济理论研究中应采用垄断竞争动态非均衡的分析方法。这里我不可能对这种方法加以详尽的阐述；因为任何方法论都只能通过其全部理论才能表明和加以证明。本文所能做到的可能只是说明这种方法的概念和含义。

1. 时间与预期的不确定性

动态分析总是与时间联系在一起的。最早把时间因素引入经济分析并建立起经济理论体系的是瑞典学派的林达尔，他从魏克赛尔的理论中得到启示，把储蓄、投资的平衡作为一个包含时间的动态过程，来探讨利率在这一动态过程中的作用，从而把预期因素引入经济分析，说明经济波动的原因。他的动态分析被认为是凯恩斯理论的先驱；凯恩斯在动态分析上是与林达尔相同的，但凯恩斯抛弃了传统的利率理论而代之以有效需求学说。这种动态分析在希克斯那里得到进一步的发挥，通过他的"星期"对时间与不确定性进行了详细的表述。

这种时间与预期的不确定性，对于打破传统的静态分析方法和建立动态分析体系无疑是十分重要的。但是，这种时间与预期的不确定性仅仅是动态分析的开端或动态分析方法论的基础，它的概念含义本身就是不确定的，因而可以对它作多种解释。罗宾逊把它作为凯恩斯革命的精髓来阐述她的动态均衡理论，希克斯则使它回复到静态均衡分析。这种动态分析的根本缺陷就在于它不能阐明经济发展的动态因素——技术进步与资本积累。这使得采用这种是动态方法的学者往往首先假定一种均衡，然后再根据预期的不确定性来讨论这种均衡的破坏，然而，在没有指出技术进步与资本积累这些动态因素之前，这种动态均衡点是不能确定的。

2. 动态均衡分析

要建立起动态分析体系，必须阐明动态因素的作用或把动态因素引入时间之中。哈罗德-多马模型是最早引入这些因素所建立的动态宏观分析模型。他们指出，凯恩斯所采用的是一种短期分析，在那里投资是作为影响总需求而决定国民收入变动的因素，而在长期则必须考虑投资作为提高生产力和国民收入增长的因素对宏观平衡的作用。他们引入了由技术变动所决定的资本—产出系数来说明投资与国民收入增长之间的关系，建立起宏观动态模型来表明经济增长中的储蓄与投资的平衡问题。

哈罗德和多马把技术变动和由国民收入增长所带来的储蓄投资的变动，即把资本积累引入动态分析，使动态分析前进了一步。然而，他们的分析到此停止了。这突出地表现在他们把模型建立在资本产出系数不变这一假定基础上，从而使这一模型不能表明技术变动与资本积累的关系，这实际上已经把技术变动排除在动态分析之外。另外，这种动态理论虽然表明了国民收入的增长会带来储蓄的变动，但却没有表明储蓄，即资本积累在动态经济发展中的变动规律，或者说，它没有阐明这种动态理论的微观基础。这种根本性的缺陷使哈罗德-多马模型的动态分析成为一种动态均衡理论。

与哈罗德-多马模型不同，罗宾逊对经济增长的动态分析则强调动态经济增长中的收入分配关系对宏观平衡的作用，即对经济增长中资本积累规律的研究。她接受了马克思-卡莱基的结构总量分析方法，假定工资全部用于消费和利润全部用于储蓄，并把一定的利润率作为储蓄转化为投资的条件，推导出动态平衡的公式。这一公式表明，储蓄与投资的平衡是一个动态过程，要使本期的储蓄转化为投资，必须有下一期的、能使本期储蓄获得一定利润率的投资增长。假定资本产出比率不变，则投资率等于利润率。因此，随国民收入增长而带来的增加的储蓄转化为投资的条件是使增加的投资能够保持一定的利润率。而在这里，由特定的经济制度所决定的工资与利润的分配和储蓄的增长以及决定资本产出比率变动的技术进步则成为宏观平衡的决定因素。

然而，罗宾逊对技术变动与资本积累的分析过于抽象，她的宏观平衡公式正是建立在假定资本产出比率不变和根据斯拉法的抽象公式所推导出的收入分配理论基础上的，这使她所推导出的宏观平衡公式仅仅是一种"特例"，而不是一种"一般理论"，从而使她的分析依然没有摆脱动态均衡的方法。如果技术条件本身就是一种连续的、不规则变动的，如果这种技术变动会引起人们生产关系的变动和收入分配关系的变动，那么，采用这种假定资本产出比率不变和收入分配关系不变的抽象分析方法就大有问题了。这种抽象分析使罗宾逊没有能够实现用"历史观"完全取代"均衡观"而建立完整理论体系的诺言。

3．动态非均衡分析

我所说的动态分析方法首先是把马克思对生产力与生产关系的分析具体化和动态化为技术变动与资本积累。作为生产力集中体现的技术发展是一个连续不断的过程，而由一定的生产关系，即经济制度所决定的收入分配与资本积累也是一个动态过程，这两个方面既相互联系又相互矛盾。一方面，一定的资本积累总是要以一定的技术发展为条件，而一定的资本积累的产生又是由一定的技术发展所制约的特定经济制度下的收入分配关系所决定的。另一方面，作为体现人们之间利益关系的经济制度和由此所决定的收入分配关系所产生的资本积累又具有其本身的规律，从而并不能与技术变动保持完全的一致，我们所要分析的正是这种动态的技术变动与动态的资本积累之间的矛盾运动。在这方面，马克思对技术变动与资本积累之间矛盾的分析为我们奠定了方法论基础。

在宏观分析上，我把由技术发展所决定的资本产出比率或投资产出比率的变动作为一个最重要的因素（而不是假定它不变），来研究技术变动与资本积累之间的矛盾运动。与动态均衡分析不同，如果资本产出比率是变动的，或在各个国家的不同经济发展阶段是不同的，或总是呈周期性的变动趋势，那么，不变的资本积累或变动的资本积累所带来的产出是不同的或变动的。正是这种动态的技术变动使某种特定经济制度所决定的收入分配关系不能保持稳定与协调，如会产生利润率的波动。反过来，某种经济体系的协调与稳定则取决于由特定的收入分配关系所决定的动态的资本积累能否与这种技术变动相适应。更进一步，如何通过自觉调节收入分配关系来协调人们之间的利益冲突而达到经济最快增长并同时保持稳定的与特定技术发展相适应的资本积累，则正是这种动态非均衡分析的意义所在。

这种宏观的动态非均衡分析必须有它的"微观"基础，即通过对市场运行的动态非均衡分析，阐明动态非均衡的市场运行所产生的收入分配关系及其变动的规律性。在这方面，本文所说的动态非均衡分析主要体现在两个方面。首先，技术发展和由此所带来的产业结构变动必然会导致一种非均衡的价格结构，即各个部门和企业的利润率是不同的，动态的技术发展和资本积累使这种非均衡的价格结构持续下去而永远不会达到均衡。其次，正是由于动态的技术发展与资本积累和这种非均衡的价格结构决定着工资与利润的收入分配关系和这一种收入分配关系的变动，虽然对不同的市场类型（垄断竞争的市场和国家调节下的市场）来说，其变动的规律是不同的，但只要给定一种特定的市场类型，必然会产生一种由技术变动所决定的收入分配关系的变动，并且，某种特定的市场类型也绝不完全是由人们任意选定的，而根本上是由某种特定的非均衡的技术变动所决定的。反过来，正是这种动态非均衡的市场运行决定着动态非均衡发展中的宏观平衡与失衡。

4. 非瓦尔拉均衡、非均衡与平衡

目前国外许多对非均衡理论的研究都把非均衡与非瓦尔拉均衡作为同义语，这是本文所不能同意的，在这里有必要澄清一些概念。

瓦尔拉一般均衡有其特定的含义，它包含着两个相互联系的方面，一方面是出清的市场，另一方面是均衡的价格结构。一旦实现瓦尔拉均衡，不仅市场的供给与需求保持平衡，而且价格结构也达到平衡，即各种生产要素的价格等于其边际生产率，厂商的利润率都相等，也就是帕累托最优所表明的条件得到实现。反过来出清的市场正是由这种均衡价格所决定的，或者说是在均衡价格的作用下实现的。而目前一些学者并没有严格按照瓦尔拉均衡的特定含义来解释非瓦尔拉均衡和非均衡的概念，这种概念上的模糊是与分析方法密切相关的。

现代非均衡分析大多把没有出清的市场作为非均衡概念的基础，即凯恩斯的非充分就业均衡和科尔奈的短缺均衡。非瓦尔拉均衡正是从失业和短缺作为一种经济体系运动的常态的角度来讲的。更进一步，这种非瓦尔拉均衡必然产生于非瓦尔拉的均衡价格结构，如存在价格刚性、配给制、数量信号调节等等，这些已为许多学者的著作所阐明，但他们在解释这种非均衡的价

格结构时总是以没有出清市场为基础，或者说是从将失业和短缺作为一群常态出发的。这就要问，这种失业与短缺到底是一种经济体系的常态，还是一种周期性出现的状态。在现实中，无论资本主义经济中的失业还是社会主义经济中的短缺都不是一种稳定的常态，而表现为一种周期性的变动，并且存在着总供给与总需求大致平衡的时期，这种状态用非瓦尔拉均衡来表示就有疑问了。如果失业与短缺不是一种常态或是呈周期性变动状态，那么以常态为基础的非均衡价格的分析是否还适用呢？如果经济体系在某一时点上存在总供给与总需求的大致平衡，那是不是意味着回到了均衡的价格结构和瓦尔拉均衡呢？这种非均衡概念与非瓦尔拉均衡的等同正是产生于对非均衡的静态分析方法，他们把某一时点的失衡状态作为一种常态，进而研究使这种常态存在和持续下去的原因。这种静态方法使他们的非均衡分析成为对一种特殊的均衡状态的描述，这种静态分析方法和非均衡与非瓦尔拉均衡的混同对于建立非均衡分析的理论体系是有害的。从这种非均衡理论无疑可以推出凯恩斯所说过的，一旦通过国家干预实现了充分就业，那么瓦尔拉的均衡理论就又在起作用了。因此必须抛弃非瓦尔拉均衡的概念，来建立彻底的非均衡理论体系。

要做到这一点，有必要把均衡与平衡的概念加以区分。均衡与非均衡是指经济体系的运行状态，或者对这种运行状态的理论描述。本文所说的动态非均衡分析是指动态的经济发展——技术进步与资本积累是非均衡变动的，与其相适应的市场运行是非均衡的——非均衡的价格结构和变动的收入分配关系。在这种非均衡的经济体系运动中会有许多不同的平衡点和不同类型的失衡状态。而平衡与失衡的含义则是特指市场是否出清、总供给与总需求是否平衡。不论总供给与总需求是平衡的还是处于总需求不足或短缺状态，动态的经济发展和市场价格结构总是非均衡的。无疑，这两种概念之间有着密切的联系。在瓦尔拉那里，市场的出清或总供给与总需求的平衡是均衡价格作用的结果。而在本文所说的非均衡分析中，总供给与总需求的平衡或失衡则是非均衡的经济发展所导致的非均衡的市场价格结构和收入分配关系作用的结果，正是非均衡的市场运行导致了总供给与总需求的平衡与不平衡的运动。这种非均衡分析所要研究的正是一定的非均衡市场运行如何使宏观平衡不能保持，如何通过对非均衡的市场机制的自觉调节来实现非均衡发展中的宏观平衡和达到最优的宏观平衡点。

5. 垄断竞争

我们所使用的垄断竞争这一概念在方法论的意义上与完全竞争概念的使用是相同的，都是要表明一种市场的类型或市场运行的特征，而垄断竞争所要表明的市场类型则是与完全竞争的市场根本对立的。如果说完全竞争的市场是一种原子式的无组织的市场，垄断竞争的市场则是一种有组织的市场，它包含着人们经济活动有组织的形式对市场形成和运行的作用。垄断竞争的市场是相对于完全竞争市场而言的，因而它的含义更为广泛，或者说它包括所有与完全竞争市场不同的市场类型，如私人垄断、国家垄断以及国家自觉组织和调节的市场。如果完全竞争的市场仅仅是一种理论分析的假设而在现实中根本不存在的话，那么，垄断竞争就成为一种一般的市场理论，或是对所有市场类型的概括描述。

正如完全竞争与静态均衡分析作为一种完整的方法论体系不可分割一样，垄断竞争必然与动态非均衡分析联系在一起，或者说，动态非均衡的经济发展必然导致垄断竞争的市场结构。我们这里对垄断竞争的市场结构的分析正是要以动态非均衡的经济发展为基础，以构成一种完整的理论分析体系。

目前国外许多对非均衡理论的研究和对凯恩斯非充分就业均衡理论的微观基础的研究都涉及垄断问题，非均衡状态或非瓦尔拉均衡状态的存在必然以非均衡的价格结构的存在为前提，而只有在垄断竞争的市场条件下才能产生非均衡的价格结构。这些非均衡分析和对凯恩斯理论微观基础的研究对于垄断竞争理论的发展起到了非常重要的作用，对这一问题的研究不能不注意有关西方学者的著作。但本文不打算全面评价这些著作，仅想指出这些理论研究在方法论上的某些缺陷。

一方面，如前面所指出的，这些学者的著作在非均衡分析上大多采用了静态的方法，这不能不影响到他们对垄断问题的分析。他们往往假定一种非均衡状态，来研究这种非均衡状态下的市场和价格结构，或者假定垄断企业已经面对一种既定的、非均衡的成本需求曲线，来探讨其价格政策所导致的非均衡的市场状态，而不能从技术发展和资本积累这些动态因素出发来阐明垄断形成的原因和供给与需求曲线的变动。另一方面，许多西方学者对垄断问题的分析都抛开了特定的所有制关系这一决定人们之间利益关系的基础，而仅仅从技术关系的角度来研究垄断形成的原因，如从不完全的信息、交易费用等方面来探讨垄断形成的原因。而垄断首先产生于对生产资料、技术、信息等的占有这一事实，如作为垄断问题研究基础的不同规模的企业首先就表明一种所有制关系。这种所有制关系是与动态的资本积累和技术进步紧密联系在一起的，采用静态的分析方法和抛开所有制关系就不可能真正阐明垄断形成的原因和垄断企业的行为规则，这种分析方法把垄断作为一种既定的市场状态来进行"技术分析"，这就不能从人们之间的利益关系与技术关系的相互作用的动态运动来研究垄断理论，更不能把垄断竞争的市场理解为包含人们之间利益矛盾运动的有人类意识活动参与的结果，它是可以通过国家的自觉调节而改变的。

与这些学者的分析不同，本文对垄断竞争的分析是以前面所阐述的动态非均衡分析方法为基础的，这主要表现在以下三个方面。

第一，我主张采用马克思的方法，把所有制关系作为人们利益关系的基础，研究这种利益关系与动态的技术发展之间的矛盾运动。这就需要把所有制关系作为一种资本积累的动态过程来研究。某种特定的垄断竞争的市场是以一定的所有制关系为基础的，而一定的所有制关系的形成则是动态的技术变动与资本积累矛盾运动的结果。

第二，在对垄断竞争市场的分析上，我认为应该把卡莱基所阐述的一定的所有制关系在市场竞争中的作用（"垄断程度"）和熊彼特的动态的技术创新对垄断形成的作用加以结合，即把以一定所有制关系为基础的市场竞争放在动态的技术变动与资本积累中来考察，以探讨垄断企业的行为和成本需求曲线的变动，阐明非均衡价格结构的形成和收入分配关系的变动，从而表明这种非均衡的价格结构和收入分配关系的变动如何导致动态非均衡发展中的宏观平衡与失衡的运动，以此作为宏观动态非均衡分析的微观基础。

第三，由某种特定的经济制度（所有制关系是表明经济制度的重要特征）所决定的特定的垄断竞争的市场类型与动态非均衡的经济发展是相互制约、相互作用的。这两点决定了人们可以通过自觉地调节市场机制来与特定的动态非均衡的经济发展阶段相适应，而某种特定的自觉调节的垄断竞争的市场又是由某种特定的动态非均衡的经济发展阶段所决定的。前面我们对非均衡的价格结构和垄断竞争市场的概念做了广义的解释，这不仅是为了表明计划与市场之间的某种联系，或把社会主义经济作为一种特殊的垄断竞争的市场形态来研究，而且是要表明自觉调节的市场或计划调节的市场是市场运行的一种典型形态。这一点是由动态非均衡的经济发展所决定的。某种特定的国家自觉调节或计划调节的市场的存在是在特定的动态非均衡发展阶段条件下产生的，只有这种国家自觉调节的市场才能保证特定的动态非均衡生发展中的宏观平衡和经济的稳定增长。

三、经验基础

任何理论都来自实践，我所提出的分析方法作为一种一般理论也需要归纳所有国家经济发展的经验和用这些实践来检验理论。但在这里我只想指出当前我国的经济发展所给予笔者的直接经验感受。本文提出这种理论的目的也主要在于对我国经济发展的实践和经济体制的运行加以解释。

第一，从技术关系或生产力发展的角度来看，当前我国的经济发展水平与国外先进国家存在着很大的差距，即技术发展的水平极为不同，这种技术条件决定了通过引进国外的先进技术可以带来经济的起飞和高速增快。在这种特殊的经济发展阶段，通过引进先进的技术可以使资本产出比率下降，或者说可以容纳更高的积累率来加速经济发展，即资本产出比率是变动的，而且是一种正向的变动，提高积累率不仅不会使收益递减，而且可能是资本产生比率降低的重要条件。此外，技术变动必然会带来产业结构的巨大变动，这种产业结构的巨大变动在我们这样一个大国中必然会产生出国内的二元生产力结构，即先进的工业与落后的农业、高技术的机器生产与落后的手工劳动并存，各个部门和企业的技术水平极为不同。这种国际与国内技术发展上的差别使我国现阶段的经济发展具有典型的非均衡发展的特征。

第二，这种典型的非均衡发展决定了我国和其他社会主义国家经济体制的特征。大规模的积累和技术变动所带来的产业结构变动必然形成典型的非均衡的价格结构，即各个部门和企业的利润率存在着极大的差别。（其中最为典型的是由社会主义原始积累所产生的工农业产品的非均衡价格），无论是传统的集中型体制还是改革后的分散型体制都不能消除这种非均衡价格，从而必然会形成一种特殊的垄断竞争的市场。从当前我国经济体制和其他东欧国家改革后的经济体制运行来看，非均衡的价格、两种价格和两种市场（计划价格和市场价格、计划价格市场和非计划价格市场）的特征是极为明显的，特别是我国作为一个典型的非均衡发展的大国，这种特征就更为突出。在这种特殊的非均衡发展条件下，正是借助于这种非均衡的价格（价格刚性、计划分配、数量信号和特殊的垄断竞争的市场）和国家对收入分配关系与市场价格的调节，才使这种非均衡经济发展中的宏观平衡得以保持。而假想的完全竞争或一些资本主义国家中的垄断竞争的价格机制在这种非均衡发展条件下是不可能存在的。即使国家不加干预，也只会形成与这些非均衡价格的调节形式相类似的大规模私人垄断控制的市场，而在这种条件下认为可以不存在国家对经济的干预则是犯了社会科学研究中的一个常识性的错误。

第三，社会主义经济的本质特征就在于国家对经济活动的自觉调节，通过改变经济制度调节人们之间的利益冲突来适应动态非均衡的经济发展。在我国这样的典型非均衡发展条件下，一方面，国家不但可以借鉴国外经济发展的经验，通过引进技术、自觉地提高积累率和指导产业结构的调整来促进经济发展，而且可以通过比较各国经济体制的运行和总结自己的经验来探索经济运动的规律，以自觉地选择最适合我国国情的经济体制模式，即完善经济调节机制。另一方面，这种非均衡的经济发展必然会带来人们之间利益的尖锐冲突，而国家的自觉调节一的客观要求正是产生于这种非均衡发展所带来的利益冲突。

前面曾经提出，任何经济结构形式的产生都包含人类有意识的活动的作用。由于我国所处的经济发展阶段和特有的国情，使社会主义经济体制的演变明显地表现出这种特征，即垄断竞争的市场是通过国家以计划目标为基础的自觉调节而形成的一种特殊的市场。在这一市场中，作为国家自觉调节存在的控制机制与市场价格作用的运行机制是高度融合的。这使我们完全抛弃了把市场机制的运行作为一种不包含人类意识的自发过程的认识，而转向对有组织的市场——垄断竞争的市场和作为这种市场的高度发展形式——国家自觉调节的市场的分析。

（本文原载于《南开经济研究》1988 年第 6 期）

宏观经济与市场经济

本篇内容是柳欣教授有关宏观经济与市场经济方面的相关论文，包括：《滞胀与我国当前宏观经济政策的两难选择》《内生经济增长与财政、货币政策》《西方经济学是市场经济的理论吗？》《资本市场的理论与模型》《转型经济是从实物经济向货币经济的过渡》《虚拟经济：一种不同于传统经济学的研究思路》《开放经济条件下的宏观经济分析》《市场经济：一种新的解释》《市场经济与知识的增长》等9篇文章。这些文章分别从经济增长、资本市场、经济转型、虚拟经济以及开放经济等方面深入探讨了现实宏观经济运行及其经济政策的实践，并在此基础上对社会主义市场经济体制改革及其相关理论进行了有益探索。

滞胀与我国当前宏观经济政策的两难选择

摘　要：今年我国的宏观经济运行和调控面临极为复杂的局面，既要防止经济刺激政策可能引发的经济过热和通货膨胀，又要防止经济刺激政策过早退出所带来的经济增长率下滑，准确判断宏观经济形势和把握好政策调控的尺度是非常重要的。本文提出了与主流经济学的实物经济理论完全不同的货币经济的分析方法，表明当前我国宏观经济面临滞胀的危险，提出以 16%的名义 GDP 增长率作为宏观调控的目标，在保持高速经济增长的同时，通过加速城市化进程调整失衡的产业结构和收入分配结构。

关键词：宏观经济；货币；通货膨胀；经济周期

自两会以来，政府的宏观经济政策开始转向，把防止经济过热和管理通货膨胀作为重要的调控目标，以 3%的通货膨胀率作为警戒线。在采用提高准备金率的紧缩货币政策的同时，4 月中旬采取了旨在严厉控制房地产价格上涨的"国十条"。这种从紧货币政策的实施在近两个月已经对宏观经济的运行产生了重大的影响。在欧洲债务危机爆发的国际背景下，人们开始担忧国际金融危机的二次探底，同时引发对我国宏观经济走势的忧虑。作为经济晴雨表的股市价格也应声下跌，股指在不到一个月的时间里跌幅超过了 20%，5 月份的经理人采购指数也大幅度下降，这都充分反映出人们对宏观经济走势的悲观预期。如何判断当前我国宏观经济的运行和政策成为人们关注的焦点，而这一问题直接联系到凯恩斯主义的政府经济刺激政策的性质和可能产生的后果，如美国和西方国家在 20 世纪 70 年代采用凯恩斯主义政策导致的严重的滞胀和政府宏观经济政策的两难选择。在当前我国面临金融危机以来采用经济刺激政策所引发的房地产价格暴涨、收入分配向富人倾斜、工资在GDP 中的比重下降和产业结构严重扭曲的条件下，从理论上充分讨论这些问题是极为重要的。

一、经济增长率：8%还是 16%

目前，我国学者对宏观经济运行的研究都按照主流经济学实物经济分析的方法，即建立在总量生产函数基础上，把国民收入核算的统计变量作为生产函数的投入—产出关系来研究。这种分析方法把由货币交易所决定的名义 GDP 划分为实际 GDP 和通货膨胀率，实际 GDP 由表示实物产出的生产函数所决定，货币只决定价格水平，在讨论经济增长和宏观经济运行时先采用实际 GDP 指标，然后再讨论通货膨胀问题，并把货币政策联系到稳定物价水平。笔者通过对剑桥资本争论和关于凯恩斯经济学争论的研究得出一个重要的结论：目前国民收入核算体系中的所有由货币量值表示的统计变量完全是由社会关系或特定的货币金融体系决定的，与新古典理论中生产函数的技术分析完全无关。由于 GDP 和其他国民收入的统计变量完全是由货币金融体系所决定的，所表示的是资本主义特有的有效需求问题，而 GDP 作为货币交易的增加值根本就不表示任何实物，也不可能存在实际 GDP 和通货膨胀率的划分。这种主流经济学的分析在我国宏观经济运行和政策讨论中的突出表现是确定我国的实际 GDP 增长率目标为 8%，并按照国际警戒线把通货膨胀率的控制确定为 3%。这是导致当前我国宏观调控两难处境的一个理论教条。

中国经济学家按照这种实际 GDP 方法研究中国的经济增长，根据统计数据得出我国 1980 年以来的实际 GDP 增长率约为 9%，考虑到当经济增长率超过 8% 通货膨胀率将产生的经验，自 1997 年以来一直以 8% 作为经济增长的目标，并作为宏观调控和经济政策的基础，这个 8% 大有按照美国经济学教科书把美国的潜在生产能力 3% 增长率的样式写进中国教科书的趋势（我国许多教科书已经这样写了）。这不能不说是一个大的悲哀，因为美国长期名义 GDP 的增长率一直是 3%，而中国经济学家按照美国的教科书却搬用了实际 GDP 的增长率，这种概念的失之毫厘却使之与实际差之千里。

根据国民收入核算的统计，名义 GDP 是由货币交易值所决定的，采用货币数量恒等式则有：MV＝GDP，假设货币流通速度 V 不变，则名义 GDP 的增长率将取决于货币供应量增长率（M）。这样，名义 GDP 增长率的决定与资源约束和技术进步或生产函数完全无关，只是取决于特定的货币金融体系所决定的货币供应量。美国的经济增长率长期稳定在 3%，是由其货币金融体系长期稳定的货币供应量所决定的，那么我国的名义 GDP 增长率应该是多少当然要考察我国的货币金融体系运行的规律和保持其货币金融体系稳定的货币供应量增长率。

这里用一种简单的方法来说明货币供应量的决定。在货币金融体系中，货币供应量（M_2）的增长率取决于商业银行的存款（贷款），M_2 是根据商业银行资产负债表中的负债方统计的，假设商业银行的准备金比率不变，则存款将转变为贷款，从而使货币供应量增加。在全部储蓄中划分为银行存款和其他项（如股票投资）的比例不变，则货币供应量的增长率将取决于储蓄率。假设货币流通速度不变，当储蓄率决定时，货币供应量和经济增长率将被决定。由此可以推论出保持货币金融体系稳定的条件，即稳定的经济增长率及储蓄率、稳定的银行存款和其他项的比率所决定的货币供应量增长率和经济增长率。这种货币金融体系稳定的条件即是经济稳定的条件，经济波动完全是由货币供应量的波动导致的，货币供应量的不稳定，将导致商业银行和企业的过度赢利与破产的循环，由此导致经济波动和失业。

按照这种简单的分析即可以说明储蓄率与货币供应量和经济增长率或名义 GDP 增长率的决定。假设货币流通速度不变和储蓄中银行存款的比率不变，则货币供应量与经济增长率将取决于储蓄率。根据经验资料，美国长期 3% 的增长率是与其 10% 的储蓄率相对应的，日本高增长时期的储蓄率在 35% 左右，货币供应量的增长率超过了 20%，其名义 GDP 的增长率也超过了 20%，韩国和我国台湾地区在高增长时期储蓄率都超过 30%，名义 GDP 增长率也都超过 20%。这些统计数据表明，经济增长率与储蓄率之间存在着密切的相关性，同时表明，按照亚洲国家的经验，当储蓄率达到 30% 时名义 GDP 增长率将超过 15%。

上述理论和经验似乎可以用主流经济学的理论给出很好的解释，我们前面也是采用 MV＝PY 的货币交易方程式来说明这个问题，主流经济学的解释是这里存在着由生产函数所决定的产出 Y 和由货币数量 M 所决定的价格水平 P。然而，问题恰恰出在这种货币与实物截然分开的两分法上，在现实经济中，根本就不存在同质的产出，现实中构成 GDP 的各种异质品是根本不能加总的，也根本不存在把生产各种不同产品的不同技术加总为总量生产函

数的可能性。①GDP 和用货币表示的国民收入核算的统计变量所表示的只是
资本主义经济关系，也就是说，资本家用一笔货币资本购买劳动和生产资料，
然后通过加价卖出而获取利润。国民收入核算中统计的资本只是货币的储蓄
和投资，利润则来自货币供应量的增长。采用经济学家熟知的美国长期的国
民收入核算的统计数据，美国的经济增长率在长期是不变的，储蓄率或资本
积累是不变的，收入分配中工资与利润的比例是不变的，从而利润率是稳定
的。所有这些统计数据都只是货币值，来自内生的货币供给体系或货币金融
体系。这种稳定的内生的货币金融体系的最简单的说明是，一种比谁挣钱多
的游戏，如果货币供应量是任意的，人们之间在微观生产领域所进行的激烈
竞争将毫无意义或根本无法进行，货币供应量的过度增加必然导致商业银行
的破产，由此形成经济的周期性波动和金融危机。

GDP 和国民收入核算的统计变量所表示的资本主义经济关系，可以用收
入—支出模型来说明，即 W+d+r+π＝C+I＝GDP（其中，W 为工资，d 为固
定资产的折旧，r 为利息，π 是利润）。公式的收入一方就是企业的财务报表
的加总，可以表示企业的成本收益计算，当把表明市场经济或资本主义经济
关系的成本收益计算和利润加入到收入—支出模型中，重要的是考察企业是
否能够赢利或亏损。模型中企业生产的总成本由固定成本和可变成本两个部
分所组成，固定成本包括折旧和利息，可变成本由工资成本构成，即总成本
为：W+d+r，当总支出（C+I）超过成本（W+d+r）时，厂商将获得利润，而
企业能否赢利正是宏观经济分析的核心问题，因为企业经营的目的只是获取
利润。

这样，如果给定企业的成本，则总支出或 GDP 水平的变动将决定企业是
否赢利或亏损。在上述模型中，如果假设工资等于全部消费（W＝C），则利
润（π）就取决于投资是否大于折旧加利息，即＝I－（d+r）。在这里，重要
的是由资本存量价值（K）所决定的折旧和利息成本与投资之间的关系。给
定折旧率（δ）和利息率（i），则企业的固定成本（d+r）将取决于资本存量
价值（K），由于资本存量价值是由以前的投资决定的，这样，本期的投资将
在下一期转化为资本存量，从而只有当投资的增长率等于资本存量的增长率

---

① 对于表示生产的技术关系的新古典理论来讲，这种加总不仅是不可能的，而且是完全没有意义的。
把各种不同产品的价格加在一起作为总量的 GDP 是什么意思呢？按照新古典的资源配置原理，相对价格是
由要素的稀缺性和人们的偏好决定的，试问把两个表示稀缺的指数加在一起能表示什么呢？当人们的偏
好和资源条件变化时，相对价格和 GDP 的总量也将改变。

时，才能保证企业不亏损，也就是说，由于投资的增长使资本存量的价值增加了，当存在着正的折旧率和利息率时，要使企业不亏损，必须有新增加的投资和（名义）GDP 的增长。

假设折旧率和利息率不变，则这一模型的均衡条件或稳定状态增长的条件为经济增长率 Y/Y(Y＝GDP) 不变，资本—产出比率 K/Y 不变，工资对折旧的比率 W/D 和消费对投资的比率 C/I 以及投资对资本存量价值的比率 I/K 都是不变的，从而收入在工资与利息（利润）之间分配的比率 W/r 也是不变的，从而 r/K＝i。上述稳定状态增长的条件来自资本存量与收入流量的关系。

经济波动或经济周期正是这种稳定状态的短期调整过程，投资和货币供应量的增加使经济增长率和利润提高，从而引起投资的进一步增加，资产值的增加也使商业银行增加货币供给，从而使稳定状态的比例关系遭到破坏，这种比例失调的重要特征是资产值对 GDP 的比例过高，这使资本存量与 GDP 中的利润之比提高而使利润率下降，在此条件下如要保持稳定的利润率则需要 GDP、投资和货币供应量的更快增长，这显然是不能持续的，因为这会使资产值更快地上升。资产值过高来自投资的过度增加，另一方面也来自金融资产的膨胀，因为人们把资产值提高的部分计入利润，但却使资产值以更快的速度增长。一旦由于利润下降而使投资和货币供应量增长率下降，经济将步入衰退。经济衰退即是通过企业的破产降低资产值和通过银行破产降低货币供应量，使其恢复到稳定状态。

美国当前的金融危机来自 20 世纪 90 年代的高增长所引起的资产值过高的比例失调，2000 年出现的经济衰退就是这种周期的调整，但美国政府采用扩张性财政、货币政策虽然延缓了危机的爆发，却使资产值不仅没有大幅度下降，反而在低利率和大规模财政支出的刺激下继续提高。房地产领域的"次贷"虽然增加了货币供给和资产值，但"次贷"并不足以酿成如此严重的金融危机，另一个更重要的原因是由金融创新所引发的金融资产膨胀，它使过高的资产值通过资产炒作依然可以获得高收益。这里有两个重要的经验事实，其一是资产值过高，美国长期的资本对收入（GDP）的比率稳定在 3 倍左右，而就目前美国 13 万亿美元的 GDP 而言，其资产值在金融危机爆发时已经超过了 60 万亿。其二是美国 2000 年以来，货币供应量对 GDP 的比率大幅度下降，表明更多的货币被用于金融领域，从而创造出更高的资产值。金融危机使资产值大幅度下降，从而引发商业银行抵押品的贬值而产生大量坏账，商业银行的信贷收缩将导致严重的信用危机。

上述分析对于说明我国的货币金融体系运行和稳定状态的增长率的决定是非常重要的。我国 1980—2008 年，平均名义 GDP 的增长率为 16%，按照现在的统计，实际 GDP 的增长率约为 9%，通货膨胀率约为 7%，这种名义 GDP 增长率取决于货币供应量，平均的货币供应量（M$_2$）增长率约为 20%。这种平均的 GDP 增长率如果作为稳定状态的增长率，其意义在于，经济周期将围绕这个稳定状态的增长率波动，当名义 GDP 增长率等于 16%时，企业将获得正常的利润率，当经济增长率低于 16%，将会导致企业的亏损和失业。对于 20%的货币供应量增长率的决定是容易说明的，1980—2008 年，我国的储蓄率都在 30%以上，按照 30%的储蓄率计算，如果其中的 60%为银行存款（贷款），货币供应量的增长率即为 18%。这种稳定状态一旦形成，货币金融体系将产生内生的机制，使货币供应量围绕这个稳定状态波动，从而引发名义 GDP 的波动。

对于发展中国家来讲，经济增长的关键是实现农村剩余劳动力向工业的转移和城市化，在市场经济中，这种农村剩余劳动力的转移是以经济的货币化和提高名义 GDP 增长率为基础的。当前我国面临大量农村劳动力转移或城市化以及货币化阶段，提高名义 GDP 的增长率是非常重要的。按照名义 GDP 的方法，可以得到一种货币量值的生产函数表明名义 GDP 增长率与就业之间的关系：就业的增长率＝名义 GDP 增长率×工资份额/工资率。假设工资总量在 GDP 中的比重不变和工资率不变，则就业和农村劳动力的转移速度取决于名义 GDP 的增长率。

亚洲国家与地区高速增长时期的经验数据说明了就业量的增长或农村劳动力的转移与名义 GDP 的增长正相关。1950—1975 年是日本农业劳动力转移最快的 25 年。在这 25 年中，日本农业劳动力的比重从 46.98%降为 13.83%，下降了 33.16%，年均递减 1.77%。与这种劳动力大规模转移密切联系的名义 GDP 增长率为，1950—1975 年，日本的国民生产总值年均增长率为 24.55%，最高的一年达到 40.31%。韩国 1965—1980 年是其历史上农业劳动力转移最快的一段时期。在这 15 年中，韩国的经济一直保持着较快的增长，名义 GDP 年均增长 27.31%，增长速度最快的一年达到了 40%。正是这种高经济增长速度使韩国第一产业就业比重从 1965 年的 58.46%下降到 1980 年的 34.01%，年均下降 1.73%。我国台湾地区在其劳动力转移最快的 1966—1980 年，第一产业的就业比重从 43.44%下降到 19.50%，15 年下降了近 24 个百分点，名义 GDP 增长率平均高达 17.83%。我国农村劳动力转移最快的 1991—1996 年，名义 GDP 增长率平均高达 25%。

我国农村劳动力向城市转移最快的时期是 1991—1996 年，名义 GDP 的增长率超过 25%，每年转移的农村劳动力平均为 1400 万，而在经济衰退时期的 1997—2003 年，由于名义 GDP 增长率大幅度下降和有效需求不足，7 年间农村劳动力的转移一共只有 1400 万。这些经验都说明按照 8% 的增长率调节经济是没有依据的。当然，这些国家和地区高增长时在统计上是通货膨胀，其实际 GDP 的增长率只有 7% 左右，我们制定 8% 的增长率是参照了这些统计数据的，但是中国经济学家在使用这些数据时，为什么不想一想所有的这些国家和地区存在其实际 GDP 增长率 1 倍以上的通货膨胀率才得以取得高速增长的，因为主流经济学的教条已经禁止了人们这样去思考问题，它告诉人们的是美国 70 年代通货膨胀的罪恶。

经济学家按照美国的教科书和格林斯潘 90 年代把美国经济控制在 3% 的经验套用在中国，制定了以 8% 为基础的稳定的 GDP 增长率，2003 年经济复苏之后就以 8% 为基础进行宏观调控，这却是值得商榷的。这里的一个重要问题是经济学家按照教科书，完全从实际 GDP 增长率来分析问题，如果我们不考虑理论而仅仅从经验角度看，美国长期 3% 的增长率是名义 GDP 的增长率而不是实际 GDP 增长率，只是美国 1850—1950 年通货膨胀率为零才使名义 GDP 增长率等于实际 GDP 增长率，如前所述，这种名义 GDP 的增长率取决于特定货币金融体系所决定的货币供应量。虽然我国 1980—2005 年平均的实际 GDP 增长率在 8% 左右，但名义 GDP 增长率则为 16%，而决定货币金融体系稳定的或中国特定的货币金融体系所决定的是名义 GDP 增长率，而 1997 年达到的 8% 只是中国经济周期波动的低点。当然，这个 8% 还参考了经济增长最快的日本和"亚洲四小龙"经济增长的经验，即这些国家和地区高增长时实际 GDP 的增长率约为 8%，但这种按照实际 GDP 增长率考虑亚洲国家和地区经验的方法更是一种严重的误导，因为日本和"亚洲四小龙"在高增长时期名义 GDP 增长率远远高于其实际 GDP 增长率。

人们会问，你难道不怕通货膨胀吗？通货膨胀会导致经济的不稳定难道不是经验事实吗？这里要反问一下，日本和东南亚国家在高速增长时期的统计上就是通货膨胀，而且是严重的通货膨胀，但为什么并没有人严厉指责这些国家和地区的通货膨胀呢？为什么这些国家和地区的政府能够长期容忍这种通货膨胀呢？因为这种稳定的高速增长带来的经济的货币化和农村的城市化，它根本就不是通货膨胀，一个无可辩驳的证据就是，这些国家和地区在高速增长时期汇率一直在上升，日元的汇率可以从 360 日元对 1 美元上升到最高的 70 日元对 1 美元,这怎么可以说是存在着通货膨胀呢？如果通货膨胀真的像主流经济学教科书中定义和分析的那样，消费品价格的上涨是由于过高的货币工资引起的,那么这种通货膨胀对于目前的中国经济是再好不过了,农产品价格的上涨将提高农民的收入，消费品价格和工资一同上涨将解决我国的有效需求不足问题。这种物价指数的变动对经济周期的影响只能结合其他宏观变量进行分析，而绝不是简单的通货膨胀。

上述分析表明，在货币经济中，由于根本就不存在主流经济学的实际 GDP 和通货膨胀的划分，我们需要从名义 GDP 出发来考虑问题，而对于当前我国所处于农村劳动力转移和经济货币化的阶段，在防止经济严重波动的条件下，提高名义 GDP 的增长率是非常重要的。

这个 16%的名义 GDP 增长率对于说明我国的宏观经济运行和波动是极端重要的，最简单的事实是，1997—2000 年，虽然实际 GDP 的增长率达到了 8%，但我国经济面临严重的衰退，国有企业的下岗职工超过了 30%。2008 年和 2009 年我国的实际 GDP 增长率都超过 8%，但显然是一种经济衰退，到 2009 年初，返乡的进城务工人员达到了 2000 万。

当经济学家把我国经济增长率的目标论证为 8%，并按照西方国家通行的标准把通货膨胀率控制在 3%以下，这将对我国的宏观调控带来极大的危害。在经历了 1997 年后的经济衰退后，我国经济从 2003 年开始复苏，到 2007 年名义 GDP 的增长率接近了 18%,2007 年第 4 季度的通货膨胀率超过了 7%，这当然预示着经济过热和需要采取从紧的财政政策和货币政策，但当经济学家把通货膨胀率的控制指标定为 4%以下，从而采用严厉的货币紧缩政策限制银行贷款，这使我国经济从 2008 年第二季度就出现了经济衰退的迹象，到 9·15 国际金融危机爆发时，我国经济实际上已经开始衰退。对于经济学家来讲，10%左右的实际 GDP 增长率和 4%的通货膨胀率作为调控目标对于我国经济来讲似乎已经是最高限度了，但把通货膨胀率从 8%降低到 4%意味着名义 GDP 下降 4%，而名义 GDP 下降 4%将意味着企业利润减少 1/3，这必然引起投资的进一步下降和经济衰退。

根据以往大规模的经济刺激政策很容易引发通货膨胀的经验，政府把宏观调控的重点放在了控制经济过热和通货膨胀上，制定了 8%的经济增长率和 3%的通货膨胀率控制目标，货币供应量的增长率目标确定为 17%。在采用大规模经济刺激政策之后防止经济过热显然是必要的，但如何控制调控的目标和尺度是更为重要的问题。对比我国过去 30 年平均 16%的名义 GDP 增长率，这种控制目标显然太低了，就当前我国的实际情况来看，无论从企业的利润和就业的增长都没有达到完全复苏的水平，加之对今年我国通货膨胀率将迅速上升的判断，央行所采用从紧的货币政策已经显示出经济增长率上升的势头似乎已经被遏止，这不能不引起人们的极度关注，甚至出现宏观经济二次探底的忧虑，这绝非空穴来风的杞人忧天。

相对于 8%的 GDP 增长率而言，我国中央银行货币政策的目标更是需要讨论的。就 8%的实际 GDP 增长率而言，这如人所共知的是一个计划指标，虽然每年计划的实际 GDP 增长率为 8%，但大多数年份中的实际 GDP 增长率都远高于 8%，而央行的货币政策则不然，它紧盯 3%的通货膨胀率的国际警戒线，其暗含的理论正是主流经济学实物经济的教条，即对于实际 GDP 增长率来讲越高越好，而货币政策的目标就是控制通货膨胀。虽然在经济增长率和通货膨胀率之间具有正相关的关系，但这种关系并不是确定的，比如滞胀，特别是不能使用欧美国家的通货膨胀警戒线，如我们前面所表述过的日本、韩国和我国台湾地区的经验，其高增长时期平均的通货膨胀率都达到了 8%。而一味地死守 3%的国际警戒线，将可能对我国的宏观经济运行产生极大的危害。

中央银行在今年制定的货币供应量增长率的目标是 17%，这显然是不恰当的，2009 年货币供应量的增长率为 29%，如果今年的货币供应量增长率真的被控制到 17%，那毫无疑问将会引起经济衰退，因为货币供应量的大幅度下降必然使名义 GDP 增长率大幅度下降，货币供应量的大起大落是经济运行所无法承受的，去年 29%的货币供应量增长率联系到大规模的政府投资，这些投资在今年许多已经形成资产值，GDP 增长率的下降在资产值提高的条件下将使利润率大幅度下降，同时还有许多的在建工程将随着货币供应量的下降而停工。而对于中央银行的货币政策目标来讲，它只是盯住 8%的实际 GDP 增长率和 3%通货膨胀率警戒线，甚至认为去年的货币发多了从而今年再去对冲一下，却很少考虑名义 GDP 增长率的变动对企业利润的影响和货币供应量的大起大落会引起经济波动。如 2008 年上半年的货币紧缩政策就在很短的时间里使货币供应量的增长率回落了 4 个百分点而下降到 15%以下，这当然会引起经济衰退。

当然，作为以商业银行为主的货币金融体系的运行具有很强的内生性，比如去年的贷款会成为今年的存款，去年贷款增加造成的企业利润上升也会使商业银行向企业提供更多的贷款,计划的货币供应量增长率也是有弹性的,在一般条件下,中央银行也难以把货币供应量的增长率控制在17%,如今年1—5月份货币供应量的增长率就达到了23%,中央银行也是根据宏观经济运行的状况来调整货币政策,并不会一味地按照计划的17%来调控经济。然而,这种灵活的货币政策在主流经济学教条的禁锢下却可能变得极不灵活。4月中旬出台的以控制房地产贷款的货币政策为主的抑制房价的"国十条",在控制房价过快上涨的同时,使投资和货币供应量出现了较大幅度的回落。目前商业银行的涉房贷款约占商业银行全部贷款的25%左右,如果商品房的交易量和房地产投资下降50%,将使贷款的增长率下降10%以上,货币供应量的增长率将下降3个百分点而低于20%,这势必造成企业利润的大幅度下降,企业利润的下降将使投资下降,内生的货币供给机制也将向紧缩的方向运行,导致经济严重下滑,而中央银行在17%的货币供应量增长率的目标下就可能看不到这种危险,而任由货币供应量的增长率下降到20%以下,只有在宏观经济已经显示出衰退时才会放弃从紧的货币政策。

可以说,从2003年后我国经济从1997年的衰退复苏和出现通货膨胀后,货币政策一直在左右摇摆,往往是根据经济形势的变化上半年紧下半年松,而不能有一个明确的目标和政策。究其原因正是主流经济学的教条使人们无法确定稳定状态的实际GDP增长率和通货膨胀率,这里当然包括对实际GDP增长率和通货膨胀率的错误认识。

二、通货膨胀与滞胀

显然,当把经济增长率的目标设定在名义GDP增长率为16%或更高,一个重要的问题是要说明通货膨胀,通货膨胀难道不会对经济产生危害吗?我们又应该如何控制通货膨胀率和设定通货膨胀率的控制目标?这些问题是必须回答的。

1. 通货膨胀的含义

这里我们首先要表明的是,在一种由多种产品构成的经济中,根本就不存在一个物价指数能够把名义GDP中的货币因素剔除掉而得到反映实物指标的实际GDP。如果国民收入或GDP只是一种实物产品,即单一产品模型,我们可以明确地表明它的产出和价格变动，但现实中的经济显然不是单一产品模型，而在两种以上的产品模型中，只有在稳定状态条件下才能计算出价格指数。稳定状态的定义是所有的产出按等比例增长，否则将不能得到明确的价格指数。主流经济学教科书中，物价指数的统计可能忽视了产品质量的变化，对这一问题我们可以从另一个角度来理解，如果物价指数的统计考虑产品的质量变化，由于产品的质量变化太快（比如电视机），那将使物价指数的统计失去意义，因为只要质量变化了就要把它视为一种新产品而不能与原来的产品构成时间序列的指数。联系到国民收入核算的实际，现实中物价指数统计的困难远超出前面的例子，不仅产品的质量经常在变动，而且新产品层出不穷。可以举一个例子说明这一问题，目前我国物价指数的计算是以1990 年为基期的，而如今在市场上几乎难以找到与 1990 年完全相同的产品，更不用说占消费支出很大比重的新产品。显然，这种理论上物价指数的统计与现实相差甚远。

按照公式名义 GDP 增长率＝实际 GDP 增长率+通货膨胀率，要把名义GDP 折合成实际 GDP，表示通货膨胀率的物价指数应该是全部产品和劳务的价格变动，即国民收入约减指数，但在实际经济统计中，这个国民收入约减指数却存在着严重的问题。其一就是统计上的困难，不考虑质量变动，虽然我们可以得到全部资本品和消费品出厂价格的统计，但很难得到第三产业的价格指数，实际统计中，第三产业的价格变动很大的部分被忽视了，比如金融产品和文化产品的价格就没有被计算进价格指数，如果考虑到美国第三产业占 GDP 的 70%，这种遗漏显然是巨大的。

就人们通常所说的物价指数是指消费者价格指数（CPI），这种消费者价格指数经常被作为计算实际国民收入的依据。然而，这种消费者物价指数显然不是全部产品和劳务的统计，比如资本品的价格变动被排除了，资本品的价格变动是用单独的指数来表示的，由于资本品在我国 GDP 统计的全部产品中要占到 30%左右，所以 GDP 并不能表示实物量的变动是显而易见的。就消费品而言，消费者物价指数所包含的产品也不是全部消费支出的构成，比如在 20 世纪 90 年代，家用电器在我国居民消费中已经占有很大的比重，但只是在 2000 年时才考虑将其加入物价指数的计算中。显然，用这种物价指数的方法来计算实际 GDP 是大有疑问的。当我们否定了通货膨胀率作为实物统计的变量，那么这种通货膨胀率的意义显然在于不是资本主义经济中的宏观经济稳定和经济波动。正如经济学家、企业家和政府官员关注通货膨胀率的变动时根本不会关注实物量的变动。

对于市场经济中的经济波动，存在着三种类型的通货膨胀：恶性通货膨胀、经济波动和滞胀。恶性的通货膨胀似乎符合主流经济学关于通货膨胀的定义，即由于货币供应量的过度增加而引起的价格总水平上升，但这种通货膨胀只是在市场经济的货币金融体系崩溃的条件下才会产生，它通常是由外生的货币供给（如政府的财政支出）所导致的。从另一个角度说，在一个内生的货币金融体系中，货币供应量并不会过度增加而导致恶性通货膨胀。联系到我们前面对市场经济的分析，这一点是容易理解的，因为市场经济是一种比谁挣钱多的游戏，当货币供应量可以随意增加或无限制增加时，这种游戏将无法进行。由于这种恶性通货膨胀对于比较完善的市场经济来讲并不是常态，这里不再多加分析。

对于市场经济来讲，一般的通货膨胀来自经济的周期性波动，我们把它定义为周期性的通货膨胀，即在经济的周期性波动中，随着货币供应量和名义 GDP 的上升，价格水平将提高，而随着货币供应量和名义 GDP 的下降，价格水平也随之下降，特别是当名义 GDP 的增长率超过稳定状态的增长率时，价格水平会比名义 GDP 上升得更快。在价格水平上升的同时，就业也随之增加并接近充分就业。这种周期性的通货膨胀和通货紧缩是经济周期的最一般现象，在 20 世纪 50 年代之前西方国家的经济周期中是普遍存在的。

还有一种通货膨胀即是人们所熟知的滞胀，如美国和西欧 20 世纪 70 年代所出现高通货膨胀与高失业并存。这里有必要把美国和西欧 20 世纪 70 年代滞胀的特点重新表述：（1）这里采用名义 GDP 指标，即把实际 GDP 与通货膨胀率相加，滞胀就成为随着名义 GDP 增长率的提高，就业的增加越来越少；（2）资产值大幅度提高，或者说资本存量对收入流量的比例大幅度提高；（3）收入分配严重向富人倾斜，或者说工资收入在 GDP 中的比重下降；（4）出现严重的结构性失业，即高科技表明发展迅猛而需要大量劳动力，而基本消费品部门则严重萎缩，这是由于收入分配向富人倾斜导致的需求结构变动造成的。这种滞胀是 20 世纪 70 年代西方国家采用凯恩斯主义政策的后果，从经验上讲，只要采用凯恩斯主义的政策，必然会产生这种滞胀的结果。

就当前我国的情况来看，显然与第一种类型的通货膨胀无关。这样，对于当前我国的通货膨胀主要应当从经济波动和滞胀两个方面来分析。我们来详细讨论周期性的通货膨胀和滞胀。

2. 经济周期中的通货膨胀

我们来分析经济的周期性波动所导致的价格变动。在讨论经济波动所引起的价格变动之前，需要表明通货膨胀的含义。我们通常所讲的通货膨胀是指消费者价格指数（CPI）的上升，在物价指数的统计中，还有生产资料价格变动的指数（PPI），以及表示资产值变动的房地产价格指数和股票价格指数。显然，这些指数的存在使我们不能简单地采用单一的价格指数把名义GDP 划分为实际 GDP 和通货膨胀率，实际上，在经济的周期性波动中，这些指数的变动具有很强的规律性。

CPI 作为消费者价格指数所反映的是基本消费品价格的变动。从影响价格变动的需求角度讲，消费支出的增长将引起 CPI 的上升，而影响消费支出增加的主要因素是工资总量的增加，在国民收入中，由于工资收入的消费倾向远高于非工资收入的利息和利润的消费倾向，从而工资在 GDP 中的比重上升将使消费支出增加。从成本变动的角度考虑对 CPI 的影响，由于基本消费品主要是劳动密集型产品，工资率的上升是引起消费品成本上升的主要因素。PPI 则反映生产资料价格的变动，PPI 的波动主要是由投资的变动影响的，即在经济高涨时期，投资的上升使生产资料的价格上涨，而在经济衰退时期，投资的减少使生产资料的价格下降。资产价格的变动与投资密切相关，投资的增加使资产价格上升，同时，资产价格的提高作为产品的成本将促使 CPI 和 PPI 上升。

根据经济周期的经验，当经济复苏和投资开始增长时，投资的增加会带动生产资料的价格（PPI）上升，资产价格也开始上升，而消费者价格只是缓慢上升，随着经济从复苏到高涨阶段，投资的大量增加使就业增加，从而使消费品部门的需求增加，特别是当经济达到充分就业时，工资率会大幅度上升，由此促使 CPI 的上升加速，即出现通货膨胀。这种通货膨胀往往意味着接近经济周期中高涨的顶点，因为工资的上升会使企业的利润下降而使经济逐渐转入衰退。

这种经济周期高涨阶段出现的通货膨胀伴随着就业的增加和工资率的提高，如我国 1991—1996 年的通货膨胀。在这个时期，就业大量增加，特别是农村劳动力的转移加快，随着农村劳动力的转移，农村居民的收入增长率超过了城镇居民而使城乡收入分配差距缩小。但这种经济周期中的通货膨胀会造成货币金融体系的不稳定,货币供应量的过度增加和资产值的大幅度提高,必然预示着经济衰退,我国 1997—2000 年的严重经济衰退就是前一阶段经济高速增长和通货膨胀的结果。从 2003 年开始复苏和进入上升阶段,2003—2006 年生产资料的价格上升远高于消费品价格的上升,从 2006 年开始,伴随着工资率的提高,特别是进城务工人员工资率的大幅度提高,消费品价格(CPI)开始了大幅度的上升,我国农村劳动力向城市的转移速度加快。显然,这种通货膨胀并不是罪恶,而是市场经济中经济周期的一种反映,似乎是工资率上升所必须付出的代价。当然,这种通货膨胀也意味着经济过热,是经济转入衰退的信号。但经济衰退也是经济运行的常态,通过企业的破产降低资产值并减少富人的财富,保持收入分配的平衡。但凯恩斯主义的政府干预却阻止了企业的破产,使过高的资产值进一步提高,使收入分配进一步向富人倾斜,由此会产生另一种通货膨胀——滞胀。

前面的分析表明,在一个特定的货币金融体系中,稳定的货币供应量将决定稳定的名义 GDP,但并不意味着存在稳定的价格水平。作为价格水平中的消费者价格(CPI)是反映基本消费品价格水平的,或主要由工人的工资所购买的消费品的价格水平,这种基本消费品的价格取决于工资的增长率和工资在 GDP 中的比重。例如,我国 1980—2007 年平均的名义 GDP 增长率为 16%,如果工资在 GDP 中的比率不变,随着工资率的上升,消费品的价格水平 CPI 必然上升,举一个例子,2007 年我国的工资水平增长了 18%,作为基本消费品的生产成本和需求当然会相应提高,从而引起物价水平(CPI)的上升。

我国经济 1980—2007 年的平均 16%的增长率如果能够作为一种稳定状态的增长率,平均的通货膨胀率(CPI)约为 7%,对比日本高增长时期 1970—1990 年平均 16%的名义 GDP 增长率,其平均的通货膨胀率(CPI)也是在 8%左右,这当然不是巧合,韩国和我国台湾地区在经济高速增长时期平均的名义 GDP 增长率超过 20%时,通货膨胀率都超过 10%。显然,按照前面的分析,当一国的稳定状态增长率越高而使平均的工资增长率越快,则通货膨胀率越高。由此似乎可以解释我国大陆与日本、韩国等亚洲国家和地区几乎有相同的储蓄率和名义 GDP 增长率,但我国的通货膨胀率却低于这些国家和地区,其原因就在于我国工资的增长率远低于名义 GDP 增长率和工资在 GDP 中的比重下降。

决定名义 GDP 中通货膨胀的比率的另一个因素是农村劳动力向城市的转移所决定的农产品价格的上升,因为目前我国 CPI 中农产品价格的权重是很高的。由于农村劳动力转移到城市，由此产生对农产品和基本消费品需求的增加，虽然进城务工人员所消费的农产品并不比以前更多，但他们是在城市中用工资收入来购买农产品，在这个过程中，农产品价格的上升是必然的。相对于日本和韩国，我国农产品的价格相对于工业品是较低的，因为我国城市化的速度远慢于日本和韩国，农村居民的收入水平远低于城市居民，随着我国农村城市化速度的加快，农产品价格的提高是必然的。

根据日本和韩国高速经济增长和农村劳动力快速转移时期的经验，其通货膨胀率要超过 10%，这种通货膨胀加快了农村劳动力的转移和产业结构的调整。如果单就我国的通货膨胀率上升而言，农村劳动力的转移和工资率的提高将提高我国的有效需求，农产品价格的上升能够增加农民的收入和缩小城乡收入差距，一个有说服力的证据是，我国 1991—1996 年的高经济增长和通货膨胀时期是我国农村居民收入提高最快的时期，城乡收入水平的差距从 1993 年的近 3 倍下降到 1996 年的 2.5 倍，每年转移的农村劳动力也是 1980 年以来最快的时期。从某种意义上讲，如果不考虑经济周期，这种通货膨胀带有相对价格调整的意义，比如，在农村劳动力大规模转移时期，农产品价格（及劳务）的价格相对于工业品价格大幅度上升是必然的，也是缩小城乡收入水平差距的唯一途径。

因此，如果通货膨胀带有这种经济周期的性质，应对这种通货膨胀首先要考虑经济波动，判断经济波动的一个重要的指标是名义 GDP 的增长率，而不是通货膨胀率。根据我国 1980—2007 年 16% 的平均名义 GDP 的增长率，最稳妥的方法是把名义 GDP 的增长率控制在 16% 左右。在控制通货膨胀的政策上，除了控制投资和工资率的增长外，重要的是通过企业的破产兼并降低资产值。对于当前我国的通货膨胀，重要的不是工资率和价格水平的上升，而是近年来我国资产值的大幅度攀升，这种资产值的上升将导致经济陷入滞胀的泥潭。

3. 滞胀

自 2003 年以来，我国经济中出现的通货膨胀似乎更符合前面所讨论的滞胀的特点，导致这种滞胀的原因就在于凯恩斯主义的总需求扩张政策。在经济周期的高涨时期，高投资导致了资产值过高和收入分配向富人倾斜，由此造成有效需求不足而产生经济衰退。如果政府不加干预，则自发的市场将使企业破产而降低资产值和调节收入分配，当然随着银行的倒闭也存在使货币金融体系破产的危险，而凯恩斯主义的总需求扩展政策则是通过进一步提高资产值而使企业免于破产，但却导致严重的结构问题，即前面所提到的滞胀问题。可以说，只要采用凯恩斯主义政策，上述问题就会出现。从经验上看，凯恩斯主义的政策只有失败的教训而没有成功的经验。

1997 年所产生的严重经济衰退来自 1991—1995 年以来的高投资和高增长，这些年投资的平均增长率达到了 45%，从而使资产值成倍增加而造成企业的折旧与利息成本上升，而工资在收入中份额的下降使企业按这种成本定价远高于工人的工资收入而造成需求不足。例如自 1997 年以来我国住房的建筑成本一直稳定在 700 元左右，而住房的价格却由于地价上涨成倍增加，假设建筑成本为工人的工资，那么工人用工资收入根本买不起住房。自 1997 年政府采用扩张性政策以来，过高的资产值不仅没有下降反而大幅度提高，如从 1998 年以来房地产价格和股票的大幅度攀升，并使收入分配严重向富人倾斜，如房地产和股票的收益成为富人的资产收入，从而使有效需求不足进一步恶化。

这种有效需求不足导致了产业结构的严重失衡，由于工资收入在 GDP 中的比例下降，最需要发展的基本消费品部门严重萎缩，自 1997 年以来，第二产业在 GDP 中的比重下降了约 10 个百分点，其中高科技产业的增长率超过 25%，在 GDP 增长 8% 的条件下当然使基本消费品部门的增长率远低于 8%，加之出口的增长率也在 25% 左右，而出口产品主要是基本消费品，这就使国内基本消费品部门进一步萎缩。本来目前这些基本消费品，包括住房和汽车，想生产多少就生产多少而完全不受资源约束，而在当前我国 60% 的农村居民和很大部分城市居民没有消费到这些产品的情况下，基本消费品生产在 GDP 中的比重甚至绝对量都在下降。同时，由富人消费带动的房地产和高科技却快速增长，由此形成严重的恶性循环，即房地产和高科技快速增长带来的收入流入富人的口袋，富人收入的增加又进一步提高这些部门的需求，形成这些部门的利润，而商业银行则又根据利润原则向这些部门贷款，形成其更高的收入，自 2000 年以来，商业银行的贷款主要投向房地产和高科技部门，如房地产按揭在银行信贷中的比重从 2000 年的 5% 左右提高到目前的近 20%，这些贷款大部分成为富人的收入，由此造成近年来收入分配的贫富差距越来越大。

正是在这种背景下，当前我国的高增长和通货膨胀率的提高带有严重的结构问题，即可能使上述存在的问题进一步恶化。如果当前的物价上涨只是猪肉和农产品价格的上升，这当然是大好事，因为这可以增加农民收入而改善有效需求，但由于目前的收入分配结构所导致的需求结构，高增长和高通胀会进一步增加富人的收入，而富人收入的增加则会使房地产价格和基础原材料的价格上升，从而使企业的成本全面上升，使穷人更买不起基本消费品而造成企业倒闭和失业增加，最简单的例子是在目前的城市住房价格飞涨的条件下，农村劳动力向城市的转移越发困难。

按照上述分析，当前我国的高增长和通货膨胀是一种滞胀，这种滞胀来自资产值过高导致的收入分配差距的拉大或向富人倾斜，由此导致了产业结构的严重扭曲，并进一步加剧了收入分配的两极分化。这种收入分配的两极分化使富人把更多的收入投资于房地产和股票，因此造成资产值的上升和价格的上涨，这种通货膨胀使收入分配差距进一步拉大而导致严重的有效需求不足和结构扭曲。这里的传导机制或收入分配与通货膨胀的关系是，在目前的收入分配状况下，投资与产业结构受到富人需求的制约，由富人消费和投资决定的房地产和高科技需求旺盛，商业银行根据利润最大化的原则把信贷投入这些部门，由此所导致的通货膨胀是由于资产值的上升而引起的成本上涨，当资产值的上升导致消费品价格上涨时，工资收入在 GDP 中的比重将下降而资产收入的比重则上升，这种收入分配的变动使低收入者的生活水平下降，以至难以承受。同时这种通货膨胀将严重加剧金融风险，引起货币金融体系的不稳定，使这种高增长难以为继。

需要提到的是，在当前我国面临大量农村劳动力转移或城市化以及货币化阶段，提高名义 GDP 的增长率是非常重要的，假设工资在 GDP 中的比重不变和工资率不变，则就业和农村劳动力的转移速度取决于名义 GDP 的增长率，但目前的情况却是，当名义 GDP 的增长率提高时，财产收入在 GDP 中的比重将大幅度上升，工资在 GDP 中的比重则会继续下降，同时，房地产、金融、高科技及公务员的工资却大幅度增长，工资差距进一步拉大，从而使产业结构和收入分配结构进一步恶化，这正是当前我国经济中面临的严重问题。

在 2007 年我国名义 GDP 增长率超过 16% 的稳定状态之后，通货膨胀率开始大幅度攀升，这种通货膨胀来自经济高涨时期的工资率的大幅度上升，如进城务工人员的工资在 2007 年提高了 20% 以上。为了控制通货膨胀，政府在 2008 年上半年采用了紧缩的货币政策，在使通货膨胀率迅速下降的同时，经济增长率和就业率也在迅速下降，到国际金融危机爆发的 9 月份，通货膨胀率已经接近为负值。需要说明的是，随着经济从 2003 年复苏到 2007 年的经济高涨，投资的大幅度增加已经使总产值急剧上升，这已经突出地反映在房地产领域的价格成倍上涨上，企业的固定成本（折旧和利息）大幅度上升，名义 GDP 增长率的急速下降必然使企业的利润大幅度下降而从盈利转为亏损。

随着政府的宏观经济刺激政策的出台，4 万亿的政府投资和 2009 年 1 季度货币供应量的超常增长，使名义 GDP 的增长率迅速回升，到 2009 年 4 季度，名义 GDP 增长率已经接近 12%。大规模的投资使资产值大幅度上升，由于前期的经济衰退而使失业率（进城务工人员返乡）提高，工资率难以提高，这使收入分配向富人倾斜，工资在 GDP 中的比重大幅度下降。如股票市值从 2009 年初 1600 点（上证指数）的 8 万亿到年中 3400 点时接近 25 万亿，富人的财产收入成倍上升。这种总产值的大幅度增加和收入分配中财产收入的大幅度提高突出表现在房地产价格的急速攀升上。房地产价格的上升不仅刺激了富人的购房需求，而且使商业银行通过住房按揭大量增加信贷投放，这导致货币供应量增长率的进一步提高。房地产的信贷增加和房价上涨使富人的财富增加，进而加大对高科技产品的需求，构成了货币在富人圈中的循环，增加的货币供给更多地形成富人的收入，产业结构被扭曲。就业的增加更加依赖于出口和富人在第三产业中服务业的消费增加。特别需要注意的是，当前我国劳动服务业的发展，在收入分配严重两极分化的条件下并不是真正的服务，而带有仆人的性质，目前超过全部就业量 25% 的劳动服务业的工资水平是除农业外最低的，主要是为城市居民中的高收入阶层提供服务，他们的收入水平远高于劳动服务业的工资水平，这会引发一系列的社会问题。

正是这种严重的结构问题构成了当前政府宏观调控的两难选择，即当政府采用扩张性的财政、货币政策时，将导致这种结构扭曲问题更为严重，而一旦采用紧缩性政策则会产生经济衰退。今年 1 季度，政府针对 CPI 的快速回复到接近 3%，把宏观调控的重心转向了防止经济过热和通货膨胀上，这也是采用大规模经济刺激政策后需要注意的问题，但在两会期间，这种经济中的结构扭曲问题通过房地产价格的大幅度攀升突出地表现出来。对于 CPI 的上升或通货膨胀似乎是不必过分担忧的，因为目前我国的名义经济增长率还低于 16% 的稳定状态而不会产生严重的通货膨胀；另一方面，就目前的就业状况来讲还没有恢复到 2007 年的水平，工资率尚没有提高，从而不会引起主要表示工资品价格的 CPI 大幅度上升。但这种由房地产价格飙升所表现出的结构问题，使政府不惜采用紧缩的货币政策向高房价宣战。但必须注意的是，在当前我国经济尚未完全复苏的条件下，紧缩货币和信贷必然会引起投资和经济增长率的下滑，如果把握尺度不当就可能引起经济衰退。这正是在当前我国经济面临滞胀的条件下政府宏观经济政策的两难选择。

基于上述分析，当前我国的宏观经济政策应当在保持稳定的增长率基础上，把重点放在结构调整上。对于稳定的增长率，基于经济复苏的考虑，名义 GDP 的增长率应该保持在 14%以上，比如 11%的实际 GDP 增长率和 3%的通货膨胀率，与之相适应的货币政策显然是适度宽松的，应当保持货币供应量的增长率超过 20%，为了避免货币供应量的大起大落，可以把货币供应量的增长率控制在 23%左右。

当前我国结构调整的关键是农村劳动力向城市的转移和加速城市化的进程。保持较高的名义 GDP 增长率的意义就在于加速劳动力转移和城市化。日本、韩国和我国台湾地区在经济的高速增长阶段，基本上用了不到 30 年的时间完成了城市化过程，把农村人口降低到 20%以下。而我国经过 30 年的高增长，农村人口依然在 50%左右，严重地妨碍了统一劳动力市场的形成和工资率的提高。同时也只有加速农村劳动力的转移和城市化，才能有效地解决有效需求不足问题。实际上只有在城市中才能享有现代科技创造的医疗、教育和消费品，如前面所表明的，这些产品的生产根本不受资源约束，可以在短期内无限供给，重要的是有效需求问题。目前要大力发展住房和基本消费品行业(而不是所谓的高科技)，使更多的农村剩余劳动力转移到城镇就业，逐步提高低收入群体的收入和需求水平，通过农村劳动力的转移和城市化，最终使劳动力转移与市场需求形成良性发展和循环，从根本上改变富人的高收入与高档消费品发展之间的恶性循环。

加快城市化的步伐有赖于房地产业的快速发展，政府的财政投资要优先用于城市化的基础设施建设和农村劳动力向城市转移的安置，大力发展房地产业是极为重要的。在当前遏制高房价的基础上，必须尽快提高廉租房、经济适用房和商品房的供给，不仅使城市的低收入阶层有房住，更要为进城务工人员提供住房，加速我国的城市化进程。目前急需尽快遏制房地产交易量和房地产投资的下降局面，可以考虑加大政府对房地产业的投资和大幅度提高进城务工人员和低收入阶层的住房补贴。稳妥地解决当前房地产领域的问题是宏观调控和加速城市化进程的关键。在当前我国宏观经济面临复杂局面的条件下，更需要充分的理论争论和对主流经济学的理论和政策进行反思。

参考文献:

1. 柳欣. 经济学与中国经济[M]. 北京：人民出版社，2006.

（本文原载于《经济学动态》2010 年第 6 期）

内生经济增长与财政、货币政策

在没有政府干预的市场经济中，经济波动的自发调节主要是依赖于内生的货币供给机制，即在经济衰退时通过货币供应量的减少而使收入水平下降，进而降低资本存量价值以使资本边际效率得以恢复，其中货币利息率作为连接收入流量与资本存量的相对价格起着重要的作用。同时，这种内生的货币供给机制还联系到价格水平，从而成为实际余额效应的传导机制的重要组成部分。因此，对财政政策和货币政策的分析决不能脱离开内生的货币供给。

然而就我国经济的现实发展状况而言，市场经济的发展尚没有进入能够自我循环的阶段，计划体制和政府规制还将在较长的时期内发挥重要作用。因此，进入 2006 年，也是"十一五"规划的开局年，我们可以考虑在研究经济增长的过程中引入比较静态分析，为将来经济进入内生增长创造条件。这里所要讨论的通货膨胀问题有一个特殊的假设条件，即在经济周期的衰退阶段，如果政府基于收入－支出模型或 IS－LM 模型使用财政货币政策来调节总需求，其结果将导致通货膨胀或滞胀。根据这些分析，我们希望能够通过内生增长策略的引入，来规范经济发展中的制度建设。

一、财政政策

当经济周期处于非稳态发展，因而政府总是试图通过传统的相机抉择的财政政策来调节经济以达到充分就业，正如我们所看到的，政府的财政政策可以起到调节总需求的作用，但是，如果这种财政政策只是影响了总需求而没有使相对价格得到有效的调节，其结果将导致通货膨胀或通货紧缩，最终将导致经济波动，而熨平这种波动，就应有调节相对价格等策略配合实施。

（一）减税

在经济衰退时，假定政府支出不变，通过减少税收以刺激私人消费支出的政策建议是主流经济学教科书中的一个命题。这种减税政策对于这里所要讨论的通货膨胀问题可能只是一个例外，但它作为主流经济学教科书中的原理联系到许多的经验问题。

如果厂商把税收作为成本的一部分，则税率的下降将使总供给曲线向下移动，从而能够增加产出与就业。显然，由于减税能够增加厂商的利润，则税率的下降将提高资本边际效率，进而刺激投资。对于个人来讲，税率的降低意味着可支配收入的增加，从而会增加储蓄和消费，这既可以增加货币供给，又可以增加总产出或货币需求。当然，如果假设穷人和富人具有不同的消费倾向，则减税对于储蓄和消费或货币供给及货币需求的影响是不同的，如在经济衰退之前的经济高涨时期，利润在收入中的份额是高的，从而减税会使平均的储蓄倾向提高。

这样，我们可以表明减税对货币供求和资本边际效率的影响，其传导机制是，税率的下降，一方面对厂商来讲，提高了厂商的实际利润，这不仅影响总供给曲线，而且会提高股票价格或资本存量价值；另一方面，个人储蓄和消费都将增加，储蓄的增加使货币供给增加，即个人把货币收入用于银行存款和购买股票，其比率取决于利息率的变动，而利息率的变动又取决于货币的供求。假定税率的下降使平均储蓄倾向提高，则货币供给的增加会大于由个人消费支出增加带来的货币需求的增加，从而会使利息率下降，利息率的下降将使更多的储蓄用于购买股票，这使得资本边际效率提高和货币的投资需求增加，从而使消费支出和投资支出同时增加，总需求水平将提高。

显然，减税的效果是扩张性的，由于减税可以提高厂商的利润和个人收入，作为政府干预的结果可以视为外生变量对自动调节的市场经济的刺激，在我们的货币经济模型中，它类同于一种技术进步冲击，换句话说，类似于生产函数曲线的移动，从而所导致的经济扩张类似于技术进步的效应。在经济衰退时期，它可以起到缓解经济衰退的作用。同样，类似于技术进步的冲击，减税将对经济产生长期的影响或对经济周期产生影响。如果假设减税等同于生产函数的移动，则将引发经济的波动，因为任何经济的过度扩张都会导致经济衰退，特别是在经济衰退时期，减税所带来的收入、利润流量水平的提高，必然会使资本存量价值进一步提高，使得经济增长率超过稳定状态的增长率，这会蕴含着更大的经济波动的可能性。假设一次性的减税并不能改变长期的储蓄倾向，从而并不能改变与一定的利润率相联系的稳定的经济增长率，则经济增长率势必会恢复到原有的水平。当然这种经济增长率的恢复并不一定通过更大幅度的经济波动来达到，其中重要的是"通货膨胀"，换句话说，如果能够出现人们所认为的通货膨胀和通货膨胀的消除，经济增长率的过渡可能更为平稳。按照通货膨胀的定义，这种经济增长率的变动将可以视为通货膨胀。从减税对总供给和总需求曲线的分析中，也可以得到减税对价格水平上升的影响。由于减税可以提高资本边际效率或改变相对价格，从某种角度讲，一个与减税相伴随的通货膨胀可以作为减缓经济衰退的方法。

不难发现，以上对减税效果的分析，实际上是与美国 60 年代减税的经验相联系的，美国 60 年代的减税带来了伴随着"温和的通货膨胀"的经济增长。这一经验被新古典综合派和货币主义以及供应学派共同使用的经验论据，但这一经验并不是基于瓦尔拉斯均衡的主流经济学理论所能说明的，因为包括货币主义在内的主流经济学派理论都不是基于一种货币经济或资本主义经济来说明的。

但就短期分析来讲，这种减税的政策实际上是难以实行的，因为税率的变动或多或少涉及制度的变动，国会要通过税收变动的议案需要很长的时间，从而难以作为相机抉择的政策来调节短期的经济波动，或者说会出现"时滞"。就通货膨胀问题来讲，税率的变动必然作为某种程度上制度的变动必然会影响内生的货币供给机制，温和的通货膨胀是与此相关的。因此，这种温和的通货膨胀可能会引发严重的通货膨胀，换句话说，经济增长率的过渡可能并不是平稳的，而可能导致更为严重的经济波动。减税类似于技术进步的冲击，而技术进步的冲击是可能导致更大的经济波动的。同样，如果把减税只是作为熨平经济周期的政策，而试图在长期保持财政预算平衡，这势必要提高税率，这会带来相反的结果或类似于技术退步的冲击，从而只会加剧经济波动。就短期的失业问题而言，对减税的分析的一个最大问题是假设在减税的同时，政府支出不变，这一假设必然会涉及赤字财政或发行债券来弥补赤字，如果考虑到这一点，减税的效果将有很大的不同。

（二）政府支出和公债

这里假定政府支出的增加全部来自发行公债，这一假设可以使政府支出的变动并不直接影响厂商的成本和收益条件。政府支出的增加能够提高总需求，但并不一定增加就业而可能导致通货膨胀。在我们的模型中，假定总供给函数不变，一旦给出总需求，则可以得到产出（就业）和价格水平。但问题是，政府用发行公债的方法增加支出会不会影响总供给曲线呢？重复我们的最基本命题，如果假设资本家不消费，则全部消费品将被工人的工资所购买，资本家所得到的只是由相对价格所表示的利润和积累的资本。经济衰退来自错误的相对价格或过高的资本存量价值，在这一由供给与需求所决定的相对价格条件下（生产成本和产品价格），如果全部消费品由工资所购买，资本家将不能得到利润，从而资本家将缩减生产。那么，在这种情况下，政府用发行公债的方法增加支出会对相对价格产生怎样的影响呢？

假定其他条件不变，根据总供给和总需求曲线的分析，如果政府支出的增加能够使总需求曲线向上移动，则意味着产品价格的上升，当总供给曲线不变或厂商的成本函数不变时，从而使厂商增加产出和就业。由于总需求是一笔货币支出，为了简化，我们先不考虑公债，而假设政府用印刷机创造了一笔货币用于支出，则只要政府支出足够大，经济将达到充分就业。在这个例子中，显然，政府支出是用一种特殊的方法改变了相对价格或厂商的成本—收益条件，即在工资率不变的条件下使产品的价格提高了，从而使工人买走了全部产品。但问题并不是如此简单，在上述推理过程中遗漏掉了重要的一点，即工资率的提高。当经济接近充分结业时，工资率将大幅度提高，如果生产函数不变和"技术不变"，工资率的提高将使总供给曲线向上移动，从而使厂商减少产出和就业而使其恢复到原有的水平，其结果只是价格水平提高了。由此可以得出，在总供给和总需求的相互作用下，政府支出的增加并不能在保持工资率不变的条件下提高产品价格，而这会导致物价和工资的轮番上升。

现在我们再来看生产函数或技术条件不变的假设。这一假设在短期分析中是经常采用的，或直接联系到短期分析的定义。但如果政府支出和发行公债能够改变生产函数或技术条件，比如使生产函数曲线向上移动，则总供给曲线并不一定随着工资率的提高而向上移动。在主流经济学的短期分析模型中，这种生产函数的移动是不予考虑的，如果在短期资本存量不变的条件下，技术变动的可能性很小，这一假设并不是不合理的。在这里，我们扩展短期分析的假设，比如可以把几个"短期"连接起来或使一个短期的时间更长一些，或者所要讨论的是短期向长期的过渡。如果在这个短期中允许技术发生变动，生产函数会发生移动，从而会影响总供给曲线。但在这里，我们完全抽象掉技术变动对生产函数的影响，如果说在这个短期会发生技术变动，我们把它视为技术冲击。这一假设所要强调的是，虽然生产函数是由技术关系所决定的，但厂商的短期成本函数并不完全是由技术关系决定的，资本存量价值的变动会影响厂商的成本函数。这并不是一个难以理解的命题，因为在货币经济中，厂商的成本—收益计算是使用货币价格进行的，即使给定技术关系，总供给曲线也会随着工资率的变动而变动。就成本函数来讲，厂商在计算利润率和折旧时都会考虑到资本存量的价值，从而使按价值计算短期成本函数联系到资本存量价值。

经济衰退来自过高的资本存量价值，而这种增加政府支出来使收入和利润流量增加的方法会使资本存量的价值进一步提高，这种资本存量价值的继续提高是由相对价格向均衡或充分就业方向的调整是相反的，一旦经济恢复到原有的产出和就业水平，资本边际效率会以更大的幅度下降，从而使投资（投资的货币需求）下降，由此会使失业进一步增加和加剧经济波动。

以上讨论了政府支出或总需求的变动对价格水平和就业的影响，但政府支出的变动并不能直接影响总需求曲线，而是通过货币的供求来影响总需求，从而会涉及利息率。实际上，假设政府用印刷机来扩大总支出的方法属于一种货币政策，当政府支出的增加来自公债的发行，就不仅需要考虑总支出的变动对货币供求的影响，而且要考虑发行公债对货币供求的影响。

在主流经济学教科书中，一个主要命题是，政府发行公债会使利息率提高，从而会对私人投资产生挤出效应。一方面，在我们的模型中，利息率是一个关键的变量或相对价格，利息率的变动直接联系到资本存量价值的变动，如果按照主流经济学的观点，公债的发行会使利息率提高；另一方面，当公债用于政府支出也会增加货币需求，如果货币供给不变，则将导致利息率的上升，利息率的上升会使资本存量价值或股票价格将下降，从而使货币的投资需求下降。这种资本存量价值的下降将有利于经济从衰退转向复苏，当然，如果政府支出的增加可以保持总需求和减少失业，这种财政政策对于调节经济周期将是有效的。但政府发行公债分析的一个要点是，这种公债的分析将影响内生的货币供给，如果公债的发行伴随着货币供给的增加，则利息率并不一定下降。

按照新古典综合理论的假设，政府发行公债并不改变消费函数，这一假设暗含着储蓄只取决于收入而与利息率无关，则公债的发行将使总财富的价值增加，在内生的货币供给条件下，这种财富存量的增加会使银行扩大货币供给，如商业银行使用债券作为它的准备金和中央银行采用公开市场业务调节货币供给。实际上，公债的发行就是政府在利用它的信誉来扩大信用关系。

因此，如果政府的信誉是稳定的，公债的发行将增加货币供给，从而在假定其他条件不变时，公债发行的增加并不会提高利息率，而只会使利息率下降。当政府把公债用于支出，从而增加了货币的需求，才会促使利息率提高。实际上，使用货币数量恒等式可以明确地表明这一问题，如果政府通过发行债券扩大支出能够提高总需求，必然来自货币供应量的增加。在经济衰退时期，商业银行将减少货币供给和提高利率，政府支出的增加如果不能增加货币供给而只是增加货币需求，则利率将大幅度提高，由此导致的资本存量价值或股票价格的下跌必然迫使商业银行进一步减少货币供给，因而政府用发行债券扩大支出的方法不仅不能增加总需求，而且会使总需求下降，换句话说，政府支出的增加将挤出更大的私人支出，或政府支出的乘数效应是负的。这一点显然与经验不符。

需要提到的是，在这里收入是变动的。无疑，政府增加公债发行会在金融市场上与银行存款和股票相竞争，如果收入和储蓄是给定的或货币供给是给定的，则利息率将提高，但货币供给和收入（储蓄）并不是给定的。在经验中，政府公债发行的增加和由此带来的巨大的财政赤字并没有使（实际）利息率提高，而是引发了通货膨胀。通货膨胀一方面肯定来自货币供给和总需求的增加；另一方面，经验中的通货膨胀是使实际利率下降，而没有使利率提高。这种现实中的经验对于说明政府赤字财政政策对经济的影响是重要的。根据这种经验，如果利息率在政府发行债券增加支出的过程中并不提高，则资本存量的价值将不会下降，收入水平的提高也会使利润增加，从而进一步提高资本存量价值，进而增加总需求。但这种使总需求提高的方法并不能改善扭曲的相对价格结构，而可能使其进一步扭曲，其结果将导致通货膨胀或滞胀。

当然，这种财政政策直接联系到货币供给，如主流经济学教科书所表明的，如果单独使用财政政策会使利息率提高，从而排挤私人投资支出，但认为即使货币供给不变，政府支出对总需求的影响也是正的，其理由在于货币流通速度是可变的，居民储蓄或把储蓄作为银行存款是货币量的漏出，政府扩大支出是一种货币量注入，从而可以通过改变货币流通速度的方法来提高总需求。一方面，这种论证方法只是把货币供应量的变动联系到货币流通速度，这里的一个问题是，按照新古典教科书的原理，利息率的提高将使货币的投机需求增加，从而会降低货币流通速度，这是与总需求的扩张相反的。另一方面，这种关于货币的漏出与注入的分析完全排除了对商业银行的货币供求的分析，因为货币被漏出而没有注入流通中并不完全在于居民的储藏货币的倾向，而是涉及投资的货币需求和银行的货币供给。这样，在讨论财政政策的效应时必须联系到内生的货币供给和中央银行的货币政策。我们先来讨论中央银行的货币政策。

二、货币政策

在经济衰退时期，假定其他条件不变，货币供给的增加将提高总需求，但这种总需求的增加并不一定使产出和就业增加，而可能只是导致通货膨胀。总需求的扩张究竟是增加就业，还是只提高价格水平取决于总需求的扩张对相对价格的影响。这样，对中央银行货币政策分析的要点就在于，它如何影响内生的货币供给机制，进而影响货币需求和相对价格。联系到实际经验中中央银行对货币供给的强有力的控制，这里的关键问题是，中央银行的货币政策已经可以在很大的程度上影响内生的货币供给机制。

当经济处于衰退时，商业银行将减少货币供给和提高利率，由此会使投资减少和收入水平下降；收入水平的下降和利息率的提高将使过高的资本存量价值下降，从而通过经济衰退使扭曲的相对价格得以恢复，但这将导致严重的失业和经济衰退。如果中央银行在经济衰退时采用扩张性的货币政策，降低法定准备率和在公开市场业务中买进债券，一方面，这种货币政策能够在多大程度上增加货币供给，进而提高总需求水平，另一方面，这种包括调整中央银行再贴现率的货币政策对利息率会产生怎样的影响，由此可以得出收入水平和利息率的变动对资本存量价值或相对价格的影响。由于中央银行扩大货币供给的政策是与商业银行在衰退时期紧缩货币供给的政策是对立的，那么问题就在于这种对立是否和在多大程度上改变内生的货币供给机制。

假定在经济衰退时期中央银行采取降低准备率的做法，这将使得商业银行自有准备率突然提高或它的可贷基金增加。在这种条件下，如果商业银行降低利率以通过减少存款和增加贷款来减少它的自有准备金，货币供给将是扩展性的。一方面，居民将把更多的储蓄由于购买股票（和债券），由此引起股票价格提高，股票价格的提高将使资本边际效率提高而带来投资需求增加；另一方面，股票价格的提高又会使厂商可用于贷款的抵押资产价值增加，如果存在着货币需求，商业银行将增加贷款，因为股票价格的上升使贷款的安全性提高了，这样，货币供给将增加。虽然，这种货币供给的增加扩大了总需求，但相对价格并不能得到有效的调整，即资本存量的价值继续提高，其结果可能是通货膨胀而不是就业的增加。这里所要表明的一个重要问题是，当中央银行采用改变准备率的政策来调节货币供给时，内生的货币供给机制将发生变动，这里可以用一个"泡沫经济"的例子来说明这一问题。

在没有中央银行干预的货币体系中，商业银行的货币供给将依赖于作为资产抵押的资本存量价值，假设稳定的利润率和储蓄率（消费函数），则货币供给将是稳定的，这种货币供给的稳定性是上面所讨论的商业银行在经济衰退时减少货币供给的基础，这种基础使货币领域和实际领域紧密地联系在一起，这一点正是内生的货币供给机制的性质所在。当中央银行使用货币政策来干预经济或内生的货币供给机制，就可能导致实际领域与货币领域的分离，由此会产生一种泡沫经济问题。

在上面的分析中，中央银行法定准备率的突然下降会使商业银行降低利率和扩大货币供给，这一结果会使利率下降和资本存量价值提高。资本存量价值的提高会进一步刺激商业银行的货币供给，当股票价格的提高使增加的货币供给被更多地用于购买股票，而股票价格的上升又会进一步增加资本存量价值，由此将导致一种循环。这样一种循环所导致的泡沫经济更容易发生在经济即将转入衰退的时期，在这一时期，由于实际领域中工资和需求的关系已经使按照这种成本收益计算的投资无利可图，增加的货币供给将流向资本存量（股票）市场，而不是用于提高就业和工资率的投资，由此会导致资本存量和收入流量的严重脱节。在这一过程中，货币的投机需求的变动是导致循环的一个重要因素。

由于资本存量的利润率最终将依赖于收入流量中的利润，从而资本存量价值和收入流量的脱节是不可能无限扩大的。在一个商业银行自发调节的货币供给体系中，储蓄的减少会使商业银行提高利率，从而使资本存量的价值下降，当然，这会导致投资的减少和经济衰退，甚至导致股市的崩溃，其中商业银行的货币供给以及货币需求会自动减少。然而，在中央银行试图干预货币供给来医治经济衰退的条件下，这种存量与流量的脱节极易导致通货膨胀。

显然，克服这种存量与流量脱节的另一种方法是增加收入流量，如果消费倾向不变，则银行的储蓄存款将增加。如果在资本存量价值过高而导致经济衰退时，政府采用扩展的财政政策来增加总支出，当然，货币供给会随之扩大，就会导致通货膨胀。问题在于，如果不存在一个灵活变动的利率机制，如中央银行在经济衰退时降低再贴现率，并相应地扩大货币供给，则存量与流量脱节的泡沫经济会成为"流量攀升存量"的通货膨胀。当中央银行控制利率并相应地采用扩大货币供给的政策，资本边际效率将不能降低而使资本存量价值下降，从而使投资和消费支出持续增长（政府可能同时采用扩张性的财政政策），这种总支出的增加在经济周期的衰退阶段并不能改变企业的成本收益状况或增加有效需求，这只会导致工资与物价的螺旋式上升，而失业并不能减少，由此产生失业与通货膨胀并存的局面。

在这种解释中，一个重要的问题是，作为基础货币的现金能否对货币供给的扩张产生制约作用，其含义在于，如果中央银行严格控制基础货币的增长率和保持不变的准备率而仅仅采用公开市场业务和利率政策调节经济，这里还涉及财政政策，即当政府采用扩张性的财政政策而同时保持基础货币的供应量不变，这种政策能否医治滞胀。显然，这一问题涉及对特定的货币金融制度的假设，即商业银行扩张的信用或活期存款能否取代现金用于交易和商业银行是否可以把非现金的流动性资产（如贴现票据和债券）作为它的自有准备金。在目前的金融体制下，现金与活期存款的替代性是极强的，同时，正是由于这种现金与转账支票的高度可替代性，随着收入流量的增加就会产生一种"倒逼机制"，即迫使中央银行随着收入流量的增加而投放基础货币或现金。此外，从本质上讲，作为商业银行的准备金而保证其安全性的是资产的流动性，而不是现金或基础货币，换句话说，商业银行并不必须保持现金来应付"挤兑"，它只需要在它看来必要时能够把它的资产转化为现金就可以了。在现行的金融体制和中央银行扩张性的货币政策条件下，商业银行能够不考虑通货膨胀的威胁而增加货币供给，而这一点在哈耶克的私人银行货币制度下是绝无可能的，因为通货膨胀将直接导致私人银行的破产。换句话说，在中央银行采用货币政策控制货币供给的条件下，通货膨胀对于商业银行来讲就等同于经济高涨时的价格水平（作为相对价格）上升而不必忧虑一样，这也表现出相对价格与价格水平是紧密联系的。

当然，在经济衰退时或由中央银行扩张性的货币政策所导致的"滞胀"的条件下，如果中央银行采取紧缩的货币政策来医治通货膨胀，势必导致更为严重的经济衰退。

以上对政府宏观经济政策分析的要点是，经济的周期性波动来自竞争条件下的信息的不完全所造成的存量与流量的脱节，或存量与流量之间的相对价格的扭曲。自发的市场机制会导致经济的不稳定，因而政府的宏观经济政策对于缓解经济的周期性波动或熨平经济周期可以起到重要的作用。但是，这种政府的宏观经济政策如果不能与市场机制本身的相对价格调整相协调而导致其自发调节功能的破坏，或政府的财政政策与货币政策的调节方向与恢复均衡的相对价格的调整方向是相悖的，其结果将会导致通货膨胀。与主流经济学的分析不同，导致失业的原因不是总需求不足，而是联系到相对价格的"有效需求"不足，因而除非政府的财政支出和货币政策能够调节相对价格，进而调节企业的成本收益条件，总需求的增加只能导致价格水平的上升。当然，任何总支出和货币供给的变动都会影响相对价格和企业的成本收益条件，但可能是与正确的调节方向是相悖的。就滞胀问题而言，在经济衰退时，扩张性的财政货币政策在使总需求曲线向上移动时，总供给曲线也会随之向上移动，而且一旦导致内生的货币供给机制的破坏，商业银行的货币供给将适应于货币的投机需求，从而导致货币乘数或货币流通速度的极不稳定。

这里，一种微调的逆经济周期而行的财政货币政策是可行的。如果一种稳定的增长率是经济波动的中心，则政府采用"自动稳定器"的财政政策和严格控制货币供应量增长的货币政策是适宜的，中央银行采用利率政策和公开市场业务对货币供给进行微调也是非常必要的和重要的。当然，在出现较大的外生"生产率冲击"的条件下（如石油危机），政府可以加大财政货币政策的力度，但必须联系到特定的企业成本收益条件和考虑到经济周期的特定阶段，因为一旦政府的政策超出一定的范围，就会改变制度条件或与市场机制自身的条件相冲突。如中央银行的货币政策必须以保持信用关系的基本稳定为基础，因为一旦其他资产成为货币的替代物，就会使中央银行的货币政策失效。对财政政策也是如此，政府并不能够通过改变收入分配机制来调节总需求，而只是通过改变收入分配来调节相对价格，一旦超出了某种范围，就会削弱市场经济的刺激机制，如供应学派对凯恩斯主义的财政政策的批评那样。

任何财政政策都会联系到货币的供求和资本市场的利率结构，从而与货币政策是联系在一起的，特别是政府的公债发行。财政政策和货币政策的区别只是在于，财政政策能够直接改变收入分配或企业的成本收益条件（如税收）和直接作用于收入流量，而货币政策则更多地联系到资本存量的结构，而且中央银行采用货币政策的程度涉及内生的货币供给机制的稳定。

（本文原载于《决策与信息》2006 年第 2 期）

西方经济学是市场经济的理论吗?

摘　要：新古典理论的基础是以资源配置为核心的相对价格理论，即资源配置可以通过表示要素稀缺性和人们偏好的相对价格进行而达到最优，在这个理论中，既不需要也不可能得到任何有意义的总量以及总量之间的关系。国民收入核算体系的统计变量完全来自资本主义的经济制度，目前国民收入核算体系中的所有由货币量值表示的统计变量完全是由社会关系或特定的货币金融体系决定的，与新古典理论中生产函数的技术分析完全无关。当主流经济学把由经济制度所决定的国民收入统计变量完全套用在生产函数上时，不可避免地导致了理论中严重的逻辑矛盾，这种逻辑矛盾在剑桥资本争论中被揭示出来，作为逻辑问题就是总量与相对价格之间的矛盾，而在现实的经验问题上，则表现为新古典理论不能直接使用国民收入核算的统计资料来说明资源配置和经济增长，更不能解释以竞争为基础的现实的市场经济。

本文所要讨论的西方经济学是指目前以西方主流经济学教科书为代表的新古典理论，在我国人们把它称为"西方经济学"。随着我国的经济体制改革向市场经济的转化，必然要寻找能够解释市场经济运行的理论，而目前经济学中统治对现实经济问题研究的正是这种居主流地位的新古典理论，这一理论不仅解释了市场的供求和相对价格的资源配置，而且解释了所有的国民收入核算的统计变量，新古典理论从 1870 年的"边际革命"到现在的 130 多年对经济学的统治中，形成了强大的思想意识和观念，支配着西方学术界、政界和实业界人们的思维和观念。我国在改革开放之后，人们不可能不受它的影响乃至支配，因为目前并没有一种能够与之竞争的理论。正因为如此，我国改革开放以来人们形成了一种观念，西方经济学是解释市场经济的（资本主义经济），马克思经济学是解释社会主义经济的。但事实上恰恰相反，从理论基础上讲，西方经济学是解释（社会主义）计划经济的，虽然它是要解释并正在解释资本主义市场经济，但其解释是错误的。同样，马克思经济学毫无疑问是要解释资本主义经济的，虽然它被苏联理论界用于解释那个时代的社会主义经济（其解释在我国传统体制时期对我国学术界产生过极大的影响），但这种"苏联传统"对马克思经济学（以及对社会主义经济）的解释是完全错误的。

一、新古典理论——没有竞争的市场经济理论

19 世纪 70 年代的"边际革命"彻底扭转了以斯密和李嘉图为代表的古典经济学的研究方向，即以社会关系为基础来研究资本主义经济中的竞争、收入分配和以统一利润率为基础的市场调节过程，而转向了以资源配置为核心的技术关系的研究。对新古典理论的最简单的表述是，给定资源和人们的消费偏好，可以求出符合人们偏好的产出最大化的解，这种最大化的解可以用相对价格来表示，因而新古典《微观经济学》教科书又称作相对价格理论。就资源配置问题而言，新古典《微观经济学》教科书中生产函数、效用偏好和相对价格理论是完全正确的，如教科书所表明的，任何社会要使资源得到最有效的配置，都要遵守这些原理，或只有按照这种相对价格才能使资源得到有效配置。在获得了这种最大化问题的数学求解之后，新古典经济学家试图把这种理论应用于现实的市场分析，即由瓦尔拉斯所提出的一般均衡理论，其基本命题是，在一个分散决策的经济中，每个人都按照个人利益最大化的原则行事，可以通过市场供求和相对价格的变动使整个经济达到这种最大化。新古典经济学家把这种逻辑证明应用到了对现实市场的解释，并误认为就是对现实的市场经济运行过程的描述，最典型的例证就是把它与斯密的"看不见的手"联系起来，认为瓦尔拉斯一般均衡就是对斯密"看不见的手"或现实市场经济运行的证明。但这却是一个天大的错误，斯密的"看不见的手"或现实市场经济的运行是建立在竞争基础之上的，而在新古典一般均衡理论中根本就不存在竞争，或者说不可能存在现实市场经济中的竞争。

人们对此一定会有疑问。你说的不对吧，教授在课堂上讲"西方经济学"时是非常强调竞争的，这里有自私自利的"经济人"、有利润最大化的厂商、有供求竞争，还有完全竞争和垄断竞争等等，不仅有竞争，而且还有由竞争产生的资本主义经济的分配制度，即工资、利润和企业家的收入，而且，这

位教授一定会采用"新古典的竞争原理"把现实中竞争的无情和残酷讲解得淋漓尽致，并告诉学生只有在《社会主义政治经济学》教科书中才不讲竞争了，而且反对由竞争产生的这种收入分配。然而，这里如果真的要为新古典理论辩护的话，上述说法却是对新古典理论极大的误解和歪曲。如前所述，第一，新古典理论是一种资源最优配置理论，其收入分配理论所说的只是要素价格的决定，或者说资源的最优配置必须按照表示要素稀缺性的相对价格进行；第二，阿罗和德布鲁对一般均衡的证明所表明的是，在分散决策条件下可以通过供求和价格信号传递信息，当然，这需要严格的假设条件，如瓦尔拉斯所说，如果有一个拍卖者就更容易达到均衡了。但是，这里并不存在那位教授所讲的竞争。

关于竞争，可以说所有的经济学家都会给予极大的关注，穆勒在150年前就说过，竞争是构成经济学的核心概念。关于新古典一般均衡理论是否可以加入竞争或描述现实的竞争过程，在经济学界一直存在着争论。这里不打算涉及这些极为复杂的争论，而是要表明，在新古典的相对价格理论中根本就不可能存在一种总量，更不可能存在由货币表示的国民收入核算体系中的各个变量之间的关系，从而不可能存在现实中人们围绕着货币或以争夺货币表示的价值（总量）为目的所进行的竞争。

如上所述，新古典理论是一种相对价格理论，相对价格则表示要素的稀缺性和人们的消费偏好之间的关系，相对于给定的偏好来讲，哪一种要素越稀缺它的价格就越高，从而根据要素可以替代的假设就可以按照相对价格配置资源了。显然，在这个理论中是不需要总量的，资源的最优配置只要有相对价格就可以了，而且，它不可能得到总量或有意义的总量，道理很简单，把两个表示稀缺性的相对价格加在一起是什么意思呢？又能够表示什么或有什么用呢？一个有说服力的证据就是，在整本《微观经济学》教科书中根本就没有出现任何总量，新古典理论的基本原理已经完整地表述了，在凯恩斯之前的马歇尔的《经济学原理》中也根本没有总量。对于货币，在主流经济学教科书中只是交易媒介或为了便利交易而使用的，除此之外没有其他用途而不会被人们作为财富持有。如在《微观经济学》中就没有货，在凯恩斯之前的经济学教科书中也很少讲到货币，在现代《宏观经济学》教科书中货币也只是表示价格水平的名义变量。

当我们证明了在新古典理论中不存在总量和具有实际价值的货币后，新古典理论的竞争概念和理论就清楚了，在严格的意义上讲，它只能是为了传递信息，因为这里根本就不存在可竞争的其他目的。试问，在新古典模型中人们竞争是为了什么呢？如果你问现实中的任何人，他们都会明确地告诉你，竞争是为了钱或货币，为什么要追求既不能吃也不能穿的货币呢？因为它代表着成就和社会地位，而且具有极高的支配力。但如果去问严格推理的新古典理论（而不是新古典理论家）它又能告诉你什么呢？因为在它的理论中人们所追求的只是实物产品，至多是现在消费还是未来消费，而不会再有其他的了。

这样，我们可以清理新古典的竞争概念了，自私自利的经济人只能表示出他们的消费偏好，利润最大化的厂商只是按照要素的相对价格和替代原理去获得最大产出，供求和价格只是传递信息，工资、利息和利润只是要素价格，而那位教授讲的实际中所有的事在这里是根本没有的，而是他自己加进去的。多少代新古典经济学家就像那位教授一样，不断地把实际中的东西加到讲义里，然后告诉学生这个理论就是对现实的描述，然后学生再照此告诉他的学生们，所有的人就都误以为真了。然而，这种"理论联系实际"的方法必然会导致逻辑错误，因为那位教授只有偷换概念才能把原来没有的东西加进去，如在马歇尔那里，土地是要获得地租的，但在国民收入核算体系中，土地和地租已经没有了，而是把实际上的土地叫作资本了，并告诉人们这是机器。

导致新古典理论与现实之间巨大差距的原因就在于，新古典理论所讨论的只是技术关系的资源配置问题，而实际中的这些国民收入统计变量是由资本主义特殊的竞争规则所产生的货币价值组成的，借用马克思的话说，在新古典的相对价格中不包含任何价值的原子（只有使用价值），从而不包含任何竞争的原子。更进一步，经济学所要研究的或目前经济学家所面对的现实问题并不是技术上的生产函数问题，这些问题是工程师的事，经济学所要研究的是由社会关系所决定的竞争的博弈规则，对于特殊的市场经济或资本主义经济来讲，经济学所要研究的是这种人们为获取金钱的竞争，其目的是要通过修改游戏规则而把人们之间残酷的竞争和仇视变为一种有益于所有人的游戏，以技术关系为基础的新古典经济学不可能适合于承担这种研究。

新古典理论的研究或许更适合于一个社会主义的计划经济，因为在他们设想的社会主义计划经济中是没有竞争的，无怪乎新古典理论的资源配置原理在苏联有许多经济学家进行研究并加以利用，如康托诺维奇的线性规划和莫洛希罗夫的影子价格的研究在我国计划经济时期也受到很大的重视，但其应用只能是在一个设想的而不是现实的社会主义计划经济。在新古典理论诞生不久的 1883 年，维塞尔就提出这种资源配置理论可以直接用于社会主义计划经济，即通过计划委员会来获取信息和进行计算，以后的帕累托（1901）和他的学生巴罗尼（1908）更是阐述了一种计划经济的解决方案。这一方案在 1920 年受到了奥地利学派的米塞斯的挑战，由此引发了 20 世纪二三十年代关于社会主义经济理论的大论战。简要地回顾一下这场论战对于说明新古典理论的性质是有帮助的。

这场论战是在以新古典经济学家罗宾斯和兰格①（还有泰勒和勒纳等人）为一方和以奥地利学派的代表米塞斯和哈耶克为另一方之间展开的，在 20 世纪二三十年代争论的焦点是哈耶克所提出的计划机关如何处理大量的和经常变动的信息问题，即解几百万个方程式问题，这场论战在 30 年代以兰格的胜利告一段落，即著名的"兰格模式"所表明的，计划机关可以把解决不了的信息传递、计算问题通过模拟市场的方法交给价格机制去处理。兰格的取胜正是新古典逻辑的胜利，因为如果不考虑竞争而只是信息处理问题，计划和市场的结合是顺理成章的，计划处理不了的就交给市场。②但这场争论并没有结束，如熊彼特（1942）所提出的，计划机关用什么方法可以驱使经理们去从事这种游戏呢？这正是六七十年代苏联东欧采用"兰格模式"进行的经济体制改革中所遇到的最大问题，即使在传统的计划经济中引入经理人员利润（分成）指标的刺激都没能有效地解决这个问题，因为在传统体制中利润（货币）并不是竞争的目的。

传统的《社会主义政治经济学》教科书所告诉人们的计划经济的运行与新古典理论的原理是非常相似的，即通过计划机关处理信息和制订计划，但这对于实际的传统计划体制运行来讲却是一个误解，而且误差比较大，因为国家计委和下属的司局级官员们对具体的技术和信息处理方法知道得很少（有的甚至根本不知道），这又怎么去进行计划呢？实际中的传统体制运行则是依靠"模拟市场"，不是瓦尔拉斯的市场而是现实中竞争的市场。

---

① 经济学的研究对象是资源有效配置问题的经典定义是罗宾斯 1930 年提出的。兰格是彻头彻尾的新古典经济学家和新古典理论的杰出阐述者（而不是社会主义经济学家），他 1944 年的文章被认为是对新古典一般均衡理论的重大贡献（参见帕廷金，1956）。

② 1963 年，兰格在《计算机与市场》一文中说，我和哈耶克先生的争论可以结束了，因为现在有了计算机，计划机关可以用计算机来处理信息。具有讽刺意味的是，1963 年时有几个房间大的计算机的功能也就相当于现在的笔记本电脑，现在大多数人都有计算机并有发达的网络，计划经济却没了。原因只能是人们没有用计算机和网络去从事"计划"，而是去玩游戏了，去玩竞争的游戏。

那些具体的技术和信息只有下面的技术人员和管理人员知道，而上层管理人员根本不需要知道这些信息，只要让下面把这些信息报上来就行了，怎么审批呢？最简单的方法就是把产量计划增加 10%和成本计划降低 10%而不管其他的具体事情，但在这里要加上一个"模拟市场"的规则，谁完成得好就给谁升官，完成差的就要被免职，只要厂长们都想当局长，他们之间就会竞争，信息传递和激励问题同时解决了。这正是传统体制在上层管理人员不了解信息的情况下依然能够进行计划并使庞大的经济能够运转的机制，这个机制就是竞争，竞争的目的是比谁官大。上层管理人员之所以不需要知道信息，是因为他们的职责并不是处理信息，而是制定竞争规则和充当裁判。①由此可以说明为什么苏东国家六七十年代引入利润机制的改革失败的原因了，这种利润机制的引进只是上层管理人员在传统体制中增加的一个游戏规则，而制定游戏规则和充当裁判的是同时参加竞争的官员，从而官越大能获得的利润提成越多，人们竞争的目标当然不是与信息传递相关的利润和货币了，而是与之无关的游戏规则本身，难怪苏东国家在当时几十年里总是在不断地改革，但这种按照兰格的新古典方案进行的改革最后以失败而告终。②上述分析表明，新古典理论只能在一个没有竞争的计划经济中存在，因为现实的市场经济必须以货币和获取货币（利润）为目标才能够进行竞争。

二、没有市场经济的《微观经济学》

主流经济学正是在阐述这种没有总量和货币的市场经济原理，同时像那位教授一样，用新古典的理念把实际资料套用到新古典的原理中，这导致了教科书中严重的逻辑混乱，虽然他们对所有的经济问题都能给出解释，但却根本不能进行有效的预测。这里不打算对《微观经济学》教科书和它的应用进行系统的分析，只是举出几个可供思考的例子。

---

① 这种传统体制的弊端，其一是官太少，绝大多数老百姓根本没有机会就只好放弃竞争，从而也就没有兴趣提供信息了，其二是竞争太残酷了（而不像那位教授说的没有竞争），因为你要把在竞争中处于有利地位的上司挤下去才行，你可能需要找一个更大的官在你们之间当裁判，这可能比搜集和处理技术上的信息更要。

② 值得提到的是在 20 世纪 50、70 年代适应苏东的改革发展起来的比较经济学，这种比较经济学正是新古典理论的应用经济学，它完全在新古典的基础上来讨论社会主义经济和它的改革，最典型的是兰格一布鲁斯的新古典式的信息传递和科尔奈的非瓦尔拉斯均衡。

（一）需求理论中的收入效应

对于新古典建立在效用函数基础上的需求理论，在这里对其基本原理是没有任何疑义的，因为这已经被几代经济学家用严格的数学方法推导过。但这种经过如此严格推导的理论在应用上却很差，你只要把我国几年前那些企业和政府花大价钱请经济学家做的需求预测报告拿出来和实际对照一下就可以了，预测比较准确的微乎其微，经济学家说电力不足的时候往往很快就过剩了，而经济学家大喊过剩的时候却偏偏很快又不足了。导致这种结果的主要原因是新古典需求模型中只有相对价格而没有总量或收入的概念，而现实中决定需求的一个最重要的因素是收入，而且所有的相对价格都与这个总收入（和收入分配）或 GDP 相联系，从而实际中的相对价格与新古典模型中的相对价格是完全不同的。

由于这种收入变量在实际需求决定中的重要性，新古典经济学家已经顾及不到逻辑上的严密性了，在几乎所有的《微观经济学》教科书的需求函数中都加进了收入变量，然后讨论收入效应对需求的影响，如恩格尔曲线。但这种把收入直接加入需求模型中的方法必然导致严重的逻辑错误。

关于这种逻辑问题最早出现在基数效用和序数效用的争论上，早期的新古典经济学家都采用基数效用来表示效用与需求之间的关系，而当艾奇沃兹和帕累托试图讨论一般均衡时却发现基数效用与一般均衡并不协调，因为基数效用表示的是一个总量，从而改用序数效用，到希克斯采用序数效用表述一般均衡后，一般均衡理论的研究再没有采用过基数效用。如前所述，新古典理论是一种相对价格理论，在其中是不可能出现总量的，而相对价格只取决于商品和要素之间的替代，从而只存在和只需要替代效应，因此在其理论的严格表述中，既不需要也不可能存在收入概念和收入效应。当把收入效应加入需求函数中会出现怎样的情况呢？正像教科书中所表明的，由于替代效应和收入效应的相互作用，需求曲线已经不只是向下倾斜的了，而可以是任意的斜率，甚至向上倾斜（吉芬商品）。

显然，这种理论可以解释所有的经验事实，因为它逻辑上错了，可以一会儿说是黑的，过一会儿再说是白的，但这种理论在预测时也会如此而不可能准确。怎么办呢？经济学家的方法是，找时间序列的统计资料然后做回归，就可以确定是黑的还是白的了，但统计检验能解决这个问题吗？举一个例子，如果让你用收入效应去预测我国汽车市场的需求，你会发现根本找不到可用于做回归的数据，用我国的吧，时间序列不够长，而用外国的统计资料显然不行，因为世界上根本没有哪个国家人均 GDP 在 1000 美元时会有中国这么多汽车（汽车拥有量已排在世界前 5 位），如果真的使用统计数据做出了回归和根据回归的结果做出预测，那肯定是错误的。不光汽车是这样，其他产品也是如此，人们怎么能够相信经济学家用这样的方法提供的预测报告呢？难怪现在找经济学家做预测的越来越少了。

（二）没有成本收益计算的厂商

科斯曾正确地指出，新古典教科书中对厂商的描述只是一个生产函数，但遗憾的是，科斯把交易成本加入新古典的生产函数之上后，依然还是一个生产函数，只是增加了一笔交易费用。这么讲是什么意思呢？因为这种计算成本的方法根本不是现实中的企业的成本收益计算。

教科书中的厂商理论所要讨论的是，以利润最大化为目标的企业的成本收益计算通过技术分析即可确定能够获取最大利润的产出，这里有固定成本（不变成本）、可变成本、准租金和利润等实际中企业使用的概念，然而，这些概念和成本收益计算与现实中的企业成本收益计算是完全不同的，新古典教科书中的这些概念是以技术上的、实物的投入和产出，即生产函数来计量的，而实际中企业的成本收益计算则完全是采用货币计量的，这二者之间显然是不能使用物价指数来使它们等同的。

在厂商理论中，固定成本是一堆机器和厂房，它们在短期是不变的，再把作为可变成本的工人逐渐加到机器上去考察产量的变动，由此得到一条 U 型的边际成本和平均成本曲线，还可以采用同样的方法去考察长期成本和规模收益的变动。可以说，所有这些都是正确的，也是实际企业生产中存在的。但是，你只要拿出企业的财务报表就会发现，上述这些成本和产出以及它们之间的关系是根本找不到的，这里只有花了多少钱和挣了多少钱，如前面对 GDP 的分析一样，所有企业中的技术上的投入产出是不可能用货币来表示的。如果实际中的成本收益计算是按照教科书那样的，总经理一定是工程师，最好再找一位数学家做财务总监帮他计算，而实际中的董事长和总经理却根本不需要懂得技术，而是要具有凯恩斯所说的"动物精神"，因为他必须在商场上按照游戏规则和其他的"动物"去争斗和摆平企业内部管理人员之间的争斗，他可以没有任何技术和财务方面的知识，甚至不懂经济学和算术，但他决不能没有勇气。

在实际中，一台机器配几个工人和厂房盖多大规模那都是工程师的事，企业家要做的只是花大价钱把最好的工程师从别的企业挖过来，然后就把技术上的事情交给工程师了，计入企业成本的只是工程师的工资。当然，他要找一位能够进行成本收益计算的财务总监，这位财务总监根本不需要知道上面教科书中的成本收益计算（这些计算是工程师的事），但他必须知道联系到游戏规则的货币的成本收益计算，这些成本概念却是新古典经济学教科书中找不到的，甚至在目前的财务管理和会计学教科书中都找不到。例如，在存在资本市场的条件下，企业是不能根据折旧来计算成本的，因为"机器"的价值是可变的且可以随时在资本市场上卖出去，他必须根据企业股票价格的变动买卖企业的资产和把这种资产价格的变动与生产成本和收益联系起来，而且可以通过这种资产交易修改会计报表，以使其能够从银行获得贷款和在资本市场上发行股票。所有这些成本收益概念和计算与教科书中技术上的投入产出的"成本收益"计算是完全无关的，这种货币的成本收益计算只是联系到挣钱的游戏规则。

当经济学教科书按照这种成本和收益概念去建立貌似现实的完全竞争和垄断竞争的市场模型，并用于对实际的企业、市场和产业组织的研究，其结果是可想而知的。例如，目前许多的行业或大多数行业都有许多规模极大的企业，而且企业的规模越来越大，按照它们所占到的市场份额来讲肯定属于教科书中的垄断或寡头垄断，但是不是如教科书所讲的，这些垄断企业比完全竞争的企业成本高、价格高、损害消费者的利益和导致资源配置的低效率呢？实际中显然和这些结论相反，这些大企业的出现降低了产品的成本和价格，并为消费者提供更好的服务，难道你可以说沃尔玛商店里的产品价格高和服务差吗？道理其实很简单，这些大企业是在高度竞争中产生的，在现代发达的资本市场或金融市场的条件下，即使在一个行业中只有一个企业，也可以说它是"完全竞争"的，因为你只要做得不够好或者说不是最好的，不论企业的规模有多大，马上就会有人通过资本市场收购你的企业并做得更好（当然由政府垄断而不许别人进入的行业除外），这就是现实中的竞争。这种企业规模是由技术上的规模收益递增决定的吗？这里并不否认技术上的规模收益与企业的规模有关，但如果采用教科书的方法从技术上的规模收益去讨论现实问题就糟透了。在六年前出版的一本产业研究报告中，作者通过严格的统计资料检验提出，电视机行业的最佳规模是 40 万台，还有与这个数字差不多的洗衣机、电冰箱等行业的最佳规模，但只是几年后的今天，我国最大的电视机厂家的产量是 2000 万台，这样的研究报告能用吗？

比尔·盖茨的微软公司的规模肯定要超过 1000 亿美元，因为比尔·盖茨的资产是 1000 亿美元, 如果在技术规模上 1 亿美元是最佳的, 他会让工程师建 1000 个工厂, 但工厂的规模与企业的规模完全是两码事, 企业的规模是由竞争的游戏规则决定的。

经济学家在产业组织问题的研究中当然不是按照原版的教科书进行, 因为它与实际的差距太大, 他们加入了许多现实的因素或变量, 以期能够使其解释现实, 然而, 当他们按照教科书的教条把那些实际的因素加到依然是以技术关系为基础的 "规模、绩效、行为" 的框子中, 而不是研究以货为基础的竞争和游戏规则时, 必然会导致逻辑上的错误。例如, 在产业组织的文献中经常会看到, 特别是涉及政府的产业政策问题时, 采用同样的统计资料却得出两种完全相反的结论, 这显然来自理论上的逻辑矛盾。许多经济学教科书中都说过, 经济学是一个工具箱, 供你拿来应用, 怎么用都行。有的经济学家就照此行事, 你的企业要委托我做产业组织问题的研究吗? 可以先告诉我你想要什么结论, 我肯定可以给你用严格的推理和统计资料证明得出你的结论, 当然, 企业是要拿这个结论去影响政府的产业政策, 这种情况在产业组织的研究报告中并不少见。人们一定会说, 政府按照这个报告制定产业政策不就坏了吗? 实际上不会, 因为政府官员不是傻瓜, 产业政策的制定是根据其他的原则, 比如利益集团的斗争, 目前经济学家的研究报告还只是一个参考。

如果说新古典的相对价格理论对于需求的分析和预测还有用的话, 其建立在生产函数基础上的厂商理论则必须抛弃, 经济学家必须从实物转向货币, 研究竞争的博弈规则, 规模收益等技术关系只能是一个参考。

三、剑桥资本争论

以上对主流经济学的所有批评实际上所依据的只有一点, 即所有以货币表示的国民收入核算的总量指标不是由生产函数表示的实物指标, 而是资本主义市场经济中人们竞争的纯粹的货标准 (或货币价值), 而在 20 世纪五六十年代发生的 "剑桥资本争论" 所讨论的实际上就是这一问题。著名的 "两个剑桥之争" 是以英国剑桥大学的罗宾逊、卡尔多、斯拉法和帕西内蒂为代表的新剑桥学派和以美国麻省理工学院 (地处麻省剑桥) 的萨缪尔森、索洛和莫迪利安尼等人为代表的新古典综合派之间进行的, 争论的焦点是新古典理论的逻辑一致性问题这场争论的背景是, 在战后, 新古典综合派把凯恩斯经济学所讨论的国民收入核算的所有宏观变量用生产函数进行解释，即现在的《宏观经济学》教科书，而新剑桥学派则是把凯恩斯经济学与斯密、李嘉图和马克思强调"社会经济关系"分析的古典传统联系起来，试图表明财产所有权和收入分配对这些宏观变量的作用。

1953 年，罗宾逊提出了在总量生产函数中那些异质的资本品如何加总的问题。1960 年，斯拉法在著名的《用商品生产商品》一书中采用两个部门（多部门）模型证明，新古典生产函数只能用在单一产品模型中，一旦用于两个部门（多部门）模型，由生产函数所推论出来的新古典理论的所有基本定理就都不成立了。这种逻辑一致性问题对于新古典理论显然是重要的，以萨缪尔森为代表的新古典学派在 60 年代开始应战，双方第一回合的交锋是以 1966 年萨缪尔森宣布无条件投降告一段落。在随后的 1969 年，索洛提出在新古典一般均衡理论中可以避开这种加总问题而保持新古典理论的定理，即在一般均衡模型中可以把每一种资本品都作为一种生产要素。对于这一问题，新剑桥学派在 20 世纪 70 年代做出回应，表明在一般均衡理论中不存在统一的利润率，采用一般均衡分析显然只是回避了加总问题，因为这意味着将不能再使用总量生产函数。在六七十年代，新剑桥学派对新古典经济学的批评很快从资本测量扩展到增长理论和收入分配理论等更广阔的领域，批评的有效性在争论的过程中不断得到澄清和证实，越来越多的经济学家加入英国剑桥学派的行列。同时，新剑桥学派开始通过复兴古典学派和马克思经济学、并吸收卡莱茨基的理论试图重建经济学体系。

虽然在这种逻辑争论中新剑桥学派取得了优势，但人们很快发现，这种异质品加总问题在新剑桥学派试图重建的理论体系中同样存在，如他们试图复兴的古典理论中存在着李嘉图的"寻找不变的价值尺度"和马克思的"转型问题"，即李嘉图和马克思的命题也只能在单一产品模型中成立而不能推论到两种（多种）产品模型，萨缪尔森发表多篇文章表明马克思在"转型问题"上逻辑不一致，与此相联系的是关于"帕西内蒂悖论"的争论，即由萨缪尔森等人提出的，新剑桥增长模型依然不能脱离生产函数，新古典经济学家这种"以其人之道还治其人之身"的方法为其挽回了一些面子。但到了 20 世纪 80 年代，随着英国剑桥学派一些重要的经济学家罗宾逊、斯拉法和卡尔多等人相继去世，有关剑桥资本理论的争论似乎也中止了，就整个经济学界而言，这些经济学家以及他们的著作似乎从来就没有存在过。比如，从 80 年代晚期以来蓬勃发展的经济增长理论仍然广泛地应用总量生产函数和边际生产力论，而对其中包含的逻辑悖论根本未予考虑。①

导致这种结果的原因有两个方面。其一是，尽管新剑桥学派采用异质品模型表明了新古典理论中存在着逻辑悖论，但这种逻辑悖论产生的原因却没有被揭示出来，萨缪尔森在1983年的一篇文章中，在承认逻辑悖论存在的前提下，用奥地利学派的方法（跨期均衡）表明，这种逻辑悖论只是出自技术关系，希克斯（1973）也表示了同样的看法，而在剑桥资本争论中人们又很少能找到这种逻辑悖论（技术再转辙）的经验例证，从而在许多新古典经济学家看来，这种技术再转辙的重要性是值得怀疑的。加之争论又异常复杂，以至很少有人能够理解。其二是，新剑桥学派经济学家也不十分清楚资本理论的逻辑悖论的问题究竟出在哪里和其意义何在，其中重要的一点是，他们同样认为国民收入核算体系的统计变量是实物的统计，只不过试图把社会关系的因素加到经济分析中来，即如罗宾逊所表明的技术关系与社会关系的相互作用，当人们对斯拉法加入利润率的投入产出模型（马克思的生产价格模型）仅仅做出相对价格的解释时，也必然会把技术关系与社会关系搅在一起，从而难以理清这种争论的逻辑并建立新的理论。当没有一种新的理论能够与新古典理论相竞争时，经济学家对现实的解释只能按照新古典的方法，以免出现理论的真空，即在剑桥资本争论的逻辑被澄清和能够取代新古典理论的新的理论出现之前，人们是不会放弃新古典理论的，因为逻辑悖论虽然存在，但并不一定是重要的或致命的。

然而，如我们前面的全部分析所表明的，剑桥资本争论所揭示的逻辑悖论对于新古典理论是致命的，主流经济学错误地使用了国民收入核算的统计资料，误把它们作为由生产函数所决定的实际变量。如在剑桥资本争论中所表明的，不只是资本领域的问题，只要涉及这些统计资料分析的领域，采用新古典理论的分析都会产生逻辑悖论，而理清这种逻辑悖论的关键就在于明确这些总量的性质。当你认识到 GDP 是假的，国民收入核算体系的统计变量不是实物时，这种极其深奥复杂的资本理论争论就只不过是一个简单的逻辑问题。让我们采用最简单的数学公式来说明这个逻辑问题。

剑桥资本争论所针对的是《微观经济学》教科书中的生产理论和分配理

---

① 哈考特（1995）认为这种忽略和傲慢是非常令人惊讶的，这反映了在理论界处于统治地位的主流经济学所具有的"无情的"统治力。我们这里想加入的解释是，罗宾逊、斯拉法和卡尔多是在20世纪30年代就成名的经济学家，在经济学界的名声和辈分远高于萨缪尔森等人，一旦他们去世了，再进行这种研究可能就没有人支付报酬了或不能发表文章，你如果不能在大学里得到职位是不可能进行这种研究的。

论两个部分。

在生产理论中，按照生产函数 Y=F（K，L），假设资本（K）和劳动（L）在生产产出（Y）时是完全可以替代的，按照边际生产力递减的假设，就可以得到一组凸向原点的等产量线，给定两种要素的价格，加入等成本线就可以得到新古典的要素替代原理，即厂商将根据要素价格来选择由资本劳动比率表示的技术方法，如当资本的价格提高时厂商就选择劳动密集型的技术，而资本和劳动的价格则取决于它们的相对稀缺性（相对于人们的偏好），一旦给定资本和劳动的数量，即可以确定它们各自的边际产品和要素价格，从而决定厂商的技术选择和收入分配。需要强调的是，在要素价格和要素的数量之间存在着单调的关系，如资本的数量上升时，利息率将下降，厂商将选择资本密集型的生产方法。

上面的模型是只生产一种产品的"单一产品模型"，在剑桥资本争论中认为在这个模型中，上述新古典理论的命题都是成立的，但是它不能扩展到两种产品模型。假设有生产资料和消费品两个部门，用 X_1 表示资本品产出，X_2 表示消费品产出，用 K_1 和 K_2 表示两个部门的资本投入，L_1 和 L_2 分别表示劳动投入，可以用下面的线性方法表示两种产品生产的投入产出关系：

$$\begin{cases} L_1K_1 \rightarrow X_1 \\ L_2K_2 \rightarrow X_2 \end{cases} \tag{1}$$

对于上述给定的技术上的投入产出关系是没有什么可讲的，如果按照新古典《微观经济学》教科书，这只是讲一般均衡理论时简化的 2×2×2 模型（去掉了两个偏好不同的消费者）。因此，如果要在这个模型中确定要素和产品的相对价格是不困难的，即加入人们对两种产品的偏好，以及给定资本和劳动的数量和它们之间递减的替代关系，即可得到要素价格和产品价格，这里没有任何不清楚的地方，新古典理论的逻辑是完全正确的。

然而，斯拉法在《用商品生产商品》一书中采用了另一种方法来求取价格，这种方法是，把上面的投入产出模型用数字给定，假设两个部门有统一的工资率（W）和利润率 r 工资是事后支付的，就出现了下列的价格方程：

$$\begin{cases} WL_1P_2X_1 + (1+r)K_1P_1X_1 = P_1X_1 \\ WL_2P_2X_2 + (1+r)K_2P_1X_2 = P_2X_2 \end{cases} \tag{2}$$

这个方程的意思是，当你得到右边的资本品和消费品的相对价格后，方程左边投入的资本品也必须按照这个价格计算，根据投入的资本要获得统一的利润率（利息率）的原则加入表示利润率的（1+r）才能决定价格。由于在方程中可以让消费品的价格为 1 来表示相对价格，把公式化简得到：

$$\begin{cases} L_1W+K_1P_1(1+r)=P_1 \\ L_2W+K_2P_1(1+r)=1 \end{cases} \tag{3}$$

这个公式即是剑桥资本争论时使用的公式。从公式（3）中可以得到工资率与利润率的关系：$W=\dfrac{1-K_1(1+r)}{L_2+(L_1K_2-L_2K_1)(1+r)}$，从公式（3）中可以得到下列工资利润曲线：在图 a 中，当 $\dfrac{K_1}{L_1}>\dfrac{K_2}{L_2}$ 时，工资利润线是凸形的；如图 b 所示，当 $\dfrac{K_1}{L_1}<\dfrac{K_2}{L_2}$ 时，工资利润线是凹型的；如图 c 所示，只有当两个部门的资本劳动比率相等时，即 $\dfrac{K_1}{L_1}=\dfrac{K_2}{L_2}$ 时，工资率与利润率才保持直线关系。

在工资利润曲线为直线的情况下，两种不同的技术的工资利润线只相交一次（如图 c 所示），这时才能比较何种技术是资本密集型，何种技术是劳动密集型。但是，如果工资利润线是曲线，那么两种不同技术的工资利润线可能相交两次（如图 a 和图 b 所示），在这种情况下，一种在利润率较低时被采用的技术，随着利润率上升而被弃用，但是，随着利润率的进一步提高而重新被采用，即出现了技术再转辙（Reswitching of Technique）。（见图 1）

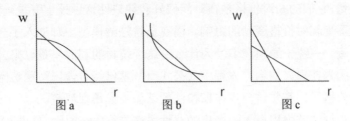

图 1　资本劳动比率与工资—利润曲线

在公式（3）中，由于采用了统一利润率的假设，当两个部门的资本劳动比率不同时，利润率的变化将影响资本的价格，按价格计算的资本价值不可能独立于利润率，这就会出现技术再转辙，只要存在技术再转辙就会存在"资本倒转"，即随着资本（价值量）的增加，利润率会下降，但到某一点后资本

（价值量）的增加反而会使利润率提高，从而不再能保持新古典的资本数量与利润率之间的单调反向关系。显然，与资本劳动比率相等相比，各部门保持有差异的资本劳动比率是一种更现实的假定，而这意味着资本数量与利润率之间并不存在新古典理论所强调的单调反向关系。

我们把上述公式修改一下，假设工资是事先支付的，就可以把它变成马克思"转型问题"的公式：

$$(wL_1+K_1P_1)(1+r)=P_1$$
$$(wL_2+K_2P_1)(1+r)=1$$

（4）

但两个公式的意思是相同的。与前面一样，由于作为不变资本的价值取决于利润率，当两个部门的资本劳动比率（资本有机构成）不同时，不可能使价值总量等于价格总量和总剩余价值等于总利润量。而且可以得到，由于资本的价值随着利润率变动，虽然工资的上升会使利润下降，但却并不一定会使利润率下降，因为作为利润率分母的资本价值会随之变动，这即是李嘉图碰到的难题。

上述问题使经济学家异常困惑不解，为什么在单一产品模型中成立的定理却不能推论到异质品模型，就连萨缪尔森这样的以逻辑思维敏锐著称的经济学家也误认为两种产品（两个时期）模型在技术上与单一产品模型不同的结论。实际上，经济学家都被斯拉法迷惑了，只要比较前面新古典的实物投入产出模型和斯拉法的模型就会发现，二者是完全不同的。

在前面的"2×2×2 模型"或新古典一般均衡模型中，资本和劳动是给定的数量，它们的相对价格是在时间偏好和稀缺性这种外生变量确定后决定的，从而不受相对价格变动的影响。而在斯拉法的模型中却加入了一个以前没有的因素——统一的利润率，为什么说这个统一的利润率是原来公式中没有的呢？因为在原来的生产方程中（公式 1）就已经包含了按照边际产品决定的要素价格了，其实这一点在斯拉法的著作中说得很清楚。

斯拉法首先用投入—产出的线性生产方程 AP=P（A 是投入矩阵，P 是价格向量）表明生产的技术关系，给定技术上的投入—产出系数，假设作为劳动投入的工资小于全部纯产品，从而在经济中存在着剩余，再假设工资率是统一的，则由于各个部门劳动投入与非劳动投入（资本品的投入）的比例不同，则各个部门剩余的分配或按照相对价格计量的利润率是不同的，或者说，这里不存在统一的利润率。这个模型正是我们前面列出的模型（公式 1 表示的）或新古典一般均衡模型，各种投入的要素或资本品是异质的，每一种要素或资本品都有表明其稀缺性和由人们时间偏好所决定的相对价格或"自己的利息率"（或边际生产率，或产出弹性）。由于各种生产要素和资本品投入并不是同质的，各种生产要素自己的利息率是不同的，换句话说，这里并不存在按照一种价值资本计量的统一的利润率，当然也不存在任何总量的收入分配。由各个部门之间的投入—产出关系所决定的相对价格和剩余只是表示要素的边际产品和人们的时间偏好。

在表述完上面的新古典一般均衡模型后，斯拉法根据资本主义经济关系的内在要求，把作为投入的不同质的资本品（包括劳动）加总为一个价值资本并要求获得统一的利润率，由此才出现前面包含统一利润率的方程[公式（3）斯拉法用（1+r）AP+wL=P 来表示]，这一模型与前面的新古典模型已经完全不同了。在这里，由于统一利润率的假设，两种要素——资本和劳动投入被变为一个总资本（用资本品的价格加工资），这一点用马克思的公式（4）看得更清楚，即劳动投入和资本投入被使用工资和资本品的价格加在一起而要求统一的利润率，公式（3）与公式（4）在性质上是相同的，这在公式（2）中表示得很明确，当资本投入是按资本品部门产出的价格计算时，在两个部门资本劳动比例不同的条件下，同样由（消费品部门）价格表示的工资支出作为劳动投入将与资本投入加在一起受统一利润率的支配，这里的成本计算已经不再是实物的要素投入了。同时，两种产出也按照价格加在一起变为总收入，这个总收入也与实物的产出无关，所表示的只是由利润率（工资率）决定的相对于资本价值的一个比例数。公式（3）中所有的概念和含义与新古典理论的公式（1）已经完全不同了，在公式（3）中，资本品和劳动已经不再是投入的生产要素了，而是古典学派和马克思的按价值计量的一笔预付的总资本，产出也不再是具体的产品，而是由利润率所决定的一个价格总量。

可以用更简单的方法理解上述分析，当采用统一利润率的假设后，异质品模型中不同的生产要素（包括劳动）就被加总为一个"总资本"，不同的产品被加总为总收入，这就是目前国民收入核算中的资本和收入（GDP），假设收入中工资和利润的比例是不变的，则有最简单的公式：r=Y/K，因此，当利润率 r 变动时，Y/K 中的资本价值 K 必然发生变动（或 Y 发生变动），这种由外生给定的利润率决定的总量的比例关系与新古典的边际生产力完全不同，与两种产品模型中原有的两种要素的边际生产力也完全不同，而只取决于利润率的变动。

我们采用单一产品模型来做一个"思想练习"。给出生产函数：$Y=K^{\alpha}L^{\beta}$，

其中 α 为表示资本边际产品的利润率 r，β 为劳动边际产品的工资率 w（当然，可以把模型中的劳动改为另一种资本品，如 $Y=K_1^\alpha K_2^\beta$，只要它们不是同质的就可以了）。这样，按照新古典的所有假设可以有公式：

$$wL+rK=Y \tag{5}$$

这个公式与公式（3）很相像，公式（3）好像只是引入了价格方程，而单一产品模型是不需要相对价格的。然而，公式（3）和（5）却是完全不同的，要把公式5改为与公式3相同的含义需要再加上一个统一的利润率(1+r)，从而变为：

$$(wL+rK)(1+r)=Y(1+r)=P \tag{6}$$

这里的 P 为产出的总价格，或把实物产出 Y 用价格加总，如果采用新古典的货币数量论，则公式为（Lw+Kr）P=YP，公式中的价格 P 只是一个计价单位，说按照边际产品和说按照乘价格后的边际产品价值计算是一回事，它不改变公式的性质，因此可以说明，在单一产品模型中，即使采用统一的利润率换成价格模型，新古典理论的定理并不会改变。但是，在两种产品模型中就不同了，由统一利润率加总的价格与按货币数量论决定的价格是完全不同的。当然，这需要假设两个部门的资本劳动比率不同，在两个部门资本劳动比率相同的条件下，统一的利润率并不起作用。由此可以表明，斯拉法的模型与新古典模型的区别就在于统一的利润率与货币数量论两种加总方法的不同，而货币数量论在异质品模型中的加总是没有意义的。

采用上述方法重新表明公式（6）的含义，即可以在单一产品模型中得到与新古典理论不同的结论。采用李嘉图只有谷物的单一产品模型，资本家是用一笔谷物工资（单一产品）去雇佣劳动和使用"谷物资本品"作为种子。这样，我们可以从公式（6）中得到与公式（3）完全相同的结论，因为这里假设，作为投入的是预先给定的资本家的"谷物资本"，资本家要按照利润最大化选择用于"谷物工资"雇佣劳动和留做种子的"谷物资本品"的比例，给定新古典模型中所有生产函数技术上的假设，其利润最大化就是按照 $MP_L=w(1+r)$ 和 $MP_K=1+r$ 这两个式子所表示的统一利润率原则进行的，而并不是原来模型中的 $MP_L=\beta=w$ 和 $MP_K=\alpha=r$ [①]。显然，这种结论的不同来自假设的不同，在公式（5）中，两种要素（或两种异质的资本品）是不可能也不需要相加为一个"总资本"的，而公式（6）的假设正是现实中的企业（资

---

① 关于这一问题的详细论证和数学证明参见柳欣（1994）。

本家）用一笔货币资本购买劳动和机器设备，这种机器设备和劳动之间的替代不是根据它们的边际产品，而是根据边际产品乘上统一利润率后的"边际产品价值"，即企业的要素替代原则是把 1 元钱的投资花在雇佣劳动和购买机器上时要有同等的收益率，即公式（3）中的统一利润率。由此可见，新古典的逻辑悖论并不是来自单一产品模型和异质品模型技术上的不同，而只是加入了统一利润率的假设。

在公式（2）中，不仅等式左边的"资本"被加总了，等式右边的产品也按照价格加总为总收入，这种加总显然不是按照新古典经济学教科书中的GDP 统计方法进行的，而是根据统一的利润率原则进行的。凯恩斯在《就业、利息与货币通论》第十七章中讨论货币的性质时提出，可以采用"自己的利息率"方法来加总各种异质品以得到总量。[①] "自己的利息率"就是一种产品在两个时期的价格之比，由于每一种商品都有自己的利息率，我们可以任意选择一种商品的自己的利息率作为一般利息率（利润率），然后用这种一般利息率去除以其他商品自己的利息率，由此可以得到一种总量。

可以举"豆芽菜"的例子来说明这个问题。这里有两种豆芽——绿豆芽和黄豆芽，它们的生长速度（边际生产力）和人们对它们各自的偏好是不同的，即它们各自的自己的利息率是不同的，如绿豆芽为 5%，黄豆芽为 10%。显然，在新古典一般均衡和跨期均衡理论中，人们会根据偏好和它们的生产率来选择什么时候消费哪一种豆芽，而不必加总为一个"总豆芽"量，但如果非要用自己的利息率方法加总它们会得到什么呢？在上面的模型中，我们可以把绿豆芽的利息率作为一般利息率，然后用绿豆芽的收益率或一般利息率去贴现黄豆芽的收益率，从而获得黄豆芽的"资本化的价格"。这种方法即是目前人们经常采用的一般的贴现率公式，即资本品的价格等于其收益除以利息率 $K = R / i$ 在（K 为资本存量价值，为资本品的收益，i 为利息率）。这样，当采用一种利息率来贴现资本品的价格，即可得到各种资本品的统一的价值单位，并且可以使不同质的资本品获得统一的收益率或利息率。如可以通过绿豆芽和黄豆芽的相对价格的变动使黄豆芽与绿豆芽的收益率均等，或者使黄豆芽的收益率等于绿豆芽的利息率或一般利息率。例如，可以通过使

---

① 斯拉法（Sraffa，1932）最早提出货币自己的利息率的概念。他认为货币自己的利息率是与商品市场的长期均衡状态联系在一起的，用公式表示为：$i_g = \dfrac{P_0}{P_1 / (1+i)} - 1$。这里 i_g 是商品的自己的利息率，P_0、P_1 分别表示现货价格和期货价格，现行货币利率 i 是一个价值标准的利率（参见特韦尔等，1992，p.841）。

黄豆芽的价格为绿豆芽的 50%，则按绿豆芽价格计算的黄豆芽的收益率就将与绿豆芽的收益率或一般利息率相等。同样，我们也可以把黄豆芽的自己的利息率作为一般利息率，从而当绿豆芽的价格是黄豆芽的 2 倍时，它们的收益率是均等的。这个例子与前面统一利润率的假设是一个意思。

显然，根据上述推论，这种一般利息率或宏观变量在新古典一般均衡模型中并不具有意义，人们根本没有必要选择一种产品来把它的自己的利息率作为一般利息率而得到总收入（或宏观变量），因为只要选择任意一种产品的自己的利息率，就会存在一套宏观总量，这些总量与新古典所要讨论的资源配置问题是无关的，这种加总的做法在新古典模型中不具有任何意义，这些总量既不表明人们消费的时间偏好，也不表示要素的稀缺性，如一般利息率只是人们任意选择的一种产品的自己的利息率，而不表示"总量资本"的边际生产率，从而并不能作为资源有效配置的指数。

然而，这种自己的利息率加总就是前面的公式（3）和公式（4）中的统一利润率的加总，这种加总对于由公式（3）和公式（4）所表示的古典学派和马克思经济学的模型来讲则具有实质性的重要意义，它表明资本主义经济中按价值计量的收入分配关系，而不是实物（如豆芽菜）的分配关系。在现实经济中，作为一般利息率来加总这些宏观总量的就是货币利息率，从而使这些由价值表示的宏观总量就是由货币价值来表示的，货币价值或价格绝不表示任何实物和物价水平，而是作为企业以获取利润为目的的成本收益计算和竞争的标准。

剑桥资本争论中的另一个重要问题是它的经验意义，许多经济学家都力图寻找技术再转辙和资本倒转的经验例证，但却很少能够在经验中找到有说服力的证据。如前所述，剑桥资本争论所针对的是总量生产函数和新古典经济学对国民收入核算统计变量的解释，而不是相对价格问题，因为所有这些宏观变量与资源配置的相对价格是完全无关的。采用斯拉法的方法，其资源配置过程可分为两个步骤：其一，表示投入产出技术关系的一般生产方程，可以用新古典的瓦尔拉斯一般均衡理论解决；其二，在其中加入统一利润率的假设，从而构成资本主义经济关系的模型。但在现实中，这两个过程是不能分离的，厂商的技术选择只能采用货币量值表示的利息率和工资率。这样，如果厂商根据实物的要素边际产品等于要素价格决定技术选择，显然并不能达到资源的有效配置。但如前面证明的，资本主义经济中厂商的利润最大化并不是使要素价格等于其边际产品，而是使之等于实物的边际产品乘以统一的利润率或"边际产品价值"。而且也正是这一点，使得资本主义经济中按照"宏观"的工资率与利息率进行的技术选择和资源配置，能够与新古典资源配置的结果保持一致。在这里重要的是，边际产品价值并不是新古典的实物边际产品乘上货币数量论的价格水平，而是乘以统一的利润率。

对于这一问题的证明是易于理解的，因为资本主义经济关系的生产模型只是在其中加入了统一的利润率，或者说所有的相对价格或实物的生产要素和其边际产品都是由利润率加以"贴现"而成为总量；而同时，厂商的利润最大化决策其实也就是采用统一利润率原则的一种"反贴现"，当二者相抵时，所实现的资源配置与瓦尔拉斯一般均衡就是相同的。实际上，厂商只是按照货币表示的相对价格进行决策，但这种相对价格已经由统一的利润率修改了，即前面所表明的是由货币利息率加总过的，从而可以与宏观总量相联系，厂商按照这种联系到总量的、由货币表示的相对价格决策并不改变新古典理论的相对价格。当然，这里必须彻底抛弃货币数量论。

上述分析可以明确地说明为什么在现实中并不存在技术再转辙。按照新古典的技术选择，当利息率变动时厂商将改变资本劳动比率，而现实中的一个例子是，2000 年以来，美联储把利率下调了近 80%，然而，企业并没有改变原来的技术或采用资本密集型的技术，原因是利率作为宏观变量与技术是无关的。如果企业真的改变了技术，格林斯潘再把利率调回来怎么办？这一点对于说明新古典理论的性质是重要的，新古典理论所表述的只是生产的技术关系，它不能表明在资本主义经济中这种资源配置实现的过程。

上述分析表明，剑桥资本争论所产生的逻辑悖论并不是新古典理论本身存在逻辑错误，新古典理论关于资源有效配置的分析和严格的一般均衡理论在逻辑上都是成立的，新古典理论的逻辑悖论产生于错误地把表示人们社会关系的统一利润率的假设加入其由稀缺性所决定的相对价格体系中，由此导致了概念上的混乱，即当加入统一利润率后，资本、收入、工资和利润已经成为加总的宏观变量，而不再表示新古典理论的实物投入产出关系了，所表示的只是人们竞争的社会关系，然而，剑桥资本争论的双方都没有明确地认识到这一点。新古典经济学家头脑中根深蒂固的观念，使他们习惯地把新古典的原理和瓦尔拉斯一般均衡理论误认为就是在描述现实经济的运行，这种概念充斥在所有新古典理论的教科书和文献中，比如他们一直把瓦尔拉斯一般均衡理论误认为是其中包含着统一利润率的竞争均衡，一直把新古典的要素价格理论当作现实中的收入分配理论使用，甚至不假思索地采用总量生产函数来解释国民收入核算的统计变量，并把凯恩斯的货币的宏观理论改为名义和实际变量分离的实物分析。因此，当新剑桥学派经济学家提出其资本理论的逻辑悖论时，萨缪尔森、希克斯和索洛等新古典经济学家都认为是新古典理论的技术分析本身存在问题，①而从来没有意识到在新古典理论中根本就不可能存在统一的利润率和宏观变量，而是把新剑桥学派在新古典模型中加入的统一利润率认为是理所当然的。而作为批评者的新剑桥学派经济学家虽然接受了古典学派和马克思关于社会关系的分析，但他们在剑桥资本争论中一直把相对价格问题作为问题的核心，而几乎没有人表明斯拉法（古典学派和马克思）模型中宏观总量的性质，一旦集中在相对价格问题上，新古典理论的错误就难以澄清了，当新剑桥学派也误把国民收入核算的统计变量作为实物统计时，就不可能彻底抛弃新古典的技术分析而建立新的理论体系。

当剑桥资本争论的意义并不十分明确，当人们错误地理解了逻辑悖论产生的原因，从而把争论引向了没有目的和方向的极为复杂的数学论证时，经济学家放弃了这一重要问题的研究，好像这场剑桥资本争论并不是在毁灭新古典理论的逻辑基础，而是使新古典理论经受住了逻辑的考验。这种放弃导致了经济学的严重倒退，20世纪六七十年代对古典学派和马克思经济学的复兴被湮灭了，80年代蓬勃兴起的新凯恩斯主义用总量生产函数、刚性工资和预期在宏观经济学中彻底取代了凯恩斯的货币分析，凯恩斯革命已经烟消云散了，经济学重新被数学家和工程师占领了。

上述分析表明，新古典资源配置的相对价格理论是不可能解释国民收入核算中的总量和总量关系的，这些以货币表示的总量完全来自资本主义经济关系，新古典理论也不能直接使用这些货币的统计资料来说明相对价格和资源配置问题，因为在相对价格中也已经包含了这些总量关系所决定的供给与需求，现实中的相对价格不仅是由稀缺性决定的，而且取决于有效需求，这种供求均衡是一种"古典——马克思一般均衡"而不是新古典一般均衡。新古典理论的逻辑矛盾正是产生于理论与现实的不一致，产生于直接使用国民收入核算的统计分析，产生于对目前经济学所研究问题性质的错误理解。

---

① 例如，萨缪尔森和希克斯所表述的奥地利模型 $Y = F(L, t)$，t 表示时间，实际上就是近年来发展起来的跨期均衡模型，就其技术关系的分析来讲本身并不存在逻辑问题或"魏克赛尔效应"（技术再转辙的另一种表现形式），其逻辑矛盾或"魏克赛尔效应"正是产生于在采用"生产时期"概念进行跨期分析时用工资率来表示劳动投入，这等同于在劳动和时何两种要素分析中加入了统一的利润率，才导致了逻辑悖论。

参考文献：

1. Harcort. Capitalism. Socialism Post-Keynesianism, Commpanion to Radical Political Ecomomy[M]. Aldershot: Edward Elgar, 1984.

2. Hicks. Capital and Time[M]. Oxford: Oxford University Press, 1973.

3. 凯恩斯. 就业、利息与货币通论[M]. 北京：商务印书馆，1999.

4. 柳欣. 资本理论——价值、分配与增长理论[M]. 西安：陕西人民出版社，1994.

5. 柳欣. 资本理论——有效需求与货币理论[M]. 北京：人民出版社，2003.

6. 罗宾逊. 生产函数与资本理论[M]// 罗宾逊. 经济学论文集，第 2 卷. 北京：商务印书馆，1988.

7. Samuelson，P. A.. A Samuelson Up[J]. Quaterly Journal of Economics, 1966 (80).

8. Samuelson P. A.. Marxian Economlcs as Economics[J]. American Ecomomic Review Papers and Proceedings, 1967(57).

9. 萨缪尔森. 理解马克思的剥削概念：所谓转型问题的概述[M]// 现代经济学论文选. 第三辑，北京：商务印书馆，1982.

10. Sacat. Dr.. Hayek on Money and Capital[J]. Ecomomic Journal, 1932.

11. 斯拉法. 用商品生产商品[M].·北京：商务印书馆，1962.

12. 熊彼特. 资本主义、社会主义与民主主义[M]. 北京：商务印书馆，1990.

13. 伊特维尔，米尔盖特，纽曼. 新帕尔格雷夫经济学大辞典[M]. 北京：经济科学出版社，1992.

（本文原载于《政治经济学评论》2006 年第 1 期）

资本市场的理论与模型

本文从宏观经济分析的角度来讨论资本市场的理论，并提出资本市场的模型。其基本的分析方法是：（1）同时考虑存量和流量的均衡分析方法，资产存量的货币流量是相互影响和决定的，上市公司的资产存量，是由资金流量来支持的；（2）把资本市场和宏观经济作为一个整体来考虑，着重分析资本市场和宏观经济的相互影响和作用；（3）从资本市场和宏观经济的决定因素—货币资金流转的角度来分析资本市场的运作。

一、家庭收支构成和资产选择

作为要素所有者的家庭，其收入构成可分为劳动工资收入、银行存款利息收入、股票股息收入和利润收入等，分别取决于工资率、利息率、股息率和利润率，而且它们分别构成低收入户和高收入户的主要收入来源。家庭收入除了一部分用于消费以外，另一部分构成储蓄，形成家庭的金融资产。这里的金融资产包括手持现金、银行存款、股票和债券等有价证券、保险等。

家庭的资产选择行为决定了作为消费的剩余部分—储蓄，在现金、银行存款、有价证券等金融资产的分配份额，从货币资金流量的角度来说，也就是家庭的货币收入中分流到银行、债券市场、股票市场进而一级市场和二级市场的资金量，这种行为是家庭对各种金融资产成本收益权衡比较的结果，是由银行存款利息率和股票等有价证券的收益率共同决定的。假设用于一级市场投资和二级市场购买股票的比例是不变的，排除股票投资的风险和预期等不确定因素，当银行存款利息率高于资本市场的收益率，资产选择的结果将是将更多的资金用于银行存款，而相对减少用于购买的资金量，反之，当银行存款利息率低于资本市场的收益率时，则会有一部分资金量从银行流入股市。在均衡时，两种达到一致，即银行存款利息率与股票收益率相等。

基于资本市场的融资和资产交易功能，决定了股票收益不仅包括股息分红，而且还包括由于股票价值的变动而带来的资产交易收益，股票的收益率则等于这两项收益与购买股票时的股票价格之比。

二、上市公司的资产构成

股息分红取决于上市公司的利润，在一个货币经济体系中，上市公司财务报表中的利润是根据代表成本和收益的货币值来计算得到的。股票的资产价值（或每股净资产）取决于上市公司的投资和资产交易，股票的价格则取决于股票二级市场上的供求，如果假设资产交易的速度不变，则股票价格取决于投入股市的货币量。

简单的上市公司财务关系为，从资本市场筹集的资金和银行贷款构成其投资的来源，其产品的销售为其收入的来源，用以支付贷款和工资以及红利，自有资本被沉淀下来成为资本存量。

上市公司的融资渠道有两个，一是在一级市场上发行股票，构成上市公司的净资产（用 E1 来表示），二是银行贷款（保留利润全部用于分红），构成上市公司的负债（用 D 来表示），由此，上市公司的资产负债率即可表示为银行贷款与银行贷款及一级市场资金量之和的比例，即（D/E1 ＋ D），上市公司的资本金或上市公司财务会计中的资本存量价值为 E1。股票在二级市场的交易价格（用 EZ 表示）是由投入二级市场中的货币量 E2 所决定，即 PE=(E2，其中 PE 为股票价格，(为系数。这样，我们可以得到股票价格的决定取决于家庭储蓄中用于购买股票的全部货币（E）在一级市场（E1）和二级市场（E2）的划分比例。

这一比例（E1/E2）在讨论资本存量价值的决定和资产交易时具有重要的意义。把上述假设和推论加入前面的模型中，我们来看家庭的存款 D 和 E1、E2 之间的关系。上市公司的资本存量价值和投资来自银行贷款(D，不考虑商业银行的准备率）和发行的股票（E1），上市公司的资产负债率为 D/E1 ＋ D，上市公司的资本存量价值与其市场价格或股票价格的比率为 E1/(E2)。现在，我们加入一个重要的假设：在稳定状态下，上市公司的资本存量价值将等于其市场价格，即 E1/(E2＝1。这样，我们在包括资本市场的稳定状态模型中应当加入这样一个重要的条件，即家庭的资产选择不仅要在储蓄存款和购买股票的比例保持稳定，而且其购买股票的部分在一级市场的投资和二级市场的投机的比例保持不变，并使上市公司资本存量价值或上市公司的净资产值与其市场价格或股票价格相等。

三、银行的货币供给

从以上的分析可见，资金量是影响企业及上市公司、资本市场、家庭行为的最终决定因素，资金的来源和运用最终决定了资本市场乃至整个宏观经济的运行，因此，讨论货币的供给是至关重要的。首先需要明确的是，货币供给不是由中央银行外生决定的，而是由商业银行的贷款行为、家庭的资产选择行为以及企业的存贷款行为所共同决定的一个内生过程。从实际的货币供给量统计来看，货币供应量的增加直接表现为银行存款的增加，而银行存款的增加有两种途径：一是来自居民储蓄存款的增加，这一方面决定于居民收入的提高，另一方面取决于家庭的资产选择，这在前面已经有所分析。二是来自企业存款的增加，而这只能来自银行对企业贷款的增加，一方面银行对企业的贷款归根到底来自居民的储蓄存款，另一方面银行从自身的利益出发，愿不愿意给企业提供贷款，则取决于企业的资产负债状况，即取决于企业有没有资产抵押。如果企业具有足够的资产抵押，货币供给的创造来自银行对企业的贷款。整个社会的货币资金排除很少一部分的现金漏出之外，全部以银行存款的形式集中于银行，这些银行存款的最终流向，一是用于商品交易，形成 GDP，一是用于资产交易，即流向股市。

在一个不存在资本市场的封闭模型中，货币全部用于商品交易，没有资产存量交易，只要企业有利可图，银行愿意贷款给企业，企业取得的贷款又以存款的形式返回到银行，而企业的银行存款全部用于商品市场，最终形成即全部用于投资，名义 GDP 的增加，直接导致家庭收入的增长，银行存款可以用于两个方面，一是商品交易，二是资产交易，分别体现为商品市场的资金量和资本市场的资金。从货币供给的统计来看，货币供给的增加只能来自存款的增加，包括企业存款、居民储蓄存款，银行的贷款只是来自存款。不考虑上市公司的存款，商业银行的存款来自居民的储蓄。根据前面的假设，在家庭的总储蓄中划分为两部分，购买股票和银行存款，这样，给定收入水平和消费函数，商业银行的存款取决于储蓄中购买股票和银行存款的划分。需要提到的是，人们购买股票并不增加货币供给，而只是把已经存在的货币投入股市，从而只有商业银行可以创造货币。其货币创造的过程是，人们把货币存入银行，当银行把这笔货币贷放给上市公司后，上市公司的投资又形成收入，而收入又会转化为存款，这又可以使银行增加贷款，从而使货币供应量增加。

四、财务会计中资本存量价值的计算

计算资本存量价值的变动来自资产交易，而资产交易取决于特定的资本市场。这里存在着上市公司财务分析的两种方法，一种是财务会计，另一种是财务管理，对两种上市公司财务方法的分析是重要的。

上市公司的财务会计是把所有发生的交易记录下来，除此之外，财务会计还有一个重要的功能，即上市公司所有的成本收益计算都是按照财务会计进行的，财务会计报表也是上市公司向股东和公众发布的上市公司经营状况。上市公司的财务管理与财务会计是不同的，但二者又是紧密联系的。上市公司财务管理的目标是通过资产经营来达到利润最大化，即如何通过特定的资本市场或金融市场来实现利润最大化目标。与财务会计不同，财务管理的目的是如何通过交易特别是资产交易修改财务会计报表，以使财务报表上的赢利或数据指标有利于上市公司的经营或实现经营者的目标，即通过资产交易改变财务账户上的资产价值而进行融资和获取利润。

先来看资产交易。资产交易的存在会使资本存量价值发生变动，从而上市公司的成本收益计算不再是只考虑成本流量和收入流量，资本存量价值的变动将成为上市公司成本收益计算的重要内容。例如，一个上市公司在收入流量的成本收益计算中是亏损的，如它的产品按照其成本卖不出去，但它的资本存量却可能升值，从而这个上市公司会是赢利的。

可以用一个上市公司资产经营的例子来说明财务会计和财务管理之间的关系。一个控股公司要投资 1 亿给上市公司，它可以用直接投资的方式进行，这笔投资将加在上市公司的股东权益上，但这笔投资的增加将使上市公司的折旧成本增加。如果假设上市公司与其控股公司之间可以进行"关联交易"，这种关联交易的目的在于改变上市公司的财务会计账户上的资产价值与赢利以获取资金或利润。这个上市公司把其原有投资 1 亿的资产以 2 亿的价格卖给了它的控股公司，还可以假设上市公司又用 1 个亿把同样的资产买回来，从而在其账面上赢利了 1 个亿，它就可以凭借其赢利进行配股和扩大生产规模，如果把赢利资本化，假如利率是 5%，则上市公司可以凭借 1 亿的利润募集 20 亿的资金。这个例子所说明的资产经营过程，虽然涉及这种违法的关联交易，但这与正常的资产交易并没有本质的区别，上市公司能够通过各种合法途径来进行这种资产交易，比如兼并、重组、资产置换等等方式就可以得到前面"关联交易"的结果。

这种资产交易的存在改变了上市公司的经营，上市公司投资和经营的目的不只是在产销售中获得利润，而且要从资本存量升值中获取利润，上市公司不仅可以经营产品，而且可以经营资产。同时，上市公司可以利用资产交易来改变上市公司的财务会计账户，即通过创造交易来改变财务报告。这种资产经营通过资产交易使资本存量价值发生变动和进入上市公司的成本收益计算。

五、上市公司的融资和资产负债率

上市公司的融资渠道有两个，一是在股票的一级市场上发行股票，二是从银行贷款（这里假设保留利润全部用于分红）。对于上市公司的股票融资，这里假设的条件是，上市公司必须能够赢利，比如要达到一定的净资产利润率才能进行配股或发行股票。现在假设股票的价格取决于上市公司的净资产收益率和利率，如果利率不变，则上市公司能否在股票市场配股或发行股票只取决于上市公司的净资产收益率。上市公司的债务融资或向银行借款取决于上市公司的资产抵押，这里假设用于抵押的资产价值只是上市公司财务账户上的净资产值，而不是这个上市公司的股票价格。

资本存量价值和其市场价格在这里是一对重要概念。资本存量的市场价格可以用股票二级市场的价格（股票价格）来表示，而资本存量价值与股票价格往往不一致，当然，股票价格是股票投资者极为关心的，也是经济学家研究资本市场的重要问题之一。

首先是股票的一级市场与二级市场的划分。按照前面的假设，股票的一级市场为上市公司内部融资的唯一渠道，即如果不存在资产交易和上市公司的破产，上市公司的净资产等于其在一级市场所发行的股票融资价值，股票价格则是人们在二级市场中进行股票交易时的价格，股票的交易价格乘以总股本数量则为股票市值或资本存量的市场价格。与股票一级市场和二级市场的划分相对应，股票投资者也把投资划分为两部分，这种划分的比例对于资本存量价值和股票价格的决定是重要的。

股票二级市场价格与"实际经济"的联系和其重要意义就在于，股票的市场价格就是上市公司资产的现值或资产的市场价格，它不仅是上市公司进行资产交易时的价格，而且是上市公司在资本市场融资的重要指标，股票二级市场价格的功能正是通过上市公司的收益率和利息率或一般利润率的差异表现出来，即通过把上市公司的赢利转化为上市公司资产的现值，使上市公司能够在资本市场募集资金。

就股票价格与资产的市场价格的关系问题，由于我们假设所有的公司都是上市公司，从而上市公司之间的资产交易都可以通过股票的交易进行。在现实中，上市公司的兼并重组并不是根据上市公司的资产原值，而是根据收益现值法计算的上市公司资产价值和人们对上市公司的成长性的预期，而这些都反映在股票价格上。对于上市公司的股票融资也是如此，上市公司要在资本市场获得资金，它必须能够赢利，比如要达到一定的净资产利润率才能进行配股或发行股票。现在，假设股票的价格取决于上市公司的净资产利润率和利率，如果利率不变，则上市公司能否在股票市场配股或发行股票只取决于上市公司的净资产利润率。由此我们可以得到对上市公司融资的约束，即上市公司的赢利对于股权筹资是重要的，而上市公司的赢利又取决于收入流量对资本存量的比率。同时，上市公司的债务融资又取决于上市公司的股权融资所获得的净资产值，由此就可以构成对货币供给的约束条件。

这里需要区分个别上市公司的资产交易和股票价格的变动与作为一个整体的资产交易和股票价格的波动，个别上市公司的资产价格和股票价格的变动联系到其上市公司的赢利和成长性的预期，但总体的上市公司赢利和股票价格与资产价值的变动只是宏观变量比例的变动。这样，我们就可以从整体的宏观经济变量之间的关系入手来讨论股票市场的价格波动。而个别上市公司的融资与资产交易行为只是微观的市场竞争的一部分，虽然上市公司在二级市场的行为会影响到整个货币金融体系中宏观变量的比例和导致经济波动。

六、股票一级市场与二级市场的联系

现在，为了讨论经济波动，我们修改前面所使用的假设，即假设人们在股票一级市场和二级市场投入货币的比例是可变的，由此会产生复杂的关系。作为投资者把货币投入一级市场和二级市场似乎是没有区别的，其在一级市场购买的股票可能只是为了在二级市场出售而获利，但从上市公司来看，一级市场和二级市场比例划分的区别是明显的，投入一级市场的货币被用于投资（购买资本存量和雇用劳动），而不能再用于二级市场购买股票，这种区分可以使我们把全部用于购买股票的货币划分为两部分，比如说，我们可以用投资与投机的动机或把长期投资与短期的股票炒作作为人们把货币投入一级市场和二级市场的原因，来解释一、二级市场比例的划分，只要假设上市公司的净资产值不等于其市场价格，就可以把决定一级市场和二级市场价格的因素作为人们划分其比例的原因。

如前所述，人们在一级市场购买股票会使上市公司得到用于投资的货币，这种货币将构成收入交易而成为名义 GDP 的一部分，同时也将改变财务会计账户上的资本存量价值。投入二级市场的货币构成货币的资产交易，将决定股票二级市场的价格。我们这里所要讨论的问题是，当经济脱离了前述的稳定状态，或储蓄中直接投资的货币在一级市场和二级市场划分的比例是可变的，则将导致上市公司财务会计账户上的资产价值与资产的市场价格的不同。导致这种资产价值与其市场价格分离的主要原因是什么？而这种分离又会产生怎样的货币运动、其趋向是什么？我们来讨论这些复杂的问题。

首先来看上市公司在一级市场上的融资。上市公司在一级市场发行股票进行融资可以通过成为上市公司发行原始股票和在一级市场配股，当然，控股股东还可以在二级市场卖出股票，然后再通过某种方式对上市公司进行投资。上述方法中无论是哪一种，都会使上市公司获得货币资金进行投资，而上市公司所能获得的资金数量则取决于上市公司的资产原值与市场价格的差别，如果用股票的二级市场价格表示上市公司的资产现值，则上市公司融资的比例取决于资产原值与二级市场价格的差，二级市场的价格越高，则上市公司越能够在一级市场获得更多的资金。

如果不考虑二级市场的资金流量，上市公司资产原值与市场价格的差异来自上市公司的利润率或净资产收益率与银行贷款利率差异。给定利息率，则资产的市场价格取决于上市公司的净资产收益率，显然，如果上市公司从一级市场筹资用于投资会使上市公司的净资产收益率提高，则会形成累积的效应而使模型逐渐远离均衡。显然，如前面所分析的，给定人们直接投资的货币量，则人们把更多的货币投入一级市场，将减少二级市场的资金流量而使资产的市场价格或股票价格下降。此外，如果考虑储蓄中银行存款和购买股票比例的划分，则更多的资金投入一级市场将减少银行的可贷资金，从而使商业银行提高利率。

先来看上市公司在一级市场中的融资与投资。假设利息率不变，则上市公司在一级市场获得资金后用于投资将增加上市公司的净资产，如果上市公司的赢利没有增加，就会降低上市公司的净资产收益率。如前面的收入支出分析所表明的，假设其他条件不变，上市公司投资的增加将增加上市公司的赢利，但并不一定提高上市公司的净资产收益率。上市公司的净资产收益率的提高取决于如下两个因素：第一，投资在购买资本存量和支付工资之间的比例，上市公司支付的工资将转入成本而减少利润；第二，利息率和上市公司的资产负债率，利息率和上市公司的资产负债率越高，则上市公司的净资产收益率越低。

就第一个因素来讲，按照前面的分析，投资购买资本存量的价格取决于二级市场的价格。给定总需求状态，如果二级市场的价格提高，上市公司只能以更高的价格来购买同样的资产，对个别上市公司来讲，将增加折旧成本，从而减少赢利。虽然投资的增加会使总需求水平提高，但除非在总投资中购买资本存量的部分逐渐加大，上市公司的利润将减少，而总投资中购买资本存量的部分增加，同时，二级市场资产价格的提高也会使上市公司增加资产交易而使资本存量升值，这将使工资减少而减少有效需求，即消费品市场的购买力，从而最终使利润和总需求水平下降。

在上市公司加大资本存量交易和资本存量大幅度升值的条件下，要保持一定的赢利率就必须增加货币供应量或不断地提高总需求水平，而货币供应量的增加一方面会提高上市公司的资产负债率，另一方面使商业银行的可贷基金减少而使利息率提高，这就会使上市公司的成本增加而减少利润。

正是这种一级市场上投资的收益率决定了一级市场与二级市场之间的联系，二级市场中的股票价格作为资本存量的市场价格实际上是反映一级市场上的投资需求和货币供求，而这种投资需求和货币供求直接联系到上市公司的成本收益计算，从而只是作为整个货币经济体系中的一部分而连接到国民收入核算体系中的所有宏观变量，只有从这一点出发，才能表明股票价格的决定。

七、投资、资本存量价值的变动与利润

上市公司的总投资可以划分为两部分，一部分是购买资本存量，另一部分是购买资本品和雇用劳动。由于上市公司购买的资本品只是资本品部门生产的流量，它可以转化为资本品部门投资中购买的资本存量和雇用劳动的工资，从而，全部投资可以划分为购买资本存量和雇用劳动的工资两部分。虽然全部投资支出都将增加收入流量，但这种投资在收入流量中用于购买资本存量和工资时收对上市公司的成本收益计算的影响是不同的，当投资用于购买资本存量时，将引起资本存量的升值和利润的增加，而用于雇用劳动的工资支出，则只会增加成本。这样，投资在购买资本存量和雇用劳动工资两部分的分配将决定上市公司的成本与利润的比例，即当投资用于购买资本存量的比例增加时，利润 GDP 中的比重将增加。在前面，我们讨论了宏观平衡的两个最重要的比例关系，即工资成本对固定成本（折旧与利息）的比例和工资收入对利息和利润收入的比例。当经济高涨时，如果投资更多地用于购买资本存量，则会导致工资在成本和工资在收入中的比例下降，从而导致有效需求不足。这一点不仅对于经济波动的分析是重要的，而且对于资本存量价值变动的分析也是重要的。

在上述资产经营过程中，虽然上市公司可以运用资本市场改变上市公司的财务账户，但上述上市公司资产经营的操作受到两个方面的约束，一方面是上市公司对货币的需求，这由上市公司的投资需求所决定，另一方面是货币供给，即股票价格能否上升取决于家庭是否能够增加储蓄购买股票。

八、稳定状态的条件

上述模型可以表明一些重要的关系。首先，给定货币供给，假设收入交易和资产交易的货币流通速度不变，则收入流量和资本存量的比率取决于人们的资产选择，即储蓄和货币存量在银行存款和购买股票以及持有货币之间

的划分。虽然持有货币数量和资产交易的流通速度的变动可以表述凯恩斯的货币投机需求，但这里暂时不考虑这一问题，而是把注意力集中在货币供给的变动上，即当银行存款所占的比重下降时，货币供应量将减少。

其次，当加入了股票的二级市场后，上述模型可以表明资本存量或股票的净资产值和市场价格的决定。如果给定上市公司的净资产值，比如财务会计上投资的累加值，则股票的市场价格总是取决于人们会把多大比例的货币用于购买股票。然而，这里的净资产值并不一定等于投资的累加值（或者说，只要不存在稳定状态，则净资产值必然不等于投资的累加值），净资产值的变动取决于投资中用于资产交易的比例和股票的市场价格。为了简化，我们这里假设，所有的资产交易都是通过上市公司之间的股权转让进行的，其价格等于二级市场上的股票价格。这里不考虑各个上市公司股票价格和其净资产之间比率的差异，而是把所有的上市公司作为一个整体，从而只有股票的市场价格和上市公司的净资产值之间的差异。而股票的市场价格又取决于人们的资产选择，从而这两个方面是联系在一起和相互作用的。

（本文原载于《环渤海经济瞭望》2002 年第 5 期）

转型经济是从实物经济向货币经济的过渡

目前对转型经济的研究在很大程度上被主流经济学的研究方法所支配，这种方法以新古典理论的技术关系分析为基础，把市场经济完全解释为技术上的资源配置方式，从而使作为市场经济核心的货币金融体系依赖于技术关系，如在许多的分析中都把金融深化问题作为资本积累的条件来研究。可以说，这种研究方法是用实物经济或计划经济的模型来讨论市场经济，致使对转型经济的研究不能集中于"从实物经济（或计划经济）向市场经济的货币金融体系过渡"这一核心问题上。本文将集中讨论这一方法论问题。

一、一个实物经济（计划经济）模型

把我国 1978 年以前的传统体制作为实物经济的模型来分析是恰当的，这一经济的特征是经济管理完全围绕着实物的投入产出来进行。经济发展是一个技术变动和结构变动过程。由于 20 世纪 50 年代我国经济发展的主要特征是从农业部门向工业部门的转移或工业化，使用刘易斯的二元经济模型的一些假设是方便的。假设农村存在着大量的过剩劳动力，从而把劳动力转移到工业部门并不会使农业部门的产出发生大的变动，从而经济增长就是把农业部门的剩余劳动力转移到工业部门。在计划经济中，这种技术变动和结构变动可以看作通过计划机关"有计划地分配劳动"进行的，当然也包括根据需求来计划不同产品的生产，以及根据生产时间和消费的时间偏好来决定资本品部门和消费品部门劳动的比例。但在现实中这种计划方法由于种种困难而不能实行，所采用的是借助于商品交换和货币的方法。我们可以把纯粹的计划方法用不使用商品交换的"余粮征集制"来表示，而把采用商品交换的方法用"工农业产品剪刀差"来表示。

余粮征集制可以看作政府直接向农民收实物税，税收水平取决于计划从农业转移到工业中的劳动力数量，即政府无偿从农民手中得到粮食，然后把它作为工资品分配或卖给工人，使工人可以生产工业品。工业品的生产需要时间，可以使用轻工业和重工业或消费品工业和资本品工业来划分工业品的生产时间，即轻工业直接生产最终消费品，重工业生产中间产品。显然，使用"余粮征集制"方法的一个最大的问题是，随着农业劳动力向工业部门转移的速度加快，税率必须随之提高，虽然这种税率的提高只是表面上的，因为农业中的劳动力会随之转移出去而不需要以前那样多的粮食，或"余粮"会增加，但这种税率的提高会直接影响农民的生产积极性而导致农业产出的下降。在我国，这种余粮征集制并没有实行过，而是采用一种商品交换的方法，即用已经生产出来的工业消费品来换取工人所需要的粮食。

给定计划的农业向工业中劳动力转移的数量和转向轻工业和重工业的比例，假设全部个人收入都用于消费，并且农业部门与工业部门的工资率相同，那么，很容易得出农产品与轻工业产品的交换比率取决于农业部门向工业部门转移的劳动力数量，即粮食的价格取决于从农业中转移出来的劳动力数量和轻工业部门的产出。假设轻工业部门的产出不变，则从农村中转移出的劳动力越多，工农业产品的剪刀差将越大或轻工业品的价格越高。显然，在某些抽象的假设下，农业部门和轻工业部门的产出价值将等于全部劳动的工资，重工业部门的产出价值将等于利润。但是，只有利润率是能确定的，利润量或重工业产品的价格是不能确定的。决定利润率和工业品的价格可以采用资金利润率或成本利润率的方法，根据统一利润率的原则和轻工业与重工业部门的（技术的或实物的）投入产出关系即可以确定重工业产品的价格，如果计划完全按照实物或技术指标进行，用哪一种办法计算利润率是无关紧要的，因为价格的决定并不涉及货币的供给与需求，或者说这种价格决定的方法只是用货币来表示实物的投入和产出，货币供给完全取决于实物交换的需要。但在现实中，由于实物计算的困难以及某种激励机制的需要，计划并不是完全根据实物安排的，而是借助于货币。比如企业的利润要上缴财政，然后根据财政收入来确定积累率，虽然实物计划是非常重要的（如确定城市人口的户籍管理），但货币价值的计算对于克服实物计划的困难是有用的。

二、市场经济与货币方法

比照行政方法，这里把市场机制配置资源的方法称为货币方法，因为市场经济是一种货币经济，货币在经济中起着极为重要的作用。

依然假设一种二元经济模型，经济发展是农村中的"剩余"劳动力向工业部门的转移，这种转移在市场经济中是通过货币供应量的增加完成的。其过程是通过私人的储蓄与银行系统的贷款增加货币供给，然后由私人企业（资本家或企业家）用更高的工资从农村雇用劳动力来生产工业品，并从中获取利润。换句话说，工人所需要的粮食是由资本家垫付的货币工资从农村购买的。与行政方法相比较，这种货币方法并不需要通过税收把农民的粮食征集起来以支配剩余劳动力，而是通过增加货币以更高的工资来竞争。在这一过程中，有两点是需要讨论的。

首先，由增加货币带来的工资率的提高只是名义工资的提高，这是否会导致通货膨胀而不是实际工资的提高呢？在假设工人不储蓄的条件下，如果工业品中的消费品产出在一定时期中没有增加，而只增加了资本品的生产或生产消费品的能力，那么提高的工资将转化为农产品的价格上涨，显然，这种通货膨胀式的工资增加并不能有效地吸引农业劳动力转移到工业部门来。那么，如果把一定幅度的实际工资的提高作为农业劳动力转移到工业部门的条件，用货币方法实现结构变动（技术变动）的一个要求，就是它必须在一定的时期中生产出足够吸引一定劳动力数量的消费品。从这一点可以推论，在我国 50 年代农业占国民经济很大比重的条件下，即使已经存在着新的技术（如苏联的技术转让），使用货币方法仍不利于优先发展重工业和实现大规模的结构变动。当然，如果储蓄率是不断提高的，则可以在某种程度上减弱这一限制。对前面的抽象模型来讲，资本家使用更高的工资率把劳动力从农村吸引到城市，工人得到更高的工资后会把所有超出食物消费的部分储蓄起来，从而保持食物的价格不变或不引起通货膨胀。

其次，使用货币方法实现结构变动的另一个条件是，这里需要一笔增加的货币。假设粮食的价格是给定的或不存在通货收缩，所能增加的工业部门劳动力的数量取决于增加的货币数量。但在市场经济的商业银行体制下，货币数量的增加对于银行体系来讲是困难的，因为银行体系所发行的货币是以资产抵押为基础的，唯此才能保持银行体系的稳定。给定最初的私人资本存量，假设银行体系以一个对资本存量的固定的比例发放贷款，那么银行体系所提供的货币增量将被限制，特别是在私人资本缺少的情况下。这样，结构转移的速度将被限制。

可以考虑解决这一问题的几种方法。一种方法是银行体系发放没有抵押的贷款，它把贷款分配给它所认为最有希望还款的人。显然这种方法无论对于银行体系还是对于借款人或企业都将形成一种软预算约束，因为在没有资产抵押的条件下，所有的亏损都要由银行承担，从而任何人都希望获得更多的贷款。

另一种方法是加速资本的原始积累，如一些发展经济学家所强调的金融深化问题。实际上，发展中国家的金融深化是与资本原始积累紧密联系在一起的，唯此才能改变银行体系提供无抵押贷款的状况，真正使货币供给建立在相互联系的资产抵押的信用关系基础上。这种资本的原始积累的方法又有两种。一种是前面所提出的行政方法，即通过税收来获得剩余并把它作为国家或某一部门（或私人）的资产用作商业银行的贷款抵押，从而增加货币供给。政府发行公债作为投资的资本金也是一样。另一种方法是直接通过银行增加无抵押贷款来促进资本原始积累，使资本积累先来自收入或利润流量的增加，然后通过金融市场使利润资本化来提高资本存量的价值。当然，更简单的方法是通过政府把银行对企业的债权转为产权，由此来调节资本存量与收入流量的比例，以保障信用关系的稳定。但上述方法极可能引发通货膨胀，即当商业银行的货币供给脱离了资产抵押，或商业银行不需要承担货币过度发行所带来的金融风险而又可以通过发行货币获利，则随着货币供给的增加而导致的利润增加，货币供给将会逐渐加快而引发通货膨胀。

三、货币经济中的储蓄与投资

在市场经济中，采用货币作为企业进行经济计算的依据和经营的目的，这已经与实物经济有着本质的区别，即这一体系中的所有以货币量值表示的宏观经济变量都将与技术或实物的投入产出完全无关，宏观经济管理只是在于建立完善的货币金融体系和保持这一体系的稳定。

在这一体系中，投资是用一笔货币购买资本品和雇佣劳动，然后进行生产，当产出的价格超过成本，将使投资者获得利润。如果在技术进步条件下，平均生产时期的变动可以忽略不计，则投资将是通过提高工资率来实现结构变动的过程。

在市场经济中，生产的组织或投资依赖于信用关系，这种信用关系来自金融市场所提供的货币，因此，能否提供稳定的信用关系是经济发展和稳定的一个关键问题。实际上，在一个以市场经济为主要调节机制的经济体制中（如我国目前的经济体制），从某种意义上讲，政府的投资和财政政策也是在提供一种信用关系，即带有货币（货币经济）的特征。

当企业或某个企业家发现了投资机会，即可以通过采用新技术而获取利润，他必须预先有一笔货币进行投资，以用来雇用工人和购买资本品，这个企业家或资本家可能有以地产和机器等形式存在的资产，但这些资产并不能用于投资，因为在市场经济或货币经济中，只有货币才能作为直接的信用关系来签署合同（雇佣劳动和购买资本品）。因此要使投资能够进行，必须有增加的货币供给，同时，也只有增加货币供给才能提供对产品的需求，企业的利润也来自货币供应量的增加所带来的名义 GDP 的增长。从以上的分析可以发现储蓄的性质，储蓄只是商业银行可用于贷款的货币或货币供给，投资也不是来自实物储蓄，而是来自增加的货币供给。在市场经济中，货币储蓄会调节内生的货币供给，换句话说，储蓄的增加可以使银行系统增加货币供给，从而使投资和收入水平提高。从某种意义上讲，不是储蓄决定投资，而是投资决定储蓄，因为投资的增加会使收入增加，从而使储蓄增加。

假设存在着可利用的新技术或存在着"剩余劳动力"，从而可以通过结构变动来促进经济发展，那么是否可以通过增加投资或货币供给来促进经济增长呢？假设价格水平是稳定的，只有投资或货币供给的增加才会使结构变动和收入水平提高，因为在货币经济中要创办企业和雇用劳动进行生产必须先支付货币工资。就结构变动而言，假设存在着充分就业，投资只是用更高的工资率与其他企业进行争夺劳动力的竞争，而投资的增加本身即可使利润增加。可以用前面的极端简化的例子来说明这一问题，假设存在着过剩的劳动或存在着大量的失业，如我国目前农村中的过剩劳动力和城镇中的待业工人，同时存在着可利用的新技术，这时，如果银行增加货币供给，把货币贷给房地产商，房地产商用货币投资雇佣工人建造房屋，工人再把得到的工资用于购买住房。这样，我们可以得到一个最优的或最大化的经济增长率，即按照现行工资和失业的劳动力数量增加货币供给，经济增长率将等于货币供应量的增长率。按此说法，就我国目前的剩余劳动力数量而言，经济增长率会远高于目前。这一逻辑表明，通过增加货币供给，可以促进经济增长。

然而，上述例子显然不是真实的，因为它过于简化了。可以说，在使用货币进行核算的计划经济中，如在我国的传统体制中，这种方法是可行的，其经济的年增长率曾超过30%，即前面所表明的，计划机关根据从农村转移的劳动力数量发放货币工资，从而大幅度提高经济增长率并同时保持物价的稳定。

但与计划体制不同，在市场经济中这种发行货币的方法必然会损害货币金融体系的信用基础而引发通货膨胀，因为市场经济是建立在信用关系基础之上的，稳定的货币供给是货币金融体系稳定的基础。从这一角度讲，发展中国家向市场经济的过渡和实现向现代工业的转移或结构变动，并不在于实物资本积累，而是要完善市场经济的信用关系，换句话说，资本积累和金融深化是一个过程。

在资本主义经济发展的初期曾经历过一种资本原始积累时期，罗斯托在归纳各国经济发展经验时也把储蓄率的提高作为经济起飞的最重要条件。这一点似乎符合新古典经济学的原理，即经济增长来自资本积累，但这是一个极大的误解。实际上，这种资本原始积累的作用只是在于建立市场经济的信用关系或是一种金融深化，即通过储蓄的增加提高商业银行的货币供给能力，并资产价值的增加为商业银行贷款提供抵押，使其能够有效地增加货币供给和保持经济的稳定增长。因此，这一过程必须伴随着商业银行和资本市场的发展，从而储蓄率的提高在很大程度上是货币金融体系发展的结果，而不是经济增长的原因和条件。

银行贷款的一个基本原则是资产抵押。然而，根据资产抵押来发放贷款或增加货币供给会受到可抵押资产价值的限制。在发展中国家，由于不存在完善的金融市场和面临大的结构调整，如何投放货币就成为关键问题。前面曾讨论过，通过增加货币供给来增加就业和实现结构变动，但如果不存在可用于抵押的私人资产，或者说，货币投放量的增加超过可抵押资产的价值，那么用什么来保证经济的稳定呢?在这一过程中，资本的原始积累就成为重要的了，这种资本原始积累是与经济的货币化过程或金融深化联系在一起的。发展中国家的经济起飞也是与资本原始积累分不开的，这种资本原始积累并不是首先来自储蓄率的提高，而是货币供给的大幅度增加和经济的货币化，正是货币供给的增加才使得私人的财产增加和储蓄率提高。但是由于这种货币方式的资本原始积累是通过增加没有资产抵押的货币供给来进行的，那么最初的货币贷给谁和由谁来组建金融市场和控制货币供给，依然会带有行政方式的成分。举一个例子，在我国经济体制改革开始时，私人企业和私人财产在经济中所占的比重极小，而目前非国有企业和私人财产所占的比重都已超过国有企业。这种私人财产的增加并不是来自私人储蓄，而是来自没有资产抵押的银行货币供给。由于最初几乎没有私人资产，那么银行的贷款必然是没有抵押的，即这些贷款者只负盈不负亏，企业的亏损是由银行负担的，而货币供给则会转化为个人收入，企业的盈利转化为个人资产。这种没有资产抵押的货币供给或资本原始积累必然是行政方式的，即把货币贷给谁在很大程度上是通过非经济因素决定的，但这却是经济的货币化过程和经济体制转换所必需的。

我国从 1978 年开始的经济体制改革，无论是利润分成、利改税、资产经营责任制、承包制，还是其他方法，都有一个共同的特点，即企业挣了钱时会有一部分归于个人，而亏损则由国家负担，因为个人没有资产做抵押。银行贷款也是如此，企业盈利时，归还贷款利息后，剩下的归自己，而亏损则完全由银行负担。显然，在没有个人资产进行抵押的条件下，谁经营企业和得到贷款只能由行政方法进行。然而，这种行政分配资源与银行贷款的方法将难以保证信用关系的稳定和通过资本市场调节货币的供求。

上述分析表明，从传统的计划经济向市场经济的过渡，实质上是从实物经济向货币经济的转变，其经济的性质将发生根本的变化，即市场经济的货币金融体系将不再依赖于技术关系，整个经济体系中的宏观变量取决于内生的货币供给，这种内生的货币供给体系是由商业银行、企业和资本市场共同构成的，而货币金融体系的稳定性成为关键的问题，政府的宏观经济管理或财政货币政策将影响内生的货币金融体系的运行。因此，过渡时期的重要特征是政府控制的外生的货币供给与内生的货币供给体系的相互作用。从这一点出发更利于理解当前我国经济中存在的问题和改革的方向，如商业银行的不良资产问题、资本市场的作用与调控，以及国有企业的改革等问题，这些问题的解决取决于建立内生的货币供给机制，而传统的行政管理方法会造成对内生的货币供给机制的损害而导致严重的经济波动。

（本文原载于《天津社会科学》2001 年第 3 期）

虚拟经济：一种不同于传统经济学的研究思路

虚拟经济从字面上讲是对立于实物经济的，但人们对实物经济的理解是不同的，目前许多人把信息（网络）经济和经济中的货币化部分理解为虚拟经济，虽然这种理解可以突出虚拟经济的特征，但并不能把握虚拟经济的本质，问题就在于是否真的存在一种"实物经济"。在这一问题上，传统的经济学给人们造成很大的误解，使人们误以为人们所追求的只是一种物质生活，其中生产物质产品的"技术"是最重要的，但答案应该是否定的，因为人们所追求的快乐并不只是来自物质生活，而更重要的是精神生活。人类所创造的技术和由此产生的物质产品主要是为了精神上的需要，而精神上的需要则主要是来自人类的社会性质，例如，如果不考虑人们所创造的竞争的市场经济的社会制度，技术和物质生活几乎是无法理解的，因为发明新技术的人显然并不只是为了他自己的应用，而是为了赢得人们的尊敬，实际上几乎所有人的工作都是为了这一目的，即具有社会性，如那些百万富翁们每天都有忙于挣更多的钱以显示他的能力，其消费也是在于支配他人，而那些新技术所创造的消费品和消费形式（如网络）也都只是在社会中才具有意义。1936 年，凯恩斯提出了"货币经济"的概念来批判传统经济学的实物经济，遗憾的是，经济学家至今也没有脱离开实物经济思想的桎梏。因此，虚拟经济在某种意义上讲是对立于传统经济学的一种分析方法和理论体系，而且能够更深刻地理解现实。

我们用几个例子来说明虚拟经济或"货币经济"与实物经济的区别。

先来看"实物"。在当今技术发展的条件下，可以用"复制"一词来表明实物的生产，可以说，一旦技术被发明后，其生产就只是一种复制，而且可以在短时期内无限地复制而几乎不需要成本。例如，目前如果要想使手机的产量增加 1 倍几乎是轻而易举的事，我国近年来家电产量几年就翻一番，汽车也是如此，可以说，如果不是受到有效需求的限制，这些产品的增长速度远不只如此。由此对主流经济学提出两个问题：第一是国民收入的计量问题，即这种经济增长是否可以用增长率来计量；与之相联系的另一个问题是如何研究经济增长。主流经济学采用生产函数来说明经济增长，即资本积累和劳动投入与产出之间存在着可计量的数量关系，虽然近年来经济学家把更多的目光转向技术进步，但这种生产函数的传统思路在本质上与技术进步是不协调的。在技术进步飞速发展的今天，说技术进步是经济增长的唯一源泉是易于理解的，而技术进步并不能用实物的投入产出来计量，而且这些不同质的产品是根本不能加总和计量的。因此，一方面，经济学所要研究的是如何建立一种机制来促进技术发明和应用；另一方面，更重要的是，这种机制本身就是人们的一种生活方式，人们从中获得愉快和自由发展。

传统的经济学正是在这里出现的错误，比如，竞争的市场机制究竟是一种资源配置的方式，还是其本身就是一种游戏，人们买彩票是不是和竞争类似呢？可以说，人们所创造的竞争的市场机制正是构成了人们每天生活于其中而获取乐趣的环境，这里的文化理念是，"比别人强"远比得到某件消费品更能使人愉快。

实际上，传统经济学为了表明实物或"实物经济"所注重的 GDP 和国民收入核算的所有指标，与技术关系上的生产函数或实物的投入产出是完全无关的，其所表明的只是一种社会关系，是一个竞争的框架。唯此才能理解以货币量值表示的国民收入核算体系和以资本市场为核心的货币金融体系。

在传统经济学中，货币只是为了简化交易，实际上是可有可无的，而在现实经济中没有比货币更重要的了。货币是一种信用关系，它与资本密不可分地构成竞争的市场经济的核心。一方面，货币（资本）是一种支配他人的手段，即如果你有钱可以支配别人做你想要做的事，但如果你所做的不能更适合人们的需要，竞争将使你从百万富翁变得一无所有；另一方面，货币财富又是衡量人们的成就和社会地位的标志。与现代企业制度相联系的资本市场的功能就在于使有能力的人能够得到钱，而不是使有钱人永远支配别人。例如，几十年前，美国的洛克菲勒家族靠其祖上的遗产总是排在世界富豪的前列，而近年来的世界首富们已经变为曾经一无所有的盖茨等人，这正是市场机制的进步和现代资本市场的功能。就货币金融体系的宏观功能来讲，其目的在于创造一个稳定的信用环境，商业银行发行货币的基础是资产抵押，从而要求资本存量与收入流量保持稳定的比率，而完全不依赖于技术或实物的增长率。例如，美国的经济增长率二百年来一直都保持在 3%左右，而今天技术进步的速度是二百年前甚至几十年前都不敢想象的，美国近年来的经济增长率如果能够按实物计算绝不会是 3%或与几十年或一个世纪前完全相同，可以说，无论技术发展的速度多快，美国按货币计量的经济增长率都只能是 3%左右，因为一旦超出 3%，就会引起货币金融体系的紊乱而导致严重的经济波动。

现在我们来看以网络为代表的新经济，它更突出地表现出竞争的市场机制的本质而形成对传统经济学的冲击。一方面，网络在技术方面的功能在于它可以使人们的头脑连接起来，这对于以分工为基础的技术进步是非常重要的，分工之所以能够促进技术进步，就在于其能够充分利用人的头脑，如果所有的人思考和做同样的事，这些人的脑子就只是等同于一个人，如果每个人思考不同的问题，然后生产出产品互相交换，这种专业化将促进知识的增长。然而，如果能够把人们的头脑连接起来，互相只吸取有用的信息，就可以达到最大的效率。网络的作用就在于使人们的头脑连接起来，起到储存和检索信息的功能。但另一方面，这种信息绝不是无偿的，信息的分析和传播被纳入了竞争的市场机制，即每个人只是为了竞争而发明信息，对信息必须付费。这样，网络的更重要的功能在于提供了一种竞争的机制或游戏，与传统的玩法不同，网络经济使更多的人能够参与到竞争中来，从而使竞争真正成为知识、智力和文化的竞争，这一点对于理解网络和纳斯达克这种资本市场新形式的连接是非常重要的。

为什么网络公司不能在产品市场上赢利却可以通过资本市场生存呢？这一点可以从意大利足球甲级联赛和体育彩票得到启示，显然，足球比赛和彩票并不生产产品，但它为人们提供了一种与文化相联系消费方式。同样，我们可以把网络看作一个竞技场，其中每个人特别是小人物也可以在上面展示自己的才能，评分的标准是人们的认同或"点击率"，而纳斯达克则是一个赌场，投入纳斯达克的资金只是在买彩票，当然是要买被人们认同的彩票，从而使好的网络公司赢利。这种彩票的比喻或许牵强，但这正是我们所经历的现实，如果没有纳斯达克，就不可能使网络发挥它的真正的功能和使网络公司得到今天这样的发展，从反面看，那些想方设法通过卖产品来赢利的网络公司都不是能发挥计算机和网络的最重要的功能——连接人们的头脑和竞争。纳斯达克是人们所发明的一种促进知识发展和竞争的新的玩法，这一点是以实物经济为基础的传统的经济学所无法理解和解释的。

综上所述，以资本市场和网络经济为主要研究内容的虚拟经济，所要研究的问题并不是"虚拟"的，而正是我们的真实的生活，因为我们并不是生活在一种传统的主流经济学所描述的实物经济之中。

（本文原载于《环渤海经济瞭望》2000 年第 11 期）

开放条件下的宏观经济分析

本文的目的在于重新建立国际经济学的基础。支配国际经济关系的并不是主流经济学的资源禀赋，而是来自各国独立的中央银行的货币政策（政府的财政政策）。发展中国家的政府主导型经济的优势就在于通过政府的信用增加货币供应量和吸引外资以提高名义增长率，从而加速技术引进和国际竞争力。但这种模式极易导致货币金融体系的不稳定，东南亚金融危机正是其突出的例证。

一、国际贸易理论

新古典贸易理论支配着人们的思想和所有对现实问题的研究，这使得我们不得不从新古典贸易理论的逻辑和对其的批判出发来重新讨论贸易理论。以 H-O-S 模型为代表的主流经济学（新古典理论）贸易理论只是其实物分析的一般均衡理论的扩展，其要点是，假设国与国之间要素不流动，通过按照资源禀赋的专业化生产产生的比较利益进行国际的产品交换，就可以达到与要素流动完全相同的结果，这一结果可以用斯托尔帕-萨缪尔森的要素价格均等化定理来表示。可以用一个例子来说明其定理。假定 A 国（美国）资本—劳动比率是高的，而 C 国（中国）的资本—劳动比率是低的，因此，大国将生产资本密集型产品——飞机，C 国则生产劳动密集型产品——服装，通过 A 国与 C 国之间飞机与服装的交换，大国与 C 国的工资率将达到均等。然而，主流经济学贸易理论的这种寓言在实际中很少出现过，而更多出现的是相反的结果，即通过贸易，发达国家与发展中国家之间的工资率（收入水平）差距不仅没有缩小，反而被扩大了，仅此一点即可对新古典贸易理论产生疑问。我们还可以从新古典贸易理论的假设与现实条件的不同，对这一理论的适用性提出疑问。在新古典两种要素（资本和劳动）模型中，其基本假设和含义是用产品流动来替代要素的流动，但在现实的国际经济中，作为其两种要素之一的资本几乎是完全流动的，即国际的投资和金融资本的流动基本上是不受限制的，这一点是可以使新古典贸易理论完全失去意义的。更重要的是，现实中的资本并不是新古典的实物资本，而是以货币表示的价值单位。美国的大公司在中国的投资只是把美国中央银行发行的货币转移到中国的账户上，用其购买（租用）中国的土地，雇用工人和建造厂房，摩托罗拉公司可能只是携带它的芯片，可口可乐和宝洁公司只是使用它们的品牌。完全可以说，如果中国的中央银行能够印制人民币贷给这些公司，它们可能不会使用美国中央银行发行的美元而产生资本的流动，或中国并不需要国外的投资。显然，这里并不存在新古典贸易理论中的资本，而支配国际贸易的也不是新古典的资源禀赋，而是一种货币经济。

让我们用数字例子来说明这一问题。假设中国和美国在服装生产上的劳动生产率相同，如生产一件服装需要 1 单位的劳动，而在制造飞机上，美国生产一架飞机需要 100 单位的劳动，而中国则需要 1000 单位的劳动。因此，如果美国把劳动都用于生产飞机，中国生产服装，然后通过贸易，可以使两国生产和消费的服装和飞机都增加。现在来看服装与飞机交换的比率是如何确定的。显然，在 1 架飞机交换 100—1000 件服装之间的交换比率是两个国家都得利的或都是可能的交换比率，因此，要确定服装与飞机的交换比率必须引入需求。然而，如果假设技术不变和两国具有相同的消费偏好，无论最初的交换比率如何，竞争将使其最终的结果成为两国的消费水平（收入水平和工资率）相等，如当美国用 1 架飞机交换 500 件服装后，其收入水平将提高，由于消费偏好相同，这就会使美国人对服装的需求增加，从而提高服装的相对价格。这样，在技术不变的条件下，我们并不能得到现实中的国际贸易使发达国家与发展中国家之间收入差距扩大的结果。

现在引入技术变动和与之相联系的消费偏好的变动来讨论其结果。假设在美国用 1 架飞机交换中国的 500 件服装的同时，美国人又发明了新的技术和产品，如计算机，这样，美国将把从飞机与服装交换所得到的高收入用于购买计算机。换句话说，计算机比服装具有更高的收入弹性，而对于中国来讲，飞机则比服装有更大的收入弹性，这就会使得中国的贸易条件恶化，从而使两国的收入和消费水平的差距扩大。同时，从技术变动的角度看，技术进步取决于劳动力的素质，由于生产服装低素质的劳动力就能生产，而生产飞机则需要高素质的劳动力,因此,如果中国专门生产服装而美国生产飞机,就会使两国的劳动力素质的差距扩大,从而使两国的收入水平的差距进一步扩大。这个例子并不是虚构的,它能够表明 60—70 年代发达国家和发展中国家由于贸易而导致收入水平差距扩大的原因,支配国际贸易的并不是新古典的资源禀赋而是技术上的竞争。因此,要在国际贸易中获得有利地位,必须使本国的技术水平提高。

提高本国的技术水平有两种途径:一是依靠发展本国的教育和技术创新能力;二是直接引进国外的技术。显然,在注重发展本国技术水平的同时引进国外的技术无疑是最好的战略。引进国外的技术也有两种方法:一种是(用本国货币或通过贸易)直接购买国外的技术和雇用国外的技术人员;另一种是通过引进外资(外国货币)来引进技术。这两种方法的选择取决于本国的技术条件(以及经济体制或制度)。从经验上看,发达国家更多地采用第一种方法,因为它们有良好的教育基础和吸收新技术的能力,如日本在 50—60 年代购买了大量的国外技术,美国则主要通过吸引国外的高技术人才。而对于发展中国家来讲,引进外资则是提高本国技术水平的有效途径。当然,如果能够同时采用这两种方法是最好不过的。

但在这里,我们先抽象掉本国的教育、技术水平和制度条件,而集中讨论开放经济中的最重要问题,即国际货币体系和本国的货币政策。这种国际货币体系是对外经济关系(国际贸易与资本流动)中的核心问题,就引进国外的技术来讲,直接购买国外的技术与引进外资的区别从特定的角度看只是使用本国发行的货币还是使用外国中央银行发行的货币。

由此推断,决定或支配国际贸易或国际经济关系的最重要的因素是各国独立的货币政策(在货币经济中,财政政策只是货币政策的一种形式)。让我们从这一命题出发来讨论开放经济模型。

二、汇率、经济增长率与货币政策

主流经济学中开放经济的宏观模型也力图表明汇率、利率和收入水平之间的关系,但在主流经济学模型中,这些变量都不是独立的,由此所导致的循环推论无法解释实际和为政策提供依据。让我们从对主流经济学的批判中一步步地展开对这些变量之间关系的分析。

1. 汇率

首先，我们来讨论汇率决定的购买力平价理论，因为这一理论是新古典实物经济的主要教条之一，是由货币数量论直接推演出来的，它涉及名义增长率与实际增长率的关系。以我国现实为例，1993—1996 年，我国累积的实际增长率低于 50%，而由于累积的通货膨胀率超过 60%，名义增长率远高于实际增长率，按照主流经济学理论，名义增长率除了表示通货膨胀外没有其他的意义。但问题在于，尽管累积的通货膨胀率高达 60%，但人民币汇率并没有变动，也就是说购买力平价理论根本不起作用。可以说，当汇率不变，中国的名义增长率就是实际增长率，因为在开放经济条件下，经济增长率等宏观变量只是与国外比较才具有意义。当东南亚经济危机使东南亚国家的货币贬值 50%而人民币对美元的汇率却保持不变，从而中国可以用其按购买力平价理论应当贬值一半的人民币能够到东南亚购买比以前多 1 倍的商品和劳务时，是不是可以把中国的名义增长率看作实际增长率呢？

实际上，购买力平价理论只能存在于没有各国独立的中央银行的货币政策的国际货币体系中，如休莫的黄金流动机制的国际货币体系；另一种情况是由于一国信用关系的崩溃而导致恶性通货膨胀时，购买力平价理论才会起作用。这两种情况对于现实来讲显然是属于例外。然而，从上述对例外的分析中可以为我们讨论复杂的汇率决定问题提供一个思路，即各国中央银行独立的货币政策对于汇率的决定是重要的，因为像欧洲货币联盟和欧元那样的国际货币体系离我们还是十分遥远的。由于购买力平价理论起作用的条件是不存在的，这种分析思路并不完全是本末倒置的。

这种分析的思路是，给定马歇尔－勒纳条件，一国的汇率取决于中央银行的货币政策，即汇率的变动将影响进出口贸易，中央银行可以根据进出口贸易的需要来调节货币政策并通过固定汇率和有管理的浮动汇率制度来决定汇率。但这里的问题是，马歇尔－勒纳条件又是如何决定的呢？对此，我们先抽象掉复杂的关系而突出决定贸易条件的一个重要因素，即工资率与进出口产品的效率比，给定各国中央银行的货币政策和特定的需求偏好，则技术水平和工资率将是影响进出口贸易的最重要因素。

2. 经济增长率

为了联系我国的现实问题，我们把中国现行的经济体制或货币金融体系作为模型的假设，同时假设与中国发生国际经济关系国家的货币金融体系是类似于美国这样的市场经济国家，或者说，把政府主导型的发展中国家与自由市场型的发达国家之间的国际贸易和金融关系作为研究的对象。

现在来讨论经济增长率或收入水平的决定。如前面所表述的，在开放经济条件下，如果购买力平价理论不起作用，这里只需要考虑名义增长率和汇率，即可以抽象掉实际增长率。由于名义增长率直接联系到货币供应量，从而联系到中央银行的货币政策。还可以采用收入—支出模型，名义增长率或名义收入水平取决于总支出，即消费、投资、政府支出和进出口。在中国经济中，投资和政府支出是可以由货币（财政）政策来调节的，进出口是间接受中央银行的货币政策调节的，如中央银行可以通过汇率变动来调节进出口，而消费则依赖于其他三个变量。因此，我们先不考虑中国的经济周期问题和金融体制问题，而先假设名义收入或名义增长率取决于中央银行的货币政策。

现在把国外直接投资或引进外资加入模型中，这里先不考虑国外的金融资本流入和引进外资后国内货币供应量的变动，而是把引进外资作为引进国外先进技术的手段。从实际中看，国外资本或直接投资要能够进入中国，也总是要采用比中国现存的技术更好或更高的技术，否则将难以在中国市场上竞争。

这里所要强调的是，国外直接投资的数量与名义收入的增长率是密切相关的。在主流经济学的开放经济模型中，所讨论的只是利息率与金融资本的流动，而完全不考虑国外直接投资与收入水平或名义增长率之间的关系。一方面，国际资本投资的目的是获得更高的利润率，而名义增长率直接联系到利润率；另一方面，名义增长率决定着市场需求，比如说中国具有巨大的市场潜力，而这种市场潜力只是以货币量值表示的名义收入的增长率。因此，可以把国外直接投资作为名义收入增长率的函数。

显然，当把名义增长率作为决定国外直接投资的因素，就必须考虑汇率，即只有汇率不变，其名义增长率对于国外的投资者来讲才是"实际增长率"。换句话说，国外投资者并不考虑通货膨胀率，而只是考虑名义增长率和汇率，因为在通货膨胀率与汇率之间并不存在购买力平价的直接对应关系。汇率与引进外资相关，但并不能说国外直接投资是汇率的函数，对于引进外资来讲，稳定的汇率可能比本币升值更重要。

因为引进外资联系到技术变动或技术进步，而技术水平直接影响出口，由于进出口的平衡联系到汇率，从而引进外资的数量会决定汇率。这样，可以重新表述前面的汇率决定理论，由于进出口和汇率取决于本国与国外的效率—工资比，如果把汇率稳定的条件定于保持出口在国民收入中的比重不变

（或逐渐提高），则可以得到，当引进外资使本国的技术水平提高而使效率—工资比提高时，出口将增长，从而可以保持汇率不变。当然，这里的效率—工资比是与国外比较而言的，而且涉及进出口的产品结构和国外的需求结构以及外国的货币政策。这里不考虑其他因素，而把工资率的决定联系到名义增长率，给定引进外资所决定的效率—工资比的变动，如果假设汇率是稳定的，则名义增长率和工资率将与效率和技术水平相联系。这种关系只不过是购买力平价理论的倒过来的命题，即假定汇率不变，则随着与国外相比的效率—工资比率的变动而改变名义增长率，或者说是改变国内的通货膨胀率，而这种通货膨胀率在汇率不变的条件下即是实际增长率。在开放经济模型中，这种汇率不变条件下的通货膨胀率所表示的是货币工资率的提高，从而影响效率—工资比，因而，通货膨胀率只有通过影响效率—工资比率来影响进出口贸易，才能影响到汇率，而在效率—工资比的提高超过国外时，通货膨胀将不会影响到汇率。

三、一个特殊的开放经济模型

把前面的分析综合起来，我们可以提到一种特殊的开放经济模型，这一模型的要点是，通过本国的货币政策提高名义增长率，名义增长率的提高将促进国外的投资，国外投资的增加使本国的技术水平提高，从而使本国相对于国外的效率—工资比提高，进而使出口增加和保持汇率的稳定。

这一模型可以被视为开放经济条件下发展中国家或后起国家赶超战略的基本模型。之所以把它称为基本模型，是因为它能够表明开放经济条件下各国经济增长率不同的含义。在封闭经济模型中，名义增长率的变动是没有意义的，因为在封闭经济中并不存在任何实际量值，名义增长率的变动只会导致经济波动。只有在开放经济条件下，由货币政策所决定的名义增长率才具有意义，因为这种名义增长率联系到汇率和效率—工资比，进而联系到进出口贸易和引进外资，而这些复杂关系中最重要的是本国中央银行的货币政策或一国特定的货币金融体系。正因为如此，我们就可以抽象掉其他复杂的因素，来表述这一基本模型和其命题。这一基本模型直接涉及政府主导型的发展中国家的经验。

让我们用这一模型来讨论我国的经验。从 1992 年下半年至 1997 年，中国经历了高速经济增长时期，这种高速经济增长并不是以其实际增长率来表示的，而是以高出实际增长率 1 倍以上的名义增长率来表示的。这种极高的经济增长率来自中央银行的货币扩张政策，这里先不考虑这种货币扩张政策对中国转轨时期建立新的货币金融体系的意义，而只集中于前面的命题，即这种名义增长率联系到开放经济模型的意义。与这种高速经济增长相伴随的国外直接投资的大量增长和进出口贸易的增长。1992—1997 年，国外投资的增长率高于名义增长率，进出口贸易在国民收入中的比率一直在提高，其中，三资企业在 GDP 中所占的比重逐年提高，其出口占总出口额的比重也在提高，1992—1997 年，三资企业产值在 GDP 中的比重从不到 20%提高到超过 40%，其出口占总出口的比重从 20%提高到近 50%。

以上数据表明，引进外资的速度与名义增长率的变动是相关的，高的名义增长率不仅使外资的投入获得高的利润率，而且为三资企业所生产的产品提供了巨大的市场，从 1993—1996 年接近 30%的高名义增长率虽然伴随着"严重"的通货膨胀，但只考虑这一时期中国的恩格尔系数大幅度降低，即可表明，在全部名义收入的增长中，体现新技术的消费品所占的比重逐渐提高，而这些消费品主要是三资企业所生产的，换句话说，三资企业产品市场的扩大远高于名义增长率。与此同时，国外直接投资所带来的技术进步使效率—工资比相对于国外提高得更快，从而使出口大幅度增加，并使进出口贸易额在 GDP 中的比重持续提高，这一点是保持汇率稳定的基本条件。因此，可以说，正是由于引进外资使我国的技术水平提高，从而使得极高的名义增长率以及通货膨胀率得到了稳定的汇率的支撑，这一点对于保持中国的货币体系的稳定是极为重要的，从而使得这种高速增长模型并不因为过高的通货膨胀率和国际收支问题而导致扩张性的货币政策条件下的金融不稳定或严重的金融危机。毫无疑问，中国经济所取得的以名义增长率计算的举世瞩目的成就得益于这一模型的良性循环。

上述对这一模型的经验分析不只是适用于中国经济，而且是一种更一般的模型。以上表述的与国外相比的名义增长率的意义表明，一国的名义增长率的意义只在于此，换句话说，只要是相对于他国（西方国家）的较高的经济增长率，都可以纳入这一模型的分析。东南亚国家的高速经济增长与中国的经济增长是相近的，即主要是通过引进外资和扩大出口相联系的联系汇率政策以及保持高额外汇储备的政策。东南亚国家与中国的经济增长的一个不同点是名义增长率的变动，即中国经济增长中名义增长率远高于实际增长率，或者说具有极高的通货膨胀率，而这种在名义增长率中实际增长率和通货膨胀率的划分完全来自结构问题和价格指数的计算。因为在开放经济模型中，只要汇率不变，则名义增长率即是实际增长率。由于现行价格指数的计算是以本国的产品结构和消费结构为依据的，则在中国的开放经济中，不仅进出口贸易占 GDP 的比重超过 40%，而且国外投资在总投资中占有相当大的比重，因此，价格指数的计算必然联系到国外的需求结构和引进外资的技术结构。中国经济的高速增长和极高的名义增长率都表明了中国经济作为这一模型的典型特征。特别是在这次东南亚金融危机时所表现出的实力，更证实了中国通过货币政策所带来的高速的名义增长率对加速引进外资和技术进步的作用，因为在 1992 年以来累积的通货膨胀率达到 60%的情况下，人民币的汇率依然能够在周边国家货币大幅度贬值的条件下保持稳定，是按照购买力平价理论所难以推论和预测的。

这样，可以把这一模型作为一种一般的模型，它可以作为东南亚模型的核心内容，当然，中国经济是这一模型最典型的例证。

四、货币金融体系与货币政策

上述开放经济中发展中国家的增长模型的核心是政府主导型的中央银行的货币政策，而这种中央银行的货币政策联系到特殊的货币金融体系。但这种特殊的货币金融体系本身具有极大的弱点，即与西方国家的货币金融体系相比更容易导致信用关系的不稳定。这种货币金融体系的不稳定性可以从经验中得到启示，如 80 年代拉美国家严重的通货膨胀和 1994 年墨西哥的金融危机，特别是这次东南亚金融危机几乎使东南亚奇迹归于破灭。现在我们来讨论这一模型的核心问题，即能够使这一模型得以存在和保持稳定的货币金融体系。这一问题的极端重要性还在于我们对货币经济或货币金融体系的运行所知甚少，从美国 30 年代由于股市的崩溃所导致的大萧条，到 70 年代的"滞胀"所标志的凯恩斯主义的失败，已经表明建立在实物经济基础上的主流经济学理论的脆弱性，以致在这次极为严重的东南亚金融危机之前几乎没有经济学家提出过预言和至今没能对这种金融危机给出系统的解释。

显然，当我们表明政府可以通过扩张性的货币政策来提高名义增长率，进而引进外资以加速技术进步和扩大出口时，一个重要问题是这种货币供给是否受到限制。前面我们曾使用政府主导型经济这一概念来表明发展中国家的经济增长模型,但政府主导型这种提法容易使对上述问题的分析误入歧途,即似乎东南亚经济的高速增长完全是这些国家货币政策的结果。无疑,在推论经济发展问题时,政府的经济政策具有重要的位置,否则难以解释为什么不同国家的经济发展水平不同,但在这里,即使是为了分析的需要,我们也应先排除这种政府政策的作用,而先来讨论一种内生的货币供给体系。如前讨论封闭经济模型时所表明的,内生的货币供给体系是讨论政府政策的基础,这里所要做的是从内生的货币供给的角度来表明发展中国家或东南亚模式的货币供给体系是如何形成的。

无疑,发展中国家可以采用前面所述的发展战略,即通过扩大货币供给来提高名义增长率,以期达到前面模型的结果。这种方法的最大危险在于,中央银行任意扩大货币供应量会导致货币本身的不稳定。比如,货币供给的增加并没有带来相应的技术水平的提高,因为作为贷款者的企业和商业银行在中央银行扩大货币供给的条件下,可以把贷款的风险转移给中央银行,从而会盲目增加贷款和货币供给,由此会导致严重的通货膨胀和信用关系的破坏。因此,这种积极的货币政策的效果取决于特定的条件,而分析一种自发的货币体系对于讨论这种特定条件是重要的。

如前所述,一种商业银行的内生货币供给体系的特点就在于,在封闭经济条件下,它自身会保持货币供给的稳定,一旦其货币供给超出稳定的增长率,则会通过经济的周期性波动使其调节到稳定的增长率,因为这种稳定的货币供给增长率是信用关系稳定的条件。但在开放经济模型中,即使是这种自发的货币金融体系,其稳定的货币供给增长率也将遭到破坏,其原因在于存在着国际货币金融体系。显然,在这一模型中,资本市场的开放程度是至关重要的,资本市场的开放程度越高,则这一模型的效果越大(可以把我国香港地区和新加坡作为这一模型的代表)。

现在我们来看这一模型中的货币金融结构的变动。由于货币供应量的增加,名义国民收入的增长率将提高,名义增长率的提高所带来的结果是资本存量价值的提高。与封闭经济不同,这种资本存量价值的提高并不完全依赖于本国商业银行货币供应量的增加,而是取决于国外金融资本的流入,或者说本国商业银行货币供给的增加在某种程度上取决于国外金融资本的流入,由此会导致货币金融体系的不稳定。

在经济的高速增长时期,名义增长率的提高必然使资本存量价值提高,这种资本存量价值的提高将是累积的,如作为主要金融资产的股票和房地产,其收益不只是取决于收入流量,而且取决于资本存量价值的升值。由于这一模型在发展初期的工资率和技术水平与国外的差距,可以允许名义增长率的提高和保持汇率不变,房地产和股票(资本存量价值)的升值不会受到阻碍,资本存量价值提高和使大量的国外金融资本流入,同时,这些增值的金融资产将成为商业银行的资产抵押,从而促使商业银行进一步扩大货币供给。当存在国外金融资本的流入时,这种扩张会被加剧,因为金融资本的流入能够使汇率保持暂时的稳定,同时又会使利率失去调节资本存量和收入流量比率的功能,这一点是重要的。

上述分析表明,这种货币金融体系即使在经济能够保持高速增长的条件下也具有内在的不稳定性,即资本存量价值的过度膨胀所导致的信用关系的不稳定和作为调节存量流量比率的利率不能有效地发挥作用,特别是在经济高速增长时期往往会导致信用关系的扭曲,如作为商业银行资产抵押的资产有大量账外资产,货币供给的过度增加也必然使企业的资产负债率过高或打破原有的资产负债结构。在这种情况下,即使不存在国际投机资本在资本市场中的炒作,这种金融结构也难以从经济的高速增长转移到平稳增长,因为名义增长率的下降或减缓要求商业银行减少货币供给和降低资本存量价值,而在扭曲的商业银行和企业的资产负债关系和利率缺乏调节功能的条件下,这种向稳定增长的转换必然会导致信用关系的破坏,而一旦经济增长速度放慢,就会导致国外金融资本的流出。总之,这种货币金融体系中的利率、汇率与货币供给的机制并不能形成一个能够自动调节的有效的金融体系,同时又严重地依赖于国际经济环境和国外中央银行的货币政策。显然,当本国的货币金融体系不完善和缺乏自动调节的功能时,它将受制于外国中央银行的货币政策。

以上对东南亚模式的自发的货币金融体系的分析,对于讨论中央银行的货币政策是极为重要的。显然,这一模式中中央银行货币政策的要点是,必须建立一种能够与利率和汇率(自动)调节货币供给的机制相协调的货币金融体系,来保持信用关系的稳定,但这会遇到极为复杂的问题。如通过金融管制(如不完全开放资本市场)来限制国外金融资本的流入,从而把货币供给权力掌握在本国中央银行的控制之下,但这种做法所带来的问题是,这与完善的、能够发挥自动调节功能的市场经济的信用关系是相背离的。由于引进国外金融资本的目的是为金融体系提供信用基础,当限制引入国外金融资本而由本国的中央银行增加货币供给时，其信用关系的基础将更为薄弱。这种货币金融体系并不是建立在由利率调节的资本存量与收入流量比率的资产抵押的信用关系基础之上的，而是建立在政府的信用之上的，从而政府要保证这种信用关系只能采用不断扩大货币供给的政策，否则将面临整个信用体系倒塌的危险。

正是由于上述原因，虽然东南亚模式可以通过引进国外金融资本和通过中央银行扩大货币供给取得高速经济增长的奇迹，如日本和东南亚国家通过引进外资和大力发展本国的技术水平所达到的较长时期的高速经济增长，但这一模式从高速增长转向平稳增长和建立完善的货币金融体系是困难的，特别是当政府采用了错误的货币政策和对金融市场的管理出现漏洞时，这一模式将会提前结束（如拉美国家和俄罗斯、东欧国家的通货膨胀）。这次严重的东南亚金融危机正是由此而产生的。

（本文原载于《经济理论与经济管理》2000 年第 1 期）

市场经济：一种新的解释

市场经济似乎是人们所熟知的概念，然而，目前对市场经济的解释并没有能够表明其基本性质，如现有的对市场经济的解释并不能有效地说明知识经济和东南亚金融危机等问题。本文的目的是要对市场经济提供一种新的解释。

一、技术关系与利益竞争

1. 技术关系

建立在交换基础上的商品经济离不开劳动分工，因为分工能够提高劳动生产率。关于分工对劳动生产率提高的作用是公认的，但其基础并没有得到很好的说明。分工能够提高劳动生产率来自人们头脑的分工能够使知识更快地增长或促进技术进步。显然，每个人从事一种专门的职业或工序的分工是头脑的分工，这种分工之所以能够提高劳动生产率，是因为头脑的性质或人类掌握和发明知识的性质。假设有一万个人，他们的头脑是同质的，如果他们从事同样的工作和发现、创造同样的知识，那么一万个人将得到完全相同的知识或技艺，从而一万个人的知识总量将与一个人相同。如果这一万个人从事一万种不同的工作，每一个人去发现和创造不同的知识，那么，知识的总量将是以前的一万倍。当每个人发现了新的知识，都可以把它告诉其他人，这可以使人们的知识或头脑相互联结起来。实际上，由于人们头脑对知识的接受或容量是有限的，而且人们并不需要知道所有的知识，因此，每一个人可以从事特殊的职业和使用他们的特殊知识生产出产品，然后进行交换，通过产品交换，每个人都将享受各个人所创造和占有的全部知识的成果，从而使知识以最快的速度增长。斯密在讨论分工时曾提出著名的"斯密定理"，即分工与专业化对劳动生产率的提高取决于市场规模，使用前面的例子即是，如果把人或人的头脑的数量增加一倍，即从一万人到两万人，每一个人从事他自己的发明创造，然后通过市场交换把这些知识加总起来，知识的增长将比以前快一倍。

显然，分工能够提高劳动生产率来自人们头脑和知识的性质，来自知识的发明或技术进步。因而，效率最大化就在于充分利用每一个人的头脑进行发明创造。由于信息是分散在各个人头脑中的，如何把这些信息都联系起来加以处理就成为重要的问题了。联结和处理这些信息的方法可以分为两种：计划方法和市场方法。

对于计划方法，需要说明的是，这种方法决不应是用一个人的头脑取代所有其他人的头脑，而是通过一个计划机关来搜集和处理分散在每个人的头脑中的信息。可以设想一种计划经济模型，借助于未来可能极为发达的计算机系统，每个人把他所想到的都输入计算机，并通过联网把所有人的头脑连接起来，计划机关使用一个强大的计算机终端系统来处理所有的信息，并根据人们的共同利益发布指令。市场方法是通过价格机制来处理信息，每一个人都不需要知道其他人的知识，而只需要关心与他有关的价格信号并做出决策，价格机制可以把分散在各个人头脑中的信息连接起来加以处理。就信息的处理来讲，我们可以把这两个例子作为计划方法与市场方法的极端，显然，这里的价格机制只是计算机出现以前的一种原始的工具，因为人们之间信息的交流与分工并不是对立的，而是必要的，即马克思所讨论的社会化大生产的性质。可以认为，目前处理信息的方法是介于绝对的集中和分散这两个极端之间的某一点，如企业和政府信息的搜集和处理。然而，就现实的信息处理或经济组织来讲，更重要的是激励或竞争问题，上述讨论中所暗含的一个假设是，每个人都会无代价地全力去从事发明创造，并无代价地把自己所知道的信息告诉其他人，这并不是一个现实的假设，现实的经济活动并不仅仅是按照信息处理的方式来组织的，而竞争或博弈则更能表明经济组织的性质。

2. 竞争和博弈规则

商品经济可以认为在历史上是自发产生的，但只有发展到资本主义商品经济或市场经济阶段才真正成为一种经济组织的形式或通过法律成为一套完整的博弈规则，即人们发明和利用新的知识是为了竞争，发明和应用新知识的人通过获取利润和积累的财富来表示他们的成功和得到更高的社会地位，其博弈规则是，每个人决不会把他所得到的新的知识无偿告诉别人，除非按照竞争的市场价格来交换它。对于商品交换的重要一点是，这种交换是建立在人们的财产权利特别是人身权利平等的契约的基础上的，但同时，这种商品交换或契约又是不平等的，因为它是建立在人们不同的信息或技术的基础上的，换句话说竞争是以技术或信息的垄断为基础的。

可以用一个从小商品经济或简单商品经济向资本主义商品经济的过渡的简单例子来表明商品经济的性质。假设一个手工艺人有独特的技艺，作为一种"复杂劳动"，其单位劳动时间的产品的价格比别人更高，但他并不会把他的技艺无偿告诉别人。这个手艺人可能雇用几个帮工，把那些简单的或不需要高技术的工作交给帮工去做，他把全部时间都用于做那些最复杂的工作，这可以增加产出，而他付给帮工的工资只要略高于那些人以前的工资就可以了，从而可以提高他的收入或获得剩余。这个手艺人的产出总是受到他的劳动时间的限制，这样，他会考虑招收徒弟，但他招收学徒会使他失去对技术的垄断，因此，他要规定徒弟在学徒期间和出师后的一段时间为他提供一些无偿的劳动。显然，采用这种"师傅和徒弟"的方法来传播知识或技术会受到众多的限制，当能够通过明确的法律契约来保证交易双方的约定，交易的范围将被扩大或新的技术将更快地传播。比如，甲生产者由于掌握了新的技术而比乙生产者有更高的劳动生产率，如甲生产者单位时间可以生产 10 单位产品，乙生产者为 5 单位产品，甲生产者可以采用一种契约的方式来购买乙生产者的劳动，其工资率将大于 5 而小于 10，如 6 单位产品，然后采用新的技术使乙生产者的劳动生产率提高到 10，甲生产者将获得 4 单位产品的剩余或利润。现代市场经济提供了完善的法律制度来保护契约的履行和对技术的垄断（如专利法、商标法以及知识产权等）以促进竞争，知识的发明和利用是通过雇佣关系和获取利润的竞争来实现的。

需要提到的是这种商品经济与私人财产权之间的关系。由于信息或知识是由个人占有的，信息的传播是通过雇用劳动和获取利润来进行的，每个人都想利用自己的信息去雇用别人和获取利润，但他所占有的信息并不一定是正确的，一旦他失败了，契约将无法保证。因此，作为博弈规则的重要一点是，雇用别人劳动的一方必须有一笔资产作为抵押，从而保证他能够负责决策失败时的损失，否则每个人都会去雇用别人而不对失败的后果负责，即只负盈不负亏。但是，现代市场经济制度的发展并不只是让资本的所有者得到技术创新的机会，而是让最有才能的企业家获得资产抵押来进行技术创新，这正是股份公司和金融市场的作用所在。作为这种商品经济或市场经济制度的完善是使最有能力的人获得资产抵押和组织生产的机会，并获取表示他们成功和社会地位的利润。

现实的商品经济或市场经济制度正是基于人们利益竞争基础上的信息传递进行的，利益的竞争促使人们发明和利用新的技术。这种自发的竞争并不一定与最有效的知识的发明和利用相一致，但如果我们承认竞争在知识发明和应用中的作用，问题的关键就在于完善竞争的博弈规则，通过减少或消除人们之间的利益冲突来促进知识的发明和作用。因此，商品经济的发展可以视为人们随着知识的增长自发地选择和逐渐完善的一种经济制度的选择过程，人们对经济制度的选择同样取决于知识的增长。

二、货币

市场经济与货币是不可分离的。但在经济学家教科书中对货币的表述却是极为简单的，货币被认为是一种人们所接受的、起着交换媒介及计价单位和价值贮藏作用的商品或法定的凭据；在以分工和交换为基础的商品经济或市场经济中，货币的使用可以克服物物交换的不便或减少交易费用。这种对货币的说明并没有表明现实的市场经济或资本主义经济的性质，而更像传统的高度集中的计划体制中计划机关简化经济计算的一种手段。对货币的本质的说明不能脱离开对资本主义市场经济性质的认识。

1. 货币与资本

这里的关键问题是理解货币与资本的关系。马克思使用商品和货币流通公式的变化来说明简单商品经济与资本主义商品经济的不同。在马克思的理论中，货币作为一般等价物来表示商品的价值产生于私人劳动与社会劳动的矛盾。在简单商品经济中，商品生产者必须把他的商品先换成货币，以得到社会的承认，才能再用货币购买商品进行消费，这种商品交换的公式为：W-G-W（W 为商品，G 为货币）。然而，当出现了雇佣劳动或资本主义商品生产，即当资本家用一笔货币雇用劳动（和购买生产资料）时，他所支付的并不是劳动的价值，而是劳动力的价值以获取剩余价值，这种商品交换的公式将变为 G-W-G′，其中 G′>G，即出现了货币增殖。在这种资本主义商品经济中，货币的性质与简单商品经济是完全不同的。

我们先来讨论一个交换经济，其中每个人占有不同的信息和不断发现新的知识。如果这里存在相对价格的变动，人们可能通过投机来获取利润。例如，这里将出现商人，他通过贱买贵卖获取利润。然而，这个商人在买卖过程中必须拥有货币，因为他必须使用货币签订契约以保证交易的进行，这联系到竞争的市场经济的博弈规则，即每一个人基于他自己的信息和预期在特定的时间进行交易，不论获利还是亏损，他将承认交易的结果，这正是现实的竞争。货币作为传统的、习惯的或制度的原因被用于这种交易，这种使用货币的交易是垄断竞争的最充分体现，即当货币被支付时就意味着交易的完成，或交易双方根据自己的信息对契约的认可而不能根据（个人的）信息变动而反悔。正是因为这种契约的性质或博弈规则，使得货币成为一种特殊的信用关系或最简单和最直接的信用关系。这样，每个人占有的货币或信用关系将决定他签订契约的能力或他的支配能力，如一个商人如果没有货币就不能使用他的有利的信息获取利润，因为他不能在特定的时间和价格的条件下把商品买到手。

现在引入生产，这会得到一个使用货币契约的生产模型，即资本家使用货币（契约）雇用工人和购买生产资料，然后进行生产和出售产品以获取利润。这与前面商人的贱买贵卖是相同的，不同的只是新的技术被用于生产以与他人竞争。当存在着来自技术变动和垄断竞争的相对价格变动时，货币作为价值标准或货币价格是极为重要的，它不仅能够传递信息和简化经济计算或降低交易成本，而且作为一种信用关系是竞争的手段和标准。

2. 货币作为以资产抵押为基础的信用关系

货币作为一种信用关系来自特定的垄断竞争的博弈规则，即货币信用是一种改造契约的方式，以使每一个人能够对他的决策负责。如果每个人都能够履行他的契约，货币将是不重要的，但这却是极端困难的或不可能的。即使存在着完善的法律制度，也不可能保证合同的履行，因为竞争是以个人头脑中的信息为基础的，它是与失败或破产联系在一起的，从而法律制度只能保证企业破产后的清算，而不是保证签约者是否有能力履行契约。正是由于这种博弈规则，资产抵押成为极端重要的，只有资产抵押能够保证各个人对自己的决策负责，因为没有其他人知道他的决策。可以说，在现实的市场经济中，资产抵押是信用关系的基础。从某种角度讲，如果所有的契约都以充分的资产抵押为基础，每个人的错误决策将不会影响到其他人，因为他的损失可以由他的资产来抵偿。显然，这里的货币是一种信用关系，而这种信用关系基于资产抵押。

货币的这一特性是银行和金融市场产生的基础。银行（私人或商业银行）必须使用它的资产作为抵押以获得信誉，但又不同于其他企业，银行本身就是创造信用的企业，银行可以通过信用关系扩大它的作用。例如，银行的贷款是对企业投资活动的担保，一旦企业的投资失败，银行将损失它的贷款，但银行又不可能知道企业投资的详细计划，因为这与博弈规则是相悖的，因此银行减少贷款风险的唯一方法是抵押贷款。例如，银行根据它对不同资产价值和它们的价格变动的估计确定贷款对抵押资产的比例。这样，银行的货币创造就与资产抵押联系在一起，即银行的货币供给取决于可用于抵押的资产价值和它们的价值变动，企业可以通过资产抵押获得增加的货币进行投资。

货币作为一种建立在资产抵押基础上的信用关系对于货币理论是极端重要的，它是内生的货币供给的基础。主流经济学的货币理论是基于外生的货币供给这一教条基础上的，这一教条实际上否定了商业银行的存在意义和作用。在现实中，由于只要贴现率是完全可变的或足够低，任何资产都可以通过银行（或金融市场）的贴现转化为货币，这使西方主流经济学如何定义什么是基础货币和控制货币数量以及利息率遇到极大的困难。当前货币理论在西方主流宏观经济学和宏观经济政策中有重要的位置，而货币理论的基础却不能得到很好的说明，这不能不说是一个严重的缺陷。

一旦把货币置于资本主义经济关系中而与资本联系起来，货币的供求不仅联系到资本存量，而且联系到利润和收入流量，正是这一点使货币在市场经济的运行中扮演着最为重要的角色。

（本文原载于《环渤海经济瞭望》1998年第5期）

市场经济与知识的增长

目前国内理论界在对社会主义市场经济理论的讨论中，一个根本性的问题似乎被忽视了，即我们对这一问的讨论所依据的理论是什么或依据的是哪一种理论？这里之所以要提出这样的问题，是因为现有的经济理论没有对现实市场经济的运行提供一套系统的解释或分析现实问题的逻辑思路与工具，也就是说，目前国内对社会主义市场经济的讨论是缺乏理论基础的。这一点不能不使我们对目前以几何级数增长的讨论社会主义市场经济的文献产生忧虑，这种忧虑并非毫无根据，过去我们讨论社会主义有计划商品经济的众多文献似乎并没有为今天社会主义市场经济的讨论提供多少确定的知识或可资借鉴的资料。因此，对方法论问题的讨论实属当务之急。本文的目的在于把知识的增长作为讨论方法论问题的主题，同时也把这一点作为研究市场经济的主观意识或市场经济运行的一个重要因素，以构成研究社会主义市场经济的理论基础。

一、经济学知识的现状

我们现有的知识对于解释经济现象和市场经济能够提供怎样的帮助，这不仅是一个理论问题，而且是一个实践问题。如果我们对市场经济知道得很少或者全然无知，那么自觉地进行计划和对市场经济进行调节将成为空话，超出我们所掌握的知识的限度去管理市场绝不会得到好的结果。因此，了解我们知识的现状对于经济管理和体制选择是极为重要的。

1. 经济学的误差

经济学理论与现实的符合程度或对现实的解释程度可以用误差来表示，

如果它的解释能够完全符合现实，那么其误差为零，误差越大，理论离现实越远。但要讨论误差问题，首先需要给我们的理论以一种科学的定义。

什么是科学，怎样才能把经济学作为一门科学来对待，这并不是已经解决了的问题。在这里，我们把科学作为一种由假设和演绎逻辑构成的理论体系，这种假设演绎体系具有这样的特点，即从假设前提所推演出来的结论必然是真的，以此来表明事物的因果关系。由此可以构成由参数和变量组成的模型，使人们能通过改变参数和预测参数变化而得到希望的结果。这样，人们就获得了一种确定的知识。这种确定的知识和现实之间具有怎样的联系呢？给定所要研究的问题或事物，如果理论的假设与现实完全相符，比如在严格的实验室条件下，那么实际结果必然与理论模型完全一致，或者说没有误差。但实际情况可能与理论的假设并不完全相同，那么其结果将会是存在误差，理论的假设离现越远，其误差越大。但这并不意味着一旦存在误差，其理论就成为不可应用的，问题在于误差的大小和性质，比如说建一座大楼，我们所应用的是牛顿力学理论，但现实条件并不完全符合实验室条件下牛顿力学的严格假设条件，这就会出现误差，但只要其误差不超过某一限度而影响到楼房的质量标准，牛顿力学就是可应用的。人们往往通过加大保险系数的方法来克服误差所带来的不可靠性，对于所要解决的问题，其误差应在允许的范围内。然而，如果用牛顿力学去解释量子力学现象，那么微小的误差也导致其不能应用。

让我们用这种方法来分析经济学。现有的经济理论中，唯一能用假设演绎体系表述的理论是自 1870 年边际革命所发展起来的新古典理论，也就是被人们称作公理化逻辑体系的现代一般均衡理论。这套理论与现实的差距究竟有大呢？新古典理论的基础假设是给定的技术、资源和人们的偏好，由此推演出一套资源最有效配置的结论，并认为在完全竞争的市场中将能够实现这种资源配置。显然，这种理论的前提假设与实际并不完全相符，那么其差距将有多大呢？1956 年，美国著名经济学家索洛根据新古典边际生产力论对经济增长的经验资料进行估算，其得出的结论是，在美国的经济增长中，84.6% 是由技术进步带来的，资本和劳动的增长所贡献的份额只占 15.4%。索洛的估算是采用了余数法，即首先根据资本和劳动的边际生产率得出资本与劳动的增长对产出的贡献，所剩余的部分就是技术进步对经济增长的贡献。显然，这种余数法所得的结果正是新古典理论的误差。也就是说，按照新古典理论对现实的经济增长进行分析其误差将达到 84%。这样种用于解释现实时带有如此之大误差的理论能不能用于分析现实问题呢？

如前所述，一种理论在分析现实时之所以产生误差，原因就在于其假设与实际条件不相符，当误差过大时，显然理论的假设中抽象掉了现实中最重要的因素。比如新古典理论的最基本假设是技术条件不变，而实际经济增长中最重要的因素正是技术进步，如果没有技术进步，就不会有人类的生产和经济增长，新古典理论所描述的并不是人类生产的规律。当一种理论与现实之间出现了差距，人们往往不是抛弃原有的理论，而是试图在原有理论的基础上对现实给予解释。这正是目前大多数经济学家的做法，索洛就为此而获得了诺贝尔奖。这种做法就是在原有理论（或在不否定原有理论）的基础上，通过加入各种新的条件来解释现实。如丹尼森进一步把索洛的技术进步的份额划分为各种因素，计量经济学家则根据经济统计在模型中加入各种估计的参数，以使其统计误差缩小。计量经济学家所采用的这种方法正是目前自然科学中应用科学家或工程技术人员所采用的方法。然而，经济学家在采用这种方法时忽略了这样一个基本点，与自然科学家所采用的理论不同，他们构筑经济模型所依据的理论是一种误差达到 80% 的理论（或者说是一种错误的理论），因而其模型的可靠性是大有疑问的，那么估算的参数是不是减少了模型的误差呢？由于对参数的估计是在原有理论的基础上进行的，它并不考虑这些参数与原有参数的关系（这些参数是否独立的），从而只是一种猜想，而不能用假设演绎逻辑来表示确定的因果关系，由于对参数的估算同样取决于原有理论，当原有理论误差越大，所估计的参数错误的可能性或不可靠性也就越大。目前经济学家所构筑的数以千计的模型中很少具有应用价值，是否可以证明这一点呢？

让我们继续从理论的结构来说明上述论点。一种理论是由前提假设和演绎逻辑构成的，理论的前提假设是一种抽象，即它要根据研究的范围割断事物之间的普遍联系，由此得到确定的因果关系，也就是通过明确定义的概念来作为理论的前提假设，下定义的方法就是要割断与其他事物的联系（它相当于自然科学中的试验室的条件）①，以获得确定的因果关系。当这种理论在分析现实时出现了误差，一定意味着现实条件与其假设不符，那么这种新的条件或新的因素不可能直接加入原有的理论模型中去，因为它会与原有的

---

① 给某一概念下定义就是要明确这一概念的外延，而任何一个概念的外延都是无限的，这是由事物之间的普遍联系决定的，不限定外延就不能应用演绎推理获得因果关系的结论。

假设发生联系，使原有概念的定义不再成立，由此导致演绎推理中的逻辑矛盾，从而不能再表现事物之间的因果关系。要想重新获得逻辑一致性的理论，只有找到原有理论的逻辑矛盾，通过批判和抛弃原有的理论来建立新的理论。

由此可见，只要理论与实际之间存在着误差，无论其多么微小，都会导致原有理论的逻辑矛盾和对原有理论的定，爱因斯坦正是把牛顿力学应用到量子力学领域而发现了其理论的逻辑矛盾，从而扩展了物理学的研究领域。当然，并不需要所有的科学家都去批判和发展理论，只要理论与所要解释的问题之间的误差在允许的范围内，把现有的理论应用实际就是极为重要的了，估计参数以调整误差的方法也是可行的。但这一点对目前的经济学却是不通用的，因为现有经济理论的误差之大使其远不能应用于实际。经济学家用现有理论对现实的解释带有严重的逻辑矛盾

20 世纪 60 年代两个剑桥之间关于资本理论的争论正是揭示出了新古典理论的逻辑矛盾，这里不再详细讨论这一复杂的争论，只想要指出的是，如果技术进步是经济增长的主要原因，那么把技术进步排除在理论的前提假设之外，其对现实的解释不可能保持逻辑上的一致性，作为技术进步表现形式的资本概念也不可能脱离开技术进步而给予定义。新古典理论一旦在这一关键问题上出现了错误，那么其对价值（价格）决定的解释也将是错误的，从而以现行价格作为统计分析的基础而构筑计量模型和估计参数的方法将带有严重的缺陷。

还需要提到的是，目前存在着一些对马克思经济学和价值理论的错误理解。众所周知，马克思的劳动价值论所要表明的是他的剩余价值理论，它抽象掉了使用价值或生产的技术关系，以表明雇佣劳动与资本的对立，即资本主义市场经济中人与人之间的利益冲突，作为马克思劳动价值论的逻辑体系应当是，工人付出 8 小时的劳动，而资本家只付给工人 4 小时的劳动力价值，由此获得 4 小时的剩余价值（8−4＝4）。马克思采用极为抽象的方法构筑这一逻辑体系的目的在于表明这种人与人之间的利益冲突会决定商品的相对价格（价值到生产价格的转型），但这并不意味着商品的相对价格仅仅取决于利益关系，马克思所要推论的是，生产力（技术关系）是与生产关系（人与人之间的利益关系）相互制约的，资本主义市场经济中工人与资本家利益的尖锐对立，阻碍了生产力的发展和构成资本主义经济危机的根源。然而，目前一些对马克思经济学的解释却是把马克思抽象的价值理论直接用于说明现实的市场价格决定与收入分配。像新古典经济学家解释现实的方法一样，通过

加入各种假设来说明现实问题。这样一来，马克思极为抽象的价值理论的假设和逻辑成为可以解释一切的理论。当人们通过加入各种假设，用一种理论解释我国自 50 年代的计划经济到目前的社会主义市场经济各个阶段的经验事实时，包括各种截然相反的事实（如用按劳分配理论解释目前的收入分配），那么这些解释还能保持逻辑上的一致性吗？显然，这种对马克思经济学的解释是错误的。马克思对劳动价值论的分析和对价值的定义是抽象掉技术变动的，这是由他所要分析的问题决定的。如果像目前的一些解释，把产出和商品的价格完全作为劳动时间投入的函数，那么在解释现实时必然会带来误差，比如在计算无人工厂（机器人）产品的价值时，其误差会接近 100%，这绝不是马克思的理论和方法。无疑，这种误差产生的原因在于现实条件与马克思的假设不同，但并不能直接加入现实条件来解释现实，比如说加入技术进步和生产资料数量的增加（资本有机构成提高）来解释误差的原因，这与前面分析的索洛的错误是相同的，它不能保持推论的逻辑一致性。

综上所述，现有经济学中能够以假设和演绎逻辑所表述的理论与现实之间有着很大的差距，从而人们目前对现实问题的解释并不能以科学的理论和科学的方法为基础。但与此同时，人们又面临着许多迫切需要解释和解决的问题，担负起解释现实和指导现实这一任务的并不是经济科学，而是经济哲学或社会哲学。

2. 社会哲学

凯恩斯曾经写道："经济学家以及政治哲学家之思想，其力量之大，往往出乎常人意料，事实上统治世界者，就只是这些思想而已。许多实行家自以为不受任何学理之影响，却往往当了某个已故经济学家之奴隶。"可以说，统治世界的的确是那经济学家的思想，斯密"看不见的手"的经济自由主义、凯恩斯的国家干预主义和马克思的社会主义一直在统治着世界和支配着实行家或政治家的思想。但凯恩斯说的并不确切，统治世界的并不是这些经济学家的经济理论，而是这些经济学家的社会哲学，而经济理论只是这些社会哲学的奴隶。

如果我们仔细考察一下经济学的历史和现状就会发现这一点，即每一种经济学理论都与某种社会哲学相联系，或者说是作为某种社会哲学的佐证而存在，斯密"看不见的手"所表述的无为而治正是目前新古典理论的完全竞争市场所要表述的含义，而凯恩斯的有效需求理论则更是要直接表述他的国家干预主义的社会哲学，许多经济学家都喜欢把自己的理论与社会哲学联系起来，以至于他们所表述的理论远不如其社会哲学深入人心。在经济学领域的研究和争论中，一直存在着在社会哲学上截然对立的两个派别之间的论战（当然还有介于二者之间的经济学派别），即经济自由主义和国家干预主义之间的论战，每一个派别都有自己的经济理论体系，虽然他们所要研究和解释的现实问题是共同的，但做出的解释却各不相同，甚至在某一个具体问题上也很少能达成一致，在对某一问题的多种解释中很少能判断出谁是谁非，只是随着实际情况的变化此起彼伏，交替地影响着经济政策以适应变化了的条件。这种现象在自然科学里是极为罕见的。其原因在于经济政策的执行者们并不是或不完全是按照经济理论或"经济科学"来行事的，而是社会哲学，现有的经济理论只是表述某种社会哲学的工具。

至此，我们需要对社会哲学的含义给予说明，与经济科学不同，社会哲学并不是从前提假设和演绎推理所得出的因果关系的确定知识，而是由多种不同侧面的知识、经验观察和人们的理念所构成的。社会哲学虽然不能够提供确定的知识，但却可以支配人们的思想，因为当人们所要研究和解释的问题超出了现有科学理论所研究的范围时，这种社会哲学较之科学就更适于解释和解决人们所面临的现实问题，其原因就在于科学并没有为我们提供足够的知识或科学的不成熟与落后。

我们可以以自然科学和自然哲学之间的关系为例来说明社会哲学的性质。在现代自然科学产生之前，人们对自然现象的解释所采用的正是自然哲学，如古希腊哲学家的原子论和我国古代的阴阳五行说，随着自然科学的发展，自然哲学的地位逐步衰落，对自然现象的解释逐步被由假设和演绎逻辑构成的确定的知识所取代。由此可见，我们对所要研究的事物所知道的确定的知识越少，自然哲学或社会哲学所起的作用就越大。因而，目前社会哲学在经济领域中的主导地位，正是表明了我们对经济生活的认识所知甚少。这样，我们又如何对经济活动进行自觉地管理呢？社会哲学又能为我们提供什么帮助呢？随着 70 年代西方国家严重的滞涨和凯恩斯主义的失败，在 80 年代经济自由主义重新取得了支配地位，伴随着里根和撒切尔的经济自由主义政策，西方经济走出了 70 年代的低谷并保持了较长时期的高速经济增长，这就进一步拉大了西方市场经济国家与苏东高度集中型计划经济国家收入水平的差距，由此导致了苏联东欧国家计划经济的垮台和全面转向市场经济，这不能不说是经济自由主义社会哲学的胜利。然而，这种经济自由主义在提出私有化和市场化政策的同时又提供了多少理论呢？

作为西方主流经济学的新古典理论能作为经济自由主义的理论基础吗？20世纪30年代在西方经济学界爆发了一场关于社会主义经济理论的大论战。这场论战的性质就在于按照新古典理论的逻辑来讨论社会主义经济是否可行和具有优越性，当仅仅考虑新古典理论的假设与逻辑，以兰格为代表的主张社会主义的学者在这场逻辑争论中取得完全的胜利，即计划机关完全可以取代市场机制，这种结果实际上并不奇怪，因为资本主义的现实并不是美好的，而理论研究的目的则正是解释和解决现实中的问题，即达到人们希望的结果。由此即可推论出，只要人们得到了某种理论，那么这种理论从社会哲学上来讲总是倾向于社会主义和国家对经济的干预，这是由理论研究的目的所决定的，凯恩斯的有效需求理论也正是要强调国家对市场经济的干预。而经济自由主义是全然不需要理论的，它的理论只是列数政府干预经济带来的恶果和行政官员的腐败及行政管理的低效率。当经济自由主义者强调不需要任何管理而完全让看不见的手去调节经济会达到最好的结果时，理论又具有什么意义呢？80 年代经济自由主义的复兴只是凯恩斯主义的失败和计划经济国家长期低效率运行的结果。然而，资本主义市场经济的现实也并不是令人满意的，西方世界30年代的大萧条人们是不会忘记的。同时，从经济发展和增长来看，无论是西方国家还是发展中国家，许多条件几乎相同的国家经济增长率和发展速度却表现出巨大的差距。这就不能不使人们要利用已有的理论知识和总结创造新的理论知识去管理经济以达到理想的结果。

凯恩斯主义的社会哲学正是 30 年代大萧条的产物，凯恩斯在提出国家干预主义社会哲学的同时，还提出了一套经验主义的研究方法，即力图通过经验归纳来获得经济运行的规律，这就是自凯恩斯以来发展起来的宏观经济学，伴随着计量经济学的发展，宏观经济理论获得了一定的应用价值。然而，这种经验主义方法带有重大的缺陷，与假设—演绎方法所表述确定的知识不同，经验分析方法通过统计归纳所得到的因果关系的规律往往只注意经济活动的某一个侧面，而不利于寻找更深层次的原因，对于科学理论的形成来说，它只是提出问题而不能系统地解答问题，因为人们在归纳统计资料时总是以某种理论为基础的。比如说统计资料只能说明过去，如对人们的消费函数可以从统计资料中得出某些规律，但并不能说明当政府采用某种经济政策后，人们是否还会保持原有的消费行为。凯恩斯主义失败的原因就在于此。当凯恩斯得出资本主义经济中有效需求不足的原因是资本家对未来抱有悲观的预期，而用货币保持其收入，既不消费也不投资时，主张政府把这笔收入通过税收拿来消费以增加总需求，然而资本家之所以不投资是因为预期利润率下降，而政府的税收则会降低实际利润率，这就不能期望资本家对政府的政策不做出反应而保持原有的消费函数。也就是说，目前的宏观经济理论远没有对宏观经济问题提供多少确定的知识，而只是一种社会哲学有限的工具，只是当人们感受到如果对市场不加以调节只会带来更坏的结果时，人们将利用这些工具并根据其他的知识和经验来管理经济，但远不能达到确定的结果。

正是由于受到现有知识的限制，使作为自发调节机制的市场经济成为不可取代的，市场经济之所以是一只"看不见的手"，正是因为我们对市场经济的运行所知甚少，更重要的是，当人们尚没有充分认识到这一点时，原有的理论将成为一种教条而禁锢人们的思想。因此，我们需要重新认识现有的理论，通过对现有理论的逻辑批判去重新认识市场经济。

二、市场经济与知识的增长

以上我们把市场经济的自发调节或"看不见的手"的重要作用归之于现有经济学知识的限制，但更进一步讲，这种知识的限制还在于目前很少有人从知识的增长这一角度来看待和研究市场经济，也正是因为如此，市场经济才成为一种"看不见的手"的自发调节，而这种"看不见手"的自发调节作用恰恰就在于，当我们尚不能自觉地认识和促进知识增长的机制时，它发挥着利用现有的知识和促进知识增长的功能。无疑，经济学所要研究的是生产力与生产关系或技术关系与利益关系的相互作用，然而这些关系的研究不可能脱离开知识的增长、否则将脱离开人类社会的最本质属性，即人是一种发现和利用知识的动物，而不仅仅是一种能够根据自己的利益和既定的资源进行合理计算的经济人，经济增长和制度变革都离不开知识的增长。在新古典理论给定技术和完全竞争市场的假设下，这种关于人们行为的假设实际上是假设人们之间的利益是完全协调而不是对立的，市场经济只是一种，传递信息的机制。在新古典模型中，企业、企业家、政府、法律和其他经济组织完全没有存在的余地，从而根本无法讨论现实的经济制度。而现实中经济活动是如何组织的，新的技术是如何发明、应用与传播的，人与人之间的利益冲突是如何协调的等问题，都与我们所掌握的知识和知识的增长有关，以下我们从技术关系、利益关系和经济制度三个方面来讨论市场经济与知识增长之间的关系。

1. 技术关系

新古典理论假设知识或技术是给定的，在资源既定的条件下，总产出也将是一个给定的数量，经济组织问题只是在于如何有效地传递信息。这样，市场价格就可以起到传递信息的功能，当每个当事人都以效用最大化和利润最大化（成本最小）来利用价格信号，通过供给与需求的作用将实现均衡和资源的最有效配置。然而，在这里分工与交换又是什么含义呢？由于分工与交换是市场经济的基本特征，这个问题是必须回答的。分工可以提高劳动生产率，因此通过社会分工和交换可以使整个社会的劳动生产率提高，这一答案似乎是人所共知的常识。然而，问题出现了，在上述新古典理论的假设和逻辑中全然没有涉及这一点，而且这一点是与给定的技术假设相矛盾的。这一问题在我们对马克思劳动价值论的解释中也是存在的。商品交换的比例是按照生产那种商品的劳动时间进行的，显然这需要假设劳动是同质的，同质劳动的含义是，每一单位劳动用于生产任何商品其产出都是相同的，唯此才能保证商品的交换按照其所花费的劳动时间进行。然而，如果每一个人都能用与别人相同的劳动时间生产任何产品，那么它又为什么不自己生产所有的产品而要通过分工与交换呢？这里存在着矛盾。当然，这种矛盾可以通过严格的静态分析的假设加以克服，但当我们考虑到现实时，这种逻辑矛盾是难以避免的。如果每次分工与交换都带来劳动生产率和总产出的增长，即使技术发生了变动，那么给定技术的假设也就不再成立了。问题就在于，分工与交换为什么能够提高劳动生产率。

在30年代关于社会主义经济理论的大论战中，兰格设计了模拟市场的分权模式来解决社会主义经济中的经济计算问题。哈耶克对这一模式和它所依据的新古典理论的假设提出了尖锐的批评。哈耶克指出，兰格模式的重大缺陷就在于假设所有的数据都是给定的，而在现实经济中，这些数据是瞬息万变的，市场机制的功能就在于能够更有效地适应这种经常变动的条件。哈耶克认为，市场机制是一种充分利用知识的机制，这些知识只能存在于各个人的头脑中而不可能为一个计划者所掌握，信息从本质上讲就是分散的。人类社会创造分工的目的就在于使每一个人都去专门研究一种知识和增长这种知识，然后再把这些知识汇集和积累起来，促使知识的增长与利用，这就是交换。分工与交换的真正意义就在于它是要充分利用每一个人的头脑，不是利用每一个人头脑中的现有的知识，而是利用每一个人的头脑去创造新的知识。

这种知识能不能为某一个计划者所知道或由他发出某种指令，让每一个人去专门从事某一项工作或研究以及在一定的时间中拿出确定的成果呢？答案是否定的，因为这是与我们知识的性质完全相悖的。这是一个简单的算术问题：一个头脑小于两个头（$1<2$），即使是一个万能的管理者，他的智商是别人的一万倍也不能否定这一规则（$10000<10000+1$）。

传统的高度集中型的计划经济体制违背了这种人类知识的性质，当生产的决策权完全掌握在少数计划者手中时，最宝贵的经济资源——绝大多数人的头脑和创造知识的潜力——被浪费了。由于计划者不可能知道每一个人头脑中的知识和把这些知识汇总起来进行计算和处理，更不可能掌握那些潜在的知识，使知识得到有效的利用。传统计划体制的一个突出表现是技术进步缓慢和效率低下，这已为经验所证明。举一个例子，当某一个工程技术人员发明了一种新的设计，他是否会及时地得到估价和应用呢？通常的程序是，这位技术人员要把他的设计层层上报，再由上级主管部门组织专家鉴定，然后再经企业的管理者申请投资，经计划部门审查并对与之相联系的各方面的情况加以综合平衡，最后批采用这种新的设计。在这一系列过程中，那些专家是不是比那位新技术的发明者对他的设计知道得更多呢？投资计划的管理者是不是能根据现有的所有信息来评估这项设计和进行综合平衡呢？答案是否定的，这里不仅有信息传递和处理的困难，更重要的是，这种决策方法并不是把那位技术人员的头脑和知识加到其他人的头脑或知识上去，而是要替代那位技术人员的头脑或知识，从而必然会带来效率的损失。

那么怎样才能有效地利用每一个人头脑中的知识呢？这里借助兰格的计算机模式，假设有一台容量无限大的电子计算机，它能在瞬间处理无限的数据，然后把它与每一个人的头脑连接起来进行信息的反馈和计算。这里且不讲我们在什么时候能够发明和制造出这种计算机，这种设想带有一个根本的逻辑缺陷，因为计算机是人类创造的，人类的头脑会随着他所制造的机器扩展，从而计算机不可能取代人的头脑。

这样，我们就回到了兰格的提法，即市场机制只是计算机（这里是我们的计算机）发明以前的装置。它通过市场价格把每一个人的头脑联系起来，每个人都不必知道所有的信息或价格，像专业化分工那样，它只需要知道与它有关的那些信息和价格，然后把这些信息与他们的想法联系起来产生新的知识，只有能够产生新的知识或增加知识才能称为利用信息，然后它再把新的信息通过价格机制传递给其他的每一个人，这种信息反馈过程使价格成为联系每一个人头脑的机制，它可以在不减少或不浪费其他人的头脑的条件下增加知识。对于前面那位技术人员来讲，他并不需要请位专家为他的设计做鉴定，而只是根据自己的信息去寻找某位专家帮助他改进设计，他也不需要去申请投资，而只需要向银行贷款，银行再根据所掌握的知识去审查贷款计划，价格机制（如利率）所提供的反馈信号会对这一过程提供帮助。无疑，这里存在着不确定性，那个技术人员和银行都可能失败，然而，只要知识是在增加的，整个经济体系的效率将是增加的。当然，如果在这里加入新古典理论的没有信息成本和完全竞争的拍卖市场的假设，这种市场机制将替代我们的无限能量的电子计算机。

虽然上述分析需要很多极不现实的假设，但只要我们坚持这样一种假设，一个人的头脑不如两个人的头脑，即每一个人都不可能掌握所有的知识，知识的增长依赖于每一个人都去掌握专门的知识，市场机制就不失为一种联系和充分利用各个人头脑中知识的工具。

2. 利益关系

以上所描绘的市场机制并不是现实中的市场机制，无论它对知识的增长和利用会起到多么巨大的作用，也只是现实市场经济的一半，上述分析中的一个重要假设是，人们之间的利益是完全一致的，而在现实市场经济中，人们之间的利益并不是一致的，而是对立的。作为市场经济另一半的正是它被作为一种协调人们利益矛盾的机制，而这种协调利益关系的机制是一种通过对立、冲突的方法来协调的机制。

为了分析的需要，我们先不急于修改新古典理论关于个人效用最大化和厂商利润最大化这种经济人的行为假设，只是在这种行为假设的基础上加入技术进步的假设。一旦加入这一假设，新古典理论关于完全竞争市场的假设将不再成立，而为垄断竞争所取代，市场机制将不再只是一种传递信息或知识的工具，而是一个竞技场，一个把人类所蕴含着的最大能量充分调动起来进行厮杀的场所。

我们从新古典模型的完全竞争市场开始，当某个企业家或资本家从一位技术人员手中获得了一种新的技术,它可以使现有产品的生产成本降低50%,

那么这个企业家将怎样利用这种新的技术以使他的利润最大化呢？按照新古典理论的假设，这位企业家将把这项技术公之于众，其他的厂商不花费任何成本就得到这项新技术并迅速应用于生产，然而这并不是那位企业家的利润最大化而是无利可图。如果按照企业家个人利润最大化的假设或在现实的市场经济中，这个企业家将对这项技术加以垄断，他不仅要在自己的企业中应用这项技术以获得超额利润，而且要通过竞争吃掉所有的企业，只要他能够保持对这项技术的垄断就能够做到这一点，因为他可以比其他企业以更高的价格购买劳动力和厂房设备，竞争将使生产要素的价格提高到出价最高的企业的水平，从而使其他企业倒闭。①当那位企业家垄断了所有的市场和兼并了其他企业，用比原有的工资率略高的生产成本生产所有的产品时，他将获得最大利润。

用马克思主义经济学可以更好地说明上述问题。假设有甲、乙两个生产者，他们的劳动不是同质的，甲的劳动生产率比乙高 1 倍，如果乙生产者单位时间生产 5 个产品，甲生产者将能生产 10 个产品，按照价值由社会必要劳动时间决定的规则，甲生产者的收入都将比乙高 1 倍。由此可以得到价值与劳动生产率成正比，现在我们引入技术进步和竞争，假设甲生产者所具有的较高的劳动生产率是由于他采用了一种新的技术或新的机器，他会不会把这种新的技术无偿给予乙生产者而使总产出增加呢？不会的，甲生产者将保持对这种技术的垄断，而采用雇佣劳动的方法使乙生产者成为他的工人，使乙生产 10 单位产品，只要甲付给乙的工资率超过乙原来的生产率，即 5 单位产品就可以了，比如把 6 单位产品作为乙的劳动力价值，甲将得到 4 单位的剩余价值，资本主义经济关系正是产生于技术进步和垄断竞争。

市场经济关系的本质就在于劳动生产率的竞争，而这种竞争必然是垄断竞争而不是完全竞争，因为各个生产者是以其所垄断的新技术作为竞争手段的，从而没有垄断也就没有竞争。具有较高技术水平的生产者不只是要获得他自己使用新技术而提高劳动生产率的成果，更重要的是，他可以凭借对新技术的垄断去剥削别人，竞争就是一种剥削过程，资本家正是通过对新技术和资本的垄断，按照现行的市场价格购买劳动力及生产资料，然后采用新的技术使总产出增长，由此获得剩余价值。因此，没有垄断、没有对劳动力的支配就没有竞争。竞争的市场机制正是通过垄断和剥削使新技术和知识得到

---

① 降低成本和价格的效果也是一样的，但现实中的竞争则表现为提高工资率。

应用这种技术进步条件下的垄断竞争使资本主义市场经济中的收入分配与剥削和资本主义市场经济以前的社会有着显著的区别，这种区别就是新技术的发明和利用所带来的总产出的增长，收入分配并不是按照新古典的给定生产要素的边际生产力，也不是给定总产出后工人和资本家之间你多我就少的分配关系，而是一种经济增长中的收入分配，收入分配关系与技术关系是紧密联系在一起的。正是这样种机制刺激了新技术的发明与应用，而也正是由于新技术的应用和总产出的增长得以协调人与人之间的利益冲突，因为市场经济的竞争是采用新技术和提高工资率，新技术的采用和总产出的增长为协调人与人之间的利益冲突提供了一种可能，然而协调人与人之间利益关系另一重要的方面是竞争。要说明这一问题不能不涉及经济学对人们行为的基本假设。

上述推论是在新古典经济人的行为假设之上加入了技术变动，而一旦加入了技术变动，就已经在某种程度上改变了对人们行为的假设，这种新的行为假设的基础就是竞争。传统体制下的按劳分配对于一位发明了新技术的技术人员，管理者可能已经发给他相当数额的奖金，但他却可能认为他的那项新技术创造了远比其奖金数额更高的利润。也就是说，无论管理者付给他多高的报酬都可能被他认为是过低的。更何况在存在市场的条件下，那位技术人员可以凭借对新技术的垄断去"剥削"其他人而获得高额收入，只要他认为存在着这种可能性就不会对管理者付给他的收入感到满意

而市场经济的存在似乎正是为了解决这一问题，解决的方法就是竞争，人们不需要某个管理者对他的劳动给予评价，他只接受且只能接受市场竞争的结果，这里不存在不满意问题，由于对那位技术人员来讲完全可以把他的技术成果在市场上转给他人，他如果不满意企业管理者对他的评价和给他的报酬，他可以去另一个企业工作。当每一个人都有这种选择的机会时，每一个人也就别无选择而只能尽全力去竞争，正是这种竞争机制起到了协调人们之间利益关系的作用，而且是在促进技术进步和总产出增长的条件下来协调人们之间的利益关系，因为竞争是劳动生产率的竞争。

这种市场经济的竞争正是达尔文的物竞天择、适者生存的竞争，一方面，正是由于优胜劣汰得以最大限度地激发人类的潜能，另一方面，也正是通过直接的较量得以决定胜负，以此来协调人们之间的利益冲突。当人们之间存在着劳动差别或更确切地讲是知识的差别，而这种差别则又可以使人们的知识得到发展时，通过竞争来鼓励这种差别和激励人们的斗志对于社会的发展

和人类的生存都是重要的，而当每一个人都试图超过别人和支配别人时，直接的较量这一存在于生物界和人类社会中的方法必然会自发地起作用，以协调人们之间的利益冲突。与前面对技术关系的分析一样，当人们不能认识社会和经济的规律和不能以其他的自觉管理方法解决人们之间的利益冲突时，市场经济的竞争就将是唯一可行的方法。

然而，市场经济绝不是美好的和令人满意的，人们之间的利益冲突必然会导致对生产力的破坏。在现实的市场经济中，市场价格机制已经不只是连接各个人头脑中的知识的传递机制，信息或新的技术知识被一部分人垄断，现实市场经济中的信息成本很大一部分来自垄断，这种对新技术的垄断被用作支配人的手段，知识的利用是通过竞争和支配他人而进行的，竞争必然会带来两败俱伤，即造成资源的浪费，而由资本支配劳动和剥削所产生的工资与利润的对立是资本主义经济周期的根本原因，市场经济中的利益协调是竞争中的协调，从而并不是整个社会最大利益的协调，而如何有效地发挥市场经济的功能并同时克服其缺陷，这取决于我们的知识。

3. 经济制度

市场经济制度不仅是根源于人类知识的性质和人类的本性，而且根源于我们的知识和知识的增长，因为掌握和利用知识是人类最本质属性，并以此区别于动物界的生存竞争，市场经济并不是自然秩序的"看不见的手"，而是人类知识增长的结果，是人们自觉选择的结果，并且会随着知识的增长而发展演变。

市场经济制度或资本主义经济制度与以前的经济制度的最大不同点就在于，它把人类的生存竞争或动物精神最大限度地转向劳动生产率的竞争和知识的竞争上来，它使人类社会的生产力产生了突飞猛进的增长。而这种市场经济制度的形成经历了长期过程，在这一过程中随着人们知识的增长使市场经济制度发生了重大的变化，这就是法律的完善和政府干预的增加。这种立法一方面鼓励竞争，如专利法、商标法等法律制度正是通过对技术垄断的保护来促进竞争，因为没有垄断就没有竞争；另一方面又通过合同法、商品检验法等法律防止各种欺诈行为，以把竞争真正建立在劳动生产率的竞争上。当人们已经不再能够容忍 30 年代的大萧条时，产生了凯恩斯主义宏观经济学，众多的学者从事于宏观经济理论的研究和为政府的宏观经济政策提供依据，正是这些研究和知识的增长才形成了目前的有政府宏观管理的市场经济。

现代西方国家的市场经济制度是人们知识增长和选择的结果，虽然在资本主义经济中存在着统治者与被统治者、剥削者与被剥削者，存在着人们之间利益的对立和经济周期、巨大的贫富差距等问题，但要消除这一弊端只能取决于知识的增长。因此，我们必须根据现有的知识来选择经济制度，并充分利用现有的知识来改善经济制度，而当我们仅仅凭借良好愿望行事而超越了现有知识的限度，其结果只能是适得其反。这种知识中最重要的知识是对市场经济规律的认识，当我们尚不能把握市场经济运行的规律时就试图把人类经过长期的知识积才形成的市场经济完全抛弃掉，这绝不是明智的做法，因为知识只能是逐步积累的，一个对人类长期实践着的市场经济全无了解的人是不可能对社会主义计划经济的运行提供多少有用的知识的。

三、社会主义市场经济

从前面的分析中实际上可以推论出，一旦我们能够把握市场经济运行的规律，其结果必然是要消除资本主义市场经济的弊端而走向完全的社会主义经济，这种社会主义经济也正是像马克思所描述的那样，追求人类的平等与自由，消除生产资料私有制的剥削和贫富差距，实行计划管理而消除盲目性，并利用价格信号作为传递信息的工具，竞争将像体育比赛那样只是为了激发人们的斗志和兴趣。人们将通过知识的积累最终走向这一目标是毫无疑问的，资本主义市场经济经过几百年的发展是不是已经向这个目标迈进而不是倒退了呢？但马克思主义经济学与社会哲学并不仅是提出了这一目标，更重要的是通过发现人类历史的运行规律和运用这些知识去自觉地管理和改造社会，与其他社会哲学不同，马克思的社会哲学是从不满于现状出发而试图改变它，这正是科学的真谛所在，而改造社会的手段就在于人类的知识。正是这种社会哲学使马克思在一百多年前就发现了生产力与生产关系相互作用的规律，如众所公认的，马克思是最早把技术进步纳入经济学体系的经济学家，而且马克思最早明确表述了技术关系与利益冲突关系的动态相互作用。我们前面对市场经济中技术关系、利益关系的分析以及所表述的社会哲学可以说渗透着马克思的精神。而完全抛弃技术变动和技术变动与人们的利益关系相互作用正是目前经济学中的最大缺陷。

但我们又必须承认，现有的经济学水平远没有对市场经济的运行规律提供多少确定的知识。因此，我们作为一个后起的发展中国家充分利用现有知识的一个重要方面是向西方国家借鉴和引进他们经过几百年才发育起来的市场经济的某些制度规则和管理方法。但同时，由于我国所处的发展阶段与西方国家不同，从而需要更多的政府干预。这主要包括以下方面。

第一，需要通过政府来建立和引进市场。像技术引进一样，市场经济制度同样是可以引进的，我国在短短的几年间就建立起一套市场经济的法律体系，建立起了中央银行的货币管理体系和证券市场等现代市场经济制度，市场发育的速度是极快的。在我国这样一个教育和文化水平较低的国家，如果采用"休克疗法"其后果是难以设想的。西方国家的市场经济是自发形成的，而东方国家（如日本和东南亚）的市场经济则大多是由政府引进的。

第二，对对外贸易更多地进行自觉地调节与管理。国际市场与国内市场一样，并不是新古典国际贸易理论所描述的由于资源禀赋不同，商品在国际的交换等于资源在国际上流动，而是技术变动条件下的垄断竞争过程，在两个国家技术条件不同的情况下，发达国家可以通过商品交换实现对技术的垄断和对落后国家的剥削。正是由于这一点使政府的对外贸易政策和管理可以对本国的经济发展起到极为重要的作用。

第三，在宏观经济管理上政府要发挥更大的作用，特别是要通过调节收入分配来保持宏观平衡。由于目前我国与西方国家技术上的差距很大，通过技术引进会大幅度地提高劳动生产率，但在这种条件下如果听任市场经济的自发调节，势必形成强大的垄断势力，如某家企业通过引进国外的先进技术会使其生产率远超过国内其他企业，因而可以使它垄断市场而削弱竞争，并导致更为严重的贫富差距，由此会造成比西方国家更为严重的经济周期。这就需要政府通过收入政策加以调节。

第四，在大量引进国外先进技术的时期，政府的产业政策是极为重要的。其中最重要的是对基础工业部门（能源、交通和原材料等）的直接投资与管理，因为这些部门投资的数额大、见效慢，是目前我国的私人企业难以承担的，同时，因为价格信号对基础工业部门产品的反应不灵敏和受到经济周期的影响较大，政府控制基础工业部门对于产业政策和宏观平衡都是极为重要的。

以上几个方面正是要充分利用现有的知识和经验来克服市场经济自发调节的缺陷，这是不是可以构成社会主义市场经济的内涵呢？更重要的是，我们目前利用市场经济并充分利用现有的知识对市场经济进行自觉地调节的做法，正是马克思主义的社会哲学所表述的，即通过认识世界而对之加以自觉地调节，以实现社会主义的目标，这种按照社会主义的目标和我们所掌握的知识的限度对市场经济进行自觉地管理——社会主义市场经济。

参考文献：

1. 凯恩斯. 就业、利息和货币论[M]. 北京：商务印书馆，1936.

2. 柳欣. 资本主义经济关系的产生与价值分配理论[J]. 南开经济研究，1993，1.

3. 哈耶克. 个人主义与经济秩序[M]. 北京：经济学院出版社，1989.

4. 兰格. 社会主义经济理论[M]. 北京：中国社会科学出版社，1980.

（本文原载于《南开学报（哲学社会科学版）》1994年第4期）

柳欣教授生平简介

柳欣，男，1956 年 12 月出生于天津市，祖籍江苏省镇江市，中国共产党党员，经济学博士，教授、博士生导师，南开大学英才教授，获国务院特殊津贴。

1978—1982 年在南开大学经济系学习，获经济学学士学位；1982—1985 年在南开大学经济研究所学习，获经济学硕士学位；1985 年起任教于南开大学经济研究所；1988—1992 年在南开大学经济研究所学习，获经济学博士学位；1991 年晋升为副教授；1995—1996 年在美国斯坦福大学做高级访问学者；2005—2006 年在日本爱知大学任客座教授；1995 年晋升为教授，1998 年被聘为博士生导师，后被聘为河北大学、江西财经大学、华南师范大学等学校兼职教授；2000 年起任南开大学政治经济学研究中心常务副主任，并任南开大学虚拟经济与管理研究中心副主任、南开大学统计制度与方法研究中心副主任、南开大学经济研究所所长；曾担任《政治经济学评论》主编、《南开经济研究》副主编，并担任中宣部马克思主义理论研究与建设工程首席专家。2013 年 10 月 24 日上午 10 时 40 分因病逝世，终年 57 岁。

柳欣教授长期从事理论经济学的研究和教学工作，成就卓著，独树一帜，在国内外具有广泛的学术影响。柳欣教授的科学研究包括政治经济学、西方经济学与经济思想史等领域，主要研究方向为：中国经济、马克思经济学基本理论、经济思想史、货币与宏观经济学、经济学方法论等，先后出版《经济学与中国经济》《资本理论与货币理论》《新中国经济学 60 年》等多部学术著作，在《中国社会科学》《光明日报》等报刊发表学术论文百余篇；培养硕士、博士百余名；主持完成国家社科基金重大项目和教育部人文社科重点研究项目等多项研究课题，获得多项国家和天津市哲学社会科学优秀成果奖、教学优秀成果奖。

后　记

　　历时数月，几度删减，虽几近完稿，却内心惶恐。掩卷沉思，亦感慨良多。

　　2018年初夏，受南开大学经济学院刘凤义教授委托，遂着手编纂这部《柳欣文集》。编书的初衷源自南开大学为迎接百年校庆，拟组织出版"南开大学马克思主义名家文库"，该系列文库的目的是集中展示南开大学名家学者长期以来在有关学科领域对马克思主义的创新与发展所做出的卓越成就和研究特色。初始，南开大学"文库"编委会拟在全校范围内遴选名家文库作品，遴选的基本要求颇为严苛，比如作品要坚持以马克思主义为指导，包括哲学、经济学、科社、党建、政治学、历史学、社会学、法学等多个学科领域，其研究内容须与马克思主义密切相关，而且作品要体现作者在本领域研究居于国内外的领先水平，或为高水平专著，或为论文选集。得知柳欣教授入选南开大学百年校庆之马克思主义名家文库，内心激动和兴奋之情自是难以言说。身为柳欣教授的弟子，为老师收集整理生前文稿、助其学说理论推而广之，自是责无旁贷。今年又恰逢柳欣教授逝世五周年，作为学生也想为恩师尽一点绵薄之力。正值南开百年校庆之际学校组织出版"南开大学马克思主义名家文库"，柳欣教授生前在我国政治经济学、西方经济学以及经济思想史等众多理论领域已享有极高声誉，特别是他在马克思经济学方面的理论造诣和学术素养早已为其赢得全国学术界的普遍赞赏。所以，柳欣教授入选乃是众望所归，只是斯人已去，遗憾万分。

　　2014年10月，为纪念柳欣教授去世一周年，南开大学出版社曾出版一部《柳欣学术论文集》，当时文集中所收录论文皆选自柳欣教授生前发表各类文章中的部分文稿，这些文章遍及多个领域，类别较广。此次柳欣教授入选"南开大学马克思主义名家文库"，由南开大学出版社编辑出版这部新的文集，所收录论文主要集中于柳欣教授关于马克思经济学研究领域及其相关理论争论的代表性论述。因此，呈现在读者面前的这部《柳欣文集》，在内容上与前者有所差异。感谢南开大学逄锦聚教授为本文集作序，感谢刘凤义教授委以重任，感谢郑万、罗丽华两位同学帮助承担文字处理和图表整理工作。文集中可能存在的文字错误，希望读者多批评指正。

沧海桑田，世事变迁。柳欣教授虽已逝五载，但他的学术成就和执着精神永远是我们学习的榜样。他一生光明磊落、襟怀坦荡，他真挚友善地关心和对待每一个朋友、同事和学生，他的不拘小节和真诚大度感染着身边每一个人，他渊博的学识和深邃的思想令人折服，他对人对事的真诚坦荡和平易近人亦让人倍感温馨。"非淡泊无以明志，非宁静无以致远。"这是柳欣教授一生的最好写照，也是他留给我们的宝贵财富。谨以此文集纪念柳欣教授卓越的学术成就和他终其一生孜孜不倦努力追求学术真理的勇气与精神！

王璐

2018 年 12 月初于南开园